《长沙文库》编委会

名誉主任	吴桂英	
主　　任	郑建新	
副 主 任	夏建平	曹友华
	陈　刚	赵建强
	袁志恒	张能峰
	段　宁	蒋集政
	卢兴映	涂文清
	王习加	
成　　员	张列群	贺国成
	肖清平	
编　　务	曾牧野	尚　畅
	刘　殷	童　心

刘崐与晚清著名历史人物

长沙市地方志编纂室　编
龚军辉　著

湖南师范大学出版社
·长沙·

图书在版编目（CIP）数据

刘崐与晚清著名历史人物/长沙市地方志编纂室编；龚军辉著. —长沙：湖南师范大学出版社，2021.9
　　ISBN 978-7-5648-4339-7

Ⅰ.①刘… Ⅱ.①长… ②龚… Ⅲ.①刘崐－生平事迹 Ⅳ.①K827=52

中国版本图书馆CIP数据核字（2021）第186904号

刘崐与晚清著名历史人物
Liukun Yu Wanqing Zhuming Lishi Renwu

长沙市地方志编纂室　编
龚军辉　著

出 版 人｜吴真文
书籍策划｜王坚强
责任编辑｜牛盼盼　廖小刚
责任校对｜孙雪姣　陈筱萌

出版发行｜湖南师范大学出版社
　　　　　地址：长沙市岳麓山　邮编：410081
　　　　　电话：0731-88853867　88872751
　　　　　传真：0731-88872636
　　　　　网址：http://press.hunnu.edu.cn/
经　　销｜湖南省新华书店
印　　刷｜湖南雅嘉彩色印刷有限公司

开　　本｜710 mm×1000 mm　1/16
印　　张｜34
字　　数｜600千字
版　　次｜2021年9月第1版
印　　次｜2021年9月第1次印刷
书　　号｜ISBN 978-7-5648-4339-7

定　　价｜148.00元

著作权所有，请勿擅用本书制作各类出版物，违者必究。

序 言

　　从一事一人微观角度研究、展示、演绎湖湘文化的著作,可谓汗牛充栋了,尤其是关涉晚清湘军将帅与缔造者如曾国藩、陶澍、左宗棠、胡林翼、彭玉麟等的鸿篇巨制,更是蔚为壮观,也确对湖湘文化内涵解读、湖湘精神流脉探源、晚清湘军异然突起探因等作了精辟的剖析与透视。但是,我一直有个疑问:外省人又是如何看待湖湘文化特质及诸多现象的呢?可惜,这样的著述,我一直未能拜读。龚军辉的《刘崐与晚清著名历史人物》弥补了我心中隐藏于一角的遗憾。

　　晚清湖南巡抚刘崐是个值得大书特书的人物。他出生于文化基础薄弱的云南景东的一个耕读世家,通过刻苦学习、游阅博览、拜师访友而多才多艺,然后科举入仕,成为帝师和权臣,其成才奋斗史堪称榜样,而其廉洁奉公、精忠报国、一心为民、甘于幕后、不留文字等个性品质和处世态度,则成为鞭策和激励今人效仿并努力前行的动力。更为可贵的,他是湘军缔造和成长的见证人,他不仅与诸多叱咤风云的湘军人物亲善并曾多次给予支持扶助,而且又作为局外人,在近远结合的长年观察中,尤其是在将湘军与淮军、鄂军、黔军、赣军等的对比衡量里,反思与参悟出了非寻常人可感悟到的湖湘文化精神特质与生命张力——正是因"包容并举、多方吸取、上进拼搏"的精神滋养,湘人才一往无前;正是因长期在这种已经融汇于血脉的文化的熏陶与感染下,湘军才具凝聚力与战斗力,取得了武力斗争与政治权衡的双丰收。他由是衷心热爱着湘人湘土,倾注于湘事湘情,并毫不犹豫留居长沙并最后葬于长沙。客观地说,刘崐是座文化桥梁,一头连着云贵,一头牵着湖湘,他以外来者的文化视角烛照着湖湘文化的多文化融汇、螺旋式进化及蜂窝状解读。刘崐本身也是湖湘文化的一个重要载体、一个极具引力的磁场,他为湘军培养了众多闻名于世的儒将,为湖南文化教育事业发展贡献了青春和才华甚至毕生精力,他更为经世致用的湘学的推广不遗余力地呐喊助威、添砖加瓦,我们至今享受着其修书院、"培文胜"的遗泽。因而,纪念这么一位老人,整理其生命履迹,还原其经历场景,归纳其思想光芒,梳理其文化价值,既有必要,又是湘人的责任所在。

《刘崐与晚清著名历史人物》以刘崐的视角去观察晚清近两百个著名历史人物,既全面刻画、展示了刘崐从道光二十一年即1841年考中进士后在京、在湘的活动画面、仕途浮沉、思想转折,又以史传体形式记载、描绘了其结交往来诸人物的独到个性、非凡经历、传奇轶事,尤其是他们与湘人(包括刘崐)之间的复杂人际关系、这些人物不同的人生轨迹与其中蕴含的丰富的人文背景,实际上折射出了湖湘文化在晚清跌宕风云中的沉淀与嬗变,具有厚重的历史还原感和立体的场景剖析感。在这种化整为零、多棱角展示的艺术技巧下,我们通过刘崐的爱恨情仇、对亲疏关系的处理,不仅可以看出其个性品质、理想情操,可以透视当时整个的社会环境、官民情绪,而且提供了个体研究和群体研究合力并举的样本,还富有人际交往的反思价值和指导意义。譬如刘崐与人结交的要求——本性仁慈敦厚,性格直爽无讳,尤重出身贫寒而自强不息者;再譬如刘崐选士的原则——为人重孝节,为官一心为民,若家学渊源深厚更佳;还譬如刘崐为臣的风格——忠孝无隐,廉洁自守,务实肯干,百折不挠,志存高远,心系黎民……都在当下极具参考。读懂刘崐及其身边的文化场,就可对湖湘文化有通彻的了解、全面的把握,不只能找到湖湘文化源远流长、不断壮大的根,还可窥探其未来蓬勃发展、登顶创新的路。而这,正是解读《刘崐与晚清著名历史人物》的钥匙与导绳。我不能不为作者对刘崐的精研细判而折服，不能不说此书为湖湘文化的挖掘打开了一扇崭新的视窗。

龚军辉小友从文学创作转向文史研究，进而两者结合，亦文亦史，闯出了一条具有他自我个性的创作新路，理应祝贺。他为研究刘崐及确立其在湖湘文化中的地位，精心搜集各方资料，务实考证，详尽推敲，谨慎判断，小心为文，这本就是对湖湘文化的继承与实践。其新颖的观察视角、独特的表现形式所散发出的"心忧天下、敢为人先"的品质和"虚实相生、文史合一"的特性，亦是湖湘文化的精髓。为作者挖掘刘崐史料的不懈努力而点赞，为作者弘扬湖湘文化的匠心独运而喝彩。

是为序。

（作者系原湖南省人大常委会副主任、副省长，现湖南省湖湘文化交流协会总顾问）

自 序/我们为什么应该纪念刘崐

今天是刘崐210周年诞辰暨岳麓书院清朝最后一次大修150周年纪念日,主持人要我发个言,我思来想去,用了这个直白的标题,并且,准备发言的内容,也如标题一样直白。因为,我总结自己近年对刘崐的研究,觉得这个人赤诚、坦率、喜欢听真话,自己也一直在坚持讲实话、做实事;因而,纪念他,坦诚一点、直率一点,倒是应该。

我直接来回答自设的问题,也即阐述我觉得刘崐值得纪念的理由。

第一个理由:多才多艺——值得学习。

除去其治省、为官、指挥军事等才华,刘崐的个人才艺也是多种多样的,且确都达到了当时的顶尖水准。主要表现在四个方面:

其一是书法。无论大小行楷,刘崐的书法均圆润入体,百看不厌。业界评价为"书法劲厚,得鲁公意,时人以比钱南园"。《滇绎·云南通志》中评价说:"昆学颜平原,无楂芽气习,森张浑厚,传世绝少。盖其书名为吏治、文学所掩矣。"生于云南景东的刘崐,书法之所以能别出心裁,得益于云南的独特书学环境——当时中原受赵孟頫、董其昌影响大,尤其因康熙、乾隆推崇,一时上行下效,形成风气,而云南地处边陲,信息稍为闭塞，恰又出了个政声刚正、"崛起南疆，独入鲁公堂奥"、"能阳刚学鲁公，千古一人而已"（曾农髯、李瑞清语）的钱沣，故云南书坛独崇颜真卿，而刘崐也是其中学行者之一。他的楷书，笔画方圆兼备，厚实内敛，结构一反中宫收紧外宫开张的传统，变而为外紧内松的外拓法，字大撑格，给人壮健宽博、安如磐石的观感；他的行书，纵情恣性，大气磅礴，更见雄强忠烈，忠臣良将形象似立于纸面。他的墨迹，见于楹联、条屏居多。他写给谭心可的《颜鲁公斐将军诗》，三条屏行书，颇接近鲁公的《祭伯父文稿》，只是结体稍见狭长，行笔更见稳重，既有《祭伯父文稿》的行气，又有颜书的朴拙韵味。而较钱沣，他们同以鲁公为师，隶属同门，却各得千秋：钱沣得鲁公骨，结体宽博、朴拙更甚鲁公，力外露，无论楷、行书体，更具鲁公面目；刘崐学鲁公得其神韵，行书更见温润，学颜而能自出机杼。慈禧曾向其学习练字，当时亦有名门大户以客堂悬挂其一幅书法作品为荣耀，也直接反映了其书法价值。而他逝世后，景东民间把他的手迹视为神物，认为能驱鬼避邪，得佑家庭平安、昌盛、幸福。

其二是对联。联是抒胸臆、表情怀之物。刘崐现遗对联也是如此。"愿与不解周旋客饮酒，难为未识姓名人作书"，这是他隐居长沙后生活状况的写真，也表明了他对官途的失望、对求书者络绎的苦恼。"富贵何须六国相，功夫宜破百城书"，这是他寄给胞兄家属的一联，劝其弃追求权贵而执着读书研究。"还书如别深情友，入室唯闻太古香"，这联把刘崐对于图书的热爱表现得淋漓尽致。"玉佩琼琚，缅怀帝子；兰宫桂花，结想山阿"，这副对联借写定王台抒怀，饱含其羁旅思乡之情。"文兴年齐白居易，字随心正柳公权"，这副写给其四兄的对联，表达了他对亲属作文、习字的深切期望。还有"对月三人李供奉，纵情八极宗少文""得山水乐寄怀抱，于古今文观异同"等，都体现了其作联的一贯要求：对字严谨，词性匀称，意境高远，长于用典。正因善作联，民间还传说其对联能治风火，咸丰帝还为此向他求证。他在任湖南巡抚时，有人出银二百两以求其手书一联，也体现了其联语之价值。

其三是文章。这是刘崐在世时最为人称道的才艺。曾国荃在《刘韫斋七十寿序》中说:"先生天资纯厚,以孝友重于戚郦。少挺异姿,于书无所不读,海涵地负,包蕴闳深。至于贾董之议事,孙吴之用兵,河渠之志,盐铁之论,莫不兼该毕贯,期于有用为本。"刘崐进士出身,历任翰林院编修、侍讲、侍讲学士、国史馆副总裁、经筵讲官、内阁学士等,曾是时为太子的同治帝的侍读,民间有"天子门生,门生天子"之美誉。这都说明,刘崐这位一代帝师,文学功底深厚、学问渊博。他与曾国藩、胡林翼、左宗棠同气相求,推崇宋明理学,支持曾国藩兄弟刊刻《船山遗书》,成为经世致用湘学的主推手之一。他克己复礼,不留文字,现存文章甚少,故其乡人说:"后进儒生无由景仰,文苑各体无从采辑,乡党之间不无遗憾。"(《景东县志》)但民国时的《景东县志稿·艺文志》中还是载刊有其制文《禹稷颜子易地则皆然》《通天地人为儒赋》《学然后知不足赋》,还有曹天生点校整理的《王茂荫集》中存其所作古风一首,皆可见其扎实的古文功底。而其弟子龙湛霖为其编辑的《刘中丞奏稿》和《清抄本刘侍郎奏议》,亦可见其笔力,尤其其中对于战争场景的描写,如今读来犹让人热血沸腾、双目赤红,其文字的精湛令人叹服。他为名族作的族谱序言、《重修岳麓书院记》、《修复书院札》及《钱南园先生遗集叙》等文字,也可见证其不俗文采。他曾自题联说"养身好守中和气,经世还抒磊落才",堪称其精辟的自我写照。

其四是编纂。他曾受慈禧令编辑咸丰言行录;为改变乾嘉以来学者群趋考据一途的学风,他刊刻有贺长龄、魏源编纂的《皇朝经世文编》;出于感恩及对前贤的推崇,他在湖南极力搜求钱沣作品,编有《钱南园遗集》;他尤钟情于地方文献,于担任湖南巡抚的第二年即1868年,倡修督修至今最流行的《湖南通志》,由曾国荃、郭嵩焘、李元度担任总纂,耗时18年完成,最终成书288卷,加上卷首8卷、卷末19卷,共计315卷。这部湖南省的第三部通志,收辑了自上古至19世纪末湖南地区包括天文、地理、人文、物产等各方面的史料,是了解与研究19世纪以前湖南政治、经济、文化等方面的重要文献宝库。

第二个理由：高品厚德——值得尊敬。

刘崐的人格魅力是巨大的，无论是其弟子、同僚，还是湘、滇士人，甚至是他的政治上的敌人或被他参劾者，譬如兆琛，都对他的人品称赞有加。他一介寒门士子，凭借自己的聪明好学，通过科举进入官场，清正廉洁，虽宦海浮沉不如意十之八九，但操守高尚，世人尊敬。观其一生，我觉得其人可用"五好"来予以概括。

其一，好少年——其勤勉、孝悌，可作为如今少年儿童之榜样。据景东地方流传的故事，刘崐少时家庭经济并不宽裕，他常以帮人挑水来赚学费，也曾折柳当笔沙田练字，还为省住宿费用，每天翻过两座山峰前去求学。为了完成老师布置的诵读任务，他在月光下借光阅读。而他又好打不平，很有正义感，常为受欺凌者挺身而出，致被人揍得鼻青脸肿，但也从未悔改。他从小孝敬父母，亲近兄弟，尤其对送他上学的大哥刘班尊敬不已，视为"父兄"，对长嫂王氏也一直执以母子礼。

其二，好青年——立志高远，报效国家。自幼博览群书的刘崐，青年后四处寻访名师，恰原在外省施教的曹鹤书回归普洱故里，设帐广收门徒，刘崐的族叔刘体舒即出其门下，并于道光十三年（1833）中进士。刘崐遂步刘体舒之履，投诸曹门。他在道光八年（1828）选为优贡，4年寒窗苦读后即中乡试亚元。当年，叔侄二人成为景东人的骄傲。而刘崐亦把超越刘体舒当作了自己的下一目标。他认为："无尽者心，不穷者学。"（《学然后知不足赋》）学无止境，只有不懈坚持，方能不断进步，智慧之源才不会枯竭。他还勉励自己："忧可易为乐，乐亦可易为忧。事功与学问正，不限其域也。"（《禹稷颜子易地则皆然》）他坚持无论什么环境，不管身居何位，都立身要正，而立身要正则要不断提升自己的学问、磨炼自己的品行。正是有这样的高远认知，以及良好的学习习惯，他才得以厚德博学，精通经史，这也奠定了其日后廉洁务实的官场作风。道光二十一年（1841），刘崐中二甲第十六名进士，被选为翰林院庶吉士，可谓一鸣惊人，从而也被其乡人尊为青年学人榜样。

其三，好士绅——他的耿直诚信、不畏强权的品行，他的不折不挠的办事风格，他的兼收并蓄的学习态度，使他在士族体系中站稳了脚跟，并成为其灵魂人物。在京为散馆、翰林院编修期间，他结交了一群志同道合的朋友，如曾国藩、瑞麟、载龄、潘曾莹、赵畇、廉兆纶、倭仁、胡肇智、龙启瑞、牛树梅、李廷樟、吕朝瑞等——这些人，日后皆成大器，也多是其同僚，对其支持甚多。而他之所以能在这群人中成为灵魂人物，不仅因其才学品行，也在于他谦逊却又个性鲜明的性格，这在士人看来有古风。在湘居住时，他在厅堂撰书道："凡人之肯求于我者，皆使我有求于人者也；因人之求而求人之求，而我失其为我也。"其不求于人的性格可谓展露无遗。

其四，好官员——一是清廉。他为官近40年，身无余财，最典型的是肃顺案后他受牵连被免职遣返归籍，他居然连回云南的路费也没有，不得不到处借资，郭嵩焘也在《刘韫斋中丞八十寿序》中记载道："无货币之储，退休于所莅官之地，门人集资量田室，相协厥居。圣人言君子之戒三，综先生生平，无一之累其心焉。"二是秉公办事，不徇私情。他奉旨查办奉天海口税局、审查热河案件、验收通州漕运，时有人托请求情，他一概拒之。他对门生要求严格更是全国出名。他的得意弟子李元度、席宝田剿苗，因师老力疲停步不前，他参劾李元度，使其降职，而席宝田骄纵致黄飘大败，他又上奏使其降职，让其戴罪立功。三是唯才是举，知人善用。例如，李元度是其从黔阳教谕位置上提拔起来的，而席宝田则是以团练教总而为他器重直至提拔为援黔剿苗统帅。曾国荃也在《刘韫斋七十寿序》中称赞道："先生宣幽出滞，士尽知名，可知人才盛衰，视衡才者之弃取，岂以时为消长哉！"四是整顿吏治，安民保民。他实担任湖南巡抚仅半年，就弹劾革职了沅州知府乔云龄、桂阳州同石毓藻、永明县事吴炳雯、武陵知县欧阳烈、新化知县夏献钰5名办事不力、性情庸鄙、难资表率者，如此大动干戈，这在当时官场是极为罕见的，也足见其担当。而为民争利，为湖南减负，是其任湖南巡抚4年中做得最多的事，为此写的奏章就有20余封。五是训饬营伍，增强军事。这在鄙文《从〈刘中丞奏稿〉看刘崐的军事指挥思想》一文中已有详论，此处不赘述。

其五，好家长——一节无隐，书香延家。刘崐家规甚严，要求子孙富贵不淫、威武不屈、贫贱不移、事亲至孝。同治八年（1869），他的妻子、独子以及儿媳，接连离世，他独自抚养子之三男二女，他在给兄长家人的书信中称："窘况潦倒，矢志不移，家运屯邅，迭遭变故，勿哉！我景况如此，意气不衰。外办公事，内督三孙男两孙女读书，不置婢妾。汝等困苦余生，好好存心立志做人，此要此要！"郭嵩焘称赞他："始终一节，于身无隐情，于人无愧辞，通德类情，以成乎蔼蔼，为有不可忘者在也。"也正因此大节，慈禧甚为感动，后特旨起用其三个孙子：刘式衡为安徽观察，刘式通为江苏观察，刘式抡在北京同人馆学习。

第三个理由：护湘爱湘——值得爱戴。

刘崐是湖南人的福星，值得所有湖南人永远铭记、尊重、爱戴。他两历湖南，凡计八年，造福甚多，湖南面貌为之一变；他身居京职时，结交湘人，荐推湘勇，使湖南人善读、会治、精于兵事之名气大振；隐居长沙时，不理政事，闭门读经，拿得起放得下，足为士人楷模，且游历山水，结交文客，留芳名于长沙，足以颂之以诗文。一个云南人，有着如此深厚的湖湘情结，如此热爱湘土湘民，湘人对其如何称颂与感佩，都不为过。个人觉得，其护湘爱湘表现在三个方面。

第一方面是崇文兴教。这主要表现为四个方面：一是续科举。他任湖南学政以前，湖南科举已因战停摆了八年，他到任之后恢复日常府考，再一年后复科考，用曾国荃的话讲就是："方督学我湖南也，振拔人才，一以学术深远、操持坚正为主，戒勿竞声誉，勿徇俗尚，所甄录者类皆磊落奇伟之士，庠序之气焕然一新。……忠信甲胄，礼义干橹，学足以固之也。"而正是其任湖南学政期间，培养了大量人才，日后成为湘军主力——王闿运的《湘军志》和王定安的《湘军记》中共讲到的湘军将领有142人，其中儒将86名，有62人为其三年学政期间就读书院或中举者；罗尔纲的《湘军兵制》中统计的湘军将领179人，儒生出身者104位，其中有76人确属刘崐门下，故李元度、曾国荃称其"楚勇师尊"，可谓恰如其分。二是兴文遗。他不仅应徐棻之邀为新修葺的贾谊故居撰写了一联"汉策续遗篇，掩卷犹闻长太息；湘滨寻胜迹，结庐还忆此栖迟"，而且将太平军攻城而毁的天心阁段古城墙予以修复，设炮台九座，并增建月城，使古城墙成半环拱式内双城格局，这就是当前天心阁的模样。他还将清末文人聚集地，留下众多诗文的又一村予以整修，使之成为当时文人雅士向往之所。《郭嵩焘日记》同治八年（1869）三月二十八日载："大雨。蕴斋中丞邀同沅甫（曾国荃）、次青（李元度）、子寿会宴又一村，盖中丞所新葺者也。小泊舫故有屋三楹，中丞易为平台，四面飞楹，下临菜圃，最有胜致。"三是修书院。最著名的当为重修岳麓书院，这也是清朝最后一次大修岳麓书院。他在到任湖南巡抚后的六月到书院视察，"周历讲堂察看，梁柱中空，桷椽朽坏，东西墙壁半已经欹斜，山长所居半学斋栋领亦被蚁伤，将有倾颓之患，殊不足以重坛席而肃观瞻"，他于是痛下决心，并召人而问责："湖南之兵可用而财可济者，其人才为之也。岳麓书院，人才所从出之地，竟听其荒芜而废坠焉，所惜者小而所失者大，诸君其计之乎！"岳麓书院因而得以"凡院之门堂斋舍，院内外以及岳麓峰之祠庙、殿虎、楼台、亭阁，因旧制而修复者十之五，新建者十之二，或增或改者十之三"（《重建岳麓书院记》）。他上奏朝廷吁请批款，并借机修葺了云麓宫等岳麓山上的名胜古迹。其次是修整城南书院，礼聘郭嵩焘前来主讲，并常自授官课，还为其制定了书院条规。特别值得一提的是，从事宫廷教育出身的刘崐，出于启民智的需求，一改城南书院的贵族子弟教育传统，大力招收寒士与平民子弟，并为学员提供食宿，这在晚清十分罕见、颇为开明，也直接推动了长沙乃至湖南平民教育的蓬勃发展，以后育才学堂、明德学堂以及周南女中、长郡中学、雅礼大学等民国长沙平民学校的勃兴，正是承继了这一发端。再次是修整了湖南贡院，并为之作记。刘崐非常看重书院修复，认为书院乃育才之所，小到一砖一瓦、大到一阁一楼，万万不可草率，因而每每事必躬亲，以图百年大计。他为之唱颂："居安思危，苞桑之系也；损过就中，栋隆之吉也。自今以往，吾诚愿书院一成而不毁，人才之日长而日消矣！"四是传理学。刘崐是经世致用湘学的推动者，又是修齐治平传统儒家的继承者。他深叹南宋之后儒家正途断失，极力倡导恢复宋明理学。也是在他的坚持下，贾谊、杜甫、辛弃疾、胡安国、胡宏、张栻、王夫之、陶澍、贺长龄、魏源等列入了乡祠，尤其在破除同朝不祀的旧习方面，其功最大。

第二方面是除弊安民。这部分，也在我的《〈从刘中丞奏稿〉看刘崐的军事指挥思想》一文中基本写清了，不赘述。用郭嵩焘的话讲："末几，奉命来抚，承花县骆文忠公、阳湖恽公、合淝李公之后，吏事修明，人民乐业，益务为宽裕敦博，绥之安而动之和。于时东南兵事底定，而贵州苗乱且三十年，湖南屡发兵讨之，殚财用，烦征调。先生至，为易置将帅，委任而责成功。"（《刘韫斋中丞八十寿序》）我将之概括为五点：第一，荐举人才不拘一格；第二，弹劾贪懒穷追猛打；第三，树立榜样不遗余力；第四，剿苗防匪杀伐果断；第五，减赋增收不厌其繁。可以说，在湘担任巡抚期间，刘崐总揽湖南省军事、司法、行政、吏治、财经等事务，在内忧外患当中，他左支右绌，"昕夕经营，酌盈剂虚"，其儒学治省的才华展现得淋漓尽致。而更为可贵的是，"及其起而抚楚也，建不朽之业，为久大之图，事成而身去之，缄口不言，又何达也。非其自待者厚，而所思者远欤"（《刘韫斋七十寿序》）。

第三方面是交友亲朋。刘崐喜欢湖南，他交的朋友也以湖南人居多。他曾笑着对李元度言："虽非楚人，情系楚地非一日，交楚人者官绅十之七，文藻词人莫概为之。"而湘人也对刘崐颇有情意，"邦人之闻先生来也，欣欣然奔走而相庆，其为吾楚所爱戴者如此"，及其退辞，"邦人士感其有造于湖南，不忍公归。先生亦以楚中山川浑朴，风俗敦厚，遂留焉，闭门却扫，翛然事外，良自得也。而其惓惓湖南之心，读先生自著重建岳麓书院及增修贡院两记，亦可以想见矣"。也是读罢此段文章，我才立意作"刘崐与湖南历史文化名人"系列，后因从中忽窥知我的伯曾祖父龚心印的事迹及受人托请，去赶补《菁莪乐育——湖南私立育才学校百年风云人物散记》，耽搁了，暂还只写成了这已有的11篇。但从这11篇中，也已可窥见刘崐交友的四个基本原则：一是体恤宽容，不苟不松，这在他与席宝田的交情中可见一斑；二是四海宾客，高朋满座，刘崐虽不喜交际，不惑浮言，且严谨稳安，但谈笑有鸿儒往来无白丁，与曾国藩兄弟、郭嵩焘兄弟、李鸿章兄弟等的深厚情谊皆可论证此点；三是士子情怀，同气相求，这在他对谭嗣同之父谭继洵的影响上特别明显；四是团结和谐，不输曾、左，刘崐一直是曾国藩、左宗棠关系的协调者，也是曾左交往的桥梁纽带，同时，他在助襄曾、左时，亦有与两位湖湘巨子相较量、比短长的思量。李元度在刘崐逝世前谈及其的择墓地，曾说："先生与伯涵，在世无争，阴地实针锋矣。"其揣度或许并不正确，但也符合刘崐自视甚高的文人性格。是不是这样，可待阴阳学家择二墓比较一番。刘崐逝世，李篁仙作联曰："廿年来台座春风，侍依湘水，俯念亲俱老矣，不辞金粟之贻，只深惭疲马修途，无自酬恩负知己；一月半江城暮雪，归立程门，见问子其饿乎，特致枣糕之饷，今猛听啼鸦远树，为公流涕感平生。"王闿运更为之作二联，一曰"丹桂袭庭芳，海内共知循吏子；青骢怆星驾，滇民愁送使君车"，二曰"一士定东南，更辎车重采榛兰，中兴盛事留嘉话；八旬娱富贵，看兵气销成弦管，三湘福地葬神仙。"从这些挽联，也可见湘人对刘崐的感激与缅怀。

  我还要补充一点：刘崐不仅给长沙留下了学士桥、学士路等纪念性建筑物与地理标识，更主要的是其倾心育才、不求传世的高风亮节影响了一代代湖南人。清末及民国时长沙私立学校办学兴旺，就有人受他激励。据龚心印1951年肃反供述材料显示，湖南私立育才学校创始者曹佐熙创办这所后来培育了刘少奇等才俊的名校时，其意即"承韫斋志，做不世功"，因而龚心印后来办学于局关祠，无意得知自己在师敬湾的居所原为刘崐府宅时，欣喜若狂，惊呼"玉昆阴助，育才能不兴乎？"这种牵强联想，今人或觉癫狂，而在清末至民国，对刘崐怀抱敬意者，崇而拜之者何其多，作如许联想，箪瓢思源，又是多么自然！倒是如今，人情日淡，忘恩负义者甚多，对先贤追忆者日少，诚可忧矣。纪念刘崐，或许正是拨乱反正之一契机。

  这就是我的发言，匆忙写就，不实偏颇之处，敬请方家批评指正。

（本文系纪念刘崐210周年诞辰座谈会上的发言，2018年5月）

目录

京师篇   001

◆ **科考记**

王　鼎：赤胆忠心堪楷模　　　　　003
杜受田：座师恩情终生报　　　　　006
三　胡：学礼绩溪乃为官　　　　　009
潘三代：科考缘分实奇难　　　　　012
祁寯藻：三代帝师不远疏　　　　　015
王广荫：提携之恩顺天情　　　　　018
陆增祥：两次科考结良缘　　　　　020
彭蕴章：其难其慎军机臣　　　　　023
许乃普：屡司文柄堪喜斋　　　　　025
张之万：宰相状元文艺范　　　　　028

◆ **满蒙记**

那清安：父子赏才影响深　　　　　032
瑞　麟：一武一文竟契同　　　　　035
英桂和灵桂：帮助刘崐两皇亲　　　038
成　琦：后悔结交一庸吏　　　　　040
青麟与崇纶：鄂事立可辨忠奸　　　042
完颜氏：半亩园中清藏书　　　　　045
僧格林沁：两度同事兵事兴　　　　048

官　文：军事指挥佐贤才　　　　　　　　　　050
穆图善：有识有勇忠良将　　　　　　　　　053
裕　禄：才不堪用刀笔吏　　　　　　　　　056

◆共事记

倭　仁：程朱理学教刘崐　　　　　　　　　060
翁　氏：三代携扶仕学同　　　　　　　　　063
廉兆纶：共葆雪霜心径通　　　　　　　　　066
万青藜：人情理性两较量　　　　　　　　　069
肃　顺：恩怨相随未能清　　　　　　　　　071
阎敬铭：同具丹心扶社稷　　　　　　　　　075
周祖培：政敌师兄难辨明　　　　　　　　　078
黄宗汉：忠勤正直终浮云　　　　　　　　　081
陈孚恩：反覆靡常一鄙夫　　　　　　　　　083
李氏叔侄：亲密相交因勤奋　　　　　　　　087
吴可读：直谏干臣留佳诗　　　　　　　　　090
宋　晋：原慎躬行顽固臣　　　　　　　　　093
岑毓英：跋扈霸才随滇事　　　　　　　　　095
何　璟：谏言治地海防臣　　　　　　　　　099
袁保恒：子承父业武诗人　　　　　　　　　102
徐广缙：亲民爱国一廉臣　　　　　　　　　105

湘楚篇　　　　　　　　　　　　　　　109

◆督抚记

毛鸿宾：敬重理由有三种　　　　　　　　　111
骆秉章：为官处世皆楷模　　　　　　　　　114
张亮基：宽厚真诚一兄长　　　　　　　　　117
恽世临：精细过后是苍凉　　　　　　　　　120

李瀚章：政治互信相继承　　　　　　　　　　123
潘　铎：忠毅总督屡升降　　　　　　　　　　124
郭柏荫：重读治学又督抚　　　　　　　　　　127
曾望颜：立脚怕随流俗转　　　　　　　　　　132
曾璧光：上书房师黔督抚　　　　　　　　　　135
王文韶：圆滑谨慎大军机　　　　　　　　　　138
刘岳昭：平乱治地刘家军　　　　　　　　　　141
刘坤一：保守总督维新派　　　　　　　　　　144
吴坤修：文武全才书联家　　　　　　　　　　148

◆ 湘人记

曾国藩：情谊一生为湘军　　　　　　　　　　152
曾国荃：师生缘分不了情　　　　　　　　　　155
郭嵩焘：知性相交四十载　　　　　　　　　　157
徐　棻：墨宝情缘而器重　　　　　　　　　　160
杨岳斌：债事损望折公才　　　　　　　　　　162
刘　蓉：乡贤垂范亦政知　　　　　　　　　　165
李元度：亦师亦友恩怨明　　　　　　　　　　168
萧锦忠：遗忘状元轶事纷　　　　　　　　　　171
萧孚泗：三次变化认识深　　　　　　　　　　173
周洪印：举重若轻智慧深　　　　　　　　　　176
左宗棠：锋颖凛凛事功著　　　　　　　　　　179
江家军：情缘往事因敬重　　　　　　　　　　184
龙山黄氏：密交笃情教育心　　　　　　　　　187
王闿运：刘崐赏才大学者　　　　　　　　　　190
长沙文友：二十六载缔交情　　　　　　　　　191
席宝田：剿匪军功归先生　　　　　　　　　　194
叶兆兰：入世报国一书生　　　　　　　　　　196
易佩绅：豪爽风骨性负气　　　　　　　　　　198

精毅营：关爱诸将湘人情　　　　　　　　　201
胡林翼：盼见湘帅一生憾　　　　　　　　　205
黄翼升：水师提督附曾门　　　　　　　　　208
高连陞：剿捻剿回立奇功　　　　　　　　　211
刘锦棠：志虑忠纯飞将军　　　　　　　　　213
老湘营：诸将薄缘亦见情　　　　　　　　　217
杨昌濬：楚军骁将名督抚　　　　　　　　　221
刘　璈：朴勇善战台州府　　　　　　　　　225
罗泽南：理学重镇湘军骨　　　　　　　　　228
丁善庆：多艺山长磊落才　　　　　　　　　232
楚军将领：简单交往同湘勇　　　　　　　　236
陈　湜：曾左门徒亦宿将　　　　　　　　　241
段　起：望族名门博军功　　　　　　　　　244

◆ 官员记

杨　翰：山水知府有三绝　　　　　　　　　247
易润坛：名门之后后勤官　　　　　　　　　250
张自牧：理财筹饷荐西学　　　　　　　　　253
李　榕：征战治省又育人　　　　　　　　　256
左　枢：负气好奇惜早夭　　　　　　　　　259
廖寿恒：维新军机世家子　　　　　　　　　262
黄炳堃：古琴世家景东吏　　　　　　　　　265
冯子材：抗法良将仍寒素　　　　　　　　　268
黄开榜：太捻克星有义子　　　　　　　　　271
鲍　超：勇鸷坚强一名将　　　　　　　　　274
周达武、张文德：提督将军亦湘人　　　　　279
吴自发：黔东兵备有三潭　　　　　　　　　283
罗　萱：恬适文书诗学者　　　　　　　　　285
白恩佑：进士画家良观察　　　　　　　　　288

何雄辉：提督总兵镇黔滇	290
韩超与周步瀛：镇抚黔省师徒心	293
杜瑞联：治地能吏鉴赏家	295

学授篇　　　　　　　　　　　　　　　　　　　299

◆学生记（举人）

潘祖荫：三变弟子人生转	301
毛玉成：以身殉职恩师痛	304
郭梦星：勤恳守业举子梦	307
沈善庆：家族余荫有文德	309
沈秉成：坎坷入世留耦园	311
江人镜：心如皓月节似兰	314
崇　厚：卖国贼也务实郎	318
陈兰彬：保守能吏外交家	321
朱学勤：致仕之后藏书家	324
李鸿裔：退隐林泉应世才	327
黄体芳：惓惓忠爱清流党	331
刘　庠：考证明理谢出仕	334
高心夔：诗书篆刻证风流	336
鹿传霖：一生关键系五词	340
吴大澂：人生四乐七大事	344
吴汝纶：鼎盛人生三时期	347

◆学生记（进士）

翁同龢：书家藏书状元郎	352
孙毓汶：专权投降齐天圣	356
钟宝华：忠孝双全权文衡	359
赵有淳：任事实诚杂学家	362

延　煦：重典护国是皇亲　　　　　　　　　　365
谭钟麟：勤恳爱民老臣心　　　　　　　　　　368
汪祖绶：书画进士廉知县　　　　　　　　　　372
杨秉璋：浪子回头川学政　　　　　　　　　　375
夏同善：忠实为臣泽子孙　　　　　　　　　　378
叶衍兰：真率学者南词家　　　　　　　　　　381
于凢甲：博学诗人琉球使　　　　　　　　　　383
铭　安：缉盗治疆朝鲜使　　　　　　　　　　385
庞掌运：寒门进士豫诗人　　　　　　　　　　389
潘祖同：书画收藏沦落人　　　　　　　　　　391
李宏谟：履职直言寒门子　　　　　　　　　　393
孙钦昂：重孝为民好家风　　　　　　　　　　395
李寿蓉：诗文进士联语家　　　　　　　　　　399
邓宗衡：仁慈敦厚万家福　　　　　　　　　　402
进士诗人：崐门教化彰异彩　　　　　　　　　404
谭继洵：行思最近崐门生　　　　　　　　　　406
裴荫森：作辍两难显苦心　　　　　　　　　　408
徐延旭：是非且自听人评　　　　　　　　　　411
钟骏声：状元父子情谊深　　　　　　　　　　413
林彭年：朴诚敦厚榜眼郎　　　　　　　　　　416
吴元炳：两江总督世家子　　　　　　　　　　418
崔王师徒：家族交往通姻亲　　　　　　　　　422
徐致祥：忠君诗人大嘴巴　　　　　　　　　　425
黎培敬：清正廉洁文肃公　　　　　　　　　　428

◆ 同年记

龙启瑞：诗词书画联状元　　　　　　　　　　431
龚宝莲：权掌文衡榜眼公　　　　　　　　　　436
潘曾莹：诗书史画世家子　　　　　　　　　　439

顾文彬：过云楼劫余诗书	441
牛树梅：朴诚廉干传佳声	444
陈启迈：削职为民亦风流	447
赵　畇：山长诗人遗腹子	450
载　龄：文进能臣系皇亲	454
毕道远：屡柄文衡书法家	457
张金镛：卓越学政遗诗文	459
胡家玉：理财海防兼诗臣	461
贺寿慈：清廉能吏失晚节	465
陈　立：训诂公羊藏书家	468
孙　濂：渺茫天意催迁客	471
张衍重：能人知府出名家	474
颜培瑚：文学豪士因家传	476
刘氏兄弟：同榜进士大家族	479
毓　禄：宽囚疏税驳铸钱	482
徐台英：瓦讼治里一良吏	484
王　拯：忠君爱国文学家	487
孙锵鸣：百年树人传家训	491

参考文献   495

附　录   503
  刘崐生平年表   503
  刘　崐：晚清经世湘学主推手   504
  从《刘中丞奏稿》看刘崐的军事指挥思想   509
  学士桥：期寓于学风雨痕   521

京师篇

科考记

王　鼎：赤胆忠心堪楷模

在道光二十一年（1841）参加会考之前，刘崐并未与王鼎［1768—1842年，字定九，号省厓、槐荫山人，陕西蒲城人，嘉庆元年（1796）进士，选庶吉士授编修，历任侍讲学士、侍读学士，礼、户、吏、工、刑部侍郎，户部尚书，河南巡抚，直隶总督，军机大臣，东阁大学士，卒赠少保，谥文恪］见过面。但对这位爱国忠君的名相，刘崐早有耳闻，并对其敬重不已。

刘崐敬重王鼎，首先是因为王鼎的求学之路坎坷崎岖，值得敬佩，联系到自己少年壮志，追求不止，他显然看到了自身的影子。王鼎少年时家境贫寒，但他勤奋好学，常抄书而读，并效前人在沙土上练字、月光下看书。民间传说，他是文曲星下凡，常携带书在本地附近的一座极灵验的城隍庙内的长明灯下就读，城隍知其前世只能小心站在一旁侍候，觉得不便，就给庙里相关人员托梦，嘱其长期供应王鼎点灯用油，王鼎就是在城隍庙的赞助下功成名就的。

其次，刘崐敬重王鼎的原因在于其为做人做官树立了典范。王鼎关心国计民生，理财有方，是嘉道年间有名的理财能手。道光二年（1822），河南仪工奏销不实，他在调查后进行分析："仪工用款至办奏销，与部例成规不符。乃以历办物料、土方价值，合之豫省成规，互相增减，于秸料、引河等款增销一百三十万，夫工、麻斤各款减销一百三十万，虽有通融，银两仍归实用。惟八子钱一款，以银易钱，多于旧价，每两提八十文充入经费，而于各员应缴之银，一并扣算，实违定制。"道光七年（1827），新疆张格尔在英国的支持下发动叛乱，清廷派兵讨伐。王鼎均衡度支，在保证军需上一丝不苟，世人称道。他在担任户部尚书任上，两次对盐政进行整顿：道光八年（1828）赴天津长芦盐场调查盐政弊端，他提出缓旧税、征新税，暂停征税三年，领盐补贴以补损耗三项治理措施；道光十年（1830）去两淮盐场，在陶澍［1779—1839年，字子霖，号云汀，湖南安化人，嘉庆七年（1802）进士，曾为山西、四川、福建、安徽等省布政使和巡抚，官至两江总督加太子少保，著有《印心石屋诗钞》《靖节先生集》等］等人的配合下，采取简化管理、缩小浮收、打击私贩等措施，并提出新章法15条。这样，促进了盐商经营，扭转了盐课拖久危局，保证了国家财政收入。而他自己生活俭朴，克己奉公，关心体恤百姓。最为有名的是两事：一是平反冤狱。嘉庆十九年（1814）他授工部侍郎，后调任吏部兼管户部、刑部，道光二年（1822）署河南巡抚，其间数次奉命出使九省巡抚办案30余起，多次平反冤狱，被人誉为"王青天"。最著名的是浙江德清徐仇氏与前房儿子通奸，为灭口杀死儿媳徐蔡氏一案。仇氏奸猾，买通各级官吏、仵作狱卒，造成各级官员互相包庇，虽三次开棺验尸，皆无结果，甚至导致按察使王惟恂明知其情却被层层关系网所缠，而被逼自缢。王鼎复审，经过艰苦访查，弄清了受贿网，他毫不留情，使一巡抚、四知府、二同知、四知县及三十余名县吏受到惩处。其执法如山、铮铮铁骨，令"浙人颂为神明"。二是他对教育、社会公益事业异常关心。他视学江西、分校会试，两主浙江乡试、四主顺天乡试，还两次主持全国会试，门生众多，其中异人奇杰不可胜数，但他从不接受托请，其自律堪称表率，甚至儿子回陕西会试时他唯恐其利用权势行不法之事，特叮嘱儿子考前不许见客见官，力杜嫌疑。任江西学政时，他常入基层督查，垂刻《朱子小学近思录》《六事箴言》等，充实内容。家乡尧山书院修建，他供以经费，大力捐款，并倡办义仓、义田。一次，主持家务的四弟对地方捐助稍有犹豫，他知道后立刻写信严责："弟所见殊欠老成。此等义举……弟当毅然行之。"

而刘崐更敬重王鼎的，是其治河禁烟，想尽办法推举人才。在鸦片泛滥成灾，成为国家大患的情况下，作为宰辅的王鼎支持钦差大臣林则徐赴广东查禁鸦片，而在道光二十年（1840）鸦片战争爆发后，他又支持抵抗派，坚决同首席军机大臣穆彰阿为首的投降派进行抗争，尤其对不予抵抗的琦善及其党羽痛恨不已。相反，对主战的林则徐、邓廷桢等设法加以保护。鸦片战争失败，道光皇帝将林则徐革职发配伊犁，王鼎不顾个人安危，奏请林襄办河工（当时黄河发生险情），并多次报奏其功绩，想给其以重新被起用的机会。不意治河工程竣工庆典之日，道光却仍急令林则徐前往伊犁。年已74岁、背患疮疾、终日胼胝于风雪水口中、终日食民夫食物的王鼎，星夜兼程进京，向道光力谏林则徐之贤，并当面指责穆彰阿为祸国的秦桧、严嵩。道光不听，他次日又廷诤，道光仍不听，欲抽身走，王鼎牵衣苦谏："皇上不杀琦善，无以对天下；老臣知而不言，无以对先皇！"道光气恼，甩袍下殿。后来，绝望中的王鼎效法春秋时卫国史鱼尸谏故事，自缢于圆明园邸所，其遗折中疾呼："条约不可轻许；穆不可任，林不可弃！"这就是著名的王鼎尸谏事件，后来林则徐为此专写了《哭故相王文恪公》诗两首，称其"伤心知己千行泪，洒向平沙大幕风"，而魏源则称其乃屈原再现、史鱼第二，比作忠心报国反遭诬陷的周公。

这样的故事传至正在等待会试结果的刘崐等人耳中，真是叫其热血沸腾，刘崐甚以王鼎为本届会试主考官为一生幸事。他晚年在与李元度交谈中，多次讲到王鼎对自己的影响，当李元度称颂他实得王鼎衣钵时，他严肃地表示，自己得王鼎刚直不阿、嫉恶如仇、风骨嶙峋、风超绝俗"不过一二余末也"。而对待王鼎的态度，成为他交友的一条不可逾越的分界线。时为军机章京的陈孚恩，是刘崐一度十分羡慕的人物，且前期已经拜会，但知其在王鼎死后骗得遗书，"代为改草遗疏"的举止，刘崐顿感以与其相识为耻，以后两人同事合作也不是十分愉快，而对待在此事上助纣为虐，以门生而劝说王鼎之子王沆［1809—1862年，字静溪，道光二十年（1840）进士，翰林院编修，因不能成父志被王鼎门生及陕甘同乡所鄙弃，乃感愧恨，终生不出］交出遗书、向皇上谎报其父暴疾而亡的张芾［1814—1862年，名黼侯，字小浦，陕西泾阳人，道光十五年（1835）

进士,选庶吉士授编修,擢少詹事、内阁学士、江苏学政、工部侍郎、吏部侍郎、江西学政、刑部侍郎、江西巡抚、左副都御史等],他绝不相交甚至朝见也避而不视。同朝,陈、张坐过之处,刘崐竟要一再擦拭方入座。这种洁癖,是对其一生视为楷模的王鼎表达敬重!

杜受田:座师恩情终生报

刘崐在道光二十一年(1841)考中进士,座师为杜受田[1787—1852年,字锡之,号芝农,山东滨州人,道光三年(1823)进士,选庶吉士授编修,任内阁学士,擢工部、户部侍郎,工部尚书,充上书房总师傅、实录馆总裁,太子太傅兼吏部尚书、刑部尚书、礼部尚书、协办大学士,卒谥文正]。这对重情重义的刘崐来说,便奠定了其与杜氏家族不离不弃的基石。

其实,刘崐与杜氏家族结缘早在道光十二年(1832)。这一年,杜受田为云南乡试副考官,而刘崐中举亚元,即为杜受田点录,划归其门下。因而道光二十一年(1841)刘崐中进士,是属再度归于杜门。刘崐中举次年,其族叔刘体舒[?—1855年,字云岩,云南景东人,道光十三年(1833)进士,曾为广西融县知县、直隶州知州、浔州知府等]考中进士,而两年后杜受田的次子杜翮(1808—1865年,字汉升,号筠巢,选庶吉士授编修后历户部、礼部右侍郎,工部左侍郎,江南乡试副主考,会试总裁,1860年以钦差大臣身份督办山东团练大臣)也考中了进士,而杜受田值上书房教授皇子读书。对当时正在翰林院学习的学子们来说,杜门那是必得想法亲近的,因而来京探望族叔的刘崐也得以与杜翮相识。杜翮好书法,对颜体尤其有研究,正与刘崐相契投,而他又好写诗,当时已经在云南小有诗名的刘崐自然也不免与之切磋一番,两个同龄人间就留下有一些诗话。相传,当时杜翮将自己所作的《惜春词》交给刘崐阅读:"漫夸万紫与千红,妒煞石尤昨夜风。无计留春折柳处,看花时节太匆匆。"

刘崐称赞之余，又指出："折柳败意，不若改为'无计留春送春去'，则意境更为高远。"杜䄷拊掌大笑，连连称妙。

刘崐成为杜受田的门徒，在翰林院里得到了较多的关照，尤其授编修后，在道光二十四年（1844）因杜为工部尚书充上书房总师傅，他得以成为顺天乡试考官，并且三年后又得以充任，为其仕途之路做了很好的铺垫。而刘崐这些年在杜府的走动，不仅获得了杜受田的认同，而且也得到其父杜堮［1764—1858年，号石樵，嘉庆六年（1801）进士，翌年授编修，历任顺天学政、内阁学士兼礼部侍郎、兵部侍郎、浙江学政、礼部左侍郎，后因子而授尚书衔，卒赠大学士，谥文端，著有《遂初草庐诗集》等］和其长子杜翰［1806—1866年，字鸿举，号继园，道光二十四年（1844）进士，选庶吉士授编修，曾为工部左侍郎、吏部和礼部右侍郎、军机大臣，是咸丰帝"顾命大臣"之一，辛酉政变后被革职，流放新疆，后被赦免］的欣赏。杜翰后来在刘崐革职被遣归云南时，还曾以《述怀》诗赠他："年来壮志尽消磨，宦兴浮云薄似罗。佳句每从愁里得，良辰半是客中过。事如春梦薴腾去，人至中年感慨多。行乐及时偕妹弟，白头岁月易蹉跎。"而刘崐曾抄杜堮的《落第》诗给自己的好友王闿运："丁香如雪柳如丝，正是寒轻暖嫩时。可惜长安好风景，看花无奈马蹄迟。"

对于自己的座师，刘崐尤为尊重。尤其是杜受田为户部左侍郎时，对户部进行大力整顿，裁减了两名管库大臣，自己直接管理银库，取消了管库大臣每月50两的饭银。这种严于律己再推之及人的作风，刘崐直接秉承。而杜受田孝敬父母的故事，也让刘崐颇为感怀。作为独生儿子，杜受田无微不至地照顾着父母的饮食起居。嘉庆十九年（1814），年过半百的杜堮患病，十几天昏迷不醒，几个月卧床不起，杜受田为父亲延医请药，端水喂饭，几个月未上床休息。嘉庆二十五年（1825）十月，杜受田的母亲李氏去世，他悲痛欲绝，几天时间就骨瘦如柴，但怕过度失态引起父亲伤感，他在送母葬后昼夜侍奉在父亲身边。杜受田亦是一个谋臣，在四阿哥与六阿哥争夺皇位中，他教四阿哥采用两计——打猎时，他告诫四阿哥不放一箭，而待皇帝问起时回答"不忍伤生以干天和"。道光帝临死前召集众皇子欲再进行考察，他深知四阿哥辩才不佳，便教他只管跪地抽泣并言"惟愿皇阿玛早日康复"，以亲情打动皇帝，最终博得帝位。当别人指责杜受田工于心计时，刘崐摇头，反赞颂道："此乃大道，帝王之术非百官之术也！"

刘崐更羡慕的是这"一门七进士""父子五翰林"的杜门家训及其营造的文化。他日后赠人笔墨，多用到其中的一些警句，如："教子以身不以言，非不以言也，所言皆其所行耳。其言如是，其身不如是，子固从其身不从其言也。""富贵有作乐，贫贱不堪忧。""天时有进退，家运有盛衰。""公之训首在志气，有志气而后有心胸，有心胸而后有识见，有识见而后有谋猷，有才干，有器量。苟为无志无气之人，则着衣啖饭了此一生，乃其宜矣。""相人以心，毋相人以面；观人以事，毋观人以言；卜人以终身，毋卜人以一日。"刘崐将杜氏门风、文化归纳于两点："首要为正心，心正则人正，人正才事正。其次乃精于教育，学优则仕或不仕，书不可不读，不患无位而患所以立，终身学习而可品端学粹，正色立朝。"他多次向人宣扬杜家私塾前的一副对联："不染似莲花，经世何妨出世；真空如水月，禅机即是文机。"

咸丰二年（1852），山东一带连降大雨，滨州等30余州县受灾严重，庄稼被淹，民宅倒塌，沿河居民漂溺殆尽。时患病并调为礼部尚书的杜受田闻讯，痛裂肝肠，主动奏请到山东及江南一带赈恤灾民。受任后，他日夜兼程驰赴灾区，这天行至现滨州西一村落住下，此地离其老宅仅10余里，而他又多年未回家乡，随行劝其回家探望，杜受田说："贼氛未清，河患未平，怎能念及乡情？"他到达赈灾点后，置暑湿于不顾，宵衣旰食，察民情，问疾苦，与山东布政使刘源灏〔1794—1864年，字鉴泉，号晓瀛，今河北永清人，道光二十三年（1843）进士，曾为扬州知府、陕西督粮道、山东按察使、光禄寺少卿、湖南按察使、云南布政使、贵州巡抚、云贵总督〕和江宁布政使祁寯藻核定施赈章程，安抚灾民。办理完山东赈灾，他又驰赴江南，不料劳顿中因暑湿而触发旧患肝症，竟于七月九日病卒于江苏清江浦驿台。当接到漕运总督杨以增送来的快马丧信时，时为湖南学政的刘崐目瞪口呆，接而号啕大哭。他当即派遣自己的独子刘聚中赴京吊唁。而一月后他看到了杜㙇写给自己的复信及其白发人送黑发人的感怀而当晚所书诗作:"岁月唐唐事可知,晚秋又遇晚风时。只愁朔雪漫空起,未觉残阳堕地迟。聚散因缘何处问?往还梦寐不堪思。也应兜率天中去,可信香山是了期。"刘崐再次泪流滚滚。咸丰八年(1858)八月,杜㙇逝世,调补户部右侍郎的刘崐立即赶到杜府充杂役筹办后事。

对师门照拂甚周的刘崐在咸丰六年(1856)担任了会试副考官,并授兵部右侍郎,他集合杜氏门人向咸丰皇帝共同启奏,陈述杜㙇、杜受田、杜翰、杜翀一门所做贡献,请求给予杜受田的孙子杜庭琛赐进士出身,得准。4年后,又是作为会试读卷官的刘崐将参加殿试的杜庭琛圈为二甲,使其入翰林院授编修。或许,这是刘崐个人以为的对师门最好的回报。

三 胡:学礼绩溪乃为官

刘崐终生勤于经学,尤其是到中年后执着于礼学的研究与考证,并服膺于安徽绩溪诸礼学大家,从而与安徽士绅也一直保持着较好的关系。

刘崐学礼,始诸道光十二年(1832)其中举之后。由于杜受田的引导,他得以了解方体[1758—?,字道坤,号廉坊,安徽绩溪人,乾隆五十五年(1790)进士,历任刑部主事转员外郎、九江知府、凤阳知府、苏松道、常镇道、江宁盐巡道、湖北按察使与布政使]其人及其著作。方体生于家道中落的儒家,在外婆家长大,授业于水西会所,师从博学奇才的邵兰和邵荣登,中秀才后就读于徽州府城紫阳山院9年,拜师郑诚斋门下,少年时其人品和才华在乡间已有口碑,后在朋友邵沚人和程云溪筹资支持下参加乡试,于1785年中举,再之后会试及第。他从政30年,一心为民,清廉正直,善理刑狱,擅治水患,乐善好施。任九江知府为溢水人建堤坝时,他不仅自己捐俸禄,而且发动家人将簪珥等心爱之物悉数捐献。"其工既成,亡水患。溢人大悦,名之曰方公堤。"《江西通志》

也记载说他"在任十余年，政平讼理"。调任凤阳知府时，他在途中将仅有的两枚铜钱掷入长江之中，赢得"一官清如水，百姓重如山"的口碑。嘉庆二十五年（1820）方体回到绩溪故里，修山道，建书院，而自己致力于学术，著有《仪礼今古文考》《仪礼古文考误》《绿雨山房诗文集》等。杜受田曾与方体在刑部同事，对其为人及学问深为钦佩，由是推荐给自己的学生刘崐。刘由是对礼学产生了兴趣，一度搜集各种能见礼学著述，穷研而尽学之。

这之后，刘崐又结识了另一个礼学名家夏燮［1800—1875年，字谦甫、季理，别号谢山居士、江上蹇叟，安徽当涂人，道光三年（1823）举人，曾为皖南青阳县训导、直隶临城县学训导等，后为曾国藩、毓科、沈葆桢的幕府，并任江西吉安、永安、高安、宜黄等县知县］。夏燮出生于经学名家，其父夏銮，其兄夏炘、夏烱、夏燠皆以经学见称于世，尤其在义理、训诂、名物、说文、音韵等方面博考精研，著述宏富，刘崐曾对他们的著作多方搜集并学习之。夏燮是个留心时务兼对经史特别上心的人，曾上书陈述推行洋务之利弊，引起刘崐的高度关注。大约是在刘崐任职湖南学政的咸丰初年，夏燮署职湖南安仁，两人得以结识。夏燮此时利用公务之余作有音韵学著作《述均》和礼学著作《五服释例》20卷，后者为阐释《礼经》丧服之"五服"，条分缕析，疏通例证，令刘崐极为称赞。而就是夏燮，向刘崐言道："绩溪乃礼学精深之地。欲得礼学真谛，须得胡氏家学。"这，激起了刘崐极大的兴趣。联系之前对方体的研究，他对夏燮之言深为认同。

夏燮所讲的胡氏，后世称清代"礼学三胡"，乃安徽绩溪胡匡衷（字寅成，号朴斋，著有《三礼札记》《周礼井田图考》《井田出赋考》《仪礼释官》《郑氏仪礼回录校正》等）、胡秉虔（字伯敬，号春乔，嘉庆进士，历官丹噶尔同知、刑部主事，著有《绳轩读经记》《周易小识》等）、胡培翚［1782—1849年，字载屏、紫蒙，胡秉虔之侄，嘉庆二十四年（1819）进士，授内阁中书，擢户部广东司主事，后以亲老而告归，创办有东山书院，著有《仪礼正义》等］祖孙三代。而刘崐在此前，早对三人有耳闻，是因为他与胡培翚之侄胡肇智［1807—1871年，字季临，号霁林、砚龛，道光十七年（1837）拔贡，次年授七品京官，任吏部行走，掌文选司卯，后再补主事，常年负责吏部科考工作，后为福汀州知府、汀漳龙道台、福建军需局务、陕西按察使、顺天知府、吏部右侍郎署顺天府尹等］早在科考中结下了缘分，并彼此熟悉。道光二十一年（1841）刘崐考中进士时，就曾去拜访过他。胡肇智此时有一事传遍京城，即他在京任职期间轮管绩溪会馆，积金千数，存典生息，专作绩溪学子会试北闱试费，并为了让会试举人居住方便，在馆西添造房子九间。刘崐对此羡慕不已，见胡肇智时就言："绩溪学士有福，胡公造焉。"后来，刘崐任职湖南学政，而胡肇智在咸丰三年（1853）始任考功司主事，旋升文选司员外郎，再为掌印司员外郎，在此期间，胡清理积弊，谨遵定例，严惩司吏勾通舞弊，刘崐对此大为赞赏，并在湖南配合贯彻执行。

咸丰四年（1854），刘崐调回京城，任内阁学士兼礼部侍郎，因为选拔人才考务工作对接，刘崐与之关系更为紧密，还在两年后的九月胡肇智乞假省亲时，署兵部右侍郎的刘崐借机查巡徽州防务，得以至绩溪一行。之后，为推广胡氏礼学尤其推举胡培翚，刘崐协助胡肇智做了一些具体的工作，主要有：一是宣扬胡氏家学同时推及胡培翚之师夏郎斋、汪莱、凌廷堪、江筠、方体、朱兰坡，其门生汪士铎及其平生重视为之付刻遗书的郝懿行、胡承珙，以使接受群体扩大；二是系统整理胡培翚生平，特别是其居官勤且处事密（时人称其治官如治经），为人廉直（"绝不受胥吏财贿选而扶隐指弊，胥吏咸惮之"），引翼后进（士饫其教，从学者百数十人，历主讲博山、皋比、钟山、惜阴、云间、娄东、泾川、东山诸书院）的事迹，以及其晚年患疯痹病仍坚持以左手写作完成《燕寝考》3卷、《研六室文钞》10卷之事，通过礼部敕文而晓谕天下。加之魏源、陈用光、朱珔、徐璈、张成孙、蒋廷恩、陈奂、陈兆熊、冯启蓁等人的抬捧，尤其陆建瀛、陆光祖父子及胡肇智分别于1850年、1868年两度刊刻其著作《仪礼正义》40卷，其对经书加以补注、申注、附注、订注，摒弃时习，泯除门户，被人誉为"张皇幽渺，阐扬圣绪，二千余岁绝学也"，胡氏礼学遂大行。

从胡肇智处邮路得书的刘崐，捧之回府，沐浴焚香，乃敢翻阅，可见其对胡氏的尊重。此书和方体的《仪礼今古文考》，后来成为其课孙的重要教材，他很明确地对其孙说："礼成，乃学成；不知礼，不可为官，不可治学。"其受绩溪礼学的影响可谓深矣！

潘三代：科考缘分实奇难

如果一个人要与一家三代人结缘已经很难，而仅因科举考试因此结缘，那恐怕就是难上加难了。但偏偏，刘崐与苏州潘氏三代都是在科举中结下的缘分。

刘崐与潘世恩［1769—1854年，名世辅，字槐堂，号芝轩，江苏苏州人，乾隆五十年（1785）状元，授翰林院修撰，历任六部侍郎、尚书、左都御史、体仁阁大学士、军机大臣、翰林院掌院学士、东阁大学士、上书房总师傅、太子太保、武英殿大学士、太傅，卒谥文恭，著有《有真意斋文》《思补斋诗集》《正学编》《读史镜古编》等］结缘，是因道光二十一年（1841）会试。这年，刘崐中进士，主考官为王鼎，副主考有杜受田、文蔚、祁寯藻三人，本应与潘世恩毫无关系，但殿试中为刘崐等人几份试卷，杜受田与王鼎等人有了较大分歧，因而请来上书房总师傅、德高望重的潘世恩再评。潘世恩是位书法大家，与其兄长潘世璜［1764—1824年，字黼堂，别字理斋，乾隆六十年（1795）探花，授翰林院编修，官至户部浙江清吏司主事，诰授朝议大夫］、其孙潘祖荫被后人誉为"苏州书法三杰"，素喜提携书法俊佳者。而书法造诣颇高、作卷笔力端正的刘崐就因此而被其点为二甲，成当年会试第十九名进士。刘崐因此与这簪缨世家有了交情。对这位后来冯桂芬作墓志铭记到的"国朝以来，生加太傅者五人，重宴琼林者九人，廷试第一、官大学士者八人，惟公兼之。至历四朝，则昭代一人而已"的长者，刘崐是敬重的，因而上门拜会。但他吃了一个闭门羹，因为潘世恩素以办事仔细、为官谨慎著称，在军机处十七年从不与地方官吏私相往来，推举官员及上奏诸事都不告诉家人，对登门者也大多拒之。但这恰让刘崐对之愈加恭敬，尤其对其推举林则徐、姚莹等济世之才赞叹不已，故每逢佳节，走到潘府，不入门，行拜师鞠躬礼而退。

其实，这一年，刘崐更与潘世恩第二子潘曾莹〔1808—1878年，字申甫，号星斋，道光二十一年（1841）进士，选翰林院庶吉士授编修，后曾为云南乡试正考官、起居注日讲官、侍讲学士、国子监祭酒、光禄寺卿、吏部左侍郎等〕日渐熟络。作为同榜进士，他们的交往自然颇多。而刘崐特别欣赏潘曾莹作为世家子弟又不骄不躁、谦虚好学而做事勤勉。后来，潘曾莹也果然在职时勤于政事以致积劳成疾，他同时慧眼识才，奏保庞钟璐〔？—1876年，字蕴山，号保生，江苏张家港人，道光二十七年（1847）探花，后为内阁学士、六部侍郎、左都御史、刑部尚书等〕、晏端书（？—1882年，字彤甫，号云巢，江苏仪征人，著名书法家，道光进士，累迁江西、山东布政使，浙江巡抚，两广总督兼广东巡抚等）为江南、江北督办团练大臣，为剿灭太平军及捻军贡献甚多。他对内严惩盗匪，民赖以安，对其称赞颇丰。

而由于与潘曾莹的这种同窗关系，刘崐结识了其弟，时为内阁中书、国史馆总校的潘曾绶〔1810—1883年，本名曾鉴，字若甫，号绂庭，道光二十年（1840）中举，后为内阁侍读，诰封光禄大夫太子少保〕。后来，他们几度同事，计有：咸丰四年（1854）刘崐为内阁学士，潘曾绶为玉牒馆总校期；咸丰十年（1860）刘崐为国史馆副总裁，潘曾绶为方略馆分校期；同治元年（1862）刘崐为实录馆笔撰，潘曾绶为文渊阁检阅期；同治五年（1866）刘崐为内阁学士兼礼部侍郎，潘曾绶为内阁侍读期。刘崐欣赏潘曾绶的为人忠诚正直，不畏权势，多次上书弹劾奸猾之徒，也因他工于诗文，两人多有唱和。

最重要的，他通过潘曾莹认识了其子潘祖荫〔1830—1890年，字东镛、凤笙、朝阳，号伯寅、郑庵，道光三十年（1850）探花，授编修，数掌文衡殿试，在南书房近40年，官至工部尚书，著名的书法家、藏书家、金石学家，卒谥文勤〕。因为其自幼好学，涉猎百家，读书做事眼明心细，潘世恩、潘曾莹及潘曾绶等对其从小抱以厚望，带其结识朝中大员，刘崐早与之熟稔。但他们真正得以深交，是在道光二十六年（1846）。这一年，师从陆增祥的潘祖荫参加顺天乡试，而刘崐为考官。看到潘祖荫的试卷，洋洋洒洒的策论加上精美的书写，刘崐喜不自禁，马上在卷上画圈誊录。从科考上说，潘祖荫属刘崐的学生，而他终身也称之为师。潘祖荫也确未辜负刘崐慧眼，他在咸丰十年（1860）用妙笔书"国无可一日无湖南，湖南不可一日无宗棠"语而荐保了左宗棠，又呈上四川军务宜筹防剿之奏折、陈"救时八策"并《团练章程》12条、上疏直谏驾幸木兰等，次年再上疏议郊配大礼，请皇帝按圣制永垂法守，又应诏提出"勤圣学""求人才""整军务""裕谷储""通钱法"，并陈述"免各省钱粮以缓和民间饥困""淘汰零碎杂捐以保民力""严肃行军纪律以拯救百姓生活""扩大乡、会试中榜名额以笼络文人之心"4件时务，这些见解与主张，极得刘崐及广大有识官员称颂。这一年，潘祖荫还以弹劾不称职官员震惊朝野，文官如钦差大臣胜保、直隶总督文煜、陕西巡抚英棨、布政使毛震寿、甘肃布政使恩麟、道员田在田、提督孔广顺、总兵阎丕叙、副将张维义等都遭贬受罚，其"秉性爽直，遇事敢言"的名声大扬。

应该说，潘祖荫极得刘崐"神眼识俊"的真传。在刘崐同治三年（1864）担任江南主考官时，潘祖荫向其推荐自己的金石好友吴大澂，后来吴得中第三名，成为刘崐的得意门生。潘祖荫又得刘崐的民本思想，特别关心民众疾苦。光绪十六年（1890）六月顺天府发生严重水灾，兼任顺天府尹的潘祖荫采取多种手段救济灾荒，以致病卒于任上。卒前，他犹与刘崐推重的前任顺天府尹周家楣［？—1887年，字小棠，江苏宜兴人，咸丰九年（1859）进士，曾为礼部郎中，总理各国事务衙门章京，记名御史，四川乡试正考官，大理寺少卿，顺天府尹兼署礼、户、兵三部侍郎，直隶总署，通政使等］作比较："吾其为周小棠乎？"这从一个侧面，可以看出他对刘崐的信赖。潘祖荫逝世后，"闻信之日，士民相吊，若丧其私，感人之深，实难泯没"。而前山西道监察御史李慈铭也称："时畿辅巨灾，饥民之流转京师者数万人，皆仰食于公，闻之，痛哭声震郊野，盖近百年来公卿薨逝，未有能得人心如此者也。"

祁寯藻：三代帝师不远疏

刘崐对于有"三代（道光、咸丰、同治）帝师""四朝（嘉庆、道光、咸丰、同治）文臣""寿阳相国"之誉的祁寯藻［1793—1866年，字叔颖、淳甫，后避讳改实甫，号春圃、息翁，山西寿阳人，嘉庆十九年（1814）进士，选庶吉士授编修，累官湖南学政、侍讲学士、通政司副使、光禄寺卿、内阁学士兼礼部侍郎、兵部侍郎、户部侍郎简放江苏学政、户部尚书、协办大学士、体仁阁大学士、首席军机大臣、太子太保、值弘德殿，卒谥文端］的好印象，首先来自于对其父亲祁韵士［1753—1815年，字鹤皋、谐庭，别号筠禄、访山，乾隆四十三年（1778）进士，曾为国史馆纂修官，著名史地学家，著有《万里行程记》等］的尊重。

祁韵士因受翰林院编修褚延璋的影响，对其参与编撰《西域同文志》十分羡慕，也对西域十分向往。在考中进士后，他又有缘结识了两位满文好老师，即礼部尚书德保、武英殿大学士阿桂，从而掌握了满语。担任国史馆纂修，他接手的是对内外蒙古加上卫拉特蒙古二百余旗以及西藏、新疆维吾尔王公通核立传，他通过阅读满文档案、刻苦学习及虚心求教，按部落立传，对照地图，再以理藩院所存的各部落世谱核准订正，稿出后受到官绅一致好评。他又研究蒙古各部历史与现状，撰写出了《皇朝藩部要略》22卷。这对后来《清史稿》藩部编撰有着重要的资料参考价值。嘉庆年间，祁韵士因揭露和鞭挞官场的贪污舞弊之风，而成为和珅为首的官僚们的眼中钉，后来因宝泉局的亏铜案，他被陷害入狱，发配伊犁。因伊犁将军松筠的赏识，祁韵士被派充印房章京，得以专心于西域史地研究，编定了《西陲总统事略》《西陲要略》《西域释地》等重要著作，奠定了其西域舆地研究的基础，也使其成为西北史地学的奠基人。

而胸怀四海、热血沸腾、极欲有番抱负的刘崐自然对其崇拜,曾努力搜索其书稿研究,对其治学的严谨深为钦佩。而刘崐更尊敬祁韵士的地方有二:一是其被摘乌纱帽后的达观态度,尤其《万里行程记》中所表现出的毫无愁绪伤感和体现出的祁作为一个专家学者的勤奋刻苦,成为刘崐一世学习的榜样;二是他诲人不倦,重视育人,尤其后来在兰州书院和保定莲池书院为培养年轻人而呕心沥血,被刘崐视为一代宗师,立志承传。

来自边陲、同时受白族等少数民族耳濡目染的刘崐,情感专一而坚定,有着典型的爱屋及乌的情结,因而对祁寯藻就十分亲切,所以道光二十一年(1841)其参加会试,听闻祁寯藻为副主考时,他欢欣鼓舞。而祁寯藻也确有其过人之处:他自幼聪明过人,4岁识字,6岁入家塾,10岁写作文,12岁赋《春草诗》见志,读书过目不忘,被人誉为神童;父亲发配伊犁后,他随母亲回到老家,母亲刘夫人对儿子的学业要求相当严格,聘请名师为其讲解诸经四书,他15岁参加县试以第一名中秀才,18岁参加乡试中举,22岁赴京会试中进士,可谓顺风顺水。而刘崐对祁寯藻怀有相当长时间的敬仰之意主要是因为以下四件事情。

第一件:道光三年(1823),祁寯藻任湖南学政,他在任期间,废除了新生红卷的陋规,重新恢复童生复试黎明入场的惯例,并取消了考生所交的选拔优生试卷费。这件造福百姓的事情,使他在湖南士人中备受尊重。刘崐1851年来到长沙担任湖南学政后,更对此深有体会,为此还专写过两次奏折,要求表彰祁寯藻的功绩。

第二件:道光十四年(1834),祁寯藻因母逝世回寿阳老家守孝。在此期间,他留心农事,访问乡民,深入研究当地气候、耕作、水利、畜牧、赋税等情况,写成了清朝后期区域性农学著作《马首农言》。素有重农情结的刘崐看到此书后,拍案叫绝,立刻拿之与同门共赏读之。

第三件:道光十七年(1837),祁寯藻简放江苏学政。他到江苏后,奉旨严禁鸦片烟,撰写《新乐府》3章,刊示各地,痛陈鸦片之害,对当时的禁烟运动起了积极的推动作用。同时,他针对江苏学子重文轻德,在考试中辞章之学甚多,根底之学甚少等问题,在道光十九年(1839)重刊了宋本《说文系传》，又刊发了《朱子小学》，遵旨恭书《圣谕广训》等，以加强基础知识和德行的教育。他还增修各州书院考棚，重修常州书院。1864年刘崐担任主考，在阅卷时看到江苏学子基础扎实、论说极接地气而又高瞻远瞩的文章时，不停感叹："实甫之功，实甫之功矣！"在录举中，江璧、吴大澂、朱元善、黄景、程云鹏等脱颖而出。而1867年担任湖南巡抚后，刘崐又马上重修岳麓书院、城南书院、湖南贡院等，为湖南学子的培育打造一方好环境不遗余力，这可直接看作他对祁寯藻作为的效仿。

第四件：道光二十年（1840），作为左都御史的祁寯藻奉旨和刑部侍郎黄爵滋赴福建视察海防建设及禁烟事宜。他通过深入的调查研究后上书皇帝，建议闽浙总督驻泉州督防、将福建沿海炮台改为炮墩、重视海战加快建造可与英军抗衡的大船大炮、查禁烟贩严惩汉奸、禁止漳州泉州两府行使夷钱等。这些建议切中时弊，官民大多认同。而当年7月英军进犯厦门，被闽浙总督邓廷桢击退，邓上报战况时朝中妥协派诬蔑他虚报，指责其欺瞒邀功，道光帝命祁寯藻核查，他用确凿的证据证明邓廷桢所奏属实，有效保护了抵抗派将领。消息传到云南，刘崐兴奋得彻底未眠，对朝廷的信心一时大增。

因而，1841年考中进士后，刘崐即至户部尚书祁寯藻府上拜帖。但祁寯藻的态度给他浇了一盆冷水：因为刘崐座师杜受田及其依附的靠山为载垣，而祁寯藻与载垣不和，自然将刘崐归入另一个阵营。这是刘崐人生领悟的一个重要转折点，他终于看到了官场的残酷无情，也对现实看得更为清晰，不得不与祁寯藻保持着社交距离。

之后，祁寯藻与兵部尚书文庆调查长芦盐运使陈鉴挪用盐税案，改革盐章程，再恢复户部海运，解决京城供养困难问题，又查清已革职的岷州知府陈昌言揭发总督布彦泰案，还人以清白，刘崐皆为之点赞。咸丰元年（1851），祁寯藻成为左右枢务的重臣，正在京城各部门历练的刘崐与其保持着疏而不远的态度，未去攀附。热而不去攀依，冷而不离不弃，这或许正是刘崐坚守的人格底线。一年后，祁寯藻犯头晕症辞职归隐。刘崐和一众爱国忧民的官吏，曾经给其写信，期盼他能复出。或许正因这一无心插柳之举，辛酉政变后，再度出山的祁寯藻曾为革职的刘崐美言。

同治五年（1866）九月初四，重病中的祁寯藻仍不忘国事，命子祁世长具笔墨题下他最后一首绝句："天子临轩选异才，八方平定物无灾。上元事业十年后，定有贤豪应候来。"写完即瞑目不语，八天后与世长辞。时为礼部侍郎、顺天府尹、文渊阁直阁事的刘崐听到消息，涕泪长流，说："赤子忠心，清正亮直，学问优长，相国之谓也！惜乎，吾不得与其亲近！"

王广荫：提携之恩顺天情

刘崐对湖南、江苏人素有好印象，湖南是因为曾国藩、左宗棠等好友在晚清的大作为，而对江苏的好印象是因其授翰林院编修后，接连两次与江苏人搭档作为顺天乡试考官。其中，第二次即是随同主考官王广荫［？—1852年，字爱棠、蔓堂，江苏南通人，道光二十三年（1843）进士、榜眼，授翰林院编修，历国子监司业、侍读学士、顺天学政，后为工部左侍郎、左都御史、工部尚书、兵部尚书，卒谥文慎，著有《集益斋稿》等］。

而刘崐得以在道光二十九年（1849）再度为顺天乡试考官，除却全庆、杜受田等权臣的帮助，还得益于三年之前，也即其第一次作为顺天乡试考官的同事仓景愉［1815—1881年，字静则，河南中牟人，道光十八年（1838）进士，选庶吉士授编修，再任湖北正考官、湖南按察使加布政使衔、云南布政使，晚年主讲开封府大梁书院］。仓氏一门人才辈出，县级以上官员、名人雅士在清朝一代就出了10余位。他的曾祖仓圣脉为乾隆期翰林院武英殿总校官，祖父仓思震为太常博士，而这两位，都曾有教于王广荫的父亲王勋。世交的关系使仓景愉与王广荫较为熟悉，并彼此欣赏。仓景愉书宗颜真卿，现河南巩县康家庄园还有其撰写的称颂庄主康应魁率子孙和乡民抗击捻军的一首诗："大河南北莽烽烟，仗义如君众口传。豪气足登游侠传，余生惨历劫灰年。誓师忆苦仲孤愤，危局心酸策万全。金谷中峰寨前月，家家骨肉照团圆。"因为欣赏其书法，并且在顺天乡试中倾慕对方人品、选材眼光，刘崐与仓景愉走得很近。而又是仓景愉，在其未任顺天乡试考官之前，将刘崐介绍给了王广荫。

刘崐在此之前早就听说过王广荫的相关事迹。他印象最深的是其特别尊敬老师，尤其是对自己的授业师曹德赞（1775—1853年，字仲襄，号翙庭，湖南桂阳人，清代文学家、教育家，曾为翰林院庶吉士、国史馆协修，后为安徽繁昌知县）服侍得十分周到。嘉庆乙亥年（1815）夏，安徽大旱，爆发蝗灾，但"独繁昌蝗不越境"，在于繁昌上至父母官下至老百姓全员上阵都在捕蝗。王广荫恰又去繁昌看望自己的恩师，正遇着曹德赞率壮役在邻县芜湖、南陵等地帮助捕蝗。王广荫深为自己老师勤政爱民、关心民众疾苦、宣传德化、清正廉明的行为所感动，书下《无蝗记》，京城士子遍读，无不知晓曹德赞的事迹。皇帝听闻，亦嘉奖曹德赞。刘崐之后曾多次向自己的学生讲到此事，还说："盼生如爱棠，吾亦尊享其荣。"

刘崐拜访王广荫时，王广荫已经知道自己即将担任当年顺天乡试主考，并对刘崐有所了解，知其为正在被考察中的考官之一。故晤面，王广荫直接问了一个很令刘崐吃惊的问题："韫斋若为主考，当如何择才？"刘崐沉思后答："立心为国求才必得绝私情，绝舞弊，爱财贪财者不就；绝浮华，尚实用，为免误选纨绔；绝空假，笔墨文章与言行举止为一，择优秀者为录。"王广荫听罢，十分满意。这一年，恰著名的书法家何绍基典试广东，王广荫以刘崐言告何绍基，正因此何绍基乃得与刘崐结识，并以后成为肝胆相照的朋友。此次乡试中录取有沈善庆、沈秉成、江人镜、李明伦等举人，后来皆颇有出息。

两年后的咸丰元年（1851），刘崐第三次任顺天乡试考官，还遇上了一件十分有趣的事。广东吴川考生陈兰彬，贸然公开向侍读大学士王广荫送来一包银两，时人皆以为行贿。王广荫大吃一惊，呼刘崐等见证，乃问考生缘故。陈兰彬回复是乡邻林召棠［1786—1872年，字爱封，号芾南，广东吴川人，道光二十三年（1843）状元，授翰林院修撰，充国史馆纂修官，曾任陕甘主考官，因不满官场而告老还乡，主讲于肇庆端溪书院等,卒谥文恭]特托退还给王广荫的。原来,道光二十七年（1847）林召棠从端溪书院返吴川老家颐养,时为工部左侍郎的王广荫素知林召棠性情淡泊无余财,乃奏准将吴川盐税予以补给。林召棠虽感谢进士同窗好意,却不肯接受,将此银保存两年多后,特托赶考的陈兰彬交还给王广荫。弄清原委,王广荫、刘崐等皆十分感动。刘崐这年点录陈兰彬为自己的举人弟子,陈后来果然颇有出息。

咸丰元年（1851）,新帝即位,下诏求言荐才。刘崐与曾国藩交,得知其同榜进士王东槐［1802—1852年,字荫之,号次邨,山东滕州人,道光十八年（1838）进士,历官江西监察御史、户部给事中、侍读学士、衡州知府、兴泉永兵备道、武昌盐法道、署福建按察使,卒谥文直］"忠鲠敢言,守正不阿",便向时为左都御史的王广荫举荐。王广荫考察之后,甚觉满意,推举其为湖南衡州知府,再不断提拔。王东槐也果不辜负刘崐的举荐。在1852年冬回省理母丧时,王东槐恰遇太平军攻武昌,他披麻衣丧服赴国家之危,生尽其职而城不守,夫妻对缢而亡。

而在此前,王广荫健康堪忧。咸丰元年（1851）八月盛京凤凰楼供奉清宣宗画像,楼高57级,王广荫不顾他人劝阻,坚持登楼以示敬谨,途中遇风雪受寒,还京病情加剧,不日卒。刚到就任湖南学政的刘崐听到消息,泪流满面。

陆增祥：两次科考结良缘

清朝的科举考试,一度为三年一次,特殊时候可增开恩科,而且科举负责人及阅卷师一般不得连任,因而能连续两次成为监考或阅卷同事者甚少。但刘崐与陆增祥［1816—1882年,字魁仲,号星农、莘家,道光三十年（1850）状元,授翰林院修撰,后因操办团练赏为赞善,再为庆远知府、湖南辰沅永靖道,致力于金石学,著有《篆墨述诘》《吴氏筠清馆金石记目》《金石偶存》《三百砖砚录》《八琼室待访金石录》等］却破了这个常例，他们既在咸丰元年（1851）顺天乡试成为考官同事，又在咸丰六年（1856）皆为会试考官。这种科考缘分，颇可一说。

陆增祥出生于官绅家庭，他的六世祖陆毅为乾隆间进士，后来官至御史，高祖陆源为举人，做过山东泗水知县，曾祖陆锡蕃为贡生，祖父陆廷做过盐运司知事，父亲陆树薰为举人，善书法，精研六书。陆增祥兄弟姐妹四人，兄长陆增福比其年长一岁，兄弟俩少时皆聪慧好学，看到父亲在作篆籀文，他们即能效仿，这让陆树薰十分高兴，遂传兄弟俩"六书之学"，他们很快能融会贯通。这为他们后来执着于古文字学，打下了良好的基础。可惜好景不长，道光十三年（1833），陆树薰在上京赶考时病死京城。陆增祥与其兄长，丧归时膝行迎丧，见者无不动容，时人堪称其孝。家道中落，兄长陆增福毅然接过重任，全力维系，不意道光二十六年（1846）病卒。这时，陆增祥一心侍奉母亲和寡嫂，无意于功名。道光三十年（1850），他再次想放弃机会，母亲责备他："尔父、尔兄皆赍志以殁，今所望惟汝矣。余与汝嫂、汝妇，恃十指犹不致饿死，汝奈何不往？"于是，陆增祥借资赴京赶考，竟获状元，入翰林院为修撰。

按惯例，顺天乡试主考为前一年会试状元，由此咸丰元年陆增祥与刘崐有了一次共事科考的机会。陆增祥当时没有主持科考的经验，在同榜进士俞樾（1821—1907年，字荫甫，自号曲园居士，浙江德清人，清末著名学者、文学家、经学家、古文字学家、书法家，现代诗人俞平伯的曾祖父，章太炎、吴昌硕、日本井上陈政皆出其门下，道光三十年进士，授翰林院编修，曾为河南学政，但遭劾罢官，遂移居苏州潜心于学，所著五百余卷，称《春在堂全书》）的牵线下，他和同榜探花、顺天乡试考官谢增（1813—1880年，字普斋，号梦渔，江苏仪征人，著名书法家，道光三十年探花，出任御史，后为户部掌印给事中）向第三次任顺天乡试考官的刘崐请教。精于书法的刘崐见三人的拜帖，即大为高兴，在宅中接见陆增祥、谢增与俞樾。刘崐不仅把自己担任前两次顺天乡试考官的经验倾囊以授，而且与他们切磋了书法，并全力向自己的座师、时为礼部尚书的杜受田推荐三人。这届顺天乡试，后来被人戏称为"书法乡试",即因刘崐及其两师弟陆增祥、谢增皆为时人称颂的书法家,而他们录举的门生如陈兰彬、朱学勤、黄体芳、李鸿裔、廷楷、刘庠,皆是精于书法之道者。

咸丰三年(1853)二月十日,洪秀全的太平军进占南京并改名天京,与清廷对抗。咸丰帝寝食难安,督责臣子进剿。在家服丧的陆增祥也奉诏督办团练,并给刘崐写信讨教湖南的守城经验。刘崐洋洋千言以复,详尽地论说了自己的战略思想。这年,陆增祥与太仓知州蔡映斗率兵在青浦击败了响应太平军的周立春部,收复了嘉定,咸丰帝给予其嘉奖。服孝完的陆增祥即回到京城任职,并在咸丰六年(1856)充任会试同考官,而刘崐是本届科考的副考官,考官还有著名的藏家潘祖荫。时署户部右侍郎的刘崐重实务的特点充分体现,选举的进士人才也多有真才实学,且忠于朝廷,这其中有状元翁同龢,以及孙毓汶、洪昌燕、张师亮、周鹤、徐昌绪、李寿蓉、谭钟麟、汪祖绶、守正、薛允升、沈秉成、叶衍兰等。而勤于思考、善于钻研的陆增祥后来撰写了《太仓州试院碑》,记载有他担任这次会试考官的心得体会。

咸丰十年(1860),陆增祥授广西庆远知府。他在任时间虽不长,但以断案公正、能纠错案而闻名,尤其是第二年对一桩新婚案的查处,成为一时美谈——新婚夜新郎暴亡新娘呈昏迷状态,父母怀疑新娘谋杀亲夫后假装昏迷,仵作验尸确定新郎系中毒死亡,县令查不出原因遂强判新娘死刑。陆增祥复核时感到有疑,遂亲自调查,并跳出就事论事框框,联系当地有蛇虫毒物和瘴气之环境综合考虑,在走访后怀疑是毒蛇作祟,便调集衙役和当地捕蛇者对新房及周边进行地毯式搜索,结果果然在后墙石中发现了一种能喷射毒雾的小蛇,还了新娘一个清白。湖南巡抚恽世临闻知,点名奏请他办理军需,于是陆增祥出任湖南辰永沅靖兵备道,钦加布政使衔。他到任后缉捕奸贼,安抚民众,削减徭役,鼓励百姓耕种,政绩卓著。日后刘崐任湖南巡抚,还专就治边问题,向其请教。而陆增祥因水土不适,病辞归乡,结束仕途潜心金石之学,"以一人之力,积廿年之功,成百卅卷书"。而他在生命的最后几年,又竭尽全力编撰《古今字表》,可惜书未完成便病逝了。

据传，陆增祥辞职归家路上碰到了强盗打劫。强盗看其行李沉甸，以为遇上了富商，可打开其行李一看，只见里面全是砖块石头。强盗不由大叫倒霉，并称其"痴官"弃之而去。刘崐听闻，哈哈大笑："痴官不痴，强盗不强，不识此物，枉费机量！"

彭蕴章：其难其慎军机臣

彭蕴章［1792—1862年，字咏莪，江苏苏州人，道光十五年（1835）进士，曾为内阁中书、军机章京、工部郎中、鸿胪寺少卿、光禄寺少卿、顺天府丞、通政司副使、宗人府丞、福建学政、左副都御史、工部尚书、协办大学士、文渊阁大学士、上书房总师傅、首席军机大臣，卒谥文敬，著有诗集《松风阁集》］与刘崐是咸丰六年（1856）会试的正副主考，他的为人处世，对刘崐一度颇有影响。

江南名城长洲（今江苏苏州）工商发达，文化兴盛，多登科者。其中，彭氏家族自明朝洪武年间从江西清江迁来后，在清代便出了两个状元。一是彭定求，他在康熙十五年（1676）夺得会元桂冠；殿试复第一，膺状元桂冠，彭定求为一代名儒，长洲彭氏从此名闻天下；二是彭定求的孙子彭启丰（1701—1784年，字翰文，号芝庭、香山老人，清代大臣、学者，历官修撰，入值南书房，乾隆时曾为吏部侍郎、兵部侍郎、左都御史、兵部尚书，晚年主讲紫阳书院，有《芝庭先生集》），他在雍正五年(1727)得会试第一，殿试中读卷大臣列其为第三，结果世宗爱新觉罗·胤禛亲拔为第一。而彭蕴章正是彭启丰的重孙。他出生在乾隆帝赐匾额的"慈竹春晖"，这个其曾祖建筑的园亭，不仅花竹繁丰，而且藏书丰富，他自小游弋于图书之中，四书五经及书法、绘画、诗文皆有家传。他的祖父彭绍升曾配合其父编纂《四库全书》，在目录学上颇有研究，这对少年彭蕴章很有影响。他从小做事严谨，甚至达到谨小慎微的程度，这与其曾祖彭启丰的处事风格极类似，是故家族中也对他寄予殷切厚望。他的父亲彭希濂是乾隆四十九年（1784）进士，曾任刑部右侍郎，后左迁福建按察使。他随父走南闯北，不仅欣赏了祖国大好河山、了解了各地风土人情尤其是百姓生活疾苦，而且接触了各地贤达，博采众长，学问进步甚快。

不同于刘崐等先学后仕，彭蕴章青年即由举人入赀为内阁中书，并因有家族的荫庇，很早就充军机章京，这让他极早地了解了朝廷要务、对官场规则更是一目了然。考中进士后，他一边在翰林院学习，一边继续留值军机处，累迁郎中、鸿胪寺少卿，授编修后又升光禄寺少卿、顺天府丞、通政司副使、宗人府丞、福建学政、左副都御史。道光二十八年（1848），他上疏言漕务弊端，请禁陋规："漕船卫官需索旗丁日益增多，沿途委员及漕运衙门、仓场花户皆有费，欲减旗丁帮费，宜探本穷源。又州县办漕，应令督抚察其洁己爱民者，每岁酌保一二员；办理不善者，劾一二员。运漕官及坐粮厅如能洁己剔弊，准漕督、仓场保奏，不称职者劾罢。"这个奏章来得及时，正符合皇帝整顿漕粮的企图，因此得以推行，他也因此而被提拔为工部侍郎，仍留福建学政任。

久在中央任职的彭蕴章处事严谨，"每与会议，必持详慎"。这对刘崐影响很大，因为他的座师杜受田就明确要其向彭蕴章学习。而彭的这种谨严，也得到了咸丰皇帝的赏识。咸丰四年（1854），23岁的皇帝御笔"其难其慎"四字赐给彭蕴章，表示了对其的宠信。彭蕴章对此感恩戴德，特写诗一首，以志其心："几暇挥毫赐近臣，彩笺捧出墨痕新。艰难宏济期安国，敬慎常存勉致身。喻到涉冰心戒惧，凛如执玉步遵循。深思一德篇中语，四字璇题诲尔谆。"咸丰六年（1856），原首席军机大臣文庆逝世，彭蕴章的处处小心、从不与人为敌，得到了咸丰帝的认同，他因而再升为首席军机大臣。有清一代，在这个位高权重的位置上，仅有他和道光时的曹振镛两汉人。但彭蕴章并不以此为得意，他倒更为小心谨言，以致在议政时达到什么都不说的地步，被其同僚称为"彭葫芦"。这种乱世中的保全之策，也并非不作为。其实，他在军机处的工作是繁重的，他有一首说军机处工作的诗是如此写的："趋朝待露夜披衣，退值青山衔落晖。驿路军书催不断，挥毫人共暮鸦归。"事实上，他也对涉及国计民生的大事，十分上心。譬如咸丰八年（1858），他再疏陈旗兵生计，请减兵饷，发放折色，加放兵米。他为后人诟病的原因，其实只有一个，即：他排斥曾国藩，坚持认为军事大权不能为曾氏所掌握，并多次提出要削除其军权，但屡为肃顺反对，未能得逞。而他个人最大的失误是误信了恃才自负的两江总督何桂清，咸丰十年（1860）江南大营被太平军攻破，彭仍在替何桂清说好话，不久常州、苏州相继失守，何桂清受到惩办，为其美言的彭蕴章也为此不得不病辞。然而，咸丰十一年（1861）他又得起用，担任兵部尚书、左都御史。同治元年（1862），他很清楚地看到自己的作风与同治皇帝的期许不符，便再乞病休，归籍未足两月，卒。

彭蕴章有首叫《远行篇》的诗，虽是描绘实情，但其实更像是仕途的隐喻，其诗曰："山行偏涉水，肩舆彳亍深涧里。水行若登山，篙师叫号上石滩。行四千里匝两月，一身常在山水窟。山水纠纷眉欲攒，黄尘翻使羡长安。扬鞭九陌平如砥，不识人间行路难。"刘崐后来多次将此诗书给赴任的弟子，可见其对彭蕴章的认同。

彭蕴章的第四子彭祖贤［1819—1885年，字兰畬，号芍庭，咸丰五年（1855）举人，历官顺天府尹、江西布政使、湖北巡抚、湖广总督］尝辑刻《长洲彭氏家集》，共9种163卷。刘崐求得一套，曾慨然而叹道："家教渊博，延世屡代，才人辈出，彭氏之谓也！"

许乃普：屡司文柄堪喜斋

刘崐与同为咸丰六年（1856）会试副主考的许乃普［1787—1866年，字季鸿、经匡，号滇生、观弈道人，浙江钱塘（今杭州）人，嘉庆二十五年（1820）榜眼，嘉庆、道光、咸丰三朝三迁内阁学士，五度入值南书房，五充经筵讲官，历官贵州、江西学政，兵部、工部、刑部、吏部尚书，太子太保衔，卒谥文恪］感情较深，刘一度以许为师。

杭州横河桥许家，是江南望族，尤其是到其第十世许学范［字希六、号小范，又号芋园，乾隆三十七年（1772）进士，官为刑部员外郎］时，其族科举大兴，引人瞩目。许学范不仅经史研究能力突出，而且善于作诗，其《玉岑楼纪事诗》曰："爱研载籍列丹青，王母云旗擘巨灵。隐括名山柱下史，虚灵妙果佛天经。画图细写荆关笔，事迹分题钟郝型。一树藤花荫满院，清风曲槛挹微馨。"他特别重视子女的功课辅导，后来七个儿子中，乃济、乃普、乃钊为进士，另外四个儿子为举人，有"七子登科"之美称。清代学者、书法家梁同书［1723—1815年，字元颖，号山舟、不翁、新吾长翁，浙江杭州人，大学士梁诗正之子，乾隆十二年（1747）中举，十七年特赐进士，官侍讲，著有《频罗庵遗集》《频罗庵论书》等］曾书写"世间数百年旧家，无非积德；天下第一件好事，还是读书"一联送给许学范，称颂许氏家族。

许乃普年少时曾向梁同书学过书法，梁与刘墉、翁方纲、王文治并称"清四大家"，工于楷书与行书，其初学颜真卿、柳公权，后取法米芾，因而许乃普的墨迹多有米氏风格。在父亲与兄长许乃济［1777—1839年，字叔舟，号青士，嘉庆十四年（1809）进士，历任山东道监察御史、给事中、广东按察使、太常寺卿、光禄寺卿等职，著有《求己斋诗集》《二许集》《许太常奏稿》］的监督与指导下，许乃普学业精进神速。他16岁即为廪生，嘉庆十八年（1813）被选为拔贡，次年朝考为一等一名，以七品小京官分刑部奉天司行走。嘉庆二十年（1815），他参加了顺天乡试，中第一百零一名举人，考补军机章京。四年后，他又参加会试，中第十三名进士，殿试为一甲第二名，赐进士及第，授翰林院编修，充实录馆纂修提调官。

与其"学问优长，供职恪慎"相比，许乃普仕途最为人称道的是其屡司文柄，并因选拔人才公允、客观而屡有擢拔，计有：道光二年（1822），他任河南乡试副考官，次年担任会试同考官，并由此而入值南书房，充日讲起居注官；道光四年（1824），他因在大考中得二等第十名，升司经局洗马，次年即赴任湖北乡试正考官，考务结束后，他提督贵州学政，转翰林院侍读，充咸安宫总裁；道光十一年（1831），他为山东乡试正考官，次年奉旨仍在南书房行走，并担任顺天乡试同考官；道光十三年（1833）七月，他在大考中得二等第三名，升翰林院侍讲学士、文渊阁直阁事，次年转侍读学士，提督江西学政；道光十六年（1836），他升詹事府少詹事并次年晋詹事，道光特赏其御笔"迎祥"匾额，再一年他升内阁学士兼礼部侍郎衔，旋授刑部右侍郎，先署经筵讲官，次年实任；道光二十三年（1843），他为顺天乡试副考官；道光二十五年（1845），他为会试副总裁；咸丰二年（1852），任山东乡试正考官，充文渊阁直阁事，稽查中书科中书事务，次年十二月充实录馆总裁官，后再充经筵讲官，得赏御笔"宜尔子孙"匾额；咸丰六年（1856），为会试副总裁。后人统计，许乃普从道光二年（1822）至咸丰九年（1859），共充殿试读卷官3次，武殿试读卷官1次，新贡士朝考阅卷大臣5次。说许乃普是门生遍天下，恐怕不是虚言。

许乃普还是著名的藏书家。他的家中多藏书，藏书楼曰"堪喜斋"，由于自己精于校勘，故其藏书质量又特优。莫友芝的《邵亭知见传本书目》、傅增湘的《经眼录》、罗振常的《善本书所见录》等名家书目中，均著录其藏书。他的藏书印有"许氏滇翁所藏""观弈道人"等。李滂曾为之编纂书目1卷，但未刊。梁子涵在《中国历代书目总录》中，著录有《许文恪书目》1卷，梁氏慕真轩内藏有其抄本。

与兄长督导许乃普学习一样，其弟许乃钊［1799—1878年，字贻甫，号信臣、贞恒、遂庵、遂庵老人，道光十五年（1835）进士，历任河南、广东学政，江苏巡抚兼江南大营帮办，光禄寺卿，著有《武备辑要》《续武备辑要》《荒政辑要》《安澜纪要》《回澜纪要》《乡守辑要合抄》等］则主要是由许乃普教授的，其一心为民、做官谨慎的作风与许乃普如出一辙。许乃普的后人中，著名者有其族孙、光绪时磁州府知州许仰波，孙女婿、民国出版界元老、上海市文史馆首任馆长张元济，还有曾孙、与余叔岩、言菊朋、孙人成并称"谭派四大金刚"之首的京剧大家许良臣。

据传，临州有个叫杨柏溪的人，是乾隆甲辰科（1784）的进士，拜师于纪晓岚门下，精通相术。许乃普年轻时曾拜晤并向其询问前程，杨柏溪言其将来会是朝廷一品宰相。许乃普又担心自己活不了多少年，杨柏溪说:"若骨法苍老,必享大年。"许乃普这才心定,后来果名扬天下。刘崐也听到了这个传言,故在咸丰六年(1856)同赴会试副主考时,拿此与许乃普开玩笑,说他的功名全得天赐。许乃普不无幽默地说:"卜人知天意,我等举人,岂亦卜卦者乎?"刘崐立拱手称好。

张之万:宰相状元文艺范

张之万〔1811—1897年,字子青,号銮坡,今河北沧州南皮人,张之洞堂兄,道光二十七年(1847)状元,曾为河南、江苏巡抚,闽浙总督,兵部、刑部、吏部尚书,军机大臣,协办大学士,体仁阁大学士,东阁大学士,系道光、咸丰、同治、光绪四朝元老,卒谥文达,赠太保〕与刘崐有过一次会试考务合作,即咸丰十年(1860)张之万为同考官而刘崐为阅卷官。也因此事,他们彼此熟悉,很快因性情相投而结交。

张之万4岁即开始读书,道光八年(1828)进县学为秀才,道光十七年(1837)选拔为贡生,送京城国子监读书,两年后以七品京官分发到刑部浙江司学习行走。道光二十年(1840),他应乡试中举人,中举后仍在刑部任职。道光二十七年(1847),张之万入京会试、殿试,中进士第一名状元,授翰林院修撰。之后,他屡司文衡,先是道光二十九年(1849)任湖北副考官,接而咸丰元年(1851)任河南正考官,然后咸丰二年(1852)八月出任河南学政,由侍读迁升为内阁学士。随后几年,他与太平军作战,其中有三件事使其声名远播:一是咸丰三年(1853)当林凤祥、杨开芳率太平军进攻河南时他请求调直隶、山东、陕西、安徽四省军队镇压,并亲自带头捐献军饷,使太平军北伐受阻;二是咸丰四年(1854)太平军进攻直隶,他请求在静海、独流一带围攻太平军,此计被采用,北伐军最终弹尽粮绝,又无援军,只得突围南下;三是咸丰九年(1859),张之万奉命与军机大臣焦祐瀛、御史陈鸿翊督办团练,他聘请张克明、黄四海为部下武官训练军队,其军纪律严整、战力超强而为人瞩目。

同治元年(1862),因为在辛酉政变中得力,张之万由内阁学士署工部侍郎擢升为礼部右侍郎,兼署工部左侍郎。三月,他奉召与太常寺卿许彭寿等编纂《治平宝鉴》,书成后深得慈禧欢心和赏识。这时,他的勤政不渝、刚正不阿,令刘崐赞不绝口。主要有两件事:一是参劾功勋宠臣胜保虚报军功,最终导致胜保被赐自尽。二是查处河南杀人案件。九月,御史刘毓楠奏劾河南洛阳知府任桂擅杀李书声,副将杨飞雄擅杀汝州鲁山县李詹,张之万受命按察。他至河南后,详勘案情,仔细审问有关人员,查实了河南巡抚郑元善及州县官吏擅杀、罚银、浮收、苛派等情形,回朝实奏,郑元善被处理,降职为道台,知县任桂、副将杨飞雄被革职、降级。此事令张之万名声大震。

同治元年(1862)十一月,张之万授河南巡抚。他在任上主要做了三件事情:一是先后数次上疏,力主变通折漕、改革地方税收办法,规定漕粮每石折银4两,以2两转部库,1两作为省军饷,余为各级官吏办公所用,此办法解决了省财政困难,使其有了稳定的军饷,得到了清廷许可。二是关注民生,兴修水利。尤其对治理黄河水患,张之万做了多方面细致调查,掌握了大量实际资料,故而于同治六年(1867)写作了《治河刍言》,上奏朝廷,并作为专著出版。三是作战捻军。河南省境内流窜于周边六省的捻军有五强,张之万抚豫期间两次被革职留任,但凭坚强毅力、不屈斗争平了除张宗禹外的四强。同治元年冬,张之万督师汝阳,派提督张曜等率兵进攻,破了萧王寨,使其首领陈大喜不得不走上逃亡之路,第二年春,豫军攻破张港斩杀了张凤林,捻军五强之一被灭;陈大喜纠集安徽亳州程二老坎、张宗禹两个首领侵犯河南边境,张之万命令众将分兵抵御,围困后攻下了汝州捻军盘踞的地势险要的张港,平掉捻军堡垒十几处,程二老坎在困窘中投降,捻军五强之二被灭;同治三年(1864)春,豫军大破陈得才于内乡之赤眉城、淅川之板桥川等处,张之万由汝州移营南阳,着即饬宋庆、葛承霖之军由内乡等处跟追,期与楚军合力会剿,捻军由湖北进入安徽,张曜、宋庆等诸豫军追击捻军到安徽六安之流瀑疃,将捻军杀伤殆尽,陈得才逃跑而死,捻军五强之三被灭;再而,与陈大喜交锋,先在宝丰,后在鲁山将其打败,捻军五强之四被灭。之后,他继续与捻军进行着不屈不挠的斗争。同治四年(1865)四月,张之万署河道总督。当时僧格林沁亲王统辖鲁豫军务,在山东曹州(今菏泽)高楼寨的吴家店战殁,督兵大臣皆获咎。八月,河南巡抚吴昌奇督军赴许州,捻军觊省城虚而进犯。张之万统辖"漕标"七营分道严防,特选锐卒二百扼要防守,捻军未得逞。次年八月,张之万调任漕运总督。十月,捻军又攻破徐州,张之万以里下河为江淮财富,部署诸将严防之。捻军首领陈大喜曾叹息:"张子青实为吾生平最敌!"又有人称张之万为捻军克星,诚不虚也。

光绪十年(1884)三月,中法战争爆发,清军在越南北圻丧师失地,慈禧下令军机处全体下岗,改由张之万等重组新的军机处,处理紧要突发事件,史称"甲申易枢"。张之万奏请以两江总督左宗棠旧部王德榜镇守镇南关、张之洞为两广总督,起用冯子材攻克越南谅山,签订了《中法停战条例》。这是鸦片战争之后"无一城之割,一粟之偿"的战争,张之万由是得到士绅称颂。他同时兼署吏部尚书,协助慈禧向各省索款,筹建颐和园,此事又让其饱受社会批评。张之万主张"以礼义治人,以廉耻立人",认为知羞耻就能讲清廉,做事才能合乎道德。他同时给子孙留下格言:"教子孙两条正路惟耕惟读,遵先代三尺遗言克勤克俭。"他把勤俭作为廉明的基础,把守礼、勤俭作为做官的基本要求。他自己则还是一个以孝悌闻名者。61岁时,他主动辞去位高权重的闽浙总督一职,以孝敬84岁重病的老母。这在古往今来的为官从政史上也十分难得,他从而赢得士林极高声誉,众人皆赞扬他事母至孝,令人敬佩。

张之万同时还善文艺。他工诗词、擅书画,画承家学,抽暇便寄情书画,以文会友,与大学士李鸿藻为首的清流派人士如潘祖荫、吴大澂、陈宝琛等名人交厚,常有书画往来。张之万书精小楷,有唐法晋韵,雄峻秀逸;他的画得王时敏精髓,山水画与戴熙志趣相契并齐名,有"南戴北张"之称,传世作品有《溪山幽远图》《柳湖春霭图》等。现河北泊头清真寺藏有张之万书写的"清真垂教"匾额,洛阳民俗博物馆藏有张之万书写的"义高恩享"匾额,而西藏自治区档案馆藏有清朝慈禧赐给十三世达赖喇嘛的亲笔画,画上有张之万题诗:"在山为幽芳,出山为国香,茶兰得相会,御笔友其祥。"

严格说,刘崐与张之万交往,恪守臣子之道,同朝为臣不逾规,相互敬重,颇有君子风度。即便是在因政见不同而让两人一度不相来往的辛酉政变中,张之万对刘崐也没有落井下石,这让刘崐极认可其人。刘崐重得重用,尤其为湖南巡抚时,治省方案与张之万治豫可谓异曲同工,可见两人的惺惺相惜。刘崐退隐长沙后,张之万权重位重,但亦不忘老友,常托人赠以物资,知刘崐好酒,自此刘伶、张之万还在域内搜集美酒以赠,这颇为难得。

满蒙记

那清安：父子赏才影响深

道光十三年（1833），25岁的刘崐以前一年云南乡试亚元的身份，随当年进士及第的族叔刘体舒进京拜会一些当朝达官贵人。其中，刘崐受益最大的是结识了那清安［？—1834年，叶赫那拉氏，字竹汀，满洲正白旗人，嘉庆十年（1805）进士，授户部主事，迁翰林院侍讲，后为内阁学士、礼部侍郎、左都御史兼热河都统、兵部尚书、刑部尚书，卒赠太子太保，谥恭勤］和他的儿子全庆［1800—1882年，字小汀，道光九年（1829）进士，选庶吉士，授编修，累迁侍讲、侍读学士，历少詹事、大理寺卿、内阁学士、礼部侍郎、左都御史、刑部尚书、协办大学士、体仁阁大学士，卒谥文恪，赠太子太保，祀贤良祠］。

刘体舒与刘崐是在两次拜谒穆彰阿无果后，才来到兵部尚书那清安处的，可能有意欲借其同榜进士那清安而攀交穆彰阿的意图。而刘崐当时是那清安的崇拜者，因两点：一是当时馆体应制诗甚为流行，那清安是此中高手，刘崐着迷此道，对那清安的应制诗如数家珍，自己也在此方面下了不少工夫，《王茂荫集》中辑录的其古风一首，即是例证；二是在此前的道光四年（1824），为热河都统的那清安曾上书朝廷，历数当时的蒙古恶习"常有移尸讹诈，为害滋甚"，要求严格管制蒙人，这种正直刚硬、不畏强权、有改革思想的处事作风颇得刘崐的赞同。一定程度上说，那清安当时就是刘崐的榜样与灯塔。因而，刘崐见到这位名师时心情之欣喜，是可以想象到的。与刘崐的第一次见面，也让那清安眼前一亮。

那清安先是问他读了些什么书之类，刘崐不仅应答如流，而且巧妙引到应制诗上，并立诵出那清安的得意之作，立马引起了那清安的注意，给他出了道题，命其即景赋诗，刘崐稍加思索即脱口吟出。可能诗作做得极为工稳，甚或脱俗不凡，那清安对其才华赞不绝口，并令人喊来其刚授翰林院编修的儿子全庆出来作陪。全庆与刘崐、刘体舒一席交谈，也极契合，后来还专陪他们游览了不少京城名胜。

一年后的1834年，那清安因病乞解职，得允，刘崐又借机拜访。那清安这次不仅款待了他，而且荐引他去穆彰阿处拜访。而为侍读学士、少詹事的全庆，介绍了不少满蒙青年才俊与之结交，譬如瑞麟、倭仁等。可不幸的是，刘崐刚回云南途中，那清安逝世。获讯的刘崐立写了一副对联寄托哀思，尤其其中表白以后应制诗路上再无导师语最为确切，得到不少士人的认同。

道光二十一年（1841），对刘崐和全庆来说，都是极有收获的一年。这一年，刘崐进士及第，而全庆授头等侍卫称号，作为古城领队大臣巡视新疆，再调任喀喇沙尔办事大臣，这恰是其驻扎边疆、屡立功勋的开始。全庆办事的认真踏实、严谨不苟，得到朝中大臣们的交口称颂，而刘崐自然欢欣鼓舞。于是，皇帝有意召其回京再任职。恰当时回疆兴垦，伊犁将军布彦泰（1791—1880年，颜扎氏，满洲正黄旗人，嘉庆初以父珠尔杭阿功而官镶黄旗满洲副都统，再以军功充伊犁领队大臣，道光初擢头等侍卫，迁察哈尔都统、伊犁将军、陕甘总督、定西将军等）上书请求留全庆偕林则徐往勘田亩、办理垦务。全庆和刘崐一样，对于办事公正、为官清廉者极为尊敬，尤其对禁止鸦片而受罚的林则徐极推崇，因而不但全力支持布彦泰的工作，而且关照林则徐的身体、聆听其教诲，每有受益，还书信给刘崐分享。4年中，他们在回疆南路垦田60余万亩，为新疆经济发展做出了巨大贡献。1845年，全庆应召回京，擢内阁学士兼正红旗汉军副都统，再历刑部、吏部、户部侍郎，而刘崐得其举荐为顺天乡试考官。

咸丰四年（1854），为工部尚书兼正红旗汉军都统的全庆上书请奏调湖南学政刘崐回京，得允，刘崐被授内阁学士兼礼部侍郎。3年后，全庆为兵部尚书,正是此时为兵部右侍郎刘崐的顶头上司,他们积极筹防太平军的进攻,重用湘勇、淮勇、浙勇等地方团练,为各地剿匪工作谋划布局,很快扭转了被动挨打的局面。全庆此期对刘崐的信任达到了无以复加的地步,时人以无刘不食来嘲讽他处处听刘崐的意见,他也毫不在意,欣然承认。但因他们关系过于紧密,吏部就有意将他们拆分开来,不久调刘崐补户部右侍郎,再为工部右侍郎。但1859年,全庆奉旨前往天津验收漕粮时,他又请旨任命刘崐随同前往,两人配合默契,顺利完成任务,刘崐归后被任为国史馆副总裁、经筵讲官,而全庆为吏部尚书、内大臣兼翰林院掌院学士,咸丰十一年(1861)为总管内务府大臣。

但好景不长,刘崐之后在辛酉政变后被免职,全庆也因追论大学士柏葰科场之狱的奏报未允,坐罪镌四级,降授大理寺卿。这一对难兄难弟,此时抱团取暖,饮酒唱和之诗,据传不少,憾因后来刘崐不肯留诸文字而毁。他们的励精图治,终换来东山再起。同治五年(1866),全庆授礼部尚书,刘崐即被补为内阁学士兼礼部侍郎。不久,全庆调刑部尚书,刘崐署顺天府尹兼任文渊阁直阁事,再第二次得全庆等举荐为湖南巡抚……同治十年(1871)刘崐被处以革职留任,全庆很快调查清楚缘由,得知其被荆州驻防大臣巴扬阿诬陷,全庆遂上书朝廷恢复刘崐官职。但刘崐治理地方四年的经历,使其尝遍了苦辣酸甜,对宦海浮沉已经心灰意冷,于是去信全庆,向其致谢,并表示将在湘医病、放纵余生之意。全庆得信,长叹:"吾失左右矣!"

刘崐居长沙,沉湎于酒以自放,自朝至于日中昃,杯杓未一离手,自谓刘伶第二。全庆开始时还来信劝阻,但刘崐回信说:"弟老而无用!"全庆知其心意已定,嘱门下定期寄赠绍酒、汾酒,刘崐亦乐而受之。

瑞　麟：一武一文竟契同

刘崐交友有个特点，即很重视与有文化素养的人结缘，往来无白丁。但有个人是个例外，他们交往40年甚为契同，可他偏是个肚内笔墨不多的赳赳武夫。他，就是瑞麟（1809—1874年，叶赫那拉氏，字澄泉，满洲正蓝旗人，历任太常寺少卿、内阁学士、礼部侍郎、军机大臣、户部侍郎、礼部尚书、户部尚书、两广总督、文渊阁大学士等，卒谥文庄，赠太保，祀贤良祠）。

因全庆的介绍，道光十四年（1834）夏，举人刘崐与文生员瑞麟结识。瑞麟一表人才，身材高大，性情爽朗，是典型的武夫。全庆介绍他们认识，是因为瑞麟是慈禧的同旗人，且在慈禧娘家没落时经常接济照拂，他看好其前途。据传刘崐初与之交，是颇皱了眉头的，作为八旗子弟的瑞麟擅长骑马射箭，但并不擅文辞，刘崐与之交流颇有对牛弹琴之感。但瑞麟未察，邀请刘崐、全庆喝酒，且酒桌上豪爽无比，以一拼二不落下风，竟让酒胆豪气为文质彬彬掩盖的刘崐大叫痛快。用现代的话说，把瑞麟与刘崐称作是酒肉朋友，似乎也说得过去。

整体说来，瑞麟乃一介武夫，刘崐则是一个典型的文官，似乎在我们的意识里两人是很难意气相投的，但现实偏打破了我们的常识，不能不叫人惊讶。关于瑞麟文化水平不高的传言，社会上流传颇多的有两个，都是他后来担任两广总督间的事。一则是：某次，广州米价上涨，他便向下属询问原因，下属答曰"市侩居奇"，瑞麟未知其意，忙问下属"四怪"是什么。另一则是：一位姓宓的官员上任伊始前来拜谒，瑞麟不识"宓"字，就对其说："您这姓太生僻，我不认识啊，还是您自己介绍自己吧！"时人以之为笑谈。因为慈禧愈来愈在后宫受宠，后来执掌权柄，瑞麟的仕途较为平坦。他先是充太常寺读祝官，后又补赞礼郎。道光二十七年（1847），祭太庙，他负责读祝，声音洪亮、中气十足，且其人气宇轩昂，皇帝见之甚喜，便赐其五品顶戴、花翎。相对而言，当时已经授翰林院编修，且当过顺天乡试考官的刘崐，虽也算顺风顺水，但对于瑞麟的机遇，也只能可叹不可求了。因为有慈禧的感恩回报，瑞麟次年超常规被提拔为太常寺少卿，再在年底升内阁学士兼管太常寺，两年后，他擢礼部侍郎，显然有被重用下放基层的节奏。而刘崐此时又于前一年完成了第二次担任顺天乡试考官的职责，甚得朝廷满意，也极有可能提拔。

果然，咸丰元年（1851）三月，瑞麟先是兼镶蓝旗满洲副都统，又在五个月后被任命为正黄旗护军统领，执掌地方军权。而刘崐第三次为顺天乡试考官，于十月被授湖南学政，掌地方教育文化发展大局。3年后，他们又同时受封，刘崐为翰林院侍讲学士仍留湖南学政任，而瑞麟调回户部，命在军机大臣上行走。这时，太平军窜畿辅，盘踞静海县及独流镇，瑞麟得令率兵跟从僧格林沁防剿，会攻独流，顺利攻破。接而静海县的太平军流窜并攻陷阜城，并分窜到连镇及山东的高唐州，瑞麟与僧格林沁分兵合击，屡有斩获。此际，刘崐因防守天心阁南门而对太平军有所研究，与瑞麟常有书信往来，交流他们的军事指挥看法。咸丰五年（1855），瑞麟攻克连镇，抓住了太平军首领林凤祥，因此功，他被加都统衔，赐号巴达琅阿巴图鲁，授西安将军，第二年春再擢礼部尚书兼镶白旗蒙古都统。正是在瑞麟等人的举荐下，任内阁学士兼礼部侍郎的刘崐被授兵部右侍郎，说瑞麟欣赏刘崐的军事指挥才华，一点也不为过。瑞麟除了本身武艺高超，作战英勇外，也是极有战略眼光的。咸丰八年（1858）英兵进犯天津，他受命在杨村筹防，后来中英签订停战协议，但他知道亟须加强海防，自请在天津修筑大沽炮台，并调来福建霆船战船加强军队作战能力，增募水师。这些举措，极得户部兼工部右侍郎刘崐的赞赏，称其已经有一军统帅仪气，在当时懒怠横行的清军八旗将领中极为难得，俨然有僧格林沁第二的态势。瑞麟由是被调回京，任户部尚书，拜文渊阁大学士兼管礼部鸿胪寺、太常寺，次年管理户部。后来，英法联军进犯天津，他与胜保守卫八里桥，未料胜保被炮所伤坠马，军溃，他被逼在安定门外与敌死战,但败局已定,他被撤职;但慈禧对其爱护有加,令护车驾热河,和议谈成后,他再授侍郎衔,随僧格林沁剿山东捻匪,不料失利,再被撤去职务,而借辛酉政变他再度翻身,授镶黄旗汉军都统,管神机营事。相对而言,本来意气风发、欲在仕途大展宏图的刘崐可没有这么幸运,他被撤职后虽得召回,但不得不从最低级的实录馆六品文员干起。庆幸,瑞麟没有忘记他,也没有疏远他。瑞麟在同治元年(1862),出为热河都统,招佃围边荒地8000顷充练饷,邀请刘崐前去担任军营垦荒主事。但心性高傲的刘崐认为只是充当幕僚,难以自展为官才华,遂拒绝了。

同治四年(1865),广州将军兼署两广总督的瑞麟,先平信宜、化州土匪,再赴广东大埔剿汪海洋捻军,屡破之,并追随其入闽会剿,收复诏安、平和等地,又追之于广东长乐、镇平,接连取胜。汪海洋率部在福建、广东、江西边界游荡,瑞麟会同左宗棠上书朝廷请求三省会剿,并调来了江西提督鲍超,四面环攻,果然歼谭体元于黄沙坝,再擒住汪海洋,成功肃清捻军。瑞麟的会剿经验,让刘崐极为兴奋,他后来任湖南巡抚期间剿贵州苗乱,采取的就是这一方法。之后,瑞麟实授两广总督,而刘崐受任为湖南巡抚。这时,他们中间又多了一个纽带,即广东巡抚蒋益澧。蒋出身军旅,早年随罗泽南东征西伐,后为骆秉章、左宗棠重用,屡立战功而升广东巡抚。他虽在任仅一年,但提出的减轻百姓税赋、安抚降敌并妥善安置退役军人、增广学额,为刘崐极力赞同,并后效仿之。但可能是武将喜持武力的缘故,瑞麟与蒋益澧彼此看不上眼,瑞麟到任后不足10个月,蒋益澧乞病辞职。这令瑞麟大为恼火,上奏蒋益澧任性不依案例办事,蒋由是被降两级以按察使候补,命赴左宗棠军营差委,不久被任命为山西按察使。蒋益澧此时对仕途已经完全失去兴趣,于是以疗病为由归籍湖南。素敬重蒋的刘崐闻之,亲至河边迎接蒋益澧,令蒋感动不已。蒋在长沙期间,受到刘崐的热情接待,把自己的防剿经验倾囊以授,他的为官之道也有不少影响了刘崐。刘崐还报以李,知其不再有意于仕途官场,多次为其上奏朝廷予以遮掩,得以保其余生在湘的安闲。

同治十年(1871),刘崐赴湖南巡抚职,而瑞麟继续留任两广总督,复拜文渊阁大学士。3年后，日本窥台湾，皇帝有意征召瑞麟议事，不想诏书未到，瑞麟逝世；再而意召蒋益澧率兵，未想蒋也病卒。正与李元度沽酒家中的刘崐慨然而叹："冤家，真是冤家，死亦相继矣！"

英桂和灵桂：帮助刘崐两皇亲

  刘崐中进士后结交满蒙权贵，不只有攀附之意，更是意在对这些权贵进行了解，为自己的仕途发展、安国施政做好铺垫与准备。但这些人，多贪婪、懒散、庸俗，大多让他结交后便畏而远之。而事实上，满蒙权贵对他有帮助者也甚少，尤其咸丰四年（1854）后他受命接连查处几起与皇室宗亲相关的案件，其刚正不阿、秉公执法，让权贵们对他敬而远之，更加重了刘崐与他们之间的隔膜。但有两个皇亲例外——英桂［？—1879年，赫舍里氏，字香岩，满洲正蓝旗人，道光元年（1821）举人，以中书充军机章京，再晋侍读，历山东青州知府、登莱青道、山西按察使、山东布政使、河南巡抚、山西巡抚、福州将军、闽浙总督、兵部尚书兼总管内务府大臣、吏部尚书兼步军统领、协办大学士、体仁阁大学士，谥文勤］和灵桂［1815—1885年，爱新觉罗氏，字芝生，恭亲王常宁七世孙，满洲正蓝旗人，道光十五年（1835）中举，二十一年（1841）授编修，后迁国子监司业、翰林院侍讲学士、光禄寺卿、通政使、都察院左副都御史、盛京兵部和刑部侍郎、工部右侍郎、总管内务府大臣、正白旗镶白旗镶蓝旗护军统领、内阁学士、国史馆副总裁、礼部尚书、理藩院尚书、工部尚书、刑部尚书、吏部尚书兼协办大学士、武英殿总裁、体仁阁大学士，谥文恭］。

  刘崐与英桂初次相见情形如何已经不可知，但他们两人的结缘颇具传奇。据说，咸丰三年（1853）年底，时为湖南学政兼署侍讲学士的刘崐回京述职，在翰林院与一帮师弟们在院中大侃，推崇曾国藩、左宗棠、胡林翼诸湘勇将领提出的练兵增饷之措。恰当时担任河南巡抚的英桂路过听到，他当时正头痛太平军步步紧逼、内部又有捻军起义、安徽形势危急而绿营节节败退，便忍不住提问："其可学乎？"历经了天心阁南门守城御敌的刘崐更是兴致勃勃，为之细讲守城攻敌之略，滔滔不绝，其羽扇纶巾、胸有成竹的军事指挥才能彻底把英桂折服。英桂立邀请其到府中长谈，据传他们秉烛谈论安徽军事形势及攻防策略，十分投机。就是这次交流后，英桂回到安徽防剿得心应手，他先是在南阳筹防，当太平军踞于六安州时，驰防汝宁，有效堵截了其前进之路，而当张洛行的捻军集于雉河集时，督三省军务的他积极谋划进攻，接连取得三河尖、颍上等战役的胜利，捕获陈太安、王庭贞等捻首，极大地鼓舞了朝廷士气。

也是这次交流后不久，任盛京兵部侍郎的灵桂前来拜访英桂，在英桂的介绍下，刘崐亦与灵桂结交。灵桂除赞叹刘崐的剿匪作战谋略，更欣赏他的人品及才华。同时，作为极少数的能睁眼看世界、痛恨皇亲国戚肆意妄为的满蒙权贵灵桂，极赞同刘崐"务肃后营，整顿士气"的主张。正是因为灵桂等的举荐，刘崐次年十月被调回京都任内阁学士兼礼部侍郎。

英桂和灵桂对于刘崐的帮助就此开始。具体讲来，他们有四次具体帮助到了刘崐：第一次是咸丰六年（1856），担任总管内务府大臣的灵桂举荐他担任会试副考官，不久使其得以实授兵部右侍郎之职；第二次是在咸丰十一年（1861）辛酉政变后刘崐被革职，灵桂利用担任山西巡抚的英桂来京拜会其姨母慈禧的机会，邀请他在慈禧面前大言刘崐的才华横溢及为人忠厚重义，终打动慈禧，促使其下旨命刘崐回京效力；第三次是在同治七年（1868），刘崐担任湖南巡抚谋划贵州平苗，但军饷困难，筹建湘勇也遇阻力，这时，作为闽浙总督的英桂不仅划拨了物资予以支持，还借分析闽浙形势提出效仿楚、湘兵制练兵增饷，暗中呼应了刘崐的奏请，终促成其谋划的实施；第四次，在同治十一年（1872），刘崐被人举报包庇湖南布政使李榕作奸犯科被革巡抚职，而时为兵部尚书兼总管内务府大臣的英桂与理藩院尚书灵桂积极调解，使朝廷下旨令刘崐回京拟再另任，但这次刘崐对清廷彻底失望，以病辞。

刘崐也在实际工作中积极配合英桂与灵桂的施政措施。同治四年（1865）底，时为福州将军的英桂奏请为抗击太平军英勇献身的林文察（1828—1864年，字密卿，台湾彰化县人，曾协助平定小刀会、戴潮春事件，并于福建、浙江与江西平剿太平军）建专祠祭祀，但这遭到礼部某些敌对势力的反对。时为太常寺卿，并在主考江南后名声大噪的刘崐联合曾国藩、左宗棠等联名上书，极力支持英桂的奏请，终使林文察得赠太子少保衔，赐谥刚愍，诰授振威将军并赏骑都尉世袭。几年后，英桂提出闽浙"轮船之设，利于巨洋。驾驶之法，迥异长江"，要求打造巨轮来锻造海军，时为湖南巡抚的刘崐极为赞同，英桂之后拟定外海炮艇章程12条，刘崐更是奏禀朝廷，请给予其奖掖。这或许正是刘崐对于帮助自身者的回馈吧！

光绪十一年（1885），武英殿大学士灵桂逝世，追赠太保，入祀贤良祠。久已不过问世事的刘崐闻讯，蹒跚至祠祭祀，泪洒衣襟。

成　琦：后悔结交一庸吏

刘崐是较早对于清廷腐朽有着清醒认识的人，这一方面源于他对于时政形势的关注，另一方面也源于其为官交友时的切身的体会。如果说崇纶是刘崐考中进士在翰林院学习时较为后悔结交的人，那么在仕途中，他最后悔结交的权贵无疑会是成琦［清道光、咸丰时人，字魏卿，号小韩，正黄旗人，道光三十年（1850）进士，由通政司副使迁詹事府詹事，旋改户部左侍郎、仓场侍郎，辛酉政变后被革职］。

刘崐与成琦的结交是在咸丰八年即1858年。这一年八月，担任过顺天武乡试考官、修缮好寿藏和硕公主园寝和永陵河道工程的刘崐被任命为户部右侍郎，3个月后加授工部右侍郎，这是显然的仕途春风得意、要被提拔成一方大员的节奏。当然，这让善于投机钻营的成琦看到了投资商机。于是，借助同为户部同僚的机会，他主动来与刘崐结交。当时，一心想晋升的刘崐正困于朝廷缺少襄助者，自然也高兴与之结交，尤其其背后有靠山载垣。

次年三月，刘崐受命至天津验收海运米石，再到通惠河视察水势，成琦向其推荐颇有才能者随之司职，甚得刘崐的满意，因而对之好感陡增。接而在四、五月间，为海运南粮、豫东漕粮的验收检测，刘崐与成琦因为工作而有了更多交往。可是，就在这期间，他发现了此人有宗室子弟的一个通病——懒怠。素对工作严谨，办事一丝不苟的刘崐立时有了一份清醒与警惕，觉得自己与之可能不是一路人，心中颇多懊悔之意。而让他自动与之疏远，却是由于其另一同事周祖培的一番酒后言辞，周言此人贪婪、玩弄权术、善于逢迎而做事懈怠、推卸责任。周祖培与成琦相交多年，又是一个正直敢言之辈，其话自然可信，加上两个月日常所见与其言甚符，这让刘崐醍醐灌顶。

刘崐这份谨慎小心是对的，周祖培的一番评价也很快得到了印证。咸丰十年（1860）的冬天，作为二品大员的成琦代表清廷与沙俄去签订《中俄北京条约》并勘界中俄边界。朝廷选择他，一是因为他负责中央粮仓工作管着北新仓、海运仓等13仓，想来其可能办事仔细，对数字会较为敏感；二是因为他为宗亲，而现东北三省为清廷后方，其政治性可靠，也不可能做出背祖坑害自己亲人的事情。但这都是理论分析与推测，而实际上因为手握大权、地位高、来钱快，成琦早已经是个吃喝玩乐样样行、敬职敬业抛于脑后、扶个油瓶都怕累着的八旗渣滓。到达现场后，他嫌边境地区路不好走，根本不做实地勘察而整天躲在住宅喝酒抽大烟，对于手下给他准备的地图他看不懂也不问，干脆扔到了一边。而早有图谋的俄方勘界负责人看准了他的既不专业又怕吃苦的特点，乘机提出派手下去立碑而不必他亲临的变通办法，成琦居然马上赞同，并毫不犹豫在俄方单方面准备的协议文本上签了字。上梁不正下梁歪，成琦的手下也多是拍马屁而不干实事的人，既然上司不负责任，那他们也做了甩手掌柜，把立碑的事全委托给了俄方。结果，乌苏里江以东40多万平方公里的中国领土被俄划走，而临海的珲春变成了望海城市。更气人的是，此事清朝政府根本不知情，直到25年后的1886年，负责勘察边防的民族英雄吴大澂［1835—1902年，初名大淳，字止敬、清卿，号恒轩、愙斋，今江苏苏州人，著名学者、金石学家、书画家，同治七年（1868）进士，历官陕甘学政、太仆寺卿、北洋军务会办、左副都御史、广东巡抚、河南山东河道总督、湖南巡抚等］上奏，并重启与沙俄谈判，争回了百十平方公里土地，签订《中俄珲春东界约》及《中俄查勘两国交界道路记》，此事方才大白于天下，世人哗然！

据说，当时隐居于长沙、已经不管朝廷事务、一心养性宁神的刘崐闻之大怒，他咬牙切齿给翁同龢写信道："此贼（成琦）丧心辱国，即掘墓鞭尸亦不解恨。"同时，刘崐极力赞扬吴大澂补36块厚重石碑作界之举，为其"疆域有表国有维，此柱可立不可移"的铮铮誓言赞叹："此土重泰山而景仰之。"1902年，吴大澂逝世，蛰居虞山的翁同龢特遣人送去挽联："文武兼资，南海北海；汉宋一贯，经师人师。"

如今，我们细研史料，再对比成琦、吴大澂两人，其民族气节与个人品行，迥然相异，下场也截然不同，世人的评价亦正反相证，由此确可知懈怠者与勤奋者规划人生的巨大反差！

青麟与崇纶：鄂事立可辨忠奸

刘崐在道光二十一年（1841）考中进士后在京近十年，除却在翰林院学习，其余时间多在缔交权贵士绅，尤其以满、蒙仕者、生员为要。其中，就有满人青麟（？—1854年，图们氏，字墨卿，正白旗人，进士出身，曾为翰林院编修、侍讲学士、内阁学士、江苏和湖北学政、户部和礼部侍郎、湖北巡抚）和崇纶（？—1854年，喜塔腊氏，正黄旗人，由内阁贴书中书充军机章京，再为侍读学士、陕西凤邠道、永定河道、云南按察使、广东布政使、湖北巡抚）。

青麟与刘崐是同年进士,年龄相仿,又同被选为庶吉士,后来还同被授编修,两人自然亲近。以现有资料看,青麟曾向刘崐学习书法,而也正因他带着刘崐不停登门拜谒,刘崐结识了大批当朝满人大臣。大约与当时为军机章京、掌握着一定军权的崇纶,也是这样结交的。

当时,士绅中流传着曾为内务府大臣的崇纶的一个传说:内务府大臣为了讨皇帝、后妃欢心,在办事时往往会打点太监,以便他们在皇帝、后妃面前美言。一次,崇纶不知怎么搞的竟然遗漏了一个太监,这引起了这个太监的不满。这天,他来到皇宫朝见太后,正好遇见了那个太监。太监见他急匆匆的样子,故意从屋里端出一盆洗脸水,顺手就泼到崇纶身上。崇纶所穿的貂褂顿时被泼得水淋淋。太监装作惊慌失措的样子,马上向崇纶磕头认罪。貂褂被淋湿了,这样子怎么去见太后呢?崇纶根本顾不上跟太监发脾气,反而要依仗他们想办法。这时,太监拿出了一件预备好的貂褂说:"咱们这苦地方,还要托大人的福,给些恩典。"就这样,崇纶被那个太监好好地敲诈了一笔银子,却又无可奈何。

刘崐听到这个故事,不免摇头:这内宫,真是水深人奸,不可不谨慎啊!也因此,刘崐对皇室贵戚努力避而远之,这或许对他也是一个提醒,使得以后他受命处理热河革职台吉吉伯案时能够做到公正圆通,负责修寿藏和硕公主园寝时处事谨小慎微。

严格说来,由于汉人及学子身份等,刘崐与崇纶之类,并无深交,用现在的话来说即是喝过两次酒、附和着打过几次哈哈的朋友。也甚或,崇纶的儿子裕禄(1844—1900年,字寿山,历任郎中、热河兵备道、安徽布政使、安徽巡抚、湖广总督、盛京将军、四川总督、军机大臣、礼部尚书兼总理各国事务衙门大臣、直隶总督)出生时,他按官场惯例去送过贺礼,并因此后来与裕禄共事时,两人也相处得较为融洽。

刘崐对于崇纶奸猾、胆小怯弱的判断以及对青麟忠贞护国的高度颂扬,都因咸丰四年(1854)他们在湖北抗击太平军的迥异表现。

咸丰二年(1852),崇纶接张亮基之职而为湖北巡抚。次年春,太平军从江西、江苏进军湖北,崇纶吓得六神无主,躲进寓所以抽鸦片麻醉自己,而把希望全寄托于湘勇名将、按察使江忠源身上。孰料,因军饷不到位湘勇哗变，江忠源军在兴国田家镇大败，蕲州、黄州、汉阳接连丢失，武昌被围。崇纶立马有了弃城而走的想法。这时，朝廷派吴文镕（？—1854年，字甄甫、云巢，号竹孙，江苏仪征人，嘉庆进士，历任侍读学士、顺天学政、刑部侍郎、福建巡抚、江西巡抚、云贵总督、闽浙总督、湖广总督等，卒谥文节，封骑都尉兼云骑尉世职）来任湖广总督。吴是曾国藩、胡林翼的座师，其气节在道光、咸丰时与林则徐"并天下望"，是坚决的主战派。"为人工于结纳"的崇纶立马赴总督府拜访，并以"民空市绝，饷乏兵单"为由提出弃城不顾，而吴认为武昌战略地位极为重要，若丢失大局就会随之糜烂，且武昌城墙高大利于防守，太平军不可能迅速攻下，只需闭城坚守、以待外援即可扭转局势。两人意见相左，素以皇亲自居、自诩身份贵重的崇纶，觉得被打了脸，立与吴文镕闹翻。庆幸，太平军当时另有所图，10余天后即东撤黄州，武昌解围。心胸狭隘的崇纶此时开始找机会对吴文镕进行倾陷牵掣。善喜逢迎、投机取巧的他先给自己的表弟咸丰皇帝写信报喜，说武昌已经安全，应催总督率兵进剿黄州，获得极欲收复失地的咸丰帝赞赏；接而，得知吴文镕极力辩解水师未备不宜进剿的他，又抓住时机进谗言，讲吴文镕"终日闭城坐守，一筹莫展。兵勇各告奋勇，情愿自去杀贼，亦不准往，不知是何居心，是何肺腑！"咸丰采信，逼吴文镕率兵出征，而无德无能的崇纶又故意不按时给其军队提供饷械，"惟促速战"。吴文镕军日日与太平军苦战于大雪泥淖之中，最终因兵单力薄，后援不继而大败，吴文镕也在咸丰四年正月十五日投塘而死。可崇纶依然不肯放过他，在明知吴已经自杀的情况下，在给朝廷的报告中含糊其辞称吴"不知下落"，暗指其临阵脱逃，以诋毁其名节。

咸丰四年五月，太平军重新合围武昌，告急文书一日十封送递京城。这时，青麟站了出来。武昌被围时，他正按试德安，闻警停试，立督知府易容之募乡勇筹防守，使府城获全。他又上书朝廷，详陈军事，请求湖北、江西、安徽三省合剿。这让已经焦头烂额的军机大臣穆彰阿阅之大喜，立奏请命其为湖北巡抚。青麟受命，立即马不停蹄赶到武昌。当时守城官兵仅1000人，而代理湖广总督、荆州将军台涌因畏惧而未就任。

青麟果断挑起指挥作战的重任，督总兵杨昌泗、游击侯凤岐、副都统魁玉水陆合击，取得了破围的小成果，再在豹子海、鲁家湾等连破敌营。可此时，崇纶又故伎重演，扣饷滞械，不拨后援。青麟请求他给人护卫自己，他不肯；欲与之谈军务，他竟躲避10余日不见。苦苦经营的青麟陷入了与吴文镕同样的处境，并无可避免地迎来了与吴同样的结局——六月，太平军攻克武昌，在武胜门督战的青麟见城中火起，知大势已去，持剑自刎。而可气的是，崇纶竟然在城破前一日就弃城而逃，一口气跑到了陕西。3个月后，曾国藩率兵收复武昌，并立马上报告皇帝："武昌再陷，实因崇纶、台涌多方贻误，百姓恨之，极称吴文镕忠勤爱国，于青麟亦多恕辞。"

刘崐听闻，愤极，亦参劾崇纶，要求抚恤青麟遗孀与家属。咸丰帝虽痛恨崇纶的所作所为，但还只欲褫其职以平众怒。朝廷正直官员及翰林院学子闻讯，纷纷附和参劾。无奈之下，咸丰帝斥罢台涌，论崇纶罪。崇纶自知死罪难免，乃服毒自尽。刘崐叹道："斯人如此，实禽兽也！"

完颜氏：半亩园中清藏书

刘崐对孙女婚配有个特别的要求，即夫家一定是诗书之家，且婿母要有一定的文化基础，因而其次孙女嫁给易顺鼎时，他是非常满意的。他的这种在时人看来不太合情理的要求，来源于他对完颜氏一家的考察与了解。

刘崐在京城结识的满蒙权贵，十之八九得益于全庆、青麟，但结识完颜家族却是因为他的座师杜受田。道光二十二年（1842），时因河决而罢官的前南河河道完颜麟庆〔1791—1846年，字伯余、振祥，号见亭，满洲镶黄旗人，学者、水利专家，嘉庆十四年（1809）进士，曾官内阁中书、兵部主事、徽州知府、河南按察使、贵州布政使、湖北巡抚、江南河道总督署两江总督等，著有《鸿雪因缘记》《黄运河口古今图说》《河工器具图说》《凝香室集》等］正巧前一年购得清初贾汉复建造、李笠翁设计的半亩园，修葺之，并建"娜嬛妙境"作藏书楼。因为需要整理旧藏书籍，麟庆请时为礼部尚书的杜受田拨翰林院一二弟子帮助。恰麟庆长子崇实（？—1876年，字朴山，官至刑部尚书、盛京将军）在礼部任职，杜受田于情于理都不好拒绝，便征询刘崐意见。刘崐爽快地答应了。

刘崐之所以愉快接受这清理私宅藏书的苦事，缘于他对麟庆有所了解，对其人还颇为佩服，主要原因有三：一是麟庆为官时"办事精勤，见解敏速，人亦能自爱"，并且继承了其叔高祖完颜伟的衣钵，善于治水，他抬高石底蓄水洪泽湖、修惠济正闸和福兴水闸等举措，士人皆以为得道；二是麟庆与刘崐一样喜山水，并偏爱古旧遗迹，"探二水三山之名胜，搜六朝五季之遗闻"，常有诗作面世，诸如《春阴江行》"鼓棹芜湖去，浓阴护远天。溜喧新雨后，帆挂晓风前。山气蒸成雾，江风荡作烟。渔家有春色，桃柳倚门前"，还有《忆西湖》"迎薰阁外绿波肥，十里荷香人未归。若许梦中身化蝶，今宵应傍藕花飞。曾为寻春试马蹄，苏公堤接白公堤。香山已去东坡老，芳树流莺故故啼"，皆为善为书法及作诗的刘崐喜欢；三是刘崐曾购得道光十八年（1838）由麟庆门生王国佐付刻的用图文形式记述其身世和经历的《鸿雪因缘图记》，因其"图帙缜密，未得镌手，故只刊记名，未刊图画"，是刘崐甚觉可惜之事，正欲借此一睹原迹。

在接触之后，刘崐对"以十余年两河劳瘁，一旦卸肩，反觉优游"的麟庆倍感亲切，尤其加深了对其家族的了解。其中，麟庆之母恽珠（1771—1833年，字星联、珍浦，晚号蓉湖道人、昆陵女史，江苏武进人，肥乡典史毓秀女，能诗善绘，著有《红香馆集》，纂有《兰闺实录》及《国朝闺秀正始集》等）引起了刘崐的关注。在此之前，刘崐多少对女性有些轻视，但了解恽珠后彻底改变了他的看法。恽珠自幼聪慧颖敏，"幼年针黹精妙，为侪辈所推服。稍长，承外王父芝堂公指授，博通经籍，兼善诗画，族党间有三绝之称"。她的父亲为直隶肥乡典史时，官眷间经常往来，她有机会见到泰安知府完颜廷璐的母亲索绰罗氏。一天，索绰罗氏席间出《锦鸡》一题，恽珠不假思索提笔写道："闲对清波照彩衣，遍身金锦世应稀。一朝脱却樊笼去，好向朝阳学凤飞。"索绰罗氏赞叹不已，乃3次派人议婚，固请乃许。恽珠18岁出嫁到完颜家族后，协夫课子，母教甚严。同道中人皆知麟庆"其学皆由母夫人教也"。她对儿子的交友与阅读范围也均有严格规定，"绝燕游，戒奢傲，不许杂览'不经之书'，择师择交，防范无余力"。在她的严格教育下，完颜一门风雅相继。麟庆19岁联捷成进士时，恽珠以诗勖之："乍见泥金喜复惊，祖宗慈荫汝身荣。功名虽并春风发，心性须如秋水平。处世毋忘修德业，立身慎莫坠家声。言中告诫休轻忽，持此他年事圣明。"她最引人关注的贡献有二：一是耗费十年编选出版《国朝闺秀正始集》，这是由女性编撰的清代闺秀诗歌总集，在女性文学发展史上具有独一无二的地位，据说其曾要求三子广为搜集旧籍所存名媛诗，亲加选定，而士绅闻之，纷纷投赠自家女眷诗作；二是辑录《兰闺宝录》6卷，这是中国第一部由妇女写的妇女史，成为中外学者研究清代妇女生活的重要史料。恽珠还信道教，敬佛门，好收药方，曾"乃详考古今仙传良方，手录成帙，名曰《鹤背青囊》，务以博施为怀"。对这样一位母亲，刘崐敬重万分，并曾书其诗作《雨过》赠人："雨过中庭万象清，绿阴深处晚凉生。自移竹榻来幽院，坐听枝头好鸟鸣。"刘崐由此认为，好家教是一个人成事的关键，因而在教孙子诗书时不忘孙女，即使在湖南巡抚任上夫人、独子、儿媳相继去世家境窘迫时，也要自己挤时间来督促三孙子两孙女的课业。

　　在协助整理半亩园藏书的一年多时间内，刘崐不仅帮助麟庆整理了藏书、校阅并鉴别了旧藏字画，还协助麟庆及两子到处访求遗书，后来加之已有，总集有85000余卷；他又为其筑退思斋，读名山志，以当卧游；也是在他的建议下，恽珠手稿《国朝闺秀正始集》以及崇实在成都任上的奏稿，还有麟庆最得意的弟子骆秉章后来在四川总督任上的奏稿数十册，都有收藏。麟庆殁后的道光二十九年（1849），崇实兄弟在扬州觅良工，将麟庆生前所著，其幕僚汪春泉和画家陈朗斋、汪惕斋作画的《鸿雪因缘图记》3卷完整刊出，一时洛阳纸贵。刘崐得赠，高兴不已。

僧格林沁：两度同事兵事兴

刘崐与僧格林沁（1811—1865年，博尔济吉特氏，蒙古族，嘉庆帝嗣外孙，晚清名将）结识较早，但真正彼此了解，却在道光末咸丰初，且之后两度短暂同事，颇有些惺惺相惜。

僧格林沁出生于没落贵族家庭，因家境贫寒，曾随父亲和德力格尔为富人放牧。幸运的是，父亲不希望儿子与自己一样收入微薄艰难度日，12岁时僧格林沁被送到昌图老城文昌宫读书。也就是这个决定，改变了其一生。道光五年（1825），是僧格林沁人生中最重要的转折点之一，由于索特纳木多布济郡王无子嗣，在时为郡王旗下听差且得宠的伯父的推荐下，读书用功、为人忠勇诚朴又善骑射的他被选定为郡王嗣子并承袭左翼后旗扎萨克郡王。更幸运的是，道光帝此时怀念起了其远嫁索特纳木多布济为妻、偏又早逝的妹妹庄敬和硕公主，而根据蒙古人的说法，僧格林沁正出生于公主去世当年，是其灵魂转世。于是，道光帝命人送其入京，亲自接见。而僧格林沁在这次御见中，表现突出，其怀念庄敬和硕公主之德时"潸然泪下"，触动了道光帝，十二月他被奉命御前行走，赏戴三眼花翎。道光九年（1829），他正式进入军营，担当管火器的营事。他在行军打仗中有着坚定不移的执行力、服从长官指挥，加上皇亲的关系，因而很快得以提拔，道光十四年（1834）授御前大臣、正白旗领侍卫大臣，再为后扈大臣，而第二年正月就署镶红旗蒙古都统，二月充谙达管虎枪营事，七月总理行营，而年底担任了阅兵大臣。

就是在他上升极快的这个时期，刘崐随考中进士的族叔刘体舒进京，得以拜晤了这位年轻有为的蒙古将领。但老实说，因为一文一武且两人地位相距甚远，他们彼此并无多大印象，匆匆一见即告分别，直待道光二十一年（1841）刘崑考中进士。而此年的九月，僧格林沁被任命为正黄旗满洲都统，可谓位高权重，已经在八旗营中成长为顶梁柱。而使两人开始有交集是在道光三十年（1850）。这年九月，京郊密云县发生了匪乱，僧格林沁授左翼监督，奉命前去剿匪，并成功完成任务，十二月底回京受到嘉奖。对作战谋略颇有兴趣的刘崑从邸报中看到信息，立赴僧格林沁府详细请教。他们这次交流颇有收获，刘崑虽觉僧格林沁带着骄横之气，但判断他为清营中坚，亦是王朝命脉维系之所在，而僧格林沁叹服刘崑的军事素养，因他而对汉人军事将领少了些许轻慢。其后，道光帝崩，作为顾命大臣的僧格林沁辅佐咸丰帝即位，而刘崑授湖南学政，却以文臣经历了长沙守城之战。与太平军还未有过交手的御前大臣僧格林沁对此颇为重视，曾详研湖南战报，据说还曾去信向刘崑请教。咸丰三年至四年，僧格林沁作为参赞大臣守卫京城，与太平天国北伐军多次作战取胜，俘获林凤祥、李开芳，晋封博多勒噶台亲王，真正执掌了大清朝廷的军权。

咸丰六年（1856）十月，刘崑授兵部右侍郎，他开始了第一次与僧格林沁同事。次年五月，僧格林沁署镶红旗汉军都统。这时，因为发放银饷，刘崑与僧格林沁有过一次矛盾。僧格林沁此际为国家栋梁，难免待人傲慢无礼。某次，僧格林沁欲增加饷银，便写了张增饷纸条嘱营中军士递交刘侍郎。刘崑见状，恼其无礼，拒发之。僧格林沁便生了情绪，在兵部尚书面前讲了刘侍郎的是非。刘崑还以颜色，不久在发放棉衣等军需品时，故意拖欠僧格林沁军不发，各营牢骚满腹，压力全压到僧格林沁身上。僧格林沁无奈下，登刘府门道歉，此事才得以了结。接而，咸丰八年（1858）天津大沽海口战败，主和派与英国代表签署《天津条约》，僧格林沁与刘崑等极力反对，主张把侵略者赶出中国，但未被采纳。不久，刘崑调至户部右侍郎，而僧格林沁奉命去天津督办大沽口和京东防务。为此，僧格林沁特向负责过永陵河道工程修建的刘崑请教，刘把自己的经验倾囊以授，僧格林沁受益匪浅，并因防御工事筑得坚固、办事认真，击溃英法新任驻华公使所率换约舰队，取得 1840 年西方资本主义列强入侵中国以来的第一次重大胜利而受奖赏。

他们的第二次合作的机会也就迅速到来了。咸丰九年（1859），僧格林沁兼任顺天府尹。但作为武将,他对地方管理可谓一窍不通,尤其是财政支出与收纳,他也分不明晰,农业荒芜、工商颓败、政令不通,这就导致了一段时间内京城地区物价飞涨、市场混乱、民怨骤增。分管对接这块工作的刘崐可着了急,疾驰顺天府与僧格林沁商量对策。僧格林沁虽满脑子只装着打仗,但并不糊涂,把事悉托刘崐代理。而在刘崐的调度下,崇厚、翁同龢、赵佑宸等其看好的干将驰援顺天府,分任要职。一年多的时间内,顺天府农业增收、财税猛涨、官民一心的盛世太平景象呈现,刘崐这才胸中石头落地。

同治四年(1865)五月,僧格林沁在剿灭山东捻军失败时被杀,消息传到京城,上下一片震惊。时为太仆寺卿的刘崐如遭雷击,对左右说:"国之柱石倒矣,国危也!"随后,他跟从同治帝及慈禧参加了僧格林沁配享太庙的葬礼,回宅后,他斋戒两日,以示敬仰之情。僧格林沁之子伯彦诺谟祜亲王闻之,特提笔写信,以世侄身份表达对刘崐的感谢和敬重。

官 文:军事指挥佐贤才

官文(1798—1871年,又名俊,王佳氏,字秀峰,揆伯,满洲正白旗人,曾为拜堂阿补蓝翎侍卫、荆州将军、湖广总督、文渊阁大学士、一等果威伯、直隶总督、内大臣,卒谥文恭,赠太保,著有《荡平发逆附记》)是刘崐在成为进士后在翰林院学习时结交的权贵,后来又多次为刘崐的顶头上司。刘崐对他的态度比较复杂:一方面觉得其军事指挥才能不错,另一方面又对其懒于政事颇为不满,同时还对他与胡林翼互相辅佐维持湖北大局甚为赞赏。

官文出身于军人世家。与其他等待封赏不学无术的世家子弟不同,他青少年时即对开疆辟土的先辈极为崇拜,立志要做出一番事业,不仅刻苦攻读书籍,而且骑马、射箭样样精通,甚为族人所看好。二十来岁,他拜堂阿补蓝翎侍卫，累擢头等侍卫，到道光二十一年（1841）时，他出任为广州汉军副都统，调荆州右翼副都统。就是在这个时期，刘崐与之结识。据言，两人是因为拼酒不相上下而更为亲近的。

官文的军事指挥才能主要表现在六件事情上。其一，荆州镇匪。咸丰三年（1853），受台涌的厚爱与荐推，官文专统荆州防兵，并在次年提拔为荆州将军。这年，太平军攻陷安陆、荆门、宜昌。当时荆州兵多调赴武昌，分屯要隘，城中仅余兵二千。但就凭借着这点人马，官文不仅收复了监利，而且连复宜昌、石首、华容，使荆州得到保全。其二，统规鄂局。不久后，武昌再失守，官文受命统筹全局，规复武汉。他在调查研究后向朝廷提出建议："贼情诡谲，军情随时变幻。武汉之贼一日不尽，荆州不得安枕。贼踞汉阳，倚江为险，绝我粮道，阻我援军。今欲复武昌，必先攻汉阳，夺贼所恃之险，而后武昌可图也。总兵双保自潜江进剿，兵力过单。臣已令罗遵殿以战船百艘自仙桃镇、蔡店迳趋汉阳，与抚臣杨霈分道夹攻；又檄总兵福炘往助双保，知县吴振镛进复沔阳以通饷道。惟贼踞岳州，南北援军均受牵制，尤应先剿岳州之贼。曾国藩方统炮船驻湘阴，塔齐布之师已入岳州境，臣已促其速进，分兵阻江路。复派同知衔李光荣等率川勇防调弦口，张子铭防监利尺八口，都司宗维清沿江接应。荆州仅剩旗兵分守要隘，随时接应，庶几可进可退，不致有顾此失彼之虞。"他的全局观念、调度能力，展现无遗，是故在次年调为兵部右侍郎的刘崐一度以其军事奏章为典范而进行细致研究。在他的统一指挥下，不久曾国藩克岳州，太平军水师被迫停于长江沿岸，官文又派遣凉州副都统魁玉、总兵杨昌泗赴螺山防江，歼敌甚多，由此当年八月形势急转，武昌、汉阳相继收复。其三，保安驰援。咸丰五年（1855），湖广总督杨霈指挥不利，败军于德安，使汉阳、汉口再被攻陷，德安、随州也之后被夺。接任湖广总督的官文，指挥军队驻扎安陆，对敌形成了有力威胁。这年秋，西陵阿战德安失利，官文被令驰援。他马不解甲，率军连夜奔驰，出其不意攻入德安，太平军不敌赶紧弃城逃跑，他又跟踪追击，直捣汉阳，并在龟山、尾湖堤、五显庙等处连破敌卡。其四，再复汉阳。咸丰六年（1856），官文开始谋划收复汉阳，太平军也对其军引起重视，派大部队前来支援，官文分兵阻击，连连击退援军。接着，他分兵河口断绝太平军的粮道，又令副都统都兴阿攻围凤焚积聚，使太平军的熊熊气势立灭。这年秋，他连破汉阳城外太平军敌营，接而又与湖北巡抚胡林翼配合，约同日水陆大举，分攻武昌、汉阳。官文督军分路进，水师击汉阳东门，破五显庙贼卡，接而又败龟山援敌等，遂复汉阳，俘伪将军等五百余人。其五，调兵维稳。咸丰八年（1858），湘军李续宾战殁三河，皖、鄂震动。官文这时果断分兵扼蕲州、广济、麻城诸隘，固守九江、彭泽，水师严防江面，这样很快使人心稳定了下来。其六，剿灭捻军。同治元年（1862），官文派遣副将周凤山等在河南信阳、罗山等地剿捻，不断取胜，又破黄梅捻巢，收复10余寨，这让他得以晋升文华殿大学士。后来，发、捻合扰楚、豫交界地带，官文与荆州将军多隆阿有力配合，屡战皆捷，使得襄河以北捻军不得不远遁。

官文为人诟病的是其懒于政事，诸事取决于家奴。尤其其为湖广总督时，人言总督府有"三大"，即妾大、门丁大、庖人大。曾国藩也曾批评他"才具平庸"，但官文的奇特之处在于他对自己的才能颇为清楚，能顾全大局，政务全交由湖北巡抚胡林翼。胡是极具地方治理才华的贤才，前期也曾与官文死扛过，但其谋臣阎敬铭一番话，彻底让他心服口服。《清史稿》上如此记载："当官文之在湖北，事事听林翼所为，惟驭下不严，用财不节，林翼忧之。阎敬铭方佐治饷，一日林翼与言，恐误疆事。敬铭曰：'公误矣！本朝不轻以汉大臣专兵柄。今满、汉并用，而声绩炳著者多属汉人，此圣明大公划除畛域之效。然湖北居天下要冲，朝廷宁肯不以亲信大臣临之？夫督抚相劾，无论未必胜，即胜，能保后来者必贤耶？且继者或厉清操，勤庶务，而不明远略，未必不颛己自是，岂甘事事让人？官文心无成见，兼隶旗籍，每有大事，正可借其言以伸所请。其失仅在私费奢豪，诚于事有济，岁縻十万金供之，未为失计。至一二私人，可容，容之；不可，则以事劾去之。彼意气素平，必无忤也。'林翼大悟。及林翼殁，督抚不相能，官文劾严树森去之；而曾国荃又劾官文去之。官文晚节建树不能如曩时，然林翼非官文之虚己推诚，亦无以成大功，世故两贤之。"这说明了官文的自知之明以及用人之量。在这点上，刘崐是极力赞成的。

传言,也曾有不少人劝官文不能再把全部权力交托给胡林翼,如此则众人皆言其无才无能,对其发展不利。他也颇为踌躇。回到宅后,他与小妾商量,这小妾正是胡林翼之母的义女,闻之,她反问道:"君之能,与义兄如何?既不能,又不舍,事不成,非两相损乎?"官文一听,猛然惊醒,也心头大宽,遂不理世人言。

穆图善:有识有勇忠良将

那拉搭·穆图善(?—1887年,字春岩,世居黑龙江齐齐哈尔,满洲镶黄旗鄂温克人,曾为西安左翼副都统、青州副都统、察哈尔都统、署陕甘总督、福州将军,卒谥果勇,后清帝谕将前授云骑尉世职改为骑都尉世职)是刘崐极为赏识的一位满人将军。刘崐曾将其与僧格林沁相提并论,认为他是晚清时期最有军事才华的将领之一。

穆图善幼年家境贫寒,母亲亡故较早,但母在世时常教之以岳母刺字之类的精忠报国故事,所以他从小就对驰骋疆场兴趣浓厚,刻苦练习骑马和刀箭功夫。他的继母是汉人,受到了良好的家庭教育,穆图善少年时的文化修养得益于她,故他也待继母如生母,其至孝甚为族人称赞。从军以后,穆图善以稳练见称,他一切奏牒,务从朴实,不事铺张,未成将军前诸事多与部下商议,成为威震一方的军队指挥官后,则与本省大僚及邻省将军、督抚商榷密要,和衷共济,不存臆见。更难得的是,他对属下一视同仁,属下有过,不徇情,不迁怒。他还有一个好习惯,只要有闲余则必下园习射,终年如一日。他初心不改,随任子弟皆布衣蔬食,不使有异于常人,旧友远来,则同桌而饭,无倦色、无厌容,而对前来求助的贫老者,他体恤周至,其尊老爱幼故事,至今在齐齐哈尔一带流传不少。

穆图善的军事才华得以展现，是始于咸丰朝。首先，咸丰三年（1853）他以骁骑校跟随僧格林沁在京城附近战东、西连镇，他的英勇善战，闻名于朝，刘崐也是此时得知其名。其次，咸丰五年（1855）穆图善调入湖北，改属都兴阿指挥，并一举收复汉阳。他在战斗中的有胆有识，经都兴阿禀报后引起了刘崐关注，其后刘崐为兵部右侍郎，专与穆图善见面。他们谈论时势，分析排兵布阵，十分投契。其后的咸丰九年（1859）二月，在太湖之役中，都兴阿患病，由多隆阿接替率步骑兵5000人征战，穆图善划归其部，在接下来的战役中，穆图善奋勇效力，受到了多隆阿的高度赞赏。

其后，他在五次指挥作战中表现十分突出，屡得提拔。第一次，咸丰十一年（1861）春，多隆阿移军集贤关，支援曾国荃的安庆军，太平军陈玉成率7000人乘机进犯桂车河大营。留守于大营的穆图善，沉着冷静，在东西两山隘设伏，诱敌深入，并突然大呼夹击敌军，使陈部溃不成军。因此，穆图善被多隆阿荐保记名副都统。第二次，同年8月，多隆阿受命率军西征。在收复桐城、舒城的战斗中，穆图善率雷正馆、谭仁芳部作战勇敢，纪律严明，成为复城首功者而被赐予"西林巴图鲁"称号。第三次，同治元年（1862），清军克庐州，陈玉成投奔苗沛霖，穆图善随之追击，进逼寿州城南40里，形成攻击之势，苗沛霖恐慌不已，忙缚陈玉成献至胜保营。第四次，同治三年（1864）春多隆阿战死，遗体拟迁荆州安葬，将要起程时，梁城富率领一支人数众多的部队，焚大峪口尹家桥，欲阻送葬队伍前行，并威胁西安城。此时，穆图善愤怒异常，立即令清军还击，不仅保住了西安，而且逼迫梁城富转而西窜。穆图善又率兵扼守宝鸡，围困其数日，断绝其粮，歼4000人，生擒700人，还使郑永和、王克昌各率5000人来降。第五次，同治四年（1865），穆图善奉命率军配合都兴阿步骑兵自黄河左右岸联合攻打宁夏汉、回二城。当时官军行军劳累，穆图善建议稍休整后再进攻，都兴阿却不听劝，结果自己受重伤，军心涣散，而军队被围，在此际，穆图善挺身而出，杀出一条血路，率部成功突围。穆图善之后督办甘肃军务，并代将指挥宁夏战役，又从新疆伊犁调官军增援，采取军事进攻和政治瓦解相结合的办法，促使了宁夏汉、回二城投降，胜利结束了宁夏战役。因此功，穆图善被任命为陕甘总督。

这时的他，不再只考虑军事，而是更多地需要考虑民生。当时，在陕甘扎营待命的官军甚多，约有140个营的兵力，老百姓无粮饥饿，无力供应军需粮草。穆图善着手治理经济，他以宽治军，组织军队协助农民种田，挖渠引水，修桥补路，发展农业生产，同时广积粮，设粮仓，既解决了军队用粮，又解决了老百姓的吃粮问题，还救济了很多饥饿的各族老百姓。这让他深得各族军民的拥护。但接下来的同治七年（1868），他在肃州受回教区新教魁马化隆的欺骗，不仅给其武器粮草，而且荐保其为提督衔，但马化隆暗中以金积堡为据点，扩充势力，并不久后杀刘松山叛变，这让其受到了降级处分。穆图善吸取教训，加强戒备，3年后协助左宗棠攻占金积堡并杀死了马化隆。

而穆图善至今最令人称颂的是他在光绪十年（1884）马江之役的表现。当年八月，法国将军孤拔率兵舰13艘进犯我国台湾，被台湾巡抚刘铭传击退后，转而驶入福建省马尾港，窥伺陆地上的设施。老成练达、秉性忠诚的穆图善立即看出了其企图，要求照国际公法积极备战，但闽浙总督何璟胆小怕事，又拘于朝廷要求约束，甚至答应孤拔上岸到陆地考察。穆图善气愤得拍桌打椅，但李鸿章又来电强令他不得率先发动战事。而福建水师提督何如璋又不听他的指挥调动，穆图善无奈，只得足穿草履，头戴草笠，日夜在长门炮台与士卒同甘苦。八月二十三日，聚集在马江的法舰向福建水师船队发起猛烈攻击，半小时内共沉毁清军新式舰艇9艘，旧式师船10余艘。马江开战后，泊在连江琯头的两艘法舰也向陆营开炮，并力图登岸，以切断长门炮台的后路，穆图善督勇抗拒，敌计未能得逞。二十五日，法舰一艘从壶江驶来，正面攻击长门炮台，穆图善督守备康长庆等开炮迎击，法舰连中2炮，重伤欹侧，旋即退去。二十六至二十九日，法军为求出口，集中兵船内外夹击长门、金牌两炮台，炮台因炮位向外，无法对口内法船还击，金牌炮台被毁，长门炮台也严重损伤。其中二十八日，口内法军登陆，清军各陆营枪炮齐发，给法军以一定的打击，还夺得洋炮2尊。穆图善为防法军从长门外登陆，率军退守连江，令总兵张得胜等人继续准备陆战。由于战事刚起何如璋即率福建水师撤退并导致全军覆没，穆图善未能阻止法舰出口，但其坚守长门炮台力战，抗击入侵法军，并打沉法舰 6 艘，使法兵溺水 300 人，法将军孤拔受重伤致死的英勇事迹，立刻传遍天下，时人誉其为福建诸大吏中唯一"有识有勇者"。

次年，穆图善被授予钦差大臣，来东北办理扩军练兵事宜。看到东北地广人稀兵力单薄的现状，穆图善决定三省各组建马队 2 起备 500 人、步队 8 营备 4000 人，任命总统 1 人、帮统 2 人，负责组建和操练，枪械则由上海军火采运局供应。他为之奔波操劳，两年后病故于办事途中。他的灵柩回旗时，沿途地方官员自动出来致哀迎送，百姓奔哭吊唁、伏于路途跪磕者数以万计。光绪皇帝得知后，亦垂泪不止，宣国史馆立传，并准予在其立功省份建立专祠祭拜。

其时，刘崐在长沙生病，恰其学生李寿蓉来访，告之噩耗，刘崐涕泪双流，挣扎起身，由孙扶起面向北方三鞠躬而拜。李寿蓉睹之泫然泪下，回宅后其写文曰："吾师敬良将，重忠义，可窥矣！"

裕　禄：才不堪用刀笔吏

喜塔腊·裕禄（1834—1900 年，字寿山，满洲正白旗人，历任郎中、热河兵备道、安徽布政使、安徽巡抚、湖广总督、盛京将军、四川总督、军机大臣、礼部尚书、总理各国事务衙门大臣、直隶总督）是刘崐最后悔结交的满人崇纶之子，也是倘若他地下有知，必会割袍断义者。

因为与崇纶结交，刘崐曾教授裕禄书法及毛诗，并还把自己的《尚书》及其他史书研究资料用来指点这位故人之子。裕禄也一直尊称其为先生。咸丰末，裕禄因受荫庇而以刑部主事用，当时刘崐正为户部兼工部右侍郎，其受提拔的速度惊人，众皆以为其是咸丰帝前红人，故多有人前来攀附。

崇纶与裕禄父子自然就是其中一对。刘崐也给予其不少关照,譬如同治四年(1865),裕禄已经升为郎中,内阁学士刘崐受命去查处已革台吉吉伯和济雅私放护放一事,就携其同往,并在事后的奏报中,大力抬举其办事之功。因而,不久,裕禄即出任热河兵备道,4年后升安徽布政使,同治十三年(1874)又擢安徽巡抚。这时的裕禄,表现出了较强的社会洞察力和处事果断的能力。他发现前江南提督李世忠(?—1881年,原名李昭寿,河南固县人,1853年入捻,次年降清军何桂珍,后又杀何投太平军李秀成部,1859年再降清,升到江南提督)罢职家居、横行乡里、肆意妄为的事实后,认为其有可能再危害国家,立引其被罢职前曾国藩所撰要旨,疏请诛之。不久,李世忠来到安庆办事,裕禄邀其至署中饮酒,喝到一定程度,他不慌不忙从怀中掏出密旨,喝令众人缚斩之。人皆以为其将斩将除根,但他了解到李之子女皆已独立并无犯法行径后,不仅没有落井下石,反抚恤其家,令其族人感恩戴德,士人们也纷纷称赞其做法。于是,朝廷以为其可作大用。光绪十三年(1887),裕禄迁湖广总督,再调两江总督,但不过两个月即返鄂复任湖广总督。当时朝廷正在讨论起自卢沟讫于汉口的铁路是否该修,交由群臣议论,思想颇为保守的裕禄力陈不可,这让皇帝及权臣李鸿章颇不高兴。于是,两年后,他被调至任盛京将军。光绪十七年(1891),热河发生了一起因宗教信仰不同而引起的骚动事件,一些民众毁坏教堂,杀害满蒙人士,裕禄立即派兵镇压,并很快平息,他因此而受朝廷嘉许。光绪二十年(1894)秋,朝鲜发生战乱,日军乘机进犯我领土,东北形势紧张,他在奉天戒严,后因部下失守安东、凤凰,他坐罪数被议,只因得慈禧庇护,方才渡过难关。第二年,他调任福州将军,改授四川总督。3年后,他被召回,任军机大臣、礼部尚书兼总理各国事务衙门。而不久,又值荣禄入枢廷,他遂代之督直隶。

裕禄在直隶的作为,直接与义和团的兴起相关。当其刚兴时,山东巡抚毓贤(1842—1901年,字佐臣,汉军正黄旗人,监生出身,纳赀为同知府,曾任山东按察使、山东布政使、湖南布政使、江宁将军、山东巡抚和山西巡抚)纵之不捕,致使其扩散。裕禄首先发兵围剿,采取"不分首从，一律处死"的残酷镇压手段，滥杀滥捕，以致民谣形容他手下两将说："遇着梅东益，家家没饭吃；遇着范天贵，家家都是会。"但这激起了拳民与百姓反抗，义和团愈剿愈多，清军副将杨福同还被团民袭杀。在北京的保守派官员端郡王载漪、刚毅、赵舒翘等人主张安抚，甚至意欲借义和团之势力对抗虎视眈眈的外国军队。裕禄这时忽而摇身一变，反发给义和团枪械粮饷。时为武卫军统领的袁世凯曾问他："盍不请严旨捕治？"裕禄回答："拳民无他伎，缓则自消，激则生变。且此委琐事，何烦渎天听邪？"他邀请义和团首领张德成、曹福田出入府衙，"二人者炫神术，为妄妖言相煽惑，裕禄不之问。已，复致书请饷二十万，自任灭外人，裕禄驰檄召之⋯⋯当是时，津城拳匪至可三万人，呼啸周衢市，又以红灯照荧众，每入夜，家家悬红灯，谓'迎仙姑'"。而载漪等人，甚至支持义和团人进入北京攻击教堂洋人，致使各国公使一方面要求天津英军司令西摩尔率领各国联军至北京保护使馆，另一方面要求各国增派军队到中国。这就是八国联军侵华的开始。当外国兵舰大集、络绎登岸时，毫无防守准备的裕禄这才慌了张，"疏告急，请救董福祥来援"。这时提督罗荣光（1833—1900年，字耀庭，今湖南吉首人，原为曾国藩部后入淮军，因镇压捻军有功而升记名提督，再为天津镇总兵守大沽口炮台）自以为可拒，请求率兵平寇，裕禄大喜，允之，不意大沽口炮台守不过一夜即为敌占，罗荣光亦战死。

  裕禄之后的表现，可谓一场官场表演秀、一纸刀笔吏故事。他充分吸取了自己的为官经验，并利用从刘崐处所学的文字表达功夫，不断为自己脱罪，甚至利用时间差，颠倒黑白请功。他先是"上天津团民杀敌状，于是朝廷以团民为可恃，宣战诏书遂下，而不知大沽已先数日失矣"，接而，他"又报大捷，盛张拳匪功，发帑金十万犒团，更荐德成、福田于朝，饰战状，获赏头品秩、花翎、黄马褂"。然后，他又行书表功，言自己将与提督聂士成（1836—1900年，字功亭，安徽合肥人，官为山西太原镇总兵、直隶总督，卒谥忠节，赠太子少保，著有《东游纪程》《东征日记》等）及董福祥援军准备作战的部署安排，洋洋洒洒。再，他又急写奏章表忠，讲自己将英勇领导租界之战，指挥聂士成和马玉昆（？—1908年，字荆山、景山，安徽亳州人，曾为山西太原镇总兵，后奉命驻守朝鲜，参加平壤保卫战，再升浙江提督，卒谥忠武，赠太子太保）包围租界，向西方列强施加压力，迫使其撤兵，却完全不顾租界势力和大沽援军早已经联手转守为攻的事实。最后，在聂士成七月九日阵亡后，他又发挥文学之笔，悲怆地书写聂士成壮烈牺牲经过，并言自己不意敌军强攻才导致兵败，竭力为自己开脱。在裕禄笔下，他自己完全是个鞠躬尽瘁、呕心沥血"保卫天津"的忠诚将帅，一时获得皇帝赞赏。但这种卑劣的表演，还是经不起时间的验证，后来随着各官员的奏请，他的谎言立被拆穿。已经逃至杨村的裕禄自知死罪难免，遂服毒自杀。

倒值得尊敬的是其子喜塔腊·熙元〔光绪十五年（1889）进士，由编修累迁至国子监祭酒，卒谥文贞，赠太常寺卿〕，在八国联军入侵北京时，他偕嫂富察氏、妻费莫氏仰药以殉，后与王懿荣附祀唐韩愈祠。还堪怜惜的是裕禄的7个女儿，都被联军抓到天坛轮奸，然后被充为官妓。

刘崐一生爱惜羽毛，敬重忠良，远离小人，却不意误交崇绮、裕禄父子，尤其因曾垂教裕禄为人诟病，这恐是谨慎小心的刘崐所未曾预想过的。

共事记

倭　仁：程朱理学教刘崐

不知是否汉人的身份作祟，刘崐一生中虽结交满蒙权贵，但内心深处是对其多颇为不屑的。但是，进京会试后，改变了他的看法。这得益于一个人，他就是乌齐格里·倭仁［1804—1871年，字艮峰、艮斋，蒙古正红旗人，道光九年（1829）进士，选庶吉士授编修，历中允、侍讲、侍读，辛酉政变后擢副都统、工部尚书、文渊阁大学士兼同治帝师傅职，以理学名臣、三朝元老参政，后晋升为文华殿大学士，卒谥文端，赠太保］。

倭仁虽家世不显赫可也是八旗中下级军官子弟，但他并没有依靠蒙古王公的世代承袭或荫典进入仕途，而是通过在开封刻苦读书，像一般士子一样通过科举、取殿试二甲第三十四名踏入官场，这是令刘崐对倭仁颇为佩服的第一件事。更让他尊重的是，此人能潜心理学研究，与其河南老乡李棠阶［1798—1865年，字树南，号文园，河南温县人，道光三年（1823）进士，历任大理寺卿、礼部侍郎、左都御史、户部尚书、军机大臣、工部尚书、礼部尚书等职，卒谥文清］等人成立正学会，定期会课，参与者每天将自己的举止言谈甚至思想写成日录，相互交换批阅，每十天左右会集再当面品评得失。对此，刘崐心生羡慕，恨不能亲自参与。道光二十年（1840），著名的理学家唐鉴［1778—1861年，字镜海，号翁泽，长沙人，嘉庆十四年（1809）进士，改翰林院庶吉士，历任检府、御史、府、道、臬、藩等官，著有《朱子年谱考异》《学案小识》《畿辅水利备览》等］来到京城任为太常寺卿，倭仁与曾国藩、吴廷栋、何国珍、吕贤基等一批理学名士集于其周围，聆听其讲座。唐鉴独究心于程朱理性之学，倭仁自从向他问学以后，便弃王学而改宗程朱，并终身笃信之。曾国藩对之记载并评说道："用功最笃实，每日自朝至寝，一言一动，坐作饮食，皆有札记，或心有私欲不克，外有不及检者皆记出。"次年，刘崐中进士，接触倭仁后，也以其为师为兄而开展对程朱理学的研究。

具体说来，倭仁教诲刘崐程朱理学并影响其甚深的主要有五点。

其一，主张"理在心中"的先验论，并为识天理而"尽己性""尽人性""尽物性"。受传统儒家文化熏陶，刘崐坚信人性本善，心中自有仁、义、礼、智，但利禄、习俗等物蔽其理，需要重新召唤，方可按天理去约束自己的言行、穷究物理，而这需要"稽之圣贤，讲之师友，察之事物，验之身心"。因而，他对集中体现倭仁教育思想的《为学大指》极为推崇，为湖南巡抚时刊刻晓谕士子。但刘崐并不赞成倭仁提出的王学主张，尤其《辅弼嘉谟》中所说的王心为万事之主，是用人得政之得失的原因，天下之治乱安危系之此，王心正则天下事没有不正的，刘崐不大赞同，他曾对曾国荃、李元度谈到，帝王更易受蒙蔽，尧舜禹汤治天下多谎言，务得臣民一心务实于事。

其二，以伦理道德思想作为一生治学、为官之基，并为之悟守践行。刘崐对倭仁提出的治学六宗旨——立志为学、居敬存心、穷理致知、察歌慎动、克己力行、推己及人，极为赞赏，并信奉至死。这也是他晚年思想较为保守、对西学稍有排斥，但对经济发展之道推崇，并在光绪十年（1884）甚至辑《洋务丛钞十一种》的主要原因。

其三，认为程朱理学是十全十美、万古无弊的圣经贤传，其"至深且备"、博大精深，无人超出其右，因而要寻一切学问之源，得从程朱著作中寻找，并把"诚""敬"列为理学道德论中的最高原则，直可与阴、阳相提并论为宇宙观之大道。因为接受了这种观念，刘崐以朱熹门下走卒自谓，在其担任湖南学政、湖南巡抚期间，特别推崇朱熹、张栻，不仅言必论朱张学说，而且坚持将其列入乡祠并大修其主讲过的岳麓书院、城南书院。

其四，在知行观上，格物致知、居敬穷理、涵养省察，强调力行为先,"孔孟大路,经程朱辨明后,惟有敛心逊志,亦趋亦步去,知一字行一字,知一理行一理,是要务"。只有自我行得正,方能立得住,这是刘崐告诫子孙的训言。事实上,刘崐接受了倭仁办事严格的作风,在自律、要求子女及门生上皆比较苛刻。对于世人所言同治帝见倭仁就畏,噤若寒蝉,他常称:"诺,师徒之礼不可废,从戒谨恐惧工夫,乃可见未发气象。"他效仿倭仁的养心之术,常坐卧静默以驭心。

其五,为官第一要务是"将名利心打叠净尽,方能笃实光辉"。倭仁重视吏治,对居官尸位、利欲熏心之徒十分痛恨,"事事为百姓计,不为一身计。凡百举动皆服草野之心,则官民一体相联,既可以消内变,亦足以御外侮"。刘崐对吏治弊坏之风最为痛心,对贪污者严惩不贷、对无能之吏坚决奏革,而自己坚守清白,身无余财,正是对之的实践。

刘崐称倭仁为"道光以来一儒宗",事实上自唐鉴道光二十六年(1846)告老还乡后,倭仁确为京城理学领袖。他在咸丰帝即位后上书的《应诏陈言疏》中说,国家行政没有比用人更重要的了,而用人又先要辨明君子与小人。君子和小人都是难以知道他们心中所想的,但是他们做的事却是显而易见的。他为之生动形象地描绘了一幅图画:"君子讷拙,小人佞巧。君子澹定,小人躁竞。君子爱才,小人媢异。君子图远大,以国家元气为先;小人计目前,以聚敛刻薄为务。君子刚正不挠谏诤匡弼,小人依违两可迁就逢迎。君子进忧危之议悚动警心,小人不畏天变滋长逸志。"刘崐得言,书于案牍,日诵之。

同治九年(1870)曾国藩处理天津教案不当而招致全国上下一片指责,朝廷有人欲借机除掉曾国藩。在这种人人落井下石的情况下,倭仁挺身而出,先是把曾国藩骂了个狗血喷头,然后屡次上书为曾国藩说情,要朝廷对其多加保全,曾由此得以全身而退。时在湖南处理援黔剿苗之事忙得焦头烂额的刘崐为之拍案:"不负程朱,果乃吾师兄矣!"

翁　氏：三代携扶仕学同

晚清时，有些颇有见识者，虽然与政敌在政治立场、为官之道甚至帮派体系上颇为对立，但因为欣赏其才华尤其是经学或诗艺的高超，他会特意让自己的子弟与之相交，甚至拜师于其门下。翁心存［1791—1862年，字二铭，号邃庵，江苏常熟人，道光二年（1822）进士，选庶吉士授编修，历广东及江西学政、大理寺少卿、内阁学士、工部侍郎、工部尚书、兵部尚书、翰林院掌院学士、吏部尚书、协办大学士，再充上书房总师傅、体仁阁大学士，入值弘德殿，卒谥文端，赠太保］与刘崐就是这么一种关系，并且私交延续三代，其相携相扶备受人称道。

同治帝师翁心存的父亲翁咸封官至海州学政，当时的知州唐仲冕［1753—1827年，字云枳，号陶山居士，长沙人，乾隆五十八年（1793）进士，历官江苏荆溪知县、陕西布政使，著有《岱览》《陶山集》等］初见翁心存，便奇之有异才，授之学。有这样高超的先生导引，翁心存学业自是突飞猛进，且品行端正，无任何不良嗜好，从小就被列为他人学习的榜样。考中进士后在翰林院学习，他大考擢中允，做完广东学政的任期即回京入值上书房，授惠郡王读，道光十七年（1837）再授六阿哥读，二十九年（1849）又授八阿哥读。与皇室的亲密关系，也使其仕途极为顺畅，即使被人举报其包庇下属勾结土匪行劫，他被革职几个月后也能又被起用，且迅速恢复原有职权。作为务实派并积极支持太后垂帘听政的领袖人物，他与载垣、肃顺素有矛盾，因而在管理户部时多次请求辞职，后来还被载垣等抓住短号钞兑换长号时他有抵触一事大做文章，最后，他以失察而降五级，改俟补官，革职留任。在咸丰别驾热河时，他坚决反对，劝谏未成，遂依附两宫发动政变，并为之起草诏书。他"品端学粹，守正不阿"，尤其举荐曾国藩、胡林翼等军事指挥人才，拯救朝廷于危难时刻，为人所敬重。

刘崐在中进士之前便是翁心存的忠实粉丝。但他考中进士时，正是翁心存以母老乞养而家居至母丧的10年内，因而直至道光二十九年（1849）他回京再入值上书房并补祭酒，他们才得以见面。这次见面，翁心存对刘崐的学问极为欣赏，介绍其与江苏老乡王广荫结识，并之后促成他随作为主考官王广荫的助手，第二次作顺天乡试考官，从而选拔出了沈善庆、沈秉成、江人镜、李明伦等举人，为其仕途人脉再添了一把火。而翁心存之后的两次奏议，也折服了刘崐。第一次，他的同榜进士、咸丰帝师、江苏巡抚陆建瀛［？—1853年，字立夫、仲白，湖北沔阳人，道光二年（1822）进士，曾为山东大主考、云南巡抚兼署云贵总督、江苏巡抚、两江总督、钦差大臣等］请苏州、松江、太仓漕米改征折色，翁心存坚决反对，他说："三属额征米一百十四万余石，一旦改折，虑京仓不敷支放，州县假折色抑勒倍征，便民适以累民。"刘崐对他的不顾情面、实事求是敬佩不已，陆议最后也被道光帝否决，未得推行。第二次，是在太平军节节逼犯天津、朝廷议行钞币的咸丰元年（1851），翁心存谏言："军营搭放票钞，诸多窒碍。钞币之法，施行当有次第，此时甫经颁发，并未试用，势难骤用之军营。"这让掌权的载垣大怒，诏令斥其阻挠，之后就找了其下级勾结土匪行劫一事对其进行了弹劾。对此，极尊古法、蹈常袭故、思想稍为保守的刘崐是颇为其抱不平的，当年他到湖南就任学政，与李瀚章聊到此事时犹"愤然有色"。

不只与翁心存相交，刘崐更与翁心存的三子关系非同寻常。翁心存的长子翁同书［1810—1865年，字祖庚，号药号、和斋，道光二十年（1840）进士，选庶吉士授编修，曾任贵州学政、詹事府少詹事、安徽巡抚］，是比刘崐早一年的进士，因而认识较早，在翰林院学习期间两人曾结伴游山，吟诗作对，更在一起讨论过经学。翁同书对于《毛诗要义》《尚书要义》的理解，曾令也在此方面颇有研究的刘崐佩服不已。而更令刘崐羡慕的，是他们家族的藏书之丰硕。同时，因为翁同书的介绍，他认识了其二弟翁同爵（1814—1877年，字玉甫，以父荫由生员而入仕盐运使，历官湖南按察使、布政使，陕西、湖北巡抚，兼署湖广总督，著有《皇朝兵制考略》)，还有他极为喜欢的小弟翁同龢［1830—1904年，字叔平，号松禅、天放闲人、瓶庵居士，别署均斋、瓶笙、瓶庐居士、并眉居士等，著名政治家、书法艺术家，咸丰六年（1856）状元，历任户部、工部尚书、军机大臣兼总理各国事务衙门大臣，同治、光绪两代帝师，卒谥文恭］。

　　刘崐与翁氏这后来被誉为"一门四进士，一门三巡抚"的豪门的非同一般的交情可在四个事件中体现出来：一是咸丰六年，刘崐担任会试副考官，翁同龢考中进士，他积极向主考官潘祖荫推荐，使其进入三甲并最终被钦点为状元。翁同龢一直称刘崐为师，时常向他讨教诗作，并在书法上受刘崐影响较深，中年后效法钱沣，结体宽博开放，风格更显苍浑遒劲。翁同龢思想上也受刘崐影响深，主张"厉以风节"反对贪官污吏，敢于揭露弊政，甚至直言指责皇上与太后，对于女人干涉朝政有天然的反感，后来形成以其为首的帝党派，与后党相抗衡。而刘崐亲近湘军而与李鸿章为首的淮军保持着相当的距离也影响着翁同龢，他在朝时与李鸿章关系紧张，对北洋海军也多有牵掣，后来人们笑言"宰相合肥天下瘦，司农常熟世间荒"。咸丰元年（1851），翁同龢主纂《文宗实录》向师讨教，"刘师以恭纂凡例六十七条见示"，可见翁对刘的恭从。刘崐逝世后，翁同龢不远万里着人送来祭奠对联，也足以说明他们关系的紧密。二是咸丰八年（1858），刘崐为顺天武乡试考官，知翁同爵之子、后来过继给翁同龢为嗣的翁曾翰（1837—1878年，字季才，号海珊，曾为内阁侍读，著有《翁曾翰日记》) 要参加当年的顺天乡试，便积极向主考官柏葰［？—1859年，原名松葰，字静涛，巴鲁特氏，蒙古正蓝旗人，道光六年（1826）进士，选庶吉士授编修，累迁内阁学士兼正红旗汉军副都统、兵部尚书、协办大学士，工诗，著有《奉使朝鲜日记》等］进言，极言其文采，使其得以高中。而次年事发，柏葰因此科场案被杀，若非肃顺保护，刘崐极可能受到波及。三是同治元年（1862），曾国藩具折严劾翁同书为安徽巡抚时丢失疆土又受苗贼玩弄，要置其于死地，导致病中的翁心存急火攻心病死，而最终翁同书被流放西北而亡。刘崐写信给曾国藩，严斥其不义无情，险些因此绝交。四是刘崐到任湖南巡抚后，翁同爵当时为湖南按察使，两人颇为亲近，刘崐上奏时常为其美言，使翁同爵次年即署湖南布政使，尔后再升陕西巡抚。刘崐这种成人之美，备受湘人称赞。

据传，翁同龢与工部尚书倭仁、翰林院编修李鸿藻、实录馆协修徐桐被任命为年仅十岁的同治皇帝的老师，这让翁同龢十分高兴，但同时很忐忑，特意找到给同治开蒙的刘崐请教如何授读，尤其是就第一课授何内容。刘崐拈须一笑，道："虽为帝土，实乃顽童，《帝鉴图说》，有图，有故事，图文并茂，可矣！"翁同龢眼睛一亮。果然，他在给同治皇帝讲课时，采取此法讲此内容，同治听得津津有味，对翁同龢以后更多亲近。

廉兆纶：共葆雪霜心径通

刘崐与廉兆纶［1810—1867年，初名师敏，字葆醇，号琴舫，天津宁河人，道光二十年（1840）进士，选庶吉士授编修，曾为经筵讲官、侍读学士、江西学政、内阁学士、工部与户部侍郎等］都是晚清时期清正廉明、精忠报国、严于律己、勇于任事而又善书能诗的学者型官僚典型。他们两度同事，其交往间的真挚情谊颇可一说。

廉兆纶出身于书香门第，曾祖父廉芬、祖父廉永敬都是太学生，父亲廉沂是嘉庆癸酉科（1814）副贡生，曾为天津府教谕。他少年时即聪明过人，写字、作文皆属一流，为天宁县令唐宗泰誉为神童。据传县试那天，正赶上其大婚，他匆忙应试，结果文章写得井然有序，一丝不苟，被定为首卷。如今，我们还能从其14岁游览芦台峭帆亭即兴所书的《峭帆亭赋》一睹其文采："昔之幔亭高起，阶墄新磨，栏书红亚，帘横绿波，团蕉引鹭，飞梁驾鼍，长廊碍棹，倒壁悬河。睹帆樯之似织，感日月之如梭。抚今追昔，情如之何？……揽古迹而不见，悟世情之已非。指云帆而寄意，携片石以言归。"因为当时社会局势开始动荡，清朝廷内忧外患初步呈现，他那有见识的父亲便要求其文武双修，他自小工于骑射，并专拜师学过兵法，这一直是刘崐与其结交后深为羡慕的地方。

廉兆纶与刘崐皆是24岁乡试中举，但年少刘崐2岁的廉兆纶倒比他早一年参加会试，并朝考中获第一，点庶吉士授翰林院编修，这说明他学习是颇为刻苦且学有所成的。但他们在翰林院三年进修期间有无结交，如今已经难知。可知的是，他们顺利毕业后都曾在国史馆工作、纂修过当朝实录。之后的道光二十九年（1849），他们同为顺天乡试考官，第一次成为同事。他们办事都很认真，且拒绝托请，唯才是举，因而深得主考官王广荫的欣赏，考毕即启奏朝廷要求给予他们以奖励。但这短暂的同事期很快就结束了——就在考录刚刚结束之日，廉沂病逝的噩耗传来，廉兆纶匆匆踏上丁忧守孝的回乡路。

咸丰元年（1851），廉兆纶服除归京，于次年任文渊阁校理，而刘崐在第三度为顺天乡试考官后授湖南学政职，赶赴长沙就职。之后，他们南北一方，各为选拔、培养人才尽心尽力。廉兆纶在1853年充任会试同考官，再署日起居注官、经筵讲官、南书房行走，倾力于为皇帝办理文案。刘崐则大力推动湖南文化教育，历司经局洗马、翰林院侍讲学士。咸丰四年（1854），对两人言都是绝不平凡的一年，他们在这年十月同授内阁学士，一跃而成从二品官员，并之后又分授礼部、工部侍郎。但两人的工作地点对换了，廉兆纶到南方任江西学政，而刘崐调回京城礼部，并于次年充当会试副主考。

咸丰六年（1856），他们又有了军事上的切磋。这年三月，太平军攻陷吉安、抚州，进踞安仁，而廉兆纶正按试广信，见之形势危急，不仅上书请援，而且自带千名练勇守城。之前有过守长沙天心阁经验的刘崐立刻写信告之自己的体会，提出"动员诸生，相信练勇，莫依绿营，防攻结合"的指导思想。这让廉兆纶受到极大启发，他在形危势孤的情况下，与广信知府沈葆桢等相互激励，动员士绅百姓共同抗敌，成功收复上饶城并乘胜会攻建昌。可惜，以绿营守城的上饶马上又被攻破，广信危在旦夕。廉兆纶这时利用好了自己在翰林院积攒的良好人脉，接请曾国藩、衢州总兵饶廷选支援，并自率部冒雨穿越敌垒进入四面楚歌的广信。这极大鼓舞了城中官民士气，后太平军七次攻城未就，只得撤走。廉兆纶威名大震，其为防守危城，尽出俸银饷军而贫困不能自给的事迹报至兵部，时为兵部右侍郎的刘崐立即起草褒奖文书，得皇帝批准，"天下识廉学政"。他还刊刻有廉兆纶所写的《江西学政任内发自广信》一文，其中"继思父母爱充之意，欲有子能为天下士也。不然则一乡一邑之士也。不然则庸庸碌碌，饮啄视息以终其身，有之不足多，无之不见少，父母又何赖有此子而殷殷然爱之也哉"，天下共知，士绅传唱，激起了众多士子报效国家的热情。

咸丰八年（1858）八月，刘崐从兵部右侍郎转任户部右侍郎，而为钱法堂总管、宝泉局总管的户部侍郎廉兆纶升任总督仓场侍郎，两人再度成为掌管国家财政大权的同事。有了之前的考官同事经历并兼之都曾为学政却力战沙场，两人的感情急骤升温，时户部有人笑言"廉无一日不见刘，刘未见廉则言心慌"。他们共同提出支持地方团练武装而将其军饷纳入进行拨款的请求，但因保守势力阻挠，户部内即未通过。他们又认为朝廷派遣统兵大员对地方军政不熟悉，建议由地方奏保简拨，但也遭到拒绝。而咸丰九年（1859）英兵进犯，深谙兵法的两人再提出以战为和、加强海防坚决抗击的主张，又被否决。三次议事皆遭失败，严重打击了廉兆纶和刘崐对朝廷的信心。第二年，英兵抢掠丰益仓，心灰意冷的廉兆纶自劾失职请辞未允，而刘崐躲到了国史馆中以故纸堆遣怀。接而，辛酉政变，同治接位，刘崐被革职后再在实录馆当差，廉兆纶深感如履薄冰如坐针毡，且知音难遇，伯乐难求，遂以病辞官，归于家乡，主讲问津书院，开始其教育生涯。刘崐虽屡得提拔，但对官宦生涯亦失去了信心。

廉兆纶曾著一诗《天津喜陈仲鸾同年相过》，其诗曰："种树风烟长，移花岁月深。稍添春烂漫，浑忘老侵寻。阅世成流水，何时返故林。便开松菊径，共葆雪霜心。"他与刘崐，皆非一帆风顺，在仕途上时落时起，此诗之况味或许二人亦可相通。

万青藜：人情理性两较量

刘崐与万青藜［1821—1883年，字文甫，号照斋、藕舲，江西九江德化人，道光二十年（1840）进士，授翰林院编修，升侍讲、侍读学士，署国子监祭酒，迁内阁学士，历任礼、吏、刑、兵部左右侍郎，都察院左都御史，再为兵部、礼部、吏部尚书，翰林院掌院，卒谥文敏］都是文人出身，皆怀爱国忠君之心，自我要求严格，从整体上来评价，两人皆是晚清时期难得的清廉官员，又皆较为有名的理学大师。但是，在两人的交往尤其他们两度同事中的作为看，他们似乎不是同路人。

万青藜和刘崐一样，出身僻远耕读之家，靠着自己的勤奋努力，尤其是刻苦读书才走入仕途。他们皆工诗文，也在书法上的造诣非同小可，不过刘崐致力于行书，而万青藜更善于草书。刘崐比万青藜早中举7年，但考中进士却比万青藜晚了1年，且年龄大了其13岁，因而在翰林院时万青藜即恭敬称刘崐为韫斋兄、崐师，两人的私交也相对较多。他们皆擅长史学研究，认为能从历史中总结经验，看出未来，尤其是治国为官之学，也多可从其中得到。但刘崐更精于经学，而万青藜精于说文、金石学，在这两方面学者皆称赞不已。从翰林院学习至咸丰初，是他们交往较为频繁的时期。尤其是咸丰初，比刘崐升官更快的万青藜，在江西协助陈孚恩戒严防守太平军时总结出了江西团练章程，一度让刘崐赞为人才。但很明显，他们的靠山是对立的，刘崐更易被人划为肃顺的忠实门徒，而万青藜则是恭亲王奕䜣的得力干将。这导致他们在京城为官时交往分分合合，纠葛难以辨清。尤其是咸丰十年（1860），两人一度交恶。这年，八国联军进攻北京，肃顺一派主张咸丰帝逃至热河避难，刘崐也持支持态度，但万青藜坚决反对，并请缨率兵抵抗，两人于是在朝廷上有了激烈的辩驳。他们各自援史为例来证明自己的主张，后来发展为攻讦对方，两人就此撕破了脸皮。最后，万青藜被任命与奕䜣等守京城，而肃顺、刘崐等逃至了承德。后来，僧格林沁率部在天津、北京守城失利、圆明园被劫后遭焚烧，刘崐却又被肃顺派回京城负责善后事宜。面对这种国弱受欺的局面，两人似乎又很快走到了一块，和好如初。

咸丰十一年（1861），他们第一次成为同事，并且一年两次合作。在这年的进士录取中，万青藜担任会试总裁，而刘崐为读卷官。殿试中，他们似乎携手了，判了后为肃顺门下四大文生之一的高心夔榜底，拂了肃顺的面子。不久，万青藜被任命为国史馆总裁，而刘崐为副总裁。这时，朝鲜国派来了赵徽林为问安正使、朴珪寿（1807—1877年，字桓卿、瓛卿，号桓斋、瓛斋，今韩国全罗南道罗州人，官至右议政，是朝鲜开化思想始祖之一）为副使的代表团前来慰问咸丰帝。思想倾向保守的刘崐认为这是藩国来到宗主国试听消息，探听情报之举，主张给其以下马威以示天朝强盛。万青藜初也持此态度，但很快改变了。后来的说法是万青藜此人很感性，感情用事，问安团两个人与他成了朋友——朴珪寿善赋诗，燕行前作饯行诗曰："平生梦想帝王州，鼙鼛中堂空流羡。三辅黄图眼森森，意中辊辘车轮转。今朝出门真快活，舞骖周道平如辗。诸公端合为我贺，胡为离愁眉头现？"这令万青藜倍感亲切。而随行的翻译官吴庆锡（1831—1879年，字元秬、善汝，号亦梅、野梅、逸梅、镇斋、天竹斋，朝鲜王朝后期著名学者、思想家、政治活动家，朝鲜近代开化思想的鼻祖，也是开化党早期代表人物之一）在书画和金石研究方面颇有造诣，与万青藜兴趣相投。于是，万青藜一改之前的主张，积极主张咸丰帝亲自会见朝鲜问安团。而这，刘崐坚决反对，最后是首席军机大臣穆彰阿代表病重的咸丰接见。朴珪寿等滞留北京5个月，在万青藜的介绍下，结交了董文焕、冯志沂、沈秉成、王轩等80多名中国文人学士，与其酬唱诗歌，往来书信，即使回到朝鲜后也长期保持联系，而顾炎武的经世致用之学、魏源的《海国图志》等都为其带回朝鲜国内，得以传播。刘崐的态度，后来也因其学生沈秉成的劝说解释，有了一定的改变，他甚至接见了吴庆锡，与他交流后赞叹其学识渊博、眼界开放，主动介绍其结识曾国藩等理学大家。这年年底，万青藜擢兵部尚书兼顺天府尹，他们的第一次同事时间结束。

他们第二次同事是在同治五年（1866）四月。历经革职重起的刘崐被任命为内阁学士兼礼部侍郎，并署顺天府尹，五月兼任文渊阁直阁事。而前一年十一月，万青藜从兵部调任礼部尚书兼顺天府尹，恩赏紫禁城骑马。他们皆重视农业生产，因而在天津东丽开渠拓展稻田上相继使力，最后竟拓成了一片总面积近36.8平方公里的耕地，至今让人受益。但不久，刘崐得知咸丰时期为兵部尚书的万青藜在天津穿芳峪建自己的居所响泉园时，曾花钱强行置下其原有的响泉庵并或毁或移庵堂塑像，遂弹劾其不法行径。万青藜当时位高权重，而刘崐仅为从二品，又是万青藜助手，这一弹劾自是不了了之，相反，万青藜不久还被任为吏部尚书。两人的朋友关系自此断了。

有趣的是，两人朋友关系的终结并未影响其门生与他们的交流往来。万青藜的学生陆心源、李树屏都是刘崐极为欣赏的人，而刘崐的门生沈秉成、吴大澂、潘祖荫都随万青藜后来与朝鲜的吴庆锡、朴珪寿、李昰应有着较多的往来，他们皆是要求开放和改革、传播西方新思想的弄潮儿。

肃　顺：恩怨相随未能清

刘崐与肃顺（1816—1861年，满洲镶蓝旗人，晚清宗室、权臣，字雨亭，曾任御前大臣、总管内务府大臣、吏部尚书、协办大学士等职，为咸丰帝顾命八大臣之一）的关系，向来争议纷纷，尤其是慈禧为示不咎过往在搜肃顺府时主动销毁其过去往来书信与账簿，以及刘崐退隐长沙后不留文字将自己的过往资料付之一炬，更是让人觉得扑朔迷离。但是，有一点可以肯定，即肃顺与刘崐是同事，他们共过事，且一段时间相处融洽，甚至肃顺掌握大权后还对刘崐颇为关照与敬重，以致后来那位曾跟随刘崐研习过经书、时担任御史的许彭寿在奏报他们关系时说:"踪迹最密者如侍郎刘崐、黄宗汉。……至侍郎刘崐、成琦、太仆少卿德克津太、候补京堂富绩,虽无与载垣等交通实据,而或与往还较密,或由伊等保举起官,或拜认师生,众人耳目共见共闻。"

肃顺是郑献亲王济尔哈朗七世孙、郑慎亲王乌尔恭阿子,但因属妾生,道光十二年(1832)成年出府后,家底较薄。正是因此,他早年长期在侍卫处任职,直到道光十六年(1836)才考封三等辅国将军,委侍卫处散秩大臣,从二品,主要是为皇帝亲军行走时作为导从、大阅时从事保安护卫工作。道光二十九年(1849),他授奉宸苑卿,管理各园庭,时为正三品。这个时候的刘崐作为进士、学子身份,自然不会主动去结交这种无权无势者。

他们的结交,是从肃顺迅速走向政治权力核心开始的,也即咸丰帝即位后的1851年。这年,深痛苦于皇室成员庸碌无为而看中肃顺一腔热血报国的咸丰帝,对肃顺有所抬爱,擢其为内阁学士兼任护军统领、銮仪使。因为刘崐当时为翰林院编修,且担任了顺天乡试考官,工作上便有了接触。肃顺在皇室中是个叛逆者,他看不起满人,特别是对那些庸俗无为者极其瞧不起,但他对待有才华的汉臣却能格外礼遇,后来还开玩笑说:"汉人是得罪不得的,他那支笔厉害得很。"而刘崐正是在书法、赋诗、讲经方面表现较为突出的,加上又是杜受田的门生,肃顺待刘崐自然不敢轻视,当年十月还顺杜受田、全庆等的奏请,推举刘崐外任湖南学政。两年后,肃顺授正黄旗蒙古副都统,接而署理密舆使、正红旗护军都统,已经把持了一定的军权,而刘崐也升为翰林院侍讲学士,明显有得提拔的迹象。果不其然,第二年,刘崐从湖南调回京城,任内阁学士兼礼部侍郎,而肃顺授御前侍卫,先迁工部侍郎,再在礼部、户部短暂任职,几个月内连得升迁,从正红旗满洲副都统、工部右侍郎、练兵翼长补正蓝旗满洲副都统、礼部左侍郎、镶白旗护军统领。正是在礼部,肃顺与刘崐正式成为同事。

刘崐那时已经接触了不少皇亲国戚,对满蒙专权者尤其那种不学无术却又耀武扬威者甚为反感。而肃顺的一句口头禅即是"咱们旗人浑蛋多,懂得什么!"这让刘崑倍感亲切,对其度量与见识颇为赞叹。而肃顺提出的"严禁令、重法纪、锄奸宄"九字治国方针,与刘崑向来认同的乱世用重典不谋而合,于是两人走得更近。第二年,肃顺被任命为总统大臣,专为皇帝出巡作各种准备工作,后又授前锋营统领、管理镶蓝旗总族长,有了直接向皇帝汇报推荐人事的权力。这让刘崑对其政治前途充满信心。这年十一月,肃顺调补户部左侍郎兼管三库事务,对国家财政收入有了更为直观的认知,更坚定了满人无用、应重用有才干有魄力敢干事的汉臣的想法。尤其这一年太平军攻伐连捷、朝廷四处遭兵火而无人可用,使他有意结交年富力强而有血性者,曾国藩、左宗棠、胡林翼、彭玉麟等进入他的视线。他毫不顾忌自己的皇亲身份,而主动与这些人去结交,让刘崑极为赞赏。尤其在咸丰六年(1856)十月刘崑授兵部右侍郎后,他以自己的切身体会,感受到了绿营的腐朽不堪而地方团练又缺乏强有力领导,提出了应给予地方团练更多经费支持的建议。但建议因保守势力的强大阻挠,未得推行,他之后第二年还因此被调去负责修寿藏和硕公主园寝,远离了军事指挥和协调参谋工作。但他的建议引起了肃顺的高度重视,这位"常心折曾文正公之识量、胡文忠公之才略"者,看到了放权汉族官僚以地方实权可能导致中央集权的衰微,更清楚如果不让曾国藩们大展宏图则清王朝死劫难逃,他两害相比取其轻,决定大力支持地方团练。同时,他加大了人才选拔的力度。咸丰八年(1858),任礼部尚书的他先是利用手中权力,调回修建永陵河道工程的刘崑任顺天武乡试考官,嘱其选拔优秀武举人才,再十月自充武乡试监射大臣亲选武进士。在这一时期,发生了著名的"戊午科场案",御史孟传金启奏本年顺天乡试存在严重舞弊问题,如只会唱两口好皮黄其他一无所长的旗人平龄居然高中第七名。咸丰帝命令肃顺着手调查此案。肃顺迅速查清:新考中主事罗鸿绎为了能考中,曾向兵部侍郎李鹤龄疏通关系,而李转求于同考官浦安关照,浦便找到文渊阁大学士、主考官柏葰的门人丁靳祥,事成后,浦安向柏葰送赘敬银16两,李鹤龄则向罗鸿绎索银500两,其中300两转交浦安。此案与顺治十四年(1657)丁酉科场案、康熙五十年(1711)辛卯科场案并列为清朝三大科场案,调查一出,震惊朝野。

肃顺认为是打击保守势力的好时机，乘机提出严惩，最终柏葰、李鹤龄、罗鸿绎等人被处斩，共惩处各级官员计91人。肃顺反腐肃贪，有力地震慑了官吏，但也明显有着打击扩大化的趋向，敏锐的刘崐此时感到了一种莫名的危险。

　　刘崐的这种担心并非毫无根据，因为之前他已逐渐感觉到了肃顺的变化，那种骄横专权、目中无人，让他感到了不舒适。性格决定命运，他相信自己多年看人行事的判断不会出现差错。因而，他开始有意与肃顺保持距离，即使是肃顺担任户部尚书，他为户部右侍郎担任其助手时，也是如此。这时，肃顺又发现了财政积弊，即户部设立的宝钞处和官钱总局利用发行大量钞票的机会导致通货膨胀、物价飞涨，而官商乘机勾结，"侵占挪用"、"拒收买抵"，从中牟取暴利。肃顺提议由刘崐牵头处理，但刘崐以自己不熟悉业务为由拒绝而自动要求远离京城去验收海运漕粮。肃顺再度大开杀戒，几百涉案人员受审，抄没户部司员、商户及满族宗室数十家。肃顺大获成功的同时，百姓中已经传开"肃六屠夫，行经之处，鸡不鸣啼，狗不吠声，户不得宁"的流言。接而第二年即咸丰十年十二月的会试中，肃顺担任主考，而刘崐为读卷官。肃顺不惜违反科场条规直接给刘崐打招呼要求照顾其看好的高心夔，而性情硬朗、十分讨厌这种托请的刘崐直接判高心夔背榜第一。面对刘崐的这种极不合作，肃顺无可奈何，叹息道："斯人笔力之锋、为人之直，无可匹敌！"

　　而有意思的是，正是刘崐后面两次与肃顺的不合作，挽救了刘崐的性命，并使他得以有仕途重获新生的机会。辛酉政变后，刘崐作为肃党被革职，但归途中他即获重新起用的诏书，正是因为这两桩旧事。而刘崐对于肃顺的评价，我们如今已不可知。只是，当肃顺被斩杀于菜市口时曾国藩曾说了一句话："此冤狱也，自坏长城矣！"

阎敬铭：同具丹心扶社稷

刘崐对于陕西及陕西人的好印象，来自于其师弟阎敬铭［1817—1892年，字丹初，陕西朝邑人，进士出身，咸丰四年（1854）补户部主事，后擢升郎中、湖北按察使，署山东盐运使、巡抚，同治三年（1864）实授山东巡抚，再为工部右侍郎、户部尚书、署兵部尚书、军机大臣、总理各国事务衙门大臣、协办大学士、东阁大学士，卒谥文介，追赠太子少保］，明显带有爱屋及乌的味道。

发现阎敬铭这个后来被称为"救时宰相"者，是刘崐一生颇为得意的事。道光二十五年（1845），阎敬铭考中进士，前来拜访时为翰林院编修的刘崐。同是出身寒门的刘崐对于衣着质朴、言辞恳切的阎敬铭十分欣赏，与之论学与诗词，则感叹其才华纵横，再谈及时政见解，甚为契合……总之，刘崐找到了志同道合的知音，立即把其介绍给自己的朋友，并推荐给自己结识的师辈与权贵，这其中，就有大学士文庆［费莫氏，字孔修，满洲镶红旗人，两广总督永保之孙，道光二年（1822）进士，累官至詹事、通政使、左副都御史、内阁学士、礼部侍郎兼副都统、户部尚书、武英殿大学士］。道光二十七年（1847），已选翰林院庶吉士的阎敬铭从散馆分户部以主事用。他办事公正不阿，又恪守自律、清正廉明，甚得主管户部工作的文庆器重，并在自己的学生曾国藩、胡林翼、袁甲三、骆秉章等人面前屡有提及，从而为其后面走上仕途顺利升迁打下了基础。而这，也让刘崐极为开心。咸丰四年（1854），阎敬铭丁母忧守，时为内阁学士兼礼部侍郎的刘崐送上挽联吊唁，并去信言自己在湖南学政任上的地方观察、对于时局动荡之忧和官吏不法之愤，嘱咐其了解乡情、民意，廉洁耿介、多识英才，其殷殷之情颇见厚望之意。咸丰六年（1856），阎敬铭丁忧结束复户部主事原职，而刘崐授兵部右侍郎，对于当时的军事形势有了通透了解。

咸丰九年（1859），担任湖北巡抚的胡林翼着急于当时督粮严峻、军需营务无人管理，奏章报至朝廷，得睹邸报的刘崐马上联系文庆向其推荐了阎敬铭。于是，阎走马上任，其理财才华也第一次展现于世人面前。他清旧账一丝不苟，催新粮亲历亲为，严格约束手下，防止贪懒耍滑，更反腐倡俭，尽心竭力，终使鄂省"足食足兵"。这让胡林翼大喜，称其"公正廉明，实心任事，为湖北通省仅见之才"，阎敬铭得以擢升湖北按察使。在奉旨查办奉天案件并之前有过验收海运漕粮的刘崐，看到邸报，喜不自禁，立邀上才上任山海关监督不久的乌勒洪额喝酒致贺。

担任湖北按察使的阎敬铭立即显示出了其不畏强权、为民除害的勇气，"综覆名实，居心正大"的性格及雄心万丈、质朴亲民的作风。当时，湖广总督官文手下有个副将，仗势欺人，带几名新兵闯入武昌城外一居民家强抢民女，女不从竟将其乱刀砍死。死者父母进城告状，县、府官员皆不敢过问。阎敬铭闻知大怒，决意为民除害。副将闻之，立马跑到官文的总督府中躲藏起来。阎敬铭找官文要凶犯，官文推说自己病重，拒不接见。阎敬铭即向随从传话，要求把其被子拿来铺于府前，并声言总督病不好誓不回去。3天过去，官文被逼无奈，只得拜请湖北巡抚严树森［1814—1876年，字渭春，四川新繁人，祖籍陕西周南，道光二十年（1840）举人，入赀为内阁中书，改知县，后署武昌知府，再擢湖北按察使、布政使，河南巡抚，后历官湖北巡抚、广西巡抚等］和武昌知府李宗寿来劝其归去。阎敬铭不为所动，官文最终只得出来相见，并交出了凶手。此事，立让阎敬铭名扬天下。而官文、严树森也没有因此难为他，反在同治元年（1862）推举他"才可救时，湖北贤能第一"。阎敬铭得以人生开挂，职务累迁，先是署湖北布政使，接而署山东盐运使，一年后再署山东巡抚。又不巧，这时他的父亲病逝，他只得奏请归籍丁忧，但此时山东捻军大兴，情况紧急，朝廷不许。他无奈之下赶赴山东，第二年与曹州总兵保德、按察使丁宝桢镇压了宋景诗黑旗军起义，旋实授山东巡抚。在此期间，他整顿吏治，弹劾罢黜州、县"庸劣不职"的官员100余人，获朝野赞誉，他为蓬莱阁手书的楹联"攻错若石，同具丹心扶社稷；江山如画，全凭赤手挽乾坤"被识为其赤诚之心的真实写照，刘崐亦极为欣赏，多次对其学生谈起；他又破格用人，尤其是发现并重用了张荫桓（1837—1900年，字樵野，广东南海人，历官至太常寺少卿、通政司副使、总理各国事务衙门等），更为世人称道。

与阎敬铭一帆风顺不同，这期间刘崐仕途进入黑暗期，因亲近肃顺，辛酉政变后他被夺职遣归原籍，但庆幸慈禧念旧情，将其路途中召回，在实录馆效力。看清了世态炎凉、官场凶险的刘崐拒绝同僚宴请，并对旧友来函也极少回复，包括阎敬铭的两次来信，他都拒读，以致让阎误会其欲斩旧辟新，不与友交。直到同治三年（1864）刘崐担任江南正考官，阎敬铭再致信祝贺，刘崐回信解释其怕给友人带来无妄之灾，阎心绪才平复。

同治六年（1867），刘崐授湖南巡抚，而因疾归乡的阎敬铭虽被起用为工部侍郎，但渐对官场恶习积重难返、朝廷腐朽无能十分失望的他，未肯任职。同治十年（1871），刘崐受小人诬告而被免巡抚之职，退隐长沙。当得知阎敬铭在家乡一边聚徒讲学，一边刻版印刷各种格言、家训时，刘崐赞叹不已，去信说："扶桑兴农，教化民众，可谓大矣。老成谋国，瞻言百里，公之谓也。"阎敬铭见信感叹万分，奋笔书下一联："处物要吃亏立身要吃苦；治生不求富读书不求官。"后来，此联被其镌刻于山西运城永济楼上冲的宅院正院门楼上。

光绪八年（1882），阎敬铭被重新起用为户部尚书。他布服弊车悄然进京，但其廉洁矫厉、恭谨任事的名声早已传扬在外，不少在京户部官员闻之，害怕受到查处，纷纷到吏部请求外调。而他到任后，革除积弊，首用汉人掌管北档房，亲自入库清点查档，奏参革职户部"四大金刚"姚觐元等，再查处云南军费报销案，使军机章京、太常寺卿周瑞卿及军机大臣王文韶、景廉等受到降级罚薪甚至流放的处分，震惊朝野，其"执一不迁、清勤直亮、练达老成"的威名再显官场。可是，这种行事作风毕竟与当时的浊流格格不入，他拒为慈禧内侄女婿嫁调拨库银、强烈反对重修清漪园，终遭慈禧报复，被革职留任。光绪十四年（1888），已经对朝廷腐败深有认识的他，4次上书请求告老还乡，得到了批准。可就在这时，他得到了刘崐逝世的消息，素以其为师长的阎敬铭洒泪不止，被人扶至卧房后犹湿枕巾，多日后病愈方才起程。

周祖培：政敌师兄难辨明

刘崐与周祖培［1793—1867年，名之翔，字淑滋，号芝台，今安徽金寨人，祖籍江西婺源，嘉庆二十四年（1819）进士，选庶吉士授编修，历任陕甘学政、侍读学士、詹事府詹事、文渊阁直事、吏部左右侍郎、兵部与工部侍郎、刑部尚书、兵部尚书、户部尚书、吏部尚书、太子少保、协办大学士、武英殿总裁等职，卒谥文勤］之间的关系有点复杂，也确实不太好评价。

周祖培出身于"一门七进士"的书香门第之家，幼而凝重，质敏好学。其父课之尤严，后父亲外出任职，他继而受业于名师魏茂林，20岁前即补县学生，嘉庆二十三年（1818）中举，次年与次兄周祖植同榜中进士，选庶吉士，拜于穆彰阿门下，两年后即授编修，从而在朝廷担任儒官，先后任顺天府试同考官、云南正考官、国史馆协修、国子监司业、司经局洗马、文渊阁校理、日讲起居注官、翰林院侍讲、右春坊右庶子、协同内阁批本、汉书教习、陕甘学政、侍讲学士、詹事府詹事、文渊阁直阁事。道光二十一年（1841），刘崐考中进士，在当年的状元郎龙启瑞（1814—1858年，字翰臣，广西临桂人，音韵学家、文字学家、文学家、目录学家、广西桐城派五大古文家之一，授翰林院修撰后出任顺天乡试同考官，再为詹事、侍讲、湖北学政、广西总团练、通政司副使、江西学政、江西布政使，主要作品有《经德堂集》《经籍举要》《小学高注补正》等）的带领下，他们拜会了周祖培。刘崐对周当时极为崇拜，以之为师兄，但大约其急于表现，显得有些夸夸其谈，周对刘并未留下特别好的印象。两年后，周祖培擢礼部侍郎，之后调工部和刑部，道光二十六年（1846）随尚书赛尚阿查勘江南江防善后事宜，同时检阅江苏、安徽、江西营伍。这趟巡检，奠定了其一生的办事基调，即崇尚实事，不拘礼法，变通行事。而这一年，因同榜进士贾樾将其推荐给其兄贾桢［1798—1874年，字筠堂，山东黄县人，道光六年（1826）榜眼，授翰林院编修后任顺天乡试同考官、会试同考官、贵州乡试主考官、侍读学士、侍讲学士、内阁学士、顺天乡试副考官、工部侍郎、江南乡试主考官、户部右侍郎、会试主考官、左都御史、吏部尚书、翰林院掌院学士、协办大学士、武英殿大学士、体仁阁大学士、国史馆总裁，卒谥文端，赠太保］，刘崐得以成为顺天乡试考官，贾氏深谋远虑、鸿画高韬、隐忍务实的风格，也对刘崐影响颇深。

　　道光三十年（1850），周祖培的一篇上疏，极得刘崐等翰林院学子的赞同。在奏请中，周如此说道："我朝立政之要，用人之法，备载列圣《实录》，请随时批阅。利害所关，今昔同辙，容有昔之所利不尽利于今者，未有昔之所害不为害于今者；容有昔所欲除之害至今犹未尽除者，未有昔所应防之害至今转可不防者。惟皇上成法在胸，以应机务，庶利害了如指掌，而兴废可决于一心。并请责成大吏，力戒欺饰，考察属吏；其徇隐庇护者，经言官弹劾，即严惩督抚，整顿营伍，责令捕盗，勿任推诿。"刘崐读之，如似找到知音，马上提笔给周祖培写信称颂，可周犹抱往日印象，未回复，这为两人分道扬镳书下了第一笔。

　　不久，两人彻底分裂的日子到来。咸丰元年（1851），刘崐得肃顺荐举授湖南学政，而周祖培时为刑部尚书，与肃顺不和。周、肃两人交恶，始于这一时期。肃顺飞扬跋扈，凡事求严，对于汉大臣素来以曾国藩为标准求全责备，而周祖培执法素爱给官吏改正机会，惩抚相结合，更得人喜欢，这更令肃顺对其产生怨言。3年后，肃顺抓住了一个机会——要犯刘秋贵死于狱，承审官未得实情，肃顺即以此为借口，弹劾作为主要领导人的周祖培执法不严，使其坐降三级调用，授左副都御史。这事，自然断绝了刘崐与周祖培交往的可能。再过3年，肃顺为户部尚书，协办大学士周祖培亦任职户部，二人同堂办事。一日，周祖培将户部公文签署完毕，肃顺假装问道："这份文书是何人签署？"司员答道："乃周中堂签署也。"肃顺当众骂道:"唉,像他这么糊涂的人,只能多食国家的俸禄,哪懂得什么公事!"于是命司员重新拟稿,用红笔再次标记,将红笔涂抹于周祖培画诺之上。此后遂形成定例。听闻此事,时在负责修寿藏和硕公主园寝的刘崐慨然长叹:"尚书受辱,饮恨于心,仅怒不敢言,日后必祸也!"也因此,他虽对于肃顺的举荐感恩戴德,但未敢再过于亲近。而肃顺还不肯放过周祖培,第二年,他抓住户部银库贪盗案,不仅让数十位户部官员身首异处,也令翁心存、周祖培这两位曾经的户部尚书受到连降二级的处分。周、肃之间的矛盾,朝野皆知。

  刘崐没有想到的是,咸丰十年(1860),他自己就直面了一场与周祖培的矛盾冲突。事情的导火线是这年他被任命为会试读卷官。此前一年,贾桢、周祖培领衔会试复试,判了吴照先、高梦汉、焦有森3人四等,着罚停殿试一科,但保留贡士资格。高梦汉是王闿运的好朋友,利用次年恭亲王奕訢30岁万寿而特开的庚申恩科,改名高心夔,不必会试而直接参加殿试,并顺利考得了二甲第十五名。高这时学聪明了,托人找到周祖培拜师门下,周也欣然接受并拜托于人。可是,传胪之后的朝考中,高心夔的坏运气又来了,在彭蕴章、全庆领衔而刘崐参与的读卷中,高心夔被判为背榜,与何庆恩、李向阳、汪廷枢、陈肃如4人归班铨选,做不成即用知县,只能到吏部随众浮沉。周祖培再失面子,将此归咎于刘崐,认定是因未给刘崐打招呼而刘报复之。这样,两人彻底决裂,成为政敌。一年后的辛酉政变中,周祖培借许彭寿之手参劾与自己有隙的陈孚恩、刘崐等人为肃顺余党:"形迹最著者,莫如吏部尚书陈孚恩。踪迹最密者如侍郎刘崐、黄宗汉。伊等平日保举之人,如侍郎成琦、太仆寺少卿德克津太、候补京堂富绩,外间皆啧有烦言。"于是,刘崐被革职遣归云南老家。

  可是,可能是念及旧情及赏识其才华,周祖培后来又在慈禧面前为刘崐求情,使其重新被起用,并放到自己负责的实录馆当差。两人合作愉快,五年后《文宗实录》《圣训》编成,他又荐举刘崐为内阁学士、礼部侍郎,并令其子周文令拜师刘崐门下。

黄宗汉：忠勤正直终浮云

刘崐对黄宗汉［1803—1864年，字秀云，号寿臣，福建泉江人，道光十五年（1835）进士，曾为兵部主事充任军机章京，任御史、给事中、广东督粮道、山东和浙江按察使、甘肃布政使、云南和浙江巡抚、四川总督、内阁学士兼刑部侍郎、顺天府尹、两广总督兼通商大臣，著有《筹防纪略》《筹海纪略》及诗文集《黄尚书公全集》］相当尊重，长期视其为翰林院师兄，并专跟其讨教学习粮饷运输之策。即便黄宗汉遭贬，他也不畏流言，坚持上门探访，殷勤问候，时人为奇。

刘崐对于黄宗汉的好印象是因其少年刻苦求学，殊为不易。黄宗汉出身于书香门第，他的父亲黄念祖是嘉庆六年（1801）举人，在泉州城设私塾教书，平时喜欢藏书。黄宗汉幼时即对书颇感兴趣，常随父兄翻阅之，3岁即识字，竟能阅之3个时辰不动一身。但他童年不幸，7岁时父亲即逝，嫡长兄黄宗澄便牺牲自我功名前途，亲教其弟。黄宗汉不负父兄所望，道光十四年（1834）中举，次年联捷中进士。刘崐对其产生敬佩却是其选庶吉士之后的三件事：其一，他从散馆改兵部主事时，不仅勤勉务实，还敢于任事，且一丝不苟。他原来对兵事不熟悉，但为了做好工作，专请兵家学者为其授课，不耻向下属请教，因而得兵部尚书喜欢，推荐其入军机章京。其二，他敢作敢为，直胆忠诚，不畏权贵。他担任御史时，曾弹劾多人，其中最著名的是云贵总督桂良，因他是皇亲，其昏庸早已经官绅皆知，却无人敢言。黄宗汉可谓初生牛犊不畏虎，直言其祸国害民，蠹虫白食国饷，其言辞之锋利，令朝廷官员震动。他后来与陈庆镛、杜蕉林并称泉州三御史。其三，他处事果断，尤其善于解决粮饷及运输问题。咸丰二年（1852），黄宗汉擢升云南巡抚，未到任又调浙江巡抚。他到浙江上任时，正逢湖州一线漕船搁浅，改留变价，亏银 30 多万两，布政使椿寿情急自缢。黄宗汉仔细调研后，疏请原米按新辟漕运路线运送京师。之后，小刀会切断了海运，黄宗汉再次改变路线保证漕粮顺利北运。他还建议从江苏、浙江、江西三省按定额来支援江南大营的军饷。这些措施应时、得力，曾国藩等军中大臣极为赞赏。皇帝也对其恩宠有加，表彰他"办理防务、海运及本境治匪、察吏，精详无瞻顾，深甚嘉尚"，还赐给他御书"忠勤正直"匾额。但具有实干精神的人往往也就不善于巴结领导，并多少带有其他毛病。黄宗汉就有一个小毛病，即不愿写奏章。在外任职官吏，本应定期给皇帝写奏章报告工作情况，但黄宗汉不愿做这种表面文章，时常忘记此项职责，因此，他两次被贬职。刘崐曾诚恳劝说黄宗汉务得改正自己的毛病，但黄口头允诺，心中却不以为意，刘崐知其性格使然，也就无可奈何。

黄宗汉在第二次鸦片战争爆发后，还是坚定的主战派。咸丰七年（1857）冬，广州沦陷，黄宗汉临危被授为两广总督兼通商大臣。他立赴就任，路途广招义勇，并经过家乡时募集神枪手组织枪团，力主抗击英法联军。到广东驻扎惠州（今惠阳县东）后，他立即联络绅民，办团练兵，与在籍侍郎罗淳衍、京卿龙元僖、给事中苏廷魁同气相和，密切配合，锐意收复广州，时人称为"一督三绅团"。但次年 5 月，英法联军再犯天津，直逼北京，清政府签订丧权辱国的《天津条约》，激起广东人民的切齿痛恨。新安镇的乡勇义愤填膺，杀死了几个张贴告示的人。英法联军遂攻陷新安镇，要求必须查撤"一督三绅"，清廷以黄宗汉"有碍和局"为由免去其职，调往四川，再招至京城侍郎候补。这曾让黄宗汉对仕途一度心灰意冷，遂着意购书，并以此为乐，后收于名为一六渊海的藏书楼中。他的同乡龚显曾在《亦园脞牍》中记载道："陈颂南师、杜蕉林观察、许澄甫师家皆有万卷罗列，而尚不如黄氏之一六渊海也。一六渊海，为黄寿臣先生庋书之地，先生在京时，携囊金入书肆，穷收广购，不下数万卷。余犹及趋陪目睹。今尚岿然不蠹，中惟丛书及大部书居多。"后来，英法联军进迫北京，咸丰携大臣逃往热河，留恭亲王与敌议和。黄宗汉在此期间，极反感帝王临阵脱逃之举，和议后他力阻帝妃立即回京修葺皇宫，因而那拉氏对其恨之入骨。辛酉政变后，黄宗汉又与御史许彭寿恶言，最后因"迎合载垣，行为不端"而获罪革职并宣布永不叙用。黄宗汉在京闭门谢客两年，自号望云老人，终日流连书肆，潜心治学。同治二年（1863），他的泉州老乡陈庆镛延请他主讲清源书院。黄宗汉答应了，带家眷及数万卷书南归。但不幸的是，在途经上海时，他患病了，寄寓于泉漳会馆，于次年正月在寓所病逝。

刘崐素喜少年时即有抱负的黄宗汉长子黄贻楫（1831—1895年，充国史馆协修、刑部主事等，后掌清源、崇正书院），教其诗，其未成年时所作的"济世大快事，莫计囊中钱""千间广厦归怀抱，万里长裘系梦思"等诗句广为流传，甚令刘崐得意；又教其书法，他后来书法自成一格。闻黄宗汉逝世，正在复职上升阶段的刘崐悲从中来，即致信黄贻楫寄托哀思，还嘱其整理先父文稿。黄贻楫果从之，后编出了《黄尚书公文集》。也是在这一年，黄宗汉的侄孙黄谋烈赴京会试，刘崐延期于家居住，并督促其学习。黄谋烈中进士在翰林院学习期间，刘崐多次探访，并带其拜访官绅名家。而同治五年（1866）黄谋烈顺利毕业后，经时为内阁学士兼礼部侍郎的刘崐举荐黄，黄又得以任礼部主事。

陈孚恩：反覆靡常一鄙夫

刘崐对同事并曾是自己上级的陈孚恩［1802—1866年，字少默，号子鹤、紫藿，江西黎川人，道光五年（1825）拔贡，曾为礼、兵、刑、户、吏各部尚书，军机大臣，著名书法家］评价不高，主要因其个人品行为刘崐所不喜。

陈孚恩出生于被誉"一门七进士、九乡榜"的名门望族，家学深厚。其曾祖陈道是著名文学家、理学家，祖辈中两人乾隆间同举乡试，伯父陈希祖［1765—1820年，字敦一、稚孙，号玉香、玉方，乾隆五十五年

（1790）进士，著名学者、书法家］官至御史，父亲陈希曾［1766—1816年，字集正，雪香，号钟溪，乾隆五十八年（1793）探花，曾为吏、礼、工、刑部侍郎，国史馆和武英殿副总裁］更是一生屡柄文衡，典试顺天、云南、贵州、江南乡试，提督四川、山西、江南学政，充任会试同考官，以经术选士，闻名天下。他的岳父刘大观［1753—1834年，字正孚，号松岚，今河北邯郸人，乾隆丁酉（1777）拔贡，曾为广西永福县令、宁远知州、山西河东兵备道兼管山西陕西河南三省盐务、山西布政使］工诗善书，是当时辽东地区最著名的诗人之一、高密派中坚人物。而陈孚恩书宗董其昌，与祁寯藻、赵光、许乃普号称道咸四书家，素喜书法的刘崐倍感亲切，并一度以其为榜样。因而，道光二十一年（1841）刚考中进士的刘崐初次见陈孚恩，甚怀好感，并一度相信能与之成为挚友。即使第二年王鼎尸谏中陈孚恩扮演了不光彩角色，偷换王鼎遗书，讨好当权者穆彰阿，刘崐仍以其可能受逼而一度很快原谅了他，直至弄清原委方深恶其人。

　　陈孚恩的一些作为与举动，最初也颇给刘崐好印象。第一桩，道光二十七年（1847）十一月，任兵部侍郎的陈孚恩奉命赴山东巡视，发现皇室、山东巡抚崇恩（觉罗氏，字仰之、禹舲、雨舲，号香南居士、敔翁、语铃道人，满洲正红旗人，内阁学士，工书）懒散不作为，遂弹劾其"库款于缺、捕务废弛"，其不畏权贵、朝野震惊。皇帝因之而令其暂代山东巡抚，赏头品顶戴，紫禁城骑马，并御赐"清正廉臣"匾额一块。第二桩，道光二十九年（1849）闰四月，陈孚恩奉命赴山西查办巡抚王兆琛［原名兆玺，字献甫、叔玉，号西坡、西舶，嘉庆二十二年（1817）进士，道光间官至山西巡抚，著有《正俗备用字解》《昒棠书屋文集》等］，他克服托请求情，冒着被人刺杀的危险，坚持将其逮京治罪，世人瞩目。第三桩，太平天国兴起后陈孚恩奉命在家乡帮办团练，在咸丰三年（1853）的南昌守卫战中，他协助江西巡抚张芾、湖北按察使江忠源坚守，城墙曾遭破口，他奋不顾身堵口杀敌，浑身血染而无一步后退，见者惊心。第四桩，咸丰八年（1858）十月，他参与查勘前一年的顺天乡试舞弊案，发现自己的儿子陈景彦有收取考生银两的行径，自劾革职，后遭降一级示惩戒。刘崐因而曾对陈孚恩作出这样的判断：这是个怀精忠报国之心、敢作敢为、有胆有识、廉洁亲民、才能突出、办事干练、大有前途的好官员！

但是，这期间陈孚恩展现出的狡诈疯狂、谄媚讨好、嗜权如命、趋利避害、揣摩圆滑，亦让刘崐从困惑而至愤怒。主要有三件事：第一，政治立场不坚定，变脸工夫十足，这尤其表现于其对载垣、肃顺党态度前后迥异上。道光三十年（1850），迎合穆彰阿而迅速迁刑部尚书的陈孚恩，在诸亲王及大臣讨论郊坛配位事上，与怡亲王载垣意见不合，当着皇帝之面戳指对骂，最后以言词乖谬降三级留任。新帝登基便吃一记杀威棒，陈孚恩实感不爽，但善于拜码头找靠山、对各种官场潜规则谙熟于心的他马上更换门庭，投身肃顺门下，东山再起。关于其取悦肃顺，后世传闻颇多，具代表性的有二则。一则：肃顺每天早晨起床前都要在屋里饮人参汁一杯，饮器为先帝所赐和阗玉所造，专人司职。某日小厮失误打碎玉杯，大恐，遂找陈孚恩请教，陈稍沉思后贴耳密授一招。小厮依计行，次晨黏胶贮参汁以进，甫揭帐即惊呼扑地而掷杯焉。肃顺惊问其故，小厮曰："适见爷两鼻孔中有黄气二如龙状，长五六尺，故不觉骇而碎杯也。"因请死。肃顺曰："速起，毋妄语，何惧为？"二则：肃顺喜欢收集西洋金花鼻烟壶，陈孚恩同满人荣禄家是故交，知其家中有几个精品鼻烟壶，于是上门求索。荣母念及多年交情，尽数交陈，陈亦立马转赠肃顺，并告之此物来自荣家。孰料肃顺欲壑难填，居然派人上荣家继续索要。荣禄据实相告之家中已无此物，肃顺闻之不爽，认定荣禄厚于陈而薄于己，时常假公济私给荣穿小鞋，后听说其家有良驹再命人来要，荣禄一口回绝。肃顺恼羞成怒，便在一次公务会议上假借事由，当面训斥荣禄，并扬言要对其重惩。荣禄立即交上辞呈，闲居避祸。第二，贪权失廉，得意忘形，毫无节制。辛酉政变后，陈孚恩列为肃顺死党被打倒，有四大罪状：其一，"大行皇帝龙驭上宾，满汉大臣中，惟令陈孚恩一人先赴行在，是该尚书为载垣等之心腹。即此可见"。其二，陈专事谄媚，行径卑劣。其三，曾参与肃顺的政治阴谋，在查处肃顺家产过程中搜出多封"陈孚恩亲笔书函"，其中多"暧昧不明语"。其四，假道德，早年的清廉楷模、反腐先锋在尚书位后即走上敛财之途。他平日对名人墨宝兴趣甚浓，家中藏有精品不少，时邀人来家中赏玩。故军机处和刑部会审，他的江西老乡、新任兵部尚书万青藜以其早年曾蒙天语褒奖，提出可否格外矜全时，其他会审大臣哄然大笑。后来，那块早年御赐的"清正廉臣"匾也被附带追缴。许乃普早年对其升职，有提携之恩，但咸丰十年（1860）英法联军焚烧圆明园时，吏部尚书许乃普等要员正在园内值班，闻警仓皇逃亡。陈孚恩利用自己得肃顺宠，对惊魂未定的许乃普横加施压，迫其告病腾出吏部尚书的位子给他，是故后来许乃普之子、御史许彭寿极言陈为肃顺死党。吏部历来非翰林出身不能出任，他只是一贡生，自然众多官员不服气，但陈孚恩硬是拉拢江西官僚为自己辩护，极言其才天下无二，召乃下。第三，两面骑墙、表里不一。《荀子》中有言："口言善，身行恶，国妖也。"陈孚恩素有见人说人话，见鬼说鬼话的本事，善于借助他人为自己造势。早在山东查处崇恩案时，他就宣称自己不接受公款宴请、不拿公家礼物，更不私自挪用省库银两，讨得皇帝的欢心。而辛酉政变他被划为肃党后，还有人出来为其说情，言其是干才，他奉召去热河是肃顺的调虎离山之计，是生怕他在京捣鬼，这后来查实是其自己放出的烟幕弹；他还利用江西京官为其活动、申辩，并发动多名赣籍官员联名保奏他。查处顺天乡试案奏结副主考程庭桂时，陈孚恩亲往狱中迎候，见程马上下跪痛哭，程立即制止他并言能饶老朽小命已是恩德，陈孚恩惭愧而走。程庭桂之子程炳采临刑时大哭道："吾为陈孚恩所绐，代弟到案以至于此。陈孚恩谄媚权奸，吾在冥间当观其结局也。"正如《清史稿》对陈孚恩的盖棺定论："如陈孚恩者，鄙夫患失，反覆靡常，沦绝域而不返，宜哉！"

陈孚恩曾经的好友郭嵩焘对于其有着清醒的认识。早在咸丰九年（1859），郭奉命到山东查办海口税务，延聘当地贤能士绅经理厘局，孰料当时位高权重、被倚为社稷之力柱的僧格林沁与之为难，奏言士绅滋事，朝廷果然下旨逮捕参与此事人员。郭嵩焘颇为愤慨，于是回京向陈孚恩求助，希望他主持公道、仗义执言。陈立即表示不愿替其出头。郭气不过，追问："然则置诸绅不顾乎？"陈冷冷回答说，既然朝廷已有成命，殊难收回，不必为几个士绅与同僚伤了和气。郭将此事禀告刘崐，刘慨然长叹：

"斯人无骨，鄙夫也！"据传，刘崐还与郭嵩焘一起写信给陈孚恩委婉规劝，但陈置若未闻。自此，刘崐与其断绝了私交。但有趣的是，陈孚恩之孙陈祖壬（字病树，系桐城派名家，以古文辞闻于世，为陈门三杰之一，咸丰朝时曾为兵部、吏部尚书）曾拜师刘崐，向其学习书法及诗词。

李氏叔侄：亲密相交因勤奋

刘崐对敢于任事，扎实勤奋，一心为民的官员，不论其级别高低，都肯结交，并因此与一些人甚至其家族，结下亲密的情谊。这其中，就有李朝仪［？—1881年，字藻舟，祖籍湖南衡阳，出生于贵州贵筑即今贵阳，道光二十五年（1845）进士，官至顺天府尹］、李端棻［1833—1907年，字苾园，同治元年（1862）顺天乡试中举，次年连捷中进士，后擢内阁学士、云南学政、刑部侍郎、仓场总监、礼部尚书］这对叔侄。

李朝仪是李端棻的五叔，是李氏家族入黔后第一位进士，早年事迹不详。但其进入翰林院后，正值刘崐已经授编修，开始进入仕途磨炼阶段，他们的交情就从这时候开始了。因为民本思想强烈，并立意清直做人、实干做事，两人的感情就急骤升温。道光二十八年（1848），李朝仪出任平谷知县，面对治地多盗、社会治安混乱的状况，他实行"梭行法"，一面派员四处搜捕盗贼，一面明察暗访，直捣盗贼巢穴。在其沉重打击下，平谷治安大为改善。两年后，李朝仪调任三河知县。为振兴地方文教，他捐廉创建书院，奖励选拔贫寒的读书人，致使"三河文风之振自此始"。接而，他第二年任大兴知县，又在扶农桑、发展文教上令人侧目。李朝仪的廉洁正直、才干出众，让刘崐更为亲近。尤其是道光二十九年（1849）、咸丰元年（1851），刘崐两次担任顺天乡试考官，李朝仪治下学子报考踊跃且录取者较多，更令刘崐开心。他们成了无所不谈的好友。

也是在这期间，刘崐又认识了自幼丧父、由李朝仪教养成人的侄子李端棻。李端棻自小敏锐聪颖,好学不止,志向远大。俊雅斯文、博闻强识的舅舅何亮清,自姐姐孀居后扮演了外甥儿时的游伴和严师,对李端棻的身心健康、苦学成才倾尽了心力。李朝仪"以学问吏治闻于时,以圣贤之教率其家"的大家风范,无疑熔铸了李端棻"立身行事,大节凛然不可犯"的人格特质。李端棻晚年谈及叔父和舅父对自己的影响时,曾感慨地说道:"吾一生,为人之道得之吾叔,为学之道得之吾舅。"而刘崐时不时指点其书法,也一生受到李端棻的敬仰。

整个咸丰年间,是刘崐与李朝仪叔侄交往的蜜月期。咸丰二年(1852),李端棻补博士弟子员,进入顺天书院学习,刘崐特从长沙写信祝贺,并叮嘱他务必学以致用,指导他学习毛诗和音韵、格律之学。咸丰三年(1853)至四年(1854),李朝仪相继出任南路厅、东路厅同知。这时值太平天国将领林凤祥、李开芳率领太平军北伐,其军推进到保定城南的张登,直接威胁到北京西苑的安危。面对严峻的形势,李朝仪沉着应对,处乱不惊,整顿团练,整肃治安,深沟高垒,以待来敌,这份冷静和从容,让刚从湖南学政职归来升为内阁学士的刘崐振奋不已。西苑解围后,京城地区又在咸丰五年(1855)迭遭旱灾、蝗灾打击。面对干涸的土地、荡然无存的庄稼,李朝仪迅速动员百姓抗旱、灭虫,同时呼吁朝廷从外地调米防止抬高粮价。担任礼部侍郎的刘崐积极配合,并称颂其才。之后,战事紧张,李朝仪又随僧格林沁在宁河、营城、北地、大沽各处修筑炮台,竣工后,还把工程中节约的巨款上交国库,未尝取公家一钱。这让担任兵部右侍郎的刘崐甚为敬重,对来探望拜访的李端棻语重心长地说:"汝当学叔,他日报国,叔侄同心,倒可写就一段佳话。"咸丰八年(1858)由于英法联军进攻而有的通州守卫战,李朝仪打开皇仓,赈济民众,并组织军民众护城肃匪,表现抢眼,刘崐不失时机马上奏报,请求升其为候补知府。

之后咸丰十一年(1861),刘崐卷入肃顺案被革职,赋闲时生活困难,李朝仪毫不犹豫派侄子李端棻送来银两,这种雪中送炭,让刘崐感叹其人品的坚贞。同治间,刘崐又重得起用,他首先把在同治二年(1863)考中进士的李端棻推荐给当权大学士倭仁和罗文恪,使其成为他们的门下弟子，并受他们的程朱理学熏陶，得以学德大进，之后屡柄文衡，历任山西、顺天、广东、四川、山东等地乡试主考官及全国会试副总裁，仕途一帆风顺。接而，他把李朝仪推荐给曾国藩，曾氏在同治八年（1869）荐举李朝仪为永定河道员，负责管理该河两岸的水利事务。在此期间，每遇汛期险情，李朝仪必亲往抢护，"未晓赴工所，日暮始回……验收料垛，必亲为丈量，有不如式者，责令赔偿，尽除架井虚空碎料掺和之病"。

光绪年间，刘崐退隐长沙，李朝仪叔侄曾专程前来探访。刘崐虽言不再关心朝政，但却时刻在关心着李氏叔侄的动态。光绪五年（1879），李朝仪连升山东盐运使、山东按察使，再授顺天府尹。为了改变京城官员骄横、玩忽职守的弊病，他常告诫下属："惟以洁己奉公相戒勉，使之所惮，屏绝夤缘请托，行之期年，吏治一变。"对此，刘崐托学生李寿蓉上京办事时表达自己的敬意，而李朝仪也托李寿蓉给其带回了顺天的米酒。而得知李端棻一生侍奉五叔如父，即使须发白时仍亲奉膳食，恭谨如初，刘崐慨然叹言："此子纯孝，前途不可量也。"两年后，李朝仪病逝于任上，刘崐不胜其悲，却又给直隶总督李鸿章写信，极言李朝仪的品行与美德，李鸿章于是上疏，请求将李朝仪事迹付与国史馆立传，并在固安县为其建祠。7年后，刘崐在长沙病逝，刑部侍郎李端棻专程从京城赶来吊唁。而刘崐对其的预言也果然成真：李端棻在他逝世后转工部侍郎，再为仓场总监，他在光绪二十二年（1896）向朝廷上《请推广学校折》，从而揭开了中国新式教育的序幕，也为科举取士敲响了丧钟，他因此超擢礼部尚书，大力推动维新变法，推保了梁启超、严复、唐才常、熊希龄等人才，即便戊戌变法失败后他被流放新疆，其依然保持着一颗为国尽忠之心，遇赦返乡后他更是为桑梓尽力，以讲台为宣传阵地，极力向学生传播西方民主自由思想。如果说，在刘崐眼里，李朝仪是一位对国家殚精竭虑的忠臣良吏，那么，这位刘崐寄予厚望的李端棻恐怕没有如他的心愿，他在后人眼中，显然就是一位改变清王朝的国运舵手了。

有一则传言：咸丰十年，李端棻的舅舅何亮清考中进士，成为刘崐弟子。某日，何亮清与李朝仪、李端棻一起来看望刘崐，主客皆欢，宴席间，刘崐若有所思道："藻舟乃能人，雪樵堪大任，文武之才皆有，苾园他日何用?"李端棻很机敏,立答道:"为中堂,用贤才,治国如犹家宴也!"刘崐听罢,哈哈大笑:"此子有大志,可期矣!"

吴可读:直谏干臣留佳诗

以筹建甘肃贡院、尸谏慈禧而名震朝野的吴可读[1812—1879年,字柳堂,号冶樵,甘肃兰州人,道光二十九年(1849)进士,曾为河南道监察御史,讲学于兰山书院等,著有《携雪堂诗文集》等]是刘崐在京时除师生圈外较好的朋友,他们把酒话诗的日子可不少。

吴可读先祖为浙江处州人,明初随扈肃庄王就藩,而徙居兰州,世为耕读之家。吴可读生性颖悟好学,记忆力超常,读书常过目成诵;后来他在刑部工作时,"治狱精敏,诵律文万千言不遗一字"。他能诗善文,下笔千言,一挥而就,是兰州有名的才子。因而,父亲就送他到西安学习。当时陕西甘肃未分离出来,他常不修边幅,行为放浪,整日流连于陕西巷的妓院之中,因此得了个极不雅的外号,叫"吴大嫖"。西安有副对子在士人中流传:"余三胜重兴四喜班,吴大嫖再住九天庙。"对联就讽刺他床头金尽,被老鸨子赶出,重回九天庙借住用功的窘况。道光十五年(1835),吴可读乡试中举。其后,为了节省往返盘费,他便寓居北京8年之久,着意博取功名,但屡赴会试,均未考中,便只得以大挑举人的身份,被任命为伏羌(今甘谷县)县学训导。他于道光二十八年(1848)赴任,并被聘为朱圉书院山长。该书院是在乾隆十八年(1754)由知县徐浩最早捐建的,是当地的校试之地。他重视抓学风与考风,并鼓励师生互学共研,书院名气立隆。针对甘肃文教落后的现状,他从表彰乡贤的业绩着手,以克服甘肃诸生的自卑心理。为此,吴可读重修伏羌石作蜀(公元前519—前479年,字子明,号卓子,孔子弟子七十二贤之一)墓和石子祠,并为之分撰楹联,其墓联曰:"梓里访遗踪,看空庭草碧,冢荒花殷，何处是唐封宋赞？杏坛亲教泽，听渭水莺啼，陇山鸟语，此中有化雨春风。"其祠联曰："共仰孔门高，问颜曾七十之徒，何处最多佳士；休言秦俗悍，自邹鲁三千而外，此间有传人。"他提醒诸生注意观察生活，处处留心皆学问："诸生何处觅文宗，绝妙文章到处逢。"他还善于借用形象的事物来给诸生讲解抽象的事物。他以伏羌大像山的高低平缓阴阳向背的地势特点为喻，讲解如何妥善处理文章起承转合的章法问题，收到了很好的效果。吴可读更注重用言传身教来磨砺诸生的品操，使之成为刚直不阿的人才，也因此，他受到师生的敬重。

  道光二十九年（1849），伏羌诸生为其凑集路费，吴可读再赴京师会试。这一次，他终于考中进士，散馆后授刑部主事，晋员外郎。因为同在六部当差，刘崐便与他结识了。他们当时有个共同的爱好，即善饮。咸丰九年（1859），吴可读分校顺天乡试，初次担当重任，他专向刘崐请教，而刘也倾囊以授。在这次举试中，吴可读以秉公选士而闻名。正在其仕途无限光明时，未料，次年，遭母丧，吴可读只能扶柩归乡。丁忧期间，他被聘为兰山书院山长。他在此期间，培养出了很多优秀人才，最著名者为安维峻［1854—1925年，字晓峰，号盘阿道人，甘肃秦安人，光绪六年（1880）进士，是著名的谏官，后主讲陇西南安书院，辛亥革命中担任京师大学堂总教习，著《谏垣存稿》《望云山房诗集》等］，他考中甘肃分闱后首次乡试的第一名，后任御史，以弹劾李鸿章、李莲英，语侵慈禧太后而名垂青史。这期间，吴可读还曾奉旨帮办甘肃团练。服阕，他赴北京补原官，迁吏部郎中，转河南道监察御史。

  吴可读任御史时，曾多次上疏言事，直声震动朝野。其中两疏最为有名。其一，直言外国使节不须跪拜。当时，诸大臣就各国使节不断要求觐见清帝之事争论不休，先是争论是否应接见，继而又争论外使是否应行跪拜礼，半年内相持不下。吴可读上疏请令各国使节觐见时不必强令行跪拜礼，宜随各国礼俗以示宽大，不必争论末节小事以损害国家利益。这种不妄自尊大、平等待人的进步观点，甚为睁眼看世界的士人所赞同。其二，弹劾权臣成禄。乌鲁木齐提督成禄先是畏敌如虎，听任沙皇侵略军从伊犁长驱乌鲁木齐烧杀抢掠，而龟缩在甘肃高台不敢过酒泉一步，接而纵兵诬杀良民 200 余人冒功请赏。吴可读对此痛恨不已，便上疏陈言成禄有可斩之罪十，有不可缓之势五。但清廷有意庇护成禄，仅以免成禄官职并监候。吴可读气愤至极，复"奏请皇上先斩成禄之头悬之藁街以谢甘肃百姓，然后再斩臣之头悬之成氏之门以谢成禄"。此奏折惹怒了年轻的皇帝，吴可读以言辞过于戆直而被降三级归故里。但他的直谏干臣的名声已经声播天下。陕甘总督左宗棠尤其对他优礼有加，再礼聘他为兰山书院山长。他也成了左宗棠的莫逆之交。

他之后为甘肃的文化教育发展做出了很大贡献。光绪元年（1875），陕西、甘肃分闱乡试，但甘肃无举院。吴可读协助左宗棠从各州县募集白银50万两，建成了甘肃贡院，使众多的甘肃寒士能够就近赴试，也促使了甘肃各地书院蓬勃发展。这年十月初七，左宗棠64岁生日，但他烦于繁文缛礼，不愿做寿。其僚属因其素严，敬畏左氏，有心却不敢提此事。吴可读得知后，便撰一寿联赠左："千古文章功参麟笔，两朝开济庆洽牺爻。"联借用杜甫诗句赞左为咸丰、同治两帝立下汗马功劳，让左氏为之狂喜，立即传司道各官共同欣赏，并欣然大笑："不可负此佳联！"同僚于是登堂贺寿，众人皆谓此乃吴可读之功。

吴可读更善于体察民情。清代甘肃倘遇天花横行，除求神拜佛外，别无良方。吴可读抨击这种愚蠢行为，用骈文写成《创设牛痘局启》，介绍了接种牛痘法从欧洲传到广州，再传到北京，进而传到各省的经过，并说接种疫苗后"七朝浆足，三日苗齐"，安全可靠，以打消人们的顾虑。他建议参照北京设牛痘局的经验，先向官绅农工商募捐白银千两，购置天花疫苗，再遴选董事主持事务，延聘良医从事接种工作。兰州各界纷纷捐款，于咸丰间创设全省第一家牛痘局，为儿童的健康带来了福音。

当同治帝去世时，因无子嗣，慈禧为维护其专权，立其妹夫醇亲王之子载湉为帝（即光绪帝），以弟继兄，以便用皇太后名义继续垂帘听政。这明显违反体例，可权臣们不敢提出反对意见。嘉顺皇后甚至不堪凌辱，服毒自杀。忠心耿耿的吴可读可容不下此事，不断谏诤，但朝廷不听，他决意以尸谏言。在穆宗和嘉顺皇后的大葬典礼上，他怀揣遗折，在一座叫三义庙的废寺中从容赴死。他的尸谏虽然没有挡住慈禧的垂帘听政，却也逼得朝廷不得不"遂定以继德宗之统为穆宗之子,无异论",甚至连慈禧也称赞他"为人骨鲠,晚节可嘉",更重要的是其开创了晚清京官不避权贵、直言敢谏的风气,尤其为当时的清流党们树立了光辉榜样。时人称颂他:"乾坤双泪眼,铁石一儒冠。"

吴可读还留下了众多优秀的诗歌。譬如《除夕有感》:"又见新符换旧符,百官此日醉屠苏。升平岁月逢开宝,战伐河山半楚吴。小劫红羊争顷刻,浮云苍狗极须臾。年来已分升沉定,何必金钱卜莞枯。""廿年浪迹逐浮萍,回首瓠棱梦欲醒。佳节匆匆惊晚岁,故交落落已晨星。送穷心事悲韩子,张宴功名望狄青。何处梅花三弄笛,陇头呜咽不堪听。""何事今宵酒不胜,云山北望记层层。人归白雪长城路,马踏黄河两岸冰。落日寒烟秦辇道,夕阳衰草汉诸陵。茫茫无限千秋恨,都付西风一盏镫。"最著名的还是《绝笔》:"回头六十八年中,往事空谈爱与忠。抔土已成黄帝鼎,前星预祝紫微宫。相逢老辈寥寥甚,到处先生好好同。欲识孤臣恋恩所,惠陵风雨蓟门东。"

吴可读尸谏传至长沙,刘崐垂泪示孙刘式通说:"直谏干臣,忠介无双,诚可敬也。"后刘式衡得《携雪堂诗文集》归里,刘崐读罢又叹:"若柳堂者稀矣,文追子美,身似灵均,洪钟大吕之谓也。"

宋　晋:原慎躬行顽固臣

在同治年间推动西学施行中,朝廷中有两个有名的顽固派代表人物,一个是同治帝的老师、工部尚书、大学士倭仁,另一个则是刘崐的好友宋晋[?—1874年,字锡蕃,江苏溧阳人,道光二十四(1844)年进士,选庶吉士授编修,擢侍读学士,迁光禄寺卿、内阁学士,授工部侍郎,迁户部侍郎]。

溧阳宋氏是唐左宰相宋璟后裔,宋晋的父亲宋绪(字菽田,幼孤)

习名法之学，通达政体，以经术名世，曾为民族英雄林则徐、相国孙玉庭、河督黎世序、督抚卢坤等名公大卿的幕僚。而作为长子，宋晋随侍父亲左右，不仅拓展了视野，而且结交了名流，有利于学识的增长。他在道光二十四年（1844）中二甲第九十八名进士，在翰林院学习期间，因为思想接近，他与刘崐走得很近，散馆学习后授编修，接而大考二等，擢中允。道光二十九年（1849），他典试河南，这本是一个为其走上仕途铺线搭桥的好差事，可是，因为命题错误，他被议处，谕不得更与考试差，彻底击破了他科举结士形成日后官场关系网的梦想。但这让他更勤奋工作，立意以优秀的业绩来博取上司青睐。咸丰二年（1852），他再在大考中得二等，因而擢侍读学士，迁光禄寺卿。次年，他受命会办京城团防保甲，署礼部侍郎。他做事严谨、少言寡语但行动为先，并用心仔细，处处躬行，得到同事们的高度赞扬。而他更重视古礼，认为只有礼教兴方可治国，他曾直疏皇帝言："去冬圜丘大祭，适值圣体违和，礼臣以登降繁缛，于亲诣坛位及奠帛后诸仪节，更加酌定，奏请允行，旋以遣亲王恭代而止。惟详稽典礼，祀天巨典，尤为慎重。偶遇服色不宜，兴居未适，有遣代，无议减。现值祈年大祀，伏愿皇上饬停新议，仍遵成宪。"这奏章，让他在仕坛声名大显，也让慈禧看重其才，将其升为宗人府丞。而咸丰十年（1860），他为祭祀再进言："近年郊坛大祀，圣躬以步履失常，偶缓亲行，而于遣恭代外，仍先期躬诣皇乾殿拈香，仰见寅畏深衷。惟每届大祀，皇上于前一日辰巳间躬诣拈香，即在斋宫只宿。今则先期即如临事，请于前一日寅卯间先行诣殿拈香，然后还宫办事。臣尤愿摄圣躬，养元气，节峻伐之味，复健行之常，于下届郊祀大典照常亲行。"这种对伦理礼制的执着坚持、恪守，让在这方面本做得不错的刘崐也不禁咋舌。

宋晋最受人赞扬的是敢于推荐应用型人才。最著名的有两次。第一次是在咸丰六年（1856），当时江宁失守，形势危急，急需用轮船载兵去补充战斗力，他推荐对敌有所了解的道员缪梓、杨裕深、金安清"请以雇船筹费诸事责成办理"，后来两江总督怡良与统兵大臣向荣、都兴阿协商后采用其荐，三人果能适应岗位角色，出色地完成了任务。第二次是在咸丰十一年（1861），他上疏言："江宁失陷已将十载，总督曾国藩经营防剿，与官文、胡林翼会合攻复安庆,惟所部不足二万人。若合四川、湖北、湖南、江西、安徽五省岁入,养兵勇十三万人,以七万分驻防剿,六万大举东征,饷足兵增,庶可一举集事。"又言:"江西首当贼冲,巡抚毓科、布政使庆善皆失人望,请以太常寺卿左宗棠简署巡抚,而于督粮道李桓、前广饶道沈葆桢、浙江道员史致谔三人中简择擢授藩司。"他后又上奏,请以曾国藩总统四川、湖北、湖南、江西、安徽五省督办东征军务。这正是推动汉臣代替满臣,掌握军权之始恐怕会得认同。曾国藩、刘崐等统领或亲近湘军之士,也因此对宋晋极为敬重。

可是,同治十一年(1872)宋晋仍怀抱顽固思想,奏请裁撤闽沪船局时,曾国藩却看到了时势不可违,坚持"船局不宜停止",甚至认为,为了筹措船局经费,可以造一些商用轮船用于出租。曾国藩逝世后,他的思想得到李鸿章的秉承,多年以后,李鸿章仍将开办轮船招商局一事看作自己事业上最璀璨的一次成功,其自称:"招商轮船,实为开办洋务四十年来最得手文字。"

客观地说,刘崐虽也思想保守,并重规章守礼制,但尚不如宋晋般故步自封,这是因个人视域差异而导致的。也因此,刘崐虽敬重宋晋,并相交有30年,却未能合谋事局。

岑毓英:跋扈霸才随滇事

出于对家乡父母官的一份敬重,刘崐对岑毓英(1829—1889年,字彦卿,号匡国,广西西林人,曾官宜良县知事、路南州事、澄江知府、代理云南布政使、云南巡抚、福建巡抚、云贵总督,卒谥襄勤,追赠太子太傅,著作有《岑襄勋公遗集》《岑襄勤公年谱》等)有一份无以言喻的信任、关切与亲近。因而,不仅在刘崐为兵部侍郎时,两人就军事形势等多有探讨,而且在岑毓英就职云南后,就其地方治理、官员任命、经济恢复等,他们皆有相互通气。

岑毓英的祖上为土司,他才9个月时,母亲就死了,由祖母鞠养长大。他从小聪颖,4岁时每天就能认汉字几十个,5岁进家塾破蒙。他读书自律自觉且特别刻苦用功,父亲岑苍松担心儿子积劳成疾,便命他读书之余演练武艺,这让他从小就有健康的体格。道光二十二年(1842),岑毓英自带行李书籍,步行100多里,到教育条件较好的云南广南府城读书。在这里,他不仅视野更为开阔,而且经史水平突飞猛进。3年后,他回西林应童试,先取县试第一名,再夺泗城府试第一名,最后赴奉议州院试,取入西林县学附生(秀才)第一名。这令其立刻引起了士绅们的关注。院试结果公布时,广西学政周缦云特意让岑毓英站到前面,表扬他取得的好成绩,劝勉他要读有用书、做不朽人,并认为将来他可成大器。受到这种激励,岑毓英对自我要求更为严格,立意科举取士。

　　可是,太平天国运动的兴起打破了他的梦想。清廷下诏各地举办团练,西林县令命岑毓英做西乡团总。一腔报国热血的他立刻捐出家资招兵买马,以兵法训练部众。依靠这支团练,他在泗城府属之西林、西隆、凌云3县境内镇压了几支较小的农民起义队伍。咸丰三年(1853),广西巡抚劳崇光为他请功,他从而"奉旨以县丞选用",开始了他博取功名的政治生涯。3年后,云南杜文秀蓄发易服率义军攻占大理。岑毓英自认在广南多年,对云南熟悉,于是主动请缨募勇入滇,参加镇压云南反清义军。也因此,刘崐与其结识,对他的勇气与忠心十分钦佩。咸丰七年(1857)一月,岑毓英会同都司何有保攻克红岩,叙功赏戴蓝翎。正在他欲大显身手之际,意外发生了——同年六月,云贵总督恒春忧愤自杀,云南巡抚舒兴阿托病离任,布政使桑春荣兼护云南督抚,云南政局大乱。对此,岑毓英感到措手不及,他觉得前途渺茫,便借口筹资募勇,返回西林蛰居。次年,徐之铭接任云南巡抚,特邀他出山平定滇乱。岑毓英深感兴奋,于咸丰九年(1859)三月第二次募勇投滇。他的部队纪律严明,战斗力强,他很快以战功先后署宜良县知事、路南州事、澄江知府,代理云南布政使。同治二年(1863),回民大起义爆发,岑毓英率清军大举进攻,攻陷滇西大部分州县,逼近大理。滇西回民军顽强阻击,同时又联络降而复起的滇东南回民军马荣、马联升部扰其后路,威胁省城,迫岑毓英率部回援,乘机夺回所失各城。岑毓英这时的坚韧意志体现了出来。他多次组织清兵前往围剿,屡败屡战,其勤恳努力,甚得曾国藩、左宗棠等的欣赏,因而在同治七年(1868)三月被任命为云南巡抚,5年之后还兼署云贵总督。他之后与英国人交涉,处理了马嘉理案,其在云南维稳所做的贡献,颇为权贵称颂。

光绪五年(1879),岑毓英丁忧后回京述职,被任命为贵州巡抚。他在贵州,主要做了两件特别引人关注的事情:一是大刀阔斧整顿吏治,裁遣黔省冗员五成,限期出省,剩下五成,随时察看甄别,公平处理,他尤其对贪污腐化者严惩不贷,其执法之严苛,令官吏们闻名色变;二是减轻百姓负担,屡次向朝廷上奏,要求减免赋税,促进人民生产自救以恢复经济,这甚得民心。也因此,他两年后的5月被调补福建巡抚。这时的福建军事形势较为紧张,外国侵略者虎视眈眈。岑毓英显示出了较强的前瞻眼光和社会洞察能力,积极布防备战。尤其是他看出了日本对中国台湾的狼子野心,两次入台巡察:第一次,当年九月十日,他率吏东渡台湾,从基隆登陆,查勘沪尾、鹿港,再由台北、淡水、新竹、彰化、嘉义依次行进,每到一地,接见绅耆,问民疾苦,甚得人心;第二次,年底,他再渡台,开山抚番,疏浚并督修大甲溪,并为之写下"甲溪如海阔茫茫,痛涉民间历是伤。昔日帝封今有奠,狂澜自此庆安详"的诗句。

这时,云南形势又趋紧张,岑毓英再被调回云南,署理云贵总督。他再度展现出了极强的政治敏感心,要求清廷加大对越南的支援,以防御法国的入侵。面对投降派的议和主张,他愤怒上书提出:"疆界可分而北圻断不可割,通商可许而厂利断不容分,土匪可驱而刘永福断不宜逐。"他甚至不惜冒着杀头风险,暗助越南三宣提督刘永福"越官守越地",每月暗助刘永福军饷5000两以作为饷需,又拨赏银2万两与刘军,还把滇军自铸的开花大炮,铲去字迹,送给刘军20余尊。他又想把派遣出关的滇军,将旗帜号衣收回,让刘永福派人管带,饷银、军火仍然由滇省供给。可惜,这个建议没有被清廷采纳。光绪九年(1883)十二月二十四日,意识到中法战争不可避免,岑毓英立统率20营1万多人从昆明启程赴越。他在越南家喻关会见了一些越南官员和滇军前线将领,鼓励他们做好战斗准备。李鸿章也奏请清廷让岑毓英统一指挥所有驻扎在越南的中国军队。但是，理智的岑毓英认为军情百变，不能遥制，多次要求辞去节制关外诸军，未允。很快，清军不能迅速调整部署的弊病便凸现出来：次年三月，东线桂军败溃，逃回谅山，岑毓英认为西线无险可守，又无东线桂军牵制，势必使军队陷入窘地，便把出关滇军全部撤到中越边境附近驻扎。因为没有接到命令就撤退，清廷将岑毓英降二级留任处分。光绪十年（1884）八月，法海军突袭福建水师，攻占台湾基隆、澎湖等地，中法战争正式爆发。在越南战场，清廷任命东线由潘鼎新接替徐延旭任主帅，西线仍然由岑毓英任统帅。岑毓英于是第二次带兵出关。这时，西线法军收缩战线，屯聚大军守卫宣光，以阻滇军东下。岑毓英觉得只有先克复宣光，再攻太原，然后才能会合东线桂军收复越南北圻。于是，著名的宣光包围战打响，这也是岑毓英亲自指挥的最大一次攻城战。这次战役，从光绪十一年（1885）的一月二十六日始，到三月三日终，共出动了丁槐部4000人、唐景崧部2000人、何秀林部3500人联合攻城，滇军死1000多人、伤2000多人。可就在宣光城指日可克时，东线潘鼎新弃守谅山，败退入关，法军得以从东线抽调兵力西援。岑毓英气得吐血，不得不撤走包围宣光的各支部队，让他们以地营、地雷阵跟法军相持于宣光城附近。之后，他指挥部队零散作战，尤其是在临洮利用反击，歼灭法军600多人，震惊巴黎。加之东线军队反扑，使法军统帅尼格里受伤、法军撤出谅山，逼得法国总理茹费理不得不宣布下台。战争结束后，岑毓英又参与到中越两国的划界工作中，直至病逝。

  刘崐对这位为保全国土驰骋疆场的家乡长官颇为敬重。因资历老、年龄大，刘崐历为人称呼为韫斋中丞或韫斋师，他亦坦然受之，但在岑毓英这位小他二十几岁的一方大员面前，他不卖老。当岑毓英亦用他人用的敬语称他时，他一本正经指出"心自惶恐"，还自贬为"景东刘某"。岑毓英云南平回、福建布防、宣光围城时，他还为其赋诗喝彩。其孙刘式通曾在给云南景东亲人的信中有回忆说，刘崐计约为岑毓英作诗20余首，然其生前患留文字遗祸，一把火烧了个精光，殊为可惜。

何　璟：谏言治地海防臣

何璟［1816—1888年，字伯玉，号小宋、筱宋，广东中山人，道光二十七年（1847）进士，曾为江南道监察御史，安徽按察使，山西布政使，福建、山西、江苏巡抚，两广总督，闽浙总督兼福州将军，著有《春秋大义录》《通鉴大战录》《奏议十五卷》《事余轩诗》等］是刘崑颇为看好的一位封疆大吏，这不仅因为他们早在翰林院就已经结识，并之后在户部、工部有3年多同事之谊，而且因为他们在治国理政的思想上颇为接近，曾相互鼓励鞭策，为拯救晚清这艘沉舟竭尽了心力。

中山小榄何氏是个望族，有两位明朝先祖是何璟儿时榜样。第一位是何吾驺［1581—1651年，字瑞虎，号象冈、闲足道人，明万历四十七年（1619）进士，曾为左春坊充经筵日讲官、礼部尚书兼东阁大学士、隆武王朝首辅、永历朝太傅，著有《元气堂文集》《元气堂诗集》《经筵日讲拜稽录》《周易补注》《云笈轩稿》《中麓阁集》等］，能文敢言，学问渊博，通达时务，创办香山书院，培英育秀，黎遂球、陈子升、谢长文、邝露、陈邦彦等皆其门下弟子；第二位是何泽远（1378—1412年，字元远，号环溪，任水军左卫百户、昭信校尉百户、承信校尉正百户），自幼性格刚烈勇猛，体力过人，16岁代父戍守南京，两次跟随郑和下西洋，力擒意欲洗劫船队的锡兰国（斯里兰卡）国王，威震四海。何璟少年立志，欲像榜样一样为国建功立业。其族大夫六世祖祠外，有广州知府马骏骥和香山知县周训建的旌义坊——何氏第七世祖何图源是一个粮商，有一次他贩运粮食到福建，遇当地饥荒，便把所运粮食全部捐给当地赈灾，朝廷得悉后便封其为义民，赐建牌坊以示表彰。这又让何璟少年即奠基了厚重的民本思想。他的祖父何文明曾任河南洧川知县，父亲何曰愈曾任四川会理知州，随他们游历四方的经历，更让何璟深知百姓疾苦。

道光二十三年（1843），何璟参加乡试，中第十四名举人；4年后他参加殿试，中二甲第五十三名进士，选翰林院庶吉士，授编修。咸丰三年（1853），他以记名御史授江南道监察御史。这时，他以直言敢谏闻名。咸丰七年（1867）十一月，英法联军攻陷广州，两广总督叶名琛被俘，向侵略者屈膝求和的广东巡抚柏贵不仅未受谴责，而且上升署理总督，舆论哗然。何璟愤怒上疏，请求籍没叶名琛家产，并将柏贵从重治罪。英军北上大沽口后，何璟又连上8道奏章，陈说战守要略，认为天津和上海是战略要点，应多筑碉楼、墩台，安列炮位，在港口埋下木桩，多派兵丁守护，严禁民船出海，并建议组织沿海百姓、调集弁兵、民团抵御外侮，还要求练舟楫、利器械、备火攻，命英人限期退出省城，不遵则督师进剿，同时主张把英国与法国、美国、俄罗斯等区别对待，准许正当商业往来，以集中打击英军的侵略气焰。咸丰八年（1858）英法联军攻占大沽炮台，何璟又多次上折，主张在广东发起进攻，迫使英军回救香港，天津英船将不击自退，坚决反对气馁求和。咸丰九年（1859）五月，何璟升户科给事中，次年转工部掌印给事中，成为刘崐的左右手。针对各部官员升迁的弊端，他主张应先补资深者；按劳绩保举，以改变外重内轻局面，稍遏奔竞之风。其建议甚得刘崐赞赏，被禀报皇上后采纳实行。咸丰十一年（1861），在刘崐举荐下，何璟记名以道员用，当年九月出任安徽庐凤道。

同治元年（1862），在刘崐建议下，何璟入投曾国藩军总办营务处，对军队管理有了切身体会；次年，他得署安徽按察使，后因功加布政使衔，再实授安徽按察使，又兼署布政使；同治五年（1866），正式就任湖北布政使，开始掌管一省地方政务。时逢黄陂县水灾，何璟上疏朝廷，求得30万两白银赈灾，并通令各州、县积谷备荒、度灾。同治六年（1867），何璟护理湖北巡抚，曾国藩着手裁撤湘军，何璟建议吸取前两次裁撤霆营发生兵变的教训，主张秘密行事。由于思虑周密，事情得以顺利进行，他还顺势平定了蕲水的叛乱，因功赏戴花翎，并两年后调山西布政使，再迭任福建巡抚、山西巡抚、江苏巡抚。他有着宽阔视野，看到甘肃回民起义尚未平定，不仅亲到河曲、保德、吉州、乡宁一带巡视检查团练训练情况，而且多次上疏请求加强防守，指出回捻合军，可能波及邻省。这一预见，后来得到证实。同治十一年（1872）二月，何璟署两广总督兼署办理通商事务大臣。时内务府筹办同治帝大婚，要准备大批供赏赐用的缎匹。何璟以巨款难筹，奏请酌减，朝旨命减半简办，节省经费100万两。这让何璟在士林中颇得赞赏，已经退隐长沙街巷、不过问政事的刘崐也忍不住写信给其鼓气，高度赞扬其一心为民精神。

光绪二年（1876）九月，丁父忧后便闲居在家读书的何璟被宣入京觐见光绪皇帝，被授任闽浙总督，并赐紫禁城骑马，次年又要其兼署福州将军。上任后，何璟针对福建军力较弱的情况，与两江总督沈葆桢协商，增调总兵宋国永率领的两营兵力到闽设防，同时看到外国侵略者的虎视眈眈，他着力筹办海防。光绪五年（1879），何璟兼署福建巡抚。这时日本正图谋吞并与中国台湾相近的琉球，何璟建议将长江水师的船政局轮船调至基隆合操，每日派船巡视各港口，以便随时应急。4年后，中法交涉事起，清法战争爆发，法军向驻越南谅山西的清军发起进攻。由于中法谈判陷入僵局，法国所索未遂，便组成以孤拔为舰队司令的远东舰队，窜至福州、基隆。何璟鉴于闽、台地区兵力不足，增募兵勇，在五虎门、福宁、海口、厦门、兴化、泉州、漳州、台北、台南、澎湖等处布防。两江总督左宗棠遵旨派拨副将杨在元率湘淮军四营渡台协防。何璟因杨在元熟悉台湾形势，令其暂署台湾镇总兵，偕同将军穆图善、巡抚张兆栋共同布置战守机宜，并上疏从闽海关及藩、盐二库中拨款，以济军需。不久，清廷委任侍讲学士张佩纶为钦差大臣，会办福建海疆事宜钦差大臣，认为大权旁落的何璟一气之下即将海防事宜交张佩纶专决，从而落下一世骂名，也令刘崐曾写信指责。七月十三日始，孤拔率法军舰陆续开入福州马尾港，日夜监视福建水师，做进攻福建水师和马尾造船厂的准备，还扬言要攻取福州。时清廷尚未对法宣战，何璟在不平等条约束缚下不敢阻其开入。十五日，何璟、张佩纶等就此电京请示，指出法人实有占据要害、先发制人之意，如果朝廷决意宣战，请于复绝法使之先，预授机宜，命中国军队首尾合击，水陆并举，较为得计。但朝廷下旨严令谨守条约,切勿生衅。何璟等又屡次奏请南、北洋水师增援。清帝允准,而控制这两支水师的曾国荃、李鸿章却不派舰应援。何璟又与张佩纶等奏请堵塞闽江口、向停泊马尾的法军舰发动先发制人的进攻,但清廷枢臣并不以为然。八月五日,法军进攻基隆。二十三日中午,何璟收到法国驻福州领事下的宣战书,即电告马尾、长门两要塞,但长门电讯中断不达,马尾则尚未收到电报,法舰已先开炮,中国福建海军舰队仓促应战,舰船被击沉,后计击毁军舰9艘、其他船只13艘,官兵阵亡770人。这就是震惊中外的"马尾海战"。

事后,何璟被弹劾革职,回到老家。不久,他应邀到广州越秀山麓的应元书院讲学。应元书院是由广东布政使王凯泰于同治八年(1869)创建的专为举人备考翰林而设的广东最高学府。在这里,他宣讲经史,同时与众生分析国内外政治局势,其精忠报国之心依然未泯。他又教人习颜真卿、赵孟頫等书体,自己亦多留有笔墨存世。

袁保恒:子承父业武诗人

刘崐对袁世凯家族颇有感情,一是出于对其家族坚持两条腿走路(一方面有人朝廷为官维系家族政治势力,另一方面家族子弟在原籍安稳做好地方士绅保证和扩充经济实力维系耕读传家习俗)的家风十分羡慕,二是因为他与袁世凯的叔父袁保恒[1826—1878年,字筱午,山东项城人,道光三十年(1850)进士,曾为刑部左侍郎、侍读学士、内阁学士兼礼部侍郎、户部左侍郎兼管三库事务,卒谥文诚]是极为交好的朋友。

袁氏是项城的名门望族,有四世同堂、书香门第、四世三公的美誉,在袁保恒取仕以前,其族在清朝已有8位州县以上的官员。袁保恒的祖父袁耀东为庠生,30余岁即逝去,其父袁甲三[1806—1863年,字午桥,道光十五年(1835)进士,官至漕运总督兼江南河道总督,提督八省军门,卒谥端敏］有兄弟4人（袁树三、袁甲三、袁凤三、袁重三），其排第二，是家族中以科举取士第一人。他重视子女教育，长子袁保恒自幼在其调教下苦读孔孟，兼修武学，"十三学书十五学剑"，并得多方名师指教。他21岁中举，25岁中进士，成了一位年轻的翰林院编修，遂与刘崑结识。还因为刘崑曾向袁甲三讨教过军事指挥之学，刘崑更与袁保恒亲近。

咸丰三年（1853），袁保恒请假送亲回籍，转赴安徽看望统兵剿捻的父亲。袁甲三与儿子交谈，发现其对军事指挥侃侃而论，极有见地，遂奏请朝廷同意，把他留在军中辅佐军务。此后袁军解亳州之围，又连拔白龙王庙、寺儿集、稚河集等捻军据点。战斗中，袁保恒作战勇敢，所向克捷。随军钦差大臣胜保，提议为他请功，却被袁甲三为避嫌而拒绝。直到咸丰七年（1857），胜保坚持上奏袁保恒的功劳，他才得到圣旨赏"侍讲"衔花翎。

咸丰八年（1858）十月，李大喜率领部分捻军从安徽怀远出发进攻孙家寨，袁保恒率领步兵由潘家屯、杨庄一路配合骑兵会剿，俘斩捻军数十人，夺得大量辎重。十一月，他又统兵取道永城，追剿孙葵心、刘狗带领的进攻陈州、周家口的捻军。他了解到敌我力量对比后，避免直接面敌，经鹿邑绕道截击，后在太和境内击溃孙刘部，被朝廷赏伊勒图巴图鲁勇士名号。这让他的好友刘崑极为高兴。在刘崑的劝说下，曾国藩起奏朝廷，保荐袁甲三为兵部侍郎。袁保恒遂于次年正月随父回京，补文渊阁校理，接而当年八月任顺天乡试官。咸丰十年（1860）三月，袁保恒回归袁军，开始代理父亲指挥军队。六月，他率马步军剿定远捻军，屡战屡捷，其能征善战的声名已经开始传播。不久，袁甲三的军务帮办穆腾阿移建议其给袁保恒请功，但袁甲三仍以"不敢与将士争爵赏之荣"阻拦。刘崑知此情形，立告知曾国藩、左宗棠等，后来朝廷特发上谕给袁甲三："保恒著有功绩，亦应实叙，不必引嫌。"袁保恒遂对刘崑感激满怀。

咸丰十一年（1861）九月，归顺清廷的捻军将领苗沛霖、张士端重举义旗，分别攻占了定远和怀远。袁保恒率精兵5000进攻怀远，并于当年十二月收复二地，擒斩苗、张二人。因此功，袁保恒先是擢封为翰林院侍讲，接而转为侍读。这时，袁甲三病重，上折请求解职，获恩准退养。袁保恒也请假回淮阳侍奉父亲，其孝心闻于士林。次年六月，袁甲三病逝，袁保恒被赐封为翰林院侍讲学士。此际，皖北、山东的捻军已在清军镇压下渐趋平息，袁保恒深谋远虑，为防止捻军再起，上折提出了"八项建议"，其中有一条即"置军屯田"，可惜未得重视。恰在这时，苏州又被捻军占领，捻军还筑垒固守。江苏巡抚李鸿章奏请法国军队帮助剿灭捻军，袁保恒得知后，立即上折反对，认为夷人贪而无信，不但不能借用，还应多加防备，但又未得采纳。同治三年（1864），袁保恒再次上奏请"置军屯田"，认为此举已经刻不容缓，并提出愿回京与廷臣"面议"。可权臣们认为他不经督抚反复奏请一事，属于自信过深，不合体制，交吏部议处，结果他在次年被吏部给予降一级处分，由翰林院侍讲学士降为鸿胪寺少卿候补。但以后的湘勇哗变、天地会等教会组织不断局部起义，再次证明了其高瞻远瞩。他更得到不少有识之士的赞赏，如前任顺天府尹蒋琦龄、户部尚书罗淳衍等。

同治七年（1868）正月，捻军又起，声势如前，朝廷命湖广总督李鸿章率部剿灭。袁保恒立即上折请缨出战，他尤其提及豫皖各路大军都是父亲的旧部，自己愿意和他们同甘共苦完成父亲未完成的事业。这得到朝廷批准，调他到李鸿章营中委用。清军与捻军在商河一带决战时，袁保恒率轻骑冒酷暑追击捻军，配合李鸿章的部队围歼捻军于徒骇河。捷报上呈后，朝廷撤销了对袁保恒的处分，仍以翰林院侍讲学士补用，并授予三品衔。这年八月，袁保恒又受命赴陕甘总督左宗棠部候委，同年九月授实缺，被委管理西征粮务，并得专折奏事。他切实做好后勤保障工作，务实肯干，得左宗棠赞赏，遂于同治十一年（1872）五月擢升为詹事府少詹事，十月再升为詹事。左宗棠军克复肃州后，朝廷大奖左军将士，袁保恒荣膺一品顶戴，后升任内阁学士兼礼部侍郎、户部左侍郎兼管三库事务。两年后，袁保恒回籍省亲，协同堂兄袁保中编修《袁氏家谱》，返军时他让侄儿袁世凯随侍身边，为其以后的发展丰富阅历。慈禧特别恩赐袁保恒的祖母郭氏匾额、如意、文绮，以示对其恩宠。光绪元年（1875）三月，袁保恒奉召从左宗棠军中回京，八月兼署吏部右侍郎，次年四月升任刑部左侍郎。

光绪三年（1877），袁保恒的祖母郭氏寿终，他回籍奔丧，正赶上河南一带发生特大旱灾,饥民相食,饿殍遍野。河南巡抚李庆翔因赈灾迟延,被朝廷革职查办。袁保恒丧假期满后,受命到河南府(开封)帮办救灾事宜。此间,袁保恒摒绝供帐,服食粗粝,协同暂署河南的河东河道总督李鹤年,通饬所属府、州、县署,详查灾民户口造册上报。他日夜为救灾操劳,连上数折陈述灾情,还亲书求助信件发给全国各省大吏,并写家书要求家人倾尽家财恤救本地灾民。赈灾事务繁重,袁保恒经常食宿无定,身心日渐憔悴。次年四月,豫东一带春霖普降,袁保恒正计划到灾区视察,边巡视春种情况,尚未成行却不幸染上霍乱,患病三日就溘然长逝。灾民闻之,无不痛哭流涕。刘崐得信后亦是悲痛万分,长吁短叹。

作为军旅武人,袁保恒文才也颇出众。他的诗作,当时就引起过刘崐等大家的关注。譬如其《过韩侯岭题壁》就写得慷慨激昂,有别于一般士人的闲情逸致,其诗曰:"高帝眼中只两雄,淮阴国士与重瞳。项王已死将军在,能否无嫌到考终?"刘崐将其诗与岳飞、辛弃疾相比,说:"壮哉,此世少有!"

徐广缙:亲民爱国一廉臣

徐广缙[1797—1869年,字仲升、靖侯,安徽太和人,嘉庆二十五年(1820)进士,历任山东、陕西道御史、广西乡试正考官、榆林知府、江西总粮道、福建按察使、顺天府尹、四川布政使、江宁布政使、云南巡抚、广东巡抚、两广总督和两湖总督等,著有《徐仲升奏仪选》《思补斋诗集》《自订年谱》等]是刘崐极为尊敬的一位前辈,其爱国亲民颇为刘崐敬慕,是其入仕后的标杆与榜样,他深以曾向其讨教诗词、咨询国事为荣。

徐广缙的父亲为一小吏,他曾随父寄籍鹿邑,并在河南乡试中举,然后赴京会试,即在嘉庆二十五年(1820)中进士,选庶吉士。他一生为百姓称道的主要两点。第一是爱民、重民、厚民。道光十四年(1834),

他任陕西榆林知府时，榆林因头年霜早歉收，经他申请，准许借给老百姓种子和口粮，但无人去领取。他感到奇怪，经过深入采访，才知道已往官府也办过这种事，但往往是贫户领不到，得领者又领不到全数，等到次年归还的时候，还要加码多要，这种"胥吏勒捐，百弊丛生"之事令他愤慨。为此，他亲自下乡，亲自发放，剀切晓谕，力矫夙弊，老百姓才欣然领取。次年七月，榆林、葭州冰雹为灾。这时徐广缙兼管榆林道，接到报告后，他亲到灾区查看，积极向上申请救灾物资，又亲自去发放救济，并对玩忽职守的葭州知州予以揭参革职，他还把自己的养廉钱都捐出来。道光二十六年（1846），他担任江宁布政使，发现淮安、海州交界处有六塘河故道淤塞，每到秋季淹没五、六州县，便"请蠲请赈，岁不绝书"。江宁历任长官都因为工程大，费用多，迁延不办，但徐广缙认为，如果照常下去，年复一年"上亏国帑，下重民困"，不如筹款挑浚一劳永逸，让人民受益，国家得利。他于是派人勘查计算，估计需用银16万两。他一方面禀明督抚，克期动工，并委任务实的王萝龄主持这一工程，另一方面他自己亲自带头捐银，逐一走访当地较大士绅家族进行劝说，遂捐款踊跃。工程动工之际，他又升调，3年后他在两广总督任上遇到江苏去的官员，他详细询问了六塘河的治理情况，当江苏官员告诉他"自道光二十六年挑浚之后，淮海各州县连年大熟，非复昔日凋敝气象"，他十分高兴，说："昔日事挂心头积年，今得释矣。"第二是其廉洁奉公。他在广东任职数年，薪俸很高，但当知道河南受灾后，便把积蓄的5万两银子捐给了河南灾民。后来，他出事被抄家，竟然家中还抄不出100两银子。晚年他回到家乡，住的是茅屋草舍，生活还常靠朋友接济，他曾作诗说："分俸重劳张内相，赐金还靠柏中丞。只今疲茶烦亲故，差说长风海上乘。"

而徐广缙在士绅中以爱国忠君、外交强硬著称，一度与林则徐齐名称为"林徐"。他在外交上的强硬主要体现于他在就任两广总督时即提出"不尽国体""以民治吏""断不能舍内地百姓别图交易"的主张，并在工作中坚持这一原则，不受胁迫，敢于斗争，依靠广州人民的力量，挫败了侵略者的无理要求，保卫了国家的利益和民族的尊严。代表性的事件有二：其一，黄竹岐事件。道光二十七年（1847）十月，黄竹岐群众与英人发生殴斗，英方死6人，黄竹岐一死一伤。英方为此把兵船开进省河，多方恫吓，声言必须洗荡黄竹岐，方可泄愤。徐广缙拥理力争，指出数人有罪，合村犯法，天下无此情理，外国亦无此法，他斥责英方"非理要挟，意图寻衅"。经过反复的交涉和斗争，他的意见终得执行，即再将黄竹岐参加殴斗者捕捉5人，斩首示众，达到"一命偿一命"。其二，拒英入城。道光二十七年（1847）二月，其前任两广总督耆英，在英方武力要挟下，与其签订了缓期二年的入城条约，还同意了英方提出的许多要求。道光二十九年（1849）正月，英国新任公使文翰向徐广缙提出届时践约入城的要求，徐广缙站在广东民意方面，表示坚决拒绝，为此与之开展了长达数月之久的激烈斗争。为了做到先礼后兵，徐广缙不顾个人安危，两次登上英国兵船，和英国公使进行了艰难的谈判，在英方威逼下，他寸步不让，声色俱厉，历数夷罪。同时，他实行了联合人民的政策，组织了10万余人的群众武装，募集备战银60余万两。一时广州城内，大街小巷，添设栅栏，万众一心，同仇敌忾。与此同时，他还使用了停止贸易的手段来分化洋人，孤立英方，使各国商人在经济上蒙受很大损失。美、法、吕宋各国商人，纷纷开列清单，要求英方赔偿，使英使文翰大为窘迫。而就是这时，清廷要求其允许英人入城，徐广缙飞章入奏："婉阻之，未必遽起边衅；轻许之，必至立起兵端。且阻其入城而有事，则众志成城，尚有爪牙之可恃；许其入城而有事，则人心瓦解，必至内外之交讧。害重利轻，犹且不可，且明知有害无利，讵敢轻于一试乎？"在他的坚持下，英方被迫放弃了入城要求，请求恢复通商关系。这一胜利使当时朝野震动，道光皇帝喜出望外，称赞他有过人之智，是"贤能柱石之臣"。

但客观地说，他的外交强硬并不是一贯能持的，在特殊的环境下，他往往爱莫能助。最典型的是道光二十九年（1849）七月广东民人沈志亮出于义愤杀死葡萄牙驻澳门公使亚玛勒事件。他得知亚玛勒"秉性凶暴，开平马道，毁人坟墓，无恶不作，妇孺共愤，咸思食肉寝皮"后，颇为同情沈志亮，利用外交手段进行了3个月的谈判企图大事化小小事化了，但英美法各国出面抗议，清廷也要求他迅速平息，他也只得把凶手解赴澳门斩首。咸丰元年（1851），在徐文缙辖区的罗镜地方，爆发了凌十八、陈二、吴三等领导的太平军起义，琼州地方爆发了刘文楷、高廉、何若科等起义，他率军进驻高州，进行残酷镇压。次年五月，他奉命去广西梧州进剿太平军，在梧江水战中生俘太平军1600余人，他即下令杀掉1636人。为此，他被咸丰皇帝赏给太子太保衔，却因此为百姓痛恨。接而八月，他被任命为钦差大臣、两湖总督，驰赴湖南阻止太平军北上。他抵达岳州时，太平军已攻克武昌扬长而去，他为此被撤职拿问，交刑部治罪。咸丰七年（1857），经胜保保奏，他又得赏四品卿衔，随胜保办理豫皖军务，但只任职一个月，便因病退职，不再出仕了。

刘崐曾向李元度推荐徐广缙，又在自己担任湖南巡抚时多次上奏言及徐广缙的功德，他说："斯人才干，非同一般，可大举而惜早退矣！"

湘楚篇

督抚记

毛鸿宾：敬重理由有三种

毛鸿宾（1811—1867），字寅庵、翊云、寄云，号菊隐，山东历城人，道光十八年（1838）进士，曾为江南道监察御史、礼部和兵部给事中、安徽按察使、江苏布政使、湖南巡抚、两广总督。他曾在刘崐之前任湖南巡抚，其办事风格给刘崐留下了较为深刻的印象，也是他对毛鸿宾敬重的原因。

毛鸿宾出身于书香门第，但青少年成长期影响其最大的是历城两位本土前辈：一位是南宋著名将领、词人辛弃疾，他21岁聚2000人起义抗金，其慷慨悲歌，不仅给毛鸿宾以精神激励，陶冶了其情操，而且使他少年时即以其为榜样学文作诗，并操练军事技能；另一位则是清朝著名的书画家、诗人张舨〔1734—1803年，字虎子，一作虎人，号雪鸿、芷园、木者等，晚号止止道人，祖籍江宁，乾隆二十七年（1762）中举，曾为义乌知县，工文、善书、妙于画，时人称为三绝〕，张天姿高迈，幼时读书顽皮，老师以手指点其额呵斥，他偷偷将此情景画图一幅，神情逼肖。毛鸿宾很是喜欢张舨潇洒的性格，以及其遇权贵意气兀傲的故事。据说，有次张在京师友人处游玩，有高官来访，张舨避入内室不见，高官见墙上悬挂的张舨画作，十分喜欢，托主人索画并许以重金，张舨听说后，怒而不应。再一次，张舨任义乌知县时，浙江布政使面索其画，张应之，但却始终未给，一天张舨到省城见布政使，布政使问道："你的画如此难求？"张舨对道："朝廷让我来做官，不是让我来作画。"布政使无话可说。张舣的待人接物,使毛鸿宾深受影响,他从小就性情刚烈,直言直语,不避权贵,性格坦荡,光明磊落。这使他以后当官时一方面受人尊敬,另一方面又处处艰难。

而刘崐正是喜欢他这种性格。具体来说,刘崐对毛鸿宾特别敬重有三个理由:

其一,直言敢谏,抨击时弊。刘崐与毛鸿宾结识较早,尤其因毛与曾国藩是同届进士,刘崐考入翰林院学习时即与其有过交流。毛鸿宾给刘崐留下深刻印象的有三件事:第一件,道光二十九年(1849)二月,从江南道监察御史升任礼部给事中的毛鸿宾上疏,请皇上严禁各省名目繁多的"流摊",这是一件当时很多官绅皆已经看到,但由于国家财政困难,且有高官借其名目贪腐而无人敢言之事,毛鸿宾之上疏遂在士林中引起哗然,但皇帝未引起重视,只是交有关部门议行,最后不了了之。第二件,这年夏秋间,毛鸿宾在做了详细调查论证后,针对当时"宪典不明,刑威不振"的状况写了奏章,直指刑部不作为,这又让当朝权贵们尴尬不已。第三件,咸丰四年(1854),太平军进入湖南后迅猛发展,毛鸿宾认为这是因广西、湖南处置不当、剿匪不力引起的,因而直接弹劾钦差大臣、帮办军务大臣胜保多条罪状,要求朝廷对其严惩,其他不少官绅附和,胜保最终被革职查办。

其二,关注苍生,心怀国事。刘崐认为,不关心百姓疾苦的官僚是绝对不称职的,而毛鸿宾则是一个时刻关系天下苍生、心怀国家命运前途的好官员。咸丰二年(1852)太平天国运动兴起时,毛氏上书朝廷为镇压太平军出谋划策,并受命回山东历城办理团练,在担任湖南巡抚时,他更是不遗余力镇压太平军,对石达开、张高友等进行了围追堵截;即便是降职回归故里后,得知山东捻军赖文光部将欲渡河搏省城,他不顾生病毅然站出来为官府助战。他关心百姓负担,主张与民休养生息。咸丰十一年(1861)他署湖南巡抚后,即上书咸丰帝,称"湖南地居僻远,向非富强",提出要减轻湖南人民的税赋,不与民争利。这种务实的思想深得民心,也在客观上促进了当地经济的发展和百姓生活的改善。同时,他思想较为开放,能顺应时势变化,曾和李鸿章一起支持洋务运动,

1844年摄影技术传入中国后，他是当时中国最早照相的人之一。当然更令人称道的是其担任各级官员时上的奏章，如《开设教习外国语言文字学馆》等，计有700余件，而件件言事务实。曾国藩曾称赞毛的奏书是关系国家安危的金玉良言。胡林翼则在他的奏稿手稿上题道："凤凰一鸣，心任天下事，天下之民其有托乎！"正是出于对其的欣赏，胡林翼在咸丰九年（1859）上疏保荐毛鸿宾擢升，于是毛先后从安徽按察使、江苏布政使升至湖南巡抚。

其三，不计私怨，荐举人才。毛鸿宾刚署巡抚时，曾向曾国藩问湘政，曾回复道："阁下莅湘初政，仍祈物色将才为先务！……窃以人存而后政举。方今四方多难，纲纪紊乱，将欲维持成法，仍须引用正人。随事纳之准绳，庶不拘泥于例而又不悖于理。"毛鸿宾对此深为认同，并将之贯彻实施。他曾与左宗棠有过过节，但他还是毫不犹豫推举了左宗棠，称其胆识过人，若赋予封疆重任，必能保境安民。虽左被朝廷重用，主要得力于曾国藩与骆秉章、胡林翼，但毛氏的首推之功不可否定。担任湖南巡抚时，得知石达开窜至湖南，他命知府席宝田、副将周达武、总兵赵福元分路进击，并上书说："江西南路之防犹有未备，闽、粤交界均无防兵，虑贼上窜……宜合数省兵力，乘大胜余威，聚而歼之。"山东捻军兴起，尤其淄川捻军首领刘德沛屡夺县城杀命官，闹得山东官府惊恐万分时，毛鸿宾向朝廷推荐了长沙知府丁宝桢，后来丁率兵攻破淄川，剿灭刘德沛军，声名大震。世人由此称赞毛鸿宾"知人"。

据传，刘崐为湖南巡抚时，曾到某地毛姓宗祠参观，里面有副七言对联："鸿宾文字第一筹；子晋典籍八万册。"刘崐睹之良久，感慨万千，说："昔日胡润芝大人曾称毛督抚'言系天下安危，二百年来第一等文字'，诚不虚也！"

骆秉章：为官处世皆楷模

刘崐与骆秉章（1793—1867年，原名骆俊，号儒斋，广东花县人，曾为湖南、云南藩司，后为湖北、湖南、四川巡抚，四川总督，卒谥文忠，赠太子太傅）在仕途上极为类似，他们都是读书人出身，中进士［骆为道光十二年（1832），刘为道光二十一年（1841）］，选庶吉士，授编修，在朝廷多个部门任职以办事清正而得信任，再外放任职，以后署湖北巡抚，再实授湖南巡抚。其实，不管是为官、做人、处事，刘崐皆是以骆秉章为榜样示范而效仿之的，这实是时人之幸。

刘崐与骆秉章的相识是在道光二十四年（1844），前一年，骆秉章因失察银库亏欠事而被罢职，但又因其得道光帝信任而以庶子职留用，旋升侍讲学士，而刘崐在翰林院三年苦修期满，被授编修。对这位外形"如乡里老儒"而实际上"外朴内明，能辨贤否"的兄长，刘崐是钦佩敬重的，而骆秉章虽开始时对刘崐抱以戒心，但见之谈吐不凡、见识高超，且书法卓越，甚为倾心，大有相见恨晚之感。不久后，骆秉章归乡丁母忧，再赴山东、河南、江苏按事，升湖北按察使、贵州布政使、云南布政使，而刘崐去做了顺天乡试考官，天各一方，虽然彼此通信，但聚首时日屈指可数。

直至道光三十年（1850），骆秉章出任湖南巡抚，但次年太平天国在广西金田起义，清政府命令湖广总督程矞采［1783—1857年，字蔼初，号晴峰，江西新建人，嘉庆十六年（1811）进士，曾为军机章京、江南道监察御史、户部给事中、甘肃、广东按察使，广西、浙江布政使，江苏、山东、广东巡抚，云南巡抚署云贵总督，湖广总督］前往湖南督办防务，堵截太平军。这年十月，因得程矞采等人举荐而提督湖南学政的刘崐来到长沙,再度与骆秉章重逢。骆对刘极为信任,把防守天心阁南门的任务,交由了刘崐、李瀚章两个文弱书生及武将罗绕典。刘崐等也不负重托,不仅依仗骆之前花大力气修缮的城墙城垛抵御住了进攻,而且无意中令萧朝贵重伤致死,间接导致了太平军的内乱。更令骆秉章欣慰的是,当钦差大臣赛尚阿(?—1875年,字鹤汀,蒙古正蓝旗人,举人入仕,历任内阁侍读学士、头等侍卫、哈密办事大臣、督统、户部尚书等职,编纂有《蒙文汇书》《蒙文晰义》两部重要辞典)黑白颠倒参劾湖南抚藩荒废政事导致骆秉章罢官时,因与全庆、崇实、崇厚交往甚深而素对蒙人亲近的刘崐,毫不犹豫参与了对赛尚阿的弹劾行动。这种识大体、顾大局的治事处世观念,以及不论疏亲而重事实和工作成效的为官态度,让骆有如见知音之感,立马提酒前来刘宅致谢。

骆秉章在1852年夏重授湖南巡抚后,任司经局洗马仍留任湖南学政的刘崐,与骆秉章接触日多,也对其忠诚亮直、清正勤明的品行,好学耿介、严谨实干的个性极为崇拜欣赏,并有意无意地予以仿效。尤其是骆秉章为大力整风选贤、改善民生、稳定财政等采取的措施,都在以后刘崐任湖南巡抚中得以延续。我们不妨做下简单比较:骆在担任湖南巡抚初始即弹劾了行事鲁莽的茶陵知州李光第、行为不检的拟发知州长惠等人,而刘崐就任不到一年就请求朝廷处置了试用同知罗楷、候补知州梅震荣、试用知县许文钊、候补府经历徐礼等人;他们皆不拘一格任用贤能,骆秉章所荐举的左宗棠、王鑫、胡林翼、刘蓉、蒋益澧、江忠源、萧启江、刘长佑等一大批精英人物日后多成为封疆大吏,而刘崐重用的李元度、席宝田、叶兆兰、易佩绅、谢兰阶等皆在剿匪平乱中脱颖而出名震朝野;他们都呼请朝廷减少对湖南人民的赋税,对名目繁多的杂税给人们带来税费太重的问题予以高度重视,采取劝导捐输等办法解决财政紧张问题——骆秉章在任时终止发大钱,稳定了湖南的金融形势,为人所赞赏,而刘崐在任时终止湖南对浙江、山西等地军募亦受时人爱戴;他们对民间盐和茶叶买卖进行了有效疏导,选派廉洁士绅负责监督收缴漕粮,重视救灾,民生问题处理得恰当合理……骆、刘都是两袖清风、廉洁奉公的典型,骆秉章逝世后所有家当仅箱笥五六具,除官俸银外无余财，靠奉旨赏银5000两才得以治丧，而刘崐从湖南巡抚职退下来隐居长沙后，因少银而回不得日思夜想的云南景东家乡，一度依靠妻儿墓庐旁几亩薄田度日，逝世后还是靠门生捐银得以葬归故里。

骆秉章任湖南巡抚、刘崐为湖南学政时，他们还联手做了一个当时被识作"逆天"的举动，即上书朝廷要求打破同朝不祀的传统，在乡祠中祭祀湖湘清朝名人。当时，这一举动被批驳，还曾一度为湖南士绅当作笑谈。但刘崐在仼湖南巡抚后继续奏请，终实现当日两人理想，经刘崐主表从祀的名宦乡贤有前湖南布政使升任云贵总督的潘铎、前湖南学政升任大学士的祁寯藻、前湖南学政升通政司副使的钱沣以及云贵总督劳崇光、户部尚书何凌汉、工部尚书罗源汉等。

事实上，刘崐对骆秉章的信任，可能是全面而无遗的。同治二年（1863），骆秉章诱石达开投降而不守承诺将其凌迟，并处决2000多降兵的消息传到京城，士人议论纷纷，批评骆的声音甚嚣尘上。但刘崐并不这样认为，他坚信骆秉章的处置合理而重要，坚持要对匪首严惩不贷，他对何绍基叹道："妇人之仁，文客骚议，毒民害社稷也。"这种信赖，还体现在刘崐对骆秉章的识人本领的钦佩不已。他曾对李元度说："骆文忠公老成硕望、调度地方有度，在于其取人为善、治事规划全局，有长驾远驭之术，吾不能矣！"对于骆秉章任上提拔的官吏尤其是军官，如彭玉麟、刘蓉、杨岳斌、边晓堂、刘典、蒋益澧等，在他们退居湖南后，刘崐皆予以了保护，而更多人得以提擢重用，如易佩绅被他作为席宝田平贵苗的主要幕僚，不断升职，后还把自己的次孙女许配给了易佩绅的儿子易顺鼎，而对在剿苗中不得力、曾失职的周洪印，刘崐也未一棍子打死，而是不断给其机会，让其重振旗鼓，使其有机会立下大功而复职并升迁。骆秉章同样对刘崐推荐的人员予以充分信任。抚湘10年后的1860年，骆秉章奉调入川督办军务，当时仅得萧启江一部10000余人，而调动八旗军并无着落。当时在兵部、户部、工部等皆历练过、正担任国史馆副总裁、经筵讲官并深得掌管军事大权、人事大权的肃顺喜欢的刘崐，向骆秉章推荐了自己特别欣赏的好兄弟、时为驻藏大臣的崇实，骆秉章与崇实果然一见如故，后来共同治理四川，相处和谐，骆秉章逝世前病重目不能视，把军权、政权要务全托成都将军崇实处理，也充分证明了他对刘崐所荐之人的满意。

同治六年（1867）十二月十二日，尽忠职守、后被称为"晚清八大名臣"的骆秉章在位逝世，成都百姓巷哭罢市，白旌遍府。传言，这天刘崐正在长沙处理公务，忽闻空际有裂帛声，惊讶万分，起座而视，接而得骆之死讯，刘踉跄欲倒，被人扶至府上，痛哭近两个时辰。

张亮基：宽厚真诚一兄长

对刘崐来说，其前任湖南巡抚张亮基（1807—1871年，字采臣，号石卿，江苏徐州人，曾为内阁中书、侍读学士、云南临安知府、云南按察使、云南巡抚兼署云贵总督、湖南巡抚、湖广总督、山东巡抚、贵州巡抚兼署提督等，后追谥惠肃）就是他的好兄长。他们惺惺相惜20年，命运皆坎坷不平。

张亮基与刘崐的第一次见面，是在张亮基为侍读学士的道光二十一年（1841），这年，刘崐中进士，当时的会试主考官即声名显赫的王鼎。按惯例，中进士后会拜谒主考官、副主考及同考官。而张亮基在道光十四年（1834）为内阁中书后，在该年夏天随王鼎赴河南治河，督筑西坝，他在近距离观察、学习中对王鼎改革河务、盐政、平反冤狱的行径十分钦敬，私下里以王鼎弟子自居。是故，张亮基见到了这个比自己小一岁的刘崐，交流后对其才华十分赞赏，还笑对陪同前往的刘体舒说："他日，汝侄必超进士兄！"而张亮基的直爽、真率、诚实、敦厚，也给了刘崐极好的印象。

第二年，王鼎因对朝廷割让香港签订协议十分不满，在廷谏、哭谏均告失败的情况下，自缢于圆明园，以"尸谏回天听"。天下士子哗然，年轻气盛的刘崐也同其他进士向朝廷施压要求严惩签订《南京条约》的琦善等投降派人而重用林则徐、邓廷桢。他为此特向张亮基去信，欲获得张的支持和肯定。但老成持重的张亮基,并没有给刘崐复信,在张看来,此事可谓"忤逆之举",而决定事件走向者是皇帝而非他人,士子们的义愤填膺可能导致相反的结果。刘崐因此事,对于张亮基的信任有所减弱,之后多年未给张去信,仅在张1846年任职云南临安知府时,写了寥寥数语,客气恭维一番。这一时期,两人关系可谓疏淡不亲。

这种关系疏远的时间持续了十年。1852年,在云南巡抚兼署云贵总督职位上的张亮基调任湖南巡抚来抗击太平军。他不顾个人生死梯城而入图解长沙之围,三顾茅庐请得左宗棠出山担任其幕僚,放手让其"调军食,治文书,区画守具",极力支持曾国藩开办团练,这一系列举措让时为湖南学政的刘崐极为欣赏,称之"督抚湘楚,风气一变"。但显然,张亮基并不是特别买刘崐的账,相对而言,他更看中武将罗绕典和担任益阳知县的李瀚章,奏章中没有提及过刘崐镇守天心阁南门的功劳。但很快,张亮基意识到了自己的这种冷淡对于刘崐的伤害,他几个月后署湖广总督,至湖北筹办收复失地抚恤地方的职责后,给刘崐去信,听取他对军事指挥的意见。这让刘崐精神一振,为之献言献策,强调内忧外患需综合治理。而张亮基也果采纳之,在平定通城、崇阳、嘉鱼、广济土匪后,督师扼道士洑、黄石港,取得夹击太平军的大胜。后来田家镇的失利,导致张亮基坐降四级留任山东巡抚,刘崐马上去信安慰,但他自己也第一次意识到了仕途的凶险。

咸丰四年(1854),张亮基在山东剿太平军接连陷入困境,先后丢掉郓城、范县、寿张、东平,但他在临清黑家庄绕到敌前截击取得背水一战之胜,扭转了乾坤。可是,作为帮办军务大臣的胜保参劾其取巧冒功,并追论其初赴湖南不急趋长沙及去湖北是为求自全,这让道光皇帝勃然大怒,褫张职务遣戍军台。时已担任内阁学士兼礼部侍郎的刘崐又惊又恨,大为此兄抱不平,并利用自己的人脉关系极力疏通。在刘崐及曾国藩等的支持下,第二年春给事中毛鸿宾起奏临清之役张亮基功劳巨大而弹劾胜保妄劾;这时,御史宗稷辰也上书言张亮基能任事,未尽其用。于是,道光皇帝下旨释回张亮基,命其发东河差遣,不久再往安徽随办军务。经此事,张亮基遂对刘崐感恩不已。而刘崐亦在此事中,看到这位兄长宽厚之余对部队掌控力不够、约束性较差的缺陷，这为他日后整饬湘勇、起用席宝田和李元度埋下了伏笔。

咸丰七年（1857），授五品顶戴的张亮基赴云南帮办剿匪事宜。这时，云南回民起义此起彼伏，而团练又横行省会，张亮基结交按察使徐之铭［道光十六年（1836）进士，曾任四川保宁知府，署四川川北道、重庆知府，咸丰三年（1853）为云南按察使，后再为云南巡抚］，亦当之为"左宗棠第二"。对家乡形势颇有了解的刘崐闻讯大急，去信责怪之，言徐"乃蝇蝇小人，不可与谋"。但疑人不用、用人不疑的张亮基没有引起重视，相反因徐之铭督军在宣威、袁家屯接连取得大捷，对徐更为信赖。次年，张亮基擢云贵总督，他荐徐之铭代为巡抚。这时，"贪纵险狠"的徐之铭的狼子野心开始暴露无遗：咸丰十年（1860）秋，回教首领马德新、徐元吉等乞抚，张亮基大喜，而徐之铭暗地里唆使练丁到督署阻挠，并杀死通海知县雷焱和招抚委员马椿龄、孙钧，张亮基手无兵权为之胁迫，只得以病乞罢，请刘源灏代其云贵总督之职；次年春，张亮基逃至湖北，弹劾徐之铭不法，徐之铭竟借机对从云南布政使升任陕西巡抚的邓尔恒（邓廷桢之子）下手，暗杀之，时为经筵讲官、在奉天查案的刘崐闻讯痛恸，骂张亮基"养虎贻害，祸及忠良"；之后，朝廷任命潘铎取代刘源灏为云贵总督，督张亮基赴滇查办，张募勇1000人而行至四川，欲筹饷集兵，其云南旧部林自清不听劝告率万人来川效用，致使徐之铭借机怂恿马如龙等拒张入境，张亮基被弄得个灰头土脸；最后，朝廷无法只得派张亮基去贵州任职，而潘铎冒险入滇，不久被徐之铭借回民之手杀害，云南之乱日深。刘崐从邸报得知后，长叹道："此兄老矣！"自此，两人关系开始疏远。

不知张亮基是否受到了刺激，他到贵州后马上奋发图强，重用沈宏富和刘义方等军事指挥人才，对黄号、白号、苗叛、教匪等严厉打击，毫不手软。在他的调度下，清军破遵义螺蛳堰，在上稽场大败余匪，复普安和桐梓鼎城，歼尚大坪匪收复修文，克龙里，解清镇之围，重夺兴义、定番、广顺、长寨诸城，黔军大振。但随即军队骄蹇之气猛涨，不听调度、军官劫掠扣饷、饥军哗变的事件屡有发生，遭侍读大学士景其弹劾。张亮基虽具疏自陈，指责布政使严树森坐邻省而不亲至、林自清和刘有勋等不听指挥等，但仍被褫职。

同治十年（1871），因人弹劾而被革湖南巡抚职的刘崐听到张亮基郁郁寡欢中逝世的消息，忍不住泪珠滚滚。感叹时光易老，慨叹张亮基的宽厚真诚之下，他忍不住跑到续任的湖南巡抚、他的老手下王文韶家中一吐胸中块垒。在他的劝说下，这年，湖南巡抚王文韶、贵州巡抚曾璧光先后奏请朝廷恢复张亮基原衔，各建专祠祭祀。

恽世临：精细过后是苍凉

刘崐对历任湖南巡抚十分尊敬，即使政治观点完全对立，也在日常中待其如宾，生怕失礼，怠慢了对方，这在其担任湖南巡抚后表现得十分突出。曾长期与其共事的布政使李榕曾言："韫斋抚督常念前人之德，拜晤不忘礼节。"但对有个人例外，这就是恽世临[1817—1871年，字季咸，号次山，江苏常州人，道光二十三年（1843）进士，曾为吏部文选司主事、长沙知府、山西监察御史、湖南布政使、湖南巡抚、兵部侍郎、都察院右都御史兼署湖南学政等]。

恽世临出身于官绅之家，他的祖父是阳湖（现常州）有名的文士，以藏书丰富、为人慷慨而知名，他的两个伯父恽敬[1757—1817年，字子居，号简堂，乾隆四十八年（1783）举人，历知富阳、江山两县，后擢同知，著有《三代因格论》《大云山房文稿》等]和恽敦（字念旃、子由，太学生，后赠封奉直大夫）也因书法超群、学富五车而名震县境，尤其恽敬8岁能诗、15岁学汉魏赋颂，后致力于骈文写作与古文研究，与张惠言同为"阳湖派"创始人。而他的父亲恽敷[字惠旃，号逊堂，乾隆甲寅年（1794）举人，历任浙江临安、嘉善等地知县、海宁知州]不仅学问高深，而且为官清廉，政绩卓著，其身后受祀于浙江嘉善名宦祠。

恽世临少年时也表现出了与其大伯极其类似的才华，陪其兄长恽俭（字次安，为吏部主事，晋赠通议大夫，重孙中有著名的中国民主主义革命家恽代英）开蒙，在窗台下边玩边聆听先生诵读，三诵之后居然全可背诵，其聪颖也让恽家上下都对其看好。恽敦弃官于家，亲自教侄子读书，恽敬遗留下来的孔孟之学，特别是其推崇的"性""命"两题，在恽世临身上打下深深的烙印，而恽敷也长期把这次子带在身边，让其接触士绅，增进学问。

恽世临考中进士后即与刘崐相识，两人曾一起探讨经学，尤其是曾一度皆对王夫之的王学痴迷不已。甚至，因为喜好书画，刘崐还与恽世临之妻戴青（号洗蕉老人，工书画，善诗赋词曲）有过切磋。按理说，素重书香门第的刘崐应与恽世临会有较好的交情。但事实不然，原因可能只有一个，即在日常的接触当中，刘崐觉得此人过于精细善于钻营，非其所愿结交，此令两人关系渐渐疏远。

刘崐对恽世临的不喜有三点：第一，为人精明，善于投机。如果说恽世临投靠穆彰阿得以迅速授翰林院庶吉士，随后即任职权力部门担任吏部文选司，并很快当上主事，令刘崐或许稍存嫉妒，那么之后他迁长沙知府、岳常澧道前的所作所为，则可能是刘崐与他疏远的主要原因。据长沙民间传言，恽世临就任知府时，政务交给助手，频繁往巡抚、布政使、按察使衙门跑，目的即结交权贵以为自己铺路。时有人指责他，他大言不惭："吾非此志也，上位则可施策处民矣！"第二，精于攀附，急人所需。最典型的例子是同治元年（1862）其在湖南布政使任上。当时，两江总督曾国藩之弟曾国荃攻金陵，围城之后军火不继，将士忧急。恽世临得报后，请湖南巡抚毛鸿宾速拨火药30万斤并派员星夜赶运，7天抵达，助曾氏攻克金陵，因而其后得曾氏兄弟喜欢，第二年即被任为湖南巡抚。第三，经营仕途，不贪余财。恽世临对自己的仕途看得很重，并善于经营，是因其早年的一个经验。据清人朱克敬《瞑庵杂谈》载，中进士前，恽世临到一家北京酒馆喝酒，无意中听到一名胥吏对人说，官场就像一辆车子，我等吏人好比赶车的人，主管和属官好比骡子，我们鞭子一挥，叫他们往左他们就向左，叫他们向右他们就向右。恽世临听了，心中暗赞此"怪谈"。他以后牢记此论，提醒自己不要被胥吏当作被驾驭的可悲可叹的"骡子"，对下属报账、启事等都仔细核查，以防其弄鬼。他担任吏部文选司主事，这是任命、调动官员的部门，是"跑官"者必得重视的，文选司的官员们也多架子大、贪欲强，对选拔的官员经常敲诈勒索，营私舞弊之事更是屡禁不止。他对此予以高度重视，并严杀此歪风，这让那些胥吏们断了财路，对其暗恨不已："奸不得施，怨之入骨，倒书其名于壁。"刘崐对此本是极为赞赏的，但恽世临以后把此道亦用于自己仕途升迁当中，对挡其道者，无不用其极。尤其是为了当得湖南巡抚，他一方面行贿交好曾国藩、曾国荃身边的人及吏部官员，另一方面要手下搜集、捏造时任巡抚毛鸿宾"不良"的证据，对素来善待并想法提拔自己的上司痛下杀手，而当上巡抚后为防毛鸿宾反扑，他继续找人"构陷"，终导致毛的上告，两人同时被革职留任。

其实，恽世临还真不失为一个好官。他清廉不贪，作战英猛。升任湖南巡抚后，他即领兵克复绥宁，在抵抗石达开部的战斗中亦屡立奇功。他还特别关心百姓疾苦，凡涉及国计民生之事，皆能当机立断并付诸实施。尤其在筑堤抗洪、重现地方民生等方面，湖南民间都有不少传颂。他逝世后，时为工部尚书的翁同龢为其筑墓表德，翰林院编修俞樾为其作神道碑。而有意思的是，刘崐虽对恽世临不感兴趣、有意与其拉开距离，但对恽世临的几个儿子甚为欣赏。恽世临的长子恽桂孙曾官保定府通判、直隶州知州，次子恽颂孙为兵部车驾司主事，三子恽俟孙为国子监学正衔、光禄大夫，他们都与刘崐向有书信往来，并且就仕途、为学等问题，多次向刘崐请教；而其第四子恽炳孙〔1854—1918年，字季文，号五芝老人，光绪乙酉年（1885）拔贡，后为内阁中书、文林郎〕则曾拜师刘崐门下，专向其学习书法诗文，其偶画兰竹，据传也得自刘崐传授。

李瀚章：政治互信相继承

不管是顺达还是落难，晚清政坛上有对兄弟一直是刘崐坚挺的支持者，这就是李鸿章、李瀚章（1821—1899年，合肥人，李鸿章兄，字筱泉，晚号钝叟，卒谥勤恪）。这其中，关键在于刘崐与李瀚章近20年的政治情谊与书信往来。

刘崐与李瀚章的结识或者始于刘在翰林院时。李瀚章的父亲李文安与曾国藩同为道光十八年（1838）的进士，3年后刘崐也以进士出身入翰林。此后，李文安官至刑部郎中，刘崐升迁比他顺利。在此期间，李瀚章在道光二十九年（1849）以拔贡朝考出自曾国藩门下，刘崐为顺天府乡试同考官。以曾、刘当时的亲密关系及刘与李父同事的关系来看，他们应是早有交情的。但真正让他们彼此赏识，是在咸丰二年（1852）。这年，刘崐担任湖南学政，李瀚章被任为益阳知县，到长沙报到，不料遇太平军攻城，湖南巡抚骆秉章命刘崐和李瀚章合力防守长沙南门天心阁。相较东、西、北门，当时南门山势较低也易为人所攻陷。但是，刘、李二人协力合作，调动所有积极力量布防，居然守了个滴水不漏，两人自然得到褒奖，李瀚章在益阳任职不足半年即调善化知县。而两人因此也结下了深厚的情谊。

李瀚章"临事缜密，所为公牍简洁得命"，深得刘崐喜欢，信笺中时向曾国藩、胡林翼提及，两人考察后亦然。因而，曾国藩筹办湘军，即把李瀚章物色为了后勤保障人选。李瀚章也不负所望，不管是在江西南昌做综理粮秣，还是总核粮台报销，甚至在广东做督粮道、按察使、布政使，都心系湘军将勇，后备工作做得井井有条。同治四年（1865），李瀚章任职湖南巡抚，刘崐时为太仆寺卿，他得讯后立即写信李瀚章，向其推荐李元度、郭嵩焘、赵焕联、张义贵等旧识,李立即予以重视,不少人得以擢升。不久,李世贤及贵州苗民军三路攻湘,而正是依靠陈士杰守郴州、赵焕联守岳州,湖南成功防守,而张义贵夺回攸县、安仁、兴宁等已失城池,李元度则进剿思南、石阡,攻无不克,一时"湖南固若金汤"之说鹊起。两年后,李瀚章调江苏巡抚,刘崐接任湖南巡抚。李的旧部,刘悉数接纳,可见两人政治互信度之高。

而私下里,刘、李显然是朋友关系。同治八年(1869)二月,李母七十大寿,刘崐虽身不能赴,却着孙刘式衡、刘式抡前去拜寿(其独子刘聚中已于前一年身亡),这令李氏兄弟感动不已,桐城名士吴汝纶作的《李太夫人七十寿序》中也有提及。后来李瀚章愈加骄纵,爱摆架子,但仍肯听刘崐之警醒。据传,李瀚章为浙江巡抚,谭钟麟赴辕门跪见而其不搭理一事传入刘崐耳中,已退隐长沙不理政事的刘崐忍不住提笔写信给李,信上却只有两行:"足疾目盲仅两残,即四肢全废不若心残!"收信,李瀚章汗湿两颊,立上门向谭钟麟道歉,并让他补了杭州知府的空缺。

光绪十三年(1887)二月,刘崐由徐棻等陪同游赤壁,在双赋堂中睹见李瀚章的题联:"一炬火何处鏖兵,最怜洒酒临江,风便又教公瑾借;两篇赋偶然点笔,可爱惊涛拍岸,壮观不与子由同。"徐棻素知两人情谊,问刘对此联评价如何。刘崐沉默片刻,未应答,却对作联者做了一个评价:"惜未生在彼时,却又何其幸也!"不知李瀚章听到这话,会作何感想?

潘　铎:忠毅总督屡升降

刘崐到任湖南巡抚的第二天,即去了忠良祠祭奠,因为这里面,有一位他十分尊敬的兄长、湘抚前辈潘铎〔1793—1863年,字木君,号振之,江苏南京人,道光十二年(1832)进士,选庶吉士,散馆改兵部主事,充军机章京,洊升郎中,迁御史,再为湖北荆州知府、江西督粮道、广东盐运使、四川按察使、山西布政使、河南巡抚、湖南巡抚,官至云贵总督,卒谥忠毅,赠太子太保]。后来,也因刘崐等的努力,潘铎再入湖南乡贤祠受祭。

南京江宁佘村潘氏自明末迁至,发展迅速,尤其清顺治时部分族人开始半耕半读后,屡有子弟考中生员甚至举人,更是促进了其蓬勃发展。而到出现潘铎,更是抬升了族人在当地的地位。潘铎少即以孝悌著称,凡事有规有矩、敬长爱幼、恭师护弱的故事颇多,是老师眼中的好学生、同窗眼中的刻苦娃,因而族人对其期望也大。他在道光初即乡试中举,但参加进士屡次不第,一度怀疑自己的能力不行。道光十二年(1832),潘铎在族人的鼓励与支持下再度赴京会试,一举中的。因族叔刘体舒与其同榜,刘崐得以结识潘铎,从此拉开对其追随、崇拜的序幕。潘铎这届的进士中,后来为主管一省大员以上者众多,大学士者有三(朱凤标、单懋谦、瑞常)、协办大学士有一(骆秉章)、尚书有二(花沙纳、桑春荣)、侍郎有五(吴钟骏、戴熙、阿彦达、善焘、王茂荫)、总督有六(季芝昌、潘铎、庆祺、舒兴阿、劳崇光、李星沅)、漕督有二(邵灿、李湘棻)、巡抚有三(郭柏荫、陆应谷、赵长龄)、布政使有三(严良训、贾臻、崔侗)。与这样的一群佼佼者共同学习、探讨经史、分析局势、剖析社会、规划人生,潘铎不仅学问进步甚快,而且为人处世能力得到急骤提高。他那办事严谨、作风勤恳的特点也展现了出来,得到师生好评,因而散馆后即被任命为兵部主事,并不久考为军机章京,把控朝廷主要军事动态。这也使其擢升很快,短短14年即升迁到二品大臣位置——道光二十八年(1848),他升为了河南巡抚,是本届进士中最早掌管一省地方的大员。

他在河南巡抚3年任期上,确实做出了不少成绩。最典型的有两事:一是疏请罢河南漕粮改折之议。他在奏疏中说:"户部有南漕折价交河南等省采买之议,是他省且须在河南采买。若将本省额征之米分别改征折色,于政体两歧,于仓储有损无益。河南历年办运踊跃,一经改征,转滋流弊,循旧章为便。"他的建议最终得以采纳,其他省也纷纷效仿。二是浚筑贾鲁河、沁河水利。《清史稿》中如此记载:"贾鲁河经祥符朱仙镇,为商贾舟楫所集。自黄河决于中牟,贾鲁河淤塞,责工员赔浚,久未复。

铎勘镇街南北淤最甚,议大浚,请率属捐银五万两兴办;又奏择要增培沁河民堤以资捍御,并如所请行。"但是,他的官运实在不好。咸丰元年(1851),他即因坐所荐陈州知府黄庆安犯赃,降二级调用,授山西按察使。

这次挫折并没有打消他报效朝廷的信心。他积极清理积案,整顿地方秩序,成绩彰显,次年即调任湖南布政使。这时,机会来了。太平军由湖南向北而攻,汉阳、武昌相继沉陷,偏此时原湖南巡抚张亮基已被任命为湖广总督,朝廷便令潘铎代理湖南巡抚。重为地方大员的他,立即赴岳阳布防,与太平军进行对抗。可是,朝廷考虑他还不熟悉地方情况,而调兵遣将熟悉人财物者更佳,遂调前湖南巡抚骆秉章回长就任。真正实任湖南巡抚职只一个多月的潘铎,黯然病辞归京。不久,机会又至,山西捻军发展迅猛,直隶总督讷尔经额疏荐其去会办军务。可没有想到,他又被人举报在湖南担任布政使时岳州等城失守而其未及时汇报,再被降二级调用。这真正让他受到了挫伤,再以病乞退,久居山西。

咸丰十一年(1861),在云南省曲靖府的知府衙门里,刚被任命为陕西巡抚的邓尔恒,在上任途中被杀身亡。而在此之前,云南已经成了云南巡抚徐之铭的后花园,久受御史诟病,虽几年前朝廷已停其职,却无人敢去接任,云南地方要政一直为徐之铭及把握回民兵权的马如龙所掌控。古稀之年的潘铎重被起用为云贵总督,与张亮基一起赴滇就任。可是,路途中发生了一个插曲:"滇将林自清为亮基旧部,与回众不协,率所部入川。徐之铭虑亮基至于己不利,嗾回众扬言拒之,亮基益观望。"这时的潘铎一心为公,催促张亮基前行,但张亮基马上以病滞蜀地,而四川官府也借口内部不稳无兵可派,无法护送潘铎入滇。潘铎并没有退缩,他还是决心赴任,带领几个仆人,从贵州翻山越岭前往昆明。刚进入云南边界,有名叫马连升的总兵前来拜访,言滇治安混乱难保周全,实行威胁。潘铎置之不理,毅然前行,同治元年(1862)九月抵任。他接而"治邓尔恒被戕之狱",于是捕凶犯诛之。省城稍安,为顾全大局,潘铎决心忍辱负重,团结一切可团结的力量,不处置徐之铭,以免重燃战火,令云南百姓生灵涂炭。他密报朝廷:"徐之铭尚能抚回,被劾各款,请俟张亮基到后会同查办。"又云:"马如龙求抚出于诚心,岑毓英耿直有战功,加以阅历，乃有用之材。"潘铎意欲因势利导，徐图补救。而狡猾的张亮基乘机只办理贵州事务，而把云南所有军政事务全交由潘铎处理。可潘铎、张亮基万万没有想到，这样反增长了回民掌教马德新的嚣张气焰。在潘铎几次阻挡其任意擢升部下的行径后，马德新终按捺不住，竟于同治二年（1863）正月，令其部下马荣忽率2000人至省城，占据五华书院，引起城内百姓恐慌。潘铎十分气愤，下令其军3天内迅速撤出书院，但马荣毫不理睬。潘铎于是亲往谕遣，马荣不听，其所部回练一怒之下反刺潘铎，"铎临殒骂不绝口。云南知府黄培林、昆明知县翟怡曾同被害。荣遂纵兵大掠，官衙民居悉遍。惟岑毓英勒兵守藩署，之铭遁往潜匿。越两日，毓英始殓铎尸。回众拥马德新为总督"。

潘铎事迹传至京城，刘崐大哭不止。他既伤心家乡云南的治理混乱，又哀悼这位几度浮沉的兄长不幸遇难。朝廷也给予了潘铎高度评价："万里赴滇，不避艰险，见危授命，大节懔然。"之后，"依总督阵亡例赐恤，赠太子太保，予骑都尉兼云骑尉世职，入祀云南昭忠祠，谥忠毅。子四人，并录授京职"。

郭柏荫：重读治学又督抚

郭柏荫［1807—1884年，字远堂，号古伤心人、石泉，福建福州人，道光十二年（1832）进士，曾官浙江道监察御史、山西道、京畿道、刑部给事中、甘肃甘凉道、江苏粮储道、按察使、江苏布政使并代理巡抚、广西巡抚、湖广总督、湖北巡抚，著有《天开图画楼文稿》《嘐嘐言》《续嘐嘐言》《变雅断章演义》等］是刘崐的前辈，刘为湖南巡抚时郭为湖广总督，两人工作交流颇多，且在治理地方上配合默契。

郭柏荫从小受到了很好的家教。他的父亲郭阶三［1778—1856年，又名世敦，号介平，嘉庆二十一年（1816）举人，曾为连城、同安县学教谕］

与林则徐同窗。据郭白阳的《竹间续话》记载,郭阶三曾回忆说:"忆少时在林文忠公家从旸谷封翁学,时奋志攻苦,两人者年相若也。少穆夜间常以一盏灯油并一条太乙烛,烬后上床,翌日昧爽即兴,予继逊他烛一条,或勉强,则诘朝必差半刻方醒。"他有5个儿子,4个是举人(郭柏心、郭柏蔚、郭柏苍、郭柏芗),1个是进士(次子郭伯荫),"五子登科"名闻八闽。尤其是他的从教经历,"为其成功教育子孙提供了有利的经验与铺垫"。郭柏荫之母林柱馨(闽县名廉林春芳女),博通经史,"恒于井竈之前授五子学"。父母极其重视对子女的教育,对郭柏荫影响甚深。郭则沄的《旧德述闻》记载道:"家贫无力就外傅,介平公与林夫人亲课之,夜仅一灯,诸子环坐朗诵,甚或两岁不克具,而督课亦勤,或劝令诸子别营生计,公不可,卒皆成就。"郭柏荫的挚友、晚清重臣骆秉章也认为郭柏荫的学问,得力于家教甚多,说:"年伯(郭阶三)携诸子就塾,早出暮归。归则令循旧书,太夫人从而补课之,一灯莹莹,书声相续,习以为常。"郭伯荫青少年时即善读四书五经等儒家经典,并能依据圣贤经义来立身处世,曾自示曰:"读圣贤的书,休背圣贤的教训;做朝廷的官,休乱朝廷的法度。"道光八年(1828),郭柏荫考中举人,4年后又进士及第,并迎娶娇妻,林则徐特意送对联致贺,其联曰:"具庆下兼重庆下,大登科接小登科。"

在散馆学习时,郭柏荫因家贫不足以供日常饮食,心中颇为踟蹰,幸得林则徐勉励,才决心就职。后来林则徐又致信曰:"……至都中本无官事,翰林尤可终年不赴衙门,若不读书,岂不虚度日力?"在林则徐的勖勉下,郭柏荫于学业愈发用功。词苑中,他未尝荒废光阴,平时除编校书籍外作诗亦勤,"三年中,课无虚日,日辄一首"。他更是于诗艺一途,多有深造。道光三年(1823),福州籍宦京诸士在京都成立荔香诗社,郭柏荫为之主持,他把喜好吟咏者常雅集于此,以诗会友,切磋琢磨,后来还将联社结吟作品刊刻出版。对于作诗,他认为目的主要是为了抒发自己内心的情感,而不是专务辞藻。他自己创作的诗,在遣词造句上就清新自然,平易真挚,并无雕砌做作,一返古来"诗言志"的诗歌传统。做文章,更是如此,强调要使言辞达意,郭柏荫说:"吾尝闻之矣,言以足志,文以足言。志也者,心之所欲言,而文则以抒其所欲言之志。"

道光十七年(1837),郭柏荫任浙江道监察御史,从此开始了地方历练。翌年,转山西道,再巡视西城,转京畿道,升刑部给事中。这时,台湾形势极其危险,他进言"请勤抚慰、严番界、查仓库、禁偷渡、防兵丁冒替、戒人命及盗案消弭",受到权臣们的充分肯定,便出为甘肃甘凉道。正是顺意之时,意想不到的打击来了。道光二十三年(1843),户部银库亏帑事发,郭柏荫为御史稽查,未纠发,被夺官分偿。

他于是借机回乡,历主清源、玉屏、紫阳、鳌峰等书院,其好学的特质因此显示出来。咸丰元年(1851)八月,福州文庙失火。火灾次日,郭柏荫连忙赶到文庙,收拾残烬。他与林藩等4人出资在文庙崇圣祠旁构木架棚以安放圣像。当月,郭柏荫受命主持修建灾后文庙。他深知那些口读圣贤经书,而内心实图谋利的官僚们的行事作风,为了避免"义始利终"的后果,他提笔作书警示曰:"办公中事,用公中钱,但些子差池难免。大家口实读圣贤书,受圣贤教,宜如何报答,请扪自己心头。"咸丰四年(1854)六月,文庙修建竣工,大成殿、两庑及仪门等建筑均修葺一新,并增置文庙礼器等,重现了圣庙的庄严气象,他因而广受八闽士绅的敬重。他主讲鳌峰书院,曾为《鳌峰课艺初编》一书作序,评点书中所录文章,教导学生作文应与"圣贤立言宗旨无所抵牾",并进一步阐明文章的体裁修辞问题,说"若夫词采有秾纤,篇幅有修短,此则各凭其才分之所至,不能强不同而使之同也"。郭柏荫课士,极重读书,他说:"读书一事,乃进德修业人下手做工夫处,学者不从此着力,任汝绝等聪明,总无进步。"他教人读古代经典,不仅着眼于欣赏辞章,或文字训诂,而尤侧重于对事理的体认及对自身人格的提升。如他读《诗经·小雅·小弁》这首诗时,对于诗中"维桑与梓,必恭敬止"一句解释道:"今人谓同乡为桑梓,义本此诗。同乡之人朝夕相见,初不觉其谊之亲也,及他乡异地倾盖相逢,则娓娓而道家常,其式好有同于兄弟者。故在客而重乡情者,其人必义士也;居官而敦乡谊者,其人必好官也。若同乡之近,动辄反面无情,四海九州之人,其谁不解体。"他将离开鳌峰书院时,曾作《鉴亭话别示及门诸子》组诗,抒发其难舍心情与对学子的寄望。其一曰:"鉴亭杯酒此盘桓,握手临岐感百端。情重岂专文字契,交深倍觉别离难。坐花长忆香三日,种竹欣成玉万竿。等是鳌山垂钓客,扶桑振策晓天宽。"当时,"崇经训古"的学术型书院教育内容逐渐受到有识之士的批评与抨击,郭柏荫也看到其中弊端。他教导诸生读书要以敦品励节为重。在主讲泉州清源书院时,曾对学生说:"夫业精于勤,荒于嬉,虽雕虫末技,尚有然矣。况吾党之修身进德,更有大于此者乎。"在教学上,他善于寓理于景,常以生动的形象来说明道理。他曾作《清源东斋新种梧桐树,歌示庄生焕文》诗,有句曰:"梗枂杞梓独非材,往往自弃沦蒿莱。桃李须臾变荆枳,春风春雨徒滋培。尔桐尔桐秀且好,拱把受知良独早。岁晚天寒慎自保,布叶分条勿草草。"诗中勉励进学者要以学为重,严格要求自己,虽遇逆境,也应迎难而上,不要自暴自弃。

郭柏荫在家乡发展文化教育事业时,正值太平天国运动兴起,他在咸丰三年(1853)奉命办理本省团练,因此升任郎中。同治元年(1862),郭柏荫受命前往安庆大营,协助曾国藩镇压太平军,得曾赏识,遂受其推荐,升广西巡抚,又改调湖北,署理湖广总督,后两次在总督和巡抚位上换职。他在任期间,有几点为人称道。第一,关心百姓疾苦。同治八年(1869)夏、秋间,天降暴雨,湘水、川水、襄水高涨,各府属州县堤溃,田庐淹没,灾害严重。郭柏荫派员赴灾区急赈,又奏请解京饷及税厘项下拨银30万两救灾修堤,获准,救活灾民甚多。第二,防患于未然。这是来自于其初任时,萧朝鬻约遣散各勇起事,他迅速扑灭的经验。是故,在同治七年(1868),他上奏言:"汉口镇华、洋杂处,散勇游匪厕其间。每遇撤营,散布谣言,勾结入会。叠经惩办,在武汉、襄樊地方分设遣勇局,凡有在鄂散勇,均令赴局报名,雇船押送回籍,酌给川资,庶无业之徒,可归乡里,不至流而为匪。"第三,改革盐制。郭柏荫在了解盐运实际情况后,上奏言:"淮南盐引,楚岸为大宗。自长江被扰,运道梗阻,改用淮北票私,暂济民食,淮南销路遂滞。请复淮南引地,禁淮北票私,停北盐抽课。襄、郧、德三府前此兼销潞盐,亦一律禁止。"

同治十二年(1873),因疾,郭柏荫请辞归乡。他回到福州的次年即光绪二年(1876),郭柏荫再主鳌峰书院讲席。面对当时士习颓废的状况,郭柏荫心中忧戚,对学子们说:"文风之颓,士习之靡也。世习之靡,世道之忧也，多士其知之矣。"他还勉励诸生："纵不能障川回澜，亦当卓然求所以自立，不独文艺宜然也。"他更注重给学生树立榜样，在鳌峰书院中，他秉烛余明，利用闲暇时间端楷抄书，恭写儒家"十三经"。据清人何刚德《客座偶谈》书中记载，他常"半夜即起抄书，点一支蜡烛，见跋及旦，日以为常"。其认真的学习态度与惜时勤勉的治学精神，深深地影响着书院学子。也因一生笔耕不辍，"自入官以及投老，未敢一日舍墁而嬉"，他身后有《天开图画楼文稿》4卷、《石泉集》4卷、《嘤嘤言》6卷、《续嘤嘤言》4卷、《天开图画楼试帖》4卷、《变雅断章衍义》1卷、《击钵吟存稿》4卷、《西湖冶春词》1卷（与黄绍芳、林寿图等合作）。

更重要的是，他这种重读书、治学的作风影响了其子孙。他的后人中接连出了5个进士：郭柏荫孙子、郭式昌的长子郭曾炘，光绪六年（1880）进士；郭式昌次子郭曾准，光绪十八年（1892）进士；郭式昌三子郭曾程，光绪十五年（1889）进士；郭柏荫四子郭传昌，光绪二十年（1894）进士；郭曾炘长子郭则沄，光绪二十九年（1903）进士。现福州三坊七巷街区的黄巷东段北侧郭柏荫故居，大厅中挂着其手写的对联："入琼林玉树中皆宝，有仁心慈德者为祥。"正中间的一块牌匾题写着"惇德秉义"。这既是他自鸣得意的总结，又是其给郭氏留下的家风——读书是为了大义，一生都要做一个正人君子。正是这家风，其族才会士人屡出，贤良众多。郭曾炘先后任过工、户、礼部侍郎；郭则沄曾任北洋政府国务院秘书长；黄埔军校四期毕业生郭化若（郭阶三六世孙），中华人民共和国成立后任上海防空司令员兼政委、南京军区副司令员、军事科学院副院长，中将军衔，著有《孙子译注》，还是一位书法家。

曾望颜：立脚怕随流俗转

曾望颜［1790—1870 年，字瞻孔，号卓如，广东中山人，道光二年（1822）进士，曾官监察御史、刑部给事中、户部给事中、光禄寺和太常寺少卿、顺天府尹、陕西巡抚、四川总督、内阁侍读学士］是刘崐的长辈，刘为兵部侍郎时，曾已为陕西巡抚，取得了丰硕成果，令刘崐甚为钦佩，并一度以其为榜样。而在此之前，还在刘崐为翰林院庶吉士时，他们已经结识，并且在咸丰六年（1856）顺天乡试时就有过短暂的合作，曾望颜当时是顺天府尹。

曾望颜之先祖曾昌恒始迁移至中山石岐员峰乡，后子嗣大发。曾望颜的父亲在乡中设馆授徒，其于馆内读书，尤为用功，童生试获头名。嘉庆二十四年（1819），他参加乡试列第十七名举人，三年后以壬午科殿试二甲第十名中进士，选庶吉士，授翰林院编修。

他的仕途，可以担任陕西巡抚，划分为前后两个时期。前期，他特点有三：其一，敢于直谏。曾望颜一生刚正严毅，铁骨铮铮，知而无不为，时称为"曾铁面"。道光十五年（1835），曾望颜上奏整饬科场 14 条，震惊朝野。时任户部尚书英和、吏部侍郎汤金钊为之评曰："此必能自立，不肯苟徇流俗者。"他因而为道光帝信赖，升任光禄寺少卿、太常寺少卿等职。在任京卿时，他本色不变，"遇事敢言、指陈晓畅"。他曾书对联："立脚怕随流俗转，留心学到古人难。"可见其不肯屈从、赤心向公、励精图治之志。其二，闭关禁海。曾望颜思想保守，天下闻名，是因他与林则徐的庭辩。道光十九年（1839）六月十五日，道光皇帝批准颁布了由军机大臣、大学士敬敏等会议草拟的《严禁鸦片章程》。这时，在鸦片严禁派内部又出现了闭关禁海绝市和保护合法贸易之间的争论。道光二十年

（1840）一月十五日，时为福建布政使的曾望颜呈上了关于奏请封关禁海并将澳夷互市货物定以限制的条陈，提出"制夷要策首在封关"，且"封关之后海禁宜严"，"除口内往来船只不禁外，其余大小民船，概令不准出海，即素以捕鱼为生者，亦止许在附近海内捕取"，所有对外贸易均应断绝，"无论何国，不准通商"。清廷将此奏折下发广东大吏议奏。当年四月二十七日，林则徐联同广东巡抚怡良、水师提督关天培等人上了著名的《复议曾望颜条陈封关禁海事宜折》，奏驳曾望颜的主张：首先要区别对待对外贸易，不宜"概断各国贸易"，应"以夷治夷"，"使其相间相睽，以彼此之离心，各输忱而内向"；其次，"惟是大海茫茫，四通八达，鸦片断与不断，转不在乎关之封与不封"；最后，禁绝出海也是不明智的，"缘广东民人，以海面为生者，尤倍于陆地，故有渔七耕三之说，又有三山六海之谣，若一概不准其出洋，其势即不可终日"。然而，随着虎门销烟后中英关系的日趋紧张，道光帝最终下令完全断绝了中英贸易，而后鸦片战争接踵而来，中国再次坐失扭转局势继而奋起之良机。客观地说，林则徐与曾望颜主张虽然对立，智愚迥异，但毕竟都是民族危难时忧患意识的集中体现。同治二年（1863），曾望颜为襄廷撰写了一副对联："铁肩担道义，辣手著文章。"这形容其在烽火岁月里为自身所坚持的道义而呼吁奔走确为恰当不过。其三，爱护同僚。道光二十三年（1843），户部银库亏帑事发，曾望颜奉命回京以御史身份查处。在查清亏空数额后，他未事张扬，着管库官员分摊偿还，既追回了银库亏欠，又保住了户部属吏的面子，受到僚友们的好评。刘崐就此，对曾望颜一生敬重。尤其是曾望颜此际回乡修缮西山寺并为之撰写的对联"山小岂无云出岫，台高还有树参天"，之后刘崐曾屡次书以赠人。

咸丰七年（1857），曾望颜升任陕西巡抚，由五品参议、府尹一跃晋升为总揽一省军事、财政、吏治、刑狱的地方政府最高长官，从而拉开了其后期仕途的序幕。他为人称道的主要是六件事情。第一件，完饷银。当时，清廷正全力征讨太平天国和捻军等农民起义武装，巨额的军费全由北方各省分摊，陕西乃"财赋之邦"，每年负担的各种军赋饷银有数百万两。然而曾望颜到任时，藩库空虚，并无存银。为了完成朝廷征调饷银的指令，他除了加重田赋、推行捐输外，又仿照外省征收厘金的办法，于咸丰八年（1858）三月在省城西安设立厘金总局，分坐厘和行厘两种，向坐贾和行商征收厘金。一年下来，仅厘金和捐输两项，就能收银百万两以上，按时足额完成了京饷和协饷的解送。第二件，灭蝗灾。咸丰七年（1857）夏，关中大旱，秋凉以后，陕南和关中飞蝗蔽日，所经之处，稻菽、树叶吞噬殆尽。为保证来年的收成，曾望颜通令各府州县厅，在冬春挖蝗卵、捕蝗蝻。次年春天，关中、陕南果然蝗蝻遍野，成群成片啃噬二麦青苗。曾望颜坐镇抚院，指挥灭蝗大战，对督导不力、造成蝗蝻孳生蔓延的蓝田知县李梦荷、署华阴知县毕赓言，报请朝廷批准革职拿问；对敷衍应付并未认真督催捕除蝗蝻的候补知县张守峤、陈崇善等，均摘去顶戴，并勒令将原管辖区的蝗蝻挖捕净尽；对贻误农时没有及时部署捕打蝗蝻的署宝鸡知县刘钦弼，也摘去顶戴，责令加紧捕挖，以功补过。其对不尽职责官吏的严厉处罚，令全省震惊，而扑灭蝗蝻的任务也迅速展开，大大减轻了当年蝗灾的为害程度。第三件，纠舞弊。咸丰七年（1857）九月，他发现省官钱局问题不少，遂亲督府道官员，把官钱局、铁钱局和府城西安5家私人钱铺的历年账目来了个彻底清查，结果使他大吃一惊：官钱局历任官员，既有挪用官款、私贩官钱的问题，又有与人伙开钱铺、串通分肥的问题。他上报朝廷，使大批官员受到惩处：已擢升甘肃礼县知县的原铁钱局委员李应诏等被处斩，湖北知县李应诰被革职遣送新疆效力赎罪，官钱局管事人路万太杖责100、流放3000里，陕西布政使司徒照也因摈斥道府、滥用私人、对其家人黄君任伙同郭廷椿等长达3年的舞弊罪行竟毫无察觉，着即革其职务，遣送新疆充当苦役。第四件，惩恶吏。咸丰八年（1858）七月和次年元月，曾望颜先后对不按章抽厘、纵容门丁差役借端勒索民财的兴平知县王弼和经管粮仓任意盘剥、私卖图利的榆林府照磨邓用元，以及榆林知府何鲲等严行审讯，并按律予以惩办。第五件，整戎政。曾望颜以救弊补偏为巡抚急务，实行保甲，修筑寨堡，擒治流匪，社会民生得以稳定。第六件，化回仇。他认为，"汉、回皆国家赤子，只分曲直，何分彼此治之"，他努力化解汉、回诉讼纷争，并斩杀汉人巨恶，回人皆谓："自林文忠后仅见此人，我虽与汉人世仇,但曾抚军在,不可生事负恩德。"在其任内,民族关系逐渐平和。正因其在陕西的巨大贡献,光绪六年(1880),陕甘总督左宗棠以曾望颜在陕两年政绩卓著、陕民感慕而奏准在国史馆为其立传,并建立专祠,以供后人仰止。

曾望颜为官清廉,严正不阿,是典型的入世者,这也体现于其书画当中。曾望颜书法杰出,这也是刘崐与之亲近的重要原因。他早期师法颜真卿,书风雄强浑厚、高古静穆,后期融入苏轼笔法,变得圆润秀逸。他擅画兰花,大都构图创新别致,落款寄寓深意。如咸丰三年(1853)赠其侄子的《兰石图》,上方兰石互衬,中间落款集中右侧,下方奇石散落分布,构图奇巧,却极为协调。落款题诗"奥味凭谁契最深,结根岩石证苔岑。纵教烟雾蒙头盖,依旧清香满故林",慨叹天地昏暗,抨击时政时弊,却又见心怀家国的拳拳之心。他曾作联"知足心常泰,无求品自高""镜舍生篁欲含籜,近人孤嶂暂兴云"等,皆体现了他的高风亮节与忠贞心性。

曾璧光:上书房师黔督抚

曾璧光〔1795—1875年,字枢元,四川洪雅人,道光三十年(1850)进士,曾官贵州镇远知府、按察使、布政使、巡抚,卒谥文诚,追赠太子太保衔〕是刘崐为湖南巡抚时的贵州巡抚,两人配合默契,共同剿灭了盘踞多年的苗民起义军,因而甚相知相赏。

曾璧光出生寒门,父亲是裁缝,母亲是当地著名文人张带江〔1765—1845年,名柱,号石甫,嘉庆六年(1801)拔贡,曾为四川庆符县学训导、湖北石首、孝感知县〕的佣人。他从小为人放牛维生。他对读书感兴趣,常随母亲至张府,在学馆外偷听张带江讲学。一次,张带江带着学生在河边散步,对岸有两个解匠在拉着锯子解木头。张带江对学生说:

"我以对岸解匠解木为题,你们能用四书上的一句话来破题吗?"学生听了都埋着头思考起来,可是想了半天谁也对答不上。张带江不免有点生气,正要训斥,正在放牛的曾璧光答道:"那是厚往薄来嘛!"张带江一惊,忙问其姓名,待知其天天偷学,便要他将《论语》《中庸》背几章,他皆背得十分流利。张视其为才,不但免费收其为弟子,而且供给其笔墨纸砚。曾璧光也表现出了很强的求知欲,张更是喜欢,将自己的经史才学倾囊以授,后来,他还请大哥张桐将侄女过继来做自己的女儿,将其许配与曾璧光为妻。张带江善书法,以秀丽遒劲而独树一格,称为"带江体",这影响了曾璧光,他亦工书法,其体势在柳公权与苏东坡之间,既工整有力,又潇洒有度、大方圆润,尤其楷书字形有"铁画银钩"之势,如刀刻成,甚为刘崐称赞。他又好诗,尤其是古体诗也能得心应手,后来也是凭此,他与大学士卓秉恬、曾国藩、李鸿章、倭仁往来甚密。他之后到洪雅县城读书,绅士曾佑祚见其非寻常人,于是在经济上大力资助,不遗余力。曾璧光中进士后与其联宗,两家后人至今仍似一家人往来不绝,传为佳话。

曾璧光在道光十七年(1837)中拔贡,道光二十四年(1844)乡试中举,两年后出继其师张带江之履,任庆符县训导。他重视儒学的推广,并在当年中秋节勒石刻文,鼓励乡人读书,其文曰:"三教之中儒称为首,四民之内士列于先;当尊古圣之书,宜重先贤之字;僧家说法必盥手以焚香,道子谈元即庄颜而正几;岂可藐视经传,轻视诗书。或携作枕惟图昼夜之安,或叠为栏仅博远瞻之适;科头跣足手持一卷以吟哦,露背摊胸膝置数行而课诵。抽断笺而拭桌,拾残纸以挥毫;戏语嘲人假借圣贤之句,淫词败俗偏多赓唱之篇。贪眠抛卷于床,誊文嚼稿于口;甚以废书易物,乃为散弃之由;旧册糊窗,却是飘零之始。嬉戏画言于地,醉酣题句于墙;蒙馆教书怒子弟而掷其卷,芸窗习字违点画而碎其笺;士人不敬若斯!愚夫何惜之有?由是复坛盖甕,兼之拉杂烹茶;裹盏擦盘,更以横斜背笼。包烟而瑶篇半土,造爆而锦字飞灰;或作竹马之头,骑破常堆粪秽;或为纸鬼之面,戴坏必弃沟涂;或卷烛根,火灭则根随瓦砾;或糊帽盎,纸碎则盎置泥沙。作孽之徒专铺鞋底,昧心之辈好衬靴帮;颂政刊诗传粘满壁，辄为风雨摧残；招医卖药遍贴沿街，旋被污泥涂抹。绣户为针线之贴，茶房作糖果之包；袜口裙腰多书记号，伞头碗足尽写斋居。孰知幡布缝帆，必受风涛之险；寿图裁被，决遭梦寐之惊；造孽无穷，举隅莫罄。百般轻亵，实由文士开先；一意尊崇，还自儒生表率。坐书而双眸俱瞽，惜字则奕世联元；因果昭彰，切宜猛省；报施显著，共勉箴规。"

道光三十年（1850），曾璧光进士及第，选任翰林院庶吉士，两年后散馆授编修。因其才学、人品皆优，他得到慈禧的赏识，咸丰七年（1857）五月记名以御史用，七月即命在上书房行走，负责照料恭亲王奕䜣（1833—1898年，道光帝第六子，咸丰、同治、光绪三朝名王重臣、洋务运动的领导者）、醇郡王奕譞（1840—1891年，道光帝第七子，溥仪祖父）读书。他课书十分严格，后来奕譞在《竹窗笔记》中提到，读书者每日至下屋歇息不过一两次，每次不过一刻，且须师傅批准，师傅要求严格，读书间隙许可讲书论史，但不准外出闲逛，如果功课没有完成，或罚书或罚字，也有罚下榻站立诵读的。《清宫史》也记载道："璧授皇子诵声亮：曰：'大抵观书先须熟读，使其言皆若出于吾之口。'继以精思，使其意皆若出于吾之心，然后可以有得尔。"而二位皇子优异的学业，则使曾璧光得到上下一致好评。他因而咸丰八年（1858）二月，京察一等，记名以道府用，次年授贵州镇远知府，从而开始了其在贵州近20年为官的生涯。

同治元年（1862），曾璧光因守省城出力，赏加道衔，旋署贵东道。次年，他率兵剿平了多年盘踞在铜仁的萧汝魁起义军，这令其声名大震，不久即以道员用，并赏戴花翎。云贵总督劳崇光多次推荐其才，他于是又在同治三年（1864）三月署粮储道，十一月署按察使。他积极配合地方缉捕盗贼，维护社会稳定，成效显著，于是同治六年（1867）三月得以署布政使，八月赏二品顶戴，得署巡抚，次年实任。这时，他显示了其在军事上的杰出才华。最为人称著的有四件事。其一，同治七年（1868）二月，何正观等人在开州照鼎聚众与官军对抗，曾璧光饬官军分道进剿，其势如虎，何正观只得率众缴械投诚。其二，总兵林自清劾罢后，戎兴义县令，率所部万人扰川境，曾璧光密遣提督陈希祥出奇兵擒斩之，动作迅速，令其好友刘崐闻之大喜过望。其三，青山余匪不停作乱，他又令吴宗兰进剿,相继克普安、安南,贵军作战能力大为提高,让权贵们刮目相视。其四,配合席宝田军剿苗。当时席军进规台拱,但省城附近诸匪糅杂,出没无常,曾璧光请提督周达武率川军至贵阳,渐次勘定。这时,曾璧光看到了军兴乡试久停的状况,马上补乡试,自此人心益定。此后,他为平定贵州境内的战乱,做出了一系列举措:与周达武议增兵扼要驻守,令道员蹇阆破遵义,擒其酋吴三;令提督刘士奇克都匀,殪其酋吴章;同治十年(1871),令提督钟有思等进剿卜游,克永宁、威宁,下游诸军擒潘得洪,收复八寨等城;又"收复上江、下江、三脚各城,平上游镇宁、归化贼巢,殪永城踞贼侯大五,斩郎岱金家硐踞贼金大七",使江北岸基本肃清;又破毕节、威宁诸起义军,清八寨、三角余众,毁其巢;令总兵何世华击斩安南起义军首领潘幺,进克贞丰,从而使西路全部得以荡平;同治十二年(1873),新城防军索饷哗变,起义军首领何玉亭借机攻打新城,并派遣其手下黎正关攻兴义,曾璧光分军驰剿,很快捕诛。因这样的功绩,曾璧光得到朝廷奖励,加太子少保、头品顶戴,予云骑尉世职。他最终卒于任上,后来四川总督丁宝桢奏请为其在贵州、四川建曾文诚专祠,得准。

王文韶:圆滑谨慎大军机

王文韶〔1830—1908年,字夔石,号耕娱、庚虞、退圃,浙江杭州人,咸丰二年(1852)进士,曾官湖北按察使、湖南布政使和巡抚、兵部和户部左侍郎、户部尚书、军机大臣、云贵总督、北洋事务大臣、直隶总督、协办大学士、体仁阁大学士、文渊阁大学士、武英殿大学士,卒谥文勤,赠太保衔,著有《宣南奏议》《湘抚奏议》《王文韶日记》等〕在当前湖南民众中口碑不佳,一般认为自其接任湖南巡抚之后,因其保守庸碌,湖南人才就断了源流,不复往昔风采。而历史书写者也普遍认为,王文韶以后在朝廷把柄大权,也是以圆滑谨慎著称,实无建树。但是,客观说来,他的滑头,并非先天赋予,而属后天磨砺而成,是千回百折的政治沉浮导致,其从青年到中老年,从直言到寡言,从意气风发到委曲求全,从勇猛精进到明哲保身,可见诸仕途对人的改变。而这,刘崐是最好的见证人。他们不仅恰有一年的搭档期(刘崐为巡抚,王文韶为布政使),而且后来王文韶任巡抚后的所作所为,刘崐皆有耳闻目睹。

王文韶中进士后,铨户部主事,开始进入仕途,翰林院散馆后不久迁补陕西司郎中。他在仕途上的顺遂得益于两人的提携:一个是李鸿章,同治六年(1867)十月他从湖北安襄荆郧道、盐运使升迁为湖北按察使,就是因为有李鸿章联合左宗棠举荐,而一个月后即调为湖南布政使,也有李鸿章之功;另一个是沈桂芬,早在咸丰元年(1851)王文韶考乡试时,沈桂芬即任浙江乡试副主考,他们有师生之谊,王文韶在同治十年(1871)十月接替刘崐署任湖南巡抚并在次年接任,实得于他的这位老乡军机大臣,尔后光绪四年(1878)三月署兵部左侍郎并在军机处上学习行走及调任户部左侍郎,都有沈桂芬提携之功。

尽管王文韶在湖南巡抚任上的六年间真正实现了刘崐平定黔苗起义军的胜利,并镇压了耒阳朱鸿英起义及新化、衡阳、永州土寇,但真正体现其独当一面能力则在之后的三个阶段。第一阶段,光绪十五年(1889)六月,他升任云贵总督,曾多次镇压农民运动和苗民起义。"武定会匪陷富民、禄劝,人心汹惧。文韶斩获叛将,三日而定。无何,镇边夷乱起,檄迤南道刘春霖分道进攻,拓地三百里。徙建厅城于猛朗,募勇屯垦。改临安猛丁归流,移府经历驻其地。其余寇乱及土族叛服不常,皆随时殄灭。"他同时看到了西南边界防务棘手的现状,料定英、法并缅、越后必会进犯我国,他以绥靖政策安抚各路土司,令其自以为守,这在一定意义上稳定了边陲。第二阶段,光绪二十年(1894)甲午中日战争爆发后,他被任命为帮办北洋事务大臣,接而署理直隶总督,他两个举动颇为士人称颂,一是田庄台失守清军向山海关方向败退后,他电请清廷饬宋庆扼石山站,吴大澂退守锦州,以"专力遏贼西窜",其调度适当而准确,二是《马关条约》签订后朝廷要求"通饬各营约束兵勇,不得滋事启衅",

但王文韶对此提出异议,"聂士成等军颇有把握,必可一战",虽未被采纳,但显示出了较强的反侵略思想,受到清流党人的推崇。他接而在任上做了六件事:一是为节省开支而裁军,将关内外主客军400余营,酌留湘、淮、豫30营,余悉散遣,这是附和李鸿章之举,实是与国民意志相违背,他因此而饱受批评;二是建议筹修旅大炮台,谓"旅顺旧台密于防前,疏于防后,敌自大连湾入,遂失所芘;大连旧台,专顾防海,未及防陆,敌自金州登岸,遂不能支。今重整海防,必弥其罅隙";三是请加意水师、武备各学堂,以储将才,娴武干,俟财力稍足,徐图扩充;四是陈河运漕粮积弊,请苏漕统归海运;五是修筑京汉铁路,开金矿,为增强国家经济实力下了一番工夫;六是奏设北洋大学堂、铁路学堂、育才馆、俄文馆,造就甚众。第三阶段,光绪二十四年(1898),王文韶以户部尚书、协办大学士入值军机处,为军机总理衙门三大臣之一。此后为其权力的顶峰期。他为人所不齿的,正是此时期做了两件事情:一是戊戌变法时,王文韶受命办理新政,却暗中阻挠;二是八国联军攻陷北京时,他携带军机处印信随慈禧太后逃至西安,主张对外妥协,签订系列辱国条约。

王文韶晚年为人诟病的是其滑头,一来表现为装聋作哑,逃避责任,二来表现为和稀泥,谁也不得罪。李伯元在《南亭笔记》讲到一件事:一日,二大臣争一事,相持不下。慈禧太后问王文韶,王只得莞尔而笑。太后再三追问,王仍笑。太后说:"你怕得罪人?真是个琉璃蛋!"王仍笑如前。王文韶的耳聋半真半假,他常以假聋作为躲事避风头的手段。高树《金銮琐记》还记录了另一则故事:义和团兴起,王文韶认为不堪大用,于是上疏朝廷,主张不宜围攻使馆,与列强交恶,结尾则道"如以臣为荒谬,臣亦不敢胶执己见",大权在握的端郡王载漪拿到上疏,以为当杀,读至结尾,遂不加罪,"人谓王文韶不愧水晶灯笼之名"。水晶灯笼之名,当时便广为人知。王文韶不以为耻,反作招牌。据金梁《光宣小记》说:"(王文韶)时为大军机,每晨入值,舆前导以大灯,绘一'王'字甚巨,一览即知。或以党人方谋炸刺贵要为言,劝去灯字,公曰:'予和平处世,众莫与仇,正惧误伤,故特显著姓字以示人耳。'"王文韶的滑头,在于避事,用现在的话讲,即"为官不作为","只要不出事,宁愿不做事"。故而,他逝世后,有人写对联嘲讽道:"承尘集鹏,耳眢闻牛,聪明不愧琉璃,速死毋成覆巢卵;鹿友乘轩,猿公恋栈,相业惟堪伴食,攀髯去作素餐臣。"《清史稿》中也评价道:"文韶历官中外,详练吏职,究识大体,然更事久,明于趋避,亦往往被口语。"

清末陈赣一在《睇向斋闻见录》中还记载了一件有关王文韶的趣事:日斯巴尼亚国遣使来华,要求缔结某项新约。外务部将此事呈报给军机处,王文韶听后大怒:"日本鬼子又来胡闹!"军机处某章京说:"日斯巴尼亚就是欧洲的西班牙国,并非亚洲的日本国。"王文韶板起脸来说:"你怎么知道这不是日本鬼子有求于我国,恐怕我不答应而故意改个国名蒙混呢?即使按你说的那样,西班牙又称为日斯巴尼亚,可以一国两名,安知日本就不能一国两名呢!"说得那位军机章京暗笑而又不敢辩解。

王文韶还是一位有名的藏书家。他在光绪三十一年(1905)乞退回乡,居杭州清吟巷,耗巨资兴建了规模宏大的住宅,院内设有"退圃园""红蝠山房"等休闲寓所,建有藏书阁"清吟阁",收藏有各类图书万余册,楼址至今仍存。

刘岳昭:平乱治地刘家军

刘岳昭(1824—1883年,又名泰愉,字允著,号荩臣、静臣、靖臣,湖南涟源人,曾为云南按察使、布政使、巡抚、云贵总督)是刘崐担任湖南巡抚时的云贵总督,他后来被革职留用又回到老家湖南接受刘崐的监控,刘崐定期汇报中多次为其美言,使其有重新被起用的机会。也因此,刘岳昭对刘崐甚为感恩。

涟源杨家滩刘氏是个名门望族,其始祖刘翊在元朝时官凤阁学士,因谪迁潭州别驾而落户至此,以后子孙繁衍,习文习武,屡出人才,尤其是晚清时期以武而名垂史册者众,仅《清史稿》作记载的就有刘岳昭、刘岳畯、刘岳昕、刘连捷、刘腾鸿、刘腾鹤等人，为人称为刘家军。刘岳昭曾在家谱序言中写道："当咸丰辛亥壬子间粤寇倡乱，湘鄂间皆驿骚，我先伯父坦衢公及叔父用宾公、月槎公、孚庵公合四、六、八、九甲之族而练之，与团练相表里，忠义固结，奸宄不生。故虽猝然遇变，亦屹然不摇。岳昭投笔从戎已十余年，于吴于鄂于粤于蜀于黔，奔驰扫荡，多历险艰。蒿目流离，痛心疮痍。每念致乱之由，大都强宗悍族不明纪纲，好尚斗狠，以至溃败决裂，不可收拾。而凡遭蹂躏之区，又皆平日罔敦亲睦，人无固志，偶遇兵警，纷然如鸟兽散，故受祸尤裂。其中有练族严肃，众志成城，如率然在山，首尾呼应者，寇终不敢犯。夫一家有诟谇嚣凌之习，则一家乱；一族有隔阂悖慢之形，则一族乱。所以入室操戈，葛藟纵斧，实兆宇内兵战之萌。于是叹古先圣王使民睦族，即以族自为卫，而因以卫国，其立意也深，而益服我诸伯叔敬宗收族洵乎有远识也。"以文童投效湘军的刘岳昭，首先得感谢其跟随了一位好将军——萧启江［1807—1860年，涟源人，监生出身，咸丰三年（1853）入湘军，成为塔其布、罗泽南手下干将，因平太平军有功而加按察使衔、布政使衔，后在四川镇压李永和农民暴动中病逝军中］。萧是刘长佑的得力助手，亦在刘崐担任湖南学政时就已经与其结识，这为其后来屡得刘崐支持打了极好的人情基础。

咸丰六年（1856），刘岳昭兄弟从萧启江援江西，在攻克万载、击败崇通援军、攻打瑞州、收复袁州等战役中，表现突出，积功累擢以知县用。萧启江器其才，使领果后营；次年，刘岳昭在高安莺哥岭与太平军血战，拔取了彭家村敌营，其名始闻于湘军。他接而进攻临江，击败援敌于太平墟，克复临江府城，遂被擢同知。咸丰八年（1858），刘岳昭从剿抚州，在何家村、香溪诸处取得大捷，从而克复抚州，擢知府，赐花翎。接而，他援军南康，克新城墟，进捣池江，但遇强敌抵抗，前军溃败，殿后的刘岳昭及时指挥军队反扑，毙敌甚众，并顺利拿下南安，又援军信丰，解其围，因得加道员衔。如果说前期这些东征西讨，只是历练了刘岳昭及其果后营适应战场，表现出了其勇猛，那么，之后的宝庆解围之役，真正体现了其高超的治军与指挥能力。当时石达开由江西拥众犯湖南，刘岳昭移军茶陵备战，太平军直趋宝庆，他奉檄驰援。刚达柳家桥，未及扎营造饭，6万余太平军便直扑而来。刘岳昭沉着冷静，他一方面凭着占据高地防守，另一方面急派兵士救援。他指挥兵士削竹为利器，加以滚石等，解决了武器短缺问题。就这样，他偕同副将余星元、杨恒升等率不足1000人与敌鏖战三日，毙敌数千，直到援军大集，才使太平军解围而遁。是役，刘岳昭战斗最力，其名声震天下。刘崐也为此而造访了其军，对其给予了表彰。

咸丰十年（1860），刘岳昭招降广西贺县陈金刚，配合蒋益澧军攻下莲塘县，得加按察使衔。又在道州、宜章连破逃窜之敌，湘境肃清，赐号鼓勇巴图鲁。次年，骆秉章赴四川督师，疏请刘岳昭率所部从行。但中途闻知陈玉成犯湖北，陷随州，骆秉章令刘岳昭回军赴援，会诸军克之，以按察使记名。接而，石达开由龙山犯宣恩，窥伺施南，刘岳昭迎击走之。尔后攻复来凤，会同涪州知府唐焖、副将唐有耕在仰天窝打败石达开部，破长宁，追败军于先市寨、得用坝、丁子场、双龙场等地，灭敌2万。其功卓绝，贵州巡抚张亮基疏荐其才，于是同治二年（1863），刘岳昭得授云南按察使，次年迁布政使，但皆未之任，留四川治军。骆秉章又遣其援黔，刘岳昭克仁怀、正安，所向披靡。也因此，他在同治五年（1865）擢云南巡抚，进规绥阳。天台山为其城北险隘，刘岳昭便在城前列阵做出攻城之势而暗地派军从山后突然攻入，一举克城，其神兵之名让敌闻风丧胆，投诚者300余寨，黔西北路始通。此后，他又率军进剿，陆续收复了箓竹山、铁匠坪、九仓坝、岩洞、沙窝、大屯朵坝等20余处，会滇军平猪拱箐苗，又拔平远牛场垎苗巢，于是黔西肃清。

同治七年（1867），刘岳昭到任云南，他首先把重点放在剿灭云南各种起义叛乱上，并因此擢升云贵总督。他先是进攻寻甸，破七星桥木城，扼文笔山、法鼓山要冲，铲平附近村庄敌垒，接而收复果马，并在塘子、张徐湾诸处取得连胜。这时敌援到达，围攻果马，各营皆陷，刘岳昭被革职留任，他借机回来湖南休整，与刘崐在长沙有见面，相谈甚欢。次年，他重振旗鼓，指挥果后营解马龙围，进逼寻甸，他的锲而不舍也取得了回报，马天顺、李芳园乞抚，遂复其城。其后，他重用布政使岑毓英，开诚专任，调发进止悉听之，岑毓英不久擢巡抚，他们和衷共济，军事日有起色：同治九年（1870），克丽江，复威远、姚州、永北、鹤庆、镇南、邓川、浪穹，拔凤羽白米庄捻军敌巢，平弥勒县竹园踞敌；次年，平永善，拔宾州，连克河西之大东沟、小东沟及临安之五山夷寨，复大理府城，诛杜文秀，滇省肃清，诏复原职……他又配合湘军剿苗的行动，派军复贵州兴义新城，先后克永平、云南及赵州、蒙化厅各城。

确实地说，刘岳昭在军事上是个天才，但在仕途上偶有不顺。光绪元年（1875），他进京入觐。因为他以前到任云南巡抚职迟缓且本次来朝时间有拖延，御史李廷箫劾其规避，他被部议褫职。莫名受此屈辱，刘岳昭的遭际为人所同情。署湖南巡抚庞际云［1822—1887年，原名震龙，字省三，山东宁津人，咸丰二年（1852）进士，曾入曾国藩幕，为官江宁盐巡使、两淮盐运使、淮扬海道加湖北按察使衔、代理湖南布政使和巡抚、云南布政使，著有《十五芝山房文集》等］就为之疏陈："岳昭统兵十余年，建功之地，黔属为多；任事之艰，云南为最；请复原官。"诏允之。刘岳昭闻言，感激涕下，说："岳昭千不是，唯湘人怜之，足矣！"

刘坤一：保守总督维新派

刘坤一（1830—1902年，字岘庄，湖南新宁人，曾为直隶州知州、广西布政使、江西巡抚、两广总督兼南洋通商大臣、两江总督，卒谥忠诚，赠太傅，有《刘坤一集》传世）是刘崐为湖南巡抚时的江西巡抚，两人交流探讨甚多，尤其是就两省边界处不停冒出的匪患问题，最集中的是浏阳斋匪，他们共同制定打压政策，配合默契。也因此，光绪七年（1881）底刘坤一革职回湘后，直至刘崐逝世前，两人往来较为频繁，尤其书信问候勤殷，足见两人关系之好。

在众多湘军大佬中，刘坤一是为数不多的几个与曾国藩兄弟没有直接关系的人物之一。他廪生出身,年少时家境贫寒,经常食不果腹。咸丰五年(1855),他随比自己年长的族侄刘长佑办团练,加入江忠源部,在湖南巡抚骆秉章的指挥下,配合官军克茶陵、郴州、桂阳、宜章,叙功以教谕即选。次年,师援江西,刘长佑特让其自领一营,在进战芦溪、宣风镇,逼复袁州,招降李能通中,他表现英勇而有谋韬,得以升直隶州知州,赐花翎。之后,他又攻克临江升知府,并在咸丰八年(1858)取代病归的刘长佑而掌管其军。此后,他的军事才华得以充分展示:首先,偕萧启江渡赣江规抚州时,他们攻克崇仁,萧启江在上顿渡为敌所困,刘坤一率部往援,大破敌营,并乘机收复抚州,顺同拿下建昌,得擢道员;接而,咸丰九年(1859)石达开犯湖南,刘坤一回援,解永州、新宁之围,得加盐运使衔;然后,太平军逃窜广西,他与回军的刘长佑追剿,收复柳州,刘长佑擢抚广西,令刘坤一驻柳州清余匪,悉平之,他得加布政使衔;最后,咸丰十一年(1861)他进攻浔州,拔其城,以按察使记名,尔后又在融县打败返归的石达开部逼其入黔,得授广东按察使。他因而进入协办大学士、两江总督、节制苏皖浙赣四省军权的曾国藩视野,不仅让刘长佑很快升两广总督,而且让刘坤一自己独管其军,升为广西布政使,开始掌管一省地方事务。刘坤一用两年时间平定了黄鼎凤农民起义军,又剿平思恩、南宁土匪,收复永淳,得于同治四年(1865)擢江西巡抚。在赣抚任上九年,刘坤一表现得很保守,对内励精图治,不遗余力地镇压下辖各地的农民起义,给百姓稳定的生活环境;对外则排斥西方文明与技术,于洋务有天生的厌恶与恐惧。他认为社会富强源于典章制度的优良,抄袭西方技术不如自力更生,对洋务派"师夷长技以制夷"理念不予认同,他说:"为政之道,要在正本清源。欲挽末流,徒废心力。国朝良法美意,均有成规,因其旧而新之,循其名而实之,正不必求之高远,侈言更张。大乱既平,人心将静,有志上理者,其在斯时乎!"

光绪元年(1875),刘坤一任两广总督,次年晋升为两江总督,这让其从内陆省份到了沿海,他开始接触及认识西方事务,思想发生了一些改变,尤其是光绪六年(1880)担任两江总督兼南洋通商大臣后,在实际政务中,刘坤一对洋务新政的态度也开始有所改变,对一些在他看来于国于民有益的措施，间或也在辖境推行。例如他对使用轮船作为运输工具是赞赏的，并能针对洋务派创办的各制造局生产枪炮、机械等物品杂而不精现象提出各专各艺的合理建议，同时重视洋务人才的培养。但从本质上讲，他并没有完全摆脱那种守旧思想的束缚，对洋务新政未具信心，正如其坦言："洋务有何把握？能支持一件则一件，能支持一日则一日而已。"而他在内部治理上，却显然是把好手——督两广，"广东号为富穰，库储实空，出入不能相抵。议者请加盐厘及洋药税，坤一以加盐厘则官引愈滞，但严缉私贩，以畅销路；又援成案，筹款收买余盐，发商交运，官民交便。药厘抽收，各地轻重不同，改归一律，无加税之名，岁增巨万。吏治重在久任，令实缺各归本任，不轻更调。禁赌以绝盗源，水陆缉捕各营，分定地段以专责成，盗发辄获"。他更把忠君、安民作为一切政治活动的中心和出发点，有着强烈的爱国心。光绪六年（1880），俄罗斯以交还伊犁借端要挟，朝廷诏筹防务，刘坤一上疏道："东三省无久经战阵之宿将劲旅，急宜绸缪。西北既戒严，东南不可复生波折。日本、琉球之事宜早结束，勿使与俄人合以谋我。英、德诸国与俄猜忌日深，应如何结为声援，以伺俄人之后。凡此皆赖庙谟广运，神而明之。"这显示了他极强的忧患意识。中法战争爆发时，他又上书说："请由广东、广西遴派明干大员统劲旅出关，驻扎谅山等处，以助剿土匪为名，密与越南共筹防御。并令越南招太原、宣光黑旗贼众，免为法人诱用。云南据险设奇，以资犄角。法人知我有备，其谋自沮。云南方拟加重越南货税，决不可行。重税能施之越人，不能施之法人。越人倘因此转嗾法人入滇通商，得以依托假冒，如沿海奸商故智，不可不虑。越南如果与法别立新约，中国纵不能禁，亦应使其慎重；或即指示机宜，免致再误。越南积弱，若不早为扶持，覆亡立待。滇、粤藩篱尽失，逼处堪虞。与其补救于后，曷若慎防于先。此不可不明目张胆以提挈者也。"这些都显示了他较强的政治视野和大局观念。但整体而言，他这一时期思想上仍较为保守，尤其体现于光绪七年（1881）与李鸿章共同查办盛宣怀（1844—1916年，字杏荪、幼勖、荇生、杏生，号次沂、补楼、愚斋、止叟，祖籍江苏江阴，出生于常州，秀才出身，官办商人、买办、洋务派代表人物，著名的政治家、企业家和慈善家，被誉为"中国实业之父""中国商父""中国高等教育之父")轮船招商局贪污案中,对事不对人的他坚称盛宣怀的这次投资失策,称盛为"市侩""劣员",建议将其革职处置,又自知李鸿章不可能不护犊子,坦言:"合肥以此罪我,只合听之。"这自然招致淮军集团的猛烈反扑,他此后两度被弹劾,后被免职,自此开始了长达9年的乡居生活。不意,这倒成就了这头新宁犟驴。他与刘崐等人亲密接触,第一次真正审视民间疾苦,开始以一个旁观者的角色,清醒冷静地看透清朝的现实,思想有了极大的改变。

光绪十六年(1890),刘坤一再被起用为两江总督。刘坤一从政态度有了重大转变,表现出开明务实的态度。一方面,大力整顿军务、吏治,奖励士风;另一方面积极推行洋务新政。任期内积极经办修铁路、开矿、发展农工商等洋务项目,并提倡西学,改革教育。甲午战争爆发后,战争失败使朝野猛然惊醒自我与世界的差距,也使刘坤一受到极大的触动。经过一番痛定思痛和对时局的省察,他一针见血地指出今日中国要想转弱为强,唯有改弦易辙,变法自图。战后,他向清廷先后上了《策议变法练兵用人理饷折》《请设铁路公司借款开办折》《尊议廷臣条陈时务折》等,成为变法图强的最大宣传者和鼓动者。在他看来,今日中国要想起"贫弱而致富强",便须"仿照西洋新法,整顿中国旧法",而"急宜见诸施行者,以铁路、矿务为最紧要"。至此,"学习西法,富国强兵"在其思想中占到了主导地位,他的洋务思想也趋于成熟。更由于其政治地位的日益尊荣,他的洋务思想对晚清政府的影响也日渐扩大。最著名者有四:一是光绪二十一年(1895)支持强学会的成立,明确表明其已经与往日的保守截然有别,表明他在寻求新思想、新改变。二是东南互保。八国联军侵华之前,清室受义和团和清流党的鼓动,拟向各国宣战。但两江总督刘坤一、湖广总督张之洞、两广总督李鸿章、铁路大臣盛宣怀等认为此法欠妥,即不计前嫌商议如何保存东南各省的稳定,避免列强有借口入侵;同时密议盘算倘若北京失守而两宫不测,当由李鸿章出任总统支撑局面。清室向十一国宣战后,刘坤一、张之洞、李鸿章和闽浙总督许应骙、四川总督奎俊、山东巡抚袁世凯,即和各参战国达成协议,称东南互保。他们称皇室诏令是义和团胁持下的"矫诏、乱命",在东南各省违抗支持义和团的命令。此举,保护了河北、山东以外的地区免于义和团与八国联军战乱的波及;同时亦使地方的政治与军事权力进一步扩张,中央的权威大为下降。此举,对刘坤一是个艰难的举措,将其推到忠与叛的十字路口,刘坤一曾摸着自己的脖子,凄然地说道:"头是姓刘的物,好头颅会上菜市口。"三是光绪二十七年(1901)七月,他与张之洞联名上奏《江楚变法三折》,提出"兴学育才""整顿朝政""兼采西法"等主张,使之成为晚清新政的设计者。四是维新变化失败后,慈禧有意废黜光绪帝,刘坤一旗帜鲜明地提出反对,其直声让天下士绅震惊不已。总结他此期的洋务思想,可看出其有三个明显特点:其一,以致用为原则,反对务新尚奇;其二,坚持循序渐进,徐图自强;其三,坚持自力更生,以"保自存之利权"。

刘坤一流传于世的传说众多。譬如其政治哲理名言,至今不少人还在研究:"为政之道,要在正本清源。欲挽末流,徒废心力。国朝良法美意,均有成规,因其旧而新之,循其名而实之,正不必求之高远,侈言更张。大乱既平,人心将静,有志上理者,其在斯时乎!"再比如他性格中的恩怨分明。刘坤一行伍出身,仅仅参加了一次乡试,江西籍房考官黄令极力推荐他,却被主考官弃之不取。《世载堂杂忆》中说,刘坤一当江西巡抚时,那位主考官刚由知府保升道员。刘坤一到任,就把他撤了,接着又去探访黄令,恭恭敬敬地向黄行弟子礼。批评他的故事也不少,譬如南京有副讽刺其卖官鬻爵、杀人如麻的对联便是这样写的:"土产有三,驴子臭虫候补道;制军无二,杀人见客绝代公。"

吴坤修:文武全才书联家

吴坤修(1816—1872年,字子厚,号竹庄,江西永修人,曾为湘军水师司军械、彪字营统领,官至安徽布政使、代理巡抚,著有《半亩园丛书》《三耻斋诗集》等）是曾国藩手下有名的才子能人，也是刘崐的酒友、书友、诗友，还是刘崐为湖南巡抚时的安徽代理巡抚，两人在盐运、捐输等多有合作，他积极支持刘崐剿苗，对刘崐激励甚大。

吴坤修从小意欲科举取士，也考取了监生，捐纳了一个从九品的小官，来到湖南湘阴做地方官。他是个务实的官吏，道光二十九年（1849）湘阴发生大水灾，他奉命进行救济，非常勤勉认真。接着，协助剿灭李沅发发起的动乱，他不遗余力，被授予候补县丞、湘阴府经历。咸丰二年（1852）七月，太平军攻打长沙，吴坤修奉命守卫长沙，由此与湖南学政刘崐结识，并一起守卫天心阁，他们合作愉快，彼此欣赏，并成功守住城门不失，他也被提拔为知县。次年九月，他在衡阳碰上了对其有知遇之恩的曾国藩。曾要他与王鑫一起去湘乡募勇，吴不久即向曾汇报说王鑫太好吹牛并有骚扰百姓之举，曾国藩当初并不以为意，但不久王鑫兵败覆灭，曾国藩才后悔，并喜欢上了这个远见卓识的悍将。同年十一月，曾国藩创立了水师，委任吴坤修管理弹药军械。咸丰四年（1854）曾国藩率领水师攻打九江城，反被太平军所围困，无法逃脱。吴坤修单骑奔赴前线，引导船队，穿越湖口，跳出包围圈，来到江西永修吴城鄱阳湖和南昌水域，从而让曾国藩重整队伍，与太平军展开了拉锯战。这让曾国藩对其的信任再度升温。次年，吴坤修率领水师，防守瑞昌一带，他严密的防守让太平军无懈可击，只得一次次黯然撤兵，这与其他营防屡被火焚或侵扰大为不同，曾国藩对他的军事才华有了更高评价。只是，这时他的父亲去世，他不得不回家"丁忧守制"。不久，长江重镇武昌再次被太平军攻陷，守孝期间的吴坤修经不起曾国藩一次次来信催求，只得随从罗泽南驰援湖北，他们一连光复咸宁、蒲圻、崇阳、通城这些城市，率部进逼武昌。吴坤修因而多次得到提拔，被赏戴花翎。战场形势风云变幻，咸丰六年（1856），太平军再次进军江西，赣北赣西多被其占领，胡林翼命令吴坤修率领新近招募的部队"彪字营"4000人，会合湘军从湖北救援江西，给被围南昌、瑞昌的曾国藩部队以莫大的鼓舞。吴坤修接连拿下新昌、上高、安义、靖安等地。他彪发凌厉、英勇无敌。当时江西的部队粮饷匮乏，吴坤修捐出所有家产，砸锅卖铁，全部拿来充军，并劝谏吴城的富人纷纷出钱出米救济部队，还自筹 4 万两银子押送到南昌，在那里收集平江的散兵游勇，充实部队军力。之后，他又攻克奉新，被任命为广东南韶道台。他率军进入抚州，攻打东乡县，由于轻敌，吴坤修遭遇到人生唯一的一次战败，部队溃退，被革职。此后将近两年都没有参与重大的军事行动。

咸丰九年（1859）一月，李鸿章、曾国葆来赣支援，湘军势力进一步增强。在曾国藩推荐下，江西巡抚耆龄任命吴坤修督办抚州、建昌（今永修）、分宁三个地方的团练。吴坤修立马以此为基础新建团防营，并救援徽州，在湖口与太平军激战，屡次取胜。两年后，他顺利攻下建德县，被批准获得了难得的一次放假。他把建德驻军交给弟弟吴修凯主持，不料太平军猛攻徽州，城破，吴修凯在恶战中殉难。吴坤修急赴建德领军，同部将钟秀（1808—1879 年，后任安徽地方道台）把部队调回江西，按曾国藩指示扼守湖口。之后，他又率军解建昌之围，并在余江县邓家埠灭掉来敌，在贵溪、安仁、德兴、万年阻遏太平军大军。尤其是咸丰十一年（1862）十二月，曾国藩的祁门大营两度被困，危险万状，吴坤修迅速挺进上饶，驰援景德镇，封住了太平军的北上道路。接着，他又与太平军一路战斗，一路比速度，太平军从建德直入江西，而吴坤修也连战连胜，率部急速行进，比太平军林启荣部更早到达湖口，保住了湖口重镇。曾国藩对此万分欣赏，使其得授盐运使衔。

江西太平军肃清后，吴坤修率部进入安徽作战。同治元年（1862），李秀成从苏州救援南京江宁，分兵进攻芜湖，吴坤修会同其他部队，击退李秀成，借着得胜之机，继续收复金保圩、高淳、溧水及溧阳、东坝各要隘，他把陆续投降的数万太平军不杀而遣散，深得民心。此后，他得授安徽布政使衔，再为徽宁池太广道、安徽按察使、代理安徽布政使再实授，然后又代理安徽巡抚两年多时间，但因不愿依附权贵，不得提拔。曾国藩早劝诫他："阁下昔年短处在尖语快论，机锋四出，以是招谤取尤。今位望日隆，务须尊贤容众，取长舍短，扬善于公庭，而规过于私室，庶几人服其明而感其宽。"又说："鄙意办理洋务，小事不妨放松，大事之必不可从者乃可出死力与之苦争。"但性格决定命运，吴坤修的个性难改，也从而难容于官场。他于是请假回到家乡，补父母的丧假，并于乡间修缮房屋、建造亭舍，修复望湖亭、鸿雪轩。同治九年（1870），他回到安徽布政使任上，直到去世。他在安徽治理的业绩主要表现在对文化事业建设的支持上，一是建设书院及名胜人文景观，如鸠江书院（中江书院），1870年重修了安庆的迎江寺、振风塔；二是刊刻了大量书稿，如宣颖撰写的《南华经解》，他自己在佛教上多有见解，曾主编《释氏十三经》；三是重视地方志的修订，他任主编并出版有《重修安徽通志艺文志》《安徽通志》等丛书。

吴坤修是个文武双修的全才。他的好友方浚师（字子严）在名作《蕉轩随录》中这样评价他："君为百皖福星，武能戡乱，文足经邦，忆昔年驿馆停骖，曾听乡人歌子产；我念双江旧雨，案有遗书，箧藏赠稿，待他日蠡滨返棹，定攀墓树吊徐公。""……与竹庄畅聚数日，民生吏治，悉力讲求，非寻常庸庸碌碌者比。"他擅长书法，曾为安徽谯楼题写"白日青天"，为寿县八公山淮南王墓碑题写楷书"汉淮南王墓"，还为六安县的皋陶墓手书"古皋陶墓"，其字苍劲有力，颇见颜氏风骨。他的对联很出色，清朝人梁恭辰所著的《楹联四话》中说"吴竹庄中丞善制楹联，名重一时"。他为合肥城隍庙题门联曰："城郭尚依然，问雨中春树万家，谁是保障；风雨多变态，只槛外清波千顷，鉴比须眉。"重修安徽垣西大观亭，他为之题联："地隔中原劳北望，天生江水向东流。"曾国藩逝世后，他作挽联："二十年患难相从，深知备极勤劳，允矣中兴元老；五百里仓皇奔命，未获亲承色笑，伤哉垂暮门生。"

《古今联语汇选再补》一书中还说：有一次吴坤修与下属游玩，喝醉了酒。妓女红碧拿出写好的对联，向他求下联，吴坤修当时迷迷糊糊的，随便就答应了。等他看到上联后，才发现上面写好了李商隐的诗句"愿身化为红绶带"七个字，大家非常窘迫。吴坤修从容提笔应对，对得绝妙："也应胜似碧纱笼。"既挽回了面子，又显得很有分寸，士人无不称颂。

湘人记

曾国藩：情谊一生为湘军

刘崐与曾国藩（1811—1872年，字伯涵，号涤生，湘潭今双峰荷叶塘人，官至两江总督、直隶总督、武英殿大学士等，卒谥文正），都是晚清有名的政治家、战略家、理学家，一个被称为"湘军之师"，一个被誉为"湘军铁帅"。曾国藩作为湘军主要的创建者，在左宗棠、胡林翼、刘蓉、彭玉麟、曾国荃等大批湘军将领辅佐下，拯救了摇摇欲坠的清王朝，其帅位不可夺。而且，他以儒生带兵，化儒为武的创举，实属历史奇迹。而据罗尔纲《湘军兵制》中统计的湘军将领179人中，儒生出身者有104位，约占58%，其中，又有76人确属刘崐门下，称其为"湘军之师"，也甚为契合。

其实，刘、曾二人一生情谊深厚，故事不少。

刘、曾结识于翰林院。刘崐比曾国藩年长3岁，但曾道光十八年（1838）考中进士进了翰林院，而刘却迟了3年。当刘选为翰林院庶吉士时，曾已授为翰林院检讨，是为刘的上级。但曾对在湖南任职过的李发甲、钱沣两位云南人早生敬仰，因而对刘也生好感，很快，两人交往起来。此后，他们皆当过顺天府考官，在文渊阁任职，升迁内阁学士，担任工部、兵部侍郎等职。咸丰元年（1851）洪秀全在广西起事，是两人情感加深的一个重要转折点。曾、刘都认为，"今日急务，首在用人"，需积极推动清廷人才选拔，因而，曾国藩担任了顺天府武乡试正考官，刘崐则到湖南担任了学政。这是他们以后拥有众多门生的重要一步。第二年，担任江西乡试正考官的曾国藩因母丧归籍,身为湖南学政的刘崐极尽地方官吏之便殷勤探访,与其商讨应敌之策。而年前刘崐合力李瀚章守天心阁从容不迫,也给曾国藩留下深刻印象,认为刘非仅一文人,而是文武兼得的稀缺人才。咸丰下诏开办团练,刘崐和郭嵩焘等人极力怂恿并成功让曾国藩办起了湘军。刘崐还向曾国藩推荐了湖南绿营都司塔齐布——此人很快成为曾国藩湘军前期最主要的将领。此后,湘军在江西、湖北对抗太平军,曾国藩频频给刘崐写信探讨谋略。譬如咸丰三年(1853)九月二十四日曾国藩书与刘崐:"江西围解,逆贼上窜田镇,江防闻已被贼毁。连日北风不息,鄂中情事,殆不可问。甄甫先生为当世贤者,时势太迫,仓皇失措,如何,如何!由鄂至湘,一湖仅隔,溯流南窜,亦意中事。所幸长沙近日饷项差裕,油盐煤米,亦有储备。内兵外勇,尚可凑聚万余,坚守会垣,或足自固。惟外府州县,恐效江西故辙,仍有分窜四裂之患。眷言桑梓,可胜长虑。阁下伟画硕谋,久深钦企。为今之计,应如何阻截江路,俾此贼纵来会城,而治江上下,吾尚有以御之,不能任其单舸叠艑,往来自如?贼既以船为巢,则湘潭、常德必其所垂涎之地,应如何先为布置,保此二处?务期鸿筹密虑,开我不逮,至幸至望!"将一省战备防务,交托于主管教育文化的学政,千古未有,也足见曾国藩对刘崐文才武略的极度认同。

  此后,曾国藩兄弟刊印《船山遗书》,已至文渊阁任职的刘崐立马支持,抄出《书经稗疏》3本、《春秋家说序》1薄本。同治三年(1864)五月,因肃顺案被革职尔后被重启的刘崐得权臣曾国藩力荐而放江南正考官。曾国藩亲率文武重臣及其主要门生好友如李元度、郭嵩焘等下船接迎,场面之浩大,让刘崐始料不及,也从侧面反映出曾国藩对刘崐的敬重。此番后,两人情谊愈热,书信往来频繁。后来,曾国藩攻下天京,摧毁太平军老巢,立下不世之功,"天下不可一日无湘"之说甚嚣尘上,而这引起了清朝廷的关注与猜疑。于是,慈禧密令刘崐查会曾国藩。这是一次极尴尬的会谈,其中细节无从知晓,可知的是这两天两夜交谈后,曾国藩做出了裁撤湘军的决定,慈禧安了心,着令大力褒奖曾国藩。有人说,刘崐与曾国藩这次会谈,制止了一场内战的发生,彻底断了曾氏帝王之念。这话虽不免偏颇，但也非空口无凭。

　　但这次会谈，并未成为两人情谊的终点，而只是插曲。同治六年（1867），刘崐授职湖南巡抚，对这位老朋友去老家担任最高行政长官，曾国藩欢欣鼓舞。他关注家乡变化，对刘崐重修天心阁等名胜，大兴书院建设之举大力支持，倡导家乡子侄亲朋倾力协办，同时，他也事无巨细，皆与刘崐通信往来。同治庚午年（1870）末，湘乡重修县志，曾国藩时为两江总督，特"为咨会湖南刘韫斋中丞，檄县查办"。不久，湘勇秘入哥老会事发，各地查缴，曾国藩又专程写信给刘崐，提出自己对湖南处理哥老会的态度："鄙意当遍张告示，但问其有罪无罪，不问其是会非会。所谓罪者，大罪一条：谋反叛逆是也。中罪三条：一曰杀人伤人；二曰聚众抢劫；三曰造蓄军器是也。……如此办法，则会中之千万好人安心而可保无事；会中之数千恶人，势孤而不能惑众。"

　　同治十一年（1872）三月十二日，曾国藩在南京寓所突然病逝，此时，对清朝政府已深感失望的刘崐被人诬陷革职，虽朝廷有诏其赴京另任之意，但他以病休为由栖居长沙。朱克敬《暝庵杂识》记载："景象刘韫斋侍郎崐，解组后寓居长沙，绝不与当道往还，亦不谈时事。门生故吏来谒者，间一见之，饮酒讲艺而已。"闻曾国藩卒，刘崐抱病不起，床息20余日。半年后，曾国藩灵柩由京返湘，刘崐抱病迎柩，痛哭于道旁。当时的《邸报》如此报道："前巡抚韫斋先生长号嘶心，晕迷几度，嵩焘、国荃诸友生皆不能止。"然而，为安葬曾国藩，他与郭嵩焘查勘地舆，亲自为其选定大王山下的龙伏山。时人祭祀曾国藩，他又将众多挽联书下留存。还有人传言，其中那首未署名的联"若有一个臣，四海方欣司马相；是为三不朽，两川又痛卧龙亡"，实是刘崐自撰。

　　从留诸现世的文字看，曾、刘两人政治上强烈反腐，主张极为一致，军事上提倡忠君卫道，以儒家学说治军，强调将才选拔以"德才兼备，智勇双全"为原则，在推动湘军建设、培养挖掘湖南人才上是极具前瞻眼光而又富有成效的。清末长沙民谚"曾刘同心，其利断金"，诚不虚也！

曾国荃：师生缘分不了情

刘崐在湖南担任教育行政部门的最高领导——湖南学政的4年多时间内及后来担任湖南巡抚的4年，因为着力扶掖后进，推崇湘学，为湖南培养了一大批优秀文化、军事人才，因而被人誉为"湘军之师"。这其中，他最得意的门生非曾国荃（1824—1890年，湘军主要将领之一，曾国藩九弟，曾任陕西、山西巡抚，署两广总督、礼部尚书、两江总督兼通商事务大臣等，授太子太保衔，卒谥忠襄）莫属。

从已有材料可推知，在道光年间刘崐授职于翰林院庶吉士至编修期间，因为与曾国藩共事，少负奇气而为曾国藩所重，授学京师的曾国荃，应是与刘崐有过交道的。因而在他写的《刘韫斋七十寿序》中说："官翰林时，屡与文衡，尤以学问才识上契于文宗。"而两人奠定师生关系，则在咸丰二年（1852）。这一年，刘崐授任司经局洗马，同时留任之前一年授职的湖南学政，也是这一年，曾国荃考取优贡生，拜师刘崐门下。曾国荃对此十分感激刘崐，还是在《刘韫斋七十寿序》中，他写道："方督学我湖南也，振拔人才，一以学术深远、操持坚正为主，戒勿竞声誉，勿徇俗尚，所甄录者一类皆磊落奇伟之士，庠序之气焕然一新。"

咸丰六年（1856），曾国藩部困兵于吉安，曾国荃掷书从戎，募湘勇3000称吉字营，驰援江西，破太平军，名震天下。时为兵部右侍郎的刘崐大喜，写信赞勉学生之余，在皇帝面前表嘉，因而曾国荃被授"伟勇巴图鲁"名号和一品顶戴。咸丰十年（1860），曾国荃围攻安庆，挖壕围城，后人因之称其为"曾铁桶"，时奉旨验收海运漕粮及其后查办税案的刘崐闻讯，十分赞赏，以为断粮斩援之计施行得当，可兵不血刃而胜之。但次年九月攻陷安庆，闻曾国荃部"屠城三日"，因陷辛酉政变受肃顺牵连被罢职的刘崐掩面而叹,师生关系因此而一度变冷。在刘崐重新被起用在实录馆效力当差,担任鸿胪寺少卿、太常寺少卿、太仆寺卿、江南正考官期间,他屡次拒绝曾国荃的拜访。

师生关系得以缓和的契机在同治五年(1866)。这一年,刘崐升迁为内阁学士,署顺天府尹,接而兼任文渊阁直阁事。而曾国荃因功高多谤开缺回籍蛰伏两年后起用为湖北巡抚。曾国藩携弟拟刊刻《船山遗书》,求丁刘崐。向来对王夫之推崇有加的刘崐甚喜,欣然从文渊阁抄出《书经稗疏》3本、《春秋家说序》1薄本以寄曾氏。次年,刘崐任职湖南巡抚,门生来贺者络绎不绝,但刘崐皆闭门不见。这时,曾国荃因对捻军作战失败称病退职回乡,他携李元度、郭嵩焘、徐棻、龙湛霖一起登门,居又一村巡抚后院的刘崐欣然与他们相见,交谈甚欢。此后,曾国荃成为刘府常客,不仅按刘崐之见,与郭嵩焘费时18年主修了《湖南通志》,以后担任山西巡抚又主修《山西通志》,而且,师生共同交流了对捻军作战的策略。曾在保卫长沙城中"筹战守策,巾扇指挥,众志成城"的刘崐,在"三苗梗化,黔省用兵,烽照楚边郡"的局势下,推举席宝田统兵援黔,"连年馈饷治军",取得极大胜利。他在边实践边总结中教诲曾国荃,正得其时,为他后任陕西、山西巡抚,灭捻军匪患,赈恤丁丑奇荒奠定了思想基础。也因此,时为山西巡抚的曾国荃才会为刘崐七十大寿作文道:"窃念先生扬历中外,功绩辉诸鼎彝,自足寿世,又何待言。而国荃尝辱品题,受知早而受教深。往岁率乡兵转战大江左右,得先生之绪余,稍立尺寸。追维曩昔,所闻诸先生者未得概见,诸行事又不能专一思虑,发为文辞,以道先生之功德。独见先生之处功名与进退之大端,可以风天下、法来前也,故特表而出之。"也就在这年,闻老师刘崐居无寓所,生活困难,曾国荃着人为其觅得长沙苏家巷一四合院(今樊西巷粮食幼儿园)而购之,因此师生情义,后由郭嵩焘主倡,将其门前道路称为师敬湾(也有人言此说有讹,师敬湾原名司禁湾,改名是后来事)。

光绪十四年(1888)二月七日,刘崐卒于长沙寓所。三湘文人莫不哀垂,送葬日挽联旌举三里,但偏偏没有曾国荃的笔墨。为此,有人猜测师生二人又有不和。其实不是,曾国荃此时在京受处分被监视——两年前,因法军攻打台湾,军权集于一身的曾国荃调度失当而被朝议革职留任,一年前因"夙著勋勤"而开复处分,实处于"双规"状态。这时,人近暮年,愈知"且夫难进易退者,君子之高节,而世人之所难也"的曾国荃,且不论是否能得信息,既得,而以其悟性,岂会题联给恩师令其蒙羞?"非其自待者厚,而所思者远欤",这句写给刘崐七十寿诞的表彰语,恰如一道紧箍咒,紧紧地套牢了曾国荃!

两年后,两江总督任上的曾国荃病逝。逝前,他着家人拿出他楷书的一联诵之。这一联,正是刘崐担任湖南巡抚时,与他多次座谈后他撰写的体悟。其联曰:意正心平,和谦致乐;名成德就,谨慎重言。曾国荃睹物闻言,老泪滚滚。

郭嵩焘:知性相交四十载

刘崐对郭嵩焘(1818—1891年,湘阴人,字伯琛,号筠仙,湘军创建者之一,中国首位驻外使节)的认知,有点类似曾国藩,即:郭是一个典型的知识分子,学识渊博但实干能力有限,尤其不善处理人际关系,吏治上不堪大用。但与曾不同的是,刘认为,郭是从事文化教育事业的大材,稍加规范,可放手让他做出一番事业。事实上,刘崐也确实是如此做的,他们40年的交情往来,正依仗在互知性情上。

刘崐结识郭嵩焘,是因为曾国藩的介绍。道光二十七年(1847)春,郭嵩焘第五次参加会试,终中进士。与曾国藩的这位岳麓书院的老同学一见面,连续几年担任顺天府同考官的刘崐即为郭的文学才华折服,认为其才堪大用,有了向上级部门推荐的意思。而刘待人的诚实恳切,以及经纶满腹却无一点官架子,也让在曾国藩处遭受了冷落的郭嵩焘倍感温暖,对刘顿生好感。可惜,中进士后的郭,时运不济,还未待走上仕途,他的父母就相继而亡,不得不踏上归家守孝之路。就在此时,太平天国运动爆发，清帝号令天下可建团练。受湘学"经世致用、坚忍不拔、不尚玄虚、摒弃浮词"影响甚深的郭嵩焘，首先耐不住寂寞了，极力鼓动他的同学曾国藩、同乡左宗棠出面来组建湘军。咸丰三年（1853），他没有听从时为湖南学政的刘崐的劝告——刘建议他先在湖南学政做点事，再寻机赴京深造，他选择了随曾国藩正式缔建湘勇。但不久后湘勇的靖港之败，给了他当头一棒，使他意识到团练要有大作为殊为不易，尤其在曾国藩手下，他感到有力无法使，心中郁闷。这时，已担任内阁学士兼礼部侍郎的刘崐来信了，拟推荐他至翰林院任职。于是，咸丰六年（1856）年末，他离湘北上，在曾国藩、刘崐等的大力推荐下，任翰林院编修。后来，又因肃顺推举，他短时间内数为咸丰帝召见，不久入值南书房，之后派往天津前线协助僧格林沁军事，但合作并不愉快，再奉命到山东查办隐匿侵吞贸易税收情况，虽郭清廉方正严于律己，查处了一批贪吏，整顿税务堵塞了部分漏洞，但最终为人弹劾被迫返京，只能自叹"虚费两月搜讨之功""忍苦耐劳，尽成一梦"。也是这 4 年多的接触与实际观察，刘崐认识到郭嵩焘在任浙江学政幕僚的短期打工经历对其思想改变甚大，他隐隐觉得郭有些急功近利，思想超前，而郭在天津、山东的举止，让谨慎稳重的刘崐基本认可了曾国藩的判断，并有了欲导之归正的念头。可惜，因辛酉政变及郭黯然返湘闲居，这未能付诸实践。

　　辞职回乡的郭嵩焘还是按捺不住，两年后入幕淮军，任苏松粮道，后升两淮盐运使。同治二年（1863）秋再升任广东巡抚，但不久又与两任两广总督矛盾重重，还与进粤会剿太平军余部的老友左宗棠生出龃龉，不得不于同治五年（1866）六月再次解甲回乡。这次回乡后，湖湘风言冷语顿起，郭遭受到的讥讽非同寻常。庆幸，刘崐半年后任职湖南巡抚，情势为之一变。在刘崐的主导下，郭掌教长沙城南书院和思贤讲舍 8 年，不仅培育了大量人才，而且受到开明人士影响，思想更趋超前大胆。

　　光绪元年（1875），郭嵩焘任福建按察使，接而被派往欧洲担任首个驻外使节。此举在外交保守的国内，引发哗然大波，众多矛头直指郭丧权辱国。对此，已经退隐长沙的刘崐十分着急，去信又托人前往福州劝阻。但由于此乃朝廷的任命，加上郭落拓不羁的性格，这次劝说注定无功而返。

刘崐闻讯长叹："筠仙不容于世,艰矣!"果然,光绪五年(1879)五月五日,郭嵩焘受令归国回省,虽在位却泊船不得靠岸,而岸上学者民众斥其为"勾结洋人"的"卖国贼子",标语贴满大街,可谓狼狈至极。郭寓居长沙,与刘崐交流愈多,也把自己的旅西故事一一细述,刘对西洋文化有了更深了解,对洋务运动的推行有了些许期待,这样的思想变化,让他对郭《使西纪程》刊行被毁甚感遗憾,他还劝慰郭说:"百年之后,会有人记君之大德!"这给落难中的郭嵩焘极大安慰。

他们一起行于长沙大街小巷,以联说旧道古,留存不少佳话。一次,郭嵩焘以长沙街名出上联:"金沙里,木牌楼,水风井,火后街,土城头,五行气象。"刘崐则马上以地名作下联:"金线街,银盆岭,铜盆湖,铁铺巷,锡庆里,五金俱全。"郭鼓掌称妙。刘崐则作一上联考郭,其曰:"东牌楼,西牌楼,红牌楼,木牌楼,东西红木四牌楼,楼头走马。"郭沉吟片刻,复下联:"南正街,北正街,府正街,县正街,南北府县都正街,街上登龙。"刘亦称颂不已。

光绪十三年(1887)四月,刘崐满79岁,郭嵩焘按长沙风俗"男做进女做满",号召一批士子文人为刘做八十寿诞。郭亲自撰联:"松篁春满裴公宅,桃李荣欣宝相门。"接而,他又作《刘韫斋中丞八十寿序》,其中不仅高度赞扬刘对湖南的功绩,更强调其为人对湖湘士子的影响:"韫生始视学湖南,甄才而拔尤,黜浮而崇实,人心翕然知所归矣。未几,奉命来抚,承花县骆文忠公、阳湖恽公、合肥李公之后,吏事修明,人民乐业,益务为宽裕敦博,绥之安而动之和。……先生无久道之化,无盘错之施,独以其德量开诚布公,餍饫人心,历久而不能渝。其视先生,流寓为旅人与其在官,皆若父兄师保之相亲相慕,倾心倒意,毕陈于前。先生亦自忘其崇高,抑然以与为欢洽也。……先生质厚温雅,喜怒不形于色,扬历中外四十年,无姬媵之侍,无货币之储,退休于所莅官之地,门人集资量田室,相协厥居。圣人言君子之戒三,综先生生平,无一之累其心焉。……湘人咏歌颂辞祷,独谓其两历湖南,迄其去官,始终一节,于身无隐情,于人无愧辞,通德类情,以成乎亹亹,为有不可忘者在也。"

10个月后,刘崐逝世,郭嵩焘主持葬礼,而再无人可安慰的郭嵩焘耐过三年寂寞后，于 1891 年 7 月 18 日撒手西归。死前不久，他作有《戏书小象》诗，其中有两句："流传百代千龄后，定识人间有此人。"这份自信背后的凄凉，或许只有刘崐能读懂了，可惜，斯人驾鹤已三年！

徐　棻：墨宝情缘而器重

生于云南景东的刘崐 4 岁启蒙，12 岁在开南书院习文，仿练颜真卿体，尤其在山长刘大绅的指导下，进步神速。及年长，又受昆明人钱沣影响，大小行楷圆润浑厚，令人百看不厌。书法界称赞他"书法劲厚，得鲁公意，时人以比钱南园"。他当过同治帝年少时的老师，又教授过慈禧书法，因而其墨宝甚为人珍视，惜乎他轻易不肯着笔，留诸世间作品甚少。

而长沙晚清"何徐"齐名的徐家（"何"指何绍基家族）代表人物徐棻（1812—1896 年，望城人，字芸渠，号养性居士、养心居士），就是凭借高超的书画才能而与刘崐有着非同寻常的交情。

徐棻在 22 岁时成为优贡生，次年在顺天府乡试中举，授内阁中书，6 年后，29 岁的徐棻中进士，入翰林院，选庶吉士，这比时年 32 岁的刘崐早了一年。徐棻"工书法，尽得羲献遗韵，颜米神髓，笔法老健"，因而与刘崐极其相投，日亲近。一次，听闻刘崐对联能治风火，徐棻惊问其故。刘崐便讲了起缘:那年，他到京城赶春季朝考，但路遇匪，盘缠被抢，除夕夜他与老叔又饥又饿到一村庄欲讨口热汤喝，但人家看他们衣服脏旧皆不让入门。到村尾，只余一户房屋低矮的穷人家，主人倒是热情接待了他们，粗茶淡饭硬板床，却让叔侄感动不已。主人见他们是读书人，便提请为其写副对联。正感无以为报的刘崐大喜，连忙书写一副春联给这家张贴好。第二天，村人燃放鞭炮引起火灾，全村几毁，但偏这户穷人家没有烧着。村人迷信，以为这家春联作得最佳，准是神仙附体治了风火。结果这年刘崐中进士，民间就传说他的对联能治风火了。徐棻听罢大笑："我老家长沙也流传着类似故事,说我的字能入药治病。"这下轮到刘崐惊愕了。徐棻便讲了缘由:徐棻以"秉性纯孝"闻名乡里,当时,他所在的村落里有个好偷东摸西的不孝之子,对父母动辄打骂,村人指责也视若无睹。不久,父母双亡,不孝子草草埋葬了事。孰料,几天后不孝子便腹痛腹泻不止,医生把脉诊断无果。这时,徐棻主动上门说:"尔服吾字,可药到病除,但须厚葬尔父母,从此不偷窃!"不孝子照办,果然。原来,徐棻也习有一定西医之学,知不孝子有偷盗习惯,遂抹药于果物上,引了不孝子上钩,而墨汁中含有解药,自然可止腹泻。刘崐听后,对徐棻更是亲近。

刘崐此后任湖南学政、工部侍郎、湖南巡抚等职,仕途上沉浮再三。而徐棻担任过起居注主事、六部员外郎后,未再致力于仕途,"淡于荣利"的他选择了教书育人一途。受郭嵩焘的邀请,他来到城南书院任教。同治六年(1867),刘崐任职湖南巡抚,徐棻往迎,老友相见,甚是欢喜。正是在徐棻等好友的鼓动下,刘崐大修三院——岳麓书院、城南书院、湖南贡院。这时,太平街太傅里贾谊故居也经乡绅捐款重修,徐棻代表湖湘士子请求刘崐书写一联。面对有杜甫、韩愈、李商隐、刘长卿等众多名家留诸诗文的湘楚文化之源,刘崐也颇为踌躇,未肯当时下笔,但一日后不负众望交付一联:"汉策续遗篇,掩卷犹闻长太息;湘滨寻胜迹,结庐还忆此栖迟。"徐棻看罢,连连称妙!

刘崐巡抚职罢后退隐长沙,徐棻是其少有的几个常来常往者之一。他们主要交流书法创作。徐棻光绪二年(1876)任岳麓书院山长,"四方学士云影附",刘崐也常受邀授课。岳麓书院的研究者们还发现:他们常结伴游览岳麓诸峰,把酒吟诗。徐棻最著名的一首诗,据说也是与刘崐一起游览后所作,其诗曰:"王孙荒草自天涯,把酒凭高眺落霞。云岭玉环妃子宅,春残金谷美人家。丹砂寂寞迷瑶岛,斑竹扶疏渺翠华。惟有苍梧城上月,年年清影照栖鸦。"据传,刘崐为之作有和诗,但未存,甚憾!徐棻是岳麓书院山长中与罗典齐名者,在50多位岳麓书院山长中也仅有他们二人得以两次参加鹿鸣宴。徐棻逝世后,他的门生中有120余人为其联名刻石立碑。

有趣的是，两位对湖湘文化推动极其着力、为培育湘军贡献了一生的墨宝大师，身后分葬于岳麓山两侧——刘崐埋在了大王山脉现学士村，徐棻埋在了谷山下他的老家现谷峰村，更令人称奇的是，两地距岳麓书院的距离，恰好都是 15 公里。是巧合，还是两人生前约定，不敢确定，倒可多份猜想。而刘、徐两家的亲近通过丧事可见一斑：刘崐逝世，徐棻是重要主事者，徐七子中守灵者有五，而 8 年后徐棻逝世，刘崐三孙两孙女皆亲自或遣人前来护柩。

杨岳斌：偾事损望折公才

杨岳斌（1822—1890 年，原名载福，字厚庵，原籍乾州后改善化，晚清名将，湘军水师统帅）是刘崐十分尊重的一位湘军将领，一度将其视为曾国藩、胡林翼之外，成就可能超过左宗棠者。但事实上，杨岳斌未能达到其理想的高度，声望不及胡、左，最多与其助手彭玉麟相齐，在刘崐看来，这是对其使用不当所导致的。

杨岳斌三代从军，其祖父杨胜儒当兵参加湘西剿匪，战死于今花垣县雅西镇黄瓜寨，父亲杨秀贵从正四品都司做到了从三品副将退役。杨岳斌是家中老大，天性好武，从小擅长骑马、射箭，长大后即参军入伍。24 岁时，他在省城长沙当了从九品武官——外委，接而在 27 岁时，在湖广总督裕泰指挥下，因擒获新宁起义军首领李沅发之役中有功得赏戴蓝翎。咸丰二年（1852），太平军攻入湖南，进逼湘阴，湘阴长官不敢抵抗纷纷外逃，而 30 岁的杨岳斌挺身而出，毅然率营进行殊死搏斗，而且幸运地保住了湘阴城，事后被授为宜章营千总。就是这一役，令时任湖南学政的刘崐记住了杨载福的名字，把其视为了英勇善战的代名词。次年，曾国藩创建湘军水师，用重金吸引，招揽杨至军中，与彭玉麟一起辅佐其弟曾国葆。曾国葆是个科举落榜的秀才，后来弃文习武，学习散打和搏击,从而在兄长办湘军时能为其效力。不久,他带部队去常宁剿匪,发现杨、彭二人具有相当高的军事指挥才能,遂向兄长推荐,于是杨岳斌就当上了右营统领。就在这时,刘崐与其相识了。杨能诗文,尤善书法,这是刘崐对其特别欣赏的一个重要原因。

而此后杨岳斌的人生开了挂,咸丰四年(1854)克湘潭,他升守备;战洞庭,以都司补用;克岳阳,升游击;战汉阳,升参将,再授常德营副将,赏彪勇巴图鲁;尤其在进逼湖北武穴田家镇,克复黄州、武昌中,他击败了蕲州援军,与彭玉麟砍断太平军的横江铁锁,焚毁其战船4000余只,沉重打击了太平军水战力量,因而得升总兵。但杨岳斌此时积劳呕血,不得不休养了一段时间,这让时为内阁学士兼礼部侍郎的刘崐紧张不已,马上给其写信劝慰。接下来的咸丰五年(1855),对杨岳斌来说是极其艰难的一年,湘军水师在湖口被堵截,留守九江的军队也遭到攻击,武昌、汉口再次陷落,他奉命返回岳州重招兵勇,驻军新堤修理战船。次年,杨岳斌率军进至沙口,以勇士300夜袭太平军纵烧敌船,又在10日内转战数百里,击毁敌船600余,夺取粮草、火药,直攻至巴河、蕲州。接而,他配合陆路李续宾部攻占武昌、汉口,得授提督衔。他作战之余写下了一系列诗歌,寄给时为兵部右侍郎的刘崐,里面有首《偕彭雪琴洞庭泛月》,如此写道:"良宵同泛浩无边,八百平湖浪接天。兰桨划开湘浦月,蒲帆冲破楚江烟。枕戈南望心弥壮,击楫中流志更坚。迅扫妖氛清海宇,征袍抛却好归田。"又有《战罢晚归》:"归咏夕阳天,矶边泊战船。云开千嶂月,风敛一江烟。列阵朝擒贼,谈兵夜扣弦。誓将身许国,何止著鞭先。"他的诗情和坚定的意志,刘崐极是欣赏,曾数次将此二诗写给其他省份的团练负责人以共勉。

咸丰七年(1857),曾国藩回乡丁忧,让杨岳斌总领水军。这是一个具有特殊意义的任命,标志着他正式接管了湘军水师,开始了独自作战。他接连打了几个漂亮仗:与彭玉麟内外夹攻湖口,使原被隔于鄱阳湖的内湖水师与外江水师汇合;趁胜夺取小孤山、彭泽、望江、铜陵等地。他从而被任命为福建陆路提督,并允许他"专折奏事"。次年,他与陆军配合,攻占被太平军攻克了6年的九江,威名大震,得赏黄马褂,再调任福建水师提督。也是在这年，借着刘崐为户部右侍郎的机会，杨岳斌为方便家人生活和儿女就读，提出了从乾州改籍善化的请求，刘崐为之周旋，顺利地给帮其解决了。这极大地鼓舞了杨岳斌的报国热情。咸丰十年（1860），他做了一件此生中最为亮眼的事情——从太平军重围中救出了南陵县军民10余万，转移到安全地带。这项救民于水火之中的壮举，为湘军赢得了极大的声誉，"一时欢庆之声流溢江表，实足以固人心而作士气"。曾国藩和刘崐皆为之拍案称快，曾国藩写信给杨岳斌说："本年地拆天缺，无一可意之事，独此事令人轩眉！"时为工部右侍郎的刘崐借机为其请赏。

接下来的3年，刘崐与杨岳斌日子都极不好过。刘陷于肃顺案被革职，从六品重新起用，而杨因上了一份《筹剿金陵情形折》惹怒皇帝，皇帝遂停了其作为提督专折奏事的特权。但杨又是幸运的，在曾国藩的帮助下，杨采取改名字的办法恭维皇帝，连写两个奏章，大唱不能丢失臣子恭敬谨慎本分，龙颜大悦，他很快从悲苦中解脱出来，4年后还因左宗棠举荐，从武将变文官，任陕甘总督，而这大变身的原因就是前面所讲的救南陵军民——因此时陕甘战乱愈演愈烈，民族仇杀骇人听闻，朝廷急需一个得民心、救颜面、聚人心的人才。这个改变，是杨岳斌自己也没有想到的，为此，他两次找曾国藩请教。借着清廷收复天京，他又得赏太子少保，踏上西征路。但这回他不是很走运，同治五年（1866）处理兰州兵变事件时因其过于强硬，得罪同僚，他被革职留任。杨岳斌这时又不是太理智，声称自己病情加重要求返乡。他原是欲借此表达不满情绪的，没想到撞上时人认为湘军将领提拔太快、重臣太多有碍国政的枪口，朝廷没有挽留直接批准其解甲归田。他曾赋诗《归峒河》："青年提剑走西东，百战余生万念空。今日归来何所有，半船明月半帆风。"这种落寞，刘崐是能理解的，他甚至认为杨岳斌去西北就不应该，他曾苦笑着对曾国荃道："厚庵无润芝兄的引导，犹失大树所依，亦为无头苍蝇！"之后，彭玉麟声名大扬，刘崐不由为杨岳斌叹息："智虑谋韬齐雪琴，偾事损望折公才。"据传，他这次回乡，地方官绅在厅署为其接风洗尘，酒席上有秀才看不起以武出身的杨岳斌，提出要其作诗。杨岳斌见窗外石榴宛如擂锤，于是连喊两声"擂锤",引得众人哄堂大笑。在哄笑中,杨岳斌再说了句"又擂锤",秀才们以为他一粗人,更为放肆。这时,杨岳斌不急不慢地说出了后面三句:"擂锤压断几多枝。不是熏风吹破口,焉知肚内有珠玑?"这话一出,在座各位瞠目结舌,半天才缓过神来。

光绪十年(1884),法国人占领台湾基隆等地,朝廷诏杨岳斌领军渡海。已过花甲之年的杨岳斌为了民族大义,毅然辞母出行。他在乾州招募健儿12营迅扑福建,驻扎漳泉。此时,海道为法兵堵塞。杨岳斌指挥军队由偏僻的秀涂口乘夜色渡海登上台南。他联络当地绅民,以其威望,几天内就募勇万余,操练后开赴淡水,与驻守台湾的刘铭传互为犄角,控制住了法军所占的基隆。法国侵台阴谋不能得逞,终于被迫与清廷讲和,破例不索赔而退出台湾。因此次的成功,杨岳斌于两年后得以画像入紫光阁。在回军途中,杨岳斌特意逗留池州,去拜祭了自己心目中的英雄岳飞,并作有《登池州翠微山》一首:"战罢登临眼界开,湖山佳处且徘徊。一从武穆留题后,七百余年我又来。"

刘　蓉:乡贤垂范亦政知

晚清时期,湘籍官吏、将领退休或遭免职时,往往回到家乡来。由于他们的影响力大,其实朝廷是十分担心的,因而历届湖南巡抚还无形中承担着一个职责,即对这些官吏、将领进行监控,不定期汇报他们的动态。而刘崐担任湖南巡抚时对这类人的保护与爱惜,天下皆知,受其庇护者如彭玉麟、蒋益澧、杨岳斌、刘蓉、边晓堂、刘典、李元度、曾国荃等都对他甚为感激,也与其结下了不浅的交情。其实,这些人回乡成为乡人榜样,不仅带动了湖湘文化的传播,而且他们也多成为刘崐知晓湖南乡情、掌握地方官吏与百姓真实动态的抓手,甚至不少人还参政议政,成为他实施政事的重要参谋,譬如刘蓉(1816—1873年,字孟容,号霞仙,今娄星区茶园镇人,桐城派古文家,曾为四川布政使、陕西巡抚,著有《思辨录疑义》《养晦堂文集》等)。

刘蓉与曾国藩、郭嵩焘、罗泽南皆是至交好友,在咸丰时期与罗泽南、左宗棠被湖南士人合称"三亮"。他的父亲刘振宗,是当地较为有名的士绅,经营着不错的家业,当年曾国藩赶考时还曾到其家借盘缠。他少年即自我约束严格,后来在《习惯说》一文中他曾讲到,他的起居室有一个小坑,他久而安之,但某日父亲来视,笑他"一室之不治,何以天下家国为?"他悚然警醒,得出"君子之学,贵乎慎始"的结论。但参加科考,"三亮"皆是极不走运之人,科场不畅自然仕途不举,刘蓉于是潜心于理学,钻研"有用之学"——理学。他在理学的成就主要有四:一是把气与理的关系概括为"所谓气者,乃天地阴阳之气而人得之以有生者也;所谓理者,乃乾坤健顺之理而人得之以为性者也。故自天地观之,则气之与理,举属天下公共之物",这是在程朱之学上的发挥迭进;二是把心、理分为二,并以理为心的主宰,明确驳斥阳明学说的"心即理"说;三是提出了"读史穷理"的观点,不满理学家们那种尚空谈而鲜实用的迂腐学风,把"格物""读史"都看作穷理的一部分,甚至因而排斥其他学派,斥陆王心学窃佛禅乱儒宗不属正学之列;四是在治学中讲究在道德上"厚德其本",反对阳明心学的"顿悟""静坐",力主捍卫程朱理学的正统观念,排斥异端思想。曾国藩评价说:"吾友刘君孟容,潜默而严恭,好道而寡欲。自其壮岁,则已泊然而外富贵矣。既而察物观变,又能外乎名誉。"刘蓉主张学为匡世济民,但心气傲岸,难为世人所容,是故太平天国之乱起,他虽以天下为念但并未及时出山。直待曾国藩在湘办团练组建湘军时,邀请其与郭嵩焘为幕僚,三番五次拜门后,刘蓉才未推辞,但提出了一个条件:做事出主意在所不辞,但曾国藩不得保荐自己为官。曾国藩为之感动,吩咐账房:"刘、郭与己身同,惟所支用,不为限制。"可能正是在此之际,身为湖南学政的刘崐,已经开始与刘蓉有了往来。但是他们具体如何交往,至今无翔实材料佐证。可知的是,刘崐对于刘蓉的才干颇为欣赏,以后一直与其保持着书信往来。

咸丰五年(1855)八月,罗泽南率军西援武昌,但感自己身边没有合适的参谋，便给刘蓉与曾国藩写信，请求刘蓉支持。之前为罗泽南弟子王鑫在湘乡办理团练制定过团规、起草文书、招募兵勇的刘蓉，毫不犹豫答应了。但这是一趟伤心之旅，担任副左营、助罗泽南接连攻克通城、崇阳、蒲圻等城池的刘蓉，遭遇了弟弟刘蕃在蒲圻战死的生死别离。向来认为刘蕃前程可期、可代自己实现仕途理想的他悲痛不已，茶饭不思，工作也恍惚，于是提出护送弟弟灵柩回乡。罗泽南无奈下只得答应，并送他至江干，握臂流涕，他后来还写有一诗表达怀念之情："去年春满衡山麓，与君花前挟书读。今年春满洞庭湄，故人不见长相思。长相思，隔江水。长夜漫漫古人死，大道由来坦如砥。男儿莫受虚名累，七尺顽躯忍抛弃。叱咤风云生远心，酒酣拔剑蛟龙避。两地相思二月天，班超投笔谁少年。谁少年，默无语，读书之乐乐千古，篝灯独听潇潇雨。"罗泽南事后又致信刘蓉，"乞助一臂"，但刘蓉辞谢不出。不久，罗泽南又阵亡武昌，这再次打击了刘蓉。他悲戚中作文道："惟君崛起南服，独味道腴，希踪孔孟，绍迹程朱，斥姚江之伪学，证道妙于横渠，衍人极之精义，豁英览于皇舆……倡义旗于吾党，遂奋袂以前驱，由是南搜郴桂，西赴洪都，扬鞭岳鄂之渚，跃马蕲黄之墟，勒奇功于半壁，标伟绩于鹅湖，喋血赣岭，鏖战崇蒲……"素知其才的胡林翼再次书信相邀并请咸丰帝谕令他赴罗泽南旧部襄助军务，刘蓉都托病未前往，但出于感恩，他支持罗泽南弟子杨昌濬在湘乡办团练。而咸丰九年（1859）底至次年初发生的一件事，让他不得不重新出山。左宗棠因得罪樊燮等人，被人参劾为"劣幕"，几经周旋才免死罪，但不得不辞去骆秉章幕府职，他推荐刘蓉替代并两次给其写信相邀，骆秉章也亲自上门聘请他，刘蓉都拒绝。胸襟开阔的骆秉章便再与左宗棠转托胡林翼相邀，胡于是向朝廷上《敬举贤才力图补救疏》，讲刘蓉"学有本原，志期远大"，朝廷也颁谕称"据胡林翼陈奏，其所保刘蓉一员，谕知骆秉章饬令募勇六千，前赴江浙探皖南等省"。刘蓉对此深为感动，但尚犹疑，左宗棠又写信相催，并请曾国藩来书相劝，刘蓉于是在咸丰十年（1860）十一月应骆秉章聘，并于次年随骆入川，参赞军务，选将练兵，举萧启江、刘岳昭、黄醇熙三军入川，并提携有道员朱孙诒、同知彭洋中、知县祥麟等与之同行。他们在四川风生水起，很快平定了内乱，刘蓉也得升布政使，其后整饬吏治、倡办厘捐，政绩卓著。尤其同治元年（1862）奉命追剿石达开，在大渡河与其激战，大获全胜，震惊中外。之后，刘蓉得升陕西巡抚，督办全陕军务，但后受言官妨议夺官，再与捻军交战中失利被革职，心灰意冷的刘蓉于同治五年（1866）回到了老家。

刘崐担任湖南巡抚后，首先与刘蓉取得了书信联系。他对刘蓉极为信赖，凡有事，皆信于刘蓉，并向他请教，诸如援黔剿苗、征税收粮甚至官员任罢，悉去信咨询，而刘蓉也知无不言，言无不尽。据传，刘崐多次邀请刘蓉来长沙居住，但刘蓉顾虑自己的戴罪之身，怕给刘崐带来麻烦，婉言谢绝了。刘蓉在家乡修路修桥，捐助书院建设，堪为乡贤典范。

刘蓉病逝时，刘崐不在巡抚任上、退隐长沙已经两年。闻讯，不管世事的他迅速赶到接任的湖南巡抚王文韶府邸，与之一席长谈，极言刘蓉往昔之才能及乡贤诸事，王文韶于是上奏请求恢复刘蓉生前职务，得批准，之后刘蓉的专祠也在左宗棠的奏请下得建。湖南将其与郭嵩焘一并附祀于曾国藩专祠中。

李元度：亦师亦友恩怨明

刘崐与李元度（1821—1887年，平江人，字次青，又字笏庭，自号天岳山樵、超然老人，湘军重要将领，文史学家）的故事，传说纷纭，譬如刘崐与曾国藩争抢李元度而生隙，譬如郭嵩焘与李元度在刘崐府上争宠，等等。其实，很多都无实证可考。

但刘崐与李元度咸丰元年（1851）十一月的首次相遇，实属传奇。当时，刘崐刚授翰林院编修，放外任，为湖南学政。就在从京赴长沙就任途中，他与时为黔阳县教谕，但因匪患而避祸家乡平江的李元度不期而遇。刘崐赶路心急，没有寒暄就直接询问如何往长沙走，这让心高气傲、文人习气甚重的李元度甚不满意，嘀咕一句"蛮野之人，不懂礼数"。刘崐自知失礼，忙抱拳问："先生尊姓？"李元度脱口说："骑青牛，过函谷，著道德五千言，老子姓李。"接问："尊姓？"刘崐笑笑，回复："斩白蛇，入咸阳，兴汉家四百载，高祖是刘。"18岁中秀才、23岁中举的李元度暗吃一惊，忙问："足下何处人氏？"刘崐答："江夏。"李元度有些争强好胜，遂问："四水江第一，四季夏第二，先生居江夏，是第一，是第二？"这问颇有刁难意，刘崐沉吟片刻，答："三教儒在前，三才人在后，小弟本儒人，不在前，不在后。"这回答让李元度折服，欲邀刘崐小憩，但刘急欲赶路，未肯，问了李元度的名姓，笑笑即走。10余天后，李元度以黔阳县教谕身份参拜湖南教育文化最高长官刘崐，吓一大跳，忙告罪。刘崐大笑，说："次青著述丰硕，《国朝先正事略》60卷，堪为国粹，早于京城拜读，今睹其人，伟岸峥嵘，正合我意！"李元度从此成了刘崐府中常客。

　　刘崐担任湖南学政后，首先解决县学谕拟划归县署管理的问题，维护了教育文化实施的一贯性和垂直管理，这也为日后湘军儒将层出不穷提供了机制保障。接而，他加大了岳麓书院、城南书院、湖南贡院三大长沙主要院所的招生育人力度，广揽名师入院。李元度成了他重点招揽的名师之一，但六度参加礼部考试未中第的李元度，已对儒学致仕失去了兴趣，他看到了地方团练武装在乱世中的雄起，尤其为曾国藩创建湘军而心动，遂成为曾府幕僚，"辟仕戎机，调理营务"，很快得曾赏识，并因在靖港、湖口两役中救得曾国藩而声誉日隆。不久，李元度由文员改为武将。咸丰八年（1858），他更是率700人守住了江西玉山、广丰两城，为湘军占领江西全境立下汗马功劳。对此，刘崐极为赞赏，写信予以鼓励，并利用自己经筵讲官、载淳（即后来的同治皇帝）师傅的身份，在朝廷中予以宣扬。而李元度，也以师称刘崐，极度恭敬。

　　但天有不测风云，两年后，任安徽徽宁太广道员、授布政使衔的李元度，奉曾国藩命守徽州，因兵力悬殊及李元度自满大意，失守兵败。曾国藩一怒之下，奏劾李元度，朝廷批核李元度革职，发往军台效力。这时，正在奉天查办税案的刘崐马上联络左宗棠、沈葆桢、李鸿章、鲍起、彭玉麟等大批旧识同仁力保，李元度得免遭戍，放归乡里。李元度对此大恩自然铭记于怀,他在给郭嵩焘的信中用"再造之恩,崐师之赐"来形容,可见其态度。事实上,李元度也不辜负刘崐的信任,第二年即在平江剿会党案中立下功勋,官复原职。这对正处在肃顺案中受牵连而落难遣返云南路途的刘崐,不啻一份慰藉。而不久闻之刘崐重新得起,李元度大喜,跑到京城拜访。在这次拜访中,他们不仅交流了文史创作得失——李元度所著的《名贤遗事录》《南岳志》和正主纂的《平江县志》得到了刘崐指点——而且交流了军事作战谋略,李元度的现身说法也让刘崐茅塞顿开,对湘军有了更多的寄托与厚望。他们的关系,也从师徒变成了诤友。

作为一个正直无私的官吏,刘崐对这个既为学生又为朋友的李元度,和曾国藩对其的态度极类似,既相扶又大事上绝不徇以私情。同治五年(1866)三月,李元度率平江兵勇2000人入贵州平苗民、教军与号军叛乱,不断获胜。第二年五月,在叛军分兵攻三道水、枣子坪和大顶寨一役中,李元度分兵夹击,击退来敌,但因军中疠疫流行、牟兵病亡相继,未乘胜追击。这让不知内情、刚任湖南巡抚的刘崐极怒,以屯兵日久奏劾,李元度被降三品顶戴。因此事,刘、李多少有些心理隔阂。但刘崐很快得知自己之错,遂以任李元度、曾国荃为《湖南通志》主纂来弥补。4年后,刘崐巡抚离任后隐居长沙,而李元度任贵州按察使、布政使,他蕲巨恶,劾墨吏,兴蚕桑,设矿局,励精图治,深得民心。两人天各一方,期间来往甚少。或许,还是有参劾一事的影响。

时间可以抚平心灵创伤。1878年刘崐七十大寿,李元度遥思往昔,心潮澎湃,遂书《刘韫斋扶部七十寿序》遥祝。光绪八年(1882),李元度因母丧辞职归乡,刘、李再重逢,已不再言当年事,而是殷勤探询互访,谈论诗书创作。李元度的《天岳山馆文钞》40卷《天岳山馆诗集》12卷,皆是这时间内整理出版的。

孰料,光绪十三年(1887)十一月十二日,李元度在贵州布政使任上病逝。次年二月七日,也即李元度受封附祀曾国藩祠的第二天,为好友主持了附祀的刘崐在长沙寓所无疾而终。这对亦师亦友的湘军重要人物,或许将以一种新姿态再探讨湘军的走向。

萧锦忠：遗忘状元轶事纷

清朝 200 余年间，湖南出了 2 个状元，一个是衡山人彭浚，另一个状元便是萧锦忠 [1803—1854 年，原名衡，字黼平，号史楼，茶陵县下东人，道光二十五年（1845）状元及第，曾为翰林院修撰，著有《舆地汇参》《自然斋时文辞赋集》等]，其生平堪怜，而刘崐也对其人甚为敬重，留下了一些交往的轶事。

萧锦忠与刘崐同为道光十二年（1832）的举人，当时刘崐 24 岁，在云南中举，而 29 岁的萧锦忠在湖南中举，相距甚远，他们本应无交集，但因萧锦忠中举后客居京城 10 余年，在觉罗宫学充当教习维生，而刘崐随次年中进士的族叔刘体舒进京。两人不期而遇，据传，促成他们结识的人是李星沅（1797—1851 年，字子湘，号石梧，今汨罗人，曾任兵部尚书、陕西巡抚、陕甘总督、江苏巡抚、云贵总督、云南巡抚、两江总督等职，参与禁烟与鸦片战争抗英；颇有文才，有《芋香山馆诗文集》《李文恭公奏议》《李文恭公全集》《李星沅日记》等存世）。李也是当年进士，号称湖南"以经济而兼文章"三君子之一，是刘体舒、刘崐叔侄颇为赞赏的人物。而李同时对在书法、诗歌创作上的后生颇为提携，而萧锦忠、刘崐皆当时在书法、诗歌创作上已经小有成就，各有千秋，于是在李星沅的介绍下，两人很快成了朋友。据李星沅的日记载，两人互有唱和，可惜未能留存下来。

刘崐回到云南景东后刻苦读书，道光二十一年（1841）得以考中进士。可是，萧锦忠没有这么幸运，他出身贫寒，小时候即过目不忘就是因为无钱买书而逼迫成的。据说，他曾四处借书读，一遇到好书便手抄下来。一次，他听别人说杨公子有本好书，便腆着脸登门求借。与他素未谋面的杨公子初见他谈吐不凡便提出条件："借你三天，三天后只要你能把书上内容背下来，以后你到我处想拿什么书皆可。"萧锦忠应允，三天后还书，果随意抽页码皆可背诵。杨公子连称奇才，遂与其结为文友，常研诗论道。参加科考需要银两，家徒四壁的萧锦忠借资不到，故只能遗憾。而在道光二十五年能上京赴考，据传也是他找过多家地主借资无方，后在塘富岩洲巧遇一个名叫汉洲老爷的地主，此人也曾读书求过功名，但一直未中，故对追求上进的年轻人素喜扶携。汉洲老爷与萧锦忠交谈后见他举止文雅、谈吐不俗，认定他必成大器，故留其在家款待三日而遣仆人送去了赶考银两。日后，萧锦忠状元及第归家，专至其家祝寿，并为其书写寿字、寿诗、寿联，其寿堂四壁挂满状元墨宝，令四乡羡慕不已。

萧锦忠能中状元，据说还与刘崐相关。萧锦忠上京赴考，刘崐高兴非常，热情款待自己这位朋友。席间，刘崐问他是否有拜访当年主考许乃普。萧锦忠虽早知会试潜规则，但囊中羞涩，无可奈何。刘崐便嘱其抄写其平日诗文集成一束，交付给正在向其学习经学的许乃普之子许彭寿〔1821—1866年，原名许寿身，道光二十七年（1847）进士，中传胪，官至太常寺卿、署礼部左侍郎〕带回家中呈其父亲。许乃普是位惜才者，见萧锦忠的文章十分欢喜，邀其相见，后来会试中极力荐推，萧得高中。

萧锦忠的高中，让当时在北京的湖南同乡会十分高兴，为之宴请戏班，唱了几天几夜的戏。就是因此，刘崐第一次听到了湘剧，并对其产生了兴趣。但经济的拮据，还是制约了萧锦忠的发展。由于无人荐举，加之其本身性情也颇有文人的自负，不肯交往太多权贵，他在仕途上停滞不前。状元及第后的翌年，他回乡省亲，倒对乡居生活有了向往。他在《闲居即兴》中如此写道："依山傍水房数间，行也安然，坐也安然。布衣得暖胜丝锦，长也可穿，短也可穿。稀粥淡饭饱三餐，早也可餐，晚也可餐。无事闲游村市栈，棋也玩玩，牌也玩玩。雨过天晴上小船，今也谈谈，古也谈谈。夜归儿女笑灯前，饭在一边，菜在一边。不是神仙，胜似神仙。"这是他的生活写照，也是其对仕途无奈后随遇难而安、淡泊名利的处世态度的书写。在这期间，他的两个弟弟又相继病亡，生性孝悌的萧锦忠更感生命无常、亲情需珍惜，便有了终老山林的想法。他在《白云精舍》中写道："燕台梁馆寻常事，慵向山僧问古今。"这种和光同尘的内心独白中，也含有明显的未受礼遇、未得重用的愤慨与无奈。

咸丰元年（1851）十月，刘崐受命来长沙担任湖南学政，主管一方教育文化。萧锦忠闻讯大喜，赴长沙与刘崐相会，两人畅游岳麓山和妙高峰、天心阁等胜景，甚为愉快。刘崐还专向他请教了舆地之学，著有《舆地汇参》的萧锦忠对此津津乐道，让刘崐受益匪浅。刘崐还邀其同理学院，但不肯寄人篱下的萧锦忠以正主讲洣江、寻乐、明道书院而婉拒了。不久，太平天国军从广西打来湖南，茶陵县城被占。西王萧朝贵特意寻到萧锦忠，欲请其出山以帮太平军正名，但遭到萧锦忠的坚决拒绝。之后，曾国藩办团练，又有意纳萧锦忠至幕下，并请刘崐出面延请。萧锦忠用一首《春山柬友》再度婉谢："百余年寺绿苔侵，赢得春光物外临。风咽梵钟僧履杳，烟昏樵径佛龛深。松花竹叶仍天地，流水高山自古今。黄鸟一声丛树里，携柑同听孰知音？"

咸丰四年（1854）冬，在北京任内阁学士兼礼部侍郎、仕途上意气风发的刘崐闻听萧锦忠在家因烤炭火中毒而死的消息，喟然长叹。他面南而立，凝望着窗外飘飘扬扬的雪花，久久不语，而一滴泪，顺颊而下。

萧孚泗：三次变化认识深

刘崐晚年对门生的了解注重做实地查询，且要与之有较长时间的交流沟通方肯下结论，这是他以往人生得到的教训。其中，就有对萧孚泗（1828—1884年，字信卿，派名庆肃，湘潭县歇马镇人，曾官河南归德镇总兵、福建陆军提督，一等男爵，卒谥壮肃）认识的深刻体会。

萧孚泗出身农家，有兄弟五人，他居第二，其父萧仁先是石匠，勤奋努力，凭一技之长而赢得不菲家产，拥有占地10余亩的胡故塘大屋。他们兄弟长大成人分家时，每人分得了300亩水田，可见其家底的殷实。

萧孚泗少年时有些浪荡，跟随父亲学石匠手艺时，也很不用心。咸丰三年（1853）某天，他又在雕刻时分了心神，结果把一块好好的墓碑弄花。父亲颇为气恼，不由得打了他一石锤子。一气之下，萧孚泗手艺也不肯学了，跑出家乡参加了湘军。后来，其家乡称之为"一锤子打出来的将军"。萧孚泗初随罗泽南转战江西、湖北，因作战勇猛且时不时能为将领们出出主意，就得以提拔为守备。他人生的第一际遇来自于咸丰六年（1856），因为罗泽南战死，其部归于曾国荃管辖。曾不仅是战场上的一员猛将，而且平时善研究战术、韬略过人，萧孚泗与之亲近，向其学习了更多的战斗要领，作战指挥能力也得以迅速提升，很快成为吉字营的骨干。以后4年时间内，他随曾国荃支援江西，克安福、吉水、万安诸县，再在峡江一战中死守防线，寸步不让而为曾所重视，擢升游击，赐花翎。萧孚泗的战斗热情彻底被点燃，在接下来的攻克吉安城中，太平军眼见城池不守，孤注一掷，破城而出，气势汹汹。首当其冲的萧孚泗岿然不动，指挥若定，反奋不顾身率先向太平军杀过去，甚至以一臂之力推倒10余人，吓得敌人连连倒退。他的敢打敢拼，稳定局势，灭敌军绝地反杀之功自然没有埋没，遂升参将，后又升副将。曾国荃此时对他信赖有加，常以其为先锋，攻城拔寨，大战小池驿、收复太湖，他都有不错表现，被赐号勷勇巴图鲁。而咸丰十年（1860）八月的安庆围攻之战，成为其一生的重要亮点，也极好地表现了其有勇有谋的军事素养。他先是带人攻下安庆的桥头堡菱湖，又不断攻打安庆周边的堡垒。当太平军救援时，他命令部队挖壕沟、修筑高墙，将援军抵挡在外，寸步不得前移。此后，他又与水师副将蔡国祥袭击了太平军的粮道，让城中人更加惶恐。在陈玉成的援军被打退后，他又趁机埋下地雷，将城墙炸毁，给了安庆太平军致命一击。当经筵讲师刘崐收到学生曾国荃向其写来的详细战况时，忍不住大声叫好："骁勇善战，确乎霸才！"这是刘崐对于萧孚泗的第一认识，他甚至以为，萧或可为国家之栋梁，平内乱御外侮。

同治元年（1862）至三年的攻克天京之役，是萧孚泗一生作战的巅峰时刻。他先是率军攻拔西梁山，克太平、芜湖，破金柱山、东梁山，再克秣陵关、江心洲，击退李秀成的援军。这时，太平军把萧列为重点提防的对象，攻其后营炮台。萧孚泗在孤立无援的情况下，日不卸甲，一次次与20倍之敌血战，相持10余日。太平军以地雷毁营墙，萧孚泗置生死于不顾，命令将士们将数十桶炸药掷轰入火，敌不得入。而待敌疲之际，萧孚泗竟然主动出击，与彭毓橘（1824—1867年，字吉南，湘乡人，积功擢知府、道员，赐号毅勇巴图鲁，平江宁而以布政使记名，战死后赠内阁学士，谥忠壮）形成前后夹击之势，一鼓作气踏平敌垒数十。

接着，萧孚泗与总兵李臣典（1838—1864年，字祥云，邵阳人，历官至提督，旋卒于军，谥忠壮，赠太子少保）袭破雨花台石城，追至上方桥，势不可挡，因此也极得刘崐欣赏，但看到战报上他斩敌数千其中不乏俘虏的消息，刘崐稍有不怿，不过出于对弟子曾国荃的信赖，他没有着重琢磨。萧孚泗又攻破秣陵关贼卡，结筏渡河夜袭双桥门，连破险隘。同治三年（1864）六月，他在攻下天保城后，在钟山北距天京十余丈的地方积沙草高与城齐，作伪攻状，而实潜入地下凿地道。太平军上当受骗，只着眼于地面而完全没有顾及地下，而待地道修成，萧孚泗一声令下炸毁城圮争登而入，太平军掷火药相拒，兵勇死仆相继不由后退。萧孚泗火起，一马拍前，手刃退者数人，率先从卫墙缺口而入，兵勇士气大振，蜂拥扑进。萧孚泗部是继李臣典部后第二支进入天京城的部队，他带兵直奔天王府，一番劫掠后一把火将之付之一炬。更幸运的是，守城主将李秀成藏匿于民舍，居然被他手下擒获。他并随之而擒住了太平军福王洪仁达。收到攻克天京战报的刘崐万分高兴，逢人便夸萧孚泗、李臣典，并以自己为攻城主帅曾国荃之师洋洋自得。可是，七月间，曾国藩的重要幕僚赵烈文（1832—1894年，字惠甫，号能静居士，江苏常州人，曾任易州知府，对佛学、易学、医学、军事、经济之学皆有涉猎，著有《天放楼集》《能静居士日记》54卷等）来京办事，刘崐设宴款待，曾随曾国荃攻克天京并目睹湘军烧杀抢掠无恶不作，进言要曾国荃约束亦未成功的赵烈文，此时满肚子的苦水终于得以发泄出来，他详细讲到了萧孚泗劫掠金银财宝又纵火烧毁房屋毁灭罪证的经过，还讲到了传言村民陶大兰绑捆李秀成送达其军营，萧孚泗贪天之功据为己有，反捆陶大兰家人威胁其交出李秀成的财物，赵烈文为此感叹："丧良昧理，一至于此，吾不知其死所。"刘崐连吸冷气，应和着说："贪婪无德，豺狼也！"这是刘崐对待萧孚泗态度的重要改变，他为此还专给曾国荃写信，斥责其任性妄为。就在这时，萧孚泗的父亲逝世了，受到重赐的萧孚泗急从南京赶回了湘潭。

4年后的同治七年（1868），担任湖南巡抚之职的刘崐终于借视察湘潭之机，微服私访得以见到了闲居家中的萧孚泗。看到其宅门楼高耸、石狮立门、仆役耀武扬威，刘崐不由皱眉。而萧孚泗虽然客客气气把其迎入家门，看茶答谢，但刘崐明察到其中的敷衍。接而，萧宅客人络绎不绝，萧孚泗借机去接见他人，把巡抚搁到了一边。刘崐看到来者皆体貌魁梧，便问下人来者何人，得知皆是以往湘勇，刘崐脸色乍变。原来，他近年就一直在关注着长江中下游的会党势力，了解到哥老会中的人员多是湘军遣撤人员，他颇为担心有变。刘崐于是乘机观察这些高谈阔论者在谈什么议题。走出萧府胡故塘大屋时，他对身边人员讲了一句意味深长的话："异日为祸者，乃今日之人等。"他连夜赶到湘潭县衙，见到湘潭知县安排的第一要务是严令缉盗查哥老会会员。以后的3年任期内，湘潭的动态一直是刘崐关注的重点，对于此地的匪盗打击力度也空前绝后，而其周边驻军也在其任内翻了一番。

据传，身为天京"先登九将"之一的萧孚泗，曾运数船金银财宝回老家，尤其死时陪葬有皇帝赐他的一把价值连城的宝剑及大量贵重物品。这引起盗墓贼的窥探，其墓屡屡被盗被毁，尤其是1989、2009年两次被盗，几乎将其墓地掀开了盖。

周洪印：举重若轻智慧深

刘崐是处理人际关系的高手，尤其在对待权高位重、声望甚器的下属时，他那举重若轻、似轻实重的高超艺术表现得淋漓尽致。我们可以从他处理与湘军名将周洪印（1833—？，今吉首乾州人，官至提督）的关系中看出来。

　　周洪印属周敦颐后裔，家境贫寒，众兄弟中他居第二，父亲生来多病，全靠他那20岁即守节的祖母陈氏和他的母亲以纺织度日。周洪印读书不多，生性忠直，向喜打抱不平。少年时听说书先生讲三十六计，他对韬略产生兴趣，曾跟随讲《说岳全传》及三国的皮影艺人四方游荡，并借机读到了不少演义之类的通俗读物，对岳飞、关羽、周瑜、袁崇焕等甚为钦佩。

　　稍年长，家中无力供养，他遂与兄长周洪福一起到乾州协营行伍从军。在几次剿灭匪患的战斗中，他英勇作战，轻伤不下火线，由是得到提拔，担任了镇竿镇的屯千总。在此前，他曾跟随夏廷樾、朱孙诒战江西，再从鲍起豹战湖北，皆失利。他从中得到教训，感到一是须对作战纪律严要求，平时加强实战训练；二是须强化营伍管理，非能者不能得拔用。由是，他逐步形成了自己的治军思想。咸丰九年（1859）石达开部进犯湖南，周洪印从田兴恕（1836—1877年，字忠普，苗族，凤凰人，曾为古州镇总兵，署贵州提督兼巡抚）拒敌，取胜，并尾追敌至湖北、安徽，南征北战，积累了更多用兵经验。由是当年七月受命与援贵州军将领兆琛合作收复镇远时，他指挥得当，先断敌后路与粮草，再正面佯攻吸引敌军而实遣骨干从北墙翻入，里应外合，收到了奇效。回到湖南出任湖南西路飞字营全军统领、升总兵的周洪印此后在两次乾州保卫战中打出了名气——第一次，咸丰十一年（1861）冬，石达开率部10余万从泸溪浦市出发，欲过境乾州厅往四川。当时，周洪福正驻守乾州，他那颇有见地的祖母陈氏率先倾囊捐助钱粮，并发动妇女劝家中男丁投义勇守城，从而带动了乡民保境安民的热情。周洪福知石达开部兵临城下，又马上派人至今花垣县靖边镇驻扎的周洪印部报信，请求回师护城。当时，石部一路沿峒河而下连破河溪营、镇溪营，另一路沿武水经大庄、小庄而上，闻听周洪印正回师，便放弃乾州改由仙镇山反经冲角营入永绥去四川。周洪印率军追击，解救了被太平军掳去的乾、泸兵士和百姓。第二次，同治二年（1863），石达开大渡河兵败后部将李福猷率数万太平军经松桃佯言要取道龙山入湖南。这时，胸有成竹的周洪印料定其会乘虚直捣乾州、泸溪，以图攻占辰州、常德。他从松桃亲率千余人，令部队偃旗息鼓，急奔130余里，抢在太平军之先回到乾州，驻扎于乾州西面的茶叶坪关隘，构筑堡垒准备阻击。7月25日，太平军果以万人正面进攻茶叶坪，并暗派千人登上后山吊绳而下，偷袭周军后营，周洪印临危不惧，指挥若定，士气遂大振，无不以一当十奋勇杀敌。而当地苗民又挖断通岩板桥和大兴寨的山路，使几万太平军如落陷阱，最终不得不当夜乘大风大雨之助悄然翻山转入凤凰境进入广西。这一战，周洪印声名大震，人称其"保住辰州、常德而巩固了全湘"，他被晋升为提督衔，赏戴花翎，赐号劲勇巴图鲁，其兄周洪福得以擢参将、升副将，而幼弟周洪宾也得以入军营后任乾州厅城左营守备。慈禧太后得奏报大喜，次年褒奖其周氏祖考，尤其为其80多岁的祖母陈氏赐建青石节孝牌坊，书以"冰清、玉洁、松贞、柏操"八字及镌刻楹联"上尽孝下抚孤茹蘖含冰独向庭帏完大节，内治家外忧国指困募士允从巾帼见奇人"。再之后，周洪印得湖南巡抚李瀚章的倚重，败黔匪于边界，又越境解铜仁围，再从李元度进剿清江、台拱，其声誉如日中天。

同治六年（1867），刘崐接任湖南巡抚，总揽军政大权，他在催办粮饷同时谋划对贵州苗乱一剿而平。但这时，周洪印表现出了不合作的态度，他甚至在下属面前嘲笑刘崐一介书生，手无缚鸡之力，欲羽扇纶巾灭匪于弹指之间绝对是鬼话。对于这个刺头，刘崐闻言不动声色，但已立意拿其开刀。他一方面对贵州形势做了详尽的研判，另一方面着力在将帅选拔、粮草准备等方面做了具体的规划。几个月后，刘崐向朝廷启奏，以贵州布政使兆琛、湖南援贵总兵周洪印畏葸不前、清剿不力为名，劾罢兆琛、周洪印职务，并贬李元度，同时要求任命席宝田为剿总负责人。这记杀威棒完全是周洪印没有意料到的，他原以为在湘勇将领纷纷外调而湖南实无人可用的情况下，刘崐不得不依仗于他，但刘崐完全不按常规出牌，一下打得其目瞪口呆。而这，正是刘崐在官场历练多年的人生智慧。他知道，周洪印本人累胜始骄，不灭其威风无以自立巡抚形象，而打蛇七寸，才能达到效果。素知杀威风和安抚人要结合的刘崐接着采用了第二招：款待从黔黯然归来长沙的周洪印。周开始拒不赴宴，但刘崐遣人送去其早准备好的田兴恕写给周洪印的一封信，田信中历数其功，也论其狂妄自大，周汗流浃背急趋刘门请罪。刘崐极赞其重情重义、爱憎分明、敢打敢拼不怕死，并称颂其祖母功德无量、家风纯朴。周洪印感恩戴德，对刘崐好感骤升。这时，刘崐又使出了自己的第三招，即出示其给朝廷的奏书，其中有周洪印堪大用，要其戴罪立功之语。周洪印此时对刘崐口服心服，改称崐师了。接着，刘崐又使出了第四招：与其详谈贵州用兵形势，以及指导周洪印如何剿抚合一、攻防结合。其高韬的指挥艺术、对贵州地理形势的精准研判，再次让周洪印震撼不已，后来回营称"吾才不及崐师一二"。此后，周洪印回到贵州果然不遗余力协助席宝田剿苗，并很快官复原职，后来更是谨遵了刘崐教导，步步为营，稳打稳扎，绝不冒进，因此黄飘之役并没有像黄润昌等一样全军覆没，而是势力得以保全。而在具体作战中，他又一马当先，英勇无比，其有勇有谋甚得李元度、席宝田称赞。据言，刘崐对此十分赞赏，后还为其乾州老宅题写了门匾"濂溪世叶"四个大字。

周洪印解甲归田后，重视家乡的书院建设，屡次为其捐款捐物。其后代亦重书读，他的第四代孙周礼全是中国著名的逻辑学家、哲学家。

左宗棠：锋颖凛凛事功著

刘崐与左宗棠〔1812—1885年，字季高、朴存，号湘上农人，湘阴人，道光十二年（1832）举人，历任闽浙总督、陕甘总督、两江总督，官至东阁大学士、军机大臣，封二等恪靖侯，与曾国藩、李鸿章、张之洞并称"晚清中兴四大名臣"，著名军事家、政治家，洋务派代表人物之一，卒谥文襄，追赠太傅，著有《楚军营制》《朴存阁农书》等，其奏稿、文牍等辑为《左文襄公全集》，后人又辑有《左宗棠全集》〕两度同事——

第一次是左为湖南巡抚幕僚而刘为湖南学政时,他们共同守长沙城抵御萧朝贵太平军的进攻,彼此欣赏、信赖,在战争中结下了不解之缘;第二次,是在咸丰六年(1856),他们同为兵部侍郎,共同统筹谋划全国军事格局、指挥地方战斗,再度合作共赢、增进了情谊。单纯从感情上说,左宗棠是刘崐除曾国藩外湘军中最信服的人。

左宗棠生性颖悟,少负大志。嘉庆二十一年(1816),他随父到省城长沙读书,这极大地开拓了他的视野,他也更珍惜学习的机会。他不仅攻读儒家经典,而且涉猎广泛,对那些涉及中国历史、地理、军事、经济、水利等内容的名著视为至宝,这对他后来带兵打仗、施政理财起了很大的作用。道光七年(1827),他应长沙府试,取中第二名。3年后,他更有幸进入城南书院读书。在这里,他首先慕名拜访了著名务实派官员和经世致用学者贺长龄,贺与他一番交谈,立觉得此子非凡,"以国士见",并将其介绍给了时在书院任教的弟弟贺熙龄。贺熙龄一见他,也非常喜爱,称其"卓然能自立,叩其学则确然有所得",后来师生还结成了儿女亲家。贺氏不仅促其学以致用,而且督促他留意农事,遍读群书,钻研舆地、兵法等。而左也如饥似渴,全盘吸纳,为其成为全才打下了坚实基础。道光十一年(1831),左宗棠又考入湖南巡抚吴荣光在长沙设立的湘水校经堂进修。他学习刻苦,成绩优异,在这年的考试中7次名列第一。次年,左宗棠参加了湖南乡试,因"搜遗"中第,但此后的6年中,他3次赴京会试,均不及第。未能沿着正途入仕,却让他更加潜心于经世之学,其志向和才干也慢慢得到了胡林翼等许多名流显宦的赏识和推崇。道光十六年(1836),左宗棠在醴陵主讲渌江书院时,结识了两江总督陶澍。陶对其才华十分欣赏,并在他第3次落第归乡时主动提议让他的独子陶桄与左宗棠的长女订婚。不久,陶澍去世,感恩的左宗棠便于道光二十年(1840)起在安化陶家任教8年,并协助料理陶家事务。其间,他因广读陶家藏书,经营柳庄、钻研农学、舆地,编成了《朴存阁农书》,并对鸦片战争特别关注,提出了"更造火船、炮船之式"等应对方针。这是其蛰伏期。

左宗棠开始引起权贵的重视却是因他道光二十七年(1847)返回湘阴柳庄后的两事:一是次年湘阴大水,他赈灾得力,声名远播,而胡林翼不失时机向云贵总督林则徐推荐其才,徐请其赴滇共事,因家中有事拖累他未能前往;二是道光二十九年(1849)元月,林则徐返乡,约左宗棠于长沙舟中相见,两人彻夜长谈,涉及古今形势、人物品评、"西域时政"(例如屯政、水利)等,后来林则徐称赞左宗棠是"不凡之才""绝世奇才"。林还于舟中手书一联赠左宗棠:"此地有崇山峻岭,茂林修竹;是能读三坟五典,八索九丘。"有林则徐的高评为依托,左宗棠立刻引起了各方的关注,其仕途之路也因而铺展开来。

综观而述,左宗棠的治国之才得以施展,可分三个时期。第一个时期是为幕府代刀时期,可谓牛刀小试。咸丰二年(1852),太平军围攻长沙,省城危急,在郭嵩焘等人的劝勉下,左宗棠应湖南巡抚张亮基之聘出山。他在炮火连天中缒城而入,让张亮基大喜,将全部军事悉数托付给左。他"昼夜调军食,治文书","区画守具",建议大都被采纳并立即付诸实施,终于使太平军围攻长沙三月不下,不得不撤围北去。接而,咸丰四年(1854)四月,左宗棠又应湖南巡抚骆秉章之邀,第二次入佐湖南巡抚幕府,长达6年之久。他焦思竭虑,日夜策划,辅佐骆秉章"内清四境""外援五省",苦力支撑大局。同时,革除弊政,开源节流,稳定货币,大力筹措军购、军械、船只。而骆对他言听计从,"所行文书画诺,概不检校"。在左宗棠的悉心辅佐和筹划下,不但湖南军政形势转危为安,出省作战连连奏捷,而且其他各项地方管理工作也取得了显著成效。御史宗稷辰因而疏荐左宗棠,他先为兵部郎中、赏戴花翎,接而加四品卿衔。咸丰九年(1859),樊燮京控左宗棠案发,在胡林翼、郭嵩焘、潘祖荫等人相助下,他才勉强渡过难关,但"天下不可一日无湖南,湖南不可一日无左宗棠"已经晓谕天下,他受重用的日子也很快来到。

第二个时期为四方历练时期。这一时期,他做了四件大事。一是灭太平军。先是咸丰十年(1860),他以四品京堂候补随同钦差大臣、两江总督曾国藩襄办军务,并在湖南招募5000人组成"楚军",赴江西、安徽与太平军作战,屡取胜利;再是次年他被曾国藩荐推为浙江巡抚,他进军浙江,在中法混合军"常捷军"、中英混合军"常安军""定胜军"的配合下,先后攻陷金华、绍兴等地,因战功他得以同治二年(1863)升闽浙总督；然后是同治三年（1864）三月，左宗棠攻陷杭州，收复省城，得加太子少保衔，赐黄马褂，他立刻采取种种办法恢复经济，并攻克湖州等地，从而控制了浙江全境；最后，他奉命率军入江西、福建追击太平军李世贤、汪海洋部，并终于同治五年（1866）二月攻灭李世贤于广东嘉应州（今梅州）。二是办理船政局。战火刚熄，左宗棠即倡议减兵并饷，强化水军力量，为此，他上疏奏请设局监造轮船，获准试行。他即于福州马尾择址办船厂，派员出国购买机器、船槽，并创办求是堂艺局（亦称船政学堂），培养造船技术和海军人才。一年后，福州船政局（亦称马尾船政局）正式开工，成为中国第一个新式造船厂。可以这么说，没有左宗棠开办船政，就没有中国海军后来的发展与壮大，其前瞻眼光，确实不能不令人佩服。三是平定陕甘捻回。同治元年（1862），陕西和甘肃回民在赫明堂、白彦虎、马兆元、马化龙等的领导下乘机起事，并很快发展，几使陕甘局势紊乱。清廷于是在同治六年（1867）九月令左宗棠前赴陕甘平乱。左宗棠以钦差大臣身份督统军队，屡次击败捻军，但因回乱牵制、捻军机动灵活等因素而难以彻底取胜；延川、绥德还多次被回民军攻破。是年末，捻军由陕入晋，继而入河南、直隶，京师震动。左宗棠与李鸿章、李鹤年、官文皆受革职处分。但左并不气馁，率军追击，并且建言献策，最终于同治七年（1868）协助李鸿章剿灭了西捻军。同年末，左宗棠进军陕北的延安、绥德、榆林一带，先后逼降扈彰、董福祥等统领的汉族起义军，随后又进兵董志原，大败盘踞和被驱逐于此的回民军，四月攻占该地，肃清庆阳、泾州。同治九年（1870）二月，刘松山阵亡，左宗棠以其侄刘锦棠取代，又调动重兵围攻金积堡，终于使马化龙父子投降。同治十年（1871），肃清后方后，左宗棠进攻甘肃河州，他屡败屡战，终使马占鳌投降，他接而派刘锦棠克复西宁，使白彦虎等不得不退入甘肃；他另派徐占彪进攻肃州，但肃州久攻不下。次年，左宗棠集合徐占彪、宋庆、金顺、刘锦棠等部大举围攻肃州，还亲往肃州督战。此役后，白彦虎等退到新疆，而肃州回民军首领马文禄被迫投降。这样，陕甘回变告终。清廷着左宗棠以陕甘总督协办大学士，赏加一等轻车都尉世职。四是进军新疆。乘太平天国运动和陕甘回变，新疆各地豪强纷纷割据、各自为王，而沙俄亦趁机于同治十年（1871）七月侵占了伊犁。光绪元年（1875）五月，清廷下诏授左宗棠为钦差大臣督办新疆军务，全权节制三军。左宗棠为此做了精心的准备。他在军事战略上提出要"先北后南""缓进急战"的方针，在兰州建立制造局，为西征军修造枪炮，又为对付阿古柏军的洋枪洋炮，他由广州、浙江调来专家和熟练工人，在兰州造出大量武器，还仿造了德国的螺丝炮和后膛七响枪，改造了中国的劈山炮和广东无壳抬枪。为了筹备军粮，他事先命西征军前锋部队统帅张曜，驻军哈密兴修水利、屯田积谷，并在光绪二年（1876）一年就收获粮食5160余石，基本可以解决该部半年军粮所需，然后他又精心设计了4条运输军粮的路线，以保证运输安全可靠。为了解决当时棘手的军饷问题，他一方面通过多方努力争取了户部拨款200万两、各省协饷300万两，另一方面又向洋人借款，4次共计向洋商借款1375万两，另向华商借款846万两。做足准备，左宗棠遂于光绪二年（1876）正式分刘锦棠、金顺两路出兵新疆。他们血战古牧地，兵不血刃收复乌鲁木齐，并攻克玛纳斯城，从而4个月内即荡平北路。接着，他在光绪三年（1877）四月收复达坂和托克逊城，攻克七克腾木，迫阿古柏弃城而逃并占领吐鲁番，逼白彦虎率众逃窜到开都河一带。然后，收复南疆东四城(喀喇沙尔、库车、阿克苏、乌什)，喀喇沙尔（焉耆）、库车、库尔勒、拜城、阿克苏、乌什，使得西四城（喀什噶尔、英吉沙、叶尔羌与和田）之敌自乱阵脚，相互攻杀，从而5个月内南疆得复，各部争相归附。仅一年多时间，左宗棠就指挥西征军收复了除伊犁以外的新疆领土，其功其绩确不可小觑。新疆各地百姓，也对他平息战乱感恩戴德，于大小村镇建立左公祠，烧香礼拜。

　　第三个时期为大权在握时期。光绪七年（1881），左宗棠应诏至北京任军机大臣兼在总理衙门行走，管理兵部事务，在此期间参与练兵、治河、禁烟等事。但他与同僚不和，自己也不习惯于任职中枢，遂于当年10月调任两江总督兼南洋通商大臣。在任上，他兴办水利，改良盐务，支持洋务，重视海防，也取得了非凡的成绩，他同时建议设立新疆省、台湾省，并专设海防大臣，皆得批准。但是，即便大权在握、朝廷重用，他仍然留下了一个深深的遗憾，即光绪九年（1883）到十一年（1885）的中法战争，他先是自请赴边督军未得同意，接而黑旗军、恪靖定边军等在镇南关取胜并夺回谅山,他反对停战撤军又未得允,最痛心的是恪靖定边军首领王德榜、台湾道刘璈莫名失去兵权,他为手下鸣冤叫屈也未能得让朝廷收回成命,使台湾镇守失去了一道屏障。他在临终前犹说:"而越事和战,中国强弱一大关键也。臣督师南下,迄未大伸挞伐,张我国威,怀恨平生,不能瞑目!"

《清史稿》中这么评价左宗棠:"宗棠为人多智略,内行甚笃,刚峻自天性……国藩以学问自敛抑,议外交常持和节;宗棠锋颖凛凛向敌矣,士论以此益附之。然好自矜伐,故出其门者,成德达材不及国藩之盛云。""宗棠事功著矣,其志行忠介,亦有过人。廉不言贫,勤不言劳。待将士以诚信相感。善于治民,每克一地,招徕抚绥,众至如归。论者谓宗棠有霸才,而治民则以王道行之,信哉。"

左宗棠一生敬重陶澍和林则徐。林去世时,左曾题挽联。若干年后他得以像陶、林二人一样出任两江总督,又给陶、徐合建专祠,并题联:"三吴颂遗爱,鲸浪初平,治水行盐,如公皆不朽;卌载接音尘,鸿泥偶踏,湘间邗上,今我复重来。"退隐长沙的刘崐听闻后,长叹:"斯痴人,亦圣人也!"

江家军:情缘往事因敬重

"江家军"这个称谓来自曾国藩在江忠源(1812—1854年,字岷樵,新宁人,举人出身,累积功至安徽巡抚,谥忠烈)死后为其写的《江忠烈公神道碑》中,也就是时人称的"楚勇",与曾国藩的湘军、胡林翼的楚军齐名而后人统称为湘军者。其核心成员包括江忠源和他的3个弟弟即江忠濬(1815—1874年,字达川,缔建宝胜军,曾为安徽、四川、广西布政使)、江忠济(1819—1856年,字汝舟,曾因功升知府)、江忠淑(字幼陶),2个从弟即江忠义(1835—1864年,字味根,组建精捷营,曾为贵州提督,赐号额尔德木巴图鲁,卒谥诚恪)、江忠信(1837—1856年,

3个族弟江忠珀（记名提督，谥号武愍）、江忠朝、江忠著，2个亲戚刘长佑（1818—1887年，字尔肯，号子默、印渠，曾官两广总督、云贵总督等，卒谥武慎）、刘坤一以及其主要部下席宝田、邓子垣、田兴恕、萧启江、刘岳昭、刘培元等。

刘崐对江家军素来尊敬有加，尤其江氏兄弟相继为国尽忠战死疆场后，他对其家族子弟及将领也爱屋及乌，多方提携关照并爱护。典型的有3个案例为证：一是江忠珀随席宝田进剿贵苗中炮而死，刘崐闻讯，不敢相信，两次为此写信给席宝田求证真实原委，还在信中自责"吾愧岷樵"，而在其干将邓子垣、荣维善等死于黄飘战役后，刘崐呆若木鸡，几乎一夜白头；二是他对江忠义组建的精捷营官兵深信不疑，尤其是席宝田率军入苗开始接连两次败仗，要求换帅的呼声不断，但刘崐不为所动，坚信这支队伍能征善战，肯定能克服困难，反败为胜，后果然如此；三是他长期与这些核心成员保持着书信往来及日常交流，除却席宝田，他尤与刘长佑、刘坤一谈政议政、分析时势甚多，刘坤一担任江西巡抚后的第二年即同治二年（1863）弹劾左都副御史胡家玉袒护抗粮绅耆，胡是刘崐的同榜进士且交情甚笃，但刘崐毫不犹豫站在刘坤一这边，直批胡家玉荒唐！

而刘崐对于江家军如此情深义重，首先来源于对江忠源的敬重。江忠源是晚清湖南第一个组织团练的人，也是湘军将帅中第一个率兵出省征战的人，还是第一个因功做到省部级干部的人、第一个与太平军作战而牺牲的将帅！道光二十四年（1844）八月，江忠源因准备会试留居京城，由郭嵩焘荐见曾国藩。曾知其早年无赖，素喜赌博，便不欲见。江忠源道："诚也，惟往事矣。岂有拒改过者之涤生乎？"曾国藩闻言甚惊，与之见，"与语市井琐屑事，酣笑移时。江公出，公目送之"。曾国藩后来解释并预测说："吾生平未见如此人，当立名天下，然终以节烈死。"就因此，刘崐与江忠源也得以结识。而他喜欢江忠源的原因是此人极讲道义——道光二十五年（1845）八月，湘乡孝廉邓鹤龄离京后病死途中，江忠源放弃自己的学业而护送邓鹤龄灵柩回湖南；接而，另一个叫曾如龙的青年客死京城，刚从湖南归京的江忠源"归其丧"。刘崐如此评价道："有如岷樵斯友，一人足矣！"江忠源此次回湘后，不久遇上瑶人雷再浩在新宁黄背峒聚众作乱，他组织团练镇压，擢升知县，后来又赴浙江任职得吴文镕赏识，于是曾国藩荐其入京朝见皇帝拟作人才培养，但因其父亲去世他只得归家守孝，并得曾国藩支持再办地方武装。咸丰元年（1851）他应征召集乡兵500人组成楚勇赴广西镇压太平军，但因高层思想不统一而只好称病回乡。次年，因战事紧张，他再招募1000士卒，解桂林之围，并在蓑衣渡与太平军鏖战两昼夜，大炮击死南王冯云山。太平军之后转道攻打长沙，江忠源率兵马救援，与当时镇守天心阁南门的李瀚章、刘崐里应外合，冒死夺回了天心阁。此役，刘崐见识了其带兵作战的英猛以及不凡的战略眼光，由此两人常谈论军事。而不久，江忠济的部队也由郴州赶到长沙，江忠源便与之约定夹击太平军，并建议重兵扼守回龙塘防敌逃窜。湖南巡抚张亮基及刘崐等极力赞同，但总兵罗绕典不以为然，结果太平军11月由回龙塘突围，之后攻陷岳州再夺武昌。次年，江忠源随张亮基到湖北就任按察使，受倚重而剿平通城等地叛军，再援军江西，守南昌90余日而多次击破太平军营垒。可没有想到，咸丰四年（1854），庐州被太平军围困，知府胡元炜谎称城中兵力、军饷充足，抱病的江忠源未带兵而往，及至，方知城内不过3000人马且粮草、军火短缺，仓促之下江忠源只得拼死一战，偏江忠濬、刘长佑前所率救援部队又被阻城外，加之胡元炜投降，太平军蜂拥而入。他7处受创仍不肯后退，最后见城池难保遂投塘自杀。刘崐在长沙得悉，大恸，后一月在忠烈祠拜祭江忠源灵位时，他还哭泣难止。

刘崐把对江忠源的敬重之情，化为对其弟弟们及部将的关爱。咸丰四年（1854）闰七月，江忠淑攻陷通城，但不久因病回籍，途经长沙时刘崐亲至江边迎请；江忠济接管部队后，他去信告诫务得亲兵爱将，咸丰六年（1856）四月江忠济在通城大败全军覆没，时有人诬蔑其刚愎自用、管军松懈，时为兵部右侍郎的刘崐立予反驳，并以当年十月江忠信在桐城为李秀成击毙言事，大力宣扬江氏一门忠烈，立时谣言即止；江忠濬在咸丰七年（1857）奉檄抚湘再募楚勇入广西镇压农民起义时，刘崐写信勉励之，而当其连陷兴安、灵川及平乐府的捷报传来，刘崐又高兴得手舞足蹈，广西巡抚奏提其为道员，刘崐立即附请；咸丰十一年（1861），江忠义在湖南助巡抚毛鸿宾剿匪较为成功得提拔署贵州巡抚，他不愿在湘与太平军作战而欲就位，但以旧病复发、择吉葬母等为由未经同意径直回籍，此事惹怒毛鸿宾，毛的参奏得到曾国藩支持，人人以为其死罪难逃，而因卷入肃顺案被革职的刘崐闻之，一方面致信江忠义批评其"年少资轻，不学无术"，另一方面写信给曾国藩求情，曾也果然给足其面子，第二年十二月奏调江忠义率3000人赴安徽与其族兄安徽布政使江忠濬同驻庐州，接着，发现江忠义和安徽巡抚李续宜关系紧张而与左宗棠亲近，曾国藩遂调江忠义赴江西辅佐左宗棠……

刘崐曾在为即将赴贵州平苗的精捷营主要将官送行时，有过一次训话，他这么对席宝田等人讲："中国不可无湘，湘不可无精捷营，江氏兄弟的忠勇义朴，乃吾对湘人看法为之一变。……'分防不如合剿，远堵不如近攻'，崐樵之言，至今仍震于耳。诸君勉之！"这评价，是足够高了！

龙山黄氏：密交笃情教育心

刘崐在与朋友相交时，肯付诸真情，而且情感专一，往往绵延至下一代。这从他与龙山黄大铖〔祖籍长沙，后随父定居龙山，嘉庆二十一年（1861）中副榜，历武冈学正、湘乡教谕加盐运使司之职〕、黄元龄（1817—1865年，字伯海，曾为贵州天柱知县，后升知府加道衔）父子的交往，可见一斑。

黄大铖是刘崐极为尊重的一位教育前辈。他随父亲黄鸿礼因经商至龙山定居，为人朴实谦和，好善乐施，喜做公益。为了方便百姓渡河出行，他购置了义渡田，让摆渡人长年生活有保障；为了改善家乡交通条件，他又同姻亲张廷辉捐资在今龙山城南门河段修建了合志桥，在跳鱼洞修建了继志桥；为防御外敌入侵，他还与张廷辉修葺了城墙，增建了城南永安门等。他尤其为龙山的教育事业做出了很多贡献，主要有：购置学田，独修黉宫；捐资整修了文昌宫；令人至今怀念的是他建设了文峰塔，即钟英塔。此塔于1837年开始建设，但具体建设过程甚不顺利。光绪《龙山县志》中记载有钟英塔的修建过程："……鸠工兴事始于道光丁酉岁十一月，越己亥十一月告成，计共费钱二千缗……先是戊戌夏七月将成二级时，大雨倾注，旋坍塌盖……当是时或语予曰：'初基即坏，经费又甚难继，于可休矣！'余谢曰：'有志者事竟成，特患志不坚耳，坚则未有不成者，途而废余心安乎……'"黄大铖没有气馁的原因，有人道是其曾经的学生曾国藩这年考上了进士激励了他，他以坚定的意志，克服多种困难，终历3年，建成了"几而复亭亭直上，俨若文峰插霄汉"的七级高塔。文人饶琪在《钟英塔落成黄井门丈命以东坡咏雪韵题之》中讲道："天外孤撑玉笋纤，修成七级倍庄严。深红石凿吴山骨，净白灰敷蜀井盐。赖有层梯通上界，全空四壁走飞檐。轩轩无限凌云志，比是浮屠更合尖。涂壁何戡乱点鸦，几层欲上想飞车。胸中块垒消无迹，眼底烟云眩不花。奎宿只今占甲第，兹恩何处拜诗家。出笼入洞犹贻诮，漫诩吟成手八叉。"黄大铖在长沙科考、就读时，还与贺熙龄、左宗棠之兄左宗植、陈本钦等知名人士私交甚密，他们常一同研讨经史。

对于这样一位耆宿，担任湖南学政的刘崐下车伊始，便有耳闻。咸丰二年（1852）春，他特意邀请了包括黄大铖在内的10余位教育界老前辈聚于长沙，虚心向他们请教促进教育发展的大计。这次，黄大铖不仅携来了自己创作的《读经质言》8卷、《证人图说》1卷、《退一步轩集》10卷等著作，而且带来了自己的长子、州判黄元龄，作为陪护。黄大铖所言的"以文胜培人"的观点，极为刘崐赞同，并为此向其讨教风水之学。而黄元龄沉毅精干、不苟言笑、言不轻发的性格，又为刘崐所喜。尤其问讯其公务，黄元龄却一言立释，条理十分清晰，让刘崐称赞其才。黄氏父子善饮，刘崐与他们可谓酒逢对手，尤其黄大铖豪爽好客，赌酒吟联，日夜不倦,常聚士人于园林之中，甚令刘崐觉得痛快。此后，刘崐调至京城，与黄大铖、黄元龄常有书信往来。

而黄元龄亦以刘崐为榜样，此后学经世致用之学，文武兼修。咸丰十一年（1861），太平军来龙山攻打县城，黄元龄组织乡勇守御6个月，县城完保如故，他得以知县用，加同知衔。同治元年（1862），湖南巡抚毛鸿宾知其才能，召见之，委以府属边防厅。不久，石达开部前来骚扰，意欲攻城，县衙官员鼠窜，城无居民其势几不守。在此危急时刻，黄元龄挺身而出，聚族人以金募义勇，再乘着烟雾掳敌之器械，然后相约附近县乡团练助威声援，于是人心大定。九月间石达开部前来攻城，屡攻不下，无奈下只得绕城西北去来凤转入四川。此役，让黄元龄名声大震，次年两江总督曾国藩就召其募军前往，黄元龄率1000人应之。但刚至半途，毛鸿宾又来令要其留守湘西，应付贵州苗军。他于是率军返回，驻军辰州，并于当年八月打破李复奠苗军侵略龙山的企图，再在同治三年（1864）六月剿灭土匪巴毛仙于太平营，生擒苗党百余。这时人人以为他会将俘虏处死，他却在了解其贫困无依状后全予以释放。一时，黄元龄在苗民口中声望倍增。同治四年（1865），李瀚章命其率军克复贵州天柱县，并摄县事。当时该县瓦砾填街巷，居民十不存一，他招集流亡民众，给耕牛粮食，令开垦荒地，数月流民安定，鸡犬相闻。他再举团练保甲，捕诛土匪，于是民有固心，县域稳定。刘崐闻之大喜，特写信详细咨询其状。以后，他把其法告诉李元度，李在平苗中也采用此法，剿乱与安民相结合，使贵州经济迅速恢复。可惜，因操劳过度，黄元龄于当年八月二十三日在府衙逝世。苗民闻之，天柱一夜全城披素，丧归日，泣涕送之者数十里不绝。

同治六年（1867）末，刘崐计意剿苗，他又想起了黄大铖、黄元龄父子，他对席宝田如此说："龙山伯海不殁，吾当省乎力，少此事乎？"

王闿运：刘崐赏才大学者

王闿运（1833—1916年，湘潭人，生于长沙，字壬秋，号湘绮，著名经学家、文学家）是湖南晚清时期的著名学者，但为人狂狷谐谑，性格倔犟，认同的人不多，做官、为文、操武诸行业中的名家，遭其批骂者不计其数，因而他一生中短暂的朋友多，能长陪者少。但刘崐是个例外。因为，刘崐对他有识才、赏才之恩。

刘崐初识王闿运，是在吏部大臣肃顺府中。时为咸丰九年（1859）春，王参加礼部会试落第，但为肃顺看中成了他的家庭教师。正为载淳师、经筵讲官的刘崐知悉他少孤为叔父所养、虽钝但好学、不成诵不食的求学经历，作为同是从云南深山中走出的农村孩子，对这位年轻后生肃然起敬。及得知他就是在自己当年担当湖南学政重办起的城南学院肄业时，刘崐待他更多一份亲近。王闿运拿出自己与李寿蓉、龙汝霖、邓辅纶兄弟唱和的《兰林词草》交刘崐审读，刘读毕，如获至宝，大赞其才华，勉励其致力经学。还是因为王闿运着迷于戏剧，刘崐在京城看到了久违的湘剧演出，这也促使了湘剧曾经在京城的短暂繁荣。

不久，刘崐奉旨去验收海运漕粮，王闿运与刘分别有近一年。及至第二年刘崐任职会试读卷官，通过交流，王闿运感觉自己会试无门。而随肃顺接触官员日多，他感政府沉疴愈重，彻底放弃会试入仕之途。他又劝肃顺提防那拉氏，未被采纳，遂辞归。一年后，辛酉政变发生，肃顺等八大臣被斩，刘崐受牵连革职遣返。王闿运义愤填膺，撰《祺祥故事》为肃顺辩解。其胆识，为刘崐赞赏。因而，当后来有人以谋逆罪告发王闿运于慈禧面前时，刚重获起用的刘崐极力为其辩护，并通过层层化解，终使王免了牢狱之灾。刘崐任职湖南巡抚后，又几次写信给在江西讲学的王闿运，劝他回城南书院任职。但待到王闿运处理好诸多后事可启程归省之日，已是4年后，而刘崐已退隐长沙。王闿运于是过起了四方讲学的日子，也偶回长沙，与刘见，不免唏嘘。

光绪五年（1879），王闿运得刘崐旧部、四川总督丁宝桢赏识而受邀为成都尊经书院山长，后又回湘主持长沙思贤讲舍、衡州船山书院，真正开启了他教书育人的丰收季，他此后数千名弟子中的佼佼者，如杨度、夏寿田、廖平、戴光、杨锐、刘光第、齐白石、张晃、杨庄等，多是这时期培养出来的。

刘崐逝世后，王闿运以弟子身份守灵，并为之连作了两副挽联，评价极高。其一曰："丹桂袭庭芬，海内共知循吏子；青骢怆星驾，滇民愁送使君车。"其二曰："一士定东南，更轺车重采榛兰，中兴盛事留嘉话；八旬娱富贵，看兵气销成弦管，三湘福地葬神仙。"

长沙文友：二十六载缔交情

刘崐两次为官长沙，共约8年，加上后来隐居长沙的18年，与长沙各界相交甚深。他文字功底深厚，善作对联，书法作品尤佳，因而所交的文友甚多。郭嵩焘、李元度、徐棻、王闿运、李寿蓉等诸位风流人物自不用说，而像黄本骥、黄道让、何绍基、黄冕、郑敦谨、周寿昌等才俊，也与他有不少交情故事。

黄本骥（1781—1856年，字仲良，号虎痴，宁乡人，著名金石学家、地理学家、经史学家、目录学家）是刘崐的前辈，道光元年（1821）中举，道光十七年（1837）担任黔阳县教谕，建教泽堂教授诸生。是故，刘崐担任湖南学政即登门拜访这位老教育家，也因这份礼遇，黄本骥十分高兴，常邀刘崐等文友相聚。当时，云阳楼刚建成，黄本骥邀约三湘名士前来看山品茶，并约诗撰对。刘崐也为其题写一联，为时人称颂，其联曰："细捡茶经,朗吟橘诵;闲论画舫,坐拥书城。"刘崐还把黄本骥与其父黄湘南、兄黄本骐合称"宁沩三黄",有与"眉山三苏"比肩之义。而黄本骥、黄本骐在嘉庆二十三年(1818)参纂的《湖南通史》,在刘崐为湖南巡抚后,成为其日常用书,后来正是依此作为基础版本由曾国荃、郭嵩焘、李元度主纂进行重修。

刘崐早在翰林院就读时就知黄道让(1814—1868年,字师尧,号歧农,临澧人)。咸丰三年(1853),黄道让中举,十年赴京会试,这年的会试读卷官正是刘崐。黄道让作了一论一疏,"纵横跌宕,笔意仿佛苏韩",其出众才华让刘崐赞叹,但黄那潦草的字迹却让酷爱书法的刘崐皱眉不已,只取他做了进士。黄道让在京两年后便乞假辞官,四处交游,至同治六年(1867)左右寓居长沙,与湘中名士何子贞、王逸梧、王壬秋、杨蓬海诸公唱和砥砺,编辑成了《雪竹楼诗稿》14卷,欲请名家题词作序。这时,刘崐来任湖南巡抚,他便想请刘崐作序,但想到会考,又心存犹豫。据说,他是送了一幅多年前的得意画作给李元度,才由李向刘表达托请的。刘崐本欣赏黄道让的诗才,立一挥而就作了篇700余字的序言,极赞其诗风清爽高冽,有名士风范。

而刘崐与何绍基(1799—1873年,字子贞,号东州,道县人)是翰林院的老朋友。他们都精于书法,曾旦夕交流而不觉光阴。咸丰元年(1851)和二年,刘、何又分别任湖南、四川学政,也曾就学院建设、人事任免有过书函交流。刘崐担任湖南巡抚时,何绍基已离开山东泺源书院在长沙岳麓书院、城南书院主讲6年之久。刘崐对湖南教育文化的摸底,即是何绍基和郭嵩焘、徐棻三人为主提供的。也正是在他们的鼓动怂恿下,刘崐主持了对湖南贡院、城南书院、岳麓书院、天心阁等主要教育文化场所的大修。而对岳麓书院,不仅予以修整,而且将其规模扩大一倍,完成其清朝最后一次大修。一年后,何绍基受曾国藩约去主持苏州书局,刘崐为其送行,叹道:"今日一别,又不知相逢几时?"3年后,何逝世于江浙途中,两人已永相隔。

黄冕[1795—1870年,字服周,号南坡,长沙县人,嘉庆二十年(1815)任两淮盐运使,后为两江总督裕谦幕僚,再为湘军筹饷]是刘崐敬慕的老前辈，他在道光五年（1825）协助江苏巡抚解决因洪泽湖决口带来的漕运被阻问题，采取海运从而使南北漕粮畅通，以后在上海知县、镇江知府等任上治理水利，大修刘河海口、蒲江塘、孟河、芙蓉圩等工程，以及主持修复常州延陵书院等，都让刘崐铭记于心。而他入裕谦幕后，抵抗英军侵略，再在余姚海口击沉敌船活捉敌军目安突德，在伊犁协助林则徐兴办屯田，帮助江苏巡抚陆建瀛办理海运等，更让刘崐钦佩万分。因而，咸丰二年（1852）为湖南学政的刘崐结识黄冕后是十分兴奋的，常向他讨教研学、问询为官之道。黄冕辅佐骆秉章守城献计献策，也指导刘崐抢修城墙，在少砖石情况下重金相赏使不少民众拆房运来，不仅很快修补好了城墙还凝聚了人心，为之后守城打下了极好的基础，对此刘崐佩服万分。他以后又为曾国藩办团练筹措军饷，铸造大炮，再设立厘金局为湘军提供军饷，佐曾国荃建吉字营并募军。他晚年在长沙城东肇嘉坪筑宛园，归老其中。刘崐担任湖南巡抚后，是宛园的常客，与郭嵩焘兄弟、李星沅、何绍基等在此吟诗作赋、商讨政事。黄冕不仅倾囊以授，而且还教其棋艺。是故，黄冕逝世后，刘崐十分伤心，以弟子礼为其守灵。

郑敦谨［1803—1885年，长沙县人，道光十五年（1835）进士，曾为刑部主事、郎中，山东登州知府，河南南汝光道，广东和河南布政使，河南巡抚，后降职再为山东学政，大理寺卿，户部侍郎，山西、陕西、直隶等省布政使，河东河道总督，湖北巡抚，工部、兵部、刑部尚书等］与刘崐都是在官场上风光一时却又经历过降、革职重新回到权力顶端的学人。因而，在其1871年春因前年处理张文祥刺杀原两江总督马新贻案违心定罪而以病乞归故里退园后，刘崐倒是欣喜万分的。尤其不久后刘崐再遭遇免职，他俩更是如同找到了知音，一度形影不离。郑敦谨善歧黄之术济世，曾留言子孙"世代不要为官，可为医隐"，刘崐也对此深为认同。而他们，还共同为编纂好《湖南通志》给曾国荃等做参谋，为此交流甚多。刘崐善饮，两人产生分歧时，郑敦谨就叫仆人送来好酒，争执往往就此打住。

周寿昌［1814—1884年，字应甫、荇农，晚号自庵，长沙县人，道光二十五年（1845）进士，曾为侍读学士署户部左侍郎、内阁学士等］

与刘崐在京就是好朋友,他们曾与曾国藩、郑敦谨、郭嵩焘等常相过从,以文章相砥砺。咸丰二年(1852)时,太平军攻进湖南,周寿昌弹劾钦差大臣赛尚阿、总兵和春逗留不战,刘崐对其赤胆忠诚甚为佩服。同治元年(1862),革职重新起用的刘崐到实录馆听差,而周寿昌正是实录馆纂修总校,两人的交流自然多起来。周对汉魏诸子文章甚有研究,尤其在《汉书》研究上著有《前汉书注校补》50卷,17次易其稿,文名远播。刘崐为此虚心向其请教,很好地补了汉史这一课。周寿昌在光绪六年(1880)回其青年时与兄周寿祺就读的城北听橘园定居后,刘崐是其座上常客。他们交流得最多的是诗歌创作。据传,刘崐还帮其校订了《思益堂文集》《思益堂诗集》《思益堂札记》等。

席宝田:剿匪军功归先生

刘崐对湖南士人关怀备至,提携眷顾处无用言表,人称"湘军之师"。同时,他善识军事人才,也为时人所称颂。其中,典型代表是席宝田(1829—1889年,东安人,字研芗,湘军将领)。

刘崐认识席宝田纯属偶然。席宝田18岁入县学,20岁左右来到长沙岳麓书院求学。而咸丰元年(1851)十月,刘崐来长担任湖南学政。关于两人的传奇相遇,民间是这样传说的:刘崐就任不足10天,孤舟渡江前来岳麓书院暗访。上山途中,忽听到山坡上兵器呼啦作响,不由好奇寻去。他睹见一块10余丈的平地上,一个赤裸上身的男子正舞一把80余斤的砍刀,那刀在他手中,如同戏耍,左劈、横扫、竖砍、右斩……他不由喝好。男子停下练武,刘崐见这汉子魁梧壮实,虽秋寒凛冽,此人面额却热汗滚滚。这人便是席宝田。刘崐与之交流,才知他是岳麓书院学生。席宝田不是一介武夫,深读《孙子兵法》,对排兵布阵甚有研究,其对天下形势的分析判断,也令刘崐频频点首。总之,第一次见面,刘崐便断定席宝田此人非同寻常，是具文韬武略的双料人才。

席宝田果不负刘崐慧眼识珠。咸丰二年（1852），他响应清廷号召，在家乡办起团练对抗太平军。但地方武装武器设备简陋，操度松弛，战斗力不强，虽有小胜，但遇大阵仗就原形毕露，不堪一击。席宝田四败四起，但也苦恼万分，于是向刘崐写信诉说。刘崐对此十分重视，他利用自己兵部右侍郎的身份积极谋划，终在咸丰六年（1856）十一月，使席宝田的团练编入刘长佑部，席随之转战江西。以后的10年，席宝田充分发挥出了其杰出的军事才华，与石达开部作战屡获胜而升知府，奉骆秉章令募1000人组成精毅营在郴州、桂阳等地阻击广东天地会起义军，在天京城破后及时在江西石城杨家牌伏击太平军余部，俘获幼天王洪天贵和干王洪仁玕等。这些成就，令闻讯的刘崐欣慰万分。

同治六年（1867），刘崐任湖南巡抚。这时，贵州苗民暴动。刘崐首先想到的就是自己这个学生，他令席宝田招募湘勇10000人赴贵州镇压。席宝田开始用兵不顺，尤其在黄飘战役中全军溃败，朝中要求撤换主帅的呼声甚紧。曾国藩也有意斟酌换人。但向来温和的刘崐此次异常坚定地挺席，朝廷无奈下只得默许。席宝田果不负老师期望，次年重振旗鼓，占苗军据地台拱，一年后又攻陷凯里。刘崐建议席宝田适时休兵，以达汉苗共存，并为此亲致书苗民首领张秀眉，希望化解干戈。长年困战的苗民起义军也有了投诚意。但此时风云突变，有人借此中伤刘崐，刘的巡抚之职被解，不知局势已变的张秀眉被诱杀，苗民再度起义。起义军被镇压后，席宝田致信刘崐，感激其栽培之功，内有"剿匪军功首归先生，非先生无有此胜"等语。刘崐见信，却撕了个粉碎，说："无信，岂为人乎！百岁后白面愧见张郎，崐之过矣！"此后近10年，他拒绝了席宝田的一切探访馈赠，不再与其通函。

10年后，两人又有往来。尤其席宝田称病退职归乡后，在东安重建孔庙，修县志，置学田，办书院，刘崐大加赞赏。闻席宝田患痢疾，刘崐还亲到九芝堂为其抓药，着人送至东安。这对师徒，也确情浓。刘崐逝世一周年祭祀刚过，席宝田便觉身体不适，对家人说"韫师招矣"，未三日，果溘然离世。

叶兆兰：入世报国一书生

叶兆兰〔1813—1876年，原名元桐，字介塘，东安人，道光二十三年（1843）举人，曾署安庆知府、贵东道，布政使衔〕是刘崐在剿苗平贵当中极其信任的一位将领，是席宝田手下的智囊。曾有人笑称，刘崐对剿灭贵州苗乱有信心，不是看好李元度与席宝田，而是因为他信赖叶兆兰和易佩绅。这话虽有夸大，但刘崐对叶兆兰的信任可见一斑。

叶兆兰自幼丧父，靠母亲纺纱养大，家境贫寒。但他的母亲是位极有见地的妇女，从小对其要求严格，引导其立志高远，以岳飞、文天祥为榜样，精忠报国。叶兆兰也读书刻苦，手不释卷，到夜晚常借附近庙宇香火读经至深夜。他同时对书法十分感兴趣，在沙土上练过字，更利用寺庙纸钱当过练字册。后来，寺庙主持看其能静心，遂把一本颜氏字帖给他，他如获至宝，从此宗颜体而精行楷。据传，他的书法小有所成时，有次路过一个村庄，见一妇人用双手拧糍粑，她把拧出来的糍粑一个个往头部后面抛，糍粑却稳稳地落进后面的簸箕里，而且有行有列，整整齐齐。叶兆兰看呆了，忙向妇人讨教其中技巧。妇人告诉他，这就是熟能生巧，与你练书法一个道理。叶兆兰听了，恍然大悟，从此更勤于练字，遂有大成。其字笔力沉着，结构宽博，雍容端正，笔势相向而多内蕴，给人以庄重浑厚之感。后来，他与道县著名书法家何绍基互赠过书法作品，如今在北京、安徽、东安等地方，尚有其墨宝遗存。道光十七年（1837），他以儒学生员身份升入国子监肄业，为拔贡。6年后，他赴长沙参加秋试。母亲变卖了3间旧房及家业作其路费，但哪料路途遥远，途中路费用尽。他便找寄宿的店主，请其帮忙，买来10余把白纸扇，在纸扇上题写诗词，行书作画，再拿到街市销售，以求路费。店主是个赏才的人，看他诗文书画俱佳,与之交谈,了解到其家境情况,遂赠银 50 两助其赴考。而叶兆兰也不负所望,顺利中举。

叶兆兰中举后,先是在家乡教书。这期间,他培养了一个有名的学生,即唐仁廉(1834—1895 年,字元甫,东安人,咸丰初投湘军,曾从杨岳斌、鲍超、彭玉麟等,掌霆军、仁字营,积功至通永镇定总兵、广东水师提督加尚书衔,卒授光禄大夫、建威将军)。但还是想考功名的他不甘心守于东安,道光二十七年(1847),叶兆兰前去北京,考取了宗室汉官学教习,在此任教 10 年。也就是在这个时期,他认识了在京的很多湘籍才俊,如胡林翼、曾国藩等,并因郭嵩焘的介绍,他结识了时为翰林院编修的刘崐。刘对其书法及经学知识十分欣赏,两人时在一起讨论学问,并且研究时局形势,甚为契合。咸丰八年(1858)十月,刘崐担任兵部右侍郎,一个月后,在他的推举相助下,叶兆兰到安徽潜山县担任知县。他办事认真仔细,时刻考虑百姓利益,严惩贪污,至今当地百姓还有纪念其功绩的故事流传,如捐银修桥、救赎贫女等。此时,太平军到处抢寨攻城,他积极组织之前被打散的团练进行训练,做好防战准备。次年二月,陈玉成部果然前来,叶兆兰组织团练在水吼岭抵抗,太平军遂转至衙前,乘其不备偷袭得手,叶兆兰只得率部败走梅城。但他积极鼓舞团练士气,并看准太平军守护松懈的弱点,带兵大破万家岭,杀死太平军检点张逆遂。接着,他配合在黄泥港与太平军死战的多隆阿部,率团练在逆水畈、槎水畈、黄柏河、龙井关向太平军发起攻击,有力地牵制了敌方势力,同时,积极发动百姓为官兵运输后勤物资。这令胡林翼十分赞赏,上奏说叶兆兰潜山之战功第一。虽然他马上因母丧回籍丁忧,但咸丰十年(1860)他还是被授署安庆知府,并督促其提前归皖。在后面的安庆保卫战中,他多方配合主力部队作战,并招募义勇 1000 人作支持。同时,他严密治理郡土,联络诸将催保平安,居然在兵荒马乱中使治郡均安,经济还有所恢复。次年,他被任命为徽宁池太广兵备道,再得曾国藩保奏得委署皖南道缺。他因而一辈子对曾国藩尊敬有加。后来曾国藩再督两江时,他虽已经授贵州布政使,但毅然放弃,而听从曾的安排回到长沙任总理湖南督销淮盐局,并通过不懈努力使盐政日有起色,以致曾国藩再拟其任两淮盐运使，但他因疾未就而归于乡里。曾国藩逝世后，叶兆兰为曾题写了一首挽联："生有自来，看临去时光焰异常，上和日星依帝座；没何所憾，念中兴后经纶未尽，勉承衣钵愧吾徒。"

刘崐任湖南巡抚后，立意援黔东镇苗，立即想到了起用叶兆兰这位昔日老友。在他的指导下，席宝田与叶兆兰在东安招集精毅营旧部，席为主帅，叶综理营务处。随后，叶兆兰参加攻克荆竹园、香炉山、轿顶山诸坚寨之役，取得了成功，因而被授贵东道，再署按察使。接下来的黄飘战役，荣维善、黄润昌等贪功冒进，几乎全军覆没。刘崐后悔不迭道："不调元桐，实无此大祸矣！"

叶兆兰十分重感情，同时善于结交同道朋友。他与老乡唐本有关系甚好，作战期相互关照，并常交流经验总结教训，后来两人还结成了亲家，他的孙女叶秋英就嫁给了唐本有的孙子、民国时赫赫有名的湖南省主席唐生智。而他自己一辈子追随席宝田，席退役后建宅于现邵阳县塘田市镇，他亦要求在病逝后归葬于塘田某山。

易佩绅：豪爽风骨性负气

李元度赴贵州剿苗不力被老师、新接任湖南巡抚的刘崐弹劾降级，他十分惶恐，马上借机跑回长沙向老师请罪，并有弃职不为的想法。但刘崐马上制止他，并劝慰他说："吾有文谋五、武谋五助汝。"后人依此揣测出，其以武作参赞的5人应指高胜、龙万贵、邓真发、吴兆熙、赵焕联，而文谋5人则指叶兆兰、易佩绅、谢兰阶、孙翘泽和裴镛。后者5名典型的文人中，谢兰阶、叶兆兰与易佩绅后来主要跟从席宝田，服务于精毅营，而孙翘泽此前担任过永顺、武陵知县，1866年至剿苗基本结束的1872年一直担任长沙知府职，裴镛（字迪君，湖北钟祥人）长期在永州临黔地区担任知县，后来离湘在秦淮纵情山水。从现有资料看，确不知其5人是如何帮助李元度的，但李记于日记当中，也可信。从李元度的记载来看，平苗以后，他倒与易佩绅交往较多，两人游山玩水时有唱和。

易佩绅［1826—1906年，字笏山、子笏，汉寿人，咸丰八年（1858）举人，后曾任贵州按察使，山西、四川、江苏布政使］少年时即具侠气，曾一度崇拜南宋末年人民起义军领袖杨幺，险为人举报致罪。后来，是他的胞兄易书绅四方活动，救了他，并请声名显赫的郭嵩焘兄弟来教导他。而有了名师指导，易佩绅的发展就颇不一样了。他刻苦研读经学，尤其精于仁学，后来还为此专写了《仁书》二卷；又对史学特感兴趣，诸多文才武将常让其感慨万分，"恨不与时"，后来还为此写有不少感触文章，出版《通鉴触绪》一书；因郭的博学多才，他也涉足儒、释、道三学，精于道家，著有《老子解》，对占卜之术、地舆勘察等，也有较多研究。郭嵩焘还介绍他结识了当时著名的文学大师王闿运，易还曾随两人游学。在郭、王两人的影响下，易对诗词产生了浓厚的兴趣，他尤其崇拜袁枚的创作，以其为榜样而作诗，创作成果屡现，后来收集有800余首，多收集于《岳游诗草》《诗钞》《因遇诗》《词钞》及《函楼文钞》中。他还敢于质疑前人的诗歌创作理论，尤其批判朱熹的理性诗歌创作观，为此而写了诗歌理论集《诗义择从》4卷。其珠玑满腹的才华，即已经在湖南声名远扬。咸丰八年（1858）中举后，他于次年意气风发赴京准备会考。在此期间，还是因郭嵩焘、王闿运的推荐，他结识了刘崐。刘对他的文学才华也甚为赞叹，尤其对那些苍凉沉郁、时代性强的怀古诗，晓畅清新、内涵深厚的写景咏物诗十分欣赏，甚至对其创作的忧患意识很强的赠答酬唱诗也颇为喜欢。于是，易佩绅成为其府上的常客。但是，易佩绅的科考运似乎不是太好。咸丰十年（1860），刘崐担任了会试阅卷官，也未能把这位自己欣赏的才子拖入进士之门。

易佩绅于是留滞京城为下次会试备考。这期间，他广泛交结，与未能及第、同病相怜的陈宝箴［1831—1900年，又名陈观善，字相真，号右铭、四觉老人，江西九江人，咸丰元年（1851）中举，曾官浙江、湖北按察使，直隶布政使，兵部侍郎，湖南巡抚，与许仙屏号为"江西二雄"］，晚清维新派政治家、罗亨奎（字惺四，江西琥宁人，咸丰元年中举，曾为重庆酉阳知县、四川雅安知府，有女婿陈三立）以诗情才华闻名京都，常在一起切磋道义、经济之学，被称为"三君子"。可就是在这段时间，刘崐发现易佩绅身上的游侠气息愈来愈浓，素来传统甚至守旧的刘崐隐约担心起来，便婉言劝告。不料，易佩绅负气而走，一度不与刘崐往来。这时，骆秉章正在四川招募人才，易佩绅便去投军，其办事认真而迅速的特点发挥无遗，屡得赞赏。他又敢作敢为，遇事处理果断，勇于承担责任，于是提拔也很快，积功升知府。刘崐担任湖南巡抚后，即把他调至身边，促其与席宝田合作，指挥精毅营平苗，因而他后来又升按察使、布政使。但可能是性格过于刚硬，民本气息、游侠风格在其身上的烙印太深，如同刘崐所担心的，他在四川就与巡抚丁宝桢闹得不可开交，所幸王闿运亲自跑到四川前去调和，并疏通关系将其调到江苏，此事才得以平息。

易佩绅最幸福的事情是娶了一位好妻子，不仅贤淑有加，而且自身极具才华，对儿女的教育与管理严格而富情趣。他们夫妻不仅常吟唱作赋，还带动孩子一起参与。从孩子入学启蒙始，他们即对其有意识地、系统地进行资质训练，包括观察与想象、语言表达、文学技巧等写作基本功训练，激发、培养孩子的文学兴趣。一个月色融融的冬夜，易佩绅夫妇唤醒孩子，指导他们如何观察眼前景物特征，体味其空灵幽静境界。他们的长子易顺鼎（1858—1920年，光绪年间举人，著名诗人，与樊增祥合称"樊易"，与何震彝、冈尔昌等合称寒庐七子，著有诗集72卷诗逾万首，词集10卷，杂著29卷）便写出了《园居雪夜》："积雪已满林，天寒睡初醒。月华如水流，老鹤踏梅影。"孩子稍大，他们一家人便共商文学问题，或以某一事物为题，相互唱和。在这样的氛围下，易佩绅的几个子女及其后代都在文学创作上颇有出息。除却易顺鼎，其次子易顺豫为光绪进士，曾任江西吉安知府，曾于辅仁大学、中国大学及山西大学教授，著有《湘社集》《琴意楼诗》等，其作品收入至《全清诗》中；他的长女易莹以诗清丽凄婉、技巧娴熟出名，因英年早逝，后由易顺鼎为她编辑出版了《玉虚斋集》；他的次女易瑜一生致力于教育，是清末民初全国著名的女诗人，与丈夫黄仲芳倩影联唱为诗坛一景,著有《湘影楼诗》、传记体小说《西园忆语》、散文集《髫龄梦影》等;他的孙子易君左(1899—1972年,字家钺)是北京大学文学学士、日本早稻田大学硕士,文、诗、书、画无不精工,20世纪30年代即以散文集《闲话扬州》出名,一生著书60余部,香港文学研究社将他与周作人、林语堂、李广田等并列,台湾当代学者称他为中国现代游记写作第一名家;他的重孙易征(?—1997)长期在部队和地方从事文化宣传、出版工作,担任过《现代人报》总编,作品有新诗集《红豆集》、小说集《南海渔家》、散文集《多伦多来客》、评论集《诗的艺术》、随笔集《文艺茶话》等14部。

出于对易佩绅的喜欢,以及素喜书香门庭,刘崐在其独子刘聚中逝世后,将自己独自抚养大的次孙女许配给了易顺鼎。而承袭了易佩绅游侠精神的易顺鼎,后来利用自己对于剿苗湘军的调查了解,还归纳出了刘崐信赖、倚重的一系列军勇首领,即刘门二将(李元度、席宝田)、四虎(荣维善、王永章、周家良、苏元春)、八勇(谢兰阶、唐本有、唐本朋、龚继昌、魏玉彩、石焕章、黄润昌、邓子垣)、十二丁(马盛治、陈嘉、唐本顺、苏元璋、苏元瑞、黄元果、彭芝亮、邓善燮、邓第武、戈鉴、李明惠、李光燎)。

精毅营:关爱诸将湘人情

精毅营是刘崐的学生席宝田、叶兆兰等于1860年成立、1872年解散的一支湘军队伍。其以东安籍将士为主,存续13年中,转战湘、桂、赣、皖、粤、黔等地,先后参与剿灭太平天国、贵州苗民起义,经历大小数百战,名闻天下。在血与火的考验中,锻炼与培养出了一大批文臣武将,文臣如叶兆兰、谢兰阶、易佩绅、唐仁东、易鼎臣、唐丁山、陈金甲、席启悌、陈宝箴、唐家桐、黄习溶等,武将如荣维善、邓子垣、唐本朋、唐本有、唐本顺、周家良、魏玉彩、席启昭、兰廷位、易景云、龚继昌、苏元春、苏元璋等。因为担任湖南学政、兵部右侍郎、湖南巡抚等职,刘崐与这些人多有接触,甚至交往密切,也从而对他们关爱有加。列举部分与读者分享。

邓子垣(1831—1869年,字星阶,新宁人)在咸丰初以诸生从刘长佑剿敌于江西临江、抚州、新城及湖南永州、宝庆等地,作战勇猛,遇事果断,累功升知县,因得以与兵部右侍郎刘崐结识。刘崐对他很赏识,勉励其精忠报国,还将其介绍给曾国藩、胡林翼等,并保奏其为知府,因而以后两人之间多书信往来。尤其之后邓子垣随江忠义与石达开部辗转湖南武冈、道州、江华、蓝山等地作战,他多次给刘崐写信通报战况及请教策略,刘崐也回复甚多甚迅。1861年,邓子垣赴贵州剿苗,在铜仁、石阡、思州等地屡破苗寨,这引起了刘崐的关注,特别是其担任湖南巡抚后,他专把邓子垣调到身边,要其介绍经验,并把他介绍给席宝田作为助手,这也是刘崐与席宝田后来琢磨出"雕剿法"的重要基础。黄飘战役中,邓子垣中伏被大炮打死,传言刘崐一夜白头、号哭通宵,其灵柩辗转回到长沙时,刘崐亲去祭拜,泪不能止。

荣维善(1843—1869年,字楚珩,东安人)是席宝田的亲兵。刘崐初见其身材高大、英俊勇武,就甚为喜欢,后知其力能举500斤,更是连赞席宝田得宝。在与太平天国康王汪海洋的战斗中,作为先锋的荣维善与之搏斗,刀刃其背,几乎将之生擒。因此事,刘崐特邀荣维善来府,请他详讲其经过,而荣本人好酒,据传他讲至半途口舌生津,要求刘崐亲自为其斟酒,刘照做不误。剿苗时,荣维善总管精毅营营务,攻克石阡、荆竹园而擢总兵,攻克镇远、寨头擢提督。刘崐特写信给席宝田,要其提醒荣维善莫骄傲自满,可能荣把此当作了耳边风,之后酿致黄飘失利身死军亡之大祸,刘崐叹息说:"蛮牛一头也!"

唐本有(1840—1893年,字益之、友耕,东安人)也是席宝田的亲兵,随之左右,故刘崐得识。当知他10岁双亲病故、曾接父亲衣钵挑盐贩盐维持生计时,刘崐对其更多几分怜爱,授之以书。也因此,他一直被放于席宝田主营中。唐本有是个有心人,少时文字识得少,故从军时常向席宝田、叶兆兰、谢兰阶等请教，其学习精神令众人起敬。因多人教诲，他智勇兼备，在攻打镇远等役中都以巧取获胜而受刘崐表彰。而他在作战中也是极其勇敢，攻打寨头时，他率先而入，左臂受3处枪伤，战马亦受伤倒下，他一声怒吼，单臂勒缰绳扶起战马，纵身而上向前直扑，吓得敌人胆战心惊，如视神人。精毅营解散后，他又随苏元春平六峒与江华瑶，入粤西驻防，后授广西提督。他的孙辈人才甚多，唐生智、唐生明、唐生毅、唐生献、唐生甫、唐生清等，或为一省省长，或为将军，或为重要官员，皆名显声赫。

石焕章（1831—1879年，字天瑞，号麟祥，宁远人，国学生，官至花翎三品衔补用道）与刘崐认识是在精毅营成立之前。咸丰四年（1854），在湘乡办团练的王鑫带他面见时为湖南学政的刘崐，两人一见如故。刘崐还为他未尽学业从军感到遗憾，但这年石焕章给了他一个惊喜：石将组建的疑勇营改为鸟勇营，布防石家洞，破义军于小茗洞和柏万城，继而协同王鑫镇压了萧元发的义军。时正赶往京城就任内阁学士兼礼部侍郎的刘崐大喜，特书信勉励之。1863年席宝田将率精毅营往赣皖镇压太平军，刘崐立刻将之推荐给了席宝田。石焕章在席的指挥下，展现出了很高的军事素养，不仅服从命令坚决，而且时不时能提供自己的意见给主帅，故甚得席的欢喜，以后一直相随。精毅营解散后，石焕章回到老家，与黄习溶（1835—1880年，字拔萃，宁远人，生员，曾为王鑫、席宝田幕僚，累功擢花翎三品道员）等倡修宁远大庙，卸职的刘崐提笔写信给他，赞扬其为家乡做此贡献功在千秋，造化于民，实乃大善。石焕章颇受激励，此后还把自己著的《莳花堂诗集》送至长沙，请刘崐指正。

龚继昌（1831—1889年，本名昌遇，号荣甫，城步人，后为提督、郧阳总兵）在咸丰初就是刘长佑的老手下，后又随席宝田转战江西、湖南、云贵数省，累功升参将，再在同治三年（1864）协助席宝田生擒洪福琪而加提督衔。但直到同治六年（1868）刘崐派精毅营剿苗，他们才认识。刘崐初见他，就讲到了龚继昌少年时好侠仗义冲入强盗窝中将赃物抢出还给穷人的事迹，这让龚继昌大吃一惊。接而，刘崐讲到他弃学习武，闲余抓泥鳅、担柴卖、挑盐补贴家用的往事，一桩桩如数家珍，这令龚继昌感动不已，从此誓言跟从刘崐。在援黔征苗中，他在会同、施洞等役表现突出，刘崐特上奏予以表彰，后来他在乌鸦坡之战围捕了苗军头领张秀眉、杨大六，得授贵州镇远府总兵，接而为郧阳总兵。但刘崐深知龚此人性格暴戾，争强好胜，爱出风头，出于对其的爱护，请接任的湖南巡抚王文韶调其回湘，统带西路防营兼长胜水师，驻守辰沅。龚继昌曾在家乡捐建荣昌桥和文庙，家乡遇荒时特由辰沅运米到县内赈济，生人给以棉衣，死人给以棺材，一时名满天下。刘崐生怕他骄傲生事，特写信嘱其小心行事，弃虚名，但龚继昌终不听，最后因与一官员争妾埋下祸根，被人告为贪官而被处死。

刘崐对苏元璋（1833—1899年，曾官广西右江镇总兵、记名提督）、苏元春（1844—1908年，字子熙，毅新军创建者，曾为广西提督，协冯子材守镇南关，后革职充疆）、苏元瑞（1846—1922年，字霭庭，苏元春堂弟，曾为贵州威宁镇总兵、记名提督）这广西蒙山三兄弟，可谓是青睐有加。原因有两个，一是他素欲扶持广西本土士人，二是三兄弟都曾为文士，最早是因为苏元璋之父苏德保被太平军所杀而怀抱报仇之心投奔精毅营的。他尤其对苏元春十分喜爱，因为其轻财好干，善于用人，颇有大局观，这极合刘崐口味。苏元春后来在广西任职间，招纳了两个著名的人物，一个即后来力图复辟帝制的张勋（1854—1923年，原名张和，字少轩、绍轩，号松寿老人，江西奉新人，曾任云南、甘肃、江南提督，辛亥革命后为江苏督军、长江巡阅使），另一个即桂系军阀首领陆荣廷（1858—1928年，原名亚宋，字干卿，广西武鸣人，曾是绿林头目，后受招抚而为左江镇总兵、广西提督，辛亥革命后为广西副都督、都督、广东督军，民国时与张作霖及代理总统冯国璋并称"北张南陆""北冯南陆"）。而因为对苏氏兄弟的怜爱，刘崐后来还对精毅营的另两位广西将领马盛治（1844—1902年，字仲平，广西永安人，以孝著称，曾为柳庆镇总兵、提督）和陈嘉（约1836—1886年，字庆余，广西荔浦人，曾为贵州安义镇总兵）极为关爱。马盛治在席宝田军剿苗而升游击，归军湖南时，王文韶款待诸将，并邀请刘崐出席，这其中最为年轻、级别最低的将领即是马盛治。与之交流，刘崐即赞其有大志，并勉励之。他后来镇守与越南交界的边关17年，以治军严谨著称，被苏元春视为左右手。

而陈嘉也是苏元春老部下,并一辈子从其南征北战。潘鼎新担任广东巡抚时,他曾助其剿灭思恩匪徒,官兵对百姓秋毫无犯,至今当地还有陈氏的传说。后来陈嘉又随苏元春赴镇南关支持冯子材,重创之下不下火线,令法军见之胆寒。其最后未满50卒于军中,刘崐闻之泪流满面,长叹:"精毅营之栋梁,殁矣!"

精毅营解散之后,部分将领率旧部驻防贵州各府县。其中席启悌驻台拱,实行休养生息,引导苗民农耕,将士纪律严明,还时常助农民耕作,对当地恢复经济生产作用巨大,刘崐为此专给席启悌去信鼓励,席回复称大受鼓舞。刘崐还曾向左宗棠保荐唐家桐(字蓁楼,永州零陵人,以增生入精毅营,曾为江西石城训导,后与谢兰阶等因擒获洪天贵福而保举长宁知县,操办团练而委署江浙布政,后随左宗棠入疆综理粮薪,得赏一品花翎加太子少保)等精毅营旧人,他们皆在新疆大有作为,成为左宗棠保疆灭乱的重要力量。

胡林翼:盼见湘帅一生憾

在晚清"中兴四大名臣"(曾国藩、左宗棠、胡林翼、李鸿章)的三位湘帅中,刘崐最敬佩的一位是胡林翼[1812—1861年,字贶生,号润芝,益阳人,道光十六年(1836)进士,选庶吉士授编修,充会试同考官、江南乡试副考官,历任安顺、镇远、黎平知府及贵东道,再迁四川、湖北按察使、湖北布政使、湖北巡抚,谥文忠,著有《胡文忠公遗集》等],也是他最盼见却一再阴差阳错、最终未能相见的湘帅。这个遗憾,在其以后退隐长沙时,屡屡与李元度等人提起。

胡林翼出身官宦之家,他的父亲胡达源[1777—1841年,字清甫,号云阁,嘉庆二十四年(1819)探花进士,授编修,晋国子监司业,擢少詹事、日讲起居注官,充实录馆纂修、提调官,再典试云南,任贵州学政，授学士，著有《弟子箴言》等］一直在外任职，他少年随祖父胡显韶（庠生，著有《紫筠园诗文》等）习读四书五经。胡显韶是个极会教习的人，讲经外还给其讲史，且讲到精彩处就忽停，让其自己翻阅书籍并思考，这让胡林翼从小养成了独立思考的习惯。八岁那年，他随胡显韶在益阳县志馆整理资料，时被任命为川东道的陶澍前来拜会，一见便"惊为伟器，以第七女静娟字之"。确切地说，正是在其岳丈陶澍的培养下，胡林翼成长起来了。陶所聘用的良师蔡用锡"教人务为有用之学，不专重文艺，而于兵略、吏治尤所究心"，因而胡林翼学识才干突飞猛进，他"聪强豪迈，于书无所不读，然不为章句之学，笃嗜《史记》《汉书》《左氏传》、司马《通鉴》暨中外舆图地志，山川阨塞、兵政机要，探讨尤力"。而在道光十二年（1832），因陶澍升职，胡林翼夫妇陪同岳母贺太夫人到南京，住在两江总督署，得以时常向岳丈请教。在学习处理政务的同时，他还有机会与两江官僚、当地名士交往，这又为他日后走上仕途做了极好的铺垫。还据说，他曾向陶澍建议以江苏巡抚林则徐、云南巡抚伊里布为两江总督人选，向朝廷推荐。他"负才不羁"，"习闻绪论，有经世志"。二十四岁中举后，他第二年考中进士。在翰林院期间，他得潘世恩等人赏识，得以及时掌握朝廷动态，也有效地保证了陶澍与朝中权贵的及时沟通。这种协调能力的锻炼，为其日后在错综复杂的军旅官场中左右逢源打下了很好的基础。

　　刘崐是在进入翰林院后才知道胡林翼的。他进院时，胡林翼因为岳丈、父亲接连去世，返回湖南守孝，最佳政治资源尽失，屋漏偏逢连夜雨，本来担任过会试考官又充当了江南乡试副考官的他已经为走入仕途筑好了极佳基础，偏因失察正考官文庆携带举人熊少牧入闱阅卷，而受牵连降一级调用，一下落入人生最低谷。这时，与其未谋面的刘崐，自不会联系在家闲居的胡林翼。待胡林翼道光二十六年（1846）借助同榜进士们捐纳而以知府分贵州时，刘崐正为顺天乡试考官，再度错过相交时机。

　　胡林翼在贵州安顺、镇远、黎平知府及贵东道上，充分发挥了其文才武略，真正让刘崐对其产生了仰慕。主要有三件事：第一，他在三个知府任上，立志安定一方，经常芒鞋短衣，深入群众摸民情探匪情，强化团练、保甲，镇压黄平、台拱、清江、天柱等地苗民起义和湖南李沅发起义。第二，他依靠自己的丰富实践经验，撰写了《保甲团练条约》及《团练必要》诸篇，后来编成了《胡氏兵法》。第三，他绘制了著名的《大清一统舆图》，这是清朝最详细的天下舆图，此图中国土北抵北冰洋，西及里海，东达日本，南至越南，远超如今国土面积，极显帝国霸气。由此，刘崐在湖南学政位置上听闻其传奇甚多，而对这位以身许国、为政勤劳、果敢明快，并在整饬吏治时提倡着诚去伪的胡林翼产生了仰慕。

可惜，当时的军事形势危急，咸丰四年（1854）刘崐升为内阁学士兼礼部侍郎时，胡林翼作为贵东道员奉调带勇奔赴湖北、湖南抗击太平军去了。在九江之战、武昌守城中，他接连失败，但他与曾国藩一样屡败屡战，永不言败。他看到军队的腐败，下决心裁汰旧勇，派都司鲍超到湘另募新勇3000人，又奏调罗泽南部自江西来援，这样终扭转局势，转败为胜，接连占领通城、崇阳、咸宁等城。罗泽南意外身亡后，他又通过安抚，"以昆弟待之"，使李续宾接掌其军，维持了军队的稳定，从而很快夺下九江，再会同曾国藩等击败石达开、张洛行、龚瞎子联军，攻克太湖，收复潜山。这时授职兵部右侍郎的刘崐，收到战报，自然对胡林翼更为敬重。而更令刘崐极欲与胡林翼一交的是胡的吏治之术，他在担任湖北巡抚期间，主动改变与湖广总督官文的关系，采用笼络等手段与其交往而得以实掌大权——他对官文执礼甚恭，时送丰厚银两以满足此满族权臣的贪心，同时又与官文的宠妾结成干亲，从而建立起与总督府非同寻常的拟血缘关系；他在与下属的交流中，善于"化公为私"，用手札谘问，务达其情，从而调动下属的工作积极性……这种以救天下的诚心为基础的权术使用，很快使鄂"军政吏治，皆林翼主稿，官文画行。有言巡抚权重者，一无所听"。后人皆以为，正是官、胡并立开创了湖北政坛最为稳定的时期，而"湖北富强基于此"。这对正在追求上进的刘崐来说，无疑是最具吸引力的，他急欲见到胡林翼，向这位湘帅讨教，以规划自己的人生。

但是，天意难违，咸丰十一年（1861）八月三十日，已50岁，在为晚清朝廷腐败无能着急且担忧外患的胡林翼，在见到洋船往来长江迅捷如风,而花大力气打造的北洋水师相形见绌,气愤吐血,在武昌溘然长逝。担任国史馆副总裁、经筵讲官的刘崐闻报,惊得茶杯落地。他知道,他与胡林翼相见交谈的希望,是彻底破灭了。这份痛与失落,或许只有他自己清楚。

黄翼升:水师提督附曾门

黄翼升(1818—1894年,字昌岐,长沙人,曾从曾国藩,累功擢都司、江南水师提督、长江水师提督,后加尚书衔,卒谥武靖)是刘崐颇为欣赏的湘军将领,早在咸丰六年(1856)刘崐为兵部侍郎时,他们就结识,尤其刘崐为湖南巡抚后,黄翼升为长江水师提督,据刘崐言:"每年于五、六月间至湖南巡视营伍一次,皆由岳州溯湘阴,至省与臣会筹机宜,复由省遍历沅江、龙阳、安乡,查看出境,于营官之勤惰,兵丁之强弱,均能考核严明。"

黄翼升少孤,育于邓氏,冒其姓入长沙协标充队长。他真正在行伍中树立威名,始于咸丰初年,而恩人就是曾国藩。咸丰三年(1853)十一月,曾国藩创建水师,调其为哨长,从而开始了其四十年水师生涯。次年,黄翼升跟从杨岳斌攻下岳州,叙功升千总。在城陵矶一役中,太平军以10余艘船来做诱饵,意引其军进入包围圈。黄翼升明知其诈,但仍追至擂鼓台、荆河脑。这时,伏兵突出,形成包围之势。黄翼升却奋然不顾,驾舢板反击之,余勇受鼓舞,亦跟随他奋勇往前,太平军大败。接而,他又转战至金口,正遇上太平军下游被围,他率军猛打猛攻,使敌不支,迅速逃亡而去。他因此而擢守备。攻克武汉后,他再随军进攻蕲州。黄翼升做了一个聪明的举动:率军自蒜花塝出战落败的太平军,焚烧其舟,使敌元气大伤,他得擢都司。收复蕲州后,他又被提拔充为营官。接而,他率兵攻湖口,毁敌船10余艘,后又与太平军迭战于都昌县河、鸡公湖再火焚敌舟。当时,湘军水师在内湖无大船,曾国藩下令添造,并拨江西长龙、快蟹诸船归入,任命黄翼升及萧捷三分领之,各为一军。得到重用的黄翼升因而对曾更是感恩戴德,誓死相报。咸丰五年(1855),诸军合攻湖口,未克,萧捷三战死,杀红眼的黄翼升愤怒之下冲入敌营,如入无人之境,尽毁下钟岩敌船,被人称为赵子龙再世。次年,太平军进犯抚州,南昌戒严,黄翼升奉檄率军停泊吴城保卫省城。湖口之敌尾随而至,纠结土匪意欲攻打吴城。黄翼升分兵由前河包抄,自己则赴后河攻击陆路之敌,太平军一看形势不妙,马上撤走。这时,彭玉麟至军,他命令黄翼升专攻陆路,自己则率水军继续防御。黄翼升后路无患,如虎添翼,败敌于涂家埠,毁掉两座浮桥、百余艘敌船。太平军便假冒民船前来,突对黄部发动攻击。黄翼升合军围击,打得其先头部队毫无还手之力,只得乘天黑溜走。黄翼升一边率军追至德河口,一边送信给彭玉麟,相约会攻南康,太平军不意其动作之速,只得弃城而逃。咸丰七年(1857),杨岳斌师至九江,彭玉麟与之相约夹攻湖口,军分6队而前,已升直隶提标左营游击的黄翼升率内湖右营首先遇敌。他镇定指挥,兵士奋勇,敌军遂退,众营急趋而前。太平军改用大炮轰击,他营接连失利,并反被追逐。黄翼升把握住时机,率军伏于小巷,待其还,突然纵击,斩杀敌人过半。他又料到太平军必会乘夜劫营,命令兵士灭炬待之。果然,太平军当晚来袭,黄军合围而攻,歼敌无算,尽毁梅家洲敌船。东岸诸军亦斩断湖口铁锁,遂克湖口,内外水师复合。黄翼升因而得以擢副将。

咸丰十年(1860),曾国藩奏设淮阳水师,举荐黄翼升率领,他即授淮阳镇总兵。次年,黄翼升在黄盆镇、方村接连破敌,接而进攻铜陵,决城东北堤,从决口率军抢先据之,又进攻无为州,毁泥汊口、神塘河敌垒,使无为、铜陵同时得以收复,他被赐号刚勇巴图鲁。黄翼升乘胜追击,偕王明山循沿江郡县前进,克池州,再打下得而复失的铜陵。之后,他偕陈湜攻下东关,加提督衔;与李朝斌分扼巢湖上下游,牵引太平军水师力量,从而让曾国荃袭克太平,合力攻下金柱关,偷袭东梁山,攻克芜湖,败敌清水河,俘馘以千计,他得以提督记名。同治元年(1862),他在攻下秣陵关、江心洲后,以一敌十,血战夺取太平军要塞九洑洲,军声更是大振，曾国藩、刘崐等纷纷写信致贺。这时李鸿章在上海规划进攻苏州和常州，遂向恩师曾国藩请求调黄翼升署江南水师提督，与其共同会剿。黄翼升统兵松江、上海诸水军，分10营，分驻浦口、扬州、松江、青浦等地。他一方面下令在上海增造舢板、飞划诸船，另一方面打败了谭绍光率领的嘉、湖、苏、昆联军。不久，李鸿章相约合攻黄渡，黄翼升由赵屯桥截击敌军，追至三江口，尽平沿岸桥垒。十月，他接连在芦墟、尤家庄、汾湖、三官塘打败敌军，进距苏州30里。在此强大军事压力下，常熟太平军首领骆国忠举旗投降。谭绍光气急反扑，攻陷福山，黄翼升马上赴援，夺取了河西、白茅、徐六泾诸口。同治二年（1863）正月，黄翼升会合常胜军攻克福山，骆国忠率部突围而出，围乃解。接着，黄翼升沿江兜剿，会攻江阴，迭破蠡口、陈市。太平军陈坤书部来援，黄翼升扼江干诱敌出战，再与郭松林、刘铭传合击大破之。他们接而合力攻克江阴、苏州、无锡、常州。曾国藩为之十分高兴，特启奏：" 江南额设提督一员，兼辖水陆。翼升所授，当是新设，请敕部铸颁新印。"杨岳斌督师江西后，黄翼升接统外江水师，后又加一等轻车都尉世职。

同治四年（1864），黄翼升被令进驻山东剿灭捻军。当时，僧格林沁刚刚战殁，捻氛益炽，进犯雒河，黄翼升驰援，败敌而走。他接而在淮安督军追击东捻赖文光，并成功擒敌，又在运河堵西捻张总愚，乘伏汛入张秋口，至德州，揭破张总愚冒充官兵的诡计，大炮轰击，使张总愚溺水而亡。彭玉麟终制回籍后，黄翼升接管长江水师，但两年后即因驭军不严、滥收候补将弁200余人而受责罚，许其开缺回籍养疴。在长沙，他与刘崐两位老人常相伴而游岳麓、谷山诸名胜，饮酒作诗，过着完全退隐的生活。刘崐逝世3年后的1891年，黄翼升复授长江水师提督，入觐，赐紫禁城骑马。甲午中日战争发生后，黄翼升由岳州赴江宁筹江防，卒于军中。他曾立功的湖南、湖北、江西、山东、江苏等地，纷纷为其建专祠供祭。

黄翼升一辈子对曾国藩恭敬异常，常以曾氏弟子自居。黄氏也与曾门关系非同一般。黄翼升的妻子奉曾国藩夫人为义母，曾国藩曾置妾，"喜事"就是黄翼升经办的。也因这种亲密关系，后来有人说，晚清著名刺马案的主使是黄翼升,而曾国藩也脱离不了关系。不过,这些并没有直接的证据。

黄翼升之子黄宗炎,袭男爵,官为广西桂平梧盐法道。他有一个著名的外孙女,那就是民国时以写作闻名全国、备受时人捧爱的张爱玲。

高连陞:剿捻剿回立奇功

高连陞(1832—1869年,号果臣,宁乡人,湘军将领,曾为广西左江镇总兵、浙江提督简放广东陆路提督、甘肃提督,赏戴花翎,赐号尚勇巴图鲁,钦赐黄马褂,诰授振威将军)与刘崐生前并没有打过交道。其逝世后,刘崐却葬之极其隆重,不仅其灵柩到达长沙时亲至江边祭奠,而且为其建立了专祠,交付史馆写传,自己还为之撰写了祭文勒石勘刻。这里面,有刘崐出于对其领导左宗棠、蒋益澧等的敬重的原因,但更关键的是,刘崐对高连陞本人甚为尊敬,并认为其值得湘人效仿,能激励湘人志气。

高连陞出生于宁乡坝塘,一个久负盛名的武术之乡,当地人好武成性,明末以来,素出武人。高自幼好武,青年时还曾随人游走江湖,向各方武林人士学习,在拳脚上以迅猛著称。咸丰四年(1854),意欲建功立业的高连陞听闻罗泽南在湘乡招练团勇,遂前往投奔。在这里,他遇上了一生的贵人——蒋益澧。蒋颇为欣赏他的才能,也对其豪爽、果敢的性格给予肯定,在蒋的指导下,高连陞不仅很快获得提拔,而且跟随他练字——蒋益澧认为,练字能陶冶人的性情,使其沉稳而决毅。高连陞也不负所望,迅速在镇压太平军的几次小规模战斗中脱颖而出,显示出了临敌时的沉着冷静、有勇有谋。之后,他随蒋益澧参与攻克江西义宁和湖北通城、蒲圻、崇阳等城,他作战勇敢,身先士卒,多次首登城楼,身中多处枪伤也不下前线,敌畏之为"不死之虎",因而得以升千总,加守备衔。咸丰六年（1856），高连陞参加武昌之战，他用计火烧太平军的粮草，并勇猛攻营，可不意主帅罗泽南中弹身亡，他冒险抢回尸体，有条不紊指挥军队撤退，受到胡林翼的表彰与青睐，晋守备。不久，他奉命率部参与镇压广西龙胜县兵变，他果断地处决了带头闹事者，事定升都司。咸丰八年（1858），胡林翼命他回湘募兵，他积极发动宁乡、湘乡各地群众入伍，建立起了果勇营。他自己亲抓操练，重视军队纪律，规定不得侵犯他人财产，不准入户抢夺，受到士民爱护。不久，他率军随湖南候选知府蒋益澧入广西镇压罗华观和陈开领导的农民起义军。四月十七日，他们攻占梧州，罗华观突围奔贺县，其家人全被斩首示众；次年三月，罗华观与陈开集合部队前来攻城，早有防备的高连陞发动士绅护城，他划定守御区域，规定失责必斩，因而人人奋勇，敌无计可施，只得撤兵。他挥兵跟踪，乘黑偷袭敌营，放火引起内乱，敌溃不成军。罗华观只带得1000人退守多贤乡，后又再退至平南。高连陞不依不饶，经常骚扰，使其不得安生。无奈之下，咸丰十一年（1861）七月，罗华观与陈开在平南与之决战，高连陞暗自联合广西各地团练前来助战，罗陈农民起义军遂被镇压。他因此而升参将，旋任广西左江镇总兵。

同治元年（1862），高连陞再率部从蒋益澧援浙与太平军作战。同年十二月，在攻克金华的战斗中，其部以一敌十，多次承受太平军的攻击，有效地阻击了其突围，为浙江巡抚左宗棠所赞赏，以提督记名。次年七月，他又率军参与围攻杭州太平军，屡有斩获，攻下杭州城后，他叙功赏穿黄马褂。同治三年（1864）七月，受到激励的高连陞与总兵杨政谟等攻陷湖州荻港，基本扫平浙江境内太平军，他被接任浙江巡抚的曾国荃荐举擢升浙江提督。

太平天国天京失守后，侍王李世贤率余部入闽，占领漳州府城。高连陞与淮军提督郭松林领军乘海轮抵福建前线，分兵攻克漳州。同治四年（1865），他调任广东陆路提督。同年六月，太平天国康王汪海洋与佑王李远继领军入粤，占领镇平、龙南等城。他奉左宗棠命，率部尾追六昼夜，不休不眠，无意中伏大败。他因此受到降级留任的处分。十月，汪海洋进驻嘉应州。高连陞与黄少春及康国器围攻之，收降4000余人，汪海洋中弹牺牲，城陷。高连陞得以官复原职。

同治六年（1867），出于对左宗棠的仰慕及感恩其对自己的多次举荐，高连陞自请去西北协助左宗棠镇压回民起义军，改任甘肃提督。同年十月，西捻军突破左宗棠重重包围，进军陕北，他奉调到陕甘边境进行堵截，却在陕西宜君县何家庄遭到起义军的顽强迎击。他立与之进行拼死对抗。这时，左宗棠意识到了哥老会在军队中的蔓延，便密令高连陞进行内部调查。同治八年（1869）四月，高连陞驻军宜君县杨家店，开始"严察惩办"营内哥老会成员，这激起了哥老会众的反抗。哥老会头目丁玉龙秘密串联各营入会者及回民起义军，准备在四月九日举行起义。高连陞得信后大怒，立带两名总兵驰马前往弹压，不意丁玉龙等早有防备，待其至，即蜂拥而出，乱刀将其及两总兵杀死。左宗棠大怒，认为兵变原因是哥老会与各省兵勇相勾结，于是严加惩处，阵前斩杀1300余名乱兵，此外还捕获讯决180余人。在高连陞及两总兵的祭奠大会上，左宗棠面对万名将士垂泪，高度评价高连陞："剿捻剿回，无战不克。身为大将，临阵辄跃马争先，耻居士卒之后；及收队论功，辄推奖诸军。"其对高的喜爱，溢于言表。

高连陞尸体归乡后，刘崐等将其厚葬于宁乡株木桥大坝山荫山塘新围山嘴。清廷亦按左宗棠之请，敕令广西、浙江、福建、广东、陕西、甘肃等其立功之省暨湖南原籍建立专祠，并加恩赏给其三等轻车都尉世职及恩骑尉世袭罔替。

刘锦棠：志虑忠纯飞将军

刘崐与刘锦棠（1844—1894年，字毅斋，湘乡人，曾为甘肃西宁道、太常寺卿、通政使、兵部侍郎加尚书衔、新疆巡抚，卒谥襄勤）交集不多，但对其印象深刻。他们的第一次见面，是在同治八年（1869）三月，刘锦棠受左宗棠之命，回到湖南招募兵勇1500人由鄂赴陕，并请湖南巡抚刘崐拨给米捐及经费银15000两，刘崐不仅爽快同意，而且主动加大了拨银，这让刘锦棠十分感动，而刘崐则是欣赏其办事果练，认为其前程远大。第二次，则是两年后的夏天，已经接替叔父刘松山担任老湘营统帅的刘锦棠护送叔父灵柩回湖南安葬，刘崐迎于江岸，哭于灵前，如丧考妣，让刘锦棠倍感家乡父母官的温暖，从而对刘崐更为敬重。第三次，则是光绪十三年（1887），刘锦棠获准回乡省亲，到达长沙，获知刘崐病重，立推掉所有应酬，赴府探望，两人交谈甚久，刘崐对其收复失地、治理新疆之功颇有赞誉。

湘乡是湘军的发源地，晚清时涌现出了曾国藩、罗泽南、刘蓉、王鑫、曾国荃、李续宾、李续宜、杨昌濬、蒋益澧等名将。湘乡几乎每个家族都有子弟跟随家乡的将领出去和太平军作战，刘锦棠的家族亦是如此，他的父亲刘厚荣、叔父刘松山都参加了湘军。可是，不幸的是，咸丰四年（1854），在岳州之役中，刘厚荣战死。是年，刘锦棠10岁，母亲彭氏改嫁。在祖母陈氏的抚养下，15岁的刘锦棠怀着为父亲报血海深仇的朴素愿望，投靠到当年父亲效力的老湘营，成了叔父刘松山手下的一名少年兵。跟随着叔父，刘锦棠转战安徽、江西诸省，逐渐成熟，屡功升至道员。

同治六年（1867），左宗棠受命为钦差大臣督办陕甘军务，恰陕甘两省爆发了因民族纠纷导致的"同治回乱"，左氏便调刘松山率领的老湘营入陕。刘松山遵照朝廷指示，采取剿抚并用的手法，对起事的回族首领各个击破，并成功招抚了董福祥——这就是后来赫赫有名的"甘军"首领。但马化龙部凭借灵州金积堡的天险与官军对峙。同治十年（1871）元月，马化龙向刘松山提出投降，刘松山不听董福祥劝告，大胆进入金积堡受降，结果被诈降的回军士兵乱枪打死。为了稳定军心，左宗棠任命年仅27岁的刘锦棠代理老湘军的统领。面对强悍的马化龙部，一向"霸得蛮"的左宗棠建议刘锦棠"坚守"或"退屯"，暂时不要与其交锋。但侄承叔职的刘锦棠，对左宗棠两个方案都不赞成，认为"吾军深入乏食，不力战，贼即乘我，灵州旦暮失，大局不可支矣"。在他的坚持下，左宗棠同意了背水一战，主动进击。于是刘锦棠将叔父灵柩放在军营之中激励将士，率领这支哀兵，对金积堡发动了最为猛烈的进攻，苦战数月，堡垒终于被攻破。刘锦棠也因此一战成名。之后，他又马不停蹄地率领老湘军18个营消灭了西宁马桂源和马本源为首领的回军，然后翻过祁连山，包围被马文禄部占领的肃州城（今酒泉）。在军事压力下，马文禄献城投降。至此，通往新疆的河西走廊被肃清，兰州至新疆的交通被打通。

平定陕甘回乱后，收复新疆成为要务。这时陕西回军首领白彦虎已率部下逃到新疆，投靠了占据天山南北、自立为汗的阿古柏。刘锦棠自然成为左宗棠追剿白彦虎、消灭阿古柏势力、收复新疆最为倚重的将领。遵照左宗棠"先北后南、缓进急攻"的战略方针，从光绪元年（1875）春开始，刘锦棠移驻凉州（今武威），进行整军备战。他将老湘军55营精简成25营，并结合新疆的敌情与地理特点，进行了一年多的艰苦训练，为深入戈壁、沙漠作战做了精心准备。光绪十一年（1885），清廷任命陕甘总督左宗棠为钦差大臣督办新疆军务。左宗棠上书清廷，夸赞刘锦棠"英锐果敏、才气无双、志虑忠纯"，推荐他总理行营事务，朝廷照准。这样，年仅31岁的刘锦棠实际上成了收复新疆的前敌总指挥。当时的新疆天山南北重要城池几乎尽归阿古柏统治，伊犁则为沙俄军队以保护侨民为借口占领，只剩下新疆东部的哈密、镇西（巴里坤）等地尚有清廷的官军驻扎。光绪二年（1876）四月二十六日，刘锦棠率25营老湘营从肃州分批出发，出嘉峪关经过千里戈壁，向北疆进军。七月下旬，他会合先期进疆驻扎于济木萨（今吉木萨尔）的金顺部，进占阜康。然后，他以"明修栈道暗度陈仓"之计，迷惑敌人，而亲自率精兵抄小路突袭，趁夜夺取黄田，以迅雷不及掩耳之势攻占了迪化（乌鲁木齐）外围的重要据点古牧地。守城的白彦虎、马人得根本没有想到湘军如此神速，加之湘军大炮击正城门，城墙轰塌，其军立刻作鸟兽散，弃城而逃。很快，在大雪封山之前，刘锦棠部收复了北疆。

第二年开春后，刘锦棠又运用了其擅长的"运动战"，率骑兵、步兵挺进南疆。是年四月，大军先后攻占了阿古柏重兵把守的达坂城、吐鲁番、托克逊，南疆门户洞开。在持续不断的军事压力下，损兵折将的阿古柏伪政权起了内讧，先是阿古柏患病而死（也有说其服毒自杀），接而其长子伯克胡里杀死了挟父亲尸体而掌握政权的海克拉。感觉机不可失的刘锦棠，立刻率军千里奔袭，一个来月就光复了喀喇沙尔、库车、阿克苏、乌什等南疆东部4城。左宗棠大喜过望，写信夸赞他："三旬之间，迅扫贼氛，穷追三千里，收复东四城，歼敌数千，追回难民数十万，决机神速，古近以来，实罕其比。"这时，原来投降阿古柏的和阗头目尼牙斯反正，率兵围攻叶尔羌以策应清军。降敌的前清廷喀什噶尔守备何步云也见势反正，占据了喀什噶尔汉城，但考虑自己兵力单薄，派人到阿克苏向刘锦棠求援。刘锦棠决定改变原定的首先攻占叶尔羌的计划，马上进军喀什噶尔。十二月十七日晚，阿古柏伪政权"哲德沙尔汗国"的中心城市喀什噶尔光复，伯克胡里和白彦虎分率残部逃入俄罗斯境内。二十一日，大军夺取叶尔羌，二十四日占领英吉沙尔，董福祥于次年一月二日进占和阗。一月之内，刘锦棠的部队驰驱2000多里，夺取西部4城，南疆得以光复。由于老湘营大军行进迅捷，许多为阿古柏效力的英国、奥斯曼土耳其的教官、技工，来不及逃离就一并被俘。这些人惊讶刘锦棠进军神速，将其与汉朝李广相提并论，称为"飞将军"。

而在收复新疆的战争中，刘锦棠优待俘虏，力求不战而屈人之兵。每收复一地，便设立善后局，收容战争难民，尽快恢复正常的生产生活秩序。因此，其军每到一地，当地的维吾尔族、哈萨克族、回族、蒙古族、汉族人民纷纷配合官军，或为其搜集情报，或作为官军内应。光绪六年（1880）秋，左宗棠接到入京陛见的圣旨，他推荐刘锦棠署理钦差大臣督办新疆军务，刘成了全新疆最高负责人。对于占据伊犁不撤兵的沙俄，他毫不退让，积极备战，做好武力收复的准备，配合同县老乡曾国藩之子曾纪泽的外交斡旋，终于收回了伊犁城。

战乱平息后，恢复全疆的社会秩序、保障民生成为头等大事，而改变传统的管理体制便成了当务之急。当时，新疆治理采取的是因地制宜、从其风俗的方便之法，多数地区不设州县，而由当地的蒙古贵族、哈萨克头人、维吾尔伯克自我管理，清朝的法律在此不得施行，而由伊犁将军管理全疆军政的体制，使各都统、参赞大臣只行使军政权力，几乎不涉及民政。继两任陕甘总督左宗棠、谭钟麟上奏在新疆建立行省制之后,刘锦棠以督办全疆军务的钦差大臣身份,再一次向朝廷提出新疆建省的奏请,并很快得到批准。于是,光绪九年(1883),刘锦棠从百战余生的"飞将军"转变为下马抚民的行政长官,就任首任新疆巡抚。他废除伯克制度,在全疆实行朝廷的法律,整肃吏治,减轻赋税,特别是针对新疆地大物博、绿洲农业的特点,广兴水利设施,使其经济恢复迅速。他同时修建道路桥梁,兴办学校,极大地提高了新疆的文化水平,使其建省几年内就已社会初步安定。

之后,刘锦棠多次上书请开缺回乡,但朝廷屡次让他以新疆军政事务为重,未予批准,直到光绪十三年(1887)其祖母中风倒地,他再次诚恳上书,才得以让他归省。他立即将全疆军政事务托付给布政使、署理巡抚的魏光焘,启程回湘。从此,刘锦棠一直隐居故乡。直到甲午中日战事起,朝廷想到了起用这位"飞将军",特嘱湖广总督张之洞前往湘乡传旨刘锦棠招募旧部,火速赶赴辽东迎战。刘锦棠二话没说,立刻启程,但没想到刚行至湘乡县城忽然中风,身体偏瘫,不久即在湘乡县城去世。临死前,他将儿子和旧部召集床前,口授遗折,说:"死不瞑目,伏愿皇上圣谟坚定,激励将帅,扫荡夷氛……"湖南士绅听闻,无不失声痛哭。

老湘营:诸将薄缘亦见情

老湘营是最早由王鑫在湘乡团练基础上发展起来的一支有别于以曾国荃所率军队为基础的曾国藩湘军队伍。其军接王鑫之后,由刘松山、刘锦棠叔侄及张运兰、易开俊统帅,是一支能征善战同时付出了巨大牺牲的地方武装。以其最早的根据地湘乡举例,"窃计三十年之间,数不下二十余万人。兄战死于前,弟斗伤于后,在外则流为无定河边之骨,在里则时闻老父慈母及垂髫孤寡哭泣之声,几于比屋皆是。大约捐躯疆场及积劳病殁军次者,不止六七万人"。因此,刘崐对此队伍中的将领特别关注，也与其中不少人结下了一些或短或长的友谊。试举几位。

第一位：刘松山（1833—1870年，字寿卿，湘乡人，曾为肃州镇总兵、广东陆路提督，晋号达桑阿巴图鲁，卒谥忠壮，赠太子少保，加骑都尉兼一云骑尉）。他是最早应王鑫招募而入营者，最早在平永州、郴县、株洲等地土匪中崭露头角，正好为至各地检查文化教育设施的湖南学政刘崐所知悉，遂结识相交，甚为契合，他后来克崇阳、通山，从援江西，都与刘崐保持着较为密切的书信往来。王鑫卒后，刘松山与张运兰分领其军。其后的咸丰九年（1859），他会诸军克景德镇时，追至浮梁，争渡桥，"贼返斗，城贼出助。松山据桥血战，军赖以全，遂克浮梁"，这令他声名大震。而刘松山为曾国藩所赏识，是因为三件事：第一件事，是在咸丰十一年（1861）时，太平军对围攻徽州的清军夜袭，"诸营皆溃，松山列队月下不少动，贼不敢逼。遮诸将曰：'我第四旗刘松山也！'戒勿奔定，众始定。曾国藩自是待之以国士。"第二件事，同治四年（1865）曾国藩督师剿捻，湘军各营屯临淮。"时湘将久役思归，又不习北方水土，皆不原从。惟松山投袂而起，立率所部渡江。有哗饷者，诛数人而定。"这令曾国藩对其另眼相看，启奏可由刘松山独统湘军从征。第三件事，同治五年（1866），张总愚的西捻军进入陕西，"时议遣援剿之师，因陕境残破，诸将皆观望。惟松山毅然自任，率师西行"，曾国藩由此对他更为器重，次年即举荐他为广东陆路提督。而刘松山令左宗棠刮目相看的是其勤勉，左宗棠曾在奏文中动情说道："刘松山行师御敌，得古人静如山、动如水之义。居心仁厚，而条理秩如。语及时局艰危，辄义形于色，不复知有身家性命。从征伐十八载，仅募勇归籍一次，家居十余日耳。年三十有七，聘妇未娶者二十余年。臣由直隶西旋，知其妇家送女至南阳已两年余，嘱其行抵洛阳，于募勇未到之暇，克期完婚。适甘肃土匪蔓延，臣饬令督队入秦，松山奉檄即行，婚甫半月。亲军各营取道景州，先抵彰德。"而刘松山在同治九年（1870）正月督攻马五寨时，"炮中左乳，坠马，诸将来视，叱令整队速攻，毋乱行列，遂破马五寨。松山创甚，顾诸将曰：'我受国恩未报，即死，毋遽归我尸，当为厉鬼杀贼。'"死亦壮烈，故其灵柩回湘，刘崐吊唁竟会哭昏过去，是对其敬重有加的原因。

第二位：张运兰（？—1864年，字凯章，湘乡人，曾为福建按察使，卒谥忠毅，赠骑都尉世职）。他与刘崐结识是在咸丰六年（1856），"战通城，运兰设三伏，营前斩贼酋张庸忠，擒鲁三元，克通城，又大破贼于崇阳白蜆桥，赐花翎"。刘崐当时为兵部右侍郎，特至军队视察，与之见谈，甚喜其才。他接而在援江西时的表现，也印证了刘崐眼光的准确："迭捷于临江、吉安、乐安、新城、广昌，功皆最。王鑫卒于军，运兰与王开化分领其众。吉安贼窥永丰，运兰屡败之，擢知府。又破贼于峡江桥阜滩、狮子山。移军吉水，扼贼三曲滩，相持数日，血战十数次，斩贼首黄锡昆。渡赣江，破石达开于朱山桥，达开焚屯而遁，遂解永丰围，擢道员。八年，略定乐安、宜黄，逼建昌，败贼于厚坪。破水南贼巢，分剿南源、里塔墟、刘家坑，直捣谢坑，毁贼垒，斩其酋廖雄篙等，复南丰。建昌之围始合，五月，克之，加按察使衔。贼复犯南丰，击走之，追及新城杭山，降贼众数千。"而最令刘崐赞赏的是，安仁之役中，别的将领皆已失利，独张运兰奋不顾身率军进击，歼敌数千，收复了安仁。可惜的是同治三年（1864），他赴福建按察使任时，遇上了江西、浙江太平军余勇10余万人突然入闽，汀州、漳州二城被占。未了解详情的张运兰听闻消息心急如焚，率500人赶到武平救援，不意路遇敌主力部队，"寡不敌众，总兵贺世桢、王明高，副将雷照雄皆战殁；运兰被执，骂贼，肢解之"。

第三位：黄万鹏（1832—1898年，字搏九，号定坤，宁乡人，曾为汉中镇总兵，官至新疆提督）。他很早就投入了湘军，随曾国藩与太平军作战，升至总兵，后在湖北镇压捻军，以提督记名。同治九年（1870）奉调赴陕西镇压回民起义，从攻西宁，血战碾口，进围大通，随攻肃州，都出力甚多，得到左宗棠的喜爱。"十三年，河州闪殿臣复叛，万鹏率崔伟等进击，败之城南二十里铺。寇窜贾家集，官军攻弗克，万鹏从姚家岭驰下合攻，燔其堡，更勇号为伯奇。"光绪二年（1876）他从刘锦棠出关征战新疆，在古牧之战中与余虎恩击退敌人偷袭，尤其八月在攻玛纳斯南城时，他掘隧以攻，"寇死拒，矢贯万鹏臂，拔之，更疾战，与诸军大破之"。这不仅让刘锦棠对之更加器重，而且其"当世关云长"之誉也传扬天下。以后，在攻克达坂、托克逊之役以及遇伏小草湖战斗中，他"率队荡决,所向披靡",接而追白彦虎,急行400里追及之并大败其众,再收库车、察尔齐克台、乌什等,都以骑兵长途奔袭知名。光绪四年(1878),他乞归省,受刘锦棠之托专至长沙城拜访刘崐,他们从而结缘,其后两年常来常往,直至黄万鹏光绪六年(1880)重被起用至新疆治军乃罢。可惜的是,他们此后再未能见了。

第四位:余虎恩(? —1905年,平江人,曾为陕安镇总兵、喀什噶尔提督)。他少孤贫,喜读书。初从曾国藩攻打太平军,积勋至副将。同治初,从刘松山征捻,蹙之沙河西,擢总兵,赐号精勇巴图鲁。后来,他又击败西捻军张总愚,败之于郿县,晋提督。以后郭松林被围,余虎恩锐身施救解围,声名远播。同治十一年(1872),他受命募军赴甘。先是助刘锦棠攻下了西宁,接而击溃了马营湾敌军的偷袭,又进占肃州,遂升陕安镇总兵。光绪二年(1876)出关赴疆。左宗棠担心戈壁粮运艰阻,余虎恩请身任之,乃绝幕而西。抵哈密,取余粮,逾天山,递送巴里坤古城。接而,他率军袭黄田,血战击败古牧援军,又截断帕夏援军归路,攻下乌鲁木齐及伪王城,声名鹊起。第二年进攻达坂之战中,"夜初鼓,虎恩率骑旅九营,衔枚疾走。大通哈引湖水卫城,泥深及骭。虎恩所部掠淖进,依山为阵,斩寇谍十余骑,回方卧,未觉也,平旦始大惊,悉众出,据险轰拒。师屹立不动,海古拉援至,虎恩又截之隘口,援骑返奔,追逐数里,斩百余级。"这场战斗,让余虎恩得"飞虎将"之名。以后,他又乘势下托克逊,取道乌沙塔拉入库尔勒城,攻下库车,"凡六日驰九百里"。不久,喀什噶尔告急,"师抵巴尔楚,会天寒,冰雪凝冽,而喀城警报且日至。乃兼程应赴,军士人人自奋,各以俘白酋取首功为利。日中,虎恩至城东牌素特,夜半时抵喀什汉城下,左右止百余骑从,乃整兵以俟。平明,步兵至,寇骑开城出荡,虎恩率众大战,刺杀回酋王元林,会万鹏亦至,复其城。虎恩西追伯克胡里,令桂锡桢率骑旅自间道疾驰,而自率步旅继之,前后夹击,生擒余小虎、马元于阵。继复获金相印父子,相印者,引安集延侵占南路也。于是新疆南路平"。光绪十一年(1885),他因病离军回湘,亦至长沙拜访刘崐。刘崐待之甚隆,并荐医为其理疗伤病,令其深为感动。刘崐逝世时,他亲至吊唁,执以弟子礼。

杨昌濬：楚军骁将名督抚

刘崐与左宗棠手下的楚军将领也接触频仍，其中，关系特要好的，非杨昌濬（1825—1897年，字石泉，号镜涵、壸天老人，今娄底市娄星区人，曾为衢州知府、浙江储运道和布政使、浙江巡抚、甘肃布政使、代理陕甘总督、漕运总督、闽浙总督兼福建巡抚、陕甘总督兼甘肃巡抚、兵部尚书、太子太保等，著有《平浙经略》《平定关陇纪略》《学海堂课艺》《五好山房诗稿》等）莫属。

杨昌濬家贫如洗，全家就靠当普通手工艺工人的父亲杨仲明养活。他自幼聪慧，身材魁梧，臂力过人，是故父亲努力送他读书。9岁时，母亲因病去世，这让杨昌濬更为自觉自律。道光二十九年（1849），杨昌濬前往芭蕉山馆拜后来著名的湘军将领罗泽南为师，学习程朱理学和武艺，两年后即考中生员。咸丰二年（1852），太平军进入湖南，他跟随罗泽南在籍组织团练，并与担任湖南学政的刘崐有了接触，刘对其印象颇佳，两人以后一直通信往来。两年后转战湖北，当年十月在攻打半壁山一役中，杨昌濬脱颖而出，逞勇先登，罗部接连攻下广济、黄梅，杨昌濬因为几次战役功劳都很大被提拔为训导。咸丰六年（1856），他又与刘蓉在家乡办理团防，被提升为教授，而这时刘崐升为兵部右侍郎，闻讯大喜，鼓励他奋发图强，并借机视察了其队伍；但也是在这一年，杨父去世，他回家守孝3年。

咸丰十年（1860）五、六月间，左宗棠在长沙金盆岭编练"楚军"，杨昌濬以3个月为期应入幕。八月，楚军取道醴陵进入江西；十月，杨昌濬与总理营务的王开化率领四营在赣东北的枫树岭大败太平军；十一月，杨昌濬率亲兵营攻陷德兴、婺源，遂迁知县，加同知衔。他的作战能力，得到左宗棠的充分肯定，也成为其左右臂。

同治元年（1862）正月，左宗棠为浙江巡抚，杨昌濬受命率楚军8000人入浙，与太平军侍王李世贤的20万人马作战，以起牵制作用。三月会攻石门花园港，忽北风起，大雨如注，清军火箭失去作用，枪炮也无法点燃，不得已撤退；其后杨昌濬与刘典、刘璈分三路攻石门，破垒7座，终因太平军奋力坚守，未能得逞。五月，因左宗棠奏稿中言杨昌濬"性情恬裕，屡辞保荐，廉明笃实，晓畅戎机"，杨得以补授浙江省道衢州府知府员。七月，左宗棠攻龙游，杨昌濬率军在莲塘、孟塘等地击溃太平军。李世贤分兵三路赴援，中路攻取了清军刘培元的大营，杨昌濬依靠高山地形向下反攻，击破中路太平军。九月，经与李世贤反复争夺，楚军终于占领皖浙边境的衢州府，杨昌濬被任命为知府。十月，太平军大营天京告急，李世贤急派李尚扬、李遇茂、刘政宏等扼守汤溪、龙游、兰溪，自率一军回援。左宗棠认为反攻时期已到，遂督军先攻汤溪，并于同治二年（1863）正月将其攻陷。龙游太平军腹背受敌，只好弃城东跑。杨昌濬等蹑踪追击，与蒋益澧部内外夹击，再次击败太平军。九月，杨昌濬升浙江粮储道；十月，他与蒋益澧、黄少春等合兵共13000余人进攻余杭西北，并在十二月初三攻进杭州北门，两军激战，太平军在雨雪交加中拼死抵抗，杨昌濬虽连破5卡，但也不得不放弃占城。次年二月二十五日，杨昌濬再率军破杭州、余杭，加按察使衔，其楚军骁将声名远播。三月，左宗棠入驻杭州，杨昌濬奉命督军北上，攻占湖州府武康县城，然后分兵进驻三桥埠，与湖州南路清军连成一气。五月，湖州太平军逃至泗安、梅溪，杨昌濬由牌头进桐岭进行阻截；七月，安吉太平军弃城西走，杨昌濬率各营由吉安、孝丰追至安徽宁国县境，与刘璈部合击太平军，抓获7000余人；十二月，杨昌濬授任浙江盐运使，旋升浙江按察使。同治四年（1865）八月，左宗棠上奏称杨昌濬在镇压太平军的过程中鞠躬尽瘁，功劳卓著，请将其提加布政使衔，得准。而次年二月，杨昌濬实任，负责处理浙江善后事宜，3年后他又署理浙江巡抚。

同治九年（1870）八月，杨昌濬正式担任浙江巡抚，这让一直在关注他动态的湖南巡抚刘崐大喜，特去信问候与祝贺。在任上，杨昌濬展示出了极强的地方治理才能,主抓了三个方面的事情。第一,发展农桑。他带领浙江百姓凿湖导河,兴修水利,并为之作诗:"手植垂杨三万株,春来新绿满西湖;他年若过双堤路,漫道棠阴继白苏。"第二,筹办防务。面对外国侵略者的虎视眈眈,他十分清楚战争不可避免,必须切实做好防御措施。同治十年(1871)三月,他亲自前往宁波、镇海,巡视海口。之后他上奏清廷说我们想要自强的办法,最好学习西洋人的军事技艺,学习他们的长处。同治十三年(1874)十一月初四,他又就海防问题上折,认为日本侵台事件虽已了结,但难保日本以后不会借故向我国挑衅,为了抵御外辱,必须要依靠备战进行坚守,即使是保持如今的和局,也要有所准备,又称外国的军事虽然强大,如果我们的百姓齐心协力,他们也不敢在众怒之下公然挑衅,所以我们必须要整顿吏治,以此来巩固民心。第三,解除海禁。当时,浙江象山、宁海两县农民常偷渡去滨海"封禁"的南田岛耕垦,杨昌濬认为这种发展生产之事不应该干涉,遂奏准弛禁。这些利国利民措施,让他在浙江口碑甚佳,但光绪元年(1875),因为过于相信手下的汇报,杨昌濬因余杭葛毕氏案被革职。

光绪四年(1878)四月,左宗棠因西征事务繁杂,帮办刘典因病求去,遂上奏清廷,调杨昌濬代刘典主持后路军政事务。杨昌濬先是帮办甘肃、新疆善后事宜,接而次年九月署理甘肃布政使。这次就任,他在兰州见驿道旁左军所植柳树浓荫蔽空,联想到左的知遇之恩,即景生情,遂在嘉峪关前赋七绝二首,流传甚广。其一是:"第一雄关枕肃州,也分中外此咽喉。竭来跃马城西望,落日荒山拥戍楼。"其二即《左公柳》诗:"大将筹边未肯还,湖湘子弟满天山。新栽杨柳三千里,引得春风度玉关。"以后,在左宗棠的大力扶持下,他官运亨通:光绪六年(1880)七月左宗棠奉诏回京,杨昌濬便护理陕甘总督,与刘锦棠会办新疆善后事宜,对新疆建省做出了重要贡献;光绪七年(1881)八月,担任甘肃布政使;两年后,又任漕运总督;光绪十年(1884)七月再任闽浙总督,领兵督防台湾。他到任即率亲军巡视沿海营垒,并出福州巡视闽江下游南、北岸,又至闽江口长门、金牌炮台视察,检阅守军。他命军队从马尾江底打捞出18墩大炮,分别安装在长门、金牌等处,在林浦、魁岐、闽安等重要门户巩固了防守力量。同时,他下令撤除各海口水道的标识,在沿海各港口遍布水雷。其次,他进行了军纪和兵制的整顿,在兵营中重振旗鼓,命令军士试枪放炮,壮大声威,同时淘汰老弱增加年富力强的士兵。因此实抓真干,他在次年六月兼署福建巡抚。他对台湾问题十分重视,光绪十二年(1886)上疏指出台湾是中国前往南洋的门户,也是中国沿海七省的前沿,只有将台湾改设巡抚,才可以加强对台湾的控制,又上书说福建和台湾本来就是一省,如今将其分为两部分,还仍然应该唇齿相依,让他们互为犄角、相互援助。这为推动台湾当年建省,发挥了至关重要的作用。而为了使台防有确实保证,杨昌濬积极设法筹措经费,建议由闽海关、福建各库局每年协银 44 万两,加上其他各海关协银共成 80 万两供台,这让台湾巡抚刘铭传感佩万分。其后,陕甘反清回族起义频发,他又调补陕甘总督,并赏加太子太保衔。但起义军发展很快,很快就席卷了湟中、河州、狄道州一带,光绪二十一年(1895),杨昌濬因防范不严、镇压不力而被清廷革职。他开缺回籍长沙,两年后即病逝,诰赠太子太傅。

杨昌濬是不忘本之君子。因为出身贫寒及长年艰苦作战的经历,他虽官位不断迁升,却始终过着俭朴的生活,保持清廉自好的品质。有一年,时任闽浙总督的杨昌濬回老家,偕夫人徒步去拜望岳父,岳母准备设宴款待,杨昌濬急忙阻止:"我久不吃家乡的红薯、豆腐、蔬菜,只此几样便够。"并招呼夫人一同下厨。吃饭时,作陪的都是儿时旧人,见他筷戳红薯,吃得香甜爽口,都称赞他是不忘根本的"薯蔬总督",这一美名由此传开。陪客中的沈葆桢,饭后在粉墙上题下了苏东坡的《撷菜诗》:"秋来霜露满东园,芦菔生儿芥有孙。我与何曾同一饱,不知何苦食鸡豚。"刘崐听闻,对杨昌濬更为敬重,更是亲近。

刘　璈：朴勇善战台州府

如果说刘崐与楚军诸将中，结交且最为亲近的是杨昌濬，那么，通信最频的必定是刘璈（？—1886年，字兰洲、兰舟，岳阳人，秀才出身，曾为台州知府、兰州道员、台湾兵备道兼提督学政）。

刘璈少年时即好经世之学，并在道光末考中秀才。咸丰初，太平军进军湖南，他在家乡倡办团练，处处抵抗，颇有斩获，不仅与刘崐结识，而且得左宗棠和湖南巡抚骆秉章赏识，遂保荐县丞衔，自此踏上仕途。咸丰十年（1860），左宗棠奏调浙江巡抚，刘璈自领一军先后参加了遂安、常山、衢县、余杭、安吉、孝丰等10余县城镇压太平军的战斗。他朴勇善战，治军严明，屡战屡捷。尤其是在同治三年（1864）六月，他与杨昌濬一起在金华孝丰、章村一带，夹击太平军侍王李世贤之部，取得了决定性胜利，从此浙境全平。这时的刘璈风光无限，赏戴花翎，保道员衔，实授台州知府。左宗棠对他信任有加，曾上疏保荐称："共事多年，信心有素，于整军治民之事，必能补其缺漏，仰答恩知者也。"

他也确在台州任上的9年内屡有作为。主要体现在三件事。第一件，剿匪。有"忠义之乡"美誉的台州，地方团练良莠不齐，甚至部分沦为土匪强盗，为害一方。刘璈下车伊始，即奉行乱世用重典策略，先暗中按籍排查，摸清匪徒行踪，然后突然在半夜亲率兵士，口衔铜钱，直捣匪巢，一网打尽，一时之间巨匪如徐大度、何寿凤、王克和、邱才青等均被消灭。接着，他与黄岩知县孙熹密谋，一举将黄岩西部奇田匪徒数百人合围歼灭，肃清了台州土寇。正如民国《台州府志》所论："璈精明能干，勇于任事，虽间用权术，近于武健，然台当糜烂之后，其再造之功为不可没。"第二件，强防。他既心忧太捻的兴起，又担心外敌的入侵，为保一方百姓平安，他修葺郡城，加厚加高府城，开浚东湖，城内置演武厅、大小校场、火药军械等局。他同时向浙江巡抚杨昌濬建议，将黄岩总兵移驻海门，加强台州海防，并派游击守备据势驻守，一时台州武备肃然。第三件，兴文。刘璈最值得后人称道的功绩是大兴文教，这也是他与刘崐书信交流言及最多之处，也是两人彼此欣赏的关键。这一时期，他们虽然一个为巡抚，一个只是知府，但对地方治理、人才推举等彼此信仟，来往信件中互通互报，可谓信息全无阻碍。台州兵燹之后，百废待兴，而立政之体，首重文教。刘璈说："欲图长治之策，则隆学校，兴礼让其要也。溯查卑郡自唐郑司户虔立教以来，宋朱文公行部于台，建里社设乡校……其间门庭邹鲁，雅颂同声……卑府缅想书冠，追维刑措，清源正本，教在所先。"为此，他特做了三大举措：其一，建书院。在府城临海，他筹款修复府学、县学，设立校士馆，修复正学、东湖二书院，又于北固山麓创建广文书院；督促临海县新建了东山、印山、旦华、尊儒、椒江书院，重建了鹤峤书院，扩建南屏书院，增拨宾贤书院经费。在黄岩，修复其学宫，新建原道、金清、南渠、灵石、西华书院，修建了樊川、九峰书院，改萃华书院为清献书院、东山书院为东瓯书院；重修祀贤书院。在太平县，新建了凤山、翼文、登云书院；重建云阳书院，扩建骊山、宗文书院，整顿了鹤鸣书院，增拨了东屿和龙山书院的经费。在宁海，新建了拱台、庄士、亭山、龙山、逊志书院。在天台，新建了文明书院。在仙居，修复县学，增拨安洲书院经费。据统计，他在任9年，督促各县新建、重建、扩建或整顿的书院共32所。迨至清末，台州共有书院144所，占当时浙江省11个府书院总数的14%。其二，设义塾。刘璈为使贫寒子弟能入学读书，广设义塾达100所，遍及台州。仅临海城关就有东城、南城、中城、西城、北城和中津6所义塾；临海乡村较著名的有小芝、仓山、栖凤、芙蓉、桃渚、务实、启蒙、留贤等义塾。为保证教学效果，他还定期派人巡回督导，奖勉优秀学子。他自己也常徒步乘夜巡视各书院。正如他在《台学源流》一书跋语所说："余守台七年，吏事外，日以兴文教为己责，月取士之能文者校其艺，而奖掖之；前两科获隽二十余人，心窃慰焉。"其三，筹足办学经费。台州土地贫瘠，向来不重商贾，战乱之后，财政尤其匮乏。为彻底解决书院、义塾的后顾之忧，同治七年（1868），刘璈拟定章程，抽海门盐捐为书院和公车经费之用，约每年3000串铜钱，分六成派拨：以四成拨充郡城书院和六邑义塾经费；一成拨充生员乡试川资；一成拨作举人入闱会试川资。同时发布告示，申饬各县将寺庙道观废产充公，分拨于各书院和义塾。设立培元局，为教育等一切公益事业机构，划拨府城东南两乡20里范围内田租给培元局，多方筹措，累计储款20余万钱，规定专款专用，地方官员一律不得挪作他用。另外，他拨出专款在北京城购置台州会馆，方便台州籍考生和在外人士寄宿。自清顺治台州发生"两庠退学案"以后，台州学风甚颓，以临海举例，其乡科绝榜43年，自乾隆四十年（1775）后进士绝榜102年，一时读书士子殆尽。而通过刘璈对文教事业的修举废坠，台州的文教终于在光绪朝结出了硕果，竟有17人中进士（其中临海县8人），而在整个清代全地区仅中进士38人，光绪年间就占了近一半。这些事实有力说明了其大兴文教的政绩。故民国《台州府志》称赞道："由是台之文教乃大振。"同治十一年（1872）九月，刘璈乞归侍父，奉旨以道员开缺，加二品顶戴卸任。临行前，台州士绅依依不舍，特地为他树立"去思碑"，于府学宫建生祠，纪念他的《临海义学碑记》现移存郑广文纪念馆。后来，人们又把台州自北向南的大街，称为刘璈街，以之纪念。

光绪初年，刘璈受左宗棠邀请赴甘，署甘肃兰州道员，光绪六年（1880）驻防张家口，次年入京朝觐光绪帝，授福建台湾兵备道兼提督学政。他的长处在治事，短处在做人。在台湾任上，他兴学校，招开垦，理冤狱，整顿盐、茶和煤矿、税务行业，颇有政声。光绪十年（1884），法国入侵台湾，刘璈积极备战，坚守阵地。基隆沦陷后，全台震动，他言词急切，批评刘铭传等人练军不够，遂为当权者所忌，终被罗织罪名弹劾入狱，中法议和后被遣戍黑龙江。光绪十二年（1886）七月，刘璈抵达戍所，但在当年十二月即病死。

噩耗传至台州，士绅痛惜。清光绪十四年（1888）五月十七日，台属六邑（临海、黄岩、太平、天台、仙居、宁海）士绅聚集府城临海东湖，为之举行公祭，各界所送祭文哀挽甚多。其中以著名经史学家、教育家、黄岩举人王棻所作挽联最具代表性："有利必兴，有害必除，灵越山川齐整顿；无恶不惩，无善不显，明湖烟水永讴思。"进而他在《前台州知府刘公祠堂记》写道："前明二百七十余年，守台者六十余人，治绩以谭襄敏公为最；入国朝二百四十余年，守台者五六十人，以刘公治绩为最。"

罗泽南：理学重镇湘军骨

刘崐认为，湘军能在晚清平定太捻战斗中屡屡取胜，得益于其经世致用之学的熏陶、义理心性之学的锤炼，而这一切，得益于其成军之初一个重要人物为之构建的理学精神骨架。因而，斯人早逝时，他痛彻心扉，几十年后只要提到其名，犹有泪光。这个人，就是罗泽南（1807—1856年，字仲岳、培源、子畏，号罗山、悔泉，双峰人，理学家、文学家，湘军创始人，卒谥忠节）。

罗泽南祖父罗拱诗是一位勤劳朴实而又非常重视送儿孙读书的乡村小知识分子，尤其钟爱这个孙子，对其抱有振兴门庭之厚望。其时祖父年近七旬，家业零落，四壁萧然，一家人经常吃了上顿没下顿，但他依然坚持送孙去读书。罗泽南从小聪明敏慧，4岁始识字，6岁入私塾，过目成诵。嘉庆二十三年（1818），他11岁时学作对联，即显示出了非凡之气。居地有个药房，旁边是染房，他为之撰联："生活万家人命，染成五色文章。"闻者无不赞叹。14岁，他开始读《左传》，常常自己命题，仿其篇法作文，如战、守、攻、取之类。他作文不求与时局相合，但求其中义理充足，显示出了不同凡响的胸怀气度，遂为地方士绅看重。道光五年（1825），罗泽南母亲去世。此后10年里，他先后失去了包括兄嫂、祖父和3个儿子在内的9位亲人。妻子也因悲伤过度，两只眼睛全都失明。罗泽南自己也多有疾病，腰背酸痛不休，由于家贫，又不能买药给自己治病。对于亲人的相继离世，他感到十分悲痛，于是在《殇侄殇子哀辞》一文中写道:"恍恍惚惚,迷迷离离,是血是泪,终莫能辨。呜呼痛哉,呜呼痛哉!"但他并没有因这些悲惨的遭遇而一蹶不振,相反坚持一面教书谋生,一面夜以继日地苦读。尽管很多人劝他为工为商,但他始终勉强支持家庭,不为世俗所动,还常常以"何妨年少历艰辛"自励。

道光六年(1826),罗泽南应童子试不第,回到家中教授讲学,开始了长达28年的设馆教书生涯,先后在同里、湘乡县城、长沙等地坐馆。也就是在这段时间,他的理学思想开始成熟。

他以朱熹学说为依归,形成了自己的学说,其核心要点有五:其一,在理气论上,继承了朱熹的理先气后说,又借鉴吸收了张载、王夫之等人的气本论思想,突出气在宇宙生成、万物发展上的作用。其二,继承了程朱的"理一分殊"思想,但更强调要对事物的特殊性进行研究,把实事求是调查研究作为了理学研究者的首要任务。其三,在心性论上,持"心统性情"的观点,认为心为赅括性、情的总体,性、情都只是这一总体的不同方面,为了强调每个人都具备成圣成贤的可能性,他对朱熹的气质之性的定义稍稍作了修正,把气质之性理解为气的性能,认为气质之性是能够改变的。其四,在知行论上,全面继承了朱熹的"格物致知"说,并在此基础上形成了自己的知行观,即知行统一但又不能拘泥于事,而应放开视野修缮自我。其五,发展了理学中本来就具有但却一直被忽视的"外王之学",认为程朱理学要想复兴,就必须以实济虚,改正空疏之弊。他自己就在强调以"义理"修身养性的同时,积极讲求经世之学,"凡天文、舆地、律历、兵法,及盐、河、漕诸务,无不探其原委"。而在教育思想上,他处处显示出理学的指导地位,认为先王治民"为之小学大学以复其性情",主张罢黜俗学,因为"俗学不黜,异学不熄,欲求立乎其极,是欲之闽越而趋陇蜀也"。他认为教育的目的是要"复其性情",而不是简单地学习知识和增长见识。在具体教育模式中,他主张学习要与实践相结合,因而在其教授中,不仅应举业,而且须授之以"六艺"(礼、乐、射、御、书、数)和经世致用之学,强调学生既要习文,又要习武。他同时认为学习要从儿童期开始,"童蒙之年,早立其基",只有从小学习,从自身的修养开始,长大以后才有可能经邦济世,治国平天下。

他于道光二十八年(1848)在刺史左辉春家讲学时写下了《小学韵语》一书，其旨要即为"教人之道，首重发蒙；蒙以养正，是曰圣功"。他先后培养了王鑫、李续宾、李续宜、李杏春、蒋益澧、刘腾鸿、杨昌濬、康景晖、朱铁桥、罗信南、谢邦翰、曾国荃、曾国葆等高足。后来这些学生大多成为湘军名将，成就了中国历史上"书生领兵"的一大景观。

教书育人同时，他自己的科举求仕之途也在继续。道光十年（1830），他读书双峰书院，从学南塘举人陈权，十年后他以长沙府第一名中秀才，以冠军入湘乡县学，但后面屡次乡试不举。但其学问和品德已经声名远播，故在咸丰元年（1851）被湘乡县令朱孙诒推举为孝廉方正以应朝廷之选。咸丰二年（1852），太平军进犯长沙，罗泽南以在籍生员的身份倡办团练。他注重加强军队的思想工作，要求兵士闲余多读书，并常与他们研讨学问，讲经论道，曾国藩后来称其"矫矫学徒，相从征讨，朝出鏖战，暮归讲道"，实是对其情形的真实描绘。这不仅提高了军队素养，促进军士以维护封建伦理道德为己任；而且增强了官兵平等，提升了同生共死的信念、补加了凝聚力和战斗力。他又重视军队纪律的整治，并自己模范带头，遂其部队风气与其他迥然有别。因而，作为湖南学政的刘崐初次检阅其部时，就认定这会是一支劲旅，也深信罗泽南才堪大用。两人惺惺相惜，成了终生好友。次年，罗泽南与曾国藩共同募兵成立湘军。此时，江忠源率兵援救江西被困，罗泽南率兵前往救援。初临战阵，罗泽南部在南昌城下与太平军恶战，死伤甚多，但终于使南昌解围。接而，罗泽南又去围剿安福的土匪，以300人击溃数千太平军，他被提拔为直隶州同知。回到湖南后，他又围剿了永兴的土匪，所部增至1000人。他及时总结前面的经验，与曾国藩完善了湘军营制，并操训部队半年。他再把理学中的"静"修养运用于战术，强调统军者必须以其为制敌之道。这让其部的抗压能力得到了提升。

此后，他指挥湘军打了5次恶仗，显示出了其杰出的军事才华。其一，咸丰四年（1854）六月，和塔齐布一起进攻岳州，他料想大桥是太平军必争之地，所以坚守不动，伺机出击，三战皆捷，歼灭太平军数千人，后来又攻破了高桥的9座太平军营垒，使太平军退守城陵矶，他再趁势和塔齐布一起进击，接连击退太平军多处大营，从此，湘军威名开始远播。其二，攻下城陵矶后，曾国藩剑指武昌，罗泽南为之绘制图纸并进献方略，曾国藩遂令湘军排列巨炮面向长江内外，分为水陆两路进军，罗泽南直趋花园，蛇行前进，逼近太平军的营垒，并且分兵夺取其船舶，又攻破了鲇鱼套太平军大营，遂逼太平军夜里弃城而走，因此功罗泽南被授为浙江宁绍台道。其三，攻克兴国、武昌后，湘军拟攻田家镇，但太平军用铁锁拦截清军水师，使朝廷武力大打折扣，罗泽南进驻马岭坳，太平军数千人突然来犯，并且后续援兵近万，罗泽南没有慌张，指挥2000军士埋伏起来，等到太平军懈怠时再出击，太平军大败，罗泽南乘机夺取了要隘半壁山，清军水师也截断了横在江上的铁锁，烧毁了太平军的船舶，而且攻克了田家镇，罗泽南被赐号普铿额巴图鲁，加按察使衔。其四，克复广济、黄梅后太平军退守孔陇驿、小池口，罗泽南约各路兵马前来会攻，但湘军渡江未到一半，太平军就来进犯。湘军不敌稍稍退却，罗泽南的手臂受伤，但仍然指挥5000湘军与太平军20000兵马作战，并在街口将其击溃，从而逼太平军沿江诸大营全部撤走，退守江西九江。其五，咸丰五年（1855），罗泽南跟从曾国藩进入南昌，前去救援饶州，在陈家山、大松林大破太平军，克复了弋阳，又救援广信，在城西乌石山再破太平军，接连克复兴安、德兴、浮梁等地，然后在梁口、鼍岭三败太平军，收复义宁，这让他被加封为布政使衔。这时，罗泽南还显示出了极强的大局能力，他见江西的军事部署不合理，就向曾国藩建议说："九江逼近江宁，而且向西牵制武昌，故太平军以全力争之。他们进犯弋阳，派兵到广信，从信水而鄱阳湖，抄我们的右路；又占据义宁，扼守梅岭，从修水而下鄱阳湖，抄我们的左路。如今两处被我们平定，九江的门户渐渐稳固了，唯独湖北的通城等地仍然很多叛军。江西的义宁、武宁，湖南的平江、巴陵，始终都不安宁。想要扼制九江，最好是从武昌而下；如果我们想要解武昌之围，最好从崇阳、通城而入。为今之计，我们应当把湖口水师、九江的军队截住太平军鄱阳湖的船，更选能征善战之军扫灭崇阳、通城的太平军以进入武昌，以武昌来扼制九江。那么东南的全局，说不定会有转机啊。"曾国藩将他的建议全都奏报了朝廷，于是罗泽南得令集合塔齐布旧将彭三元、普承尧等部的人马，一共5000人，再次前往湖北围剿太平军。他们顺利地占领了通城、夺取了桂口要隘，进而攻克崇阳。太平军韦俊、石达开部合军20000余人从蒲圻率军来犯，也被罗泽南部英勇击败。在胡林翼配合下，他还乘大雾收复咸宁，使武昌以南再无太平军踪迹。接而，他与李续宾偷袭太平军十字街大营，抢占八步街口和塘角，保证了湘军粮路运输的顺畅。

可是，意外不幸发生了。咸丰六年（1856）三月，长期闭门不出的武昌太平军突然开门出战，扑向湘军。罗泽南亲自督战。太平军援军接连而至，湘军从洪山出动奋力追击太平军。这时，一枚飞炮击中了罗泽南的左额，血流而下，布满其脸。他在将士的劝说下退回洪山，但仍然端坐在营外指挥作战。第二天，罗泽南在军中安然逝世。失去战友的曾国藩为之悲痛万分，题挽联道："步趋薛胡，吾乡矜式；雍容裘带，儒将风流。"而正为会试副考官的礼部侍郎刘崐，闻讯呆若木鸡，半晌方喃喃自语："天下倒一旗帜，儒林失一先生！"《清史稿》也这么评价："湖南募勇出境剿贼，自江忠源始。曾国藩立湘军，则罗泽南实左右之。朴诚勇敢之风，皆二人所提倡也。忠源受知于文宗，已大用而遽殒。泽南定力争上游之策，功未竟而身歼，天下惜之。忠源言兵事一疏，泽南筹援鄂一书，为大局成败所关，并列之以存龟鉴。此大将风规，不第为楚材之弁冕已。"

丁善庆：多艺山长磊落才

丁善庆［1790—1869年，字伊辅，号自庵、养斋，今衡南县人，道光三年（1823）进士，曾任道光帝师，历贵州、广东乡试主考官，国子监督司业、会试分校、顺天乡试同考，官广西学政、侍读学士，著有《左氏兵论》《字画辨正》《知畏斋日记》等］是刘崐极为推崇，又甚为交好的一位翰林前辈。他们不仅在修缮岳麓书院、守护天心阁、抵抗太平军上有过合作，而且后来刘崐出任湖南巡抚，很多文化教育政策出台，都有丁善庆参谋的功劳。

丁善庆出生于名门望族。他的高祖丁福为朱元璋的开国功臣，封武德将军。曾祖丁元正，历任吴江、如皋等6县县令，长于治学，颇有政声，"性恺悌，爱民下士，邑中人有慈母神君之号。"他的祖父与叔祖父都是有名的读书人，同时参加科举考试，兄为解首，弟次之，当时传为佳话，《随园诗话》记有此趣闻，并附有湖南督学吴鸿的诗，诗曰："文昌此日欣联曜，谁向西风诉不平。"他的父亲丁世也是积学之辈，惜乎英年早逝。丁善庆生于长沙，因少孤，随母同外祖刘权之［1739—1819年，字德舆，号云房，长沙人，乾隆二十五年（1759）进士，纪晓岚弟子，曾为司经局洗马、安徽学政、大理寺卿、礼部侍郎、左都御史，吏部、礼部尚书，协办大学士、体仁阁大学士，曾预修《四库全书》等］久居北京。外祖对他极为疼爱，教其诗文书画，并遍历权宦之门，这让他不仅有渊博知识、广阔视野，而且交友广泛，接触到了各种新潮思想。他于道光二年（1822）应顺天乡试，中举人。翌年成进士，选翰林院庶吉士，散馆授编修。此后像许多翰林一样，他先后任国子监司业，詹事府右中允、左中允、右庶子，翰林院侍讲学士等文衡之职。接而，因为品行端正、学问精深，他为皇帝看中，提拔为国史馆总纂、庶常馆提调、文渊阁校理、奏办院事、日讲起居注等职，又教皇子诗书。道光接位后，他对这位昔日老师十分尊敬，于是丁善庆屡柄文衡，门生满天下：道光八年（1828），他出任贵州乡试正考官，道光十一年（1831）任广东乡试正考官，道光十五年（1835）任会试同考官及顺天乡试同考官，道光十六年（1836）出任广西学政。他为国选拔了许多人才，龙元僖、何桂清、黄辅辰、刘绎、孙铭恩等都是其中佼佼者。

但他显然并不太适合官场。在广西学政位上不足一年，他即以母老辞官返湘，居于长沙，受聘于岳麓书院，任山长，从而主讲22年，为湖南培养了大量人才。在教育思想上，丁善庆把德育放在首位，以儒家教育思想为正宗，参以"阴德感应之说"。曾国藩说他："主讲岳麓书院二十余年，以洛闽正轨陶铸群弟子，亦颇参阴德感应之说，警发愚蒙。生徒翼翼，无敢轶逾法度，庶几以身教者。"因为认为道德教育是根本，他故"日申儆诸生，示以修身立命之要"，而且总是"教人先行而后文"。他认为读书的主要目的是能通过学习发现自己的过失，进而约束自己少犯过失。他说："读书能见过，约己得全真。"其友黄爵滋称颂此语"十字抵一篇座右铭"。受其教诲者"优异其能且勤者，下及闾巷，感知改化"。在教学方法上，丁善庆特别注意以身率教。他总是以自己良好的行为感化学生，对学生起潜移默化的作用。在教学中还注意启发思维，告诫学生读书要勤奋，也要善于思考，不要滥竽充数。他反对华而不实的学风、文风，提倡务实学。在人才培养上，丁善庆既重才，又识才，只要是有才华的人，不论出身如何，他都尽力培养、选拔，使人尽其才。虽为严师，但他信任学生，关心学生，从不使自己高踞于学生之上。他编纂《岳麓书院续志》时，就挑选了一些学生参加编修工作。

丁善庆更以自己的多才多艺、诸多学术成果给岳麓师生树立了榜样。因为曾祖、叔祖都是有名的书法家，且叔祖专在皇宫内廷教授书法，丁善庆也精通书法，特别长于楷书。郭嵩焘在《丁伊辅先生馆课藏本书后》中说他："楷法端劲，周规折矩，允如柳诚悬之言，原本正心之学。"他还善于鉴别书画真伪、优劣，《清泉县志列传》说他对书画"鉴别尤神"。他的《字画辨正》，就是其对书画艺术研究的成果，至今为书画家、收藏家奉为至宝。丁善庆长于研究五经，特别对《易经》《春秋》有研究。曾国藩说："君之学详于治经，尤嗜《易》《春秋》，著有《左氏兵论》。"他长于修史，任国史馆总纂时曾纂辑校阅了《循吏传》《儒林传》《义苑传》《大臣传》《大清统一志表·陕西部分》《国史馆长编总档》《国史臣传》等书。晚年还不遗余力自修了《岳麓续志》，为后人研究岳麓书院留下了宝贵资料。出于对其外祖的感恩，他还整理出版了《刘文恪公剩存草诗集》《刘文恪公剩存草文集》《刘文恪公和诗集》等，这对今人了解刘权之实是最为宝贵的材料。他自己也出版了《养斋集》，包括政论文、诗赋、墓志、奏折等文，其中以诗赋为最多。郭嵩焘称其诗赋"高出唐贤应制诗赋之上，而先生余力所及，亦足以取证，一代之诗风尚有如是也"。他还参与了《湖南统志》《小学绀珠》的编写,参订校正了《陈宏谋古文详解》等书。说其是晚清有名的文学家、书画家、史学家、经学家、编辑家、鉴赏家,恐怕都是名副其实的。

  丁善庆为人最为可贵的是其勇于将爱国忠君思想付诸实践。作为传统文化大家,他把忠君报国作为人生最高理想,愿为国、为君、为自己的理学牺牲一切,甚至是生命。咸丰二年(1852)秋,太平军围攻长沙。丁善庆主张坚守,并遗书与其弟,誓与省城共存亡,又命其子丁驯日夜巡查城防。太平军北上后,他主动承担督工修造战船,接济水师的重任,并在岳麓书院里成立恭武社,学生可参加操练和学习火器。刘崐对他的这些举止,大为赞叹,道:"伊辅公,实为湘人之幸矣!"

  他更为人称道的是其为岳麓书院修复而做的努力。担任山长期间,他多次修补书院斋舍和圣庙。咸丰二年岳麓书院毁于兵火,建筑全部被毁坏,多年聚藏的书籍也皆被焚毁。丁善庆积极倡议全省的官绅士民捐款修复岳麓书院。1853至1866年,在极艰苦的条件下,丁善庆主持修复了20余处书院建筑,其中:咸丰三年(1853)春修复圣庙、御书楼、文昌阁、讲堂、斋舍、祠宇等地;咸丰五年(1855)修复半学斋;咸丰十年(1860)修复自卑亭;咸丰十二年(1862)修复三闾大夫祠、贾太傅祠、李中丞祠;同治四年(1865)重修爱晚亭、极高明亭、道乡台、崇圣祠、讲堂、二门;同治五年(1866)修复风雩亭、吹香亭、抱黄阁。同时,他倡议社会名流、士林学者为书院捐书。在他的倡议下,湖南巡抚李瀚章,著名刻书家、藏书家陈仁子的后裔陈源豫,著名数学家丁取忠,还有曾国荃、贺贻龄、俞锡霖等社会名流和官绅将许多珍籍捐赠给了岳麓书院。丁善庆本人除带头捐赠藏书外,还以书院名义购置了数批图书,如《古今文学释珍》《诸子汇函》《壮学斋文集》等。由于捐书、购书,清同治年间,岳麓书院御书楼的藏书又恢复到相当规模了。

  同治七年(1868),丁善庆以老病辞,翌年逝世。时任湖南巡抚的刘崐闻讯,亲往丁府吊唁。

楚军将领：简单交往同湘勇

罗泽南、胡林翼、左宗棠指挥下的楚军，是刘崐接触较多的队伍，一是其中不少人当时为团练，参加了咸丰二年（1852）秋冬始的长沙保卫战，时刘崐为湖南学政，受令到不少团练里去检查过工作，二是咸丰六年（1856）他担任兵部右侍郎后，专至湘鄂地区来抚军，又与其中多人交往。但总体说来，他与楚军诸将多是泛泛之交。简单列举几位。

其一：李续宾（1818—1858年，字迪庵、克惠，湘乡（今涟源）人，浙江布政使加巡抚衔，湘军第一悍将，《清史稿》称他为"湘军之杰"，卒谥忠武，赠总督衔）。他的曾祖父李本桂富甲一方，生性慷慨，借钱给别人，100两银子以下不记账，这对其幼年豪爽性格的养成有着直接影响。他5岁在家塾启蒙，自幼臂力过人，11岁能负重百斤，13岁即学骑射，21岁打猎，并学会了不少医术，25岁时学习绘制地图，画了几百幅，以精准见长，为其后来从军打仗做了极好铺垫。胡林翼在《祭李迪庵文》说他："生有奇骨，敦厚如勃。肝胆沉雄，口舌木讷。朴如新息，晚成大器。"早年，他还曾卖煤炭供胞弟李续宜读书，得到绅士罗泽南的器重。道光十八年（1838），他在湘乡参与团练训练，太平军事起则成为协助罗泽南办团练的左右臂，他"能以兵法约束子弟，明耻教战，训练尤精"。咸丰二年（1852）长沙城受困时，他与罗泽南曾率团练前来驰援，正因此，刘崐与其结识，对其地方武装军队的纪律严明印象深刻，遂成挚友。两年后的岳州救援中，他率领右营白旗军初露锋芒，当太平军撤走，罗泽南和塔齐布率军进城之际，唯有李续宾率领右营追击敌军，趁着大雨擒斩2000多人。塔齐布立马观战，赞道："白旗无敌！"也因此战，后人中才流传出谚语："中营银子，左营旗子，右营顶子。"但最令刘崐欣赏的，是除忠诚仁义勇敢外他还处处以身作则，率先垂范。战中跃马扬刀，他总冲锋在前，而战后争功论能时，他则沉默不语，静坐一旁。他还视财如土，当众人把历年节省盈余及廉俸银两悉数寄回家中时，他却把万两金银留在军中补贴军用，量力救人。也因此，其部上下同心，短短几年间即克复40余城，大小600余战，战无不胜，攻无不克，李续宾也被称为"湘军第一悍将，威望冠诸军"。咸丰八年（1858）的九江之战，是其人生巅峰。李续宾与太平军斗智斗勇，无数次厮杀后，终于攻克坚城九江，杀太平军守将林启容以及17000守军。也因此，太平军对其恨之入骨，当年十一月即派陈玉成、李秀成率10万大军包围镇守庐州三河镇的李续宾部6000人。时有人劝李续宾"退而守之，不难再振"，但李续宾抱定"壮士一去兮不复返"的信念慷慨激昂对部下说道："某在军前后数百战，每出队即不望生还，今日固必死此，有不愿从死者，请各为计！"而同生共死的将士们皆跪泣曰："某等愿从公，以死报国，不愿去。"李续宾整好衣冠，面北而拜，二更鼓响，怒马而出，直赴刀枪林立的太平军，奋勇杀敌，慷慨捐躯。曾国藩的弟弟曾国华亦牺牲于阵前，湘军6000精锐，无不英勇战斗，血染征袍！死讯传到京城，刚从兵部转调户部，并加授工部右侍郎的刘崑立时热泪滚滚。咸丰帝也流涕，手敕曰："惜我良将，不克令终。尚冀忠灵不昧，他年生申甫以佐予也！"而胡林翼哀叹道："此番长城顿失。……以百战之余，覆于一旦，是全军皆寒，此数万人，将动色相戒，不可复战。"

其二：李续宜（1822—1863年，字克让，号希庵，涟源人，官至安徽巡抚，卒谥勇毅）。他是李续宾的胞弟，以文童从兄从师出征，转战江西、湖北、安徽，胡林翼认为其"功多为续宾所掩"，疏陈清廷，得进授知府衔。咸丰七年（1857）春，他独领一军计1700人攻九江，旋自江西瑞州赴援湖北，会同胡林翼参与阻击太平军于黄州、蕲水、黄冈一带，占小池口，升道员，赐号伊勒达巴图鲁。咸丰八年（1858）李续宾三河兵败丧生后，李续宜在湖北黄州收集其残部，重整成军，这让前来抚军的刘崑甚为钦佩，并极力鼓励之。次年春，石达开部由江西进入湖南，围攻宝庆府城（今邵阳市），李续宜授荆宜施道，受命领兵5000人驰援，各路统归指挥。

他与太平军4次大战于资水西岸，其有勇有谋，甚得胡林翼、曾国藩的欢喜，而刘崐得讯则写信褒奖。宝庆围解后，李续宜得赏布政使衔。嗣后，李续宜领兵万余驰援安庆，屯兵于安庆与桐城之间的青草塥。十二月，他与太平军陈玉成部大战于挂车河，将其逼走庐江，使曾、胡包围安庆计划得以实现，也报得了一箭之仇，他因而获赏二品顶戴，授安徽按察使，3年后擢升安徽巡抚。时陈玉成率军直捣武昌，沿途攻克黄州、德安两府五县，誓欲报兄之仇的李续宜上疏请辞安徽巡抚，统兵回援湖北。他会同湘军水师彭玉麟水陆夹攻太平军，并乘夜纵火烧城，攻陷孝感，进占德安、武昌、通城、咸宁、蒲圻诸城。这时，胡林翼病重，李续宜授任湖北巡抚。在任期间，他相继与光化、谷城、均州、枣阳、襄阳等地捻军作战，皆有不俗战绩。不久，他再转任安徽巡抚。同治元年（1862）春，李续宜抵安庆，派兵解颍州围。接而奉旨帮办钦差大臣胜保军务。其时，安徽寿州团练首领苗沛霖攻陷寿州城，杀死前往招抚官员，后又归顺胜保，胜保倚重苗沛霖以牵制李续宜。李对苗甚为厌恶，奏陈："正彼叛逆之名，人人得而诛之。"后苗沛霖果又反清廷。其间，他还派兵镇压了张乐行所率捻军，并整顿吏治，安民垦田。同年七月，李续宜被任命为钦差大臣，督办安徽全省军务。旋丁母忧回籍，但同治二年（1863）即奉旨重回战场，可令刘崐及所有对其关心者都没有想到的是，当年十一月，他突然于军中暴毙。

其三：刘典（1820—1879年，字伯敬、克庵、克盦，宁乡人，曾为浙江、甘肃按察使，陕西巡抚，卒谥果敏）。刘家祖上世代务农，至刘典开始读书求学。他年轻时曾以县学生的身份，在著名的岳麓书院、城南书院学习。也是在此之际，刘崐任湖南学政，得以与其结识，但并无深交，因为之后他即赴家乡宁乡办团练。咸丰十年（1860），他应征加入左宗棠军幕，总司营务，不久即成为左宗棠手下的一员虎将。此期，刘崐为户部右侍郎，刘典曾入京向其禀报部队军饷情况，故他们的交流多了起来。后来，刘典随楚军转战江西、江浙一带。在江西浮梁、乐平等地打败太平军李秀成部的战斗中，他表现突出，因功升直隶知州。此后，他又因作战英勇，指挥有方，屡建战功，不断得到提升，同治元年（1862）任知府，后改浙江按察使。同治二年，浙东大体平定，他奉左宗棠将令进兵平定皖南，获阿尔刚阿巴图鲁称号。同年秋天，其父去世，他回乡丁忧。同治三年（1864），他奉命再出山，新招募8000士兵帮办苏皖军务，后改为帮办福建军务。战事平息后，他于同年请求还乡获准，次年即在家乡倡办了云山书院。同治五年（1866），左宗棠任陕甘总督，刘典奉命再次出山率部追随左氏入陕，驻守潼关，任甘肃按察使，随即又被封为三品卿、帮办陕甘军事，两年后再升为陕西巡抚。任职期间，他召集流亡，减免杂派，开浚河渠，兴修水利，政绩卓著。他还于同治八年(1869)与左宗棠定下"三路剿回策"，但由于锐意裁饷，引起士兵不满，他遂于次年请假回乡省亲。此期，刘崐为湖南巡抚，刘典受邀来长，为其平剿黔苗出谋划策，据传刘崐还曾为其云山书院题匾。光绪元年（1875），刘典在朝廷一再要求下第三次出山，到兰州协助左宗棠平定新疆，他负责后方军饷供应、民生恢复等工作。为平定阿古柏叛乱、防止分裂、保卫新疆，刘典功勋卓越，最后因劳累过重而病逝于甘肃军营。此期，刘崐与其弟刘倬云多有往来，刘崐对刘典之秉性清廉、贵后自奉俭约多有赞誉。

其四：王开化（？—1861年，湘乡人，布政使衔，卒谥贞介，予参都尉世职）。他17岁即从兄长王鑫办团练，后在湖南防剿太平军的战斗中表现卓越而累擢知县。刘崐作为湖南学政视察其军时，对这个青年将领极为喜爱，抚其肩曰："汝有大志，将超兄！"驰援江西，在宁都钓峰之战中，他率伏兵潜袭敌营，火焚大营，遂大捷。此后，他无战不与。骆秉章疏陈其功，擢知府。之后，王鑫病逝，他分统其军，偕张运兰攻吉安，连战皆捷。咸丰八年，克乐安、宜黄、崇仁、南丰、建昌，他得擢道员，加按察使衔。可不久，因水土不服，他病归乡里。两年后，左宗棠初出治军，王开化再度跟从出山，战鄱阳、乐平，皆有功。及左宗棠大破李世贤于乐平，王开化与刘典各当一路，为左宗棠视为左右臂。是役官军不及万，但打败了10万太平军精锐，堪称奇捷，王开化事后得加布政使衔。江西既平，他又跟从左宗棠援皖南。可没有想到，还是因肠胃功能不好，不久即逝世于军营。

其五：蒋凝学（？—1878年，字之纯，湘乡人，曾为甘肃安肃道、山西按察使、陕西布政使,卒赠内阁学士)。咸丰初,在籍从王鑫治乡团。咸丰五年(1855),他跟从罗泽南克武昌,得奖国子监典簿。次年,又率湘左两营从湖北巡抚胡林翼攻武昌。他巧施计谋,屯军赛湖堤,引江水入湖,进而与他军合长围,进薄城下,平敌垒10余个,武昌收复后他论功擢知县。接着,他从克黄州、大冶、兴国,逼军九江。他得到胡林翼的充分信任,分统三营屯北岸陆家嘴,真正成为统兵一方的大将,他率军攻小池口,屡战皆捷。这时,都兴阿檄其攻童司簰。童司簰背江踞湖,通黄梅要隘,太平军有五六万盘踞于此,是太平军的重要大营。蒋凝学率军到达后,多次与其军交手血战,他坚持不退,甚至肉搏上阵,军士称赞他有三国许褚之勇。这时,陈玉成大军来援,众议退兵,蒋凝学却说:"童司簰不克,水师往来失所据,九江之师亦掣肘,势所必争。"他请胡林翼增兵1000人,当晚即会合水师一道作战,之后连日鏖战,破除太平军的包围圈,扫平10余堡垒,并乘胜攻克黄梅,他因而擢同知。咸丰八年,会攻九江府城。蒋凝学组织兵力挖掘地道,迤东而南,直至城下,再埋下地雷,攻城日则火力齐发,摧毁城垣百余丈。蒋凝学率兵从缺口涌入,歼敌甚众。此役后,他得擢知府,赐花翎。其后,他连复麻城、黄安,擢道员。十月,李续宾三河军覆,这给了楚军沉痛打击。蒋凝学听从官文等的指挥,会合多隆阿、鲍超军在宿松、太湖、潜山等地多次破敌,受到抚军使刘崐的大力赞扬。此后,他在咸丰十年(1860)正月解救鲍超营时与多隆阿马队配合,擒斩2000太平军,乘胜攻下罗山,更令其名闻天下,他遂得加盐运使衔;又在次年于赤壁山下击败陈玉成援军,收复武昌,并巧妙令投降的刘维桢诈称援军,诱敌打开城门而攻克黄州,他得以道员记名,加布政使衔;接而,苗沛霖反叛攻陷寿州,蒋凝学受命前去剿抚,他进军六安,攻下霍丘,增募水陆军勇,使姚有志、潘垲苗军纷纷乞降,各圩多反正,得授甘肃安肃道;之后他配合僧格林沁剿灭了苗沛霖军,同治三年又击退了陈得才的30万大军,进援湖北,收复罗田、蕲水、麻城三县,解蔡家河围……陕甘总督杨岳斌对其十分赏识,奏调蒋凝学赴甘肃,不意正遇上鲍超的霆军因兵饷问题哗变,蒋凝学部遂止,他留忠义营于湖北,自请回籍养病。在朝廷的一再催促下,同治五年，他再募湘勇 2000 人，号安字营赴陕，巡抚刘蓉奏请其屯军泾州，兼顾关陇。此后，他为平捻平回，南征北战，打仗百余，升按察使、兰州道，后擢山西按察使。光绪元年（1875），他被任命为陕西布政使，4年后以病解官，未行即卒。

其六：萧庆衍（1823—1890年，字由正，号为则，涟源人）。萧出身贫寒，曾随父辈在乡下耕种多年；咸丰三年（1853），他投报楚军鲍超右营，之后跟随其转战义阳、广信、义宁、通城、崇阳、蒲圻、武昌、黄州等地；再随队连陷彭泽、望江、东流、铜陵，累官至参将，也受到了抚军使刘崐的亲切接见与鼓励；咸丰九年（1859），他得鲍超信赖，独自管带贞中等营，在攻陷九江战役中表现突出；嗣后，他率部回湘解宝庆之围，之后率部再赴安徽，攻下太湖、潜山，以总兵记名；回师进攻德安，授振威将军，加提督衔；接而，他解颖州围，攻克巢县、含山、和州，得赏一品顶戴，赏穿黄马褂，授刚勇巴图鲁。同治三年（1864）夏，他跟随曾国荃攻打江宁，首夺朝阳门、洪武门，被授云骑尉世职。这年冬，他以亲老乞归。刘崐担任湖南巡抚后，曾到其门探望，他对此深为感激，后多次来长沙看望刘崐，直至其病逝。刘崐逝世后两年，萧庆衍亦因旧伤复发病逝，归葬于枫坪杨梓江狮形山。

陈　湜：曾左门徒亦宿将

刘崐担当湖南巡抚，为剿黔苗起义军，曾邀请了不少退休或归籍的湘军宿将为其出谋划策，这其中，就有陈湜（1832—1896年，字舫仙，湘乡人，曾为陕西、山西、江苏按察使，江西布政使，卒赠太子少保）。

陈湜在咸丰六年（1856）投奔湘军，跟随曾国荃赴援江西镇压太平军。他作战勇敢，且智谋超人，很快得到曾国荃的欣赏，成为其重要智囊团成员，并在攻克安福、万安的战斗中立下大功，得以赏为知县。次年，进围吉安，取胜，他再得赏同知衔。这时，曾国荃奔丧去军，陈湜代领其众。正在他欲一展鸿才之际，他的父亲去世了，他无奈下匆匆归乡守父忧。咸丰八年（1858），朝廷令他跟从蒋益澧军救援广西，他攻克平乐，勇冠三军。太平军又攻桂林，陈湜率四营遇之于大湾车埠，败之，并乘胜攻下苏桥堡垒，再接连克复柳州、浔州，广西得平，他亦得升知府衔，仍回乡守制。咸丰九年（1859），石达开围攻宝庆，陈湜募勇1000人从祁阳出发赴援，他与李续宜夹击破营，令太平军不得不迅速撤军。次年，曾国荃围攻安庆，调令陈湜负责军事。陈湜此际发挥出了其优秀的指挥才能，规划地形，布兵设阵，井井有条。他提出请堨枞阳口蓄水阻援敌，力扼集贤关，曾国荃从之。果然，陈玉成来援，阻水，只得绕道集贤关，陈湜指挥军队合围，将陈军击溃。这让曾国荃大喜，立给时为户部兼工部右侍郎的刘崐写信，告之此喜讯，并极赞陈湜之才。不久，陈湜到户部汇报，即与刘崐见面。刘与之谈，甚为中意，称其乃难得之儒将，鼓励之。咸丰十一年（1861），陈湜随曾国荃攻克安庆，自是独领一军。他循江而东，会克诸城隘，累擢至道员。

同治元年（1862），陈湜又从曾国荃攻江宁。他建议先并力攻下九洑洲，再断江北接济，得施。其后，他先后会诸军击走李秀成、李世贤援众。次年，城围合，陈湜充当西路，攻下了江东桥、七瓮桥、紫金山诸隘，被赐号著勇巴图鲁。同治三年（1864）六月，江宁被攻破，陈湜率军入旱西门，遇李秀成率死党出走，他马上组织兵马冲杀，打散了其出逃队伍，李秀成不久也为他军所擒，他由是以按察使记名，并在次年实授陕西按察使，旋调山西。当时，山西捻匪方炽，陈湜为此作《筹防五策》，受到高度重视与肯定，他又在龙门、砥柱之间创建水师，以备水陆合击。同治五年（1866），西捻张总愚计划渡过渭水，陈湜令水师焚三河口浮桥，督民团守住渭北，敌谋遂不得逞。紧接着，朝廷命陈湜驻军汾州，节制文武。同治六年（1867）冬，张总愚乘河结冰，窜入山西，次年春犯畿辅，震惊朝野。陈湜以疏防褫职，遣戍新疆，庆幸得到山西巡抚郑敦谨的大力疏请美言，遂留防。陕回将领也为其抱不平，乘隙渡河攻击张总愚，终逼迫西捻军撤走。陈湜因此免发遣，而归湘休养。他至长之日，刘崐亲至湘江河边迎接,令陈湜感涕,视为知己。也正是在陈湜的帮助下,刘崐制定了详细的剿苗作战规划,并稳步实施,终节节取胜,平定了10余年的黔苗叛乱。

同治九年(1870),左宗棠西征,檄令陈湜率五营出固原,断汉伯堡回捻军向南逃往河州之路。陈湜不但积极守御,而且伺机出击,在罗家崄歼余彦禄余党上千名。金积堡被攻下后,陈湜得复原官。同治十年(1871),进规河州,左宗棠令陈湜尽护诸将渡洮水进攻。他出色地完成了任务,并连克陈家山、杨家山、董家山诸回堡,逼攻太子寺老巢,破其外壕。次年,陕西提督傅先宗等战殁,回捻军乘胜来攻。陈湜玩了一次计谋,表面上邀请高官显贵置酒聚会,暗地里却密令总兵沈玉遂率部悄悄出城,急捣敌大营。马占鳌没法招架,便乞降,并缚悍酋狗齿牙子等以献,河州遂平。这让左宗棠大喜,奏请朝廷对其特别嘉奖。同治十二年(1873),陈湜率军进讨盘踞在巴燕的回捻起义军马桂源、马本源,两军对仗,回军即溃。陈湜为杀鸡骇猴,威慑回民,斩杀马占鳌、马五麻诸首。而朝廷改赐其号奇车伯巴图鲁。在陈湜军的强大武力威胁下,向来犷悍的循化撒拉回民起义军也不得不自缚马十八、沈五十七等20余人投降。陈湜规划地势,修城设官,分营扼驻,同时保持与西宁、碾伯、河州的声息相通,陕回遂平,他再次辞职回籍。

光绪八年(1882),两江总督曾国荃又奏调陈湜统水陆诸军,兼治海防。陈湜第三次出山,驻军吴淞。但不久即以私行游宴,被人检举而劾归。光绪十二年(1886),他第四次出山,统管南洋兵轮,总理湘、淮诸军营务,并被实授江苏按察使。光绪二十年(1894),甲午中日战争爆发,辽东、辽南重镇凤凰城、岫岩、海城、金州、复州、盖平已为日军占领,山东半岛威海卫也于二月十七日失陷。黑龙江将军依克唐阿、吉林将军长顺、帮办东征军务四川提督宋庆等从一月十七日起先后数次反攻海城不克。清廷遂调重兵于山海关、锦州一带,令两江总督、南洋大臣刘坤一为钦差大臣,节制关内外各军,而调聂士成部入关防卫畿辅。同时檄陈湜率所部湘军20营接替聂士成扼守摩天岭,防止日军从东路进犯奉天。时日军兵力大部西赴海城,东边一带兵力甚寡,仅立见尚文第十旅团一部作为牵制兵力,留守九连城、凤凰城一带。因此,陈湜接替聂士成摩天岭防务后,凤凰城以北无大战事,直至战争结束。次年和议成,陈湜得擢江西布政使。这时,甘肃回民叛乱爆发,他又受命前往剿抚,但未及行,又收到令其驻山海关的命令。

陈湜跟从曾国荃最久,但其后屡蹶,仕途无进,世称宿将,也有遗憾之意。光绪帝命绘中兴功臣于紫光阁,征集诸将之像,陈湜得列,亦可见其军绩与职务并不匹配,此举有弥补之意。

段　起:望族名门博军功

刘崐重视名门望族,对其子弟多有厚望,对衡南县(旧称清泉县)的段氏就是如此,尤其是段氏三兄弟段华(1821—1874年,又名段文英,字俊丞,诰授建威将军、花翎提督衔)、段起(1827—1882年,又名段名蔚,字贞,号培元、小湖,曾官江西督粮道兼按察使、广东盐运使)、段棣元(1836—1899年,字联芳,号棣垣,花翎副将衔、即补参将)及段华之次子段明耀(曾为浙江候补同知、直隶州同知、江西老衡营襄办、援越靖边将军)都是曾国藩麾下名将,刘崐对他们更有亲切之感了。这其中,与他关系最为密切者是段起。

衡南政平段氏是典型的名门望族,发展到段起一代为第三十八世。段起的祖父段州渌(1778—1862年,名鹏程,字三湘,号云门,曾为云南候补布政司理问厅职员)当过小吏,特别重视家族中晚辈的文教,段起兄弟即由其开蒙。他生有三子,长子段必行,就是段起的父亲,其为太学生,对子女教育也特别重视,要求其文武双修。据旧《清泉县志》载,段华少时好骑马击剑,武艺超群,力大盖世,能抱得起500斤重的石狮子,而段起"通五经章句,少有文名","初入资助饷,叙道员"。

咸丰初,洪秀全在广西金田起义,挥师进入桂林地区。骁勇慓悍的段华、段起兄弟出山投奔广西左江道王普相,一为哨官(底层武官),一为记室(掌管文书)。在几次小战斗中,段起"数陈兵事",因其谋略逐步得到赏识。王普相将其推荐给广西巡抚劳崇光,段起率领100余名将校,成功解除了全州之围,得到劳的高度赞扬。接而,另一股流寇邓正高部乘虚袭击永州,窥视衡州。段起艺高人胆大,单骑深入敌营,将其劝降,这让劳崇光对其刮目相看。不久,相邻的贵州苗民造反,进犯怀远,段起又招其兄段华、弟段棣元入军,率兵将其讨平,从而获赏六品顶戴。

咸丰六年(1856),曾国藩湘军在江西被太平军包围,几乎全军覆没,"军储如洗""军无现粮",劳崇光令段起兄弟率部驰援。曾国藩初次见到段起,并没有觉得多么出奇。其时,太平军盘踞建昌(今抚州市南城县建昌镇),湘军久攻不下。段起夤夜率400人扑向敌营,一举攻克,并乘胜收复德安。曾国藩大喜,收其为护卫军,易军名为"衡字营"。次年,段起跟随刘腾鸿(1819—1857年,字峙衡,今涟源人,罗泽南弟子,楚军悍将,卒谥武烈)、李续宜部攻打瑞州(今江西高安市),刘腾鸿战死,段起亦受重伤,但此役收复了瑞州。就是这一役后,刘崐与段起相识。在段起的病床旁,刘崐与之讨论军事,甚相契。翌年,段起随李续宜援浙,他们不仅解了衢州之围,而且反攻景德镇和浮梁县,将两地一并克复。刘崐闻讯,十分高兴,特写信赞扬之。

咸丰九年(1859),太平天国英王陈玉成率兵大举挺进景德镇,段起扼其要冲,面对几十倍于己的兵力,他沉着应对,看准时机出击,一击即退回防守,陈玉成部受挫却又无可奈何。段起又拿出家财募集兵勇,派遣别的将领支援浙江,数次立下战功。浙江巡抚王有龄上疏,调遣段起赴浙担任水陆两军的首领。朝廷综合考虑其以前的功勋,加盐运使衔,留在江西以道员补用。两年后,太平天国忠王李秀成进逼广丰,并包围广信。段起在城内固守,伺机出击,大败李秀成,得加布政使衔。此后的同治元年(1862),他又获授江西督粮道,但仍然留在军中带兵。第二年,他率军攻克鄱阳、彭泽,被赏给瑚松额巴图鲁名号。第三年,段起才正式赴任江西督粮道,掌管全省督运漕粮。其时军事大局渐渐稳定,朝廷商议撤兵,段起上奏兵弁安置之策,得江西巡抚沈葆桢赞赏,后征得朝廷恩准，按其办法颁行。同治四年（1865），湘军名将鲍超所率的霆军索饷哗变，段起闻讯赶去察看，结果被前队官兵打伤面颊。好在此时有人认出了他，大声制止道："这是段粮道！"立时纷乱暂息。段起反复劝慰士兵，动之以情，晓之以理，兵变乃定。不久，段起兼署江西按察使。

江西与福建、浙江交界处，山脉绵亘千里，曾经是盗贼之窝，长期以来都被有司封禁。太平天国之乱时，老百姓往往遁入山中避贼，久而久之，生息日渐繁衍。有人谎报太平军余孽的巢穴也在山中，朝廷使诏令三省会剿征讨。段起却对此颇为怀疑，他于是轻骑寻访，认真仔细地了解真实情况，并立即将自己的所闻所见向上汇报，终避免了生灵涂炭。因此事，当地人民感其恩德，为他建立一座庙祠，岁岁祭祀。

同治六年（1867），段起因病归乡疗养。这时恰逢衡阳大饥荒，他发动家族成员倾尽家财赈灾，"全活逾万家"。刘崐此时到湘就任巡抚，闻之，十分高兴，特召见段起，给予表彰。同时，刘崐又谋划剿灭黔苗起义军，特向段起咨询意见，段起也毫不隐瞒，倾囊相告。之后，段起成了刘崐治军理政的重要智囊，直至刘崐被革职退隐。

光绪二年（1876），段起再次被起用，授江西督粮道，但不久即调江南徐州道。光绪六年（1880），两广总督张树声调治海防，请求朝廷派遣得力干将相辅，段起被擢广东盐运使派往，并诰授光禄大夫，赏戴花翎。两年后，因勤劳王事，段起死于任所，光绪帝诏令广东、广西、江西、湖南、江南五省建立专祠追祀。

段氏一支，后来人才辈出，尤其是行伍人员颇多。民国时期，其一家从排长到军长共有48人，号称"四十八根斜皮带"。其中，段彝廷、段沄是中将军衔，段复、段徽楷、段政、段镇楚为少将。

官员记

杨　翰：山水知府有三绝

　　杨翰［1812—1879年，字伯飞、海琴，号樗盦、息柯居士，今河北新城人，道光二十五年（1845）进士，官至湖南辰沅永靖道，清代书法家、金石学家，有《扬州画苑录》《清画家诗史》《儒林琐记》《粤西访碑录》《抱遗堂诗文集》《小栗题跋》等问世］是刘崐为湖南巡抚时的手下干将，其任辰沅永靖道3年多时间，他的勇于任事、办事干练，深得刘崐喜欢。是故，他遭人弹劾而罢职时，喜形不露于色的刘崐也不禁拍案而起，怒斥奸佞损才误国。

　　杨翰的父亲是名小官员，他出生于父亲就任的四川蓬山官署。父母怕其夭折，曾祷于峨眉山，故其乳名普贤保，这也让他从小接触了佛教，对普度众生、爱人及物有了深刻的了解。他少即聪颖，4岁从师诵《戴记》，每日能背一册；12岁举笔成文，乡人称奇。他同时性好山水，并喜碑刻，常在四川境内访碑，所写题记，广为流传。杨翰20岁举秀才，丁父忧后30岁中举，不久考中进士，入翰林院，做编修。在京8年，他以书画金石为乐。京城厂肆，钟彝书画，泉器碑刻甚多，他经常出入其间，与友人共同研讨。他见多识广，偶作题跋，金石家杨欧客，见必手抄。大书法家刘石庵曾称其三绝："题跋、诗、书。"此时，其留言镌刻，惊服海内。还传言，他特喜欢临摹何绍基的书法，开始他"欲属和而未能下笔"，感到很难学。后来，经过较长时期的练习，他自认为将何绍基的书法已经完全学到手了，便得意地派人将临摹的作品一大批一大批地送交何绍基审阅。何绍基在回信中却说:"你练我也练,我字出我手,我的书法你是永远也学不到手的。"这无异醍醐灌顶,杨翰自此明白临摹只能练就基本功而书法技艺需要独创的道理,也从而与这位长自己13岁的书法家成为挚交。除金石外,杨翰还善画和文词,"靡不精能,仿王宸小品,笔意恬雅,皴染松秀,有出蓝之美"。

咸丰二年(1852),胜保〔? —1863年,字克斋,满洲镶白旗人,道光二十年(1840)中举,曾为詹事府赞善、翰林院侍讲、国子监祭酒、光禄侍卿、内阁学士、兵部侍郎等〕升内阁学士会办军务,慕翰林杨翰之才,招其正幕下,整理笔札。杨翰不负期望,办事干练、勤恳,受到胜保赞赏,后又随其办军务运输,杨翰也做得一丝不苟。因而,两年后他被保以知府用。咸丰五年(1855),杨翰授永州知府,但因战事他直到次年秋才到达湖南,朝廷这时已经改任其为常德知府,他有了留居湖南的想法,便自蜀中迎母来湘。次年,他又改任沅州知府。两地任期短暂,他未及施政,但其清廉守正、交善文士、爱游山水的,已经远近闻名。咸丰八年(1858),他再被任命为永州知府,在此任有7年之久。

杨翰在为永州知府期间,首先为人称道的是其亲民。他常到民间查访,徒步行走不坐轿,不要县衙摆酒设宴,人称布衣知府。其次是公务之暇,常登临山水,搜求金石书画。同治元年(1862),出自对浯溪碑林的喜爱,他还对浯溪的胜迹作了全面复修。再次是复古古迹。永州城先后于咸丰二年和咸丰九年(1859)被太平军炮火轰击,城里建筑和文物古迹大都为战火所毁坏。他到任后即开始命人修葺,在他任职期间,零陵、祁阳间有关元结、柳宗元、怀素等唐宋诸文人学士、名公世卿的旧迹,如澹岩、朝阳岩、绿天庵、愚溪、柳侯祠、元颜祠等,都得到了维修与保护,并勒石刻碑。这些景点,也不少处留有杨瀚笔墨,知名者有三处:一是柳子庙有其亲书的楹联"山水来归,黄蕉丹荔;春秋报事,福我寿民"。二是在朝阳岩有其亲书的黄山谷诗及自作诗两首,其一为《伏日游朝阳岩用山谷韵》:"苍岩适吾性,何人此息肩。兹山遇謦欬,来自舂陵年。铭幽野鹤踞,篆古秋蛇传。探洞冷云宿,窥窦阴涛溅。公昔标寒泉,晚复营溪园。此岩字独泯,踯躅愁空烟。山谷后有作,补缺同雕镌。溪转姓传冉,渴流家有袁。凉飙散群木。飞雨添奔泉。暑去意客与,客来闻潺湲。空中滴乳水,奇语思髯仙。抚化心自适,浩荡回归船。"其二为《秋日游朝阳岩再用山谷韵》:"游山爱及秋,黄叶飘吟肩。孤岩插潇水,松桧盘千年。次山耽水石,山以铭词传。我来古人后,但见秋涛溅。身世随俯仰,桔槔自灌园。何处买修竹,汲水炊寒烟。旧迹惜圩塄,扪苔重镌镵。不见元季子,我愧观察袁。每有思古情,常来听山泉。至此万缘尽,一心随潺湲。江云忽滃起,危楼夹飞仙。我将弃圭组,去放岂岩船。"三是为草癫怀素修炼之处绿天庵重修后题诗:"金戈铁马战场空,长啸登陴气自雄。肝胆轮囷同皓月,何山零荡文秋风。云迷暖鹤余残垒,雨锁蛟龙卧梵宫。独向荆蓁寻笔冢,断碑犹对夕阳红。"只是,他根本没有想到,日后正是这些诗歌,授人以柄,让其坐实了"庸碌无为"的劾词。也是该事,进一步坚定了刘崐不留文字于世的想法。

同治三年(1864),杨翰迁为辰沅永靖道台。已经对永州深有感情的他,与祁阳县令等送行人在浯溪话别,感慨万分,书下了有名的题碑诗《无题有序》:"乌帽黄尘漫七秋,今情古意飞溪头。杜陵感事同謦欬,山谷题诗忆少游。独对江山悲往迹,欲镌石壁篆新愁。一痕凉月窥林入,照见劳人汔未休。"他总结自己7年知府生涯,感觉自己为百姓做事太少,不由自责,其诗情真意切,十分感人。刘崐担任湖南巡抚后的同治七年(1868),为纪念率军招抚贵州苗民起义立有战功的东安人席砚香,永州府吏奉敕修建忠义祠,刘崐为之撰写《敕建援黔忠义祠碑》,而杨翰为之书文上石,两人终有一次绝佳配合,给后人留下一段可堪传颂的佳话。

同治八年(1869),因李瀚章、刘崐等前后两任湖南巡抚荐其"才堪大用",杨翰被调回京城待用。回京途中,他路过扬州,与著名书画家汪鋆(1816—?,字研山,江苏仪征人,与张春蕃同师李馨门,工诗,精金石,善山水花卉,有《扬州景物图画册》《岁朝清供图》《梅花图》等)相识,为之题诗《十二砚斋图》,并合作整理《扬州画苑录》,后在汪的劝说下,又写了系列画家传记、图画欣赏等方面的论著。他到达京城不足半年,即听闻母亲在湖南病重,孝顺的他马上请假回湘。而正是他回湘途中,发生了有名的"溪山文字案",有人弹劾他只喜欢山水文物,不理民情,他遂于次年被免官。被削职为民后,杨翰一贫如洗,便携家眷移居浯溪。一家老少,靠他到桂林、广州等地卖字画度日。而在此期,他的著述却甚是丰富,先后撰有《诗集》《志林》《杂著》《画谈》《诗话》《息柯杂著》《息柯白笺》《归石轩画谈》《九九消寒集》等。

光绪四年(1878),杨翰母亲逝世,因伤心过度,再加之穷困潦倒,杨翰亦于一年后病逝,葬于距祁阳城南2.5公里之外的五里牌村,他的后裔也因此而在祁阳延嗣下来。

易润坛:名门之后后勤官

易润坛(?—1878年,字昀菱,号荷生、峙山石叟,长沙人,先后从骆秉章、曾国藩、左宗棠,因功累迁至陕西巡抚)是刘崐的老同事,他们在刘崐为湖南学政时就开始交往,后刘崐为湖南巡抚时,易润坛又受命在湖南筹粮、督销淮盐,他们相处融洽,并在同治七年(1868)七月共同建议朝廷将各省来湘捐输合并至湖南米捐局中,得到应允。

长沙易氏是名门望族,宗东晋名将易雄(257—322年,字兴长,浏阳人,曾为长沙郡主簿、湘州主簿、别驾、湘州刺史、春陵令,卒谥忠愍)为祖。而其支祖为宋祥符元年(1008)自江西泰和迁定居此的易欢,至元顺帝时出了有名的荆州参将易瑞,家族大发,易瑞要求子弟文武兼修,读书氛围日浓。易润坛少时即以同族人易棠[1793—1863年,字念园,长沙人,道光八年(1828)进举,次年连捷进士,授刑部主事后升郎中,再为广州知府、广东督粮道、陕西按察使、甘肃按察使、布政使,官至陕甘总督,著有《贻芬书屋诗文集》《四书典制考略》等]为榜样,努力学习,尤其少年时即拜湖南学政车顺轨(字云衢,陕西合阳人,道光进士,历任国史馆编修、文渊阁校理、湖南学政、侍讲学士、侍读学士等,咸丰时因病归家主讲古莘、泾干、五凤、关中等书院)为师,受益颇多。

车顺轨不仅博学多才,在书法、诗歌、经史上的造诣非常深厚,而且有爱国之心,视野和胸襟都特别开阔,这对易润坛良好品质、扎实学风的养成影响甚大。中秀才后,他还曾随车顺轨到湖南各地督导文化教育建设,由此走遍了三湘四水,接触了形形色色的人物,还体察了社会民情,对于百姓疾苦有了深入了解,特别是社会不稳定带来的祸害,引起他的高度重视。因而,太平天国起义爆发后,年轻的易润坛即放弃了学业和科举求仕之路,自觉加入了士绅防御队伍。他务实的作风、勤恳的态度,马上引起了湖南巡抚骆秉章的关注,骆便令他在善化办理团防,兼负责厘务——他从此开始了一生的后勤服务生涯。他从实践出发,提出以工代税的办法,不仅减轻了百姓负担、激发了军民共同守城的热情,而且使残破的城墙马上得到了修补。这也引起了刚到湖南担任学政的刘崐的注意。他们见面后相谈甚欢,遂成为一生的朋友。由于办事干练,骆秉章便保荐易润坛为训导候选。

咸丰三年(1853),湖南军事形势吃紧,地方团练武装供养困难。易润坛主动提出到江西招募练勇来湘剿匪,受人质疑,而刘崐则坚定地认为这是良方,给予支持。易利用自己的宗族关系,很快在江西余干等地招到了一支5000人的队伍,并率兵入湘协助作战,其办事效率之高、能力之强,令人刮目相看。这自然引起了急需干将人才的曾国藩的高度重视,他两次给其写信,劝其投入湘勇阵营,最后他的执着与乡情打动了易润坛,他便投入曾幕佐理营务。在此后的10年岁月中,他随曾国藩征战于湖南、湖北、江西、安徽、江苏、浙江等地,他在后勤服务上的才华也充分展示了出来,主要有三:一是具备系统调节能力,粮草供应、捐输、厘务,各种途径他皆会介入,尤其善于发动士绅,结交富商,晓以利害,动之以情,往往收到不错的效果;二是紧跟战略部署,及早谋划,不打无准备之仗,做到了兵马未动粮草先行;三是把向各方征捐输血和生产自救造血相结合,鼓动军队战斗之余从事农业生产,并协助驻营附近百姓恢复经济,这不仅提升了军队的凝聚力,而且也抬高了军民融合的口碑。他也因而屡受嘉奖,升知县,任同知、知府,开始下放到地方历练。尤其是同治二年(1863),授知府衔的他被太平军围困在安徽青阳县城。面对气势汹汹、十倍于己的来敌，他毫不慌乱，衣不解甲，没日没夜地部署安排，很快安定了人心。他接而一方面指挥团练与百姓守城，另一方面向四邻求助呼援。太平军一月内猛烈攻城近20次，他都直上城楼亲自率兵、民杀敌，其作战的勇猛让太平军首领徒叹"莫奈何"，并在一月余后，不得不撤军。因此役中的突出表现，他受到曾国藩的高度赞许，解围后直接提拔为道员并就近任职于江南（包括现江苏和安徽的大部分）。后来，曾国藩湘勇后勤再度告急，无奈之下曾国藩只得再把易润坛调回，命他回到湖南担任督销淮盐局务5年，专为其军队筹措军饷。易润坛如鱼得水，在长沙及周边地区发动士绅支持，一改淮盐在湘滞销局面，这令曾国藩大喜，荐其授按察使衔。

同治六年（1867），刘崐来湘担任巡抚，他们这对昔日同事虽成上下级，但朋友感情更为浓烈，常在一起谈政事，说天下形势。也正是在易润坛的介绍下，刘崐才与曾国藩幕府中的得力干将赵烈文等相识，也因此对曾国藩有了更为全面的了解，从而对左宗棠寄予更高期望，这却又无形中影响了易润坛。同治八年（1869），平定西捻军后的左宗棠觉得陕甘人才不足，难以其5年内平定捻、回军，提出在湘选拔人才援甘，刘崐积极推荐易润坛，易于是改从左宗棠，被委派为办理湖南甘捐。他不负厚望，积极筹措，居然一月内就完成了左宗棠一年的计划。这不仅让左宗棠欣喜若狂，也让推荐者刘崐目瞪口呆。当时，刘崐正指挥李元度、席宝田等剿灭黔苗，筹饷也颇为困难，于是刘崐提出请易润坛兼筹黔饷，易也毫不犹豫答应下来，并出色地完成了任务。如获至宝的左宗棠，急欲把易润坛拉至身边充当左膀右臂，便举荐易润坛破格提拔为陕西巡抚，也得到批准。对此，刘崐颇为无奈地说："季高夺人，如劫刀柄！"

但因长年工作劳累，尤其常整晚不寐处理公务，易润坛早在长沙时就有目疾，并多次不得不休息调养。他在去陕西的途中，也因目疾复发而不得不返回，并从此远离仕途。不能不说，这不仅是其个人的遗憾，也是陕西人民的遗憾，还是湖南人民的遗憾！

张自牧：理财筹饷荐西学

刘崐为湖南巡抚时，手下还有一位与易润坛一样，善于筹饷的才子，得到了其充分信任与赏识。他，就是张自牧（1832—1886年，字笠臣，湘阴人，以生员筹贵州饷有功，授候选道，加布政使衔，著有《瀛海论略》《蠡测厄言》等）。

张氏家族"先世以行贾，寄籍宛平"，其父张学尹（1775—1851年，字少衡，曾为福建知县、台湾府同知）"既举进士，奉父丧归葬，复为湘阴人"，后虽做了一官半职但仕途颇不如意，"归而著书讲学三十年"，尤其是在衡阳石鼓书院担任多年山长，培养了大批人才，因而受到湖南学政、刘崐进士同年张金镛的赞赏。也因父荫，张自牧为诸生，即在咸丰年间被张金镛推荐给了刘崐。

张自牧少年即聪颖好读书。正是借助父亲的朋友圈，张自牧与大量士人交往，虽仅为诸生，其才名已经震动长沙学界。太平军兴，张自牧随同湘军出征，他擅长理财筹饷的特长就应时表现出来。具体说来，这主要取决于其性格上的五个特点：一是他善交朋友，三教九流、各个行业的各种富贵人士，他皆有交往，且能为其写文、出谋划策，深得爱戴，因而劝捐输时也较为易得；二是擅长沟通，能言善辩，颇有前瞻眼光，并长于聆听，别人演说时从不打断，完全一副学生状，而自己主讲时又注意场合，高谈阔论而接地气；三是善看面相，精通易学、占卜等，能巧用之，时人称奇，也常信其测言；四是为人慷慨大方，义薄云天，常施寒士以钱财，而对待停滞长沙无棺入葬者，他也常施以棺材并送其归乡而葬；五是记忆力强，与人一面交10年后亦多可道出其姓名。因此，他在士林中有口碑，在绅商中有声望，在寒门中有善缘，他筹措粮饷也常得到各方响应。更可贵的是，张自牧自己本为理财高手，尤其善于投资。他曾在采矿业投放资金，获利颇多，后又与朱昌琳一起投资盐引，更是获得大把收入，成为长沙城里有名的富商。郭嵩焘称："笠臣于经营事理，均能洞悉原委，精微透辟，委曲周至，于时罕见其比。"

张自牧因为湘军筹饷功劳巨大而得道员衔。刘崐接任湖南巡抚后，知其人才难得，立令其筹办黔捐。他应诺办事，一丝不苟，甚得刘崐欢喜，因而"荐保藩司衔，并戴花翎"。后来，刘崐设局编纂《湖南通志》，以郭嵩焘、曾国荃、李元度为总纂，张自牧、黄彭年列名提调，其中张自牧掌管资金而地位尤重，可见刘崐对他的信赖。

特别值得称赞的是张自牧能紧跟时代潮流，看到社会发展趋势。在咸丰末，他就曾言："今夫数千年来未经见之事，数万里不相知之人，一旦盘踞于腹心之地，往来于堂闼之间，此古今运会一大变局也。"因而，他一度专心研讨外国史地，曾言欲采英、法等国史，用中国史书体例编成一书，未成。郭嵩焘出使英法，尝疏请他充参赞官，但为人所劾罢。他在自著《瀛海论略》中提出"西学中源"主张，指出泰西格致之学"覃精研思，考求真实，皆卓然可观"，"自成千年之绝技……本高出宋明，固无所庸其讳饰"，主张中国"采用其所长，于制器利用皆有所益"。郭嵩焘与他常讨论时事、洋务，称赞张自牧"于洋务所知者多，由其精力过人，见闻广博，予每叹以为不可及"。光绪十八年（1892），保守派发出《湖南通省公议》，攻击当时的洋务派巡抚吴大澂"勾结夷鬼，狼狈为奸"，同时更把具有先进思想的郭嵩焘、曾纪泽、朱克敬、张自牧诬称为"四鬼"。张自牧不以为意，自嘲曰："三十年后，必有人识我。"而这深深地影响了他的亲人，尤其是其外甥陈嘉言［1851—1934年，字梅生，今衡东人，光绪十五年（1889）进士，授翰林院编修，曾任顺天乡试同考官，江南道、福建道、京畿道监察御史，工科掌印给事中，漳州知府，民国后受聘民国国史馆编纂，被推举为国会议员，晚年回湘主持衡阳书院］，其在任时秉持"甘为拙吏安贫贱，不作贪官害子孙"，离任后自称"清风两袖常随我，不负闾阎不负天"，其清廉品正甚为时人称颂，而其开明思想更为后人津津乐道。陈嘉言的长女即陈云凤是革命烈士夏明翰的母亲，其三子一女（明翰、明衡、明震、明霁）相继为革命献出了年轻的生命。当时，陈云凤的公公夏时济严厉反对儿媳支持儿女革命，斥其"激进造反，不安分守己"。陈嘉言得知，气得摔了茶杯，指责亲家公"老年糊涂，不明事理"，并从此与夏断了来往。

战事平息后，张自牧退隐林下，寓居长沙潮宗街，兴建"絜园"。刘禺生（1876—1953年，名成禺，原籍湖北武昌，生于广东番禺，近代革命者，曾任孙中山大元帅府顾问，著有《太平天国战史》《洪宪纪事诗》《世载堂诗集》等）在《世载堂杂忆》记载曾见王湘绮题张笠臣《絜园修禊图》云："春游宜园林，良气外形骸。感彼俯仰情，图此风日佳。余非濠上人，物论理无乖。鱼鸟乐仁智，琴尊寄所怀。"郭嵩焘亦作有《絜园展禊图记》，记中载此园"入园引回廊，两梧矗立"，"左右修竹飕飕"，颇具园林之胜。因为家资富饶，张自牧时常在絜园请客做东。同居长沙城内的何绍基、郭嵩焘、罗汝怀、吴敏树、李元度、王闿运、朱昌琳等社会名流时常雅集于此，吟诗作赋。譬如，同治十一年（1872）三月二十三日，郭嵩焘、罗汝怀、吴敏树、李元度、刘沛、杨翰、何应祺、朱克敬、郭崑焘等社会名流在此仿兰亭修禊之事，人赋一诗，成为絜园的一大幸事。受到这种礼遇的士人众多，他也因此更得士绅追捧，杨恩寿（1835—1891年，字鹤俦，名坦园，号鹏海，别署蓬道人，长沙人，有《坦园丛书》《坦园日记》传世）就感慨万分，称张自牧为"吾半生来贫贱交中之得意者"。

张自牧逝世后，王闿运为之作挽联："壮岁相逢意气欢，尔时才识无双，官职声名俱入手；三致千金隐沦晚，独恨经纶未展，鼓角歌钟两寂寥。"同一日，其如夫人殉节，有人挽以联云："一死何难，他日不如今日好；千秋永诀，小星终傍大星沉。"

李　榕：征战治省又育人

李榕［1819—1890年，原名甲先，字申夫、申甫、申凫，号六容、鹿容，四川广元剑阁人，咸丰二年（1852）进士，曾为礼部主事、江宁盐运使、湖北按察使、湖南布政使，与忠县李士棻、中江李鸿裔合称"蜀中三李"，著有《十三峰书屋全集》等］是刘崐担任湖南巡抚时的布政使，共事一年半，既是搭档，又是文友兼酒友，其亲密自不用言，后来刘崐受人攻击去职，言其"用人不当"就是以李榕为例证。

李榕祖上是农耕之家，远祖李作柱曾经做过剑州府小官，读书识字世代传承，李氏祖训（启我愚昧，佑我聪明，克勤克俭，且读且耕，不学下流，不堕家风）和家风（勤、和、恕、让）成就了其族人的学问和人品。其父李时荣为剑州举人，曾任广东龙门、吴川等地知县，客死于任，其母安氏"好礼节俭"，对儿子要求严格；李榕自小"身长玉立，才气过人，为文援笔立就，若宿构，有圣童之誉"。10来岁，李榕在陕西华山云台精馆求学。一天，老师杜有山带学子郊游，看见一头水牛正拉动石磙碾米，就出上联："青牛黄石碾。"当同窗还在思考时，李榕朗声对出下联："白马紫金鞍。"其敏捷的才思令师生刮目相看。从杜有山学习10余年后，李榕又在老师推荐下，至成都锦江书院跟从蜀中名士李惺深造，兼修诗书礼乐及刑名、财赋、河渠、边塞诸方面知识。天道酬勤，他很快在道光二十六年（1846）乡试中举，再咸丰二年（1852）中二甲64名进士，选授翰林院庶吉士。就在翰林院学习期间，他与内阁学士刘崐结识，两人交流经史心得、切磋书法，颇为契合。当时，李榕拜师曾国藩门下，与李鸿章同门，但两人却甚不交好。传言，李榕文才远高于李鸿章，便看不起这位师兄。某次，李鸿章请李榕赴宴，李榕迟到，并穿了一双烂鞋而来，李鸿章便取笑说："老兄的鞋帮子烂了，该换一双新的啊！"李榕当即答道："我这鞋帮儿虽烂，但底儿还正。"这话，骂李鸿章功名底子不正，是监生出身。当时，李鸿章面红耳赤，两人的梁子便这样结下来了。

翰林院学习结束后，李榕走上仕途。初任礼部主事，他任劳任怨的作风，得到同事们的一致肯定。咸丰八年（1858），太平军李秀成、陈玉成联军在三河镇大败湘军，歼文武官员400余名、兵勇6000余人。曾国藩急报申奏朝廷，请求增兵添将。经郭嵩焘举荐，李榕于次年赴南昌追随老师曾国藩办理营务，开始了历时8年的军旅生活。咸丰十年（1860）正月，他与总兵朱品隆带兵12000人参加太湖大会战。他自率3000人攻克建德，被授予员外郎，赏戴花翎。次年，湘军收复安庆，他署江宁盐巡道。同治二年（1863）五月，他被任命为总兵，不久即率部3000人援江西。在项家山他打败太平军跟王部，接而又在湖口激战中获胜，其优秀军事指挥能力受到曾国藩的赞赏，被举荐为浙江盐运使。当年八月，他又在援青阳之围中立下战功，受奖叙，次年南京攻破，他再被嘉奖。同治五年（1866），他授职湖北按察使，到地赴任，始解兵权。

同治六年（1867）农历十一月，对湖北治安状况刚有了解，初步治理颇有成效的李榕，又擢升湖南布政使，开始了其一省之治。接任伊始，他做了三件事情，令包括刘崐在内的湖南官绅为之一震。其一，不仅自己廉洁，而且严格要求下属。听闻他出任湖南布政使，将从湖北乘船沿长江水路赴长沙，沿途州府官员都在江岸具礼迎候。李榕得知后，即派家人买了80斤大米、100斤面和一些猪牛肉，悄悄乘坐一艘官船自炊自食，船到各州府点注意隐蔽，不接受宴请和礼物。而在长沙走马上任后，他与下属各级官员约法三章，要求共同遵守：一是要平易近人，严格管束家人，不得仗势作歹为非；二是断案要亲自勘察，下乡要轻骑简从，以诚求证；三是民间捐税不得随意乱涨、滥涨。其二，清理冤假错案，严惩贪腐人员。上任后，李榕即开始了对狱中囚禁者的甄别及其中无辜者的开释工作，纠正冤假错案。然后数次约见县级官员及杂佐人员256人，要求他们秉公执法。同时，他亲自审理私抽捐税、中饱私囊的贪腐案件，对欺诈百姓的恶棍无赖惩治不贷,所接收的状纸他都一一过目。治理不过半年时间,民风大变,衙门书役60余人无一徇私舞弊。其三,改革捐输,减轻百姓负担。以前,湖南捐输收求于小民小户,对豪门巨室不敢前去索求,实际上增加了平民百姓的负担。李榕则"豁免下户、着重上户,使不得巧避,冀得其平",令各州县一体遵照执行,这得到黎民百姓的拥护和爱戴。豪绅们自然"不便其所为,纷纷致书国藩,痛诋其非",又上书朝廷,捕风捉影,搜是弄非,说其有生活作风和腐败痕迹。皇帝派李鸿章查办,"二李"素来不和,李榕自然没有好果子吃,最后以"查无实据,事出有因",降旨"加恩免拿京究办,着就地免职"。面对这种结局,刘崐无可奈何地说:"(士绅)绑架朝廷,自此始也,痛哉!"后得知李榕归途行囊一无所有,"两袖清风归故里,一对顽石压中舱",刘崐更是眩然而泣下。

归回老家的李榕,看见家乡很少有人读书识字,特别是儿童们没有任何学习条件与机会,十分痛心,就在翰林府邸的东边镜默斋开办了学房,自授孩童诗书。后来,他又在剑州兼山书院、江油登龙书院、匡山书院担任山长,讲席18年,培养了一大批杰出的人才。他的门生张琴考中进士,授翰林院庶吉士;张政任剑阁县知事;李萍三任右江知府;谢佩舒任柳州知州;孙阆如、温竹虚、都仲文等皆为一方名儒。同治十一年(1872)二月,他应剑州士大夫之请,带领兄弟李朴、李柄、李栻、李枬,儿子李颖及门人温、李、杨、尚、黄在《雍正剑州志》的基础上编修《同治剑州志》,"勤加考证,删其杂芜",历时13个月,完成了此地方志,共4册10卷,填补了乾隆、嘉庆、道光、咸丰、同治时期共140余年剑州历史的空白。他更致力于家乡的文化建设。之后,四川总督刘秉璋和蜀中名绅马长卿请他为新建的成都望江楼崇丽阁题联,李榕一气呵成,撰出了一副历数蜀中自汉至明历代风流人物和蜀中名山胜景的长联:"开阁集群英,问琴台绝调,卜肆高踪,采石狂歌,射洪感遇,古贤哲几许风流?忽揽起儋耳逐臣,哀牢戍客,乡邦直道尚依然。衰运待人扶,莫侈谈国富民殷,漫和当年俚曲;凭栏飞逸兴,看玉垒浮云,剑门细雨,峨眉新月,峡口素秋,好江山尽归图画。更忆及草堂诗社,花市春城,壮岁旧游犹在否,老怀还自遣,窃愿与幽思丽藻,同分此地吟笺。"文人学士称赞不已。他又游咏山川,留下了许多好诗好句,譬如《钓溪吟》:"清江渔子身如鸥,沿溪日逐蜻蜓游。钓矶时有白云在,一竿流水空悠悠。鱼儿泼泼二三寸,随波上下争衔钩。归来溉釜添薪火,大白要与明月浮。醉起拂袖学长舞,载歌一曲星河收。少年不合潜林壑,圣明贫贱吾其羞。人生有命终有命,富贵功名汉水流。"他同时重视家风门庭建设,晚年总结自己一生荣辱得失,得出一个道理,即低调处世,守住这个底线进可以攻,退可以守,方才不致流入大起大落的尴尬。他大书了"翕宜朝夕"4个大字挂在墙上,提醒自己并教育家人不论早晚都要记住"低调收敛",待人处世切不可张扬,牢记和谐团结,看重亲情友情。这被后世子孙奉为家规。

更为人称赞的是,他善于反省自身,并以此而推及治国理政。作为扑灭太平军的急先锋,他晚年研究太平天国史料,便感喟颇深。他在《致杨子赓大令》中写道:"今之州县,从无诤言入耳,终日只闻'恩典明鉴'四字,闻人议己则必忌妒,以相报复。士民偶有顶撞,则必横加指责错断。亦须乞恩然后减免。天下衙门如此,又何恨乎洪秀全哉?"李榕卒后,江油知府蒋少穆为之撰联说:"是陈平甫、贾长沙一流,名满谤随,以穷愁死;抚胡文忠、曾湘乡二友,行成功立,为史册光。"

左　枢:负气好奇惜早夭

左枢(?—1869年,字梦星、孟辛,湘乡人,官至知府,卒授光禄寺卿,照道员例从优议恤)是刘崐担任湖南巡抚时的手下干将,同治七年(1868)闰四月,席宝田军在贵州剿苗攻破寨头后,还是刘崐奏请将其从同知擢升为知府并得允的。

湘乡中沙左氏原事农耕,后来先祖入城经商,渐成富户。左枢的祖父左业传,在嘉庆十五年(1810)由湘乡县城望南桥徙居南郊芭蕉山东阁冲，并送其子左仁［原名左辉春，字子仁，号青峙、青士、清石，道光八年（1828）举人，以知县分发河南，归江苏补用，曾任睢宁、铜山、长洲、南汇、震泽知县，高邮、邳州知州，后任徐州知府］读书，并取得功名。左仁善作诗，曾作《登平波台》四首，其一曰："片石咸阳久不存，路人争说此台尊。樵青也拜君王赐，放浪烟波是主恩。"这种忠君思想也深深刻入了少年左枢的心中，并终身未改。而对他成长影响最大的却是道光二十七年（1847）其父做的另外三件事：第一，这年任职震泽知县的左仁，监治漕粮，他首先将欠粮最多的前十户圈出来，给予严惩，结果其他人一见知县动真，一个月内即全部结清，这让前去看望父亲的左枢深感为官者言行一致的重要；第二，左仁在震泽大兴文化教育，不仅捐资支持刊刻了《震泽镇志》，还捐资募修了县城西门外的武安桥和重修了钓雪滩的三高祠，当地风气为一变，士绅莫不感激涕零，这让左枢意识到了上层人群的榜样带头作用；第三，这年春，左仁在故乡芭蕉山下设立私塾，聘请了湘中名师罗泽南为自家子弟完成学业。而有了名师的指引，左枢的人生得以改变。罗泽南在此任教3年，除左枢跟从其学习外，李续宾、李续宜、李续裪三兄弟，连对曾国藩都不服的狂人王錱，还有钟近衡、王开化、杨昌濬、朱宗程、康景辉、翁笏登等，纷纷到此完成学业。与这些日后湘军的重要人物一起学习、探讨，极大地提升了左枢的学习热情。罗泽南提出："治国平天下，必先格致诚正修齐，始为有本之学，若徒诵于口耳而不先以躬行，是无源之水，必不能放乎四海；无根之木，必不能营其枝叶。"这一观点对弟子们影响深远。这种博采众长、自成体系的理学思想在当时动荡的年代里成为指引有志之士的亮光。而罗泽南又以自身的才学与气度为学生一点一点探开新的世界，成了他们的精神导师。他与学生亦师亦友，他们一同去给学生的长辈做六十大寿，一同登顶芭蕉峰，一同习武，一同晚上挑灯夜读……彼此的激励让罗泽南也意气风发，在同弟子登山时写下诗句："春风习习收残雨，白云行尽山当户。引领重霄游兴飞，欲上青天揽寰宇。"其凌云气势扑面而来。左枢由此而与老师、同窗日夜讲习明善复性、修己治人之道，而他精书法、善诗作的特点也一步步表现出来。

道光十一年（1831），罗泽南应前云贵总督贺长龄的邀请，再次赴长沙任教。临行前，他把门生们聚集起来，语重心长地交代："上马杀敌，下马读书，方可知我本色；结同党，交诸友，攀姻亲，方可有凝合之力。乱局即不可免，英雄时势而起可期，诸君共励！"这话左枢深深记在了脑海，他们此后更加发奋读书，王鑫次年即在湘乡知县朱孙诒的鼓励下考取了秀才，而又是朱孙诒举荐罗泽南为孝廉方正，两年后请其回乡主持团练，终促成了老湘军队伍的形成。而左枢更幸运的是，他在咸丰元年（1851）到长沙看望老师罗泽南时，结识了王闿运。两年后，正是王闿运向"影子师爷"左宗棠推荐了左枢，后得知左对其重用不够，他还毫不犹豫写信批评道："孟辛负气好奇，其锐敏不多得，节下既赏之矣，而不留之不调之，欲其自投而后收之，此欲笼络人才而卒坐失人才……"也还是他，在刘崐担任户部右侍郎后，推荐左枢才堪重用，刘崐仔细考察后甚为认同，亦有着力培养之打算，任湖南巡抚后即实施。

可惜，天意弄人。同治四年（1865），左枢随军赴贵州镇压苗民起义，复镇远、清江、施秉等处，积功晋知府，赏戴花翎，但后来起义军用计取得黄飘大捷，镇远城破，乱军中左枢被杀。得知消息的刘崐，一跤跌进木椅里，半晌没有一句言语。

左枢还有一个比其更为知名的弟弟左桢（1854—1937年，字绍臣，别号江南大隐，廪贡生，曾为广西巡抚史念祖幕，授权同知衔，著有《甓湖草堂笔记》《甓湖楹帖》《金石录》等），他是著名的教育家，所教学生多有优就，有"门下门生九翰林"的美誉，他更是著名的书画家，现扬州琼花观巷有其故居，因生于高邮且其父左仁晚年居于高邮，其籍遂改为江苏高邮。

廖寿恒：维新军机世家子

廖寿恒［1839—1903年，字仲山，晚号抑斋，福建永定人，同治二年（1863）进士，改翰林院庶吉士，散馆授编修，曾为湖南、河南学政，擢为内阁学士，再历任六部侍郎、仓场侍郎，兼任总理衙门大臣，后升任左都御史、代理兵部尚书，转任刑部尚书、军机大臣、礼部尚书，著有《廖宗伯奏议》《戊戌八月以后日记》等］是1870年来湘担任学政的，给其接风洗尘的正是巡抚刘崐。他们此后共事近两年，刘对其极为信赖，而廖也对刘崐极为尊敬，即便其退隐时，也常至刘府前来问安。

廖寿恒是官僚世家子弟。他的先祖廖冀亨在康熙四十七年（1708）出任苏州吴县知县，在任3年赈饥有法，断案如神，尤其清廉端正，得罪权臣罢官搬出县衙之日，囊中仅有青钱19枚，人称"十九青钱大清官"。他的高祖廖鸿章［？—1765年，字南崖，号瑀鸣，乾隆二年（1737）进士，历任翰林院检讨、苏州紫阳书院山长，有《紫阳书院题解》《南云书屋文钞》《藜余集》等著作传世］除文字功夫了得外，还善于作画，乾隆二十七年（1762）圣驾南巡时，他恭绘《历代帝王巡幸图卷》进呈，博龙颜大悦，特赐御制诗一首。他的曾祖廖昶与其兄长廖长泰、廖守谦自幼饱读经书，以恭孝礼让闻名，后过继给伯父廖王臣为嗣，廖昶的最大贡献是迁居嘉定城，在南门内拱九图孔庙前创建赐诗堂，为其后嗣勤于学问提供了环境，其子廖文锦，其孙廖惟勋，曾孙廖寿丰、廖寿恒，连续三代为翰林清要，为士林所艳羡。廖寿恒的祖父廖文锦［1762—1834年，字云初、襄云、号邵庵，嘉庆十六年（1811）进士，历充国史馆纂修、提调，文渊阁校理，后出任南阳知府兼署南汝光道员、卫辉知府，辑有《路史节读》，著有《佳想轩诗钞》］是个10岁能诗赋的神童，以理案公允而为人称作"廖青天",他在知府任上重农桑,浚旧渠,开新河,兴书院,禁奸胥,惩讼棍,创施棺局,懿行不胜枚举,后因政声卓著,深受百姓爱戴而入祀河南名宦祠。他是刘崐科举入仕前特别敬重的一名官吏,与廖寿恒相处时,刘崐也常念其德。廖寿恒的父亲廖惟勋 [1800—1851年,字炳之,别字椅城,道光十三年(1833)进士,曾为贵州镇远、思州、铜仁、都匀、贵阳知府,代理贵西道员,精湛舆星命壬遁之学,又工诗词,著有《问心诗赋钞》] 在翰林院即以才干优长著称,担任知府时赈水灾、活贸易、缉盗贼、建义舍、购稻种、防苗贼,都干得十分出色,他尤其重视人才,荐举胡林翼,成为其一生荣耀,而其为官20年不娶姬妾,不置房产,好为义举更是对其子女影响深远。

廖寿恒幼颖异,读书一目数行,与兄廖寿丰 [1833—1898年,字谷似、谷士,号閟斋、止斋,咸丰八年(1858)顺天乡试中举,同治十年(1871)进士,曾官浙江粮道、贵州和浙江按察使、福建和河南布政使、浙江巡抚] 相师友,喜读周敦颐、程颐、程颢、张载、朱熹诸前贤之书,尤熟于史事,凡历代名臣言行、政治兴废、疆域沿革,无不抄录于簿,浸淫颇深,力求穷其奥妙。他又精明干练,办事条理清晰,尤其任侍郎后,周历六部,有时甚至兼掌两部事务,工作繁杂,他却能应机立断、措置有方,游刃有余,这得益于其青少年时期的锻炼。同时,他又小心谨慎,规划周密。总理衙门大臣掌管外交洋务,关系重大,稍有差池,即可能酿成巨祸,一般官员很难胜任,廖寿丰却遇事审视中外情况,考量轻重缓急,然后拟定方案供朝廷采纳,从不为个人利益所左右,更不为权臣威势而摇摆,显示出了卓著的个人才华。

廖寿恒最为人称颂的是其品性上的三个特点。第一是为官正直敢言。光绪元年(1875),京畿大旱,众大臣隐而不报,唯有廖寿恒据实上奏:"近来政事务崇宽大,上下相蒙,皆以为天下已治已安,岂知外人之睨其旁者方将幸我之怠、乘我之隙? 应请皇上与廷臣持以实心,审敬怠、明是非、敷功罪、信赏罚,重申有文无实之诫。大学士直隶总督李鸿章,国之重臣。去年,河间等属旱灾较重,既奏称筹款巡抚至详且悉矣,乃今日灾黎纷入都城,扶老携幼,不免饿殍于此。可知其办理不善,或为属员所蒙。请一并饬其自愆尤，力图补救。"此疏不仅敢言众臣所不敢言之事，更敢参众人所不敢参之人，廖寿恒因而受到光绪帝的喜爱，引为肱股之臣。第二是爱国忠君，坚决抗敌。中法战争中，黑旗军将领刘永福于越南河内大挫法军，形势十分利于清廷，而法国见势不妙，立即派使者至天津议和，要求中国撤军并勘定边界，虽然是战败方，却气焰嚣张，双方相持不下。廖寿恒及时上奏道："是役为外交一大关键，一国逞志，各国效尤，迁就其间，后患将不知所极。"他主张添军费、增枪炮，乘胜追击，一鼓作气将法国赶出越南，永绝西南边患，而绝不可迁就法国，令列强认为中国软弱可欺，否则后患无穷。其条分缕析，洞若观火，十分有见地，可惜的是当时投降派当道，其言被弃，中方不败而败，法国不胜而胜。第三是坚持维新变法，忍辱负重而又力救志士。作为帝师翁同龢的门生，廖寿恒态度鲜明地支持新政，得帝信任，而翁同龢被撵出京城后他又继老师重任，成为当时最高统治阶层内真正支持维新变法的又一位大员。在变法前和变法中，光绪帝与康有为之间的联络，几乎都通过他来完成。光绪帝索阅康有为的变法著作《日本变政考》《列国政要比较表》《波兰分灭记》等书，都由廖寿恒代传。康有为的条陈章奏，也多由廖寿恒代为呈递。因此，廖寿恒被守旧官僚讽刺为"廖苏拉"（"苏拉"是满语，意指宫廷内办理杂务的太监）。还有人讥讽他是康有为的"笔帖式"（满语意思是跑腿的），甚至骂他是"康狗"。对此，廖寿恒不以为意，忍辱负重，独自承受了巨大的精神压力。变法失败后，他积极保护张荫桓、徐致靖、黄遵宪等维新派人士。康、梁逃亡日本后，慈禧对二人恨之入骨，主张"联倭杀康"，廖寿恒援引国际法，认为实不能办，但慈禧一意孤行，派庆宽、刘学询以考察商务为名赴日捉拿康党，最终无功而返。慈禧、荣禄、刚毅一伙还大肆摧毁新政，恢复旧秩序，恢复科举，封停《时务报》，裁撤农工局，又要停办京师大学堂。廖寿恒认为大学堂之设，本意在于培育人才，无碍政体，应当保留。为此，他在廷议和军机会议上旗帜鲜明地阐明自己的观点，并支持孙家鼐主持大学堂事务。由于他的努力，大学堂被保留了下来，成为戊戌变法仅存的硕果，后来发展成驰誉中外的北京大学。

在戊戌变法中的进步表现,使廖寿恒屡遭弹劾、排斥,他自感在朝已难有作为,遂称病辞官归乡。但他没有忘记自己的恩师,光绪二十九年(1903)五月初二,他专程乘舟前往常熟虞山看望被革职在籍的翁同龢。故交师生相逢,倍感亲切,廖寿恒的来访,令苦痛中的翁同龢感到莫大的宽慰。同年八月十五日,廖寿恒怀着对国家前途的无限忧虑,在故乡抑郁而逝。翁同龢得知这一噩耗,深感悲痛,一个月后特地派人送来挽联:"垂白相逢,与我同挥家国泪;汗青已就,羡君能续父兄书。"

廖寿恒有二子一女。他的长子廖世荫(1865—1916年,号樾衢)过继到了伯父廖寿丰膝下,荫袭正二品,官刑部主事、直隶候补道员,其妻吴氏是刘崐弟子、官至湖南巡抚的著名学者、金石家、书画家吴大澂之女,也是近代画坛宗匠吴湖帆的姑母。次子廖世雍(1888—?,号君时),亦荫袭正二品,为度支部主事,其妻邵氏为常熟人、河南学政、著名书画家邵松年之女。女儿则嫁给了光绪九年(1883)状元、济南人陈冕。

黄炳堃:古琴世家景东吏

黄炳堃(1832—1904年,字笛楼,别号迂道人,广东新会人,清末岭南派琴家,亦对诗古文辞、考据之学及金石书画很精通,著有《希古堂文集》)是刘崐为湖南巡抚时的益阳知县。刘崐颇为欣赏其才干,尤其是在同治十年(1871)八月剿灭益阳会匪的平叛作战中,黄炳堃积极配合李光燎锐字营勇的行动,不仅查获了崔立交等匪首,而且搜捕到了藏身于桃花江唐家坊等地的匪首家属,维持了益阳境内的安靖,受到刘崐的高度赞扬。

黄炳堃出生于一个书香家庭,祖辈都是岭南古琴爱好者。他的祖父黄观炯(1761—1791年,字家汉,号云波)少奇异,嗜笑,及长大,即随父习琴,尽得先人操琴指法。其性傲僻嫉俗,既不习举业,亦不事农桑,以弹古琴、玩土偶为乐，不幸英年早逝，子尚幼，琴技尽授其弟黄熽南（？—1842年，名景星，字家兆，署悟雪山人，岭南琴派的创始人）——他自少随父及兄观炯学琴，有心得，又于嘉庆初年在里人莫南桥家识其西席香山何洛书（号琴斋）及其子何文槁，遂从习琴，尽得其琴曲和指法。嘉庆末期，黄熽南以廪贡生读于粤秀书院，与侄黄立峰调琴操缦，自成支派，纂辑古琴谱，博综众说，考究琴操，后来还曾受聘于学海堂书院，教习琴法。道光八年（1828），黄熽南与同邑琴友陈绮石、陈芷芗兄弟结琴社，邀集琴友聚会，相互砥砺，授徒传艺，弟子遍岭南，争谓出自其门，一时名声大噪，形成岭南学派。他还将其父《古冈遗谱》手抄本中30余曲以及其师何洛书传授的10余曲，考订辑成具有岭南特色的《悟雪山房琴谱》。谱成，学者竞相传抄，一时为之"洛阳纸贵"。黄炳堃的父亲黄文玉（1789—1863年，字道莹，号镜石）自少随叔黄熽南习琴，攻举业，成绩优异，尝补博士弟子员，于嘉庆二十四年（1819）应举子试不第，遂弃举子业。黄文玉在道光二年（1822）授东安教谕，后又历官阳山、昌化、河源等地小吏，因不满官场习气，遂以病告归。他生平笃嗜琴艺，常于夜深人静，披衣起坐，援琴而鼓，有所得，则仰天大笑，或则呜呜咽泣，或推琴而起，极足欹歔。他所创作的《猿啼秋峡》，以技巧高、表现力强而在琴界声名远播。

生长在古琴世家的黄炳堃，琴技得先人薪传，造诣颇高。青年时代，他随父、叔迁徙外地，并在多个权贵家中任幕僚，由此足迹几遍天下，后来还去过日本国。这拓宽了他的视野，也使他有机会广交朋友，了解各地文化艺术，为其后来融会贯通打下了坚实的基础。他在湖南任县吏时，因工作勤恳、办事扎实、作风硬朗而得到巡抚刘崐的喜欢，刘还向布政使王文韶推荐过其人堪用。同时，喜好文艺的刘崐，还曾专门向他请教过琴艺，并把他邀请至长沙，在朱昌琳等人的住宅，开办过古琴音乐欣赏会。

光绪元年（1875），经刘崐推荐，黄炳堃随云贵总督刘长佑到滇任事。这是他在滇为官30多年的开始，也注定了其与云南的一世情缘。尤其是光绪十四年（1888）黄炳堃任刘崐家乡景东知州，刘崐听闻后哈哈大笑，十分得意，并意欲借此机会归乡，但天意弄人，当年二月他即去世，留下了终生的遗憾。黄炳堃在景东曾结"稻香吟社"，不忘琴艺推广。他还接触了景东傣族陶府土司，与之交善，从而学习到了不少傣、白等少数民族的文化艺术，这为他后来创新琴艺做了很好的铺垫。他在吏治上也有不小贡献，譬如争取土司对清廷政府的认同、落实边地民族政策、坚持土流并治路线、积极推广以汉文化为代表的中原文化、经济上秉承奉田为屯的策略、军事上想尽办法化解土司武装而归并于团练体系当中，等等，都成效显著，有力地推动了地区稳定和社会发展。他尤其注重文化遗迹的保存与修缮，对由景东府同知茹仪凤倡建于康熙四十年（1701）的开南书院，他予以重修，使这个在战火中焚毁，走出过程月川、刘体舒、刘崐、侯应中等著名的文人和官员的教育机构重新焕发了生机。黄炳堃后任腾越同知。他创办书院，大力发展文化事业，还主修过《腾越县志》。

但黄炳堃终身不忘的还是琴艺。客居异地，他把弄琴作为生活寄托。"笛翁思归不得，日抚所藏白沙子之'龙吟'素琴，尚可以自遣。"这段时人的记载，很能说明他对古琴的痴迷。他把琴学视为家教，儿女必习，子孙承传不断。他的两位夫人也擅长弹琴，他在七律《冬夜听内子弹琴》这样写道："弦无拉杂音才静，韵到和平念不猜。兰麝香残心尚热，疏灯人影共徘徊。"在熟悉古滇的风土人情后，他不仅使岭南派的琴学广为传播，而且还创作了不少云南少数民族特色的琴曲，譬如《南湖秋雁》《赏荷》等，后来都被昆明倪氏琴家收入《双琴书屋琴谱》中。黄炳堃也擅长诗词。广东顺德的温肃在《希古堂文存·序》中说："谓先生之襟抱之高，固也。即以诗论，随境生意，因物赋形，要以适如题分而止。"

黄炳堃之孙为黄实（1890—1930年，原名树滋，字秋士、衡秋，号笃生），他是中国同盟会会员，主办《上海史学报》《杭州白话报》，鼓吹民主革命，后又随孙中山参加反袁斗争，曾代陈其美写《致黄兴书》，希望孙中山与黄兴"相析疑义，道故班荆，共负大局安危之责"，有力增进了党人团结，因而受孙、黄器重，曾任云南省警务处处长、江西省务委员、代理省长、孙中山大元帅府任机要秘书等要职。他身在宦海，亦不忘习琴，被人称为操琴能手。

冯子材：抗法良将仍寒素

冯子材（1818—1903年，字南干，号萃亭，广西钦州人，晚清抗法名将、民族英雄）两次在刘崐的领导下作战，一次是咸丰六年（1856）刘崐为兵部侍郎时，冯子材在孝陵卫重建江南大营，因其防御做得出色，刘崐特至军表彰；二次是在刘崐为湖南巡抚时，冯子材为广西提督，为了剿灭不断涌现的农民起义军，尤其是苗民起义军，他们互相配合，冯对刘的全面围剿、各个击破的策略十分赞同，战事上也连续取得了胜利，刘崐上奏时也不吝赞美之词。

冯子材祖上世居广东省南海县沙头圩（今属广州市），清朝乾隆年间，该圩遭受水灾，冯子材的祖父便迁到钦州城外沙尾村定居。冯子材的童年过得十分艰辛。他4岁丧母，10岁丧父，与祖母、兄长相依为命，孤苦伶仃，只上了两个月的私塾便辍学了。为了活命，小小的冯子材不得不随大人贩盐、做木工、捕鱼摸虾、护送牛帮，篱笆房被洪水冲垮后只好住进庙里，饥寒交迫，朝不保夕。父母双亡后，舅父黎氏欲收养他，但被冯子材拒绝，理由是他要照顾祖母。他们祖孙日复一日地过着凄惨的生活，直至他15岁那年祖母撒手人寰。求生的欲望，驱使流浪街头的冯子材操刀使剑，练就了一身好武艺。借此拳脚功夫，冯子材为人放木排、做保镖。道光二十八年（1848），冯子材与友人外出做生意，在灵山县境内被天地会刘八部劫持，遂与反清队伍结下冤仇。从刘八军中脱逃后，冯子材投奔团总黄汝谐，充当勇目，协助围剿当地农民起义军，他作战英勇，很快从团勇中脱颖而出。但是，黄汝谐贪功吞赏，令冯子材绝望，他遂率众改投廉州知府。其后，他在镇压天地会、围攻廉州的战斗中大显身手。继而，他又奉调高州清剿凌十八义军，因作战勇敢，获八品顶戴，为其升迁迈出了重要的一步。咸丰元年（1851）四月，广东天地会领袖刘八率部众10000余人进攻博白，冯子材看到了其军凝合力不足，便有了从其内部瓦解的大胆想法，他趁机投奔这支队伍。果然，五月刘八进攻博白失败，军心不稳，冯子材乘机而起，拉出部众千人投降知县游长龄，并被改编为"常胜"勇营。此举，让其声名大噪。此后，他积极参加镇压粤桂边界的农民起义军，积军功擢升至千总，再随广西提督向荣镇压太平军起义，一路直到江南。

客观地说，随后在曾国藩、张国梁的手下，冯子材过得并不顺坦。他善于防御，但进攻乏力，为人所诟病。尤其是江南大营两次被攻破，以及咸丰八年（1858）九月江北大营被围他率5000将士驰援，在小店一战中几乎被陈玉成、李秀成部全军吞没，只余得三四百亲兵逃回江南。要让重视实战成效的曾国藩对他重用，也确实不太可能。他得以被重用是在咸丰十年（1860）江南大营第二次被攻破，清军副帅张国梁溺死之时。冯子材收集了残军退往镇江固守，无人可用下，曾国藩便也做了顺水人情，让他当上了镇江总兵。同治元年（1862），冯子材与江宁将军都兴阿不和，被其排挤，庆幸此时太平军小部来袭镇江，冯子材率3000人抵御住了进攻，从而改变了其在曾国藩心目中的地位，都兴阿将其外调的企图未能得逞。而太平天国失败后，冯子材也被赏黄马褂，封骑都尉世职，成为统兵大员。随后，他率部攻下了太平军占据的重镇丹阳，受到清廷嘉奖。

同治四年（1865），冯子材奉命前往广东罗定、信宜剿灭当地反清队伍。两个月后事竣，他被任命为广西提督。他此后在此职务上18载，连连用兵，剪除了各地反清武装，并3次率兵赴越南，追剿入越的反清队伍。也是在此任上，他弹劾过贪官污吏，伸张过正义。但是，只追求作风正派、自身廉洁的冯子材，显然对官场风云险恶了解不深，他在错综复杂的人际关系中晕头转向，也从而与同僚的关系并不融洽。失望中，他便告病还乡。

光绪九年（1883）十二月，中法两国因越南的保护权问题争执不下，兵戎相见，法军悍然向驻扎在北圻的中国军队发起进攻，中法战争爆发。清军在越南战场上节节败退，两广总督、广东巡抚张之洞便起用赋闲在家的老将冯子材,令他督办高、廉、雷、琼 4 府 25 州县团练。两年后,冯子材组织了一支 9000 人的部队,号称"萃军",奔赴抗法前线。这时,国门失陷,主帅潘鼎新落荒而逃,前线群龙无首,乱作一团。而冯子材率领的"萃军"纪律严明,士气高昂,成为其中的异类。署理广西巡抚李秉衡召集诸将商议,推荐冯子材为前敌主帅,得到大家的拥护。这年三月,法军大举出动,越过镇南关,进入清军防线。早有准备的冯子材父子身先士卒,挥刀迎敌,纵横冲杀,打得法军鬼哭狼嚎,丢盔弃甲,退出关外。接着,支援战斗的几路清军乘胜出关追敌,连克文渊、驱驴、谅山、长庆府、观音桥,重创法军司令尼格里。这就是有名的镇南关大捷。此捷,是落后的封建王朝以落后的枪炮装备打赢了"先进"西方的一场战争,是中国人在近代第一次战胜西方列强。如果没有冯子材率军在极其困难的条件下打败对手,两广地区就可能成为法国的殖民地。可惜的是,投降派在朝廷占据主导,清政府在"乘胜即收"思想指导下发布停战令,冯子材无可奈何,只得含恨撤兵。

回国后,冯子材奉旨督办钦廉一带防务,并会办广西设防,重点对付法国对西南边疆的侵略。他对法军了解甚深,法军对其也可谓闻名丧胆,不敢轻易再发动战事。之后,冯子材又奉命到海南岛镇压黎民起事,同时为当地经济、文化开发事业做了不少好事,被补授云南提督,旋赏兵部尚书衔,继续留办粤防。光绪二十年(1894),甲午中日战争爆发,他又率军北援,驻节镇江,以备调遣。但途中即闻《马关条约》签署,中国赔款失地,他咬牙切齿,悲愤万分,电请与日决战,未果。戊戌变法期间,维新派领袖康有为曾建议光绪皇帝调他统带京营。义和团运动爆发后,他也一度上书,请率数营入京勤王,但皆未得以施行。报国无门,这让冯子材极为抑郁,而之后他又遭人暗算,被调离云南,改任贵州提督。这彻底激怒了他,愤而告假,随之开缺。光绪二十九年(1903),钦廉一带会党蜂起,两广总督岑春煊又想到了这位年已 86 岁的老将。冯子材再度起身田间,会办广西军务兼顾广东钦廉防务。这年夏天行军途中,他中暑,牵引旧伤,在南宁行辕与世长辞。

著名学者蒋金晖这么评价他:"冯子材自 1870 年察觉到法国觊觎中

越的野心,一直到1900年的30年间,无论是在镇南关战场上的与法军兵戎相见,抑或是在中法划界、海南岛平乱、督办钦廉防务,乃至甲午战争、庚子事变等各种军事行动中,他心中的抗法情结一天都没有释怀,显示了一个处处以国家社稷为重、寸土不让祖国河山的民族英雄的本色。"《清史稿》也论说道:"子材躯干不逾中人,而朱颜鹤发,健捷虽少壮弗如。生平不解作欺人语,发饷躬自监视,偶稍短,即罪司军糈者。治军四十余年,寒素如故。言及国梁,辄涔涔泪下,人皆称为良将云。"

黄开榜:太捻克星有义子

黄开榜(?—1871年,字殿臣,湖北施南人,曾为九江镇总兵,卒谥刚愍)是刘崑派遣席宝田军剿灭苗民起义军时为其配置的大将,也是他极为信赖的一名军事将领。这不仅因为黄开榜是曾国藩的老手下,得到了他的推荐,而且因为在具体作战中,刘崑早已经了解其才华。

黄开榜年轻时不务正业,经常做些偷鸡摸狗的勾当,为乡邻所唾弃。无奈之下,他流浪到河南,沙沟营王都司看他相貌奇伟,遂收留下来。王都司没有儿子,就将女儿嫁给他。他作为编外士兵随军打仗勇猛,力量大而又狡诈,多次在小规模战斗中取胜。不久,王都司病死,留下数千金,被黄开榜所得。于是,黄日夜浸淫于赌博当中。同营的士兵对他很不满,就将他赶走了。《咸同朝将相琐闻》记载:"年余窘极,夜窜深谷寻死。月色皎洁,瞥见已妇姗姗其来,黄逼之,妇曰:'我鬼也,休来缠我。'黄再三强之,妇即摇头散发,现出缢鬼恶状。黄曰:'噫,子诚是鬼,我喜鬼趣,庸何伤哉?'鬼无奈何,长跪哀求曰:'贵人前程远大,幸勿自误。'黄闻言,猛省,遂释之。天晓,奔至山村,质衣买食。闻皖营募勇,遂往投军。"在湘军将领塔齐布部下,他随其征战湖北武昌、汉口、蕲州和安徽黄州间。与太平军3年多的战斗中,黄开榜屡立战功,擢升为都司。咸丰七年（1857），他随胜保剿捻军，克正阳关，擢游击。次年，他随副都统穆腾阿战马头，因失利而褫翎顶。咸丰九年（1859）正月，他配合豫军毁颍上南照集敌巢，并率水师攻蚌埠、长淮卫，力战7昼夜，获敌船100余艘，击毙敌人1000有余，接而又焚烧了太平军的粮草，破了怀远水路上设置的诸多卡哨，大火烧毁文昌阁堡垒，其声名大震，有了太平军克星之誉，赐号勤勇巴图鲁。黄开榜受到激励，更是一发不可收拾，会合诸军击退援敌，直抵怀远城下。在攻城作战中，他身先士卒，冒着石林弹雨率先登城，一举收复怀远，得以擢升副将。第二年，袁甲三围攻凤阳，黄开榜配合攻占炉桥，捻军首领张洛行前来救援，他自告奋勇前往堵援，结果张部大败而还。捻军首领邓正明暗中乞降，实际上意欲觇府城虚实，黄开榜心知肚明，请聚师城外，示以兵威，邓正明吓得面无人色。这时，总兵张得胜诱捕了捻军首领张隆，命令黄开榜缚其部悍党14人斩杀于市。黄开榜借机大炫武力，吓得捻军兵士缚献其酋乞降，黄开榜大开杀戒，诛杀300余人，令捻军闻名丧胆，称其"黄屠夫"。黄开榜由此以总兵记名。之后，他偕同总兵田在田等在王家营大破敌军，复清江浦，并驻防于此。江南大营溃败之际，太平军降将薛成良再次叛变，率军进入邵伯湖。黄开榜偕同副将刘成元等果断出击，乘黑以小船靠近其军船，突鼓操而进，纵火焚毁其军船300余艘，歼敌殆尽，逼迫薛成良赴水而死。这沉重打击了太平军的水军力量，他为士绅称为太捻克星，加提督衔，授江西九江镇总兵。

　　同治年间，黄开榜继续着其作战的英勇。《清史稿》载："同治元年，捻匪窜宝应，开榜督炮船击走之，又败贼于山阳、汊河。偕道员张富年破贼宿州观音寺、仁和集，擒贼酋王春玉于邳州，拔猫儿窝贼栅。"可这时，统帅僧格林沁听人谣言，弹劾黄开榜饰词冒功。朝廷下旨令其暂停军职，而要漕运总督吴棠查办此事。吴棠做了细致周密的调查，不仅还以其清白，还推荐他统领徐州、宿州所有军队，并兼节制水师。这极大地鼓舞了黄开榜。他次年率军先是攻下了长城捻军城堡，收抚附近诸墟，接而破邵家花园、孙盯老巢，因而得以提督记名。这时，太平军渡江北伐，黄开榜受令镇守高邮。太平军掠船渡湖进犯天长，黄开榜往援，用计焚烧了渡江之筏，逼迫太平军列阵以拒。黄开榜一面令副将龚云福由陆路迎击，另一面派参将陈浚家率炮兵乘船悄悄溜出小河口，转而堵住太平军出路，两路兵马前后夹击，破敌于三汊河，遂使天长围解。以后，他又与提督杨岳斌配合，收复江浦、浦口，破敌七里洲营垒，焚船60余艘，助攻九洑洲，拔之，再在临淮偕总兵普承尧平七里河岸敌垒，其能征善战之名，闻于天下。

客观地说，黄开榜之所以能取得如此军功，还得力于他手下有一批有勇有谋的将士，尤其是其义子陈国瑞（？—1882年，字庆云，湖北应城人，曾为提督）。陈是他在克复临淮时从战俘中发现的一少年，当时正充当伙夫。"黄出巡营，见火兵状貌奇伟，问其姓名，少年对曰：'小人姓陈，湖北人，陷于贼中，今幸逢大人，重见天日，愿效犬马之劳，以供驱策。'黄大悦，收为义子，命名国瑞，字庆云，易姓黄，随黄屡立战功。黄统水师镇高邮，国瑞官升副将，晋总兵。吴棠为漕督，奏请帮办军务。未几，山东白莲教匪作乱，国瑞时奉僧王命进剿。兵出队，尽赐以酒，誓不克，毋生还。时贼锋大炽，寡不敌众，全军覆没，逃回者仅四十余人，尽斩之。明日雷雨大作，国瑞身先士卒，直逼贼濠。蹑梯将半，贼以挠钩钩住国瑞辫发，危甚。陡然霹雳一声，贼惊，钩落，国瑞一跃而上，众随以登，三昼夜扫荡长城七十垒，于是国瑞威震海内。僧王代为奏请归宗。苗霈霖叛，国瑞奉命出征。山东父老，牛酒竞饯，为立陈将军生祠于郯城之阳。陈军攻苗，一昼夜尽破数十垒，苗霈霖带数卒遁，被王万青执而戮之。苗匪平，清帝嘉之，赐以黄马褂头品顶戴，加黄开榜提督衔，为其为国得将也。"

刘崐为湖南巡抚时，李元度等曾言黄开榜得官皆源自陈国瑞。刘崐颇不以为然，很不高兴地反驳道："知耻后勇者，义士也；无前期之功，孰有庆云归附？当拨云雾而显伟才矣，其帅才，亦不可多得也。"

鲍　超：勇鸷坚强一名将

　　刘崐向来府上往来无白丁，且按清廷为官要求，在朝者不得与地方武员私自往来，他在京严格遵守，故交往者少有武将，但也有例外。鲍超（1828—1886年，字春亭、春霆，今重庆奉节人，著名湘军将领，曾为绥靖镇总兵、浙江提督，卒谥忠壮）就是其中最具特色的一个。他与刘崐既无直接的上下级关系，也非有师徒或同门之谊，鲍虽职位低刘一些，但两人相处融洽，极为自得。

　　鲍超幼年丧父，后随母刘氏入奉节县城，住五里碑红岩洞。刘氏给人当奶母，鲍超在铁匠街一家豆腐坊当杂工，冬季在碛坝盐场拣煤炭花为生。咸丰二年（1852），太平天国起义爆发，广西提督向荣（1792—1856年，字欣然，今重庆巫溪人，晚清名将，官至四川提督、固原提督、湖北提督，卒谥忠武，授一等轻车都尉，有《向荣奏稿》传世）在湖北宜昌募兵，组建"川勇营"，鲍超应募入伍，初当伙夫，接而当兵勇。咸丰四年（1854），曾国藩组织水师，作战勇猛的鲍超被人举荐，得以充当哨长。在随湘军攻陷岳州、武昌、汉阳、田家镇的战斗中，他得到杨载福、杨昌濬、彭玉麟等统领的欣赏，升守备，赏戴花翎。次年，武昌再次失陷，鲍超前去赴援，他事事争先、不怕牺牲的品质，极为湖北巡抚胡林翼赞赏，被提拔为营官。受此激励，鲍超先在汉阳小河口、鲇鱼套击败太平军，接而屯驻沌口，又击破了进犯的宗关太平军，他由此被提升为都司。这时，金口的清军陆军溃败下来，太平军大举进攻驻扎在高庙的胡林翼。已经十分疲惫的鲍超，为了报恩，毅然回转援救胡林翼。这时，德安、应城的太平军又自涢口方向来犯，多日未曾合眼的鲍超，乘黑以小舟靠近敌营，烧掉了他们的战船，救出了胡林翼，这令胡为其忠义感慨万分。凭着一股不怕死的锐气，鲍超进而直捣太平军大营。激战中，他的右肋被炮火所击中，但鲍超简单包扎了一下伤口，继续作战，这极大地鼓舞了士气，其军即克复金口。战后，鲍超因功劳最大，屡立奇功，胆识过人，忠勇冠军，而被提拔为游击，赐号"壮勇巴图鲁"。咸丰六年（1856），胡林翼上疏推荐鲍超，言其英勇善战，精通兵法，举荐其为水军总兵。这年夏天，鲍超参与汉阳战役，肃清了长江沿线的太平军，晋升为参将。胡林翼收复武昌后，派鲍超去长沙招募了3300人，组成霆军由他统率。他成为名副其实的一方统军，为其军事生涯打造了一个崭新平台。十二月，鲍超攻打小池口，他乘夜色率军急攻，被滚木击伤左臂，浑身是血，但他淡定自若，仍指挥军队进攻，士气更猛，接而他又被击伤右腿，他犹不退，直到后来头顶被铅弹击中，鲜血迸流不止，才被将士们强制架回营房。他休克数日方醒，由是博得"新张飞"的美誉。湖广总督官文评价道："非超勇鸷坚强，以两千人独御前敌，血战兼旬，则援应各师，必有缓不济急之势。"也就是在此时，作为兵部右侍郎的刘崐受命到江南各军营巡察，与鲍超相见。有人传言，一顿豪饮过后，两人一见如故，刘崐遂把这个目不识丁的后生当成了忘年交。

　　咸丰七年（1857）一月，太平天国英王陈玉成攻占黄梅，各路清军相继挫败。陈玉成怀必置其于死地的想法勇猛进攻，但霆军在鲍超的指挥下，不退半步，独挡太平军，死力相争，让陈玉成也不得不佩服，视其为生平唯一可匹敌者。七月，太平军败走，鲍超因功升总兵。接而，他率军攻打小池口，在孔垅大败太平军，又率部救援黄梅。当时清军在濯港被太平军打得大败，诸将都主张防守反对出击，只有鲍超力主速战速决，在多隆阿（1817—1864年，字礼堂，呼尔拉特氏，达斡尔族，满洲正白旗人，著名军事将领，卒赠太子太保，予一等轻车骑尉世职）的支持下，骑兵兵团帮助他攻下亿生寺。此战中，他左膝和右臂都负了伤，连兵器都无法握住，但他仍坚持战斗，取得歼敌5000人的重大胜利。捷报传到兵部，刘崐即给他写信鼓励。不会写字的鲍超画一鞠躬娃像作为回信，众人不解，刘崐则哈哈大笑："此子真性情也。"鲍超率军驻防宿松，其后与陈玉成部在枫香驿大战13场，他们旗鼓相当，互有胜负。此役，鲍超天下闻名，陈玉成也叹道："官军名将堪为敌者，一鲍二李而已。"十二月，鲍超与陈玉成再战于太湖，相持 25 日，因清军势众，终败太平军，清廷加授鲍超提督军衔。继而，李续宾部在三河之战中被歼，清军失色，鲍超也不得不西退宿松。

咸丰八年（1858），已被曾国藩视为"多龙鲍虎"的鲍超，先是率部收复黄安，接而与多隆阿一道进攻太湖。他率军攻入北门，焚烧了太平军的火药库，并在雷公埠大败援军，取得歼敌 10000 人的巨大胜利，"鲍老虎"的大名享誉军营。鲍超再率部进攻安庆，但不意在三河镇被陈玉成打得惨败，不得不退守二郎河。鲍超立吸取轻敌冒进、过于贪功而忽视团体作战的教训，不久与多隆阿会师在宿松，取得了花凉亭大捷。此役，他们击毙了太平军成天侯韦广新，歼敌 8000 人。次年，鲍超与诸军会师围攻太平军占据的太湖，陈玉成率领 10 万大军前来解围。清廷任命多隆阿为前敌总司令，主持太湖战役。鲍超率部驻守小池驿。十二月，急欲与鲍超一决雌雄的陈玉成大举进攻小池驿，激战 20 多天，双方都伤亡惨重。但鲍超部有力地牵制了对手，让多隆阿可充分利用时间布置对陈玉成部的反包围。咸丰十年（1860），太平军前来救援的忠王李秀成攻曾国藩祁门大营。鲍超闻讯大惊，立率部由休宁前往冒死相救。他以区区千人直扑李秀成中军，让李秀成猝不及防，尤其鲍超所率众勇个个奋不顾身，如同血窟中钻出，让人心惊胆寒，于是太平军直扑中驱的计划搁浅，鲍超挽回危局，让曾国藩热泪盈眶，连赞他不愧为虎勇。次年春，鲍超升为游击，被曾国藩派去扑灭赣、皖内匪，他于是转战赣东北饶州（今鄱阳）等地，机动应急。四月，他又援助湘军曾国荃部攻安庆，破赤冈岭 4 座太平军坚垒，被曾国荃赞为神人。六月，他赴江西，堵截李秀成部太平军攻南昌，并败之于抚州、贵溪。鲍超之名，遂让太平军闻风丧胆。

同治元年（1862）春，鲍超由赣北入皖南，占宁国（今宣州），积极配合湘军曾国荃部进攻太平天国都城天京（今南京）。在曾国藩等的举荐下，鲍超升浙江提督，所部扩编到 1.3 万人，成为一支谁也不可忽视的独立力量，他实成为一军统帅。同治三年（1864）夏，因湘军合围天京，外围各路太平军纷纷入赣，鲍超奉命援江西。八月后，他以前后夹击、包抄分割的战法连败太平军汪海洋部于抚州，并迫降陈炳文部太平军6万余人。接着，他又会同曾国荃攻陷天京，被清廷赏为一等轻车都尉世职，戴双眼花翎。之后，他挥军克瑞金，搜获天王洪秀全之子洪天贵福，得赐一等子爵，后赏加一等云骑尉世职。这时，鲍超达到了他军事指挥上的顶峰。但这也导致他相对轻视了军队内部的管理，以及新形势下的变更。同治四年（1865）三月，部分官兵因不欲远征新疆，于湖北金口（武昌西南）哗变。虽然他立马进行了弹压，并且主动报销了清政府积欠霆军银200万两，改请为四川省、夔州府增加乡试名额文武举人14名，并加夔州府秀才12名，但其军在朝廷的信任度仍然急骤下降，他自己也逐渐沦落为了军队边缘人。

这时，北方捻军重整旗鼓，日渐壮大。鲍超再度出山，与捻军战于河南、湖北等地。同治六年（1867），鲍超会同淮军刘铭传（1836—1896年，字省三，自号大潜山人，安徽合肥人，曾为直隶提督、台湾巡抚，卒谥壮肃，赠太子太保，著有《刘壮肃公奏议》《大潜山房诗稿》等）在湖北尹隆河夹攻东捻军。刘铭传抢功先行攻击，被围，总兵唐殿魁、田履安被击毙，刘铭传及其部属只能坐以待毙。这时，鲍超率霆军如期而至，猛攻东捻军之背，东捻军损失万余人，刘铭传得以逃走。但是，事后淮军领袖李鸿章袒护刘铭传，反而诬告鲍超失机冒功以罪请斩，后经刘崐等人斡旋而改为严旨斥责。鲍超深感受辱，一怒之下坚决称病辞职引退，霆军30营遂被李鸿章遣散。

鲍超回到老家奉节后，仿苏杭园林建筑风格，大修公馆。同治九年（1870），奉节县城几乎全部被特大洪水所吞没，水刚入城时，城中秩序大乱，一些人趁机打劫。鲍超派出家丁数十名维持治安，人心大定。洪水退后，鲍超又捐资清除街道淤泥。之后，他又捐资修复了文峰塔、府学、报恩寺、府城隍庙等。

光绪六年（1880），鲍超被清廷重新起用，授湖南提督。他赶赴长沙的第一事，即是找到刘崐，登门拜访。不久，沙俄无理滋事的伊犁事件发生，鲍超奉命召集旧部，驻守直隶乐亭（今属河北），加强防务。他积极做好应战准备，并研讨沙俄作战特点。但是，投降派占主导的清廷不久即与沙俄签订了《中俄伊犁条约》，鲍超深感失望，又称病辞职。光绪十一年（1885）春，中法战争进入关键时期，鲍超奉旨去云南边境作战。这时的他，已经年老多病，但仍奋不顾身，星夜调集旧部，招募兵勇，驰奔云南，驻守云南马白关（今马关）外。但清政府又与法国议和。鲍超闻讯，愤怒至极，大呼："圣上昏聩，有负天朝。"这番话，被人视作大逆不道，有心人利用之，诬告其欲谋反，幸光绪察其赤诚，不以为意，但仍令其撤防回籍。两年后，鲍超郁郁而终。

鲍超以镇压农民起义军发迹，一生经历大小战斗500余次，身负轻重伤108处，成为清军中屈指可数的名将。他一生留下的轶事典故也众多，流传最广的有两则。一则是讲曾国藩对他与多隆阿善用。故事说：多隆阿熟谙军事，有勇有谋，攻守有方。鲍超是后起之秀，勇猛绝伦，屡战屡胜，功勋显赫，二人可谓不相上下。曾国藩知人善任，使二人各自发挥作用。曾国藩曾对多隆阿说："鲍超粗鲁骁勇，不是良将，蒙你的保护才有今天。鲍超的功劳，就是你的功劳，望你今后还要好好照顾他。"而反过来他又对鲍超说："多公（多隆阿）说你有勇无谋，你要多多努力，堵住别人的嘴，别让别人说闲话。"在一次战斗中，太平军的各路人马铺天盖地而来，鲍超兵少欲退，曾国藩派人骑马飞驰送信告诉他：贼寇虽然很多，但初来乍到并不可怕，你要学习胡林翼等人的忠勇谋划，把生死置之度外。你的英名已为世人所知，你要好自为之。鲍超读信后，信心为之大增，他重整旗鼓，奋力杀敌，终获全胜。另一则是讲咸丰九年（1859）十二月陈玉成以绝对兵力将不足其三十分之一的霆军在小池驿包围得严严实实。陈玉成老于军事，欲以猫捉老鼠的姿态，彻底摧毁霆军的士气。除夕日，霆军外出砍柴的一队炊事兵被陈军俘虏，这是两军对峙半月以来陈军的首次军事行动。警报传到中军帐，鲍超沉吟片刻，传令：晚餐聚饮，并召戏班演剧。入席后，戏班曲目都是"古昔英雄名将战场健斗奏凯"的故事，观者以之下酒，皆为神往。待到酒酣时，震耳金鼓之声一变为"丝管清幽之曲"，鲍超以此为背景音乐，起立发问："日间探报，我营有人被俘，其事将如何？"冷不丁这么一问，众人一愕，旋有人长叹，曰："死矣。"鲍超又问："死？太容易了。只是，是毒死呢，勒死呢，还是被砍死呢？大家说说,怎么个死法爽一点？"此语峭冷,甚于腊月寒风,立时让众人清醒;此语又悲壮,足以激发勇气。立时便有人站出来,大声说:"吾诚死！吾拼一死冲贼,或贼死,吾犹可不死！"鲍超抚掌大笑,说声:"好男子！"旋又开始第二轮激励:"营中兄弟三千人,战而乐者,老子跟他一起去;怯而伏者,可以就地退伍,老子与他喝一杯离别酒。"随即吩咐各营统计欲战欲留人数,结果无一人愿留营。于是,在新年甫至、天仍未曙之际,三千霆军一齐冲出营门,以军人特有的方式向陈玉成"恭贺新禧"。霆军此次突围,挑的是敌营驻军密集之处,十分高明。若冲击人少处,敌援很快就可再次组织包围,前功尽弃,徒劳无益;而冲击人多处,敌军仓促接战,易致奔逃,一旦敌军奔逃,则阵脚大乱,反不易迅速组织包围。果然,一冲之下,陈军大溃,相率奔避,霆军成功突围。

周达武、张文德：提督将军亦湘人

指挥席宝田、李元度剿灭黔苗起义军时,湖南巡抚刘崐极早地意识到,必得联合周边省份的军队进行联合打击,因而他特别注意在周边省份寻找湘籍军队指挥官,以助其完成大业,四川提督周达武（1813—1895年,字梦熊,号渭臣,宁乡人,曾任总兵、四川提督、贵州提督、甘肃提督加尚书衔,长期镇守西北边关,系著名教育家朱剑凡之父、王稼祥夫人朱仲丽之祖）和贵州提督张文德（1834—1881年,号正亭,初名文龙,凤凰人,曾为贵州提督、代理巡抚）,是其重点联络争取的两位。

周达武本姓朱,系明朝皇室吉王朱见浚的后裔。他从小家贫,无力读书,曾在双狮岭下的清溪煤矿挖煤为生。咸丰四年（1854）,他应募入李续宾营,从克岳州、武昌,累功擢守备。接而战湖口,晋都司。周达武每战陷阵,都手持大旗荡决,李续宾以之奇,便令他统管信字营,他常冲锋在前,遂成李氏前锋。咸丰八年（1858）,攻下黄安后,他擢升为游击，得赐花翎。接而攻舒城，周达武率死士先登，在左耳受枪伤的情况下，他犹不管不顾，李续宾对他更为喜欢，克城后留其作为守军。不久，李续宾覆军三河，舒城也被太平军重新夺占，周达武受重创回湖南休养。也就是这个时候，刘崐作为抚军使，前来探望了周达武，这让周感动万分。次年，石达开围宝庆，湖南巡抚骆秉章令周达武募五百人组成章武军，从知府刘岳昭援宝庆。他镇守东关，屡拒敌军进攻，并不时出击，斩获颇丰。宝庆围解后，他擢升参将。咸丰十年（1860），他又援军广西，攻下富川平古城和连塘敌营，收复贺县，他得擢副将并加总兵衔。之后，他又在永明、柘牌、会同、湖北来凤等地连连破敌，升总兵并得二品封典。

骆秉章调任四川后，调周达武入川从剿。周达武先是成功打败了周绍勇武装并将其擒获，接而破郭刀刀军于仪陇大仪寨，追赶至巴州鼎山铺将其擒获，于是四川匪平，他得以授四川建昌镇总兵加提督衔，次年护理提督。不久，太平军陈得才10万兵马围攻汉中，而石达开亦由高县走宁远，全蜀大震。周达武增募4000兵士，立誓将其扑灭。同治三年（1864），梁福成纠集蔡昌龄由汉中窜入甘肃阶州，周达武决定以剿为防，率师越境。他先攻下江东水、严家湾敌营，接而进攻阶州，挖地道达城根，地雷齐发，城崩，他的400先锋军蜂拥而入，阶州遂克，梁福成和蔡昌龄皆被斩杀，他以提督记名。不久，他又平定了松潘叛军，授贵州提督，但仍留防重庆，并两年后剿平马边厅教民起义军，斩杀其首领宋仕杰、熊文才。

同治六年（1867），知其才华的左宗棠请其会同一起剿灭陕西捻军。周达武即令部将李辉武率3000兵士赴陕，次年其军破越巂保回军于普雄，进而攻克西昌交脚回军老巢，斩杀数千人，回军纷纷投降。周达武因得赐黄马褂，晋号博奇巴图鲁。

同治九年（1870），周达武终于赴贵州提督任，他率所部6000人随行，沿途平苗砦。湖南巡抚刘崐大喜，写信给他，请其配合剿苗，周达武欣然相允。为此，他做了一系列前期工作:先将所率军增募至30000人，由龙里进凯渡，将苗军截分为上下游两股，克复都匀，再分军破敌于永宁、威宁；次年，遣钟开兰攻克麻哈州之高水塘等地数十关隘，再遣何世华破李文彩、李高脚于都匀、独山，收复八寨、三脚诸城，并攻下镇宁、归化及吴秀河、斑竹园诸苗寨，收复清平、黄平二城。然后，他与湘军席宝田部会合。同治十一年（1872），两军击败张臭迷于茶牛坡，斩馘甚众，降者数万，之后他们分兵追击，生擒敌首，消灭余党，并荡平清平香炉山苗民起义军老巢。苗疆平，周达武得授骑都尉世职。

更令刘崐对周达武感到亲切的原因还在于：周达武重视文化教育，大力倡教，捐资办学，奖掖后进。他在四川，曾以数千金购买"赵云洗马池"址，"仍以一龛奉顺平于池上"，文士名人常聚在一起，赏荷泛舟于此。他又在甘肃兴建了鱳得书院，修建文峰塔以提文气文脉。他平生喜与文人雅士打交道，留下过许多风流雅事。军旅之余，他自己也舞文弄墨，善写"虎"字，其作的《登嘉峪关》诗两首尤其令人称道。一曰："防边自古建雄关，圣代于今卧鼓闲。风腾瀚海鲸鲵吼，月冷荒城剑戟环。山河襟带限东西，南挟黄流一径通。"二曰："塞上重楼空突兀，道旁古冢半英雄。远开国祚推元盛，轻戮贤豪陋吕隆。往事不堪听角楼，苍崖白日浩冥蒙。"其诗写得苍凉、大气，刘崐得之后长叹："斯人情怀之宽广，难得矣！"

相对而言，在为湖南巡抚前，刘崐与张文德的交情并不深。张文德育于文氏，从姓文，名龙德。早年即加入镇筸营，参加围剿太平军，在长沙、岳阳一带转战。因英勇善战，他由兵勇累功升至把总。咸丰五年（1855），张文德率部随提督和春入皖攻庐州解安庆之围。他展示了自己非凡的作战才华，当年五月克复黄安，九月克复潜山、桐城、舒城，使太平军退守三河。次年八月，和春自庐州移师丹阳，城外敌垒已破，和春命张文德率部两面夹击，张率部奋勇当先，连克数垒，太平军溃散，遂攻克丹阳。和春又指挥他攻三河，但久攻不下。张文德请独身持檄谕至敌营劝降，和春初不允，但后来在他的坚持下勉强同意。张文德到达太平军营，根本无畏其威胁，谈笑间晓以利害，投诚者相继而至，遂克三河。咸丰七年（1857），他再挥兵庐州，又克之，擢升都司。咸丰八年（1858），张文德从援福建，攻下浦城、松溪、政和、崇安，赐花翎。次年，因救援浙江有功，晋游击。

咸丰十年（1860），张文德从张国梁解镇江围，援敌复至，张文德扼守水栅七昼夜，浑身染血，不退一步，太平军无可奈何，只得自行撤退，他因而擢副将。此后，他又跟从将军巴栋阿、提督冯子材守镇江，因作战勇猛，补广东罗定协副将。同治元年（1862），太平军屡攻镇江，张文德严防死守，屡将其击败，得到冯子材的好评。冯子材特上奏言："文德力挫贼锋，重围叠解，实为特出之材。"他因而得授贵州镇远镇总兵，赐号翼勇巴图鲁。此后，他干劲更大，连破牧马口、薛村，克柏林村敌营，加提督衔。太平军由东路来犯，张文德御诸骇溪、谏壁，不意腹部中炮，大肠出腔，但他全然不顾自我伤情，裹创而战，极大地鼓舞了士气，待援军至，太平军不得不撤退；接而又破博洛村，攻丹阳，毁敌垒，擒敌目。同治三年（1864），他攻下白塔镇及宝堰，敌人纷纷来降。这时，他与鲍超相约攻丹阳。张文德招降蒋监为内应，率部由西门攻入，敌酋各率大股殊死巷战，张率部勇往直前，锐不可当，遂克丹阳，斩敌酋陈时永，擒赖桂芳，他因而以提督记名。江南平定后，他再授一品封典。

同治四年（1865），云贵总督劳崇光令张文德募楚勇规荔波、独山。他刚率兵出发，其父过世，他丁父忧，解职。两年后，他署贵州提督。这时，刘崐给其写信，相约共同剿灭苗民起义军。张文德大喜，次年自率兵克开州，再攻破鼎照山苗寨，另攻下龙里、贵定，斩苗军头目潘名桀，苗军闻风丧胆。接而，他配合李元度、席宝田等的行动，进攻平越，擒金大五，再连克麻哈、都匀，得赏赐黄马褂，晋号达桑阿巴图鲁。他请假归籍葬亲，期间在长沙与刘崐见面，相谈灭剿事宜，甚契合。张文德离开贵州后，苗民起义军又死灰复燃，且态势不可阻。刘崐急令张回黔。张文德回到贵州后即率军剿苗，但很快因粮匮军溃，都匀复陷。朝廷诏究其因，刘崐等极力为其辩护，所以最后免除查处，降一级，将其调任古州镇总兵。同治十年（1871），张文德转授威宁镇总兵，督军剿古州苗。他由九甲、五台山、扁担山及古州、丹江分路雕剿，一年多的时间内，苗渠先后伏诛。同治十三年（1874），全黔肃清，张文德得授云骑尉世职。次年，他加头品顶戴，擢贵州提督并代理巡抚。

吴自发：黔东兵备有三潭

刘崐在指挥席宝田军剿苗民起义军时，注意调动在黔官员的积极性，争取他们的理解与配合，其中，解决援黔湘军军饷一事，困难最大，而庆幸黔官中湘人颇为团结，为之争取了不少。贡献最大的，当数吴自发（1834—1896年，号诚哉、诚斋，苗族，凤凰人，曾官镇远知府、黔东兵备道，卒赠内阁大学士）。

吴自发出生于凤凰板参寨一个贫困农民家庭，全靠父亲的坚持和族人支持，才得以送其至私塾识字读书，他亦十分珍惜这难得的机会，发奋刻苦，读了不少经史。他尤其对岳飞等精忠报国的英雄心怀敬意，梦想自己以后也能驰骋疆场，大有作为。10来岁，他在县试中考取生员。咸丰六年（1856），贵州铜仁道教聚众抗粮闹事，湖南巡抚骆秉章要求驻军凤凰的镇筸营前去镇压。他的堂兄吴自烈正是其营的重要首领，受到忠君爱国卫道保家思想熏陶的吴自发，便决意弃文从武，兴冲冲前去报名，与吴自烈之子吴朝凤一同入伍，并分在吴自烈帐下。是年九月，镇筸兵在黔东北对教军进行全面扫荡，吴自烈、吴自发从左翼进攻路溪一带。教军拼死抵抗，吴自发发挥了其从书本上学到的用兵策略，避实就虚，时不时偷袭敌人，屡有斩获。而冲锋时，他又一马当先，勇敢果断，超乎常人，他遂得士兵拥戴。咸丰七年（1857）三月，黔东北基本安靖。骆秉章奏请清廷，根据援黔战功奖励随军官兵，授吴自烈为西路军统领，继续进剿教军残部。但吴自烈原为一介书生，年过五旬，不惯军旅生涯，加之其子吴朝凤受重伤，遂将所部交吴自发统领，自己则回居故里。时年23岁的吴自发，就这样意料之外地突然大权在握、重任在肩。他统率2800名乡勇，进剿黔东，有失有得中迅速成长为一军领袖。

同治三年（1864），吴自发因功升任镇远知府。他为政严明，因而地方清平，人民安居，深得当地百姓拥戴。镇远城乡房屋毁于战火，田园荒芜，人民流离失所。吴自发到任以后，首先招抚流难之民，令有业者复业，无业者分耕荒地以尽开垦之利，借以稳定民心，安定社会秩序。继而，他开仓以济贫困，具棺材以殓遗骸；发放资金，给耕牛、种子予贫农；清查田亩，招抚流民垦殖。他自己还捐俸沿山修城垣，兴立碉堡，修建桥梁。并且，他复兴书院文学，培育人才，设立试舍，以便考试，振兴文教，使地方求学风气日渐兴起。其他如施药材，舍棉衣，筹积谷，置宾兴（即举荐贤能），吴自发都视为己任。他尤其重视水利建设，亲率有关人员，奔赴实地调查，于风木溪等处溪河，沿途设塘筑堰，先后开出良田1000余亩。

同治六年（1867），吴自发升贵州黔东兵备道，加布政使衔，镇居贵阳。刚为湖南巡抚的刘崐即给其去信，讲自己的剿苗大计，并请他支持。吴自发欣然允诺。此后，席宝田军入黔，粮饷难济，吴自发视为己军，划拨军饷救急，并做巡抚的思想工作，请求配合围剿。在他的努力下，入黔湘军军械充足、后勤服务工作有条不紊。刘崐对此心铭感恩，多次致信表谢。

黔苗被剿毕后的同治十三年（1874），吴自发回乡探亲。他专程去拜访了已经退隐长沙的前湖南巡抚刘崐，两人畅谈天下，把酒话桑，极为契合。吴自发回乡后，在与亲朋故旧闲谈中，得知家乡的公办书院容人有限，穷人子弟难于就学。这让他想起了自己的少年求学经历，遂决心在家乡兴办教育培养人才，提高家乡子弟的文化素质。当时，清廷曾发放过一笔平蛮阵亡士兵抚恤银，其中有部分无人领取。吴自发便将其运回凤凰，加上自捐，共有8万两，他择在得胜营的万溶江三潭（即杨柳潭、罗布潭、漆树潭）之上的山丘，修建了一座书院，初名"新吾"，后改名"三潭书院"。他又将修书院剩余的银两，为书院购田160亩，作为其校产以维持运营。此书院，后来为凤凰培养了大量人才，现为吉信完全小学。

光绪二十二年（1896），吴自发病逝于任上，遗体运回凤凰板参，埋葬于岩科寨。镇远百姓追念其德，于府城建立了专祠，以供祭祀。

罗　萱：恬适文书诗学者

罗萱（1826—1869年，字伯宜，湘潭人，著有《仪郑堂文笺注》《粤游日记》《蓼花斋诗词》等）是刘崐为湖南巡抚时剿苗军中他特别器重的一个文将，也是其故人之子，故闻其在黄飘战役中牺牲的消息，刘崐忍不住大哭出声。

罗萱生而夙慧，他的成长首先是因得家学。他的父亲罗汝怀[1804—1880年，初名汝槐，字廿孙、念生、研生，晚号梅根居士，肄业于长沙城南书院，好音韵训诂之学，博通经史，道光十七年（1837）拔贡，曾任过芷江学训导，候选内阁中书，著有《湖南褒忠录》《北游记里录》等]是刘崐在京城时的好友，同时与汤鹏、何绍基交往甚密，后刘为湖南学政时他们又共事，致力于推动湖南文教，故关系十分密切。罗汝怀自京返湘先在醴陵渌江书院主讲两年，然后归乡设馆授徒，课子弟，专治经学。他反对近世汉学、理学之争，对六艺故训、地理沿革、古今水道源流分合、历代法制、氏族、金石篆隶等，必穷源究本，崇尚实学，著述甚多。他曾参与编纂《湖南通志》，又以数十年时间辑成《湖南文征》200卷，还著有《诗古音疏证》4卷、《禹贡义参》2卷、《七律流别集》12卷、《潭雅集》4卷、《绿漪草堂文集》34卷、《绿漪草堂诗集》20卷、《研华馆词》3卷，另有《周易训诂大谊》《禹贡义案》《毛诗古音疏证》《汉书·沟洫志补注》《古今水道表》《十三经字原》《六书统考》等刊行于世。他"性和雅，貌温而气愉。与人交，洞见肺腑，久而益亲，言事尝使意余于词，婉约微至，杂以谐笑，尤以利济民物为心"，故曾国藩等也对其十分重视，曾欲委其以重任，但他皆拒绝。其为人治学任事，对罗萱影响甚大。罗萱承父衣钵，貌温雅，文翰流美，而性极恬适，从军10余年，不趋便营利，亦不图仕进,至死时还是个知府。其次,对罗萱成长有影响的还有邓显鹤、沈道宽两位名师(两人亦是其父罗汝怀之师),尤其是邓显鹤[1777—1851年,字子立、湘皋,晚号南村老人,新化人,嘉庆九年(1804)举人,官宁乡县训导,晚年应聘主讲邵阳濂溪书院]。他除自作诗文外,一生致力于对湖南地方文献的搜集整理,校勘并增辑有周圣楷所作《楚宝》,搜集整理王夫之遗作成《船山遗书》,编纂《资江耆旧集》及《沅湘耆旧集》,参与《武冈州志》《宝庆府志》的修纂,被称为"楚南文献第一人",亦被梁启超称为"湘学复兴之导师"。邓显鹤笃于内行,博涉群书,足迹遍天下,海内文人结交甚多,也藏有众多时人的作品,这让罗萱从小敏于时文,对当时文坛气象了然于胸。而他又跟从邓显鹤学古文辞,邓显鹤所著《南村草堂诗钞》24卷、《文钞》20卷中的诗文,他皆能背诵,而邓的学术著作《易述》8卷、《毛诗表》2卷又是他的床头之书,让他深受启悟。后来,罗萱又到长沙求学,又有幸得到贺长龄[1785—1848年,字耦耕,号西涯、耐庵,长沙人,原籍浙江会稽,嘉庆十三年(1808)进士,曾为南昌知府、山东兖沂曹济道、江苏按察使、布政使、代理山东巡抚、江宁和福建布政使、贵州巡抚、云贵总督,著有《耐庵诗文集》等]的垂青。贺是政坛宿老,经历丰富,对清政府的腐朽看得较为透彻,又与魏源等多交流,具有环顾世界的视野,这对罗萱的影响也颇大。总之,在家教及名师指导下,罗萱少即工诗文书法,为诸生屡列优等,倡导经世之学,青年时即名声不小,尤其其诗歌创作引领湖湘潮流,甚得士子称颂。

咸丰二年(1852),曾国藩奉命办团练,招揽人才之时,"湘乡奇伟非常之士,争自创磨立功名,肩相摩,指相望"。罗萱是最早应募到曾门的人之一。传说,当时每天都有百十人到营中报名,曾国藩一一召见,问询长短,稍有才能的人都留了下来。一天,曾国藩已召见多人,倦极不见客。正在似睡非睡时,忽听外面有吵闹声,起身向窗外一望,但见一位身材不高,只穿一件单衣的青年人被守门人拦住。青年人声音朗朗,气质非凡,但任凭怎样讲,守门人仍不放行。青年人也不气馁,大有不见曾国藩不罢休的气势。正在僵持之际,曾国藩推门而出,并喊住守门人,对罗萱说："听君的声音爽朗圆润，必是内沉中气、才质非凡之人。"遂将罗萱引入上宾之位，俩人叙谈起来。随后，曾国藩立即决定让罗萱掌管书记，日常文牍往还也一并交给了他。曾国藩率湘军东下时，罗萱以亲老欲辞，但曾国藩不允，并劝他说："今专足走省，敬迓文旆，望即日戒涂，惠然遄臻，无为曲礼臆说所误。蟾蜍裹沙而不行，于菟腾风而万里。士各有志，不相及也。千万千万！祷切祷切！"于是，罗萱留了下来。在曾国藩幕府时，他与塔齐布、李元度甚为交好。

咸丰五年至六年，是曾国藩处境最困难的时期。客居江西，兵饷皆不宽足，又受太平军石达开部不时攻袭，常常命悬一线，而为了取得朝廷信任，还必须经常奏报军中缓急。而罗萱上马操剑，下马走笔，兼具文武，形影不离，为之解决了不少难题。曾国藩每有上疏，罗萱皆操笔如流。有时"警报骤逼，势危甚"，罗萱也"甘心同命"。湘军内部矛盾也有不少，他又主动承担调节诸将矛盾之责，因其性格柔和，常使各当其意以去。他还是打仗能手。咸丰六年（1856），石达开攻陷瑞、临、袁、吉、抚、建诸郡，省城孤悬。罗萱受命领湘军3000人攻建昌，城即破，但太平军援军忽至，都司黄虎臣战死，城未攻下。曾国藩又令其攻抚州，将至路途中，得知曾国华、刘腾鸿等自鄂援赣攻瑞州，他又自抚州赴瑞州合围攻打。在瑞州，罗萱与刘腾鸿等与太平军展开了殊死战，数战皆捷，取得了瑞州战役的胜利。曾国藩欲对其褒奖，罗萱不受，乞假归湘。

不久，湖南巡抚骆秉章又召罗萱治湘潭团练，刘培元招罗萱至衢州与谋军事，罗萱都是稍规大计，皆不肯久留，因其不欲竟弃科举。但他屡应省试不第。同治元年（1862），无奈的罗萱只得又投奔驻扎在安庆的曾国藩，但没干多久，他又投奔当涂的从兄、记名提督罗逢元，但也不如意，他遂再归湘家居，专心于学问。同治二年（1863），郭嵩焘升任广东巡抚，屡召罗萱到广州，委托他创立水师，罗萱做了一段时间又谢归。第三次归湘后，他同刘德谦领威信军驻防于郴县。不久，鲍超的霆军叛勇在广东作乱，罗萱进屯乐昌并受地方官命增募威震军。平乱以后，他又以不习当地食俗而归。从此，罗萱不再关注兵事。

可这时罗萱名气已经传遍天下，其才智为权贵所喜，因而他虽想专心治学却不得,不断有湘军大员邀请其入幕,他均婉言谢绝。同治七年(1868)十一月,罗萱平生颇为钦佩的同乡挚友黄润昌(1831—1869年,字邵坤,湘潭人,诸生,累官至按察使,有文名,工诗及行草,著有《黄茅山集》等)奉刘崐命入黔协助席宝田剿苗。黄润昌再三请求,罗萱无法推辞,遂入军营掌文案,兼理营务处。他每日白天出外领队作战,夜晚笔削奏牍。他们在清溪安营扎寨后,即开始招募水师,拟作大举进攻的准备,并配合作战,先后攻克铜仁、遵义等5郡,罗萱得升知府。这时,南路进攻受阻,罗萱与邓子垣一同到席宝田处请战,进规施秉,得到同意,并很快破了不少苗寨。其所向披靡之势,让湘军滋生了骄傲自满情绪。同治八年(1869)三月,在著名的黄飘战役中,黄润昌、罗萱等18名湘军将领遇伏战死,遭遇湘军剿苗最大的一次失败,死时,黄润昌年仅39岁,罗萱43岁。

白恩佑:进士画家良观察

白恩佑[1808—1880年,字兰岩、兰言,号石仙、石翁,山西介休人,道光二十七年(1847)进士,著名书画家,曾为湖南学政、盐运道,著有《进修堂诗集》等]是刘崐担任湖南巡抚时的盐运道,因为相知颇早,且在剿围黔苗上两人意见颇为一致,故更为亲近。而为了筹措军饷,白恩佑抓紧盐务办理,对刘崐支援甚多,刘崐卸任后,白恩佑多次探访,足见两人情谊。

白恩佑是介休晚清科举入仕的一个重要人物,岳鸿举《吴书年五十寿序》中曾言:"白兰言观察获隽后,四十年未捷南空者。"他生于张兰镇一户普通农家,家中排行第三。当时,该镇大户徐氏重视子弟的读书,并辟有私塾东冶学堂,他以邻而得入其中读书,并有幸得到了进士出身的徐润弟[1761—1827年,字德夫,号广轩,山西五台人,乾隆六十年

（1795）进士，授内阁中书，曾为储济仓监督、湖北施南府同知，遗著有《敦艮斋遗书》等］教诲，从而在书画上打下了扎实基础，尤其痴迷于米芾书法，甚得其精髓。徐润弟又是一位对心学、气学、易学颇有研究的学者，他对朱熹理学颇驳斥，推崇王夫之，主张经世致用之学，这对白恩佑的成长影响颇大，他后来中西兼修，就得益于此。徐润弟逝世后，其子徐继畬［1795—1873年，道光六年（1826）进士，曾为陕西道监察御史、广西浔州知府、福建延津道、汀漳龙道、两广盐运使、广东按察使、福建布政使、广西与福建巡抚、闽浙总督、总管同文馆事务大臣，著有《瀛环志略》等］丁忧守孝，并接过教鞭。徐继畬是个很有民本思想的人，他在朝考中得第一的文章即《政在养民论》，同时因为他曾随父寓京师，师从续写《红楼梦》的著名文学家高鹗，故在文辞上颇有深研，诗画水平都颇高。在这样的老师的指导下，白恩佑精学勤进，很快中秀才，再在道光十四年（1834）入京都参加朝考，得二等第四名，接而两年后乡试中第十六名举人。徐继畬对这位弟子十分满意，介绍他与不少达官贵人、贤士良才结识，其中包括祁寯藻妹夫之弟、一代硕儒张穆（生卒不详，字诵风、石州，初名瀛暹，山西平定人，优贡生，著有《说文属》《延昌地形志》《蒙古游牧记》《靖阳亭札记》，编定《阎潜邱年谱》，校补《顾亭林年谱》等）。著名学者阮元曾评价张穆："道光间有文学名都下者，曰平定张石州先生……通孔氏微言大义，精训诂篆籀子史，通天文、算术及地理之学……为文不经石州诃斥订正未可示人。"其人其学可见一斑。但此人恃才傲物，以纵酒于礼闱而闻名士林。但多才多艺的白恩佑很快得到了张穆认可，张穆带他进入山西官僚圈子，尤其是以祁寯藻为核心的圈子。道光二十三年（1843），张穆与何绍基在慈仁寺西侧为顾炎武立祠，祠成，则年有祭祀，并常雅集，直到同治十二年（1873），白恩佑是此中常客。譬如咸丰七年（1857）六月二十四日，白恩佑即与祁寯藻、张维屏、何绍基、王拯等9人奉欧阳修像于慈仁寺为寿，并作诗一首："方今江淮为烽火，几人作官乘恩归。转忆公当守滁日，文章点缀湖山妍。"他们此后还将王渔洋、白居易等人的像也立进祠中，也为此写有诗，作有画。

道光二十七年（1847），白恩佑考中进士，拜于祁寯藻门下，得以与刘崐结识，他们共同交流书法及诗歌，且皆能饮，颇为相投。后又在刘崐介绍下，他与翁同龢相交，日后得到翁的器重。刘崐喜欢他的另一个重要原因是其不遗余力扶持后进。最典型的例子是他帮助著名篆刻家、书画家赵之谦（1829—1884年，字益甫，号冷君、悲庵、梅庵、无闷等，浙江绍兴人，是海上画派的先驱人物，又是魏碑体书风的主要形成者，著有《六朝别字记》《悲庵居士文存》等）。赵之谦同治元年（1862）入京应试，寓居其家，白恩佑颇为礼遇，故其3年后应试不就离开时，为白恩佑作一折扇画，正面为《桃花绿柳图》，题诗曰："饧箫声润竹楼西，断续和风百鸟啼。卯酒半醒帘半卷，澹烟微雨望苏堤。"反面则为《瑞瓜图》，作诗道："庆门集嘉况，异瑞呈瓜田。生五而成十，奇偶出自然。合形表同休，雅咏流绵绵。"

几年后，白恩佑提督湖南学政，他到府县视察频繁，修缮院校，补济穷士，颇为人称颂。同时，他受其师徐继畲的影响，推动维新之学，主张向西方学习取经，这却又遭到湖南官绅们的抵制与反对。庆幸，刘崐赴湖南巡抚任，他通过门生翁同龢等的奏请，将其从学政改任盐运道，事乃平。

白恩佑在湖南时，与湖南辰沅永靖道杨翰交善，他们同游永州诸名胜，画下了不少山水图画，流传于世者不少，时人追捧之，《清画家诗史》有传。

何雄辉：提督总兵镇黔滇

何雄辉（1832—1908年，字东山、祯财，广东连州人，曾为贵州提督署都匀协副将、总兵、云南昭通镇总兵）是刘崐担任湖南巡抚剿黔苗时的贵州总兵、提督，他们有过合作，且在剿苗事上态度颇为一致。但是，虽然他们结识很早，却无深交。

何雄辉先祖何洪海于明末自江西徙居连州星子清江朝阳村。其父何从钟是个老实农民。何雄辉生而奇伟，性刚猛，有谋略，但读书不多。据说，他年轻时非常调皮，喜欢拳脚武艺，经常与人打架。有一次，又与人打架，父亲将其捆绑于祠堂，用打禾桶盖上不给出来，一连饿了他3天。何雄辉的姑姑怕饿坏了侄儿，偷偷给其送点饭去，他便趁机掀开禾桶跑了出去。这时是清咸丰二年（1852），太平军兴，曾国藩的老湘营来连州募勇。何雄辉投袂而起，曰："男儿若思冲举，此其时矣。"遂投老湘营从征东莞。但是，湘军首战失败，何雄辉被太平军俘获。太平军首领朱洪瑛见其体魄雄壮，便要挟其入伍。何雄辉假意应诺投降，而心里随时准备逃跑。一个多月后，太平军打到湖南宝庆，何雄辉见有机可乘，挥刀杀死太平军数人，然后连夜逃到宝庆府求见太守邵卦山。邵卦山对其极为称赞，将其举荐给湖南巡府骆秉章。正因此，刘崐跟随骆秉章与何雄辉有了第一次见面。刘崐对其经历十分好奇，曾详细问其逃跑之策，并欲了解太平军行军打仗的特点，何雄辉此时还不善应对，故十分窘迫，但其雄健体格却让人喜欢。此后，何雄辉便在骆秉章的协标营里隶标数年。其间，他曾与刘崐共饮，每值酒酣耳热之时，何雄辉就感慨歔欷自己英雄无用武之地，而刘崐总是劝他安下心来，待将来有机会得用。不久，何雄辉重新回到老湘营，随曾国藩征战于湘、赣、宁等省，积功至参将。

同治三年（1864）冬，湘军进驻徽州，何雄辉扬名立万的时候到了。某次雪夜，他率骑捣敌营，右肩中弹，离心脏寸许，濒于死亡，但他依然不顾，奋勇杀敌，以致衣甲血洗，累晕过去乃罢。他这次在病床上躺了半年多，创伤才愈。但回到部队后，他就率军先后剿灭了铜仁、思南、石阡各地苗捻军，并攻克贵定、龙里，因战功卓著升为副将。同治八年（1869），何雄辉统领贵州复字营先锋全军兼署定广协副将，这是其独立领军之始。他极受鼓励，又收复定潘州，剿平牛硐、硝硐。同治九年（1870）正月，定番起义首领陈乔生联合青苗各寨，攻大塘、广顺等地，贵州巡抚曾璧光命何雄辉以重兵围剿，并用诱降之计，陈乔生被迫降清，但马上被杀。九月，宁州所属乌束陇起义首领潘长林，暗联清军武弁林贵祥共据钟华山起义，不久被曾璧光派何雄辉领大军攻破其寨，林贵祥阵亡，潘长林和包么大被杀。接而，何雄辉因收复都匀府城，被保提督署都匀协副将。后一年，何雄辉补抚标中军恭将，跟着带兵收复清平、黄平、施秉等城。同治十三年（1874），何雄辉补平远协副将，仍统复字营先锋全军，历破兴义、牛角坡、香炉山等处敌巢，婺川邹友山、定番赵六发、贵阳扬开太等著名劲敌，均为何雄辉先后擒斩之。

光绪八年（1882），何雄辉补授云南昭通镇总兵。贵州巡抚林肇元向朝廷上折，奏请留何雄辉统领贵州上游练军18营。这时，他成为贵州的武装统领、军队最高长官。他严厉弹压黔地匪患，推行联保制度，使其地再无叛乱事件发生。两年后，何雄辉入京陛见。当时，正是中、法在越南、缅甸因边界发生争执之时，何雄辉在与廷对时，屡以"国体当存，国威忽损"为言，主张朝廷要以强硬的措施抵御外侮。光绪对此十分肯定，嘉奖了他并采纳了他的主张，还授予何雄辉襄办广东军务之命。何雄辉立与云贵总督岑毓英檄令募勇，准备赴前线御敌，可惜军队刚在操练未及启程而和议已成。何雄辉对此十分痛心。之后，他又奉命襄办中法边界勘定事务，他亲历了镇南关诅咒河等处与法国使臣的谈判，他态度强硬，令法方几次罢会并威胁要告状清廷，但何雄辉不为所动，几经交涉，国界勘定乃定。他因此而受到国人的肯定。

光绪十七年（1891），开化镇总兵覃修纲被人诬告谋反，告密者还说覃修纲即将举行兵变。云南巡抚谭钧培[1828—1894年，字宾寅、序初、次初，云南镇远人，同治元年（1862）进士，曾任江苏常州、苏州知府、代理徐州道、山东按察使、江苏布政使兼署漕运总督、江苏巡抚、云南巡抚兼云贵总督]想以兵力震慑覃修纲，使其俯首就降，故密令檄告何雄辉率军队到开化执行此任务。覃修纲得到信息，愤慨异常，与部将们一起整甲持戈，决定与来兵决一死战。何雄辉与覃修纲相识，深知覃忠君爱国，不可能背叛朝廷。因而，他没有带军队，而是单人独骑到开化镇拜见覃修纲。两人相见，相互握手，从容道故。何雄辉以朝廷皇恩抚慰覃修纲，覃感激之至，立即解甲弃戈，愿凭调解。何雄辉以大智和大勇，平息了一场即将发生的兵变和暴乱，受到朝廷嘉奖。

光绪二十九年（1903），何雄辉告老归乡，在老家修建了将军第，并建学堂、修道路、赈灾荒、济贫士，甚得乡人称颂。他逝世后，朝廷颁旨从优议恤，并将其生平事迹宣付国史馆立传。

韩超与周步瀛：镇抚黔省师徒心

剿灭黔苗的战斗时间颇长，其实早在刘崐担任湖南巡抚之前，就有不少人为此付出了艰辛努力。刘崐对他们敬重有加。韩超（？—1878年，字南溪，韩愈33代孙，河北昌黎人，副贡生，曾任贵州石阡知府、按察使、巡抚，卒谥果靖）与周步瀛（生卒不详，字志庵，河北昌黎人，廪贡生，曾为贵州铜仁代理知府）即是一对为剿灭黔苗前赴后继的师徒。刘崐与他们交往颇多相互欣赏，甚至退隐长沙后也常有交流。

韩超是道光十四年（1834）副贡，二十二年随权臣至天津治海防，因积极献策而奖叙州判，不久即以府经历拣发贵州，从此与贵州结缘。他曾任三角屯州同、独山知州，以亲近百姓、募勇抓捕山盗而闻名，当时胡林翼镇守黎平，对他颇为倚重。咸丰元年（1851），乌沙苗乱，韩超随从胡林翼进剿，在风雪交加中与敌相逢，他跃马挥刀斩获数百人，被胡林翼举荐以知县用，次年署清江通判。韩超有着敏锐的社会判断力，他知黔将乱，便捐俸银豢养了勇士80人，将其训练成劲卒。果然，咸丰四年（1854）独山土匪纠集太平军前来进犯，时为贵东兵备道的韩超率兵练迎击，分军出敌后，攻其不备，擒首杨元保，又深入广西南丹州境，击溃余军，得加同知衔，赐花翎。以后，他又灭了桐梓杨凤等，解遵义围，在司河击败诸葛章，擢知府。咸丰五年（1855），苗乱蔓延，韩超驰援台拱，解黄平、平越围，转战施秉、镇远，以孤军驰突苗寨，经大小数十战将其剿灭，得补石阡知府。韩超为人性格刚直，有胆略，但不善与上司相处，上司便总是勒扣其军饷，他不得不求助于邻省的四川总督骆秉章、湖北巡抚胡林翼。骆、胡对其相当肯定，上奏举荐，恰侍郎王茂荫亦疏荐之，皇帝便下令兵部右侍郎刘崐对其进行考察。刘崐由此与韩超相见，对其极为赞赏，上报朝廷后，韩超得以道员记名，并之后实授贵州粮储道。当时苗民和教民起义迅猛，连陷诸郡县，韩超便驻军邛水汛，扼其中，使苗、教不得合，且遏其下窜湖南之路，这极得刘崐、胡林翼等有识之辈的赞赏。苗教义军出全力扑之，韩超急约楚军夹击，敌大溃，他乘胜剿灭了思州响鼓坪、施秉土地坪，镇远金鼎坉、锋严坉、唐家营坉诸山寨，擒首张东山、欧光义等，镇远所属遂皆平。当时民团以十户养一壮丁，韩超觉得团练作用发挥不尽，便稍加变通，由官募士兵而民输粮，得到百姓支持；他又将没收的起义军财产分授给降众、流人，以田代饷，这样很快便安定了人心，也让其军增长了兵士3000人。同时，韩超考虑军兴以后为筹措协饷地方官吏争相抽取厘金，实际上增强了老百姓负担，他建议厘金统一，一抽之后，不复再抽，从此商无滞累，饷用差给，士绅皆悦。之后，他署按察使，与钦差大臣、提督田兴恕一起剿匪，功绩卓越再加布政使衔，赐号武勇巴图鲁，并不久后诏予二品顶戴，署贵州巡抚。同治元年（1862），尚大坪、玉华山农民起义军兴起，遵义、安顺、思南、大定、铜仁、石阡诸府皆有人响应，并攻下了兴义，而云南叛回溃勇扰境，太平军亦由四川窜至正阳、庙堂并桐梓、松坎诸地。韩超令总兵吴安康进剿，用内应半夜纵火攻破玉华山，擒贼首倪老帽斩之。接而，闵家场苗、教起义军进逼江口，天柱起义军攻陷县城，并侵扰湖南晃州厅、高寨，攻陷邛水、青溪两城，拟截断楚军粮道。韩超令总兵罗孝连、道员赵国澍进攻安顺和尚大坪，克复邛水汛城，再拔玉华山瓦寨，复天柱县城；又令道员邓尔巽、总兵李有恒，破王家苗寨、夹马洞诸敌巢；着遵义知府李德我在三台山击破攻城的黄、白号起义军，夺取五里坎诸隘口。此后，副将周宏顺进攻石阡，毁老王坉苗寨，诸坉就抚。但不久石阡、铜仁苗军又攻毁镇远营垒，邛水戍军亦溃，松桃、天柱皆遭洗掠。庆幸周洪印、李元度率领的湖南援师至，这才解围。韩超长吁了一口气，有意让黔军稍作休养，但这让其政治对手抓住了把柄，他被以专恃援军、有负疆寄降罪。这颇让韩超伤心，他遂于同治二年（1863）以病乞归。

这时，他的学生周步瀛接过了他的剿苗衣钵。周步瀛是韩超选拔贡前的学生，以捐资纳粟得府经历，自请分发到贵州，志为贵东兵备道韩超手下，帮办军务。他曾经匹马随韩超入重围中而得脱，接而收复镇远、府卫等城被保荐为知县。不久，他代理铜仁知县兼铜仁府事。同治二年韩超去职时，周步瀛代理印江县事，4年后增补为长寨同知，再被调用代理黎平府知府。黎平是黔、楚的门户，太平军、苗军会合分股攻打。周步瀛坚持攻守相结合的方针，尽力抵御，经过3个月的激战，终于转危为安。这让贵州巡抚曾璧光和湖南巡抚刘崐对他都刮目相看。刘崐就在自己的奏章中多次提到其有勇有谋，颇有作为。两年后，周步瀛被举荐为知府，之后署理松桃直隶厅同知。此地邻近铜仁，久遭兵火。周步瀛率领文武官员、团绅防堵要隘前后，不断拿获敌军首领，很快让其四境肃清。之后，周步瀛增补为都匀知府，接而加盐运史衔。他到任后，设书院、立义学、建义仓，"德化所及，深入民隐"。譬如他在当时属黔地的洪江，发动商人捐建育婴堂收养弃婴，就至今为人称颂。周步瀛为官二十载，清正廉洁，后辞归故里时，路费也全靠部吏支持。他在光绪年间去世，享年73岁。其子周士信，字少庵，岁贡生，擅长书法，"短篇文、近体诗吐属名贵无烟火气"。

杜瑞联：治地能吏鉴赏家

刘崐任湖南巡抚4年，出于对其能力的欣赏，他将一位官员先从宝庆知府升长沙知府，再升为辰沅永靖道，是其任内提拔最快的官吏。此人即是杜瑞联［1831—1891年，字棣云、聚五，号鹤田，山西太谷人，咸丰二年（1852）进士，曾为陕甘学政、辰沅永靖道、四川按察使、四川布政使、云南巡抚等，著有《古芬阁书画记》等］。

太谷阳邑杜氏原籍陕西省延安府绥德州米脂县，明朝洪武八年（1375）才由杜仁兴、杜仁希兄弟两人迁此，以收售硝土为生，与商业结缘。此后其子孙抓住商机，开始走南闯北做生意，买卖越做越大，人丁也越来越兴旺，杜氏家族也逐渐分成了13股，成为大姓望族。迨至清乾隆年间，杜家在阳邑村堡儿外和堡儿里盖起了大片深宅大院，人称为"外三百万""内三百万"，人才也开始走向鼎盛，并流传下民谣"阳邑肚（杜）大，里美庄腰（要）粗"。杜瑞联的曾祖父正是杜家商道代表人物杜大经（1742—1828年），在他的苦心经营下，杜家成为拥有800万两白银资产的大户。杜大经是一位地道的儒商、传统的乡绅，他十分重视子孙的培养教育，其宅第中建有专供子孙课读的书院，藏书成千上万册，同时专设私塾，延请名师大儒为子孙授课，这让其后代许多人进入仕途，颇有建树。其长子杜焕发曾任县丞；侄子杜焕琏、杜焕琅曾任州同；长孙杜安唐是举人，次孙杜成唐为廪生；侄孙杜启唐为同知、杜造唐为监生。而他的兄长杜大统（1734—？，字惟九，号枕岗道人，监生，书法遗迹有《兰亭序》十种和百余匾额大字）是一位大书法家、文化大家，一生无意仕途功名，却把全部的精力都倾注于金石碑学和书法上，不仅日日临摹、创作书写，还亲自操刀刻石，到了如醉如痴的地步。这些前辈，对杜瑞联三兄弟（另两位为兄杜瑞凝、弟杜瑞麟）的成长影响巨大，他们从小博览群书，探研经史，互相激励，后被称为"杜氏人龙"。杜瑞联受伯曾祖收藏的影响甚大，嗜爱书法，极得颜氏精妙，而又融合了欧阳修的笔法。稍长，他迷上了明代宫廷花鸟画家边景昭（生卒不详，字文进，今福建沙县人，曾任武英殿待诏、翰林待诏，常陪宣宗朱瞻基作画，继承了南宋"院体"工笔重彩传统，作品工整清丽，笔法细谨，赋色浓艳，高雅富贵）的花鸟作品，对"花之妖笑，鸟之飞鸣，叶之蕴藉，不但勾勒有笔，其用笔墨无不合宜"之说研磨甚深。杜瑞联后来在《古芬阁书画记》中评价说："惟景昭画本，流传甚少，在当时已经难得，遂有无边论，亦犹宋之无李（成）论。"

杜瑞联在道光二十九年（1849）中举，3年后中进士，初选翰林院庶吉士，后授翰林院编修，曾在"实录馆"为皇帝修实录，得到刘崐指点甚多，亦以师待刘崐。咸丰八年（1858），他出任湖南乡试主考官，以勤奋敬业受到皇帝赏识，湖南士人对他评价颇高，这时担任户部兼工部侍郎的刘崐十分高兴。其回京后，多次在家宴请，为杜瑞联接风洗尘。

刘崐对其才华极为赏识，尤其他的民本思想和反贪治腐、惠及民生的拟施之策，让刘崐十分感兴趣。同治皇帝继位后，杜瑞麟先任浙江道监察御史，后任湖南宝庆府知府。宝庆即今邵阳，是苗族、瑶族杂居之地，民风彪悍，土匪出没，经济文化落后。杜瑞联到任后"抚辑苗瑶，严惩会匪"，同时"兴理书院，推广学校"，得到民众的拥戴。他后来调任长沙时，苗民送其"公正廉明"匾，十里相送，依依不舍。刘崐接任湖南巡抚后，感到身边可用之才缺乏，立即将其调任长沙知府，杜瑞联遂成刘府常客。不久，为了彻底剿灭黔苗起义，湘黔边境需要一个强有力的军事指挥能人，刘崐又奏请将其升任辰沅永靖兵备道。他到任后，即加大了边境的巡防，对地方团练加强统一指挥管理，不断缉捕从黔越境的流亡苗勇，还多次瓦解了苗民起义军对边境县城的骚扰进攻。这让刘崐不停在奏章中为其美言。黔境平定后，他又把重心放到湘西治理中。当时，湘西一带兵荒马乱，散兵游勇往来不绝。杜瑞联一方面饬令地方整顿防备，加强治安；一方面推行屯政，组织生产，并将各地方经验汇集，雕版刊印《屯政摘要》6卷，受到刘崐巡抚位继任者王文韶的大力表彰。

由于政声卓著，光绪元年（1875），杜瑞联升任四川按察使。他又在任内清理处置了诸多积案，因而两月后迁署四川布政使，次年即调任云南布政使。光绪三年（1877），杜瑞联迁任云南巡抚。在任内，他奏准在云南边陲之地垦荒，并恢复开采铜矿和盐井；又设局校刊经籍，奏准云南增加文武科举的名额。以上一系列举措，使云南境内安平等地汉族和少数民族逐渐融洽，促进了社会经济的发展。光绪七年，中法开战，杜瑞联力主抗法，协助云贵总督岑毓英招募10营兵勇，沿中越边界布防。但他此举招致了投降派的妒恨，两年后，杜瑞联因失察于云南布政使奏销案，降三级调用，后又被免职。杜瑞联于是回到家乡，闭门读书，寄情于书画，将收藏的名人字画辑成《古芬阁书画记》18卷，并整理出《苗防要览》4卷、《奏稿及诗文集》20卷。

杜瑞联的兄长杜瑞凝，字熙绩，咸丰十一年拔贡，后出任吏部员外郎；其弟杜瑞麟，字石生，号砚田，咸丰八年优贡，同治七年二甲三十二名进士，历任选庶常散官、刑部浮湛郎、乾州知州，著有《刑律比例集览》，是一位通晓大清刑律的专家。他还有一位族兄杜受全(1825—1894年,字仲容,号芳坪,道光二十九年拔贡,咸丰十一年举人,历任邯郸、获鹿、邢台等县知县),是著名的理学家,一直保持着写日记的好习惯,集有《太原转饷记》《西征转饷记》《邯郸消寒草》《西域消寒草》《西域消夏草》等。他笔耕不辍,诗词歌赋信手拈来,著有《文集》14卷《诗集》16卷《时文》6卷、《试贴》4卷、《围炉家话》2卷、《集外弃余草》2卷以及《杜氏家谱》2卷。他还是一位书法家,学颜真卿兼习分篆,慕名求书者络绎不绝。杜瑞联曾评价这位族兄说:"余名位远过芳坪,若学行则深愧不及也!"

学授篇

学生记（举人）

潘祖荫：三变弟子人生转

潘祖荫［1830—1890年，字在钟、凤笙，号伯寅、少棠、郑盦，江苏苏州人，潘世恩孙，咸丰二年（1852）探花，官至工部尚书、太子太保、军机大臣，著名收藏家、金石学家，著有《攀古楼彝器图释》，编辑有《滂喜斋丛书》《功顺堂丛书》等，卒谥文勤］是刘崐在道光二十六年（1846）第一次担任顺天乡试考官时录取到的举人，也是其一生甚为满意并引以为豪的学生。

出生于官宦世家的潘祖荫受到了很好的家教，刘崐与其早就相识，也了解其人品敦厚、书法突出、经学精湛、嗜好古籍。是故，他在考中进士并殿试得探花后向时为湖南学政的刘崐报喜，刘崐似乎早有预料地说："果真如此！"潘祖荫在咸丰四年（1854）为国史馆协修，不久奉旨为候补侍读，再任实录馆纂修、功臣馆纂修、会试同考官、侍读、咸安宫总裁、南书房行走，《道光皇帝实录》完成后升任文渊阁校理。咸丰七年（1857），潘祖荫充任日讲起居注官，转授侍讲学士，并一个月后授工部右侍郎，这是其走上仕途的正式开始。之后，其人生有三次大的改变，从这些轨迹中，亦可见其人生际遇与性情的关系。

潘祖荫人生的第一变，也即其仕途第一步：以直声谏言，引起了当权者的关注，也博得了社会名誉。其主要体现在六件事情上。第一件，咸丰八年（1858），他以侍讲学士任陕甘乡试正考官。在向来行贿受贿盛行的陕甘乡试中，他洁身自好，显示出了极强的为国选材愿望，不受托请，坚决拒绝给予任何考生关照。时有其父辈交好的世家子弟参试，找其父给其写信，他回信道："儿受国恩令选良材，岂可虑人伦之情而废大义？"他立刻停止了该考生的考试资格，其言其行令士子侧目。他回朝后，即被提拔为国子监祭酒、侍读学士。第二件，咸丰九年（1859），他上奏朝廷，言欲治当时内忧外患，必得广开言路，防止权贵在百姓与皇帝之间捣鬼，遮蔽真相，还须重用直谏之才、有用之才。此折得到咸丰皇帝的大力赞赏，他因而京察获二等，御赏文绮，并不久后授大理寺少卿。第三件，咸丰十年（1860）他做了一件泽被后世，至今为人称道的事情，即：左宗棠被弹劾召对簿时，他上疏密保左宗棠，说他人才出众，"天下不可一日无湖南，而湖南不可一日无左宗棠"，此语响震天下，案件很快得以平息，左宗棠最终被释疑并被保举随同曾国藩襄理军务。第四件，也是在这年，潘祖荫又呈上四川军务宜筹防剿之奏折，陈"救时八策"并《团练章程》十二条，并上疏直谏皇帝驾幸木兰，批评其肆意妄为。这几个奏折，让潘祖荫名闻天下，世人以"潘直言""潘敢当"称谓之。第五件，咸丰十一年（1861），潘祖荫署宗人府丞，他上疏议郊配大礼，请皇帝按圣制永垂法守。之后，又应诏陈言"勤圣学、求人才、整军务、裕仓储、通钱法"5条治国良策，并陈述了4件时务：免各省钱粮，以缓和民间饥困；淘汰零碎杂捐，以保护民力；严肃行军纪律，以拯救百姓生活；扩大乡、会试中榜名额，以笼络文人的心。他上奏弹劾江北收捐税、坑害百姓的候补盐运使金安清和请求撤销多省只谋权而不办事的团练大臣，皆得咸丰帝批准、推行。第六件，他任户部侍郎不足一年，先后弹劾了不少不称职的官员，计有近20人，文官有钦差大臣胜保、直隶总督文煜，以及陕西巡抚、布政使、甘肃布政使、道员等，武职有提督孔广顺、总兵阎丕叙等。因此，潘祖荫"直声震朝端"。

这时，潘祖荫迎来了自己人生的第二次大的改变，即：屡掌文衡，在教育文化战线上大展雄才。他先是在顺天出任乡试副考官，再出任山东乡试主考官。两次乡试，他监考严厉，按法取才，士人皆知。同治元年（1862），他奉旨汇编《治平宝鉴》，将历代帝王政绩，择其可借鉴的作简明注释，汇集成一部有关前朝善政的范例的集子。官吏和有意仕途者，无不抢书以阅。同治六年（1867），吏部左侍郎、户部右侍郎潘祖荫又进呈《篆书说文》《艺文备览》各4函，对士子教材进行规范统一，此举甚合上意民心。同治十年（1871），潘祖荫任会试知贡举，又为武举会试副考官，时人评价说这正是其对教材统制后的一次大检阅。到光绪年，他提出"请黄宗羲、顾炎武从祀文庙"，其目的是"远遵其义，近禀圣谟"；再修顺天贡院，光绪十六年（1890）出任会试主考官。可以说，他典试期间，对推动务实文风、整肃考试纪律，做出了较大的贡献。他提倡公羊学说，会试应考举子一般投其所好，以取功名。而他自己也稍有些随心所欲，惹来了不少流言。据传，某次他设同乡"官场宴"，恰其新得一印，考其款识乃"鲁眉寿鼎"，他特撰写"眉寿鼎图说"，赠来赴宴的人雅正。等应试举子考第二场时，诗经题目即是"眉寿保鲁"，凡是得图说的考生恍然大悟，撇开常解，以鼎识训诂考题。等金榜揭示，考中的8人，有7名是赴宴得图说之人。

潘祖荫后半生在京，身居高位，仕途也遭遇了不少挫折，如同治三年（1864）坐何桂清罪而受惩处，同治十二年（1873）因丢失户部行印而革职留任，又任顺天乡试副考官时中举的徐景春文理荒谬他有偏袒之嫌而被革任降二级调用……虽然因其家底殷厚，屡以钱捐而不久官复原职，但他对朝政的热情也在衰减，而更多地转向自我充实。这就是他的第三次变化，即收藏并研习金石。潘祖荫是金石、书画、古籍善本的大藏家，特别对金石如痴如醉，据说每闻有彝器出土，则"倾囊购之，至罄衣物不恤"，其府中的"滂喜斋"所藏善本之珍稀、"攀古楼"所藏金石之丰富，都可冠绝于世。左宗棠任陕甘总督，曾赠送给他大盂鼎。潘祖荫还喜研索钟鼎、篆、隶书法文字。一次，听闻有碑石，他欣然前往一览，在篆床后壁间，秉烛细观，连垢面也顾不上，最后花500金购回。光绪时，得知族兄潘钟瑞拓虎阜古石刻，他欣然坐船过河亲临刊拓，恰值冬季，大雪封山，难于登攀，他不顾性命，直登山顶，时人无不称其痴。有次，鲍子幸与潘祖荫论好古币者之弊有三:矫、痴、诬。潘祖荫为之失笑："吾全有之！"当时朝廷内众太监凡得古玩，必请潘祖荫鉴别。孝钦皇后也曾说："潘祖荫所鉴定者固无甚大谬也。"

潘祖荫还在诗歌赏鉴上水平超常，与人唱和，其诗也屡有出彩之处。据说，光绪初，潘祖荫主持刑部，有司员听说他好文雅，想巴结一下，忙写诗数十首，以恭楷录在正堂上，见面时，作揖呈上。潘祖荫取之翻阅，一见首篇题为《跟二太爷阿妈逛庙》8字，不禁狂笑，冠帽上的缨子几乎掉下来。那个巴结的司员无地自容，忙倒退而去。

毛玉成：以身殉职恩师痛

刘崐晚年对一个道光二十六年（1846）顺天乡试中举的举人学生念念不忘，李元度奉命去贵州剿苗前，他还叹息着说："琢庵不夭，今日必能为汝助一臂力！"刘崐所讲的这个"琢庵"，就是毛玉成［？—1856年，字琢庵，号希铭，今山东济南人，道光二十七年（1847）进士，曾为太和知县］。

毛玉成出身官绅世家，他的祖父毛式郇为嘉庆四年（1799）进士，官至礼部、吏部侍郎，他的父亲毛健，在福建任过延平知府。毛玉成从小随祖父学习经史，后又受父亲的影响习书法和诗词。他学习能力出众，尤其善于学以致用，作诗时常化用典故，为时人称颂。少年时，因为父亲官职几经调动，他随而行走四方，对山河之美、民众之苦感触极深，立志精忠报国。中秀才后，他被送到京城祖父身边跟读并侍养老人，因而又得以结识大量的达官贵人，如刘崐、曾国藩、胡林翼、杜受田、仓景愉等，又结交了不少志同道合的朋友，如潘祖荫、张象鼎、陈介猷、郭襄之等。道光二十六年（1846）参加丙午科顺天乡试，他因病几乎进不了考场，但最终还是顺利中举，次年又参加丁未科会试，连捷中三甲第九十四名进士，抽签分至云南以知县用。云南是刘崐的老家，当时的巡抚又是曾对其有举荐之功的程懋采之弟程矞采［1783—1858年，初名新胜，字霭初、晴峰，江西新建人，著名诗人、书法家，嘉庆十六年（1811）

进士,曾为刑部主事、江南道监察御史、甘肃按察使、浙江布政使、江苏和广东巡抚、漕运总督、云南巡抚、云贵总督、湖广总督等,著有《飞鸿轩吟存》等]。刘崐遂向程矞采推荐毛玉成。而毛也不负其推荐,在进行调查研究后,他发现云南边防形势严重,向巡抚提出了自己的保民之法,即严禁土司加税、防止军队扰民、加强垦荒、及时调解民族矛盾纠纷等。程矞采如获至宝,甚称其才堪大用。毛玉成尤其注重教育的发展,提出书院维修、强化师资力量、增加少数民族学额等措施,不仅程矞采喜欢,礼部也甚喜,于是道光二十九年(1849)他就被任命为云南乡试同考官。因为这年刘崐又为顺天乡试考官,毛玉成还特写了一首诗寄老师,其中有"师徒双喜司文柄,顺天云南选精才"之句。乡试后,他开始得重用,署河阳、南宁知县。他在父母兄弟的支持下,以捐输军饷之功加得知州头衔。这期间,他做了一事,颇得南宁百姓称赞:县邑内有忤逆子,好赌不劳,屡劝不改,毛玉成得知,撰《劝孝文》,执其人至父母宅,令其跪读。其文声情并茂,忤逆子读完竟涕泣请罪,后成为全县闻名的孝子。

咸丰元年(1851)元月,由于新任云南巡抚张亮基的推荐,毛玉成被任命为平彝县知县,但刚欲赴任,又接到朝廷新的任命,他被改调太和县。到任后,他即进行实地调查,平物价、兴水利,发展农业生产,并整顿吏治。尤其为人称道的是,他对自己要求严格,民本思想强烈,以廉洁爱民著称。一次,县衙内的师爷酒后伤人,毛玉成得知后,缚其到被伤者家请罪,并责罚自己管理手下不严,自罚一月俸禄作为当地百姓打井之资。又一次,他的轿夫打到一只野兔,送到他的家中,家人收留了。毛玉成办公回宅后得知,把做熟的兔肉用礼盒装好,并带上自家所酿米酒,到轿夫家中,乐呵呵与之共饮同食。是故,太和百姓称其为"毛廉令"。

当时的云南,回、汉械斗愈演愈烈,而大多数官吏又处理不当,一味偏袒汉人,导致矛盾激发。咸丰六年(1856)三月,滇西北鹤丽镇标千总张正泰聚集无赖游勇,歃血为盟,成立合义堂。七月,他们屠杀鹤庆、丽江、剑川回民,进而围困邓川、浪穹,兵锋直指大理。大理及郊区回、汉冲突不断升级,惊恐万分的回民遂请知府唐惇培制止。唐表面上召集汉、回绅商订立互保条约，实则对回民抱有戒备，以防堵张正泰为名，将回族团练全部调往上关防守，而把1000多名汉族团练视为保护自己的力量，随时准备弃城逃跑。回民又向知县毛玉成求救。毛立即向唐惇培和迤西道林廷禧请命保护回民，但均遭拒绝。这时，姚州回民起事，攻占州县。驻扎在大理府的云南提督文祥率兵围剿，大理一时兵力空虚。杜文秀趁机在滇西蒙化起兵，攻打大理城。迤西道林廷禧骄傲自满，以为杜文秀所集为乌合之众，贸然开城迎敌，发动进攻，结果陷入杜军早就设计好的包围，混乱中为人杀死。知府唐惇培意欲弃城逃往宾川，毛玉成苦劝乃勉强留下。毛督促其派兵守城，唐惇培居然拒绝之，理由竟是"千人护卫还嫌少，焉可分而兼之"。毛玉成无奈下，只得以老弱残兵80人应战。他激励军民，奋力御贼。当时，各路民变军队在大理境内聚集，毛玉成自然寡不敌众，他奋勇赴前，刀刃数敌，但为众人所围，身中数长矛而死。民变军割其首领，邑民得尸，为其棺殓。云南提督文祥闻变，分兵回救已晚，而知府唐惇培率团练逃往宾川途中遇张正泰兵勇，未战，团练即一哄而散，遂被张正泰杀死。杜文秀部占大理城后，迅速结束了回、汉仇杀局面，下令严禁杀戮无辜，厚葬了毛玉成，同时对留守在城里的文祥夫人也予以抚慰。

毛玉成一家堪称忠烈世家。次年三月，天地会破福建延平府城时，他的父亲毛健与从子毛玉桐皆力战而死；他的三弟毛玉鸣，为浙江候补盐大使，在咸丰十一年（1861）山东训练乡勇剿匪期间殉难。云贵总督吴振棫、巡抚张亮基将毛玉成事迹汇报朝廷，要求抚恤。时有人诬告毛玉成与杜文秀有私交，刘崐闻讯大怒，据理力辩，于是毛玉成得赏云骑尉世职衔，其长子毛摺、次子毛拊皆授世职。

郭梦星：勤恳守业举子梦

郭梦星［1815—1884年，字亦白、西垣，号莲农，山东潍县人，道光二十六年（1846）举人，历任广西候补知县、候选内阁中书、内阁侍读衔，著有《尚书小札》《汉书古字类》《午窗随笔》《花雨轩诗稿》等］也是刘崐在道光二十六年顺天乡试时录取的举人，并一直受其爱护。

山东潍县清朝时有四大家族，即郭、陈、张、丁，郭家在科举考试中中举及登科者颇多，因而其族居所占了一条长街，称郭宅街。明清两代，郭氏共出了8个进士，即明代的郭尚友，清代的郭梦龄、郭梦惠、郭熊飞、郭圫、郭璋、郭恩廪、郭育才，举人出了29个，秀才出了200多人。刘崐知道郭氏，是在其就学时，读到了明代户部尚书郭尚友［字善儒，号瞻月，明万历二十九年（1601）进士，历官县令、漕运总督、户部尚书］的《缮部纪略》，其中为国理财的20条宝贵经验，是刘崐一辈子尤其在工部为右侍郎时奉若圭臬的。后又得知郭尚友为官清廉，刚正无私，潍县发生大饥荒时他施粥赈济，全活数千人，又协助潍县令邢国玺修筑城垣抗击土匪和清兵的侵略，刘崐更对其心悦诚服，充满尊敬。因而，在京城结识郭梦龄［1795—1854年，字文与、小房，号砚农，道光三年（1823）进士，曾为直隶龙门、香河、三河知县，武黄江防同知、长沙府同知、四川顺庆知府、陕西和河南按察使、山西布政使，署山西巡抚，著有《自然草》10卷］和郭梦惠［1812—1863年，字秀塘、小连，号蕉农，咸丰三年（1853）进士，曾任户部候补主事、户部浙江司兼陕西司行走、国史馆协修、功臣馆纂修等］两兄弟后，刘崐甚喜，往来甚多，也因而结识了郭衍汾的第三子郭梦星和郭梦龄的长子郭襄之［1812—1884年，字翊如、匡侯，号楸坪，道光二十四年（1844）举人，曾任刑部候补员外郎、直隶司员外郎、陕西司郎中、山西朔平和甘肃定西知府，署西宁兵备道，著有《谈简斋诗草》]。

郭梦星由兄嫂抚养成人，从小与长自己3岁的侄子郭襄之一起长大。他为人称道的是，自小知礼节，能以小叔而处处礼让郭襄之。据传，他3岁时与侄儿一起外出玩耍，因为长得喜人，别人送他俩两个梨子，他马上蹒跚着到河边洗梨，并把那稍大的给郭襄之。路人惊讶，问其故，他答："乃侄儿，应让！"时人以为奇，称其长大必有所成。稍长，他从兄学经书及诗词，皆能刻苦。他尤善作诗，传说他曾一月苦吟诗歌70首，常夜不寐，月光下反复推敲，白霜染肩犹不自知，当时京城人称赞其堪为"贾岛第二"。青年时，他因长兄郭梦龄职务调任而随其在安徽、湖南、四川、陕西、山西多地游历，得游览各地山水风景及了解风土人情，又受桐城派文学影响，遂对游记文章十分感兴趣，书写多篇。但在科举上，他显然不能与两位兄长相比，甚至不能与侄子郭襄之相比，他们叔侄在道光二十四年都参加了四川乡试，郭襄之顺利中举而郭梦星却落第。因而，郭梦星只得两年后再参加顺天乡试。他很幸运，本次主考官萧锦忠及两位考官刘崐、仓景愉皆是多年熟人，尤其刘崐欣赏其诗才，他也就理所当然中举了。

中举后的郭梦星在广西担任了候补知县。他在大量的基层调查后，给广西巡抚梁章钜上书，建议其加强防御力量、严厉打击匪乱、调和民族矛盾、惩处官兵肆意劫掠、对贪污官吏严惩不贷等，但未得认可。本就对仕途不是太在意的郭梦星就有了寄情山水、游戏人间的想法。这让他的老师刘崐十分着急，特为之做了两件事情：一是将其留在京城，为其争到了候补内阁中书位置；二是教诲其着力于古籍研究，尤其潍县本就有"天下金石看山左，山左金石看潍县"之誉，郭梦星很早就有研究金石和藏书的嗜好，刘崐遂推荐其学习曾国藩的训诂，后郭梦星果在研究金石古文字上有所成，而这也影响了其子孙，其子郭申堂（又名郭佑之，字锡民，廪贡生）对宋元以来制墨名家的源流考究甚细，著有《续齐鲁古印攈》16卷及《松南书屋书目》《潍县科第考》等。郭梦星与张象鼎、郭济远、陈介猷等同榜生交好，这些人都认为其德才兼备，于是咸丰三十年（1850），重新起用为广西巡抚的周天爵［？—1852年，字敬修，山东阳谷人，嘉庆十六年（1811）进士，曾为怀远和濮阳知县，宿州和卢州知州，江西、安徽按察使，陕西布政使，漕运总督，河南巡抚，闽浙总督，湖广总督等，卒谥文忠］邀请其再赴广西任事，刘崐也极力劝其从之。郭梦星素对这位勤于政事、明敏干练的周巡抚有好感，欲前往，但紧接着太平天国运动爆发，打破了他的梦想，他自思绝非军事之才，遂辞邀请，志司于内阁攻读经史，研究《尚书》。

确切地说，郭梦星受刘崐厚爱，除其本人在经学、诗歌创作等上面颇具才华外，更是因其性格的敦厚、和善，以及做事的勤恳务实、本分守业。刘崐为户部兼工部右侍郎时，他曾协助刘崐处理文案，而刘崐升国史馆副总裁时，他又默默为其整理材料，以备不需之用。刘崐也素喜与他处事，到奉天查办案件时，就主动要求其为助手一同前往。最为可贵的，是辛酉政变后刘崐被革职，世人避之唯恐不及，郭梦星却仍每周都会去刘府请安问候。刘崐担心影响其政治前途，婉言提出要他莫再登门，郭梦星哂之，依然如故。

沈善庆：家族余荫有文德

在道光二十九年（1849），刘崐又招了一个与郭梦星颇为类似的举人学生，这就是沈善庆（1821—？，江苏如皋人，举人，曾为新泰知县、特用直隶州同知府）。

如皋沈氏，是白蒲镇八大著姓之一。其始祖为明嘉靖年间的国学生沈季立，他在嘉靖十四年（1535）偕胞弟从泰州沈家渡迁徙至如皋白蒲镇定居。经多代人的发展，支派繁衍，科第联翩。明清时期，其族共出郡庠生12人、贡生32人、国学生127人、举人4人、进士4人。其中，以第八世祖沈猷（1752—1843年，字尊彝，号兰泉，国学生）一支最为兴盛。沈猷性情慈和，重视课子，平生以厚德载物自勖，从不倨傲，他还常谆谆勉励儿孙立品自爱，读书成名，凡儿孙岁科试、乡试、会试，无不躬偕督课。在这样的重视下，他的子孙皆好文化学习，也屡取功名。他的长子沈岱为嘉庆二十四年（1819）举人，历署闽赣榆宿迁县教谕；次子沈岐为嘉庆十三年（1808）进士，累官至都察院左都御史；三子沈岑为国学生；四子沈嶫为荫生，得从九品县令职。而沈善庆，正为沈岐第四子。

沈善庆与其族几个兄弟相比，在科举路上并不平坦——他的长兄沈镛（沈岱之子），嘉庆二十四年举人，得同知衔而任知府；次兄沈鑅庆（沈岱之子），道光十一年（1831）举人，任觉罗官学教习，例授文林郎；三兄沈锽（沈岑之子），道光二十七年（1847）进士，特用知府；他的小弟沈锡庆（1823—1888年，字春芳，号鹭卿，沈岐之子），道光二十五年进士，历任按察使衔、湖北补用道、荆宜施兵备道、荆州钞关和宜昌洋关监督、安襄郧荆兵备道、东兖沂曹济兵备道，官至山东兖州府知府、钦派江北团练大臣、翰林院侍读衔、国史馆协修、壬子科顺天乡试同考官等。甚至，他不如自己的侄子沈汝奎。但是，他在学习上，完全不输自己的兄弟。据传，他们兄弟同读《史记》，他一月之内就可牢记于心，而他的兄长们学有一年。

沈善庆自小以父为范，刚正不阿，对骄傲蛮横之徒尤其不屑。他与家乡一书生交往10多年，但因长期分隔，不知其品性，后从乡邻口中得知其中举后骄纵乡里，鱼肉百姓，痛恨之，给其写了一封长长的绝交信，从此不再来往。在父亲沈岐的严格要求下，他练得一手好字，尤其工于楷书，圆笔凝重，方笔利索，章法有度，结构平稳，显得秀美清雅。学习时，父亲对他和弟弟沈锡庆要求严格，旦夕不能释卷，一日必得背书2页、抄书10页以上。稍长，他喜欢上了宋诗，曾与父亲谈论苏轼诗歌得失，沈岐大喜，道："子得东坡真谛，幸哉！"沈锡庆也对自己的这位兄长十分尊重，自己中进士而兄长屡参加乡试不举，便劝慰说："时不与矣，及之，一鸣惊人！"

因与沈岐结识早，刘崐早知沈善庆之才，尤其赞赏其品德，于是道光二十九年顺天乡试时，他在主考官王广荫欲弃其卷时，马上提出重阅，最后使其顺利中举。

沈善庆为官时做了些什么，至今未见翔实记载，可能其科名不显、官名也不显，但他在同治五年（1866）为新泰知县时，在翟家庄村外驿道所经处建有一座石桥，至今遗存。上面镌刻有其为桥所写的《创建石桥序》碑，但有不少字亦模糊，难以辨认，兹录如下：

治西二十五里翟家庄，亦圜匮之区也。南达江淮，北迤燕赵，□圩□濠，浚缘濠而水潴；唤渡无人，□赋仰须之乐寨。□有客终□□涉之嗟。兹□□慎吉、史宗玉等于村外难行之处，各置一□，障波筑就，运僎添将，无须秦帝之鞭，迥异罗公之杖，横前津而龟□，跨曲港以蝉联。从教驿路迢迢，不类羊肠之险，欣赴玉京，坦坦如登鳌背之平。北望莲峰，忆鸣銮于汉武；西连羊里，想□□于晋卿。若逢紫车归来，召驰而征□□；倘遇青骢度去，珂飨而腾九衢。

从文字看，沈善庆家学功底是深厚的，他也有意为教育文化事业多做贡献。

沈秉成：坎坷入世留耦园

沈秉成（1823—1895年，原名秉辉，又名来鹤，字仲夏，号听蕉，浙江湖州即今苏州人，曾为侍讲、侍读、国史馆协修、文渊阁校理、云南迤南道、江苏常镇通海道、苏淞太道、四川与河南按察使、布政使、顺天府尹、广西和安徽巡抚，署两江总督，创办有南京水师学堂和经古书院，著有《蚕桑辑要》等）两度受刘崐点录，即道光二十九年（1849）顺天乡试和咸丰十年（1860）会试，也是刘崐极为重要、极为欣赏的弟子。

沈秉成出身于小官吏家庭，家族素有藏书、读书传统，这对其少年时所受的教育尤其是其优良品质的培养特为重要。他早慧而刻苦,曾师从刘崐同榜进士顾文彬学经史,而也正是顾文彬的重点推荐,使刘崐对他关注并与之结交。沈秉成在书画、诗词、金石鉴定等上面皆有所成,这正是刘崐对他提携有加的原因。而其善饮,性情外露,淡泊名利,又更得刘崐喜欢。因而,刘崐一度以其必成高官权贵,并着意培养。

　　但是,整体而言沈秉成在仕途上确实因各种情况而不顺,可谓十分坎坷。他中进士后,选庶吉士,授编修,迁侍讲、侍读、国史馆协修、文渊阁校理、日讲起居注官时,为人正气,又确才华横溢,引起朝廷权臣关注。尤其是他的多封奏折,提出减轻太湖人民岁赋、抚恤殉难士民等,皆得奉旨施行。因是刘崐学生且与之走得近,仕途多少受到一些照顾,他这一时期还是颇为顺畅的,稍遗憾的是,他的两任夫人在这一时期逝世,年近40膝下无子,让他一度迷茫。但有幸的是,刘崐介绍他与严缁生结识,而严后来成了他的同事,二人相互交善。一日,严缁生向沈秉成展示了其妹严咏华(1838—1890年,字少蓝,号不栉书生,浙江桐乡人,工丹青,娴诗赋,通音律,堪称一代才女)的手绘花鸟及题句,沈秉成见后大为叹赏,回家后仍赞不绝口。他的第二任妻子姚氏戏曰:"君若慕此才女,不如将来求为继室。"不料此番戏言竟然一语成谶,几年后姚氏因喉疾而终,沈秉成伤心之余,果如前言,求婚严家,如愿娶到了比他小15岁的妻子,并2年后便有了儿子。这也可算家和事顺了。接而的同治九年(1870),他先是授云南迤南道,又得倭仁推荐,调江苏常镇通海道。当时,常州镇江发生水灾,他提出掩骼埋胔,极得百姓称赞。他还于次年春为金山中泠泉题写泉名并写记立碑,以期风调雨顺、国泰民安。同治十一年(1872),他调驻扎在上海的苏松太兵备道。当时的上海是"番贾交错之区,五方辐辏,号称难治",他倾情投入工作,勤奋任事,两年内终使其"华夷晏然,民情翕服"。但在此的经历,也让他疲惫不堪,对官场斗争、商场游戏厌恶不已。他曾一度沉迷于戏剧当中,曾为上海豫园"点春堂"书写堂匾(堂匾至今尚存)。同治十三年(1874),他接到了升任河南按察使,再改四川按察使并改布政使的任命,但不久遭人诬陷,又被撤职。此时他患病在身,便提出了辞呈,毅然携妻带子退居苏州他在苏州购买了一栋老宅子，即后来的耦园。在此之前，这里是雍正年间保宁知府陆锦的涉园，咸丰十年（1860）毁于太平天国兵火，后归崇明祝氏。沈秉成将其买下后，聘请著名画家顾沄主持，重修扩建，因一宅而有两园，遂称耦园，并寓夫妇偕隐双栖之意。耦园有着3个著名的特点：第一，江南水乡特色浓郁——建于姑苏护城河内古城墙下，小巷深处，三面环水，一面临街，有南北两个河埠码头，是江南园林中独一无二的。粉墙黛瓦映衬着小桥流水，比较完美地表现了苏州古城的水乡风貌。别的园林只能在园内赏景，而耦园可以在园外赏景，尤其是泛舟小河，聆听吴歌，在粉墙人家下作清风碧波游，这样的意境，是游览其他苏州园林所没有的。第二，园林布局独特——耦园布局为住宅居中，东西两园，中部最后一进楼厅，从东到西横贯全园，楼与楼之间由俗称"走马楼"的走廊衔接，是苏州古典园林中唯一的。第三，园内物品颇为珍贵——最有名的当数园中的黄石假山，专家评其为"吴中之最"；其次是山水间落地罩，是苏州古典园林中的地罩之王。急流勇退、好道学佛理的沈秉成对此是深为满意的，两年后入住时，他为此赋诗道："不隐山林隐朝市，草堂开傍阖间城。支窗独树春光锁，环砌微波晚涨生。疏传辞官非避世，阆仙学佛敢忘情。卜邻恰喜平泉近，问字车常载酒迎。"他的妻子严咏华也随之吟道："小歇才辞黄歇浦，得官不到锦官城。旧家亭馆花先发，清梦池塘草自生。绕膝双丁添乐事，齐眉一室结吟情。永春广下春长在，应见蕉阴老鹤迎。"他们此后在耦园作诗唱和、林下优游，在诗琴书画中度过了难忘的8年时光。而吴中士人俞樾、顾文彬、彭慰高以及山西王轩（1823—1887年，字霞举，自号顾斋、壶翁，洪洞人）等也常来此谈诗论文，此园成为苏州士人交游畅和之地。沈秉成又在园内建有藏书楼鲽砚庐，藏书家潘祖荫、李鸿裔、吴云、郑文焯、曹元忠、张之洞、吴昌硕等都是其楼的常客。他们常在此鉴赏古器、碑版、金石、古籍。此楼至今尚存，藏有许多珍贵物品，如名碑帖《淳熙秘阁帖》等。

光绪十年（1884），沈秉成被重新起用为顺天府尹，按而升内阁学士，出任广西巡抚。这时的沈秉成深得老子精髓，与人无忤，与世无竞。不久，他调任安徽巡抚，并署两广总督。他与法租界交涉时，不卑不亢，为民争利，深得当地人尊敬。他对教育情有独钟,创办了经古书院,"以课经史实学",再在光绪十六年(1890),创办了南京水师学堂,是为江苏高等学校之始。但同年,其妻严咏华逝世,他悲痛万分,再也无心致仕,便再三向朝廷提出退养苏州耦园的申请,终得批准。他回到耦园,整理其妻遗诗,后为其出版有诗、书画等多种。

江人镜:心如皓月节似兰

道光二十九年(1849)典试广东的何绍基回到京城,遇到顺天乡试同考官刘崐,马上祝贺道:"韫斋兄喜得奇才,不胜羡慕!"刘崐回礼,含笑说:"皇天眷顾,拾得一婺源儿,冀有为于国矣!"刘崐这里所讲的"婺源儿",指的就是江人镜(1823—1900年,字云彦,号蓉舫,原安徽徽州今江西上饶市婺源县人,中举后曾任中阁内书、山西蒲州和太原知府、湖北盐法道、江汉黄德道、两淮盐运使等,著有《河东盐法备览》《知白斋诗钞》《知白斋词存》《双桥东墅词存》《铲嶂山房楹联》等)。

婺源晓起冲分上、下晓起,上晓起以江姓为主,大多从官宦起家,下晓起以汪姓为主,主要以商贾为业。江人镜出生于上晓起,其祖上数代均以经营木业为主,清代乾隆年间,有江扬言及其子江来远在"两江"(新安江、钱塘江)经营木业,苦心经营终于成为木业鼎盛期的巨擘。江来远这时要求其子弟从读,其子江基(字肇周)系国学生,从而奠定了其家书香门第之基。江基子江宽位(字素亭)亦国学生,但其孙江之纪[字修甫,号石生,嘉庆十八年(1813)浙闱亚元,道光六年(1826)考中进士,官江苏金匮县知县、直隶州知州衔,著有《白圭堂诗集》等]使江氏真正走向了辉煌,也带动了子弟走向仕途。江之纪宅心纯粹,嗜学家贫,好远游,足迹半天下,为知县时讯结积案800余起,礼敬髦士,受人敬仰,而更为人称道的是道光十一年(1831)他在县内水灾时,倡捐远籴，煮糜赈饥，使江北10万流民全活。他同时是著名孝子，《婺源县志·宦绩》载："母讣至，哭晕者数。书行述，彻三昼夜。稿成，一恸而殒。"他即是江人镜之祖。而江人镜的父亲江磐（字舜琴，候选州吏目）系江之纪长子，"幼即能诗，善属文，工书法。当父敬时，支撑家务，艰苦备尝。"但他英年早逝。幼年丧父的江人镜，跟随祖父江之纪在江苏金匮县生活。江之纪对江人镜倍加呵护，关怀备至，并寄予了极大的希望。而天资聪颖的江人镜，"七岁能属文"，更让祖父喜爱不已。

江人镜写过一首长诗，题为《将发韶州，子箴嘱予早日还都，明岁仍应礼部试，感其意厚，自悔蹉跎，因叠前韵以谢》，回顾了自己的平生经历："我生随缘穷水陆，十年六度践场屋。焦尾徒伤在爨桐，不材敢望千霄竹。一官滥厕中书省，东涂西抹难免俗。晴闻寥廓鸿鹄翔，倦羽不乔入幽谷。到家未久强出游，离愁满载南浦舳。妻孥怪骂行不归，身如逋户逃捉扑。我行初见菊花黄，我归将及菖蒲绿。自叹命宫坐磨蝎，幼婴忧闵悲风木。寒儒范饭难主张，客舍黄粱今又熟。四十不作黑头公，三刀枉说益州牧。穷愁郁郁是东野，进退皇皇怜孝叔。蓬山楼阁望逶迤，多少神仙美冠玉。齿摇发落渐衰零，嘲诮任人羞报复。争名仅得豹留皮，养拙尤防蛇画足。几辈炎隆遭绝灭，惟有翰林擅清福。同年诸子鳌顶行，下界峰峦皆俯伏。感君厚意起寒襞，席帽未离惭我独。"从诗看，江人镜似是对自己前半生仕途并不满意，但其实我们现在观之，他算是较为顺利的。他在顺天中举后，次年任镶白旗汉学教习。在刘崐帮助下，他建立起了较为强大的官僚人脉体系，并与同榜举人李明伦（1807—？，字惇甫，号彝轩、翼庠，祖籍山东青州府，今内蒙古赤峰市翁牛特旗人）交善，共同研讨经学，在经世致用之学上收获甚丰。

咸丰三年（1853），江人镜任内阁中书，充本衙门撰文方略馆编纂，7年后即因精明能干，与范运鹏、龚聘英、沈淮共同为军机章京。他参与镇压捻军起义，"枢垣大计画，多所赞助"，他"久熟于掌故，凡指授方略、批答章奏，悉中机要"，因而赏戴花翎，升内阁侍读，记名御史。之后，他作为奉公守法的"循吏"而在仕途有三个鼎盛时期。第一时期，任职山西。同治九年（1870）为蒲州知府，他做了四件十分有名的事情：

一是严禁溺婴陋习；二是劝导百姓储存粮食，以备灾荒；三是捐薪俸资助创办书院；四是致力河防，上防河及恤民四策，得上司嘉纳。不久，他调为太原知府。在此期间，他办公极认真，治官书恒秉烛达旦，于是为上峰倚重，他又整理鹾纲，捕治枭匪，不遗余力，裨益公帑以亿万计。时，山西连发瘟疫，殃及76州县，江人镜筹募巨资，运送粮米，按户散发，救活灾民无数。3年赈灾之后，他将剩余20余万两白银全部交给地方，以为善后，山西民众广为称颂。他后改任河东盐法道、河东兵备道，再署按察使和布政使，清理冤狱，释放无罪犯人，革除陋规，减免徭役，提款津贴各州县，再在处理朔州教匪案时，秉公执法，胁从罔治，保全尤多，这让他甚得民望。他于光绪四年（1878）冬暂护山西巡抚篆务，他恪尽职守，认真办事，实心实力。第二时期，任职湖北。光绪十一年（1885），江人镜调为湖北盐法道，旋调汉黄德道，监督江汉关，兼管中外通商事务。他办理交涉，不卑不亢。同时，他认为外固邦交，必得内存国体，上书朝廷不能处处让步，而需利用机会，大力发展经济，强化军力；他倡议开放后湖招垦，将原数十百顷荒地变成了腴田。光绪十五年（1889）夏，汉水暴涨，漂没民田、庐舍，江人镜发动家人募捐，甚至变卖女儿金银首饰，在他的带领下，湖北官绅纷纷出资出力，赈恤成效明显，朝廷与百姓皆满意。第三时期，任职两淮。光绪十六年（1890），江人镜任两淮盐运使，这期间，他又做了大量利国利民的事情，主要有四：一是本职工作中，他"裁鹾商供应费岁七千余金。乱后，课税缺额，镜综核名实，清理积弊，国税有增而商民不扰"，因此功他得赏头品顶戴，诰授光禄大夫；二是利用自己精湛的业务能力，监修《河东盐法备览》；三是捐俸修复各先贤祠，补助各善堂经费，均不惜重；四是虑文风不振，在光绪十八年（1892），于婺源县城建天香亭，又重修江氏宗祠——敦贵公祠；五是光绪十八年江苏遭灾时，他尽力捐资救灾。江苏巡抚瓜尔佳·奎俊（1843—1916年，字乐峰，满洲正白旗人，京城四大财主之一，荣禄的叔父，著名书法家，曾官福建兴泉永道、按察使、山西布政使、山西和江苏巡抚、四川总督、成都将军、刑部和吏部尚书、内务府大臣）以他和"直隶通永道沈能虎，江苏候补道郭道直、吴炳祥、李经楚、唐际昌等督饬承办各员绅,捐赈并筹,认真劝办,实心实力,劳瘁不辞,用能集成巨资,民沾实惠,裨益荒政,实非浅鲜"而奏请朝廷给予其奖励,江人镜得到奖金后,立即又捐献出来,在光绪二十四年(1898)为加强扬州城的防务,专制墙砖,修缮城墙,使其得以加固而能抵御外敌侵略。

出于对扬州的喜爱,江人镜之后在扬州定居,他为扬州史公祠题联称赞道:"天地有正气;园林无俗情。"而扬州人民也对他还以盛情,时人撰写过一部戏文《护印缘》,故事是这么说的:江人镜官江汉黄德道时,一日夜间衙中起火,家人从睡梦中惊醒,顾不上收拾细软便慌忙逃出。喘息甫定,他才想起官印尚在火中,若被烧毁,必受朝廷严惩。正在惶恐之际,有一个婢妾从容出列,从袖中取出官印,原来她在众人慌忙逃命时取出了官印。江人镜转惧为喜,不久升为两淮盐运使,便把这位护印的婢妾立为夫人。

综观江人镜一生,他恪尽职守,一心为公,关心民瘼,为百姓排忧解难,深得民众爱戴。正如其后人江南杰诗所言:"……窘迫富贵皆淡然,俯仰不忘家乡俗。温柔敦厚清且廉,焚膏瘦骨充国柱……心如皓月节似兰,笔走龙蛇惊风木。文韬武略集一身,德政仁心谁忍黜?"而在他的良好管教、光辉榜样示范下,他的十子七女皆有所成,譬如其子:江忠掞,候选中书科中书;江忠忭,议叙兵部员外郎,升用郎中,赏加四品衔;江忠扬,五品衔,江苏候补通判;江忠翃,浙江知县;江忠沆,由荫生仕至江苏候补道,赏二品顶戴;江忠煦,花翎五品衔,两淮河垛场大使,署余东场大使;江忠淦,日本法政大学毕业,议叙即选郎中,直隶候补道,浙江省警察厅长……

而他的家乡婺源还流传着一传说:江人镜赴扬州任两淮盐运使,政绩显著,光绪皇帝欲赏赐他1000两黄金,被他婉言谢绝,只讨取皇家花园中作为药用的黄菊花带回婺源栽种,要效仿陶渊明过"采菊东篱下"的悠闲生活。出人意料的是,因婺源的独特自然条件,当年种植的黄菊花异常茂盛,而且浓香扑鼻,入口甘甜,汤色金黄,韵味无穷,不但保存原有的药用功效,还可以直接泡茶饮用。于是,江人镜派专人进京朝贡。光绪皇帝看此花体积大,花型好,能够成球状,视为国家瑞兆,又见开水冲泡它会在杯里翻滚,像滚绣球似的,非常好看,不由龙颜大悦,当即赐名"皇菊"。

崇　厚：卖国贼也务实郎

今天,人们讲到十九世纪末二十世纪初沙俄对我国版图尤其是对西北的侵略,一般会想到林则徐、吴大澂,人们会对他们的英勇抵抗、奋不顾身、据理力争给予赞赏,而同时,又会对贪生怕死、私欲横流而不顾国家利益、民族安危的败类加以指责痛骂,称为卖国贼,譬如成琦,再譬如崇厚(1826—1893年,字地山,号子谦、鹤槎,满洲镶黄旗人,举人出身,曾为兵部左侍郎、三口通商大臣署直隶总督)。

崇厚是道光二十九年(1849)顺天乡试举人,而刘崐正是本届考官,而且确也是刘崐圈录了他。刘崐之所以对他给予肯定,不只是其文章洋洋洒洒写得漂亮,也掺杂有个人感情在内,即在此之前的1842年,他曾为完颜麟庆整理私人藏书,从而了解其家族,得知麟庆之母恽珠、其长子崇实,包括麟庆皆是为人正派、善于作文者,刘崐对其家的读书氛围有所了解,从而爱屋及乌,而崇厚,正是麟庆的次子。大约可以估计,刘崐与崇厚的第一次见面,也就在此时。当然,此际的崇厚还是一个读书郎。刘崐收其为入室弟子后,要求其按时按量诵读经书,严禁与八旗子弟往来,同时着力培养其对书法、诗歌的兴趣。而崇厚也表现出了很好的天赋,其所作诗赋甚让刘崐满意。刘崐对他就有了更高的期望,带其结交了一批理学造诣颇精的名家如吴廷栋、李棠阶等,还有一批当时掌握军队话语权、务实肯干的军事指挥家如曾国藩、左宗棠等。在这样的氛围下,崇厚很快接受了经世致用之学,对于务实肯干、勇于担当者不仅崇拜而且仿效之。

有着显赫的家世,崇厚得荫庇而仕途上升极快。进士出身的老师刘崐在咸丰元年（1851）授编修，后在恩师杜受田等的推举下任湖南学政，而仅为举人出身的学生崇厚则知甘肃阶州。在阶州，崇厚结交了自己的顶头上司、甘肃布政使黄宗汉，而黄后来成为刘崐在京城较为交好的朋友。黄宗汉是一个勤劳肯干的官吏，对下属要求严厉，但对务实者的褒奖却也不遗余力。在甘肃的10年时间内，崇厚历水利、盐务、财政、外交、军务等各部门，扎实的作风、不凡的文笔，颇得当地士人的欢喜，屡得上级部门的提拔。咸丰九年（1859），他得陕甘总督左宗棠举荐，又因有老师、户部侍郎加工部侍郎刘崐的关照，得以调回京城，担任长芦盐运使。这是一个朝廷税收的重要仓库，油水多但风险也大，历届主管者因为贪污遭法办者比比皆是。崇厚抵制住了诱惑，一心办事，早出晚归，亲临收取盐业税第一线，盐税大增，令他的直接领导者刘崐极为满意，次年即荐举他署盐政使。崇厚也不负所望，上疏请停领余引，代销滞引，依永平低价。这一措施，有效地扼制了盐税造假，也扼杀了不少权贵伸手盐运、乘机作乱的想法。刘崐真是喜出望外，将其视为自己的衣钵传人而着意加大了扶持力度。不久，善于作战却不善地方管理、署顺天府尹的僧格林沁治理京城颇感不顺，提出需一个助手，刘崐立即推荐了崇厚。崇厚到任后，对畿辅水田灌溉与种植加大了精细化管理，并作整体化布局，不仅使粮食作物产量猛增，而且水产也丰富起来。他还经过仔细勘察，动用巧若莲花的唇舌，劝人垦种葛沽、盐水沽沃卤地4200余亩，一时名声大噪。

咸丰十一年（1861），崇厚再得重用，充三口通商大臣，后来再迁大理寺卿，而涉肃顺案的刘崐落入人生低谷，也失去了对崇厚的监督与导引。这期间，崇厚在天津与英法就重修租界条约展开了谈判，在人为刀俎我为鱼肉的极不对等地位下，他极感时为清人的屈辱与无奈。对于强权的畏惧、对于国家的衰败，他可能看得更为清晰，心理上也开始有了一份自己完全没有意识到的扭曲，即贪权逐利——既然国不可期则不若唯我家是养。虽然第二年即同治元年（1862）升兵部侍郎参直隶军事后又署总督的崇厚，在葡萄牙遣使入京换约时还牒请总督"摽勿受"，与其对着干，又逼迫法使哥士耆托人乞请给他送了银两，才遵照朝廷旨意缓缓同意其换约要求，但他的思想路线已经偏离了原有轨道，体现出越来越重的贪婪。从两次换约，他看出了"商机"，意欲为自己多捞一点。因而后来丹麦、荷兰、日本、意大利、奥地利等使者再来办理换约，他又如出一辙。他之后担任全权大臣，管理清朝外交工作，他订约五十五条，通商章程九款，从而与外国有了更多交往，并曾亲访法国。这使他开阔了视野，因此他参与洋务运动，创办了最早的近代军事工业天津机器制造，后转入李鸿章手。

光绪二年（1876），因为其兄长崇实逝世，崇厚以兵部左侍郎身份接任盛京将军一职，就奉天州县设置、办围场垦务等提出了一些中肯意见，得到朝廷和世人的称赞。但两年后充任出使俄国大臣加内大臣衔、晋左都御史时，他贸然与俄订约，许以多处通商、优惠征税、修建铁路、西北各域设置领事馆、俄国永占据伊犁城等条件，完全把左宗棠等多年努力付之一炬。新科状元王仁堪［848—1893年，字可庄、忍菴，号公定，今福州人，光绪三年（1877）状元，后官苏州知府，善设色花卉，书宗欧、褚，名称一时］和洗马张之洞等启奏弹劾其卖国行径，有"不杀崇厚，不足以平民愤"之语。光绪大怒，逮崇厚下狱，定斩监候，并重派曾纪泽往俄更约，争回伊犁南路700余地，嘉峪关诸地缓置使馆等权益。崇厚则抓住机会以钱买命，后在光绪十年（1884）输银30万两济军而获释，再利用为太后祝寿之机讨得欢心而再获起用，依原官降二级，赏给职衔。

刘崐当日得闻其与俄签约消息，错愕半响，喃喃自语："吾错阅人乎？吾错阅此人！"后人有个对比：刘崐最尊重的林则徐、左宗棠守卫了边疆、抗击了沙俄的武力侵略，他的学生吴大澂、曾纪泽亦不辱使命、艰难谈判，夺回了部分被侵土地，而正是他的朋友成琦、学生崇厚置国家利益于不顾，因其贪婪、懒怠而使我国丢失了大片国土。这充满苦涩的对比，可能是刘崐最不欲看到的，它如一记重拳，狠狠地砸在了他的胸口上！

陈兰彬：保守能吏外交家

陈兰彬〔1816—1895年，字荔秋，广东吴川人，咸丰三年（1853）进士，学者，中国首任驻美公使，曾为太常寺卿、兵部和礼部侍郎、会试阅卷大臣等，著有《使美纪略》《使美白咏调》《重次千文》《毛诗札记》《治河刍议》等〕是刘崐在咸丰元年（1851）十月第三次担任顺天乡试考官时录取到的举人，也是其颇为满意的学生之一。

陈兰彬自小聪颖，5岁启蒙，便能作诗。那年端午节，他在江边观看龙舟比赛便脱口而出其处女作："端阳人竞渡，儿童放纸鸢。飞入云牙里，一线系青天。"由此，他受到了父母的鼓励，接受了很好的经史教育，最幸运的是，在其成长过程中，父母帮他找到了一位好老师——肇庆府端溪学院主讲林召棠〔1786—1872年，字爱封，号芾南，广东吴川人，道光三年（1823）状元及第，十一年（1831）任陕甘乡试主考官，从1833年始在端溪书院主讲15年，谥文恭〕。林召棠对陈兰彬之以读书为要，饱览群书十分喜欢，不仅把自己所学倾囊以授，而且介绍他认识有不少经史文化大家如呼延甲、张苇、牛树梅等，尤其因为林召棠先祖与林则徐是同宗兄弟，其母亲乃文天祥后人，他自己爱国忠君的情结重，对于当时中国黑暗社会现状有不满，渴望走出去，这对陈兰彬一生影响甚大。道光十八年（1838），陈兰彬以优行贡京师。在后面的13年里，他结交文友，游历四方，向文化大家请教，学业提高甚快。

咸丰元年顺天乡试中举后，他在刘崐门下学习，刘崐重点教之以诗和经世致用之学，尤其是王夫之、魏源、贺熙龄、曾国藩等的著作，对其影响甚大。而具体来讲，刘崐对陈兰彬的影响有五点：一是思想上仍以传统中国文化为基础来看世界看事物，趋于保守；二是仕途上，不功利，但抱入世态度，致仕则勤勉，敢于任事；三是以民为本，一生爱民护民；四是重视文教，对书院、历史名胜进行修缮，对释、道都有所接触吸收；五是厚土爱乡，家乡情结重、故土感情深。

陈兰彬生于嘉庆朝，亡于光绪朝，但其真正走上仕途并发挥其才能，是在咸丰三年考上二甲第七名进士之后。他先是被选拔为翰林院庶吉士，再充国史馆纂修，改刑部后补主事。咸丰十年（1860），因母病他告假回乡，服侍母直至亡故，丁忧期间在高州主讲高文书院，并倡议捐资重修该书院。期间，因太平军攻入广东，他短暂入曾国藩幕府。整体来说，这只是其进入仕途的基本锻炼阶段。

进入同治朝，陈兰彬真正进入仕途。同治二年（1863），他丁忧期满回到京城刑部受事，他积极清理积案，昭雪了不少冤案，在社会上产生极好的口碑。这时，黄河泛滥成灾，他又奉命到大名府赈济，他深入基层，嘘寒问暖，并发动官绅捐资捐物，营救了大批灾民；同时，他亲自到黄河两岸进行考察，研究治河要诀，写成了《治河刍议》8卷，其中根治黄河的不少积极主张，至今人们仍在采用。他由此得到曾国藩的重用，被任命为江南制造局上海广方言馆总办，这让他接触了洋务运动，思想发生了一定的改变。但与江南机器制造局的缔造者容闳（1828—1912年，原名光照、达萌，号纯甫，广东香山人，近代著名教育家、外交家、社会活动家，第一个毕业于美国耶鲁大学的中国留学生）的接触中，他思想保守的一面已经有所显现，容闳称其"老先生"，无疑为他们日后交流埋下了隐患。同治九年（1870），在锐意向西方学习的曾国藩推荐下，他以太常寺卿衔被任命为留美学生委员，会同副委员容闳制定了《挑选幼童前赴泰西肄业章程》12条，确定自同治十一年（1872）始陆续选派幼童4批共120人赴美学习。这年八月十一日，以陈兰彬为监督、容闳为副监督率领的30名学童正式赴美，成为近代中国第一批留美学生。这些学生多能刻苦学习，他们优异的学习成绩让美国人从称奇到震惊。1876年美国费城世界博览会上，主办方专门开辟展馆，陈列中国小留学生的作业试卷，引来各国来宾围观。而参加活动的中国小留学生们，更在各国观众惊讶的目光下应答自如，博得交口称赞。屡受歧视而称赞他们为中国人争了气的中国工商界人士李圭评价说:"这些孩子们在美国学习两年,成果相当于在香港学五年。"而曾任英国驻华大使的政治家朱尔典更感叹:"西方开始扭转对清朝的印象,就从这些刻苦勤奋的中国小孩开始。"他们在美国读完小学、中学和大学,术有专攻,学有所长,部分人回国后取得辉煌业绩,其中著名的有:唐绍仪,曾任民国国务院总理,后回家乡中山县任县长,毛泽东曾称赞他能上能下;詹天佑,铁路专家,中国第一条铁路的设计者,有"中国铁路之父"之称;林云陔,曾任广东省省长、中央审计部长;还有梁敦彦、吕鸿基,均是文化界名人和大学教授。

进入光绪朝,陈兰彬开始了其捍卫华工利益的光辉时期。他出使时,正值美国和西班牙在西半球大肆掠夺华工之时。以时为西班牙属地的古巴为例,从1847年到1872年,运往古巴的华工为114081人,到1874年只剩下58400人。为证实古巴虐待华工的事实,总理衙门成立了陈兰彬调查团,于1874年3月到达哈瓦那,先后视察了哈瓦那与古巴各省的甘蔗种植园、猪仔馆、制糖厂以及囚禁华工的"官工所"。他们收集到了大量文字材料和1176份证词,并收到了由1665人签名的85份诉状,表明80%的华工是被绑拐或诱骗来的,并证实了虐待华工属实。以此为据,总理衙门最终获得5国的支持,于1877年迫使西班牙重订《古巴华工条款》16条。其后,中国在哈瓦那设立领事馆。华侨们为此撰联赞颂他:"感德永难忘身经九万里重洋济人苦海;奇功真不朽手订十六条和约出我生天。"陈兰彬之后在光绪四年(1878)以宗人府丞衔被正式任命为驻美国、西班牙和秘鲁三国公使,他继续深入了解侨工情况,关怀侨胞工作生活,多次向侨居国交涉、抗议,以保证华侨利益,受到了华侨的爱戴。

光绪七年(1881),陈兰彬奉诏回国,这时主张学习西方的曾国藩已经逝世,保守派占了上风,他又受吴嘉善[1818—1885年,字子登,江西南丰人,咸丰二年(1852)进士,曾为驻法大使,精于数学,著有《算学二十一种》等]的影响,转而反对继续进行幼童留学计划,最终导致留学计划夭折。容闳为此气得嚎啕大哭,今人也多叹息清廷当时的鼠目寸光。回国后,他入总理各国事务衙门任大臣,最终以礼部左侍郎职致仕。

晚年告老还乡，主讲高文书院，致力于地方史志编撰，先后纂修了《高州府志》24卷、《吴川县志》10卷、《吴川风俗志》1卷、《石城县志》10卷。他重视家族文化建设，修建了广州陈家祠并陈氏书院。

陈兰彬善作对联。现高州市冼夫人庙联即为他所作："两郡显奇勋，仰瞻巾帼英雄，冠六朝百十年人物；群生蒙厚泽，永冀神灵赫濯，护五岭两千里江山。"又传，某次，陈兰彬奉命出使日本。与日本首相会晤时，对方出一上联来刁难："黄河绿水三三转。"三三得九，联语是利用乘法来说黄河九曲，这应是一个难对，但陈兰彬毫不迟疑地对出了下联："紫海青山六六弯。"六六为三十六，用以指日本首相花园里的三十六转红湖假山。日本首相连连称赞陈兰彬对得工整、巧妙，对他再不敢小觑。确实地说，出使多国，开拓了陈兰彬的视野，也促使了其保守思想的缓慢改变。曾任欧洲某国使节的薛福成，没有出国前听老师郭嵩焘"叹羡西洋国政民风之美"，不愿相信，遂向陈兰彬请教。陈兰彬这样回复他："西洋国政民风之美，远胜筠仙所言！"

朱学勤：致仕之后藏书家

朱学勤［1823—1875年，字修伯，号结一庐主人、丁山湖钓师，浙江杭州人，咸丰三年（1853）进士，曾为户部主事、军机章京、江西乡试正考官、会试磨勘试卷官、内阁侍读学士、光禄寺卿、宗人府府丞、大理寺卿］是刘崐在咸丰元年（1851）顺天乡试中录取的举人。刘崐曾对其仕途寄予厚望，但没有想到的是竟然培养出了一名大藏书家。

朱学勤出身于官绅书香门第。他的五世祖朱世荣（字庆怀，号执庵，别号南窗散人）是康熙五十年（1711）举人，曾为江西南康知县，是著名的学者，著有《南窗散人诗稿》《文式集》《文林初集》等。正是他，奠定了其家族书香门第的基础。朱学勤的曾祖朱华和祖父朱椿都是诸生，博雅工诗,他的伯父曾被任为南康知县,但未就任,闭户研经,手不释卷。他的父亲朱以升(字次云)更是给他树立了榜样,1832年中举,1840年中进士,在顺义等县担任知县,后官至昌平州知府。朱学勤3岁丧母,寓居于舅家,后因父亲中举而来到其身边,跟着父亲开始读经史。道光十八年(1838),朱学勤参加了郡试,学使姚元之[1773—1852年,字伯昂,号荐青、竹叶亭生、五不翁,安徽桐城人,嘉庆十年(1805)进士,官至右都御史、内阁学士,善画人物、花卉、果品,精于隶书]见之考场文章,十分欣赏,感叹道:"此陆敬舆马贵与俦也。"于是,收之门下。姚元之与崔旭、梅成栋皆是著名诗人张问陶的门下,时称"张门三才子"。朱学勤跟着他,更精于诗词,在书法上也颇有长进。而这,正是刘崐喜欢朱学勤的重要原因。

刘崐对于朱学勤的喜欢还因为对其父亲朱以升的尊敬。朱以升与刘崐为翰林院的师兄弟,经学研讨本就较多,而朱以升后来为顺义、宁河、平谷、香河等县知县时,居官廉洁,济以仁慈,所到之处兴利除弊,不遗余力,不求令名,以致"卸篆时,民皆遮道以送"。对于这样一位师兄的长子,要刘崐不予关照那是不可能的。朱学勤顺天中举后,刘崐督之甚紧,时查其课,完全是以师父自居。他到湖南担任学政后,仍给其写信询问学业情况,他们之间的感情可见一斑。咸丰三年朱学勤考中进士,在翰林院学习期间,时任内阁学士兼礼部侍郎的刘崐为扶助他而做了三个方面的事情:一是继续督促其学业,尤其在训诂学上对之抓得甚严,朱学勤后来校刊《鹖冠子》和《字诂》及明抄本《石刻补叙》时都得益于这段时间的学习;二是介绍其与多位理学名臣如曾国藩、湘军将领如刘坤一等结识,从而为其日后仕途之路筑好了人脉基础;三是督促他游历四方,结交士绅。他与同榜进士薛时雨(字慰农,号澍生,安徽全椒人,咸丰三年进士,官杭州知府兼粮道,代布政使、按察使,著有《藤香馆集》等)交善,互相以诗词激励学问,而后又得识应保时[1821—1890年,字敏斋,浙江永康人,道光十四年(1834)中举,同治四年官苏松太道,后迁上海台道等,工诗文,善花卉]和邵懿辰[1810—1861年,字位西,浙江杭州人,道光十一年(1831)举人,授内阁中书,后升刑部员外郎,著名目录学家、文学家、藏书家］。而正是因为邵懿辰，朱学勤对藏书产生了兴趣。

之后，刘崐在仕途上对朱学勤尤为关照。咸丰六年（1856），刘崐为兵部右侍郎，而朱学勤得从散馆改户部主事；咸丰八年（1858）五月，朱学勤考军机章京，名列第二，而主持人正是刘崐；同治五年（1866）四月，刘崐重为内阁学士兼礼部侍郎，随营征讨捻军的朱学勤回京，重回军机领班章京，并四品京堂候补……

朱学勤为人低调，办事缜密，在同治五年十一月记名以御史用，第二年步其师刘崐去湖南担任巡抚的脚步，六月，他以鸿胪寺少卿为江西乡试正考官。本是意气风发、仕途甚顺、正欲大有作为的时候，孰料，同治七年（1868）四月他上奏催提督剿贼并暂停直隶六军、派调遵化等军饷，与左宗棠等掌握军事大权的官员的想法冲突，奏章廷议虽未被否，但被谕令会同左宗棠等妥商筹办。他之后几个月内得连升，先为内阁侍读学士，再为光禄寺卿，明为提拔，实则渐失议政施事之权。而后他充稽查右翼觉罗宗学，担任宗人府府丞，实际上专于内部管理，已经与政治逐步疏远。朱学勤为此做过自我拯救，在其父于同治九年（1870）逝世后其丁忧时，他"以婴孩日多，捐项锐减，禀请抚宪杨，每年在本镇厘局，拨婴堂经费银四百圆，由塘栖巡检造册呈报"，并"重建要路三分桥，以便行人"。但是，这些补救措施，未能起到他理想中的结果。朱学勤于是转向了收藏。

其实，朱学勤的收藏之路，始于10年之前。叶昌炽的《藏书纪事诗》就记载说，咸丰十年（1860），"英人焚淀园，京师戒严，持朱提一笏至厂肆，即可载书兼两，仁和朱修伯先生得之最多。"朱氏潜心学问，博古通今，广搜宋元古籍善本，曾国藩就曾以"学足论古，才足干时，后来之重器也"称赞他；他与士人交友多，遂聚书甚多而精。后来，这些图书都藏于他的结一庐中。其藏书到底有多少，至今无人真正掌握，但《结一庐书目》4卷中按四部编排收书800种，凡经83种、史101种、子141种、集475种；《别本结一庐书目》不分卷收书921种，分宋版、元版、旧版（明刻）、钞本、通行本（清刻本），与4卷本中互有出入。他逝世后，藏书传给了次子朱子潽和长子朱子澄之子,朱子潽又将自己的大部分卖给了朱学勤的女婿张佩纶,张的这些藏书滋润和培育了一名我们耳熟能详的大作家,即其孙女张爱玲。

朱学勤的才干其实早为人所识。同治一朝,他在政治、军事、外交、内政事务方面,深得恭亲王奕䜣信任,位不高却权重,是地方官竞相巴结联络的对象。同治元年(1862),为户部广西司员外郎缺并充军机处帮领班的朱学勤著《国用岁出岁入总数考》,后来光绪年间阎敬铭以之为蓝本而做《光绪会计录》。他更重才、惜才。他的女婿张佩纶为同治十年(1871)进士,家境并不宽裕,在翰林院的生活较为清苦,但朱学勤看好其前途,以爱女妻之,并自办结婚宴请,张氏竟只"所费不过五两"。朱学勤之女朱芷芗贤惠,从千金小姐到张家为妇,毅然挑起张家拮据困顿生活的担子,更支持丈夫的作为,在张佩纶购朱子潽藏书时,她将自己的嫁妆悉数出售换回书款。她本身也很具有文才,小时随祖父学古文,阅史博闻强记,凡历代谥法年号,背诵如流,不差一字。朱学勤修订《枢垣纪略》时欲作《军机大臣表》,详查书籍及携出值房秘本,均令她办理。她乘闲考订皇朝后妃封拜年月,朱学勤遂教她作《历代后妃表》,惜未能成,但体例已具。她本不会作诗,婚后始稍肄习,就积有篇什。其中最完善者,乃《春秋宫词》数十首。不少人说:"张爱玲之才继承自其祖母!"而追根究源,要到朱学勤的结一庐和其深厚的家学了。

李鸿裔:退隐林泉应世才

李鸿裔[1831—1885年,字眉生,号香严、苏邻,四川中江人,咸丰元年(1851)举人,官至江苏按察使加布政使衔,著有《苏邻遗诗》《益州书画录》《昭代尺牍小传续集》《瓯钵罗室书画过目考》等]也是刘崐咸丰元年顺天乡试录取到的举人,并是他特别欣赏的一个人才,但也是从他退隐林泉此事上，刘崐意识到一个好身体对于入仕的重要，因而日后有意加强身体锻炼。

李鸿裔出身于书香门第，他的父亲李崧霖是眉州书院山长、远近闻名的诗词家。但是，就在李鸿裔5岁时，父亲在任所亡故。他和母亲何氏奉丧回归中江故里，但没过几年，不幸再次降临，他的母亲何氏也染病西去，他成了孤儿。他不仅缺衣少食，更拿不出上私塾所需的束脩，但父亲给他留下了大量的图书，这给他自学提供了条件。在嫡堂兄的支持下，他一边白日务农维持生计，一边萤窗夜读深宵不寐。他有极高的学习天赋。他喜好书法，尤其喜欢临摹碑帖，他为此常提一桶水，以水为墨，在青石板上书写，以惊人的毅力夜以继日地苦练。到10岁时，李鸿裔的书法已经练得有模有样，尤其模仿颜真卿等古书法家的作品，已经达神形俱肖，县域内一些训练有素的书法家都自愧不如。他中举后，其字更被中江读书人奉为至宝，达官贵人折扇上没有他那潇洒、灵动的字，便会为人瞧不起。他又喜欢经史，偏爱聆听乡间传说，为此积累了大量的知识，后来，他借鉴讲书先生的做法，借为乡人"讲古"之机赚取碎银同时复习已经学习的功课。

他胸怀大志，刻苦读书，皇天不负。他16岁时进入县学，逾年补廪生，19岁进入拔贡生行列，20岁顺天中举。可能是出于对贫寒学子的关照，刘崐对他也护爱有加，不仅系统地为其研学经史做出规划调整，而且鼓励他继承父亲衣钵，在诗歌创作上做出一番成就。而李鸿裔也果不负师望，后来颇工于诗，譬如他为苏州园林中的怡园题诗："叠石疏泉不数句，水芝开出似车轮。石幢一夕桃花雨，便有红鱼跳绿萍。"此诗把"鱼戏莲叶间"的美丽景致描绘得栩栩如生。刘崐又带他拜访曾国藩、胡林翼、俞樾等推崇经世致用之学的名家，这让李鸿裔更重视学有所用，转而勤于务事。他办事精明干练，深得刘崐的欢心。

此时的李鸿裔雄心勃勃，胸中激荡着凌云壮志。他参加了咸丰二年（1852）的会试，但落第。接而，他又送朋友回四川，错过了咸丰六年（1856）的会试。咸丰十年（1860），他再一次参加会试，考试成绩已经进入了进士名录，但因试卷上有微小的瑕疵，最终未能如愿成为进士。这让身为阅卷官的刘崐极不满意，他在调阅了其试卷后大为欣赏。在刘崐的授意下，房考官谭钟麟将其3篇考卷抄出来，在士人中传阅，很多人皆认为李鸿裔的试卷有文采、有思想，所论切中肯綮。但在主考官肃顺的压制下，"翻案"终未成功。带着遗憾，刘崐为其在京城议本房安排工作，李鸿裔也愉快地接受了，暇时则研读经史，模仿碑帖，与学养深厚的耆宿交往。因工作勤奋，办事细致，他得到大权在握的恭亲王奕诉关注，一步步走入仕途，直至户部主事。

不久，李鸿裔到南方游览，正遇上镇压太平军而南征北战的湖北巡抚胡林翼。胡当时驻军英山，从西面围剿太平军。与之论军事，李侃侃而谈，令胡欣赏万分，当即邀请其入幕。李鸿裔也觉得胡林翼是个大有作为者，遂入。他的才干终有了用武之地，为此，他规划筹谋，为胡指挥作战提供了有力支持。但没有想到的是，胡林翼一年后即因病仙逝了。正在他彷徨之际，曾国藩又向其伸出了橄榄枝，请其入幕参赞军务。曾对他极为信赖，这样公开评价他："眉生，豁达精敏，应世才也。"曾国藩给他提供了施展聪明才智的大舞台，对其言听计从，视为心腹和智囊。后来，黎庶昌在《江苏按察史李君墓志铭》中也这么说："文正开幕府治世，辟召天下英俊，程其器能，君恒为之冠。"继后，李鸿裔因功出任徐海道。徐州是南北交汇的要冲，地位十分重要。李鸿裔到这里，既要总管营务，又要兼管粮台，工作十分繁忙。当时湘淮各军数万人的粮械军火，悉数由徐州供给。他夙兴夜寐，缜密筹划，把一切事务都安排得有条不紊。第二年，曾国藩又保荐他擢升为江苏按察使，论功加布政使衔，赏戴花翎。

正可大展宏图之时，孰料李鸿裔突然耳鸣失聪。从贫苦中走出的李鸿裔，生性清旷，襟怀冲淡，毅然退隐山林。对此，刘崐开始时颇为不解，曾写信劝说。但李鸿裔确实看开了，他给老师回信，主张大丈夫处世应知进退，善取舍，拿得起放得下。这让刘崐叹道："吾自愧不如！"不到40岁的李鸿裔退居苏州，他购得瞿氏网师园，并把它修葺一新，在此享受山水园林之欢，求得心灵的自由。"园故有老树、怪石、池沼、亭馆之胜，积书数万卷，益蓄三代彝鼎，汉唐以来金石、碑版、法书、名画以自娱。"他静心读书，尤其精研毛诗，旁及金石，后来信佛，又开始研习释氏之书。他多年养成的每天练字的习惯亦不改，天天磨墨摹写碑帖，至今苏州很多地方还遗有其墨宝。他还同文友们搞了一个"吴郡真率会"，真诚坦率相处，以书画鉴赏、诗文唱和、品茗饮酒为主，吴云、沈秉成、顾文彬、潘祖荫等，皆为其园常客。胡芭孙、任阜长后来为他们作了一幅《吴郡真率会图》。他还乐善好施，他儿子李赓猷在记录其一生功业的《行述》中说："凡恤贫济荒诸大善举，力所能为者无不为。某年直隶灾，捐棉衣至万件……他如山东、山西诸省、历年水旱，先君自省门休之奉以助赈资，不足，复捐写楹联以益之。"

李鸿裔为人倜傥不羁，从不巴结权贵，青年为曾国藩幕时，曾因不知敬畏而险惹出麻烦，幸曾国藩及时纠正，从而使其以后老成持重。《清代名人轶事》一书是这样记载的：

> 一日李至文正签押房，文正方与他客语公事，李坐案侧，信手翻阅文书，忽见文稿一卷三圣七贤中之某公手笔，录呈文正，文正未及阅视者也。李视其卷中，有一文曰《不动心论》，其后幅有数语云："使置吾于曼睩蛾眉之侧，问吾动好色之心否乎？曰：不动。又使置吾于红蓝大顶之旁，问吾动爵禄之心否乎？曰：不动！"李阅之笑不可忍，乃援笔戏题其后，曰："曼睩蛾眉侧，红蓝大顶旁。汝心皆不动，只想见中堂。"搁笔而出。文正亦未之知也。
>
> 他日，文正偶暇，检某公文稿，为之评阅，见此数语，知李所为，亟召李，李他出矣，立遣材官出觅之，大索半日，乃得之秦淮歌院中，传文正命，从之返署。李素严惮文正，跄踉而归。既入署，则文正坐待久矣，见李至，迎谓之曰："子有杀身之事，子知之乎？"李错愕不知置对，叩其故。文正乃出文稿示之曰："此非汝所题耶？凡人隐情，有不可令人知之者，苟有人揭中其隐，则必衔之次骨，此杀身取祸之道也。"李悚然受教。文正之言诚老成阅历之言，然李之跳荡不群，亦可见一斑矣。

黄体芳：惓惓忠爱清流党

1861年同治即位，清政府对外维持"中外和局"，对内推行洋务新政，鼓励臣下对时政提出条陈，做遇事敢言的"直臣"。这时，清朝内部尤其是翰林院有专折奏事之权的官员中，出现了一批参劾官吏、臧否人物、上疏谏诤、评议朝政的人员，对清政府的内政外交一度产生较大影响，时人称为"清流党"。这其中，就有刘崐咸丰元年（1851）顺天乡试录取的举人黄体芳［1832—1899年，字漱兰，号莼隐、瘦楠、东瓯憨山老人，浙江温州瑞安人，同治二年（1863）进士，累官至内阁学士、江苏学政、兵部左侍郎、左都御史，后主讲于金陵文正书院，著有《漱兰诗葺》等］。

黄体芳出生于东海渔滨，受渔民那种天不怕地不怕的耿直性情熏陶，他一辈子瞻前不顾后，认准的事情则勇往直前绝不后退。他一家书香满溢、官绅甚多，他有两位兄长，其中黄体正由举人而拣知县，黄体立由进士而官至刑部福建司主事。他自己的儿子黄绍箕、侄子黄绍第皆入翰林。此足以让黄氏在瑞安声名大显。黄体芳自幼学嘉乾汉学，尤精骈体，少年时即善律赋，娴熟于遣词造句、排偶对仗，寿文、祭文情文并茂，音律谐协，朗朗上口，而状物之赋，用典使事丰富。而刘崐录取他，正是看中了他宏博深厚的文学修养以及其慨然经世之志。刘崐给黄体芳的教益，主要是两个方面：一是以自身为榜样，教其立朝为官，清廉耿直，注重气节；二是授之以书法及诗歌创作，但显然作诗非黄所长，其留下的诗词极少，证明这方面的教授并不是特别成功。后人一般认为，刘崐最成功的是介绍黄体芳与左宗棠结识，左后来成为黄最大的靠山。

黄体芳最著名的是频频上书言时政得失，纠弹大臣失职。他与宝廷、张佩纶、张之洞有"翰林四谏"之称。他最出名的有四次弹劾事件。第一件，光绪三年(1877)烧锅之争中上驳折。这年,中国发生大旱,山西、山东、河南、河北等省份因饥死亡人数众多,为节粮,御史胡聘之〔1840—1912年,字蕲生、萃臣,号景伊,湖北天门人,同治七年(1868)进士,曾为内阁侍读学士、太仆寺卿、顺天知府、山西和浙江布政使、陕西巡抚〕提出严禁烧锅自生酿酒之议,但户部并不同意,认为不增发执照即可。当年六月,黄体芳上《裁定外省陋规疏》,指出借口不扰民而不禁烧锅是偏见,大灾之年粮食政策绝不能放宽,并弹劾户部尚书董恂(1807—1892年,原名醇,字忱甫,号醒卿,江苏扬州人,道光进士,官至户部尚书)贪鄙欺罔,举止卑诡,请立予罢斥。最后,两宫没有同意黄体芳等的意见,并将其以传闻无据之词信口诋毁,着交部严议。庆幸,张佩纶〔1848—1903年,字幼樵、绳庵、簣斋,今河北唐山丰润人,同治十年(1871)进士,曾官左副都御史、船政大臣,著有《管子注》《庄子古义》《涧于集》等〕再上《请宽言事之咎折》,称黄体芳以论劾董恂交部议处,深恐与求言初意未符,请将其处分特旨宽免。第二件,光绪五年(1880)折参工部尚书贺慈铭〔1810—1891年,初名于迷,继名霖若,字云甫,晚号赘叟、楚天渔叟,湖北赤壁人,道光二十一年(1841)进士,官至工部尚书〕和俄使崇厚误国,尤其是折参前者使其声名大震。贺慈铭晚年行为不检点,结交了声名狼藉的书商李春山,李投其所好,常接其到宝名斋吃喝,并借其名在翰林院内招摇撞骗,借势招权,干预公事,使翰林们颇受其气。于是,张佩纶毫不容情地奏上一本,要求严查李春山将其驱逐回籍。这时,广大官员希望大事化小,小事化了。黄体芳认为清流只打苍蝇不打老虎,则民心反添不满,遂再上奏,陈述贺慈铭与李春山的众多交往,证据确凿。两个月后,贺慈铭被议"降三级调用,不准抵消"。第三件,继统之争中挺身而出。光绪五年四月十一日,同治惠陵大葬结束,参祭的吏部主事吴可读在陵墓边小庙服毒自尽,并留下一道密折,指责慈禧太后为咸丰立嗣而没有给同治立嗣,实际上反对其再垂帘听政。这桩尸谏大事,慈禧也不敢轻视,交由内阁集议。而这时不少官员不敢参议。御使李端棻(1833—1907年,字芯园,衡南人,出生于贵州贵筑县,同治进士,曾为云南学政、监察御史、刑部左侍郎、仓场总督、礼部尚书、北京大学首倡者，变法领袖，中国近代教育之父）指责这些人不负责任，而黄体芳更对五月七日谕旨中的定调表示不满，指出"'即是此意'一语，止有恪遵，更有何议？乃激烈者盛气力争，巽畏者嗫嚅不吐，或忠或谨，皆人臣盛节，而惜其未明今日事势也"，提出应鼓动臣僚打消顾虑，"夫奉祖训，禀懿旨，体圣意，非僭。先帝今上皆无不宜，非悖。明其统而非其人，非擅。论统系，辨宗法，正足见国家亿万年无疆之庥，非干犯忌讳。"最后，翁同龢、张之洞站出来打圆场，才基本解决了继统之争。时论认为："体芳、宝廷、佩纶等，时称翰林四谏，有大政事，必具疏论是非，与同时好言事者，又号'清流党'。然体芳、宝廷议承大统，惓惓忠爱，非佩纶等所能及也。"第四件，光绪十一年（1885）弹劾李鸿章。黄体芳一直主战，法军进犯越南，他上书主张与法军开战，建议破格重用黑旗军主将刘永福御敌。但前线捷报频传之时，李鸿章却与法国使臣签订了丧权辱国的《中法条约》。任兵部左侍郎的黄体芳大怒，遂递上折子，要求朝廷革去李鸿章的海军衙门会办一职，把他的北洋水师统帅权让给曾国藩的公子曾纪泽。李鸿章为慈禧倚为辅弼，慈禧震怒，以"妄议更张，迹近乱政"罪名，把黄体芳交吏部议处，导致其官降二级，调为通政使。可悲的是，他奏折中所陈忧虑，在8年后的甲午战争中均一一应验。

黄体芳重视文化建设，并着意人才培养。光绪八年（1882）八月，黄体芳第二次任江苏学政。九月，他倡捐廉俸，在两江总督左宗棠的支持下，卜地原长江水师京口营游击、协镇两署故址，创办南菁书院。书院仿浙江诂经精舍例，分经学、古学两门，聘请浙东经学大师黄以周任书院山长，倡导以阐扬传统经学为宗。黄体芳为此题写了两副对联，其一："东林讲学以来，必有名世；南方豪杰之士，于兹为群。"其二："七十子六艺兼通，文学溯薪传，北方未先于吴会；九百里群英毕萃，礼仪表茅麓，东林以后有君山。"其厚望可见一斑。书院开馆之始，黄体芳又调集了各省官书局所刊书籍，贮存院中藏书楼，供学习者观阅。书院历经16年，成果显著，入院肄业的课生有1186名，其中进士8名，举人46名，秀才327名。

更令人称道的是其扶助寒门，主持正义。《古红梅笔记》记载：光绪八年，张一麐（1867—1943 年，字仲仁、号公绂、民佣、大圜居士、红梅阁主，江苏吴县人，光绪十一年举人，曾为袁世凯总统府秘书、机要局长、教育总长，抗日战争时组织老子军）14 岁考中副榜贡生却无钱买书，他去拜谒黄体芳，道出无钱买书的苦恼，黄体芳当即拍板让其入院读书。光绪十年，金鉽［1869—1950 年，字范才、式金，号蘅意、陶宦，祖籍安徽休宁，出生于泰兴，光绪二十一年（1895）进士，授翰林院编修，曾为襟江学堂总教习、南菁书院监督，清末民初著名文史学家、教育家、方志学家］童子试考取秀才资格时，同试考生害怕他参考会挤掉自己，便借口他未加入泰兴籍，县试、州试时群起攻击，甚至要求主试者扣考。院试时，攻之者益众。黄体芳得知情况后，力排众议，不允所请，金鉽遂录取入县学，时年仅 15 岁。

刘 庠：考证明理谢出仕

刘庠［1824—1901 年，字慈民，号钝叟，江西抚州南丰人，咸丰元年（1851）举人，曾为官内阁中书，充国史馆、方略馆校对，辞官归乡后主持多家书院］是曾国藩的门生，也是刘崐在咸丰元年顺天乡试时录取的举人，但是，此人很早就谢绝出仕，在称刘崐为师的诸门生中也属特立独行者了。

刘庠出身于官绅之家。他的祖父刘衡（1776—1841 年，字蕴声、忉堂，号廉舫，著名律吏，曾为绵州知州、成都知府，官至河南开归陈许兵备道，著有《庸吏庸言》《读律心经》《蜀僚问答》《纂学备考》等）是嘉庆五年（1800）年副榜贡生，后来充官教习，再任广东四会、博罗、新兴，四川垫江、梁山、巴县等县知县。他对孙子在学业上影响最大的是他自撰有《六九轩算书》，以此教之予孙，使其从小就逻辑思维能力强、处理事情冷静客观。而在为人上，他对刘庠的影响更大：一是他为官清廉，忠于职守，尤其被四川老百姓称之为"刘青天",为其树立了很好的榜样;二是做事雷厉风行,并重自我实践,他在巴县时处理积案,都亲自做调查了解,生怕通过第三方有所误解或曲解,他为此以"官须自做"自勉;三是爱民求稳,保持社会生产力的发展,他在四会担任知县时,当地盗匪丛生,他团练壮丁,连村自保,洞捕会匪,焚烧其籍,以安反侧,而任博罗知县,知因征收税粮机构太多而使民不聊生,遂减粮站,释诬滥,严惩主使,锢习一清。他的众多为官书籍,令刘庠及时洞察了官场,而随祖父了解的两件事,对其影响甚大:第一件,6岁他到祖父所任职的垫江县,时刘衡抓到了一些匪徒,询问其为匪的原因,匪答称"饥寒迫尔",刘衡遂释之,令其自谋生路,刘庠成人后称他6岁时即识社会之苦即指此事;第二件,还是在垫江,刘衡发现衙门吃闲饭者竟达1000人,便打破陈规,清除闲散,只留100人,这本是极好的事情,但遭到上级官僚的威压,虽然事情得施,但刘衡仕途基本停滞不前,刘庠称他就是从此看到政治之腐烂的。因为有这样的祖父,刘庠生性品格高洁,淡泊名利。

刘庠的父亲刘良驹(?—1860年,曾为监察御史、鸿胪寺少卿、两淮盐运使)对其从小要求严格,因自己长期担任京官,遂使刘庠幼年即读书京师,更重要的是,他让刘庠很早拜了理学大师曾国藩为师。曾国藩的训诂之学,对刘庠影响甚大。他少年时即好考证之学,曾在这方面下足了苦功,后来还撰写有《俭德堂则说》《说文蒙求》《说文谐声谱》《唐藩镇名氏年表》《后汉职官考》《后汉郡国职官表》《通鉴校勘记》《班许水道类记》《文选小学》《汉魏音补辑》《意林补》等著作。而道光二十五年(1845),刘庠随担任监察御史的父亲刘良驹调查了京都周边多个县州,后来针对社会上银贵钱贱现象提出了"银钱画一"的建议,在朝廷引起巨大反响。但通过这次调查,刘庠发现了更多的社会弊端,他后来谢绝出仕,当与此事在其心理上留下了很深的阴影相关。

刘庠顺天乡试中举后,得到刘崐的抬爱与垂青,先是充内阁中书,在刘崐从湖南学政回到京城担任内阁学士后即被调至国史馆担任校对。他办事认真仔细,深得刘崐信赖。刘崐在礼部、兵部担任侍郎时,不少公务,刘庠还代为处理。

咸丰六年（1856）至同治三年（1864），太平军在抚州、建昌等地多次与清军苦战，当地民众苦不堪言，而此时，刘良驹因身体原因退回南丰老家休养。刘庠遂请假回南丰服侍父亲。咸丰九年（1859）二月，为对付太平军，兵部侍郎曾国藩率部进驻抚州，派人前往南丰迎请昔日门生刘庠入幕。刘庠以奉养父亲为由辞谢。次年闰三月，曾国藩移驻安徽祁门，又派人召他为军幕，刘庠仍以父病辞谢不至。父逝后，他更无出仕之意，在家刻苦读书、写作。这期间，他在义理研究上成果不断，后来陆续有《读史随笔》《紫芸丹荔山房诗麻》等出版，在士绅中具有一定的影响。

咸丰十年（1860）六月，曾国藩出任两江总督，为振士子之学风，他特聘刘庠主持徐州云龙书院。刘庠对此没有再推辞，他教人以勤学笃行为主，述说经典，宗汉、宋两家，使所教之地学风顿新。他以经史授诸生，严于督教，对学生的笔记、心得体会，均亲自批改，往往废寝忘食。这样，云龙书院名声大震。后来，他又主持过海州（今江苏连云港市海州镇）敦善书院、清江崇实书院达38年。他要求学子以勤劳务实为主，反对轻浮自满、好高骛远、欺世盗名，力倡程朱理学，要求生徒融会贯通，以探求明理。为给学生树立刻苦学习的示范，他自己手写《十三经》，并自称"写十三经老人"，得到师生的尊敬。

刘庠还致力于地方志的编撰工作。同治年间，他与方骏谟主纂《徐州府志》（同治刻本），其体例精当，文词优美，尤其是将古籍中出现的有姓名无事迹的乡人单列一表，以留后人研究，被誉为"特创之格"。

高心夔：诗书篆刻证风流

高心夔［1835—1883年，原名高梦汉，字伯足，号碧湄、陶堂、东蠡，江西湖口人，咸丰九年（1859）进士，后官吴县知县，著有《陶堂志微录》

等〕是刘崐咸丰元年（1851）在顺天乡试中录取的举人，却是他素不喜欢的一个。因而咸丰十年（1860）高心夔第二次参加会试，虽得以中进士却在殿试中又被刘崐等阅卷官判为四等，失去了在翰林院学习的机会。究刘崐不喜欢他的原因，根据各种资料，暂只能用"言辞孟浪"来作为可能性推测。

高心夔出身书香门第，自幼好学不倦，颖悟异常。他爱好经史，尤其精研小学，钻研学问时，善于旁征博引，又往往能独辟蹊径，提出他人之所未能之解。他喜好交友，工诗词，其诗多似魏晋古风，却又自成一家，尤好渊明诗，故自号"陶堂"。他写诗词时，在遣词造句上较多生新创奇，从而使诗风呈现出沉雄峭拔，诙诡不测的一面，譬如为人所传颂的《东湖月伤亡友范七》："曲埼萦渌波，荇丝缀云素。娟娟云际月，浅映湖上树。城西戍火微，面水一萤度。峭风吹萝带，飞翻桂华露。香定四无声，碧影溃烟去。欲寻徐孺亭，凄断回桡处。"由于怀才不遇，他又喜好作诗奚落他人，因此得罪之人甚多，这让他对社会现状愈为不满，时有哀叹自己怀才不遇、不能报效国家之作，譬如《汉家》："何处郎官碧血封，金犀池上火云彤。遥闻斩使非军志，岂忆修防有国容。北鄙秦师骄郑贾，南征申伯痛周宗。怀柔事事千宽政，恩泽千秋溢赐钟。"王闿运《湘绮楼说诗》评其诗风，曰："高伯足诗少似陆（机）、谢（灵运），长句在王（维）、杜（甫）之间。中乃思树帜，自异湘吟。"素不服人的李慈铭也称赞高心夔："实名士也，文学为江右之冠，己未、庚申两榜中人，罕能及之者。"他又善于书法，所临颜帖，几可乱真，现存江苏宜兴"东坡书院"的匾额，即为其所书。传说，刘崐即是因为其诗书出众，而在顺天乡试中毫不犹豫点录他的。

16岁即能在集众多高手的顺天乡试中举，高心夔一时被人称为神童。而这时，可能因其性格中的豪放、好酒、爱吹嘘，导致其为一些行为中规中矩、严守传统做人做事规则的权贵不喜，其中包括刘崐。但这也引起了不少权贵的关注，如肃顺、曾国藩。咸丰三年（1853），太平军攻占湖口县，他的父亲遇难，高心夔锐意为父报仇。他回到家乡，训练了500名乡勇，接连取得了几次剿匪的小胜利，引起了各省团练大臣们的注意。其时,曾国藩正率湘军与太平军在长江流域激战。高心夔与同科举人、四川中江的李鸿裔间道拜谒曾国藩,诉说湖口情形,密献攻战之策,曾国藩甚为高兴,对之器重,延入幕府,参赞军务,征战四方。亲历战争,让他感受到了战争的残酷,他曾作长诗《鄱阳翁》,通过鄱阳翁的遭遇,写发生在江西境内的一场恶战:"昨怒追风景德镇,袒膊千人去不复。将军无身有血食,马后吾儿乌啄肉。"同时,诗歌写出了战争给人民带来的巨大灾难:"此时老翁仰吞声,吞卷入喉眼血瞠。衣敝踵穿不自救,愿客且念怀中婴。"这种悲天悯人情怀,让他在参赞军事时格外考虑百姓利益,意欲减少作战给百姓带来的创伤,筹划时显得瞻前顾后。曾国藩军中幕僚甚多,皆厚薪养之,高心夔所论往往与众不合,与其他幕僚争执甚多。他感觉混入其中难展抱负,于是借口准备会试拜辞。曾国藩惜其人才,有心挽留,无奈其去意已决,只有答应,并要他带一封重要信件给朝廷权臣肃顺。高心夔不知道的是,这其实就是一封曾国藩写给肃顺的举荐信。当他得以拜谒肃顺并递交信件时,肃顺问他江南战况与吏治情况,高心夔侃侃而谈,说:"江南百姓万般痛苦,以湖口为例,反复的拉锯战使其生命财产损失惨重,十室九空,各地方官只想保住顶子,互相推诿,湘军筹粮筹饷十分困难。朝廷欲早平洪杨,就应以两江总督的权力给曾公。"肃顺大为赞同,即欲当面聘他为"记室"。高心夔一心想考功名,面露难色。肃顺见之,便劝他说:"知道你们读书人都注重功名,以你之才,不但应中进士,还可以中状元,请稍安勿躁,先在我这儿干一段时间吧。"在肃顺的建议下,他还把名字从梦汉改为了心夔。他在肃顺身边,为其准备奏章、公文,参赞军机,他尽心办事,又才能出众,深为肃顺倚重,成为其谋士。高心夔遂声名鹊起,朝野上下称他与王闿运、龙汝霖、李寿蓉、黄锡焘为"肃门五君子"。肃顺常与他谈论政务,言听计从,最著名的有两件事:一是采纳其建议,奏请咸丰帝加曾国藩兵部尚书衔,署两江总督;二是当时永州总兵樊燮傲倨无状,被左宗棠打了耳光,樊遂告御状,曾国藩和湖北巡抚骆秉章都上疏为左宗棠辩解,但皇帝没有表态,骆秉章便致书高心夔,请他在肃顺面前说情缓解,高心夔照办,终使左宗棠免了不测之祸。

但高心夔接下来的会试极为不顺。首先是咸丰九年（1859），他列在会试前十名之列，及到殿试，鬼使神差，高心夔在作命题律诗时，诗题限押"文"韵，他误入"元"韵。其次，次年再会试，高心夔入了二甲，肃顺神通广大，考前即探听到诗题为"纱窗宿斗牛得门字"，出处为唐人孙逖的《夜宿云门寺》，高心夔为之做了充分准备，但他又记错了韵部，押韵的八个字除了"门"字外，都押到了"十一真"韵，而"门"字在韵部却属于"十三元"。如此疏忽，实不应该，王闿运曾为之写联："平生双四等，该死十三元。"无奈下，他只得以同知衔发往江苏吴县任知县。四年两任知县中，他尊贤任能，断狱公允，多有政声。尤其治理县西南的横金故渠、驱赶高景山寺僧而建书院、封妓院促娼还良之举，时人多有称颂。高心夔还为人随和，颇有亲民作风。一次，他主持童试，有人学赞礼高喊："高心夔。"一个童生应声："何不对《水浒》中的矮脚虎。"高心夔听了不但不生气，还连声赞好。

之后，辛酉政变，肃顺伏诛，高心夔的仕途理想化为泡影。他由而转向篆刻以托心志，与杨岘〔1819—1896年，字庸斋、见山，号季仇、藐翁、迟鸿残叟，浙江湖州人，咸丰五年（1855）举人，曾入曾国藩、李鸿章幕，官江苏松江知府、盐运使〕、朱之榛（1840—1909年，字仲蕃，号竹石，浙江平湖人，朱善张之子，曾为苏州府总捕同知、海运叙劳，在江苏任官40年，历署按察使12次、布政使2次）、陈文䮫〔1840—1904年，字仲英，号寿民、南孙，湖南祁东人，同治十三年（1864）进士，为陈大绶曾孙，曾为安徽候补道，金华、杭州、台北知府，按察使衔分巡台湾兵备道兼提督学政〕、吴昌硕等多交往，常切磋技艺。他功底深厚，不落恒蹊，是能于浙、皖两派外，别开生面者。现苏州过云楼等地仍存有其不少刻印作品。

高心夔逝世时，他的挚友也是刘崐本届取录的举人、时任江苏按察使的李鸿裔叹息道："嗟乎，伯足负干济之才，士不得志，年未五十郁郁以殁。痛哉！"

鹿传霖：一生关键系五词

刘崐在咸丰八年（1858）担任了顺天武乡试考官，这年的文乡试发生了著名的顺天科考案，主考官柏葰因此而被杀于菜市口，但刘崐在武乡试中因荐举人才应急所需而得到嘉奖。这其中，他最得意的学生当数鹿传霖［1836—1910年，字滋轩、芝轩，号迂叟，今河北定兴人，同治元年（1862）进士，曾为广西兴安知县、桂林知府、广东惠潮嘉道、福建按察使、四川布政使、河南与陕西巡抚、西安将军、四川总督、广东和江苏巡抚、两江总督、两广总督、督办政务大臣、体仁阁和东阁大学士、经筵讲官、德宗实录总纂，卒谥文端，赠太保，著有《筹瞻疏稿》等］。

定兴鹿氏在明清是名门望族，从明永乐年到清末，共出有12名进士、33名举人，尤其其家族以忠义名门天下闻名——明末鹿家出了两位顶天立地的忠义之士：一位是终生不仕的鹿正，面对阉党专权、民不聊生的惨况，他毅然联合直隶大理学家孙奇逢、张果中，反对魏忠贤专政，积极营救遭受构陷的忠良，时人誉为"范阳三烈士"；另一位即鹿正长子鹿善继，他是进士出身，官至太常寺少卿，曾辅佐兵部尚书孙承宗，督师山海关击溃后金收复失地，后清军入关逼近北京他又积极抗清，最终寡不敌众自杀殉国。而到清代，其族出了著名的鹿丕宗（鹿传霖之父），他在贵州任职20余年，做到了都匀知府，为官正直廉洁，咸丰六年（1856）苗人起义攻陷都匀府时，他与妻自焚殉职，后被敕建专祠，入祀京师昭忠祠。在如此忠烈的家族背景与相当正统的言传身教下，鹿传霖自小便立志要做国之荩臣。生于贵州的他，自幼体质素强，性尤敦敏，8岁开始研读六经，文武双修，他的家教又甚严，其母萧太夫人在其开蒙时告诫其勿妄语，他持守终身。20岁那年，起义军"麇聚城下，传霖方率健卒迎饷，闻警，驰还助城守，相持十阅月，援绝城陷"。他背起父母遗体，单枪匹马杀出重围，驰至贵州总督府哭诉父母死状，贵州衙门上下皆惊。他又随军收复都匀，镇压了起义军，再负父母遗骸，归籍，穿越动乱之地，奔行千里，其刚勇沉着、坚毅忠孝的品格传遍天下。两年后，因父而举的鹿传霖参加顺天武乡试，他在文试时表述的"乐民之乐者，民亦乐其乐；忧民之忧者，民亦忧其忧"的民本思想，刘崐大为赞赏，称其文章"斟酌饱满""器宇宏深"。鹿传霖遂投诸刘崐门下，在他的鼓励下，4年后参加会试，又顺利中进士。这是其一生中的第一个关键词：会举。

鹿传霖一生的第二个关键词：历练。中举后，他即随钦差大臣胜保镇压捻军。他作战英勇，更有谋韬，在收降濮州捻军时，武力威胁和情感投入双施，遂兵不血刃结束了战斗，胜保大赞其大有前途，后被授同知。他选翰林院庶吉士后，自愿到较为偏僻的广西兴安担任知县。到任后他大兴调查研究之风，走街串巷，体察民情，集中精力解决民生问题，与民共甘苦，还几度参与剿匪运动，政绩十分显著。其勤勉，立即引来了湘军大佬刘坤一、刘长佑的赏识，奏荐其升知府，而刘坤一还专给刘崐写了一封信，赞其培养学生有功。同治五年（1866）担任桂林知府后的鹿传霖因"广西乡试多贿通膳录"，便花大力气整治科举舞弊，保证了考试的公正性，他因而受到嘉奖。光绪四年（1878），他调廉州，发现副将李杨才将叛扰越南，他果断采取措施，很快平叛，铲其党羽，遂升惠湖嘉道。他光绪六年（1880）调任福建按察使，刚上任就遇上了当地教会吸纳地痞流氓入会，常采取极端行为，导致民不聊生，他在了解实情后，严饬地方官员，"勿妄意轻重，又与领事约，不得收违法者入教"，最终"民赖以安"，顺利解决了这桩棘手的群体性事件，他因治理有方而升四川布政使。

鹿传霖一生的第三个关键词：治省。这也是他官吏生涯的一个重大转折。光绪九年（1883），他授河南巡抚，到任后，他清理州县纳粮积弊，年增收 30 余万石。两年后任陕西巡抚，他又为民做了两件大事：一是治理黄河、洛河，在唐王社以北修石堤三条命为永安堤，再在朝邑县以东黄河 15 里地段内筑坝二十余座，使咆哮的黄、洛两水各归其道；二是重视边远地区文化建设，发现留坝过去因读书人不多，考秀才需翻山越岭百余里到凤州应试，他奏请为其增加文武童生名额，增辟书馆和考场，还对这一贫困山区采取宽松政策扶持其发展。

鹿传霖一生的第四个关键词：总督。光绪二十一年（1895），他赴任四川总督，这已是国之疆臣的位置，他历经多年磨砺，已经成为一名极具基层执政经验且富有管理省级区域能力、既善于处理突发事件又能做长期发展规划的帝国大吏。他致力于社会稳定，创办了四川中西小学堂，大兴教育，时人将他与京师大学堂创办者孙家鼐、两湖书院创办者张之洞并论。接而，他遇上夔、万两县灾荒，他发上游积谷，运下游救济灾民，又采购湖北粮米平价卖给灾民，使境内灾民安然无恙。接而，他处理遗留的因《马关条约》签订使民众反洋教而烧毁教堂的成都教案问题。他既没有向洋人示好，更没有袒护官员，而是召集下属研究事态及解决方案，并采取各个击破的策略，据理力争、软磨硬泡，4个月后即与法方达成赔偿协议，而在清廷急催下，适当妥协，与英美形成协商，使此事得以结案。他事后还特意呈上奏折，提出了地方大员须督率下属遵从政府规定与洋人交涉一定持平迅速办理、对洋人教堂医馆加以保护、及时开导民众不许造谣生事以保和平三条建议，朝廷迅速采纳。他又马不停蹄去处理盘根错节、由来已久的瞻对叛乱问题。他一方面对当地土司进行招抚威慑，采取改土归流方式进行整顿治理，另一方面主张汉官在此屯田，开垦荒地并建立通讯设施等，做好善后准备。可是，这套深谋远虑的方案，由于其支持者李鸿藻逝世，满族大员恭寿、文海等从中设阻，最终没有采用，反把瞻对仍赏还达赖，恢复旧有土司制度，从而为后来藏番更加猖獗埋下了祸根。鹿传霖功劳无人赏识反遭不白之冤被莫名罢免四川总督之职，他感叹"成功尽弃，窃虑此后藏不可保，蜀亦必危，屏藩尽失，大局何堪"，却又无可奈何。归家蛰伏三年后，荣禄起用他为广东巡抚，两年后再官拜两广总督。此时，义和团蜂起，八国联军侵华，南方各省督抚为维护地方稳定采取东南互保之策。心怀忠君报国之念的鹿传霖面对两宫生死未卜的情形，再也按捺不住，迅速招募三营兵力，亲自统领北上勤王。而这一举动，换来了慈禧的赏识。这时，他呈上了一份轰动一时的奏折《新授两广总督鹿传霖奏陈请于西安建新都折》，提出"择期启銮，前赴西安，早定迁都大计"，引来士林哗然，虽未采纳，但西安设为了行在，实际其主张已经影响了清廷主政者。

由此，鹿传霖一生的第五个关键词出现：勤王。他迅速以候补尚书入值军机，护送两宫到西安，遂"擢左都御史，迁礼部尚书，兼署工部，改授户部"。由此，他进入了中央权力机关，因"一事不苟，一言不欺"而屡有升迁。在晚年，他积极支持其妻弟张之洞的维新变法主张，帮张拉近与荣禄的关系，同时提醒张所需谨慎之处，力劝其起草一篇够有分量的奏折。于是，张之洞联合刘坤一递上了《江楚会奏变法三折》，最终推动了慈禧实施新政。这时，作为传统官吏的鹿传霖其实内心是痛苦的，尤其废除科举后，诸多隐患一一浮现，社会怨声载道，而权贵们借机疯狂索贿敛财，他不得不承认一个让他绝望的事实：改革已经无法拯救朝廷，已经扭曲成少数特权阶层的敛财游戏。他虽奉命查处庆亲王奕劻卖官鬻爵，但又不得不妥协，以查无实据草草结案。尤其在官制改革中，与袁世凯、张之洞等强势总督交涉，为了收回地方军政大权与寻求新的权力平衡之机，地位显赫的他，因繁重的政务与诡谲的斗争心力交瘁，常左右为难，叫苦不迭。垂垂老矣，他四次上疏乞求解职归养，却均被清廷"温谕慰留"，不得已，鹿传霖拖着病躯为清廷效力至生病最后一刻。1910年8月，油尽灯枯的鹿传霖向清廷上遗折，恳求摄政王："方今时局阽危，列强环伺，民穷财尽，灾异迭乘，内忧外患，在在可虞伏，愿监国摄政王辅导我皇上，励精图治，及时自强，举凡用人、理财、练兵、兴学诸大政，力求实际，痛除积弊，但能忧勤惕厉，终必转危为安！" 26日，鹿传霖辞世，他的最后一句话是："终于解脱！"

这位一心为国、任劳任怨的贤才，虽缺乏长远的政治眼光与高明的政治智慧，但在危亡之际，如萤扑火，勉为其难维持政局，实是尽了入世为臣的最后一份心力。鹿氏殁后，时人感慨："楚北事起，或谓传霖在，国祸必不至此，海内识与不识，佥痛惜之。"

吴大澂：人生四乐七大事

同治三年（1864）刘崐主持江南乡试，解元江璧［字南春，扬州人，同治四年（1865）进士，历江西万载、进贤知县，后告老还乡任江宁钟山书院讲习］和第三名吴大澂［1835—1902年，初名大淳，字止敬、清卿，号恒轩、愙斋，苏州人，同治七年（1868）进士，曾为陕甘学政、左副都御史、广东巡抚、河南山东河道总督、湖南巡抚，著名学者、金石学家、书画家、民族英雄］名字都具吉兆，正与朝廷鸠集流亡稳定社会局面、收拢人心重振士气的企图相吻合，因而，他特向曾国藩报喜。曾也甚为高兴，特写了一篇长奏文禀告皇帝，朝廷上下皆欢，也对本届学子期望甚厚。其中，吴大澂的官望和治学成就，都是令刘崐及士子们较为满意的。

吴大澂在诗文、书画、金石、篆刻、古文方面，造诣惊人。他自称有四乐：第一，乐书。他早年从陈硕父学篆书，横平竖直取法汉碑，后受刘崐指点，其中融入颜体，再受杨沂孙启示，将小篆与金文结合，用此写《论语》《孝经》及信札，呈现一种渊雅朴茂之美。中年后参以古籀文，并向曾国藩学行书，书艺精进，其字体外形酷肖李阳冰，而又具黄庭坚的情趣。第二，乐刻。吴大澂初学秦小篆刻石，后随着对金石学的研究愈加精深，开拓了先秦文字的广阔视野，使其刻石汲取了更多营养，尤其后期刻篆书加以隶书书款，被称为一绝。后来出版的《恒轩所见所藏吉金录》《十六金符斋印》中收有其较多成果。他对古玉颇有识见，出版有《古玉图考》一书，至今仍为金石界的重要参考图书。在上海颐养天年时，他又结交了艺术大师吴昌硕，在金石研究上更为精进，并请其治印多枚。他曾请当时著名制壶专家黄玉麟来家造紫砂壶，壶形古朴，配以吴大澂自绘的山水、花卉画和诗书，美妙绝伦，壶底有阳文"愙斋"款。

第三，乐诗。他少年时好汉赋唐诗，后在刘崐影响下更着力汉乐府和宋明诗歌学习，还相当长时间专习桐城派文章和王船山经世之作。他出版有诗词及散文著作《愙斋诗文集》《吉林勘界记》等。第四，乐古。吴大澂政务之余倾心于古器物的收藏和古文字研究，尤以善鉴别闻名。他的研究涉及当时所能见到的各类古文字材料，且诸多领域皆有建树。他广泛搜集钟鼎、石鼓、玺印、陶器、货币等文字，撰《说文古籀补》，按《说文解字》体例编排，收说文外文字4700余个，皆据墨拓原本摹写上版，未见拓本的概不采录，并注明器名，每字下略加训释。这是自宋始彝器款识研究从未有过的著作。他还撰有《字说》32篇与其表里，在文字考释上也颇有创见。他收藏、辑录、手拓青铜器与拓片，著有《愙斋集古录》26册，收录商周、秦汉青铜器1000余件，后又补出《愙斋集古录释文剩稿》，收136件青铜器。他根据周、秦、汉、唐时期的玉器、钱币、度量衡器及计量铜器，推算古代度量衡的量值，考证历代权衡度量制度，著成《权衡度量实验考》一书。

吴大澂一生充满传奇，概括起来有七事堪称其人生转折关键。第一件当然是举试。江南乡试中举奠定了其人生基调。有了刘崐指导，他在治学和仕途上接连取得突破。第二件是赈灾。光绪三年（1877），他赴山西、陕西襄办赈务。这时，他深深体悟了老师刘崐对湖南人"爱国忠君、勤奋辛劳、务实好学、体恤百姓"的敬慕，并以此自勉践行。他不辞劳苦，亲赴灾区勘察，甚至和防守堤汛民工同宿同食，不仅百姓称颂，地方行政长官左宗棠、曾国荃也对其赞不绝口，称其继韫斋衣钵，相继保荐，使其得授河北道。第三件是练兵。他深知边防重要，光绪七年（1881）四月随吉林将军铭安办理宁古塔、三姓、珲春等东陲边务，勤恳勘察，细绘成图，于整顿军吏、守边强边等方面多有建树。他与铭安在吉林建立边防军队，改造原有八旗兵，废除世袭制，改为招募制，共建防军马步13营，有5000人，次年增至9000人，后统称靖边军。吴大澂对之严格训练，使之战斗精神骤增，作战能力也大幅度提升，成为晚清东北一支劲旅。他又在珲春修筑东、西炮台加强防御，为防沙俄从水上入侵还创建了图们江和松花江水师营。第四件事是垦荒。吴大澂信服刘崐之教海"人多、地广、物博、善管,则一地可定",设定招垦局,移民垦荒,推行靖边政策。他经过实地勘查,确定珲春和三岔口所属边地为招垦中心,设立珲春招垦局,下设五道沟和南岗分局,且规定许多优惠政策,极大调动了垦民积极性,也给商旅和军队提供了方便。1880年底,他又修筑了从宁古塔至吉林省城长达600里的大道及北、东线大道,建有100余座木桥,还修建了许多驿站,大大加强了防务力量,也更有效地解决了垦荒地农产品运输问题。第五件事是谈判。这是其人生精彩一笔,至今令人肃然起敬。光绪十一年(1885),吴大澂会同宁古塔副都统容山、珲春副都统依克唐阿重勘东部边界。他们在天时地利人和皆不占优的谈判桌上,不顾沙俄威胁,据理力争,终于在次年十月十二日签订《中俄珲春东界约》和《中俄查勘两国交界道路记》,补立土字碑,添立字界牌和一至十八记号,收回黑顶子,争得图们江口通航权等,捍卫了祖国神圣领土。如今,珲春市区吴大澂书的龙虎石刻和五角碑亭,就是人民对他的深切怀念。第六件事是治黄泛。光绪十三年(1887)八月,郑州十堡黄河决口南泛,灾情严重。河南山东河道总督李鹤年、河南巡抚倪文蔚主持堵口,并有礼部尚书李鸿藻到工督修,但仍功败垂成,三人均遭革职等处罚。次年七月,吴大澂受命接办堵口大工。他风尘仆仆到任视事,发现河工堵口收发料物弊端甚多,便只身微服混于民工中进行私访。他很快察知发料短缺、官员贪腐、克扣民工工钱等情况,便有意率众与管料官员争吵。该官员意欲将其鞭打,这时他的随从立即高举河道总督大印厉呼:"他乃河帅,谁敢动手?"众人方知这与民工同背运料近两周者的身份,无不大惊失色。吴大澂喝令对管料官员杖责,并带枷在工地示众,以儆效尤。他又对堵口工程进行全面筹划,明确分工,限时按质按量完成。他誓言如依限不能完成者斩,自己也将以身殉职。在场无不凛然。在众人共同努力下,堵口于当年十二月合龙,节省拨发款银60余万两。他对郑州、中牟、开封一带险堤甚为重视,提倡用水泥砌筑砖石坝,加固工程,这是黄河上使用水泥修工程之始。第七件事,抗日。甲午中日战争爆发,为湖南巡抚的吴大澂奏请从军。次年元月率新老湘军20余营出关,并集黑龙江将军依克唐阿、吉林将军长顺等部,第四次反攻海城。出征时,有人献上汉金印一枚，上刻"度辽将军"四字。他见之大喜，认为有吉兆，遂信心百倍，自认为必胜无疑，甚至立投降免死牌告敌跪此碑下愿降者可以不杀。但想不到的是，由于节制不统一、将军庸劣无能贪生怕死，加上他低估了日敌，缺乏全局部署，在牛庄役中8000子弟尽丧，湘军溃败，他的耳朵也为炮声震聋。他不由长叹："余实不能军，当请严议。"同代诗人黄遵宪对其讽刺道："闻鸡夜半投袂起，檄告东人我来矣。此行领取万户侯，岂谓区区不余畀。将军慷慨来度辽，挥鞭跃马夸人豪。平时搜集得汉印，今作将印悬在腰……"

战败革职后的吴大澂被遣回原籍，主讲龙门书院。他逝世后，蛰居虞山的翁同龢特送去挽联："文武兼资，南海北海；汉宋一贯，经师人师。"横批为"一卧沧江"。

吴汝纶：鼎盛人生三时期

吴汝纶［1840—1903年，字挚甫，安徽枞阳人，同治四年（1865）进士，曾入曾国藩、李鸿章幕，后官深州、冀州知州，再任教于莲池书院，为京师大学堂总教习］是刘崐同治三年（1864）主持江南乡试时录取的举人，也是他的密友，录取他是其一生引以为傲的事。

吴汝纶出身于私塾之家，幼时家境贫寒，但他刻苦好学，得一鸡蛋不肯吃，至集市换成松脂，供夜读时照明。他博览诸子百家之书，古今中外，唯是之求，上至群经子史、周秦典籍，下逮唐宋及乡贤方苞、刘大櫆、姚鼐等诸文集，无不博求慎取，穷其源而究其委，尤其对桐城派文章最为推崇，其文学功底就此奠定。他勤奋好学，同治二年（1863）以县试第一名的成绩考取秀才，次年中江南乡试第九名举人，再次年入京会试，中第八名进士，授内阁中书。

进士后的吴汝纶，人生就进入鼎盛时期。具体讲来，有三个不同的阶段。

第一阶段：幕僚时期。因刘崐推荐，他得以为曾国藩所识，曾硬是将其从内阁调整出来，留在自己府中作为幕僚，参赞政务。在曾府的四年，吴汝纶主要做了两件事情：一是处理公文，曾氏日常奏稿多为其出；二是切磋技艺，作为"曾门四弟子"，他常与张裕钊、黎庶昌、薛福成谈文论史，常文思泉涌，著述不断，笔涉经史子集，包罗万象，令曾国藩看了都"咋舌自失，谓尽平生所未知"。同治九年（1870）曾国藩南回后，李鸿章继任直隶总督，又将吴汝纶留于帐下。这时，新兴的资本主义思潮开始冲击古老的中国文化，吴汝纶在沉思后毅然发生思想改变，觉得洋务运动实有必要。因而，他向李鸿章积极建议，推动洋务运动。李鸿章对他的意见，几达言听计从。

第二阶段：知州时期。同治十年（1871），吴汝纶出任深州知州，之后出任冀州知州，共计10年。在这一时期，他做了五个方面的事情，为人所称道：一是光复书院。他深知书院教育乃是国计民生大事，对此十分重视。在深州任上发现学院学田为豪强侵占，教育经费无着，他不畏权势，追回学田的赋税收入，作为书院经费，他还把州里三个县的高材生集中到书院并亲自登堂授课，以致时间长了，人们忘记他是州官而尊称他为大师。在冀州，他筹银万两，光复了信都书院，延聘名师，广置书籍，使信都书院"文风巨变，经术文采盛极一时"。二是倾听民声。在任冀州知州期间，他经常邀请当地贤达，每月到书院议论一次时政，征求对州内每项大事的意见，以定兴革。刘崐听说后，给其写信，予以鼓励，极赞赏其作风。三是兴修水利。他重视农业生产，把水利建设当成农业发展的头等大事来抓。在冀州期间，他开通了60里长的冀衡大渠，提排低地的积水入滏阳河，不仅使1000亩贫瘠的卤田变成了膏腴的良田，还便利了商旅交通，受到人们称赞。后人为纪念其功，将老龙亭闸改称吴公闸，将所修河道称作吴公渠。四是编撰方志。他用了30年时间，深入研究深州历史文化，著成了22卷的《深州风土记》，分为历代疆域、河渠、赋役、学校、历代兵事、历代官制、职官、名宦、艺文、古迹、金石、人谱、荐绅、名臣、文学、武节、吏绩、孝义、流寓、烈女、物产、叙录等部分，尤其对明、清二代记述甚详。该志条理清晰，门目分明，考证详博，文辞精美，是清代方志中的佳作，吴汝纶曾以"字字有本，篇篇成本"自许。该志创立了"人谱"一门，广征谱牒及史籍文献，梳理望族大姓的演变，是一个极大的突破，对直隶及后来河北不少志书起到了示范作用，对于如今的史学研究仍有借鉴意义。而在"金石"门中，他保留了许多深州碑文资料，弥足珍贵。五是清讼治安。他大力整顿治安，清理狱讼，一步步实现其富国安民的政治理想，在其为冀州知州后的第三年，境内讼诉一年就不超过10件，为清廷视为治民模范之地。刘崐也曾叹道："治地方，吾不如挚甫！"

第三阶段：从教时期。光绪年间，对清廷深感失望的吴汝纶最终决意远离腐朽的政坛，而执起小小的教鞭。他自觉有长袖善舞之感，心情舒畅。这期间，其贡献主要有五。其一，精研学问。吴汝纶师事曾国藩致学，由训诂以通文辞，晚年尤着力于解经，自言"近十年来，自揣不能为文，乃遁而说经，成《书》《易》二种说"。但是，客观地说，他的训诂，自立一义，为训还有争议。但其点勘、注释的古籍多种，务在畅通大义，颇便于初学。现存的图书中，经他诠释的经有《易说》2卷、《吴氏写本尚书》1卷、《尚书故》3卷、《夏小正私徒笺》1卷，经他点校的史有《国语》《国策》《史记》《汉书》《三国志》《新五代史》《资治通鉴》等。其二，建办学堂。他十分关注桑梓教育，寓居省城安庆时，借巡抚衙门南院，筹建桐城学堂即今桐城中学之前身，他自任堂长。为勉励后人，他亲笔题写了"勉成国器"的匾额和"后十百年人才奋兴，胚胎于此；合东西国学问精粹，陶冶而成"的楹联。其三，西学启蒙。吴汝纶思想比较开通，主张研习西学。光绪十五年（1889）后，他主讲莲池书院，锐意改革，特聘英语、日语老师教授外文，改进教学方法，吸引了许多求学青年，严复、林纾、马其旭、姚永朴、姚永概、李光炯、房秩五等皆受过教益。当时住在北京城的日本和西方文人学者，也常往保定向吴汝纶请教，相互切磋。他尤其与日本教育界人士来往频繁，这也促进了他对西学的了解，故其积极主张兴办新式学堂。他又曾为严复所译的《天演论》《原富》和美、日学者多种著作写序，倡导启蒙。其四，考察学制。光绪二十八年（1902），吏部尚书张百熙登门拜访，甚至不惜下跪相求，聘请吴汝纶为京师大学堂总教习。吴汝纶无奈之下答应了，但提出要出国考察，学习国外的办学经验。这年五月一日，他和学生李光炯、方馨君等东渡日本考察教育，受到明治天皇接见。他们先后到长崎、神户、大阪、西京和东京等的各类学校和单位参观，并拜访了众多官员。当他到达马关时，当地人士集会欢迎他，请他题字留作纪念。他援笔大书："伤心之地。"3个月后，他起程回国，对于在中国开展新式教育已经有了整体思考。但是，朝廷这时对张百熙等进行打压，他彻底失望，终于没有回京而是取道上海，直接回到了故乡桐城。他将日本之行写成了《东游丛录》一书，这是中国最高教育当局派员访问日本明治维新后教育制度的第一份调查报告，也是我国最早介绍日本的专著，在社会上引起巨大反响。其五，为诗作文。他为文力追雄奇瑰伟之境，为诗则以杜、韩为宗，笔力矫健，具阳刚之气，后来陆续有《桐城吴先生日记》《尺牍续编》《挚甫诗集》等问世。诗作中虽不免有应酬赠答之作，但展现真情实感的作品占多数，不少显得慷慨沉郁。譬如《游本愿寺》："一镫传过海，祖印提来未。低头拜空王，乞与转轮慧。大木作高栋，一国不能两。若无百围柱，颓坏欲谁仰。旧日园林胜，三年问劫灰。临流惊结构，疑是钓鱼台。天上止一月，自可印千池。那用凿邻壁，光辉共有之。舟势已欲转，扶危杖柁工。紫藤在彼岸，只借一帆风。"再如《北征别张廉卿即送其东游》："昔人各有千秋抱，百不施为乃著文。牺掷黄金真误我，缟穿强箭独怜君。堂前莫漫嘲轮扁，后世安能无子云。元凯盈朝身暇豫，且须呼酒叩皇坟。我歌伐木行求友，钟虡莛撞不肯鸣。海运鲲鹏通变化，气联龙虎有逢迎。汉阳晴树帆初远，钟阜秋云酒共倾。早晚探奇窥禹穴，傥因朔雁一传声。"

  吴汝纶是桐城派后期非常重要的作家，也是我国近代功不可没的教育家。他一生著作等身，影响深远。虽是沿科举之路拾级而上的封建官僚，但客观地说，他比其老师刘崐能走得更远，在于其能睁眼看世界，以谋求教育救国，这让他在刘崐的学生当中更显独树一帜。同时，他还在家教领域为人所记起。他所写的《百字铭》《与儿书》初看有点消沉，但细看又能发现其中对生活的自定、自力、自强，道出了人情冷暖、世态炎凉，显得真实亲切。不妨抄录《百字铭》以飨诸位：

远观山色，年年依旧如新，近视人情，渐渐不同往日。诗朋酒友，日会三千，知己心人，百无一二。花开兮，蝴蝶至，人困兮，亲戚疏。时来，谁不来；时不来，谁来。自跌倒，自爬起，靠人扶，都是假。亲戚朋友，说的是隔山话。且挨过三冬四夏，暂受些此痛苦，雪尽后再看梅花。

学生记（进士）

翁同龢：书家藏书状元郎

咸丰六年（1856），48 岁的刘崐担任会试副考官，并署兵部右侍郎，他颇为得意的是在此次科考中，录取并推荐翁同龢（1830—1904 年，字叔平、瓶生，号声甫、松禅、瓶庵居士，江苏常熟人，大学士翁心存之子，曾为户部侍郎，都察院左都御史，刑部、工部、户部尚书，军机大臣兼总理各国事务衙门大臣，清流派领袖，曾为同治、光绪两代帝师，谥号文恭）为状元郎。

翁同龢出生在北京城内石驸马大街罗圈胡同寓所，4 岁时随祖母张太夫人及母亲许氏由京师回到故乡常熟。他有着良好的家教，自幼好学，通读《四书》《五经》，并以优异成绩考入常熟县学游文书院。该书院是康熙年间常熟地方绅士为纪念"道启东南，文开吴会"的言偃及"士子会文之所"而捐建，他的父亲翁心存曾经是书院山长。此地东边有梁昭明太子读书台遗址，北边山麓有巫咸古祠遗址，西边则有雅集亭以及白居易、苏东坡两位文学大家的合祠等。他在院读书刻苦，严于律己，深得老师喜欢。道光二十五年（1845），他应院试考中秀才；咸丰二年（1852），他应顺天乡试中举人；接而在咸丰六年（1856）殿试一甲一名，考中状元。

刘崐对于翁同龢影响最深的是书法。刘崐是钱沣颜书的继承者，结体用笔，恪守古法，同时注重整体布局，往往疏朗而又谨严，甚为得体。翁同龢则在这方面造诣更深，纵横跌宕，力透纸背，徐珂在《清稗类钞》中评价说："晚年造诣实远出覃溪、南园之上，论国朝书家刘石庵外，当无其匹,非过论也。"而沙孟海先生在《近三百年的书学》一文中也指出:"他出世最晚,所以能够兼收众长——特别是钱沣的方法——有时还掺入些北碑的体势。把颜字和北碑打通了。这是翁同龢的特色。"他的传世书迹较多,知名的如《节临华山碑扇面》等。翁同龢同时又是著名的藏书家,居官朝中时常去琉璃厂访书,陆续购进许多好书,其中有乾隆进士、嘉庆帝师彭元瑞的知圣道斋藏书,怡亲王死后流散出府的乐善堂旧藏等。他的藏书室在京有"一经堂""韵斋",在常熟有"宝瓠斋",他自己还筑有"瓶庐"。他的藏书中不乏极其珍贵的海内孤本如宋版《松桂堂帖》《集韵》《会昌一品诗集》《丁卯集》《嵩山居士集》《施顾注苏诗》《长短经》《愣严经》等。新中国建立后,其藏书由其后辈捐给了北京图书馆。

翁同龢一生历经四朝,三朝为官,人生丰富多彩,其最值得后人纪念的有五桩事情。

第一桩,权柄文衡,选拔人才。咸丰八年(1858)六月,正在参加庶吉士学习的翁同龢被咸丰皇帝破格任命为副考官,与好友、正考官潘祖荫典试陕西。当时,他的爱妻汤孟淑病逝不久,但圣命不可违,翁同龢极力克制自己,与潘祖荫取道山西,经近一个月的车马劳顿,到达西安。八月中旬考试开始,由于气候不适、水土不服,主考的当天翁同龢就病倒了,寒热发作,彻夜难眠。但他强忍病痛,坚持支撑着批阅荐卷,直到三场试卷阅毕。发榜时,有人告发获第三名的考生张批绩所答试卷为抄袭他人之文。翁、潘二人同监临核准后奏请将张除名。对张之所为,翁同龢极为愤慨,本想严加训斥,后得知其已六十,只好作罢。事后,他曾大发感慨,认为八股取士有其不足之处,同时对名落孙山者寄予一定的同情。考试毕即将回京,他又被任命为陕西学政,负责视察陕西全省各府、县考试童生及生员事宜。他带病上任,用两个月时间,足迹遍布 800 里山川,甚为士人钦佩。3 年后的同治元年(1862),翁同龢又被任命为乡试正考官,典试山西,他继承发挥之前的严格传统,录取考生一丝不苟。这以后,他曾屡次充任考官,门生也因而遍布朝野。

第二桩,教授皇宫,有方甚勤。同治四年(1865)十月十四日,慈安、慈禧两太后谕令翁同龢为弘德殿行走,同工部尚书倭仁、翰林院编修李鸿藻、实录馆协修徐桐负责教育年仅10岁的同治皇帝。他深知自己所教的学生并非凡夫俗子，而是一代天子，典学成否，直接关系到清朝的兴亡，因此授读格外认真。每天寅时入值，申时回家，一年四季，除生病外，几乎日日如此，有时还带病进讲。为使皇帝能学会作诗，他专门编辑了《唐诗选读》，亲自抄呈，交其带回宫中阅读。同治帝阅读古文有困难，他便将常用文言虚词集录成册，附上例文注释。在教育方法上，他也极为讲究。当他看到皇帝精神疲倦时，就停止授课，让他到庭中散步，借以解除疲劳。所以，翁同龢的讲授，深得同治帝和太后的好评，被赞"讲授有方""入值甚勤"。入值弘德殿期间，他还奉命去养心殿为两宫皇太后进讲《治平宝鉴》一书的有关章节。在第一次给两宫皇太后进讲"宋孝宗与大臣陈俊卿论唐太宗能受忠言"的前夜，他把内容温习再三，几乎一夜没睡。进讲中，他反复阐述了君主虚怀纳谏、礼贤下士与国家利益的关系，讲得不仅仅节规矩大方，而且思路清晰、语言流利、剖析精当，两宫皇太后及在场王公大臣无不感到满意。此后，他还给两宫皇太后进讲了关于宋、金、元、明四朝帝王政治事迹的15个专题。他将历史与现实结合起来，并借两太后的提问，根据个人所见所闻，如实陈述，大胆批评当朝弊政，并相应提出改正意见，其中许多意见后来被采纳。光绪元年（1875）十二月一日，两宫皇太后又降旨翁同龢和侍郎夏同善担任毓庆宫行走，充任刚刚即位、年仅4岁的光绪皇帝的师傅。第一天，他首先教光绪帝写了"天下太平""光明正大"八个字。接着，又教其朗诵了"帝""德"二字。光绪帝年幼，且生性多病，教其认字、读生书、背熟书有较大困难，他曾请其生父醇亲王奕譞前来威压，又加惩处，效果都不甚理想，尤其自光绪四年（1878）改为全天上课，要读的书越来越多后，光绪帝更为畏惧。翁同龢开始时采取罚读法，即少读一遍罚加两遍，但光绪帝一怒之下离开书房，罢学回宫而去。翁同龢吸取教训，转而采用表扬法，每读完一遍表扬一番，从正面进行教育。光绪帝学习的积极性大增，一改往日不良学风，学业不断长进。在生活上，翁同龢也是光绪帝的益友。光绪帝从小胆子小，每逢电闪雷鸣特别害怕，此时，翁同龢总是将其抱在怀中，百般安慰；光绪帝从小离开父母进宫由太监服侍，太监们见其年幼常常敲诈，当得不到满足时便怠慢，翁同龢得知后，或当面训斥太监，或上奏两太后责罚。因此，光绪帝视翁同龢为知己，有什么喜悦都愿意与他述谈。光绪帝开始明事知礼时，西方列强的侵略已开始从沿海地区向中国内地深入。翁同龢决定加强对其的时事教育，在保留20多门有关封建伦理道德课程的同时，又增设了有关中外史地、洋务运动和早期改良主义者著作方面的课程。他结合当时发生的重大政治、军事、外交事件，积极引导光绪帝思考现实问题，从而将毓庆宫书房与整个社会联系起来。光绪帝听了后，受益匪浅。这对他在政治上成熟较早，特别是后来发动维新变法运动产生了一定的影响。

第三桩，平反冤案，论罪有差。光绪元年（1875），翁同龢署刑部右侍郎。这时，他接触到了晚清四大冤假错案之首的杨乃武与小白菜一案。此案发生在同治十二年（1873），浙江余杭县懦弱无知的葛毕氏（死者葛品连之妻，即小白菜）被百般威逼欺哄，诬杨乃武（与小白菜相识的举人）为奸夫，杨乃武被屈打成招定为"谋夫夺妇"之罪。此案经杭州知府、浙江巡抚、刑部侍郎三审具结，草率奏报，使杨乃武、葛毕氏枉坐重罪。后来，杨乃武的姐姐叶杨氏到刑部和都察院上访申冤，案发浙江再审，杨乃武、小白菜均推翻原有供词。浙江绅士汪树屏等以"复审疑狱有官员间相袒护的事实"联名向都察院控诉。翁同龢接案后，细阅全部案卷，发现供词与诉状的疑点和漏洞甚多。在询阅了杨乃武姐姐的呈词和浙江绅士的联名控诉，走访了浙江籍的京官，听取了刑部经办人员的各种意见之后，他经过认真研究，讯问犯人，调查证人，重新检验尸骨，终于查清了葛品连系病死而非中毒死亡。此案可谓中国狱讼、法制体系自我完善的典型，翁同龢忠于职责、为平民平反的职业精神，一直为人所称道。

第四桩，充任军机，主战维新。光绪八年（1882）十月，翁同龢被任命在军机大臣上行走。此际正是中法战争时期，他一是参与处理云南军费报销舞弊案，使包括军机大臣周瑞清、王文韶、景廉和户部众多受贿官员受到惩处，震慑了贪污腐化官吏；二是参与中法越南交涉事宜，与主和派据理力争，最终争得了一定的国家利益。这也坚定了其主战求和、向西方学习军事的信念。因而，光绪二十年（1894）六月至二十四年（1898）四月第二次担任军机大臣，他顺应历史发展潮流，举荐康有为、梁启超等维新人才，被康有为誉为"中国维新第一导师"。他力主变法维新，为光绪帝拟定并颁发了戊戌变法的纲领性文件《明定国是诏》。也因此，他触犯了慈禧太后，被开缺回籍，变法失败后，又被下令革职永不叙用，交地方官严加管束。他因此而失去生活依靠，不得不依靠门生旧吏的救济来度过余生。

第五，开行建学，功德千秋。戊戌变法时期，翁同龢还做了两件被后人称颂的大事。一是支持盛宣怀等创办中国第一家自办银行（中国通商银行），由户部拨100万两"生息官款"存于中国通商银行，实际上也成为开办伊始的中国通商银行的最初营运资金；二是他密奏光绪"教育为自强之本，未可遏阻，使天下寒心"，亲自起草成立京师大学堂的奏章，主张废除科举，开经济特科，这是中国近代高等教育的开始。

1904年7月4日，在风云变幻中饱经忧患、在常熟老家过着半隐居庐墓生活的翁同龢，满怀抑郁和凄怆与世长辞。在临终前，他口占一绝："六十年中事，伤心到盖棺。不将两行泪，轻向汝曹弹。"寥寥数语，道尽了其宦海沉浮和无限忧伤，闻者无不泣泪。

孙毓汶：专权投降齐天圣

就像对翁同龢一样，刘崐曾对咸丰六年（1856）榜眼孙毓汶（1834—1899年，字莱山，山东济宁人，曾为侍讲、侍读学士、福建与安徽学政、工部和吏部侍郎、刑部尚书、军机大臣、兵部尚书，谥文恪）寄予厚望，但结果很令他失望，他甚至以有这样的学生为耻。

孙毓汶出身于清朝要员家族。他的祖父孙玉庭［1741—1824年，字寄圃，乾隆四十年（1775）进士，曾为山西河东道，广西盐法道，按察使，湖南、安徽、湖北布政使，贵州巡抚，云贵总督，湖广和两江总督协办大学士，体仁阁大学士]是位办事踏实、为人正直、廉洁守法、敢作敢为、受人尊敬的权臣，孙毓汶虽未受其教诲，但其事迹，他从小耳闻，并因之受到他人的爱护。他的父亲孙瑞珍（？—1858年，字符卿，号奇庵，道光进士，历任大理寺少卿、翰林院侍讲学士、江西学政、内阁学士、户部尚书）也是一位忠于职守、勤恳务实、屡柄文衡的学者型官员，他收藏的图书及广大的人脉，让孙毓汶受益匪浅。他的堂兄孙毓溎（字梧江，官至浙江按察使，著有《读左随笔》等）是道光二十四年（1844）殿试状元，一生致力于史书研究，多有造诣。孙毓汶少时即受堂兄影响，立志向其学习以后要争取状元及第，以实现"兄弟状元"的梦想，为家族争光。他少时聪颖机灵，记忆力惊人，也让家族看到了希望。而刘崐初识他时，也有如此想法，并认为孙毓汶谦卑有礼、不耻下问、精于经史，是棵可以培养的苗子。但是，就在孙瑞珍请其教儿子书法的过程中，刘崐看到了一个不一样的孙毓汶——他在老师刘崐在场时表现得练字很勤奋，很刻苦，但老师不在就不一样了，要仆人端茶送水，服侍四周，这种做派让刘崐隐隐有些担心，便委婉提出来，孙毓汶连连应诺，但阳奉阴违，刘崐也无可奈何。

咸丰六年（1856），孙毓汶参加了会试，主考官是彭蕴章，副主考为全庆、许乃普和刘崐。孙毓汶文章写得洋洋洒洒，尤其策论鞭辟入里，颇得刘崐喜欢。他与翁同龢等一起进入殿试，当时朝野已经风传本届状元必会在翁同龢和孙毓汶中产生。最后排定名次，结果是翁第一，授翰林院修撰；孙第二，授翰林院编修。

孙毓汶进士及第后在翰林院学习，这时他表现出了其极强的人际交往能力，能说会道，多奇招，熟悉官场规则，俨然非他人可比。他尤其攀附满蒙权贵，逢迎拍马甚至让刘崐闻之也忍不住斥责他要保持节操，可孙毓汶置若罔闻。两年后其父病逝，他更变本加厉，并很快得到了慈禧太后的欢心，得赏翰林院侍读衔。咸丰十年（1860），朝廷分派大臣要员到各地办团练，孙毓汶也自告奋勇回籍，组织了一支400余人的队伍。可是，他得意忘形，对抗捐税，被僧格林沁一纸告到了朝廷，被处以革职论戍的惩处。这对他是个较大的打击，一段时间里，他收敛心性，勤奋于事。同治元年（1862），他以捐输粮饷，官复原职。他更抓紧了与慈禧、醇亲王的联系，成为后宫死党。两年后，他出任顺天乡试同考官，录取生员公允，得到士绅称颂，因而升洗马，再擢侍讲学士，署日讲起居注官，并在同治六年（1867）升为侍读学士，入值南书房。同年，他又出任四川乡试主考官，又以考试公允、拔取公正闻名于士林。后来，他担任福建、安徽学政，改工部右侍郎，再调任左侍郎兼署仓场侍郎，又署刑部尚书，入军机处，计达10年。

权力大了以后，孙毓汶的真实性情便暴露无遗。他首先表现出来的是贪婪。同光时期，朝廷下令进献题写书画，他常常用临摹赝品送进，自留真迹。一次，贵州藩司王德榜（1837—1893年，字朗清，广东东莞人，生于湖南江华，湘军名将，以团练起兵，从经历、州同升知州、道员、布政使）进京要拜见他，他竟然索要门槛费白金千两。王藩司气得直骂："为官不是他孙家的官，不见有什么利害，何必非贿赂他？"王愤然离去。等他回到任上，正赶上巡抚缺额，孙毓汶对皇帝说王德榜不通文理，不能权摄封疆，于是改用臬司权领巡抚。王德榜一听此事，气愤而死。

接而，他表现出了极强的专权骄横。他与醇亲王奕𫍽结交，并利用军机大臣世铎懦弱庸碌无能的机会，抢得大权，军机处无论谕旨还是陈奏，全由孙毓汶转达，其权重一时，为同列所不及。

这时的孙毓汶已经变得肆无忌惮了，同时其投降派的本质也日显。甲午中日战争紧急，辽宁疆土失掉过半。辽宁提督董福祥进京晋谒皇帝，这时，孙毓汶一方面提倡早日批准《马关条约》，另一方面却谋私利，嘱让董福祥为他购置关东貂皮裘衣。如此不顾大局的行径，让董福祥目瞪口呆。士绅闻之，无不深恶痛绝。

刘崐孙女婿、河南候补道易顺鼎在光绪二十一年（1895）四月呈文上疏时言，孙毓汶与李鸿章一样，李鸿章是以中国机密输给日本，而孙毓汶是将朝廷机密转给李鸿章，二人都是朝廷心腹大患，非罢官不可。易顺鼎参劾说"此二臣者，国人皆曰可杀，万口一词"，起码也应"请立加罢斥，以儆奸邪"。谏官们也纷纷附和，指责其奸诈专权。孙毓汶的昔日学生文廷式等人，更是联袂赴孙府，令其缴还门生帖。虽有慈禧阻挠，光绪帝还是听从翁同龢的意见，以孙毓汶有病开缺，免除一切职务。孙毓汶虽有不甘，却也只能回到老家，郁郁而终。

孙毓汶和翁同龢是一世的对手，尤其在仕途上一荣一枯，不妨做下对比。咸丰、同治年间，直到光绪初年，翁占上风。翁同龢咸丰八年（1858）就成为陕甘学政，同治四年（1865）被派弘德殿行走（同治帝读书处）成为小皇帝的老师，至同治十三年（1874）时已是内阁学士兼侍郎了，光绪初年更是晋都察院左都御史，擢刑部尚书，充军机大臣，做上书房总师傅，可谓显赫一时。而孙毓汶授职编修后，先丁父忧，再因办团练抗捐被革职发往新疆，直到光绪元年（1875）才返回北京，擢内阁学士，授工部左侍郎。两人地位发生转变在光绪十年（1884），中法战争爆发。当时朝廷上的清流党人认为恭亲王总持国政，一无善策，对其倍加攻讦。慈禧对恭亲王亦不满意，就借机革除他的一切职务，与恭亲王同事的李鸿藻、翁同龢等人均遭罢黜。而扶持醇亲王的孙毓汶遂入值军机，兼总理各国事务大臣，权重当世，即便醇亲王于光绪十六年（1890）死后，他仍得慈禧信任如故，一直拖到甲午中日战事发生，朝廷内外对孙毓汶的不满达到了顶点才免职。

但其实，翁、孙两人斗争只是亲皇派与后宫派派系攻伐的缩影。讲到底，孙毓汶和翁同龢只不过其中两枚棋子。同为抑郁而终的两人，不知死亡之际，是否已经参悟？

钟宝华：忠孝双全权文衡

刘崐在担任会试考官时，特别注重对应试者的个人品德的考察，尤其对忠孝二字特别看重，因而有人笑言其以忠孝取士，这其实是因为他深悟一个道理：具备忠孝者，进入仕途或为学，至少不会为害他人，多守法忠君，能做一个"循吏"。因而,咸丰六年（1856）他所录取的进士中，这种品性的人颇多。其中，以钟宝华（生卒不详，字莅山，浙江萧山人，曾为陕甘学政、四川典试等职，官至翰林院侍读学士，著有《史览》四卷、《经粹》四卷、《绿漫庐诗集》若干卷）最为典型。

钟宝华出身于小官吏家庭，幼年丧母，为伯母所抚育，视如己出，因而也对伯母感情深厚，他在中举时填写家人，也直接把伯母写为母亲。他从小好礼，尤其对《礼经》钻研精深，并以其为标准要求自我。参加京城会试之前，他的伯母去世，钟宝华痛不欲生，"哀毁尽礼"，乡人莫不称赞。"既贵，封赠如所生"，可见其孝是发自内心，没有虚假。刘崐看中的，正是这一点。点录其为进士后，钟宝华又在殿试中表现突出，获得了二甲第一名即传胪。他顺利入选翰林院庶吉士，授编修。刘崐此际有意培养他往仕途上走，故教授其史传，要他从历史典故中寻找为人为官之道；再教授其以诗，尤以宋明理学大家如朱熹、张栻、刘基、高启、李东阳、王夫子的诗歌来熏染他的情操，并嘱其多方游历以增广见识。这让钟宝华受益甚多，以后也在史学研究和诗歌创作上成果斐然。

咸丰十年（1860），钟宝华受命回到家乡办团练。他办起了一支500余人的队伍，亲自操练，常以岳飞、辛弃疾诗词及故事启悟兵勇，激励士气。不久，杭州城被围，钟宝华奉命前去救援，划归张玉良（字璧田，今重庆渝中区人）部指挥。路途中，他看到李秀成部太平军的粮船停泊江面上，防守松懈，便率团练乘黑偷袭，焚毁敌船，迫敌只能舍弃围城而逃走。曾国藩和浙江巡抚王有龄（1810—1861年，字英九，号雪轩，今福州人，曾为湖州、杭州知府，江苏按察使、布政使，浙江巡抚）遂为其请功。而钟宝华入杭州后，心痛城市历史遗迹遭到破坏，著名山水画家戴熙［1801—1860年，字醇士，号榆庵、松屏，别号鹿床居士、井东居士，浙江杭州人，道光十一年（1831）进士，官至兵部侍郎，后主讲崇文书院等］等名士被杀，他倡建忠烈祠，以激励军民。王有龄因此而对他十分欣赏。王以清、慎、勤著称，也是钟宝华仰慕有加的对象，于是两人相交甚密。可惜，这种和平安宁的日子不长，第二年，太平军卷土重来，杭州城再次被攻破，曾国藩率领的湘军未能及时回救，王有龄战死。钟宝华不胜悲戚，对向来尊重的曾国藩也有了不满，弹劾其排除异己见死不救，未被采纳。但这也导致了他之后仕途的不顺。

同治三年（1864）九月，钟宝华为陕甘学政，开始了其权柄文衡生涯。他骑毛驴穿行各州县，历时3个月做了一遍全面的巡察，对学院遭受破坏的情况有了通透的了解，提出了修葺书院、增加童生学额、扩建考棚等得力的措施，受到陕甘士子的普遍欢迎。不久，捻军来袭。有过作战经验的钟宝华又主动站出来，"广谕富户出资，收养难民，与同城文武协力防御"。西安城被围，捻军断其水道，在军民恐慌的紧急时刻，他"捐廉凿五井，民赖以安"。接到钟宝华写给自己的来信，并知晓其守城举措，刘崐甚喜，特写信给曾国藩相告，明显有着调和他们之间矛盾、推荐其人的意图。曾国藩也不得不对钟宝华刮目相看。由此，钟宝华得以调回京城，升翰林院侍读学士。同治十二年（1873）六月，钟宝华奉命作为主考官，与副考官张之洞一起出京，取道豫、陕，典试四川。他们一路坎坷，几次遇匪，惊险万分。到达后，他们马上组织考试，发现严重的舞弊造假等行径，严查重惩，川土震惊。他们录取的温永恕、吴祖椿等人才，后来皆较有出息。考试毕，张之洞留下来出任四川学政，开始实施其教育文化改革措施，也令其声名大震。钟宝华则回到京城，看到浙江士子读书赶考衣食无着落，他"捐资修葺浙绍会馆，增拓宇舍，为阖郡公车下榻地"，这让他在浙江士子中有了"衣食菩萨"之称。

在咸丰六年（1856）这届会试录取的进士中，以忠孝闻名而被刘崐录取的还有：李士芸（字莱峰，河北高阳人，二甲二十四名进士，工书画，富收藏）、洪昌燕［1820—？，字敬传，号章伯，浙江钱塘人，探花，咸丰八年（1858）出任河南乡试副考官，咸丰十年（1860）为会试同考官，曾为工部掌印司给事中，累官至御史，著有《务时敏斋存稿》十卷］、徐昌绪（重庆丰都人，进士后选庶吉士，授编修，后辞官主讲川东书院二十余年）、陈彬绥（长沙人，兵部郎中陈岱霖之子，翰林院编修）、洪调纬（湖北武昌江夏人，曾为湖北乡试同考官，官至御史）、马元瑞（山东临清人，会试第一，曾为吏部给事中）等。

赵有淳：任事实诚杂学家

刘崐喜欢做事脚踏实地、任劳任怨而又具理想抱负的士绅，也对这类人重用，这是其选人的一个重要标准。而在会试中，他也喜欢作论实际、能解决当下问题而非泛泛而谈者，而咸丰六年（1856）录取的进士赵有淳［？—1886年，原名佑宸，字粹甫，号蕊史，浙江宁波鄞县人，咸丰二年（1852）举人，咸丰六年（1856）进士，曾为山东学政、上书房行走、江宁和镇江及松江知府、江南盐巡道、督粮道、大顺广道、通政使司副使、太仆寺卿、大理寺卿、太常寺卿，曾为同治帝师］即完全符合他这一标准。

鄞县是非常有名的进士之乡，明清时代，就涌现出了近1200名进士，而很多人退休后又回到家乡办书院，从事文化教育事业，更进一步推动了当地浓厚的读书学习氛围的形成。赵有淳出身于士绅家庭，家中藏书丰富且书法素有家传，他喜临摹碑帖，正草篆隶行皆精通，而尤擅行楷，宗赵之谦、赵孟頫，恬静娟美。受家庭影响，他对书画鉴赏颇有研究，尤其是宋明画家的作品如数家珍，自己还偶尔篆刻。他从小喜好历史书籍，对典故稔熟，治国理邦之道的图书也读得不少，少即有入世为官之志。

稍长，他进入了由黄宗羲创办的甬上证人书院就读，这是浙东史学派的基地，吸引着众多名家前来讲课。书院处月湖周边，又是众多知名官员、学者聚集之所，他们常在一起进行文化交流，这让赵有淳既博览群书又聆听了百家讲义，他兼容并收，很快成为一个杂学家。而更令他感到幸福的是，他在此时与当地豪门张氏一家关系密切。张氏先祖为宋代书法家张即之（1186—1263年，字温夫，号樗寮，参知政事张孝伯之子、爱国诗人张孝祥之侄，中唐诗人张籍八世孙），到清朝乾嘉时期，其族中张溶曾为布政使，带动了其家族的蓬勃发展。张溶之子张积梓曾为浙江青田教谕，对儿孙课教抓得甚严，从而使其家中文举屡现。张积梓的次子张岳年［1828—1894年，原名张善倬，字竹晨，宁波人，咸丰二年（1852）举人，曾为刑部主事、安徽按察使、甘肃和陕西布政使］、长孙张家骧［1831—1885年，字子腾，张善元子，同治元年（1862）进士，著有《粤南志》，曾为同治、光绪帝师］就是其中突出代表。赵有淳与张岳年、张家骧叔侄亲善，情趣相投，并跟随张家延请的名师学经研诗，后又与张岳年一起去参加了咸丰二年浙江乡试，同时中举。中举后，张岳年即赴京城准备会试，而赵有淳为筹相关费用，留在家乡的甬上证人书院教书，并培养了日后颇有名气的陈兆翰［1831—？，原名政钰，字其相，号琢堂、西林，咸丰八年（1858）浙江乡试中举，同治七年（1868）进士，曾为刑部山东司主事］。两年后，在张岳年的一再催促下，赵有淳赴京城准备会试。但戏剧性的是，咸丰六年的这次会试，准备了4年的张岳年没有考上，而匆匆准备的赵有淳不仅考上了，而且殿试中表现不错，中了二甲第三名。

赵有淳最为宁波人称赞的就是不忘恩情，家乡观念重。进入翰林院学习及后来做官期间，他租住的房子就成了宁波赴京赶考者的落脚地，不仅张岳年、张家骧与他合住达五年，而且陈兆翰、陆廷黻等也在其宅客居一年有余。他对待老乡十分客气，倾其所有招待，并把自己结识的朋友、权贵毫无保留地介绍给宁波士绅，也因这一点，翁同龢对他特别欣赏，两人的关系也颇为密切。

赵有淳在翰林院选庶吉士、授编修后，除在武英殿和同文馆任协修、教习庶吉士外，仕途大约可划为四个阶段：第一阶段为1860至1870年。他这一时期曾任山东学政（1864—1867），因整顿学风、重缮书院及名胜，表现突出，而调回京城，升侍读学士，在上书房行走，教授同治皇帝。第二阶段为1870至1883年，可谓地方历练时期。他先是任江宁府遗缺知府（1870），接而实任镇江知府（1871—1884），再调署松江知府（1874—1878），又调署江宁知府（1878）并于两年后实任。这期间，他最为人称道的是在镇江知府任上，扎实做事，很为百姓着想。譬如他在镇江南岸的江津坊小码头基地，建造房屋设立义渡总局，兼筑石码头方便渡船停泊，造待渡亭为渡客避风遮雨。再譬如他处理积案动作迅速而稳妥,两年内基本使镇江内无讼案,也因此他三年考核成绩皆被评为"卓越",受到朝廷权臣关注。他还给家乡宁波新建的七塔寺题了一副对联:"胜地接虹桥,古刹重新,七宝庄严观自在;法轮转鹿苑,元门入妙,六通朗澈见如来。"又为家乡赵氏祠堂作楹联道:"八百年聚族于斯,宋室同传宗室表;二千石分符到此,明州来拜润州祠。"担任江宁知府时,他与手下陆元鼎[1839—1910年,字春江,号少徐,浙江杭州人,同治十三年(1874)进士,曾为山西和江苏的山阳、江宁等多县知县,再升江苏粮道、按察使、布政使、漕运总督、湖南巡抚、江苏巡抚,编有《各国立约始末记》等]极相投,尤其对陆拒绝法国教士霸占中国古刹、处理教堂被焚事件不畏强敌威胁坚持以赔款平息,十分佩服,后来专为其作了《淮上友声集》七律一首,其诗感叹有云:"太守成都携一鹤,宰官嘉定纪三鱼。两家清献高风在,愿与良朋共勉诸。"第三阶段为1883至1884年,可称专项管理时期。他先是署理江南盐巡道,查视各地盐务,为之向朝廷提出了整顿盐务管理的一些建议,后得以采纳并推行。他接而署理江安督粮道,因为"督运江北漕粮赴通州交兑完竣以卓异",又任了直隶省大顺广道道台,再后来升通政使司副使。很显然,他又在专项治理上把自己勤奋肯干、务实求真的特点发挥得淋漓尽致。第四阶段为1884年冬以后,为其重返京城阶段。他在这年冬天回京后继续任上书房行走,再次年升太仆寺卿,后又升太常寺卿、大理寺卿。从他的为官经历看,他的才干是显然的,办事实诚是其最大的特点。但是,我们又可以看出,他升迁的背后,有着翁同龢的影子。大约,他后来离开京城回到家乡退居,也是因翁失利,时间在1895年左右。

赵有淳一辈子最大的成功可能不在仕途,而是其培养了一个著名的儿子赵叔孺(1874—1945年,原名献忱,字润祥,号纫苌、二弩老人等,著名的书画家、金石学家、教育家、篆刻家)。赵叔孺5岁即爱好书画,以画马最佳,被人称为神童,8岁时庆春而当场作画,赢得闽县金石书画收藏家林颖叔的喜爱,而以女许之,二十世纪三十年代在上海,其画的鞍马与吴湖帆的山水、冯超然的人物、吴待秋的花卉,并誉为"四家绝技"。赵叔孺的篆刻,兼浙皖两派之长,得前辈赵之谦的精髓,又精研古金石学,另成一家,营造出典丽恬静的气象,时人推崇其为二百年来第一。

在咸丰六年这届进士中,与赵有淳有着同样品质而为刘崐喜欢者有多人。譬如无锡望族、出过36位进士家族的华晋芳,安徽歙县人、曾为礼部主事、军机章京、成都知府的徐景轼,曾为武英殿纂修官、担任过顺天、江西等地乡试考官的蒋彬蔚[1817—1873年,字颂芬,号子良,江苏吴县人员,道光二十九年(1849)顺天乡试举人,官至湖广道监察御史、刑部经事中],奉旨回家乡办团练最后被农民起义军斩首的邢景周(?—1862年,字楷夫,陕西平利人),以及范鸿谟(字次典,号小初,浙江钱塘人,官至户部郎中)、黄廷金(湖北钟祥人,曾为瑞州知府)等。

延　煦:重典护国是皇亲

清朝八旗子弟不好读书,尤其从嘉庆年间始,能刻苦读书者寥若晨星,而若是皇族宗亲,以功名致仕者那更是凤毛麟角。因而,出现了延煦[?—1887年,爱新觉罗氏,字树南,满洲正蓝旗人,咸丰六年(1856)进士,曾为内阁学士、盛京兵部侍郎、户部侍郎、热河都统、左都御史、理藩院尚书、礼部尚书]这么一位皇室进士弟子,刘崐是甚引以为自豪的。

延煦是直隶总督庆祺(?—1859年,字云舫,曾为盛京将军)之子。因为特殊的出身,他受到了良好的教育,尤其因家中藏书以江苏太仓和常熟毕氏一门士者著作众多,对他影响甚大。他的书画,学习了毕沅[1730—1797年,字纕蘅,号秋帆、灵岩山人,太仓人,乾隆二十五年(1760)状元,曾为河南巡抚、湖广总督,著有《续资治通鉴》《传经表》《经典辨证》《灵岩山人诗文集》等]兄弟的工整、苍浑,毕溥(字逢原,号竹涛,毕沅从弟)临摹唐人碑碣的做法尤为所推崇,因而其字有赵孟𫖯、董其昌的风骨，而毕泷（字涧飞，号竹痴，毕沅弟）的山水竹石、毕庆曾（字如山）的花鸟，还有毕华珍（字子筠）的诗画相配、呈现空蒙萧瑟之境，皆为他效仿。常熟毕氏中，毕然（字成章）的传神工笔、毕涵和毕用霖（字澍生，毕涵长子，官少府）父子的山水描绘，甚至还有毕卓山（汪之元弟子）的兰花神韵，都曾令其心驰神往。因痴迷书画，他还亲赴太仓，专程向毕华珍请教，受益甚多。而也是出于对毕氏的尊敬，他稔熟毕沅之母张藻（1723—1795年，字于湘，今上海青浦人，善诗词，著有《培远堂诗集》等）教子的故事，因而重视家庭女子教育，并把毕氏的祖训十条"孝顺父母，恭敬兄长，苦读诗书，务为勤俭，心术公正，人品端正，处世谦卑，居家和顺，莫昧良心，敬惜字纸"列为家规。

延煦成为刘崐弟子后，刘向其推荐了大量的务实人才令其结交，其中三个人不仅日后成为其很好的同事，而且与他成为挚友。一位是刘崐的同年（同榜进士）进士毕道远，另一位是刘崐录取的进士祁世长（1825—1892年，字子禾、子和、念慈，号敏斋，祁寯藻之子，精朴学，曾为直隶、安徽、浙江等地学政，内阁学士，礼部、吏部侍郎，左都御史，工部尚书兼顺天府尹，卒谥文恪，著有《思复堂集》《翰林书法要诀》等），还有一位即刘崐极看重的湘军将领陈士杰［1825—1893年，字隽玉，今湖南桂阳人，道光二十九年（1849）以拔贡生取户部主事，曾入曾国藩幕府，历官江苏、山东、福建按察使，山西布政使，浙江和山东巡抚］。

延煦重视礼教，尤其强调官员要守礼循法，一生以重典著称。早在光绪九年（1883），他为左都御史时，就"念会典事例自嘉庆间续修，中更六十余年，典章制度，视昔弥剧。及今不修，恐文献无证，难免舛漏。疏请敕廷臣集议开馆，限年修明宪典，得旨报可。"其后，为了维护礼法，他参劾了不少官员，世人皆言其忠直。最著名的有两件事：第一件事是发生在光绪十年（1884），他晋理藩院尚书，旋调礼部尚书。这一年万寿圣节，权柄显赫的大学士左宗棠未随班叩祝，延煦不顾多年的朋友情谊，上疏论劾。此疏一上，朝野震惊。皇帝下旨此事交由吏议，结果以延煦用语过当，诏革职留任。虽然因为要照顾左宗棠的身份与影响，反让延煦受到了处分，但官员们对于皇室的尊敬也增加了，左宗棠后来也不得不对人言："彼人之议，让吾警悚而怀惧意。"第二件事更有名，发生在光绪十二年（1886）。这一年，两宫谒东陵，诣孝贞显皇后陵寝，慈禧皇太后不欲行拜跪礼，"延煦持不可，面诤数四。方是时，太后怒甚，礼部长官咸失色，延煦从容无少变。太后卒无以难，不得已跪拜如仪。"敢直接与垂帘听政的慈禧当着百官之面对着干，延煦是光绪朝唯一之人！

延煦也是一个办事特别扎实、注重办事效果与效率的人，甚至说，他是当时皇亲中少有的具有远见卓识者。为了维护国家的安全、朝廷的稳定，他做了很多利国利民的大事。特别为人称道的有四桩。第一，同治十一年（1872）他为仓场侍郎，与汉侍郎毕道远看到当时湘军、淮军粮饷困难，不能安心作战的现状，从大局考虑，疏请漕粮起运本色济兵食，这让各地方团练无不感激万分。第二，光绪二年（1876）他出任热河都统，看到八旗子弟打猎练兵的围场荒废衰败，经营管理不善，易丛奸宄，他请增置营汛资守御，同时要求督促八旗子弟加强军事操练，以防敌入侵，而此论提出后不出两月，王致冈土匪扰民，侵占平泉、赤峰、建昌等地，官军莫能捕，他派遣守备松恩出击，迅速扫清了敌巢。第三，光绪十年（1884）山东民埝决口，有当权的清流党言官弹劾山东巡抚陈士杰误工导致此祸，皇帝命他和祁世长率人前去调查，他调派手下仔细收集各方证据，并逐一进行辨析，共同研讨，不仅为陈士杰解了冤屈，也找出了其一些失计之处，得各方认可，官绅们称颂他为"包公在世"。第四，之后，他奉旨巡察海防，他几乎走遍了每座军营，并为之做了详细的地图，使海防力量清晰如画，他同时提出建议说："烟台、旅顺对峙，海面至此一束，两岸同心扼守要隘，津、沽得有锁钥。防守之法，应如何测浅深，审沙线，备船炮，设水师，募谙海战之人，必有制胜之策。"这种高瞻远瞩，当时竟未得实施，但在甲午中日战争中得到应验。后人无不为之扼腕而叹。

延煦有生之年，最得意的是其有一子会章，继承了其风骨。会章是光绪二年的进士，曾为理藩院侍郎。戊戌政变后，汉人在京朝官罹法网者众，时有满人掌权者提出应驱汉人出朝廷之议，独会章启奏说论刑狱贵在持平，不当以满汉分畛域。不少士绅竖指称赞："其伉直，有父风！"

谭钟麟：勤恳爱民老臣心

谭钟麟［1822—1905年，字云觐，号文卿，原名二监，后改现名，湖南茶陵人，咸丰六年（1856）进士，历为会试同考官、湖北乡试副考官、江南道监察御史、杭州知府、河南按察使、陕西布政使、陕西和浙江巡抚、陕甘总督，光绪十七年（1891）重新起用后以尚书衔补吏部左侍郎、户部左侍郎、工部尚书、闽浙总督、四川总督、太子少保、两广总督、直隶总督兼北洋大臣，卒谥文勤］是刘崐在咸丰六年录取的进士，他以璞玉喻之，其关爱之切，溢于言表。

谭钟麟少年家贫，但勤奋刻苦，诸子百家无不研读。茶陵是有名的书乡，在历代科考中，茶陵有127人中进士，其中，状元、榜眼、会元各两名，殿元一名，举人、贡生、副榜、生员等之多无法准确统计。谭钟麟少即以先人为榜样，立志科考入仕。他就读的洣江书院，是由明弘治十七年（1504）茶陵知州林廷玉所创建，集中了许多优秀人才，他在此聆听到了清末状元萧锦忠、翰林曹诒孙、经师尹学周、廉吏尹占寅等数十位先贤的讲座。16岁时，谭钟麟因家贫而辍学。老师和同学都为他惋惜，他却自有主张，在村中蟋藤山一座寺庙里办了个私塾，白天教授生徒，晚上独居寺庙读书。他的儿子谭延闿（1880—1930年，字组庵，号无畏、切斋，生于浙江杭州，民国时期著名政治家、书法家，与陈三立、谭嗣同并称"湖湘三公子"，与陈三立、徐仁铸、陶菊存并称"维新四公子"，曾经任两广督军，三次出任湖南督军、省长兼湘军总司令，授上将军衔，陆军大元帅，曾为南京国民政府主席、行政院院长）后来在《先府君行状》中写道："年十六，即授徒自给，已乃发愤读书。山寺习诵，常至夜分。所处绝困厄，非人所堪。"为节省费用，谭钟麟每次去长沙府参加考试，步行往返数百里，从不乘船、坐车，他虽处困境，却"志气弥厉"。功夫不负有心人，1843年他在提学考试中以第一名中秀才，入州学，第二年补授廪膳生。1849年，他在湖南乡试中举人，再6年后会试中进士。刘崐喜欢谭钟麟的主要原因，即其虽贫寒却能刻苦读书的精神。刘崐具体关照了谭钟麟哪些，现无资料可考证，可知的是，刘指点了谭的书法，并在生活上给予了他颇多照顾，在翰林院进修时，谭钟麟常出入刘崐府第，即便是刘崐因牵涉肃顺案而被革职的咸丰十一年（1831），也是如此。

而刘崐开始对谭钟麟刮目相看，并以其为弟子而引以为自豪的事情，也就很快来到了。同治二年（1863），谭钟麟补授言官江南道监察御史，可以参加内阁议事。次年春，任议政王的恭亲王奕䜣在召对时，言语不检，得罪了慈禧。慈禧意欲罢免他，依照惯例，下旨前应先交内阁议决。王公大臣或幸灾乐祸，或怕惹祸上身，不敢提出异议。可是，位卑言微的谭钟麟却认真阅读了奏章，出人意料地拒绝签名。会后，他联络40余名官员联名上奏，为奕䜣开脱，并晓以利害，终使慈禧改为免去奕䜣的议政王，而保留军机处行走、管理各国事务衙门等职权。谭钟麟敢于直言的声名震烁京师。刘崐高兴得失态，手舞足蹈，连呼："文卿伉直，有才，必有大好前程！"

谭钟麟为官勤恳务实，虽思想较为保守，但忠君爱民之心一直未改。1866年，他授杭州候补知府，得浙江巡抚马端敏欢喜而直接被任命。在三年知府期间，他做了三件极为有名之事：一是清理赋税，督治海塘工程，疏浚长安河道，安抚流亡百姓，恢复农业生产；二是处理积压案件，整顿监狱秩序，使浙江刑事案件大为减少；三是严惩豪强恶霸，到任初他就听说杭州豪强徐正魁、张桂林等横行乡里，无恶不作，便决意将他们绳之以法，可是僚属们却说徐党羽势力强大易出变乱，谭钟麟便假意登门拜访徐正魁，几天后又派人请其进府"议事"，乘机将其抓获，并审清犯罪事实后将之处斩，民众无不拍手称快。

同治十年（1871），谭钟麟得左宗棠举荐而授陕西布政使，这让他颇为欢心，因为他年轻时曾游历陕西，对其风土人情有所了解，并为其山川胜景所吸引。到任后，他立即做了四件大事。第一件，解除了不许回民出城的禁令,并指示各府县秉公处理回汉诉讼,使回汉矛盾得以缓解,赢得陕西回民赞誉;第二件,重视教育,对建于明万历二十年(1592)、已有两百余年历史、当时却几近关闭的关中书院,下大力气进行整顿,参照朱子白鹿洞书院的规章和课程设置,修订了关中书院的课程,并提出重躬行、讲经义、稽史事、通时务、严课程五项办学要求,使关中书院重新振兴;第三件,注重实业,督导兴修水利,疏通白公渠,并发放蚕种子,鼓励百姓种桑养蚕,使陕西丝织业大兴;第四件,大力、果断、有力赈灾,光绪三年(1877)陕西大旱,他一方面奏请缓征蒲城、绥德等49厅州县本年未征和旧欠钱粮,另一方面急调各州县社仓库粮赈济灾民,在本省赈粮不敷的情况下,他通过朝廷向闽、粤海关借银,解决向外省购粮、运粮所需经费,赈灾中,他严禁囤积居奇,严惩肥私官吏,并自己亲自过问,使灾年平稳渡过,陕人无不称颂。

光绪五年(1879)秋,谭钟麟调任浙江巡抚,加兵部尚书衔。他又对症下药,做了四件事,即:派人清查土地,核实漕平,更定厘税;治浚河道,鼓励商运;修筑炮台,加强海防力量;重建文澜阁并珍藏乾隆帝赐予的《四库全书》。浙江大治,谭钟麟连年考核优异,在官绅中声名鹊起。两年后的1881年冬,他接替左宗棠为陕甘总督。为了支持左宗棠收复新疆的大计,谭钟麟奏请朝廷,奖励及时供应的布政使,调动其积极性,保证了军饷供应,为平定阿古柏叛乱做出了重要贡献。接而,他展示了其宽阔的视野、顾全大局的特长,做了六桩十分闻名遐迩的事情。第一桩,为筹备新疆建立行省,于光绪八年(1882)奏请在新疆南路设置丞倅牧令道员;第二桩,两年后新疆正式建省,为改变每年向新疆调运粮饷征用大批民车的做法,他专设官车局,减轻百姓负担,收获了民心;第三桩,为解决盐贩哄抬盐价问题,他制定就场征课法,使食盐价格大幅度下降;第四桩,为加强对陕甘地区人民的教化,谭钟麟下令州县广设义塾,还在兰州创建求古书院,在甘州(今张掖)创建河西精舍,选拔文人学者著书讲学,民俗为之一变;第五桩,光绪十一年(1885)中法战争爆发,他上奏朝廷,请求率军迎敌,未允,他又请求派兵护卫越南,准奏后派提督雷正绾带兵南下;第六桩,光绪十四年(1888)黄河决口,他主动筹集 60 万两白银援助河南修堤、赈灾。谭钟麟任陕甘总督 6 年半，陕甘文化和经济均有发展，库储银百余万两，各州县积谷数百万石，比他就任时增长十倍以上。朝野皆感惊讶，因为甘肃当时是全国最贫穷的地方。他受官吏敬畏，百姓爱戴，一年之中三次受到清廷嘉奖。可这时，过度疲劳，使其患上了目疾，他只得开缺回籍养病。

光绪十六年（1890），清王朝内忧外患，百姓对政权机构逐渐信心，恰谭钟麟眼疾有所好转，朝廷便再次起用他。他的同年翁同龢十分为之高兴，题联说："斯人一出世无比；君目再明天有功。"次年谭钟麟七十寿诞，翁同龢再以杜甫诗句相赠："谢安舟楫风还起，庾信文章老更成。"他果然每次就任，皆有作为。1892 年出任闽浙总督，他发现福建船政局每年花费百余万两白银，却收效甚微，便到任后裁减冗员，强化管理，两年中造成的船只是以前的二倍，而费用却少了许多。1895 年调任两广总督，他针对官府财政主要来自赌场税收，广东赌博成风，纲纪松弛，官场腐败的现状，力排众议，禁赌缉盗，一时风气大正。而最为可贵的是其抗外侮的爱国之心。广东与各国通商最早，中外交涉繁多，谭钟麟抱定"非条约明许，不肯丝毫迁就，虽恫吓无所让"的原则，竭力维护民族权益。英国提出修建九龙至广州铁路、法国提出开采合浦矿权等无理要求，均遭其严词拒绝。1897 年 11 月 14 日，德国悍然派舰队侵占胶州湾，强迫清廷签订中德《胶澳租界条约》，谭钟麟电奏清廷"宜力争，不可许，许即无以为国"，再拒绝将广州湾、九龙分别划入法、英租界。1899 年秋，清政府命广西提督苏元春与法国谈判租借问题。谭钟麟要苏"坚属理争"，但苏元春在谈判时，居然全部答应了法国提出的要求，签订《广州湾租界条约》。谭钟麟闻讯大怒，电奏弹劾苏元春，请求废除所订条约。可悲的是，生于这样的国弱受欺环境下，谭钟麟无力改变自己更无法从根本上改变政府没落的命运。身心十分疲惫的他，在 1901 年春提出回原籍养病。可就在此时，八国联军攻进北京，王公大臣纷纷避逃他处。有人劝其离京，他却说："明知无官，守留无益，然尝为大臣，观国难忍先去耶？"直待当年 7 月慈禧与光绪逃往西安，谭钟麟才回到湖南。五年后，谭钟麟在长沙病逝，葬于现岳麓区坪塘街道白泉村荷叶塘。

谭钟麟一生经历非凡，传奇也有不少，最知名的是"咳惊吴棠"。据恽毓鼎《崇陵传信录》记载：吴棠在道光年间担任清河知县时，派人至河边给故交刘某致丧礼，不意差役弄错，送到了皖南道员惠征的丧船上，更没想到惠征长女后来入宫成了大权在握的慈禧。吴棠因此官运亨通，数次破格提拔，先后出任两广总督、闽浙总督、四川总督。有一次，吴棠巡行到杭州，其随从横行于市，欺压百姓。时任杭州知府的谭钟麟立刻差人捉拿，施以鞭刑。吴棠听了下属报告，很不高兴。浙江巡抚马端敏不敢得罪吴棠，一边向吴棠赔礼道歉，一边派人向谭钟麟传话，让他立即释放吴棠的随从，并登门道歉。谭钟麟无奈，只得照办。当时，吴棠正怒气未消，意欲给其以颜色。谭钟麟从容进屋，咳嗽一声。这一声，可谓声洪嗓亮。素有识才眼光的吴棠马上变得和颜悦色起来，请谭钟麟就座，并说："隶卒不法，劳君处分甚喜，可不置议。"言语之间，甚为殷勤。谭钟麟辞去后，马巡抚惊问个中缘由，吴说："顷观谭君趋走如龙，仪态安雅，法当贵显。我与公今日坐处（指闽浙总督和浙江巡抚位子）要当留待此人。"果然，谭钟麟后来在两人曾就任的职务上都有担当，并大有作为。

汪祖绶：书画进士廉知县

汪祖绶［1830—1878年，字汉青，今江苏盱眙人，咸丰六年（1856）进士，历任吴县、无锡、常熟、金山、青浦等地知县，著名书画家、收藏家］为官严守着廉洁的底线，甚得刘崐的欢心。

汪祖绶出身于一个显赫的官僚地主家庭，仅在清嘉庆至清末不足百年的时间里，其家族就出了5位进士、5位举人、10位知县以上的官员。他的祖父汪云任［字孟棠，嘉庆二十二年（1817）进士，历任三水知县、苏州知府、陕西布政使等职］是个风流倜傥的才子，以勤政廉洁而在士绅中闻名，其治理地方重视农业、大兴水利、爱护百姓，因而政绩显著，在世时其事迹就被人编为了《冰绡帕传奇》而搬上舞台。他的伯父汪根敬（？—1849年），也是一位循吏能人，在河南许昌、开封、商丘等地任知县、知府，政绩突出，多次受朝廷嘉奖，死于彰德（今河南安阳）任上，同时也是颇有名气的文学家，其子弟久受熏陶，出了汪藕裳（1832—1892年，名蕖，自称都梁女史，著有长篇弹词《子虚记》《群英传》等）这位有名的女作家。他的父亲汪根恕［道光十七年（1837）举人，历任国子监丞、署江宁织造、浒关监督等职］是发展经济的能手，常年在京任职，与刘崐、何绍基、曾国藩、左宗棠等素交好，他淡泊名利，重视个人品德修养，洁身自好，同时又和当时很多江浙士子一样，嗜好收藏，尤其是名人书画及图书收藏很多，是较为有名的收藏家。汪祖绶少小时跟随祖父读书，颇为用功，四书五经外，特别喜好历史，对廉官能吏的典故如数家珍，当时在翰林院学习的刘崐与之见，即称赞道："此子将来必不凡！"而又因得祖父、伯父的爱护，他从小就在河南、陕西、江浙、福建等多地有过游历，对山水特别钟情，他从而有了一个好习惯，即看到中意的景致便素描下来，回宅后再来修改润色。他推崇常州毕涵、毕用霖父子的画作，还曾专向毕用霖请教，因而画技迅速。而刘崐即传授其书法者。他对颜体最有心得，宗董其昌，临摹其作品，惟妙惟肖，时人难辨，故他青年时即被人誉为江南才子。他还有很好的诗歌创作能力，据传某年除夕，汪根敬就给他们堂兄妹7人出了一个要求颇为苛刻的限韵诗题，众人苦思不得，仅汪祖绶和堂妹汪藕裳脱口而出，令汪根敬高兴不已，立意要把二人重点培养。汪根敬后来果然还把他们送至陈岱霖（长沙人，历官工部主事，兵部郎中，河南、山西道监察御史，兵科给事中等，著有《云石诗存》《伤心曲》等）门下学诗。

汪祖绶在咸丰二年（1852）顺天乡试中举，四年后参加会试，被副主考刘崐点录。他此后在翰林院庶吉士学习期间，更得名家指点，在书画上的技艺更为精进，被人称为书画进士。咸丰八年（1858），他被选至江苏吴县担任知县。这时的太平军发展十分迅猛，江浙一带兵患最著。他既要抓社会稳定，又要抓生产恢复，为官十分艰难，但他严惩发国难财的贪官污吏,狠抓团练操习,团结士绅大力倡导清平县域,竟然一年内就出现海晏河清的盛况,被人称为苏州世外桃源。次年,因太平军攻打盱眙,他的祖母吴氏带着堂妹汪藕裳及其丈夫胡松岩等十余口逃难至吴县,奉守廉洁的汪祖绶经济上本不宽裕,无奈下只得变卖自己的部分收藏品以图生活。不幸的是,次年春,他的堂妹夫胡松岩病逝,雪上加霜的境遇让堂妹汪藕裳几乎精神失常。为了宽慰堂妹,他又拿出早年得的毕万侯(约1653年前后在世,字晋卿,吴县人,工作曲,著有《红芍药》《竹叶舟》《呼卢报》《三报恩》《万人敌》《杜鹃声》等传奇六种)弹词予以抚慰,不意后来竟真让她成为弹词创作高手。更不幸的是,当年四月,苏州城被攻破,汪祖绶一方面想尽办法抚慰难民并组织兵勇反扑,另一方面安排祖母等家人投奔堂兄、宝应知县汪祖茂。苏州城解围后,他又被调至无锡、常熟等地担任知县,虽然因战乱其政绩并不显著,但他表现出的担当,以及本身的廉洁,却多为人称道。

同治八年(1869)七月,汪祖绶被调至金山担任知县。他只携带一仆挑着行李上任,着草鞋,衣衫褴褛,至衙门还险被人轰出来。但三年任期内,他做了不少利民的事情,最著名的有三件:第一,大兴水利,修复渠道,恢复农桑;第二,修缮书院,还亲到书院授课,大力发展文化教育;第三,加强海防,修筑炮台,训练地方武装。因此,他被前后接任的两届江苏巡抚丁日昌和张之万看重,于同治十一年(1872)九月改任青浦县知县。在青浦,他再以廉洁奉公著称。冬天某日,其侄秀才汪瑞尊前来看他,他身披一床棉被正在批改文案。汪瑞尊很惊讶,询问仆从缘故,仆从才告诉他,汪祖绶冬衣不多,也仅有一床不足5斤的棉被,但他以木炭为公所有为由禁止用炭,才不得不想出了这一办法。这让汪瑞尊泪如泉涌,十多年后的光绪三年(1877)他来到叔父所治青浦出任知县时,其姑母汪藕裳前来投奔,他对其讲起这桩旧事,姑侄二人仍忍不住相拥而泣。汪祖绶在青浦工作之余,将精力投放到图书收藏上,据传其收藏品十之有四来自青浦。

而这,孕育了其家族的文化底蕴。他的儿子汪瑞高[1849—1905年,字君牧,同治十年(1871)拔贡,历任户部山东司行走、长芦盐运使兼办北洋支应局,授二品顶戴]也是个收藏家,尤其对金石和字画上着力甚多,为此几乎耗尽了其祖传产业。而他的孙子汪士元[1877—1935年,原名汪祜孙,字向叔,斋号麓云楼,光绪三十年(1904)殿试二甲第六十六名进士,曾为河间兵备道、长芦盐运使,民国时署直隶财政厅厅长、北洋政府财政部次长、税务处会办、国务院参议等,近代著名收藏家、书画家、政治家]更是以收藏有宋徽宗的《晴麓横云图》立轴而天下闻名,著有《麓云楼书画记略》等。

杨秉璋:浪子回头川学政

可能是接触了胡林翼、王闿运等才华横溢但青年时多不检点之人的缘故,刘崐对于少年浪子并不排斥,相反会努力劝导,使其走入正途。而这种人,改正后也多能发挥其才,成就一番事业。譬如刘崐咸丰六年(1856)录取的进士杨秉璋(1832—?,字礼南,安徽怀宁人,进士后选庶吉士授编修,曾任四川学政)就是如此。

怀宁杨氏是当地著名的大家族。其一世祖为蒙古人、安庆尉宛者不花,与清皇室有一定的血缘亲,但并不紧密。真正让其家族扬名的是其十世祖杨汝谷[1665—1740年,字令贻,康熙三十九年(1700)进士,后授浙江浦江县知县,再为礼部主事,三迁监察御史,官至左都御史,从一品],他学问高深,尤其是经学方面的研究,在当时十分著名。他与张廷玉(1672—1755年,字衡臣,号砚斋,安徽桐城人,康熙三十九年进士,曾为刑部左侍郎、礼部和户部尚书、保和殿大学士、首席军机大臣等,卒谥文和)为进士同年,交善,因而两家世代结姻亲。他本人除以直言上谏闻名外,尤其重视子女的文化教育。但不知何故,他之后的四代子孙杨绳孙、杨超恒、杨鸣麒、杨云书,最多也只是考中了举人,直到玄孙杨秉璋才如其所愿考中进士,成为杨氏中兴之祖。

杨秉璋少年时即以聪颖著称。据传，他读《四书》《五经》时，他的堂兄弟们一天只能背诵两页，但他一上午即可背下十余页，其过目不忘之能力，让先生也只能自愧辞职。其家族自是把他当成宝贝，期许他能像杨汝谷一样干番大事业。他也果然致力于经学研究，十多岁即对《尚书》背诵如流，还写下了个人见解，让士林惊讶不已。他又学诗，尤其对毛诗研究颇深，并对王夫之、曾国藩的诗作都有探索，因而也接受了他们经世致用的思想。稍长，他与同学游历四方，到过江浙、福建、四川、陕西等地，对民情疾苦、风土人情皆有所了解，积累了不少的社会经验，尤其是对社交往来、唱和应酬之道得心应手。也是因此，他也染上了不少的毛病，骄纵，甚至流连勾栏而不能自拔。这浪荡行为让他的父亲杨云书十分焦急，便忙找来自己的好友张训遥。张即是张廷玉兄长张廷缵的重孙，家学功底深厚且精于诗词。张训遥叫人把在妓院寻欢作乐、喝得醉醺醺的杨秉璋叫回来。他首先问了杨一个问题，大意是邻家有美女，长得特别漂亮，而且能诗会画，心灵手巧，性情温驯，问他是否想娶。杨自然眼睛一亮，忙答想。张即取出那女子所作的部分诗画，杨秉璋一见，果然非同凡响，急问佳人何在。张训遥不答，反问："此女心性极高，谓非有其祖之才不嫁，汝可有张乐圃之才？"这里讲的张乐圃即是张廷玉的父亲张英［1637—1708年，字敦复、梦敦，号乐圃、倦圃翁，康熙六年（1667）进士，累官至文华殿大学士兼礼部尚书，卒谥文端］，他曾纂修《国史》《一统志》《渊鉴类函》《政治典训》等，又是《平定朔漠方略》总裁官，文名在安徽士子中甚高。杨秉璋自是不敢相比，但仍硬着头皮道："异日或有此作为。"张训遥哈哈大笑："功名争于朝夕，待汝白头，早为人妇矣！"杨秉璋如同棒喝，立摇身一变，弃游乐而刻苦诗书，两年后县试第一名考中秀才，并终于娶得了娇妻——张训遥之女。

杨秉璋中进士后，得益于刘崐指教，在书法上精进迅速。他以董其昌为宗，勤学苦练，终达超逸隽秀。他在京城不仅与翁同龢、谭钟麟等同年交好，而且与曾国藩幕府中的许多人结交，如蒋嘉槭［字苾卿、蕚顷，江苏吴县人，咸丰元年（1851）举人，曾办理安徽牙厘总局，官至江西道员］等。而也因为刘崐的推荐，他在咸丰十一年（1861），即以副主考身份，与主考官、刑部尚书赵光共同主持了当年的武会试，录取了马鸿图、刘英杰、德绥、周克恭、周礼、杨大成、周杏林、王经纶、穆成龙等25人为进士，这些人后来在剿灭太平军、操办团练中皆颇有作为。杨秉璋由此而以招纳武弟子闻名天下，后来投奔者甚多。

之后，杨秉璋升翰林院侍讲学士，但不久因恩师刘崐卷入肃顺案被革职，他也受到牵连，一直居闲职，基本被边缘化。后来刘崐重新得到重用，他才在户部尚书全庆等的推荐下，下放到四川担任学政。这倒对其是一件极好的事情，他到川后走遍各地，督察学院，检巡学业，使四川的学风、考风都有极大的改变。而他最为人称道的是两件事：一是不拘一格推荐人才。四川新繁县增生龙炳垣，学业和人品皆称一流，但科举屡不中，杨秉璋以实学上荐，帮他印刷了著作《朱子讲学辑要编》，并使其在同治五年（1866）八月得翰林院侍讲的头衔。二是推崇先贤。曾在四川垫江、梁山、巴县等地担任知县，绵州担任知州，并曾为保宁、成都知府的刘衡，德高望重，爱护百姓，极得川人尊敬，其"牧令亲民，随事可尽吾心。太守渐远民，安静率属而已，不如州县之得一意民事也"诸语，更被奉为治蜀为官名言。杨秉璋对刘衡敬重之余，收集其遗言，编辑成册，并疏陈其循绩，请求给予表彰。同治帝阅后，大为震撼，谕曰："刘衡历任广东、四川守令，所至循声卓著。去官四十余年，至今民间称道弗衰。所著《庸吏》、《庸言》、《蜀僚问答》、《读律心得》等书，尤为洞悉闾阎休戚，于兴利除弊之道，筹划详备，洵无愧循良之吏。将历任政绩宣付史馆，编入《循吏传》，以资观感。"由是，刘衡得以入博罗、垫江、梁山、巴县等地名宦祠。刘衡之孙刘庠对此感激万分，特专至四川致谢杨秉璋督学。

杨秉璋后来又调回京城担任京官，但他对仕途失去了信心，遂辞职归乡，主讲家乡书院。而有他的榜样示范，其家族后人人才辈出：他的儿子杨葆铭，历任嘉兴知府、宁绍道台；其孙杨嘉辰，初为山东候补道，因办理黄河防汛有功，保升道员；长重孙杨绍曾，后改名杨石先，1910年入清华学校，耶鲁大学博士，1948年至1985年任南开大学校长、荣誉校长，学部委员，是我国农药化学和元素有机化学的奠基人。

夏同善：忠实为臣泽子孙

刘崐认为，为臣的基本要求就是忠实，因而对于门下弟子，会特别强调对其个人品性的考察。他的学生，也大多能够恪守忠、实二字。这里面，就有其咸丰六年（1856）录取的进士夏同善（1831—1880 年，字舜乐，号子松，浙江杭州人，中进士后选庶吉士授编修，后再为日讲起居注官、詹事府詹事、江苏学政、兵部右侍郎、毓庆宫授读等，卒谥文敬，著有《夏子松先生函牍》等）。

夏同善幼年丧母，他的父亲、兵部侍郎夏建寅遂续娶浙江桐乡乌镇女子萧氏。萧氏对其视如己出，而夏同善也视其为亲母。不久，其父夏建寅仕途失意，遂弃官经商，夏同善随继母萧氏回其娘家。萧父萧麒是个饱读诗书的秀才，与当时有名的红顶商人胡雪岩颇有交情，并钟情收藏图书与字画。对于这个聪颖机灵、读书刻苦认真的外孙，萧麒极其疼爱，不仅亲授其经史，而且把自己的诗学研究、金石鉴赏等知识倾囊相授。夏同善从小是个杂家，书、画、诗、经，无一不通。他尤其酷爱读书，竟在 15 岁时已经读完萧氏所藏的所有书籍，而萧麒怕他囫囵吞枣，特抽出 10 来本进行考核，他皆对答如流。这让萧氏夫妇极为满意，从此，萧麒带他交游士林，督导其功课，以期科举。夏同善也不负所望，咸丰五年（1855）中举，次年连捷进士及第。夏同善也极重恩情，认为自己得以读书全赖萧家，便启奏要求把"翰林第"匾赏给乌镇萧氏，悬于其外婆家的大厅。之后，他又把圣旨诰命装于雕花镂金红漆木盒内，供奉于其正厅中梁。是故，翰林第遂成乌镇最吸引人的古宅名居，现还有人赞颂夏同善反哺之举。而他对继母萧氏的孝道也流传甚广，故事有二：一是咸丰十年（1860）第二次鸦片战争爆发期间，清军节节败退，太平军乘机围城,杭州危在旦夕,正在服父丧的夏同善一方面积极组织兵勇抵抗,写信给曾国藩救援,另一方面为防萧氏遇不测,不食不睡,快马加鞭把其送至上海安顿下来,方放心回杭;二是同治六年(1867),他被任命为江苏学政,正准备上任,不巧萧氏病逝,他马上请丁忧开缺,3年不食荤,即使饿得面黄肌瘦而依然如故。

中进士后的夏同善跟从刘崐学习文章,他见识广博,善用典故,说理清晰透彻,而又深入浅出,因而得士林称赞,誉其才能"在曾(曾国藩)、左(左宗棠)之上"。刘崐及时将其循礼、孝道事迹上报,使夏同善得到慈禧认可,才有光绪元年(1875)命他和翁同龢一起为光绪帝侍读的任命。

夏同善是个循吏,同时是位能臣。他为臣子忠实本分,但又肯为圣上分忧,为百姓着想,做了不少利国利民的事情。第二次鸦片战争爆发时,由于僧格林沁在北塘作战失利,被迫退守通州,朝廷便慌了张,派桂良、桓福等人乞和。夏同善对此坚决反对,他提出全民动员,严阵以待,而又建议僧格林沁专守通州以防不测。但其主张未得采纳,正好其父逝世,他便乞归。在丁忧期间,太平军入浙江,他又奏请曾国藩统领诸军镇压,提出万勿迟疑,务必相信曾国藩。这份见识与看重,令曾国藩对其佩服不已。杭州城被太平军攻破,浙江巡抚王有龄战死,他得知是因曾国藩救援不力,写信斥之,毫不留情,曾国藩看得汗流浃背,羞愧掩面。也因他的赤胆忠诚及优秀的军事组织能力,曾国藩之后在同治十年(1871)荐他从詹事升兵部右侍郎。夏同善就任后,看到常年战争、民不聊生的现状,建议朝廷扩大赈济、广开言路、清理庶狱。这三个主张,得到上下的支持,实施后也使清廷得到了较多百姓的认可。他还以直谏敢言著称。同治六年(1867),时传言皇帝车驾将幸惇亲王府,召集梨园游乐之。夏同善闻之,与孙诒经合疏谏止。他在奏书上如此说:"皇上冲龄,敬天未至南郊,游幸先临府第,未安者一。圣学端资养正,耳目玩好偶有所娱,恐疏而不密,未安者二。近顷军事未宁,游观之事传播四方,曷以慰臣民望?未安者三。英、俄人士杂处京畿,稍示以懈,何能帖伏?未安者四。夫孝以礼为归,礼以时为大,非时不举,古有明箴。乞罢止以彰圣德。"同治看罢,虽有不甘,却不得不听从其言。

此外，他还曾参与了"杨（杨乃武）葛（小白菜）冤案"的审理。1873年，浙江发生"杨葛冤案"，省、府、县三级七审，屈判成冤案。次年，杨乃武的姐姐赴京告状，有浙江籍京官帮且申冤。夏同善闻听之后义愤填膺，与张家襄、朱智、林洪、汪鸣銮等28名官员联函奏请交刑部复审，获得慈禧恩准。1876年，"杨葛冤案"真相大白，参与该案的数十名贪官也受到不同程度的处分。其事迹被后人编成评弹作品，广为传播，其中"夏府求情"一节，不但详细地演绎了夏同善的功劳，还详细介绍了萧家花园。

其实，在为杨乃武与小白菜申冤的同时，夏同善还与尚书广寿赴四川审理了"永川张事周京控案"，他们经过详细调查，提出了奏请撤销永川兵差局，酌减夫马局的意见，也获准执行。这种没有调查绝不发言但做了调查务必据实陈言的举止，他之后屡有。譬如，光绪元年（1875）畿辅一带发生旱灾，夏同善上书请凿井溉田，以缓解灾情；山西、河南饥荒严重，他又请求移拨海防关税经费赈济灾民。光绪四年（1878），他再被任命为江苏学政，到任实地考察后，他上书备陈捐纳妨碍民生，无裨国用，请罢各省捐局。次年，他视察山东河务，面对治理黄河下游水患，他又提出了"浚海口、直河湾、通支河"三大措施，并请拨机器局经费来治理黄河。在苏州，他严令禁止士人吸食鸦片；到江阴，他捐俸修治城河，还劝导百姓植树造林。但是，他那种彻底的官民一致平等的思想，毕竟不可行于当时，于是，50岁一过，他便乞病辞归故里，与乃师刘崐一样，从此不肯过问世事，过起了退隐生活。

夏同善的品性对其后人影响甚大，他的子孙也多是忠实贤良之辈。他的长子夏庚复［1850—1884年，字也白，号松孙，光绪六年（1880）进士，官至吏部右侍郎］，在父亲丧事期间尽力扶丧，后以哀伤过度而过世；他的次子夏敦复（字厚庵，官至陕西道监察御史）也是一位敢于直谏的能臣，曾为百姓洗冤宁丢乌纱不顾；他的孙子夏循垍（1879—1952年，字爽夫，号蕊卿，笔名富士始一，清末留学日本，毕业于东京法学院，为励志会会员，民国时曾为四川实业厅厅长）更是继承家学的大发扬者，他在晚清即是进士馆教习、商务参事，在日本时又为留学生刊《浙江潮》主要撰稿人，其学识中西融合，文笔辛辣生动，时人极为称颂。

叶衍兰：真率学者南词家

叶衍兰（1823—1897年，字南雪，号兰台，广东番禺人，进士后改庶吉士，历官户部江西司主事、贵州司员外郎、云南司郎中，官至军机章京，是著名的书画家、词人，著有《秋梦庵词》《海岳楼诗》等）是刘崐咸丰六年（1856）录取的进士中，颇得其喜欢的一个，主要是其性情真率、有话即说、毫无遮掩。

叶衍兰出身于文化世家，家学渊源深厚。他的曾祖叶谦亨祖籍浙江余姚，因游牧广东而举家南迁，重视子弟功课而使其族有读书传统。祖父叶仁厚，书画诗文都有成就，著有《巢南诗钞》。父亲叶英华，字莲裳，工诗词，善花卉、人物，与汉军子璞郡丞（秀琨）诸人结画社，著有《斜月杏花屋诗钞》《花影吹笙词录》《庄严馆随笔》等。叶衍兰从小勤奋好学，不只经史研学甚为精湛，更是在书法、绘画，尤其在诗词上表现得卓越非凡。他工小篆和行楷，刘崐为其师时也不得不佩服其字已经"无以授之"。他留传下来的作品，皆字体结构匀称、笔法严谨。他又精于绘画，曾结合史学研究，精绘清代学者遗像，自顾亭林至魏默深凡百十七人，各附以小传，后来其孙叶恭绰为之影印传世，震惊世人。他又曾临摹陈其年的《填词图》、清微道人的《空山听雨图》等，惟妙惟肖，以至鉴定家都无法辨识真假。他更善填词，与沈世良、汪瑔合称为清代词坛"粤东三家"，人称其为"南词正宗"。他在中举之前，即以咏鸳鸯得名，人以崔珏比之，其词体格绵丽，成一时之绝唱，著有《斜月杏花诗屋诗》4卷、《花影吹笙词》2卷。不妨举三首为例。其一，《子夜歌》："逆欢尘、锦屏绛蜡，花月艳情如许。有多少、琴心筝怨、付与红牙金缕。径窄埋鸳，楼空锁燕，蓦换凄凉处。剩长廊、鹦鹉迎人，似说华帱影事，梦寻无据。

雕阑畔、逡巡绕遍,冷落一山秋雨。秃柳当门,横藤碍路,莫系游骢住。怅樊川薄幸,天涯空叹羁旅。翠袖笼笺,青衫浼泪,漫忆销魂句。只十年幽恨难忘,酒边凄语。"其二,《疏影》:"迷濛澹月。照棠梨院落,清景幽绝。旋旋长廊,曲曲回栏,参差露下吹彻。飞琼绮思凭谁问,只少个、雏鬟能说。想夜阑、翠袖轻盈,浅浸一庭寒雪。怜取婵娟倩影,素娥定倚树,相伴孤洁。瘦拢春纤,暖炙银簧,冷透瑶阶罗袜。红楼短梦修箫谱,怎诉与、旧愁凄切。算绣笼、鹦鹉聪明,犹记那时情节。"其三,《贺新郎》:"此恨何时已。镇伤心、一回展卷,一番悲涕。秀靥修月浑似昔,万唤千呼难起。生悔煞、留仙无计。三载情缘刚一霎,甚人天、直恁无诏地。清泪滴,如铅水。铭幽欲写相思字。奈年来、江郎才尽,笔花枯死。惆怅绮罗脂粉福,做尽愁边滋味。看华鬓、已星星矣。纵有玉箫能续梦,再生缘、怕阻他生里。含酸语,卿知未。"刘崐见其诗词后,曾叹道:"此子才高八斗,惜乎儿女情长,终难入仕!"

这评价果然没有错。他中进士后,改翰林院庶吉士,一直在京部任职,历官户部江西司主事、贵州司员外郎、云南司郎中,后考为军机章京,也未改变其本来的直率性格、文人作风。曾经有一位地位显赫的皇族成员私访叶宅,落座后就抽起旱烟来,屋里很快烟雾缭绕。从不吸烟喝酒的叶衍兰便叫佣人打开窗户,此人立即拍屁股走人。而叶衍兰犹不察,直到佣人提醒,才知无意中得罪了权贵。官场中那一套虚伪的应酬交际并不符合叶衍兰的性格,这反令刘崐欣赏且放心与其交往。他们共同在京十余载,不论官位升沉,皆能平静往来。光绪二年(1876),叶衍兰请疾归里,后主讲越华书院二十余载,培养了很多的弟子,其中昌广生、潘飞声等皆以诗名于时。

而他的家族后人中,有才者更是无数。他的孙子叶恭绰继承了其衣钵,能书善画工诗词,与张大千交善,以无偿还给张大千欠赌输出去的祖传的王羲之所书《曹娥碑帖》而义名天下。他早年毕业于京师大学堂仕学馆,后留学日本,民国初曾任北洋政府交通总长,是著名的交通专家。他同时是著名的文化组织工作者。1927年出任北京大学国学馆馆长,组织筹办了1929年的第一届全国美术展览会,提议并组建了1931年在上海成立的规模影响及权威性皆称一流的全国性"中国画会",1933 年又创建上海博物馆,并担任多种国际机构领导职务。建国后,他历任北京画院院长、中央人民政府政务院文化委员、中国文史馆副馆长等职。叶衍兰的重孙叶公超,曾经就读于英、美等国,回国后曾先后任教北大、清华及西南联大。1940 年,叶公超在董显光的推介下转入外交界任职,1949 年去台湾,1958 年任"驻美大使",1961 年被免职。他离开仕途后,重拾文学、艺术嗜好,寄情于书画,怒写竹、喜画兰,1981 年在台北逝世。

于光甲:博学诗人琉球使

咸丰六年(1856)刘崐担任副考官录取的进士中,不少人后来担任了外交大臣。其中,就有他颇喜欢的于光甲(1822—1871 年,字阿一,号申卿,河北沧州人)。

于光甲出身于沧州较为显赫的官绅家庭,他的祖先虽屡次参加科考,但皆时运不济未能中举。他生性聪颖,记忆力强,而且受贤惠善良母亲的影响,从小便显示出颇有爱心,对乞讨者施米给衣,是常有的事情。他的父亲是个秀才,后出于生计才从商,赚取了一定的财富,他平生喜好两事,一是诗歌创作,二是图书收藏。这对于光甲的成长影响甚深。他不仅予以了继承,而且以后在这两方面发扬光大。他嗜好读书,家中的藏书在其 12 岁时即已经全部读完,诸如四书五经、《史记》《尚书》、《周礼》等他都能大段背诵。父亲于是送其到顺天书院就读,在这里,他如饥似渴,不仅虚心向老师、同学请教,而且不分昼夜地阅读书院藏书,很快考取了秀才,其博学多才也马上显示出来。身边之人,皆认为其日后将大有作为。道光二十四年(1844),刚授为翰林院编修的刘崐受邀到顺天书院讲课,认识了于光甲。大约是在初识时于光甲表现出了较高的诗歌创作水平,刘崐对其刮目相看,并寄予厚望。而于光甲也没有辜负刘崐厚爱，两年后的丙午科顺天乡试中第十九名举人，接而在咸丰六年的会试中中二甲第二十七名进士，两度为刘崐所录，也成为当时美谈。

于光甲遇事刚正，绝不投机取巧、见风使舵，其直言直语，易伤同事，因而仕途颇为不顺。翰林院学习出来后，他就在六部任职，一直得不到升迁。直至刘崐革职后重得重用，其升为内阁学士兼礼部侍郎后的同治四年（1865）七月，琉球国王尚泰（1843—1901年，琉球第二尚氏王朝第19代君主，也是亡国之君，尚育王嫡次子，1848年即位）作为附属国向清廷提出派使宣诏的申请，刘崐抓住机会推荐于光甲，言其学识渊博、为人正派、堪为大国使者，于光甲才得以和赵新受命册封为副使和正使，从而有了人生中辉煌的一页。

同治五年（1866）正月初十，赵新和于光甲从京城出发前往福建，携带奉诏、敕、谕祭文七道，其中封王尚泰诏一，封王尚泰敕一，谕祭故王尚育文一，谕祭天后文二，谕祭海神文二。四月二十二日，他们一行到达福建省城，总督左宗棠派人护送保佑平安的右旋神螺交给使团。五月十三日，册封使团从福州南关登船，同行两船，载有从客、兵丁、工匠、杂役，共计455人。六月四日开船，行到五虎门等候西南季风。于光甲专程到亭江怡山院拜祭天后，捐款助建，勒石立碑，祈保平安。其碑高265公分、宽67公分、厚18公分，文字以楷书书写。碑文曰："新建天后三氏祠，册封琉球副使内阁中书舍人于宫纂光甲捐银五百两，时大清同治五年，岁次丙寅仲夏勒石。"可天不遂人愿，六月九日放洋出航，他们遭遇了不少险阻，本应一周可达的航程，结果用了两周，六月二十一日方抵达那霸港。

赵新、于光甲到达琉球国后，忠实地履行了自己的使命。他们谕祭故王，册封世子为王，典礼庄重，行为举止适宜，得到琉球上下好评。使团在琉球逗留近5个月，除按次完成各种典礼外，还进行了文化交流活动。赵新、于光甲充分展示了其翰林出身的风采，与琉球各界人士广泛交往，彬彬有礼。他们两人还联手作对联，在琉球留下了大量的墨宝。譬如为龙神庙题联："合长江大河而注诸海；能兴云致雨是谓之神。"再如为蔡端明祠题联："传家茶荔都成谱；遗爱枌榆尚有桥。"还有如题中山先王庙联:"明德维馨,克昌厥后;保世滋大,载锡之光。"他们的联作,工整词丰,令当地士人称赞不已。当时,琉球天使馆设在那霸城,仿中国官廨规制。使馆负责人慕名向于光甲讨墨宝,于光甲稍一沉吟,便为其书下了堂柱联:"沧海曾经,看初日朝升,长虹夕霁;蓬山不远,喜好风帆引,甘雨车随。"

他们更以自己的品性征服琉球上下。册封使在琉球期间,此地久旱无雨,百姓大饥。于光甲便捐出自己的养廉银并劝中山王尚泰赈济灾民。龙王庙刚建,天忽降大雨,一时琉球朝野皆以为神,百姓面向中国方向而跪,山呼万岁。于光甲施赈、劝赈的善举,深得琉球百姓感恩,他们后来为他建有庙宇进行专祭。同时,他的举止也为大清同治皇帝挣足了面子,提升了中国在琉球人民心中的地位。

但于光甲归国后,倒对人生看得愈为淡泊,几年后即请归乡,以教书课子为乐,另著有诗记载充琉球副使的所见所闻所感,士林传阅甚广。《沧城殉难录》收有其《吊千总刘世禄》一诗:"殉城岂善策,匹马扫烟尘。已到万难地,敢留百战身。几人为将帅,只此对君亲。呜咽长河水,沙堤草不春。"从诗分析,他其实挺想报国的,但感报国无门,只能留下诸多遗憾了。

铭　安:缉盗治疆朝鲜使

咸丰六年(1856)进士铭安(1827—1911年,叶赫那拉氏,字鼎臣,满洲镶黄旗人,进士后选庶吉士,授编修,除赞善,累迁内阁学士,历任泰陵总兵、仓场侍郎、吉林将军、太子太保,卒谥文肃)是慈禧的侄孙,其为人正派,且办事能力强,颇得刘崐喜欢。

作为八旗子弟且有慈禧这个后台背景,铭安同族的兄弟多不肯攻读诗书,但铭安的父亲因为早年经历过丧父之痛,又受人排挤,故对汉人权官能吏向来敬重，就一心希望自己的子弟多读书、长见识并有所作为。铭安从小受到了很好的经史教育，且对书法情有独钟，青年时曾专到陕西、河南等地摹碑访帖，对颜体痴迷，宗董其昌。刘崐在内宫教授同治与慈禧书法时，他也曾立侍一旁聆听教诲，对刘崐的书法造诣素来敬仰。刘崐还曾专为其搜集历代贤人为官的故事，教其以忠君、实干、爱民为念，这对铭安的人生影响颇深。中进士后，铭安在翰林院学习时，曾一度因游乐而荒废学业，刘崐得知，毫不留情予以批评，并还汇报慈禧给予了其责罚。因而，很长时间，铭安对刘崐敬畏有加。时翰林院有则笑传，是说他的同年知其畏惧刘崐，某次课休开玩笑说："刘侍郎到了。"铭安吓得立即钻到了桌子下。刘崐对其之严厉可见一斑。而铭安也对刘崐感情深厚，他因肃顺案被革职，铭安是第一个到其宅中探望者，也是第一个向慈禧求情者。刘崐复出，有其一份功劳，恐怕不假。

铭安授编修后，在国史馆工作了较长一段时间，尤其是整理先帝事迹与言录，花了他较多精力，但也因他此事中工作扎实、认真、负责而得到权臣们的肯定。他接而被调去管理内务府，并很快得到信任调至现黑龙江、吉林一带充当边疆军事统领，他管理部队严格，亲自带领士兵不分晴雨进行操练，其统率各部士气大增、作战能力也很快得到了提高。因为作风硬朗，办事公允，他在同治十三年（1874）被调为盛京刑部侍郎，负责八旗子弟犯案处理工作。他不徇私情，按法办事，达官贵人莫不敬畏，八旗子弟犯法案件也明显减少，慈禧甚为满意，更器重他。

次年，光绪帝即位，他被任命为颁诏朝鲜正使，去宣告新皇帝即位消息及安抚附属国臣民情绪。铭安对此工作十分上心，不仅仔细查阅了相关礼数与历年朝鲜正使行迹，而且向郭嵩焘等与外国使节交流较多者请教。临行时，他还抄写了明进士李孙宸［字伯襄，广东中山人，万历四十一年（1613）授翰林院庶吉士，后曾为国子监祭酒、詹事府侍读学士、南京礼部右侍郎兼署礼部、户部尚书，崇祯时又升至礼部尚书，卒谥文介，著有《建霞楼集》等］写下的《送刘太史颁诏朝鲜》一诗送给随从人员，其诗曰："骈骈四牡指扶桑，袖里犹携汉署香。地尽熊津通玉帛，天回鸭绿在金汤。狂澜未息鲸鲵浪，属国原依日月光。自是儒臣折樽俎，无烦飞将度辽阳。"到朝的一个月时间，他与其君臣士绅广泛交流，了解其社会状况，回国后写了一份密奏，建议清朝廷吞并朝鲜，以作东北门户，并自愿带兵前去驻扎，但内忧外患中已经疲于应付的清朝廷没有同意。

光绪二年（1876），铭安被派至吉林进行勘察。他条陈四事：剿马贼、禁赌博、设民官、稽荒地，务实而对症下药，甚得主事者的认同，被着旨立刻施行。同时，为了保证措施的到位，皇帝任命铭安署理吉林将军。吉林这时的武备松弛，强盗丛生，各地衙门为此极为头痛。铭安到任后，即严抓治盗工作。他除了各地派驻部队进行围剿外，还专门招募猎户设立一支名为吉胜营的炮勇队伍。在统领穆隆阿（1854—？，阿勒楚喀镶蓝旗人，曾为吉林六起马队统领，后为阿勒楚喀巡防军统领）、协领金福等的支持下，他们分道追剿盗匪，斩馘甚众。强盗们便躲进深山。他怀着剿匪必尽的信念，训练西丹步兵800人，入山穷搜，盗寇一时基本灭绝，社会治安顿时好转。不久，他再捕获东山逃逸的匪徒，擒拿诛杀了金厂的起事党魁，其军威大振，不少人称其为僧格林沁再世。铭安考虑吉林幅员辽阔，绝不是派任数十个委员就可以治理的，而且八旗子弟治理时不谙民俗，招致怨声载道，因而，他提出破除旧习，调用汉人前来管理。这可谓是石破天惊。在当时排汉势力抬头之际，他的建议可谓捅了极大的马蜂窝，反对声浪甚嚣尘上。他的部下也劝说他为了前程，暂且忍耐，收回原议。但处在风口浪尖的铭安一点也不畏惧，坚持己见，抗疏力争，终获慈禧支持，这才平息了这场风波。

光绪五年（1879），铭安正式就任吉林将军。他又向上奏："盗贼虽平，余孽未靖，亟宜增置民官，画疆分治。"他先后奏请改伯都讷同知、长春通判，理事，为抚民，置知府、巡道各一，宾州、五常同知二，双城通判、伊通知州、敦化知县各一，并请无分满汉。此举，他收获了很多汉族大臣之心，左宗棠更是称他公正用人，乃国之兆祥。铭安在吉林进行充分的社会调查之后，再提出了"弛秧参禁，免山兽贡，增各旗义学"的奏请，士民莫不感恩戴德。东北边境与沙俄接壤，原来设有不少哨卡，但是无兵驻守，名存实亡，铭安分遣将领驻守，并在伯力、红土崖、双城子等地筑建营房，守以重兵，这与朝廷安内攘外的方略十分契合，他因而受到表彰。当时的长春,是有名的难治之地,铭安敢啃这块硬骨头,提出要重用优秀人才,并推举自己的旧知钟彦才为通判。这让他的政治对手抓住了把柄,以其违反条例、插手地方人事进行弹劾,并交吏部商议。铭安气愤难忍,抗言力辩。为了平息事端,皇帝糊稀泥,两解之。铭安更为气愤,便以病辞职。不久,他的下属受贿事发,因失察之罪,他被连降三级。

铭安回到老家后,不再理政,专心研究蒙古历史、服饰变化,以及放牧之道。但他对时局其实甚为关心,也判断准确。宣统帝上位时,他曾对儿子说:"亡国之期将至矣,汝等当自图之!"果然,3年后的春天铭安逝世,7个月后辛亥革命就爆发了,清朝政府被推翻。

咸丰六年刘崐录取的进士中,还有一个很有名的满人贵族子弟,即马佳绍祺(1824—1888年,字秋皋)。马佳氏是满洲八大姓之一,其族人于后宫为妃无数,于朝中任职者亦很多,清初的大学士图海、康熙朝的荣妃、道光时的礼部尚书升寅等皆为其族人。而马佳绍祺少年时即以图海、升寅为榜样努力读书,考中进士3年后任翰林院编修、詹事府左春坊左中允,后改国子监司业。同治二年(1863),他担任会试同考官、左路春坊右庶子、日讲起居注官,直接进入朝廷中枢。之后,他升侍讲、侍读学士,任詹事府詹事、顺天乡试监临,同治十年(1871)为内阁学士,再任镶红旗蒙古副都统、署刑部右侍郎,再迁左侍郎。光绪元年(1875),马佳绍祺任正红旗护军统领,再为泰宁镇总兵、总管内务府大臣、察哈尔都统,直到光绪十二年(1886)任理藩院尚书,再署礼部尚书、刑部尚书。与铭安一样,他致力于边疆尤其是东北的稳定,做出了不小的贡献。他在光绪十四年(1888)升为正蓝旗蒙古副都统,但很快在任上病逝,也可谓为国尽忠到最后一刻了。

庞掌运：寒门进士豫诗人

可能因为自己个人刻苦读书努力进取才有所成的经历，刘崐对寒门士子向来关照有加，尤其对应试的贫寒秀才、拔贡、举人，皆是情有独钟。而庞掌运（1829—1865年，字芙卿，号仙举，河南南阳西峡人，曾为广东镇平县即今蕉岭县知县）就是这样的一个幸运儿。

庞掌运出身于农民家庭，祖辈至父母皆是地道的农民。而西峡又是一个深山贫困之县，出一个人才很不容易，在整个清朝中，该县也只出过两个举人，一个即是庞掌运，另一个为李鹏程。至今，当地还有一首乡谣，言及庞掌运中举后带来的震动："骑毛驴，穿短袄，死读十年去赶考。蹬长靴，戴缨帽，回来坐个八抬轿。院子外边放一炮，院内老子吓一跳。"

庞掌运所居的井窑院本很闭塞，他的父亲是欲其将来做小生意管账而送他到学堂读书的。不意，庞掌运见书心喜，从此不忍释手。更幸运的是，在老师的教导下，他把南阳的两位贤达作为了自己人生的榜样。一位是明朝的首辅大臣李贤（1408—1467年，字原德，邓州人，为官清廉，政绩卓越，官至少保、吏部尚书、大学士），另一位是清嘉道年间著名的武将齐慎（1775—1844年，字三企，号礼棠，新野县人，16岁中武秀才，后以镇压人民起义闻名，道光时升甘肃提督，再在新疆平叛，鸦片战争时守佛山与镇江），尤其后者反对签订《南京条约》，1841年10月被夺职留任四川后仍思报国，让庞掌运感触良深，立志要继承其遗志，拯救万民于水火中。也正是出于对齐慎的仰慕，他不辞辛劳，进入南阳邓州齐慎曾就读的花洲书院学习。这所书院的创始人为北宋著名的能臣、文学家范仲淹。在这里就读，庞掌运大开眼界，更专注于学习经史尤其是经世致用之学。两年后的道光二十七年（1847），18岁的庞掌运考中了秀才。他又转入康熙三十年（1691）由南阳知府朱璘创建的南阳书院。这里，名师汇集，常有权臣达贵中的理学大师前来讲课，庞掌运由此进一步拓宽了视野。他系统学习了四书五经、左传、国语、史记、汉书以及唐宋八大家的文章，还有周敦颐、邵雍、程颐、张载、许衡、薛瑄等大儒的书籍，学问大进。咸丰元年（1851）他参加河南的乡试，顺利中举，又在五年后荣登丙辰科殿试金榜二甲第三十六名，改授翰林院庶吉士。

庞掌运颇得刘崐喜欢。1859年他从翰林院学习结束后，刘崐即把他带在身边，任国史馆协修官，而两年后，正是因为刘崐的荐举，他被派任广东乡试同考官。在这次乡试中，庞掌运求贤若渴、任人唯贤的特点表现了出来。他对每位拟录考生，不仅重其文采，而且仔细查阅其经历、了解其品性，有行为不端者立被其剔除。而他最终推荐的20多名举人，如李士菜、陈益元、高秩清、翟桂芬、陈汝霖、刘端禾、袁同熙、黄槐森、韩师文等，皆后来成为广东名士，都有不错的仕途或文名。

也因他录取人才公允、客观，他得到了朝廷的重视，于次年就没有回京而直接改任广东镇平知县。在任内，他以"培文教，抑豪强，靖地方"为己任，工作勤恳，时时为百姓着想，重水利，兴农桑，减赋税，甚得士民推崇。他更为人称颂的是其爱国之心。当时正值第二次鸦片战争结束不久，帝国主义豪强的入侵让他愤恨非常，而朝廷大员的卑躬屈膝更令他不满。他由是更敬重那些抵御外侮、英勇献身的爱国将士，尤其鸦片战争中牺牲的爱国将领葛云飞、关天培、王锡朋、郑国鸿、裕谦、陈连升，更是被他列入乡祠祭奠。他还曾印刷林则徐、邓廷栋、左宗棠等爱国志士的诗歌，作为教材推广，并要求学生背诵。他自己也作诗抒怀，他在《感时》诗中如此表达："小丑频年瞰不休，养成巨患几春秋。悬知中国无司马，可怪诸臣尽汗牛……当年血战阵云昏，半夜潮声下海门。……琦奕依然关葛死，西风江上吊忠魂。"这种反帝爱国的坦诚，让人至今唏嘘。

时运不济的庞掌运没有等到大展宏图之机，因为水土不服，加之读书时太过刻苦留下许多病根，他在镇平任上仅3年即逝。重得朝廷重用的刘崐得到弟子去世的噩耗，忍不住放声大哭。

潘祖同：书画收藏沦落人

命运有时很难琢磨，即使有才，如遇时机不巧，可能终生无为。刘崐对此深有体会，因而也对潘祖同［1829—1902 年，字桐生，号谱琴、岁可老人，江苏吴县人，咸丰六年（1856）进士，后曾为国史馆协修、户部左侍郎，著名的藏书家］最为痛惜，称之为自己最怜惜者。

潘祖同出身于显赫的"祖孙父子兄弟叔侄翰林之家"，一门九进士，他是其中一位。他的祖父潘世恩为权柄一时的大学士，他的父亲潘曾莹曾为吏部左侍郎，他的堂弟潘祖荫为帝师、首席军机大臣，即便他最小的弟弟潘祖年（1870—1925 年，字仲午、拙速，号西园，有《拙速诗存》问世）也因祖荫而选补刑部云南司郎中兼福建司行走记名，加盐运使衔。作为潘曾莹的长子，他从小就好读诗书，在书画上面也表现出了很强的才能。从现流传的作品看，他在山水画上工笔细腻，除有传统文人画的空灵意境，还借鉴西洋画的色彩，表现出了很强的中西融合趋势；他的人物画像更类似素描，简单几笔，传神而又惟妙惟肖。

咸丰元年（1851），潘祖同得四品荫生，2 年后中举，又 3 年后会试中进士，选翰林院庶吉士，可谓一帆风顺。而与其家族交往甚多、彼此也关系密切的刘崐，对其仕途充满期待，甚至一度以为咸丰六年录取的进士中，潘祖同可能会是官运最顺畅的一个。开始的两年，确实是如此。潘祖同还在翰林院学习，就被授国史馆协修，掌握着皇家的诸多机密，也在整理当中学习为官从政之道。接而的咸丰八年（1858），他被任命为顺天乡试同考官，授予户部左侍郎职，主考官则为大学士柏葰，而同时，这年顺天武举的副考官是刘崐。刘为此很得意，谓之师生同取士于顺天，文武兼备，实在难得，还为此作有诗歌一首以赠潘祖同，希望他为国公正选材，以更好地服务于朝廷。但是，潘祖同在此犯了一个严重的错误，他接受朋友托请，把一个文墨不多、本不能报考的戏子也录进了榜单。舆论哗然，礼部尚书肃顺更是怒不可遏，誓言一定要把此科举舞弊案查破。结果，主考官柏葰因此人头落地。朝廷考虑潘家贡献巨大、功绩卓越，而其父潘曾莹又自请辞职、堂弟潘祖荫自请去侍郎而降为编修，遂没有将潘祖同判处死刑，而是革职充军新疆。这可真是一下从天上掉到了地下，潘祖同自食恶果，终于体味到了人间酸苦，他一夜之间白头，令刘崐心痛不已而又恨之不争气。

可不幸还在延续。潘祖同被发配守疆的当年，他父亲潘曾莹在苏州的学生杨鼎来（字小匡，淮安山阴人）来到京城赴考，在顺天中举，来到潘宅谢师恩，不意与潘祖同的元配夫人查婉香相遇。杨、查两人在苏州原是两小无猜的旧识，只是因潘、查早有婚配而无缘。此次重逢，旧情复燃，尤其是潘氏失势、潘祖同又革职遗戍，杨遂无所顾忌。然而，世间没有不透风的墙。坐观老人《清代野记》卷下《杨查孽缘》是这样描述的：潘曾莹一日来子宅，"见杨与女唱和诗，语多狎亵，遂逐杨出。次年，杨会试不第，竟夤夜逾墙入潘宅，负女遁。潘氏聘拳师五人，使于中途杀之。追至杨柳青，见杨与女叠骑而驰。五人皆败而还，杨遂安然归故乡矣。"潘家自然不肯忍气吞声，"于是潘氏父子遍告同乡故旧，闻者皆恶之。朝臣相戒如会试得杨卷，即抽换，不使淫凶得志也。无何，杨竟于同治戊辰复入京应试，乃拆弥封，杨名在第九，已进呈御览，不能易。（案：如放榜前数日，必将拟中前十本进呈，候钦定也。）遂更相戒于殿试时抑之。杨素工书，师米襄阳，人皆识之。至是杨变化率更体，众果不察，进呈前十本，杨之卷又在焉。朝考时始抑入三等，犹得用主事，分工部。杨自知不容于清议，不复作春明之梦。遂归，筑精室于淮之河下，与女居，日相唱和，享闺房之乐二十余年，授徒以终。淮之人呼女为'汤夫人'，盖全其二夫之姓之半而谑之也。杨自书楹帖，榜其门曰：文章有价，阴骘无凭。女先杨数月死，杨挽以联云：前世孽缘今世了，他生未卜此生休。能于无可着笔之中，曲曲传出心事,可谓才人之笔。淮之人述女《赠杨会试送行》诗云：淮水清清河水浑，安排行李送王孙。明年三月桃花浪，君唱传胪妾倚门。"这事后来又经弹词家、小说家等改编、演绎，传播极广，也真是让潘家丢尽了脸面，潘祖同被戴绿帽子之事也天下闻名了。也因这个打击，后来潘祖同归来再娶妇，提出的要求就是女方不能太漂亮，这可能是受此刺激的缘故。潘祖同两妻一妾，皆无子嗣，后过继弟弟潘祖喜之子以延脉。

被革职永不得用的潘祖同10年后归田，他以书画、收藏古籍为事。家有藏书楼"竹山堂""岁可堂"，藏书有4万余卷，潘祖同皆亲自校雠一遍，分四部而藏。藏书印有"旧史氏""还读书堂""梅逸道人""吟兰书屋图记""祖孙父子兄弟叔侄翰林之家""同是天涯沦落人"等。他又游历四方，刘崐为湖南巡抚时，他还曾专门跑来湖南探望。闲余，他写下了大量的诗歌、散文，有《竹山堂联话》《竹山堂随笔》《竹山堂诗补》及《竹山堂诗文集》等问世。

李宏谟：履职直言寒门子

出身寒门而性情上爽直、快言快语的学生，自然是容易取得久经官场、看惯了人间悲欢的刘崐的喜欢的。而咸丰六年（1856）进士李宏谟（1828—？，字禹山，号仲远，河南开封人，进士后改兵部主事，再为顺天同考官，历官至顺天府丞、监察御史）正是这样的幸运儿。

李宏谟并无显赫的家世，居于开封南薰门内，他的曾祖父李芳、祖父李文相、父亲李祥都是地道的老百姓，从没有当过官任过职，他的岳家、外祖家也只是普通人家。是故，在中举前他与盛氏生有一子，取名金榜，号珠囊，对其寄予希望，即凭借能写字字珠玑之文而求得金榜题名。但是，经过学习，李宏谟录取成县学的生员后，开始有了大志，即入世为官、报效国家。尤其是道光末，他进入设在开封杏花园街的茗香书屋，这改变了他的人生。首先，他拜了一位好老师——马虎文［字炳章，号茗航，许昌人，道光二十九年（1849）拔贡］。马是极有社会视野同时饱读诗书经典的学者，研习史传精深，在教育方法上也有一套成熟的经验。他注重学以致用，在教导弟子学习经典的同时，又引导并鼓励他们关心时局、结交士绅、讨论国事。正是在马虎文的教导下，李宏谟与许贞元、徐祥麟、冯端本、冯端人、孙树、边乃耕、王宫午、高文铭、高文钧等人一起组织了茗香社，共同探讨学问，他们之间"晨夕聚首风雨谈心，一日不见则觉不快"。在当时，高文铭因故无法同大家"晨夕聚首"，李宏谟就抄一份高文铭的文稿置于案头，"俾日对其文如见其人"。这种研讨，让他们学业进步速度非常快，后来几乎全部中举。冯端本是他们中中举的第一人，时间是道光二十九年，尔后就是李宏谟，于咸丰二年（1852）中举。这样，茗香书屋很快因其学子"不数年间先后登贤书成进士"而名声大噪。后来，因各有了功名，分散在各地做官，"或每月而不得一见，或每年、数年、十数年而不得一见"，李宏谟不能忘怀，便整理学友之文付梓，以求见文如见人，便形成了《茗香社课艺》一书。

李宏谟被刘崐点录为当年二甲第五十九名进士后，受教于他的主要是四点：一是书法，二是国家治理的法律规章，三是为官之道，四是为人处世之学。李宏谟于咸丰九年（1859）在翰林院学习结束之后，先在兵部任职，再任都察院的浙江道监察御史，升掌浙江道监察御史。后来，他又任户科、礼科、工科的掌印给事中。给事中隶属都察院，与御史同为谏官。这时，李宏谟的性格体现了出来，他"视民事犹己事"，忠于职守、敢于直言。其内容，除关于"防火灾""杜水患""亲君子远小人"外，还有在河南遭饥荒时所写的《河南饥特疏请饬河南抚臣截南漕以备赈恤》。而最著名的却是他针对慈禧因病多日不理朝政而写的一份奏折。此折的主要内容为"勤召对一疏大旨谓：朝廷之敬怠，实天下之治乱所关。方今军务未竣，水旱频仍，矧本日日食至九分有余，天象变异，尤堪悚惕。伏乞慈禧皇太后圣体大安即逐日召见臣工，访求治理庶政，事修明灾可化。"当时，慈禧的权势如日中天，李宏谟为了履行御史职责却不顾个人安危，写出这份奏折，说明他具有大无畏的精神。可也因此折，他最终虽"特降懿旨加恩免其褫革，仍传旨严行申饬"。而这，让李宏谟受到了人们的赞誉，名扬天下。后来，李宏谟由于学问好、人品好、声誉好，再升为内阁侍读学士和顺天府府丞。他还勤于作文，流传于世的有作于1885年、怀念挚友高文铭的《高仲新传》等。

李宏谟对自己的成就并不满足，因而他严格教子，要两子认真读书，继续走科举之路入仕。儿子们也都在二十出头即取得功名。长子李象寅是著名的书法家，为光绪元年（1875）举人，官至内阁中书，著有《都市丛载》这本全面展示清代北京社会的旅行指南书，还有字帖《大字结构八十四法》。次子李象辰为光绪二年（1876）河南乡试举人，次年考中二甲第七十五名进士，钦点主事，签分兵部充实录馆校对。自此，李氏遂成开封科举文化名家。

孙钦昂：重孝为民好家风

孙钦昂（1817—1889年，字子定，号师竹，河南荥阳人，进士后曾为广西学政、翰林院庶吉士教习，武英殿、国史馆协修及纂修、实录馆提调、福建兴泉永道、署理福建督粮道，著有《映雪斋集》等）为咸丰六年（1856）进士，是刘崐颇有好感的一个学生。他能吸引刘崐的原因简单说来就是三个：一是为人重孝节，二是为官一心为民，三是家学延绵传子嗣，形成了良好的家风。这是刘崐认定的人生三底线，孙钦昂全做到了，自然让其欣喜。

孙钦昂出身于小地主家庭，家人的作为对其成长影响甚大。他的祖父孙笃秉性耿直，精通经史，应试时因学使怀疑文章非其所作，一怒之下不复试，以授徒终。他的父亲孙树之（字干甫，号果堂）影响他最多的是重孝道。孙树之少孤，对母至孝，母在家纺织，兄勤于耕田，并卖豆腐维持生计，勉强供其就学，常以豆腐渣充饥。一天，孙树之自私塾回家，母拿一糠饼说："家中仅剩这一糠饼，娘不舍得吃，留给你。"孙树之感激落泪,更加勤奋读书。他选拔贡后朝考分发山东,先后就任邹县、蒙阴、禹城县知县。他到任后了解民情知城民之苦尤其是吏役敲诈百姓使水运困难,便严加惩治并捐钱改派役为雇役而去其弊,再修学宫,去安葬税,打击犯罪,改革陋习,屡有善政,是典型的循吏。传说,他在荷城时将内政治理得井井有条,百姓安居乐业,但不料遇蝗灾,他无奈之下只得率民捕捉,但其力远不逮,正发愁之际,野地里忽然跳出青蛙,将蝗虫吞食丁净,民以孙知县为神,有神灵相助,故其任满复回禹城时,民制万民匾,上书"同仰慈仁"而送至他的家乡,引得朝野称颂。他还不畏豪权,刚正不阿。某制军经过禹城驿,其家丁施暴于馆人,孙树之缚而责之,后自找制军请罪,制军感动称谢,说家丁狐假虎威,代责之,固当称谢。其后,抚军钟云亭特荐他为福建节度使,但此时其母生病,孙树之辞职回乡尽孝,不复出。他经常教育孙钦昂和其弟孙钦晃的几句话是:"州县官易为民造福,州县官尤易为民作祸,汝曹幸不为此,如为此当以吾两言自省,君本书生不习吏事,而所至必访士之端正者,就而问民之疾苦无。严保甲,勤判案,谓保甲严则户无敢匿,判案勤则吏不能欺。"此言至今仍是为官经典名言。他回到孙庄后,以余力建宗祠、置祭田、修族谱,尤其是设义塾"蒙养学堂",为当地民众学习文化知识,惠及后代奠定了基础,孙庄男人都识字,一时在河南传为佳话。咸丰年间社会治安混乱,他督工重修须水寨,出面整顿洞阳书院,手订坚壁清野章程以保本地平安,甚为乡人称道。他还有一个好习惯,一直到老,手不释卷,日有所为,夜必著书,著有《留耕堂集》四卷。

　　孙钦昂少随父亲在禹城读书,一目数行,被人视为记忆力超强的神童。他精经史,习书法,好作文,诗赋文词,皆在士人中颇有名望。他的科考也极为顺利,道光己酉(1849)考中拔贡,咸丰乙卯(1855)顺天乡试中举人,丙辰(1856)成进士,钦点翰林院庶吉士,3年后散馆授职编修。朝廷本拟其到六部任职,但此时他的母亲生病了,孙钦昂毅然请辞回家尽孝。对这点,刘崐极为赞赏,说:"尽孝无功利欲,善矣!他日必有大图。"在家乡,他应朝廷号召,办起了团练,维护地方稳定。咸丰十年(1860)又倡修皇古寨,加强军事防御力量,以此他获赏五品衔。

丁忧后返回京城，孙钦昂正式开始进入仕途。他为官36年，清廉正直，励精图治，留下了不少可圈可点的政绩。同治三年（1864）他简放广西学政，当时粤匪初平，又有瘟疫流行，但他无畏无惧，毅然前往。到任后，他发现当地因匪徒烧毁贡院考棚，抢劫考生，已有数十年岁科考试中断，便请求就近调考，主张"岁科并考"，并奏请由学臣办理。此建议提高了国家挑选人才的效率，给当地考生创造了更多成才机会，被皇帝采纳。也因在广西作为不凡，他在甲戌年（1874）被调任翰林院教习庶吉士，协办院事。他做事认真勤恳，以务实而在士林中闻名。因而不久后他又任奏办院事本衙门撰文，他为解决翰林们的生活问题多次向朝廷奏请提高待遇，并修缮他们的住房，加强防寒措施，得到一致的拥护。光绪乙亥（1875），他任武英殿和国史馆协修、纂修，接而升功臣馆提调，再转实录馆提调，并在京察中被考评为一等。接而，己卯年（1879）任福建乡试提调。他监察考试，防微杜渐，其小心谨慎，甚得称颂。这一年，实录馆全书告成，他得以赏换花翎，钦加二品衔，简放福建兴泉永道，署理福建督粮道，驻在厦门。这之后的几年，成为其人生的辉煌时期。他主要做了八件事情：其一，作协调。当时外国人多，与本地人多次械斗，交涉棘手，孙钦昂示之以信，将之以敏，处之以公，不顾危险前去诚心劝解，众人皆服。其二，重文教。厦门有玉屏、紫阳、禾山书院，院生以前皆在外应考，颇多不便，孙钦昂筹备经费，在院局试诸生，若棘闱然。他还对评定得超等者，增给膏火。这极大地提高了读书人的热情，不久便有林蔾光等人脱颖而出。其三，理民诉。厦门多讼棍，这些包讼者颠倒黑白，缠讼不休。孙钦昂釜底抽薪，"以绅董耳目较近，设同善局，令绅董调停民讼，讼端以息"。其四，修围栏。厦门有七池八河，夜间行走时因黑暗常有人溺死，孙钦昂发现后，命工匠修筑栏杆，使无溺患，行人便之。其五，施棺材。厦门尝有饿殍，连日不殓，孙钦昂设恤无告堂，施棺以葬之。其六，种牛痘。当时贫困家庭儿童常遭痘殇，他便设局种牛痘，自是天花之患渐减。其七，设义冢。厦门百姓迷信风水，富贵之家抢占吉地，而导致贫困人家的骸罐暴露漫山，孙钦昂见而怜之，令有嗣者各自安葬，无嗣者设义冢以埋之。其八，赈风灾。光绪壬午年（1882），厦门遭遇飓风，居民损伤无数，孙钦昂设法救济，救人无数。因有这些为百姓谋的善行，乙酉年（1885）孙钦昂乞病归籍时，民众罢市送行，垂泪跪磕不止，送伞盖、衣镜、旗牌数十事，而海面爆竹喧天，终日不解，世所罕见，以致孙钦昂自己也涕泪不止，喃喃自语道："我有何好处，错爱若此？"孙钦昂也特别关心家乡建设。同治十年（1871）六月二十三日夜大雨，索水暴涨，荥阳县东城门被冲没。次年，他与知县王锡楷筑砖城，并建月城，榜曰迎晖。他为皇古寨、须水寨写记，宣扬地方名胜，并曾倡导改革陋习，治丧不用鼓乐，本家传统至今未变。

孙钦昂还以胸怀韬略著称。甲辰年（1844）法国人兵逼马江，进行挑衅，孙钦昂曰："敌心叵测，不以惩创，不足以摄其心而寒其胆。"但清廷意在求和，守臣不听孙钦昂劝告，将兵舰撤回，造成马江失守。曾培祺后来作的《皇清诰授资政大夫二品衔福建兴泉永道师竹孙公神道碑铭》也记载道："马江之役，敌人深入，我水师环敌而泊，炮皆内向。公知之，急白于大府，请速以船向敌，大府以战否未定迁之。未几，敌人先发，我军失利。人皆服公之先见。"他还对外防御极有心得，左宗棠称其"将才难得"。福州将军穆图善还曾批银，托他解赴台湾交台湾巡抚刘铭传："台军被困，饷道不通，主帅以蜡书求救。公遣武弁乘小舟携商券数万金由鹿耳门暗渡以济，台帅德之，密以材堪大用荐。"

孙钦昂有位好继室。张氏聪颖贤惠，精通琴棋书画，15岁随母避难到京师跟姑母生活，得刘崐介绍，23岁归孙门，她对孙钦昂前妻留下的两个孩子精心抚养，如同亲生，其姑母有病，割臂肉入药。在这样的好家风下，孙氏一族能人辈出，孝忠行于天下。他的二弟孙钦晃［1835—1904年，字子实，号友梅，同治七年（1868）进士，历任刑部多司主管，后为通州坐粮厅监督、广西庆远和桂林知府、右江兵备道］性警敏，卓然不群，以刚明果断，守正不阿闻名，他署桂林知府时当地土司向其行贿千里马，他严拒之，并教育儿子说："土司世袭贪婪，所畏者郡守耳，一受其贿，何以表率群吏乎？"他的三弟孙钦昱（字子宓，号友松）议叙武职，性慷慨，主持正义，在乡亲中威望很高，曾在咸丰五年（1855）惩治荥阳二十里铺横行乡里、凶暴残忍的劣豪王景仁，还以联络各寨防范土匪、保护百姓平安著称，后得举蓝翎都司，改补东河通判。孙钦昂的儿子孙综源［1853—1907年，字博臣，号象庵，光绪十一年（1885）拔贡并举人，次年连捷成进士，授翰林授编修，主讲汴源书院，再任国史馆协修、纂修，河北知府］更是饱学之士，少以诗赋闻名，曾任京师大学堂总纂、学校司帮办，当时大学堂教材皆出其手，可见其才。

李寿蓉：诗文进士联语家

刘崐晚年退隐长沙时，很长时间不与人来往，甚至拒绝门生前来登门，但是有一个咸丰六年（1856）其录取的进士学生除外。这个人，就是李寿蓉（1825—1895年，字械叔、均裳，号篁仙、天影庵居士，长沙望城人，曾为户部主事、江汉关道及芜湖道）。这是因为其诗文尤其是联语为刘崐所喜，两人常在一起探讨诗联。

李寿蓉出身小地主家庭，父亲虽未有功名，但读书识字，有一定的文化。他兄弟六个，他居第三。他年少时，即聪颖灵惠，因而得表兄丁叙忠（1800—1869年，字仲伦，号秩臣，清末著名数学家丁取忠之兄，望城人，岁贡生，著有《读易通解》）及其父亲丁宏喜欢，遂从学，攻读宋五子书以及朴学。他的领悟力强，于是曾从贺熙龄在城南书院就读过的丁叙忠便荐他到城南书院就读。在这里，他有幸拜入陈本钦［1790—1845年，官至御史，曾国藩好友，道光二十年（1840）回乡任长沙城南书院山长］门下，跟从他攻读八股文。这时，与他同窗的有湘潭王闿运、武冈邓辅纶和邓绎、攸县龙汝霖，他们5人既希望通过科举走向仕途，又对社会现实很不满意。枯燥的制艺的课习，让他们更珍惜课余攻读。他们大量阅读历代诗文，有了共同的爱好，常赋诗酬唱，尤以汉魏六朝诗为模拟对象，彼此标榜，遂被人称为"湖湘五子"。五人中，李寿蓉年纪略长于另四位，学业亦冠同窗之首。王闿运称李寿蓉："学八比试贴大卷,皆甲于四子。"(《天影盦诗文序》)这些同窗中,也唯李寿蓉科举成名,荣登进士。而王闿运、龙汝霖以举人,邓辅纶以副贡生,邓绎以廪生终。在当时,李寿蓉是最令恩师陈本钦欣赏的高徒。

李寿蓉在道光二十五年(1845)成博士弟子,补廪生,咸丰元年(1851)中举人,咸丰六年(1856)中进士,授官户部主事。但他的时运不济,仅为官几个月后的咸丰九年(1859)十月,肃顺严治户部银库亏空案,李寿蓉被牵连入狱。他的妻子蒋氏正身怀六甲,闻丈夫下狱,忧心加剧,两天后因血崩而亡。这样的惨痛经历,让李寿蓉终生怀痛。即便同治元年(1862)肃顺被杀,他昭雪出狱,官复原职也不能释怀。于是,刘崐托人为其续婚,迎娶王氏,并在同治四年(1865)四月生有次女李闰。可是,不幸再次降临,六年后王氏又病逝。虽有保姆高氏受王夫人临终之托,抚养李闰诸姐妹如同己出,教娴仪则,令习诗礼,李闰后来还嫁给了"戊戌六君子"之一的谭嗣同,但李寿蓉颇觉自己不适应北方,遂于同治九年(1870)二月请假回籍。虽然后来得刘崐等人的鼓励,他也曾捐道员,并先后在湖北、安徽等地为官,在汉阳、黄州、安庆、滁州、和州等地有任道员职,但他对仕途并不热心,遂归故里讲学。

李寿蓉文才卓越,善诗文,尤工对联,著有《天影庵联语》,给后世留下了180余副佳作。1933年,湖南浏阳人卢希裴将曾国藩、王闿运、李寿蓉等六人联语合为《六家联语合钞》一书出版,将李寿蓉列为湖南六大联语家之一。他评价其联语说:"辞艳意新,境界似春花秋月,绮霞抽秘,骋妍情韵,不匮寅清。"复旦大学教授、著名音韵学家陈子展在《谈到联语文学》中曾这样评价清代楹联家的创作:"有清一代,联语的作家很多。如纪晓岚、阮芸台以典切胜,郑板桥、俞曲园以质实胜,曾国藩、左宗棠、彭玉麟以魄力胜,何子贞、王壬秋、李篁仙以才气胜。他们都是著名的人物,联语是他们的余事。只有李篁仙就像专以联语名家。"李寿蓉的对联高华工丽,譬如题武昌湖南会馆的两联,其一曰:"廿四桥月夜箫声,好向此间听取;一再鼓湘灵瑟韵,如从天上飞来。"其二曰:"将相功名,开湘楚数千年未有之局;衣冠人物,泛洞庭八百里交会而来。"他更善于为人题门联、寿联、挽联,流传最广,时人得之为宝。譬如他为长沙贾谊祠题道:"当年有痛哭流涕文章,问京西对策谁优,惟董江都后来居上;今日是长治久安天下,喜南楚故庐无恙,与屈大夫终古相依。"此联用董仲舒和屈原来作陪衬,提高贾谊身份,表现其有安邦定国之才、高风亮节,却又良策不被采纳、人不得重用。从结构上看,此联以散文笔法入联,令人读来舒缓自如,语感极佳。他还善于把典故、诗词砌入联中,文化韵味甚浓,譬如题山西湖南会馆联:"霜威出塞,云色渡河,李太白咏三晋遗风,今日犹如昔日否;汉口夕阳,洞庭秋水,刘长卿写两湖好景,此乡得似故乡无。"上联起句出自李白《太原早秋》诗:"霜威出塞早,云色渡河秋。"下联起句出自刘长卿《自夏口望岳阳》诗:"汉口夕阳斜渡鸟,洞庭秋水远连天。"此联最妙处在既写山西又写湖南、既写古时景又写今日情,诗趣提问,委婉巧妙,气韵不凡,极富感染力。李寿蓉写联重感情渲染,情真意切,令人垂泪,如他为继室王氏写的挽联,就打动了无数文人,其联曰:"千里远谐鸾凤,撑支门户,胜似丈夫,那堪薪米萦怀,空费卿百啭柔肠,难带些须泉下去;十年两折鸳鸯,问讯幽冥,应呼姊妹,倘使蘼芜忆旧,当念我独居苦况,相邀同入梦中来。"此联写得哀怨缠绵,不少闺中女子皆可背诵。

李寿蓉还为自己的家乡写有不少诗、联。最著名的诗是《靖江览古即呈星使曾涤生侍郎》:"湘流北去界青枫,驻节依依李卫公。萧氏何人图割据,楚江曾此识英雄。跳梁义聚群蛮族,傅垒争思上将功。谁扫氛埃护城郭,万家香火祝南丰。"而写的对联中,最著名者有二:一是为杉木桥宗祠所题联:"自乐安一大姓分徙而来,基址槃深,念缔造敢忘辛苦;阅洪武五百年递传以下,门庭恢廓,荐馨香不少衣冠。"二是为长沙河西七峰山戴公庙戏台所题联:"山镇七峰高,壮三公毅魄英魂,终古森然有神在;楼开百灵会,总前代忠臣义士,一齐装出与人看。"

邓宗衡：仁慈敦厚万家福

刘崐认为，一个人本性仁慈、敦厚，只要初心不改，必能有成。这既是他对学生品性的要求，也是他的期待。而邓宗衡［1821—1890 年，字炳南，号崧臣、寿山，湖北黄梅人，咸丰六年（1856）进士，曾官仓场监督、湖北知府、发审局总办］就是忠实执行这一做官为人标准者。

邓宗衡从小受到了很好的家庭教育。他的家族在黄梅是个显赫的士绅之家。曾祖父邓来因家族中屡出人才而恩赐举人，他重视图书收藏，为其后人攻读诗书经典提供了诸多方便。他的祖父邓象贤是太学生、父亲邓莹是岁贡生，虽屡科举不中，但结交了不少士人朋友，这为其后来的博学打下了扎实的基础。他的兄长邓宗岱也是太学生，在其幼学启蒙时对其指导颇多。而影响他最多的是一个族兄、人称"湖北第一才子"的邓文滨（1811—1890 年，字绣章，号雅人、渭卿、南阳布衣，增贡生），他自幼聪颖好学，"读书有神，载籍一经寓目，皆能甄差派系，探索本源，为文万言立就。"邓文滨尤其善作文，"文艺尤为士林传诵"，但考运不济，两次乡试，一次"正考官卒于闱，副考官始遗之"，一次则题名时再次以额满见遗。邓宗衡少年时即以这位族兄为榜样，努力学习，读诗书经典，手不释卷。

而可能因借鉴、总结了家人科举不得志的教训，邓宗衡在科举上很是顺利：年十四应童子试，九擢正前列，获县府团案冠军三次，观风屡取第一。他在道光二十一年（1841）入邑庠，在这里，他遇上了一位姓朱的好老师，指导他经世致用之学，并辅导他作诗，他由此学业大进。再而考入县学，又有一位姓王的老师督课，对其进行史学熏陶，并重八股文写作，他勤恳刻苦，甚得老师欢心，甲辰（1844）岁试考取一等。

在老师的鼓励和精心培养下，他于两年后参加了道光丙午科乡试，取得了第十七名举人，拣举知县。这在黄梅邓氏家族中是件引为荣耀的事情，在邓文滨的建议下，族开宗堂，延请名士来授其毛诗及唐宋八大家文章。他更是不肯辜负厚望，对自己要求严格，每天学习不到子时必不得入睡。于是，庚戌科会试，他得房荐堂备，接而咸丰壬子科（1852）会试又得房荐，终于在次年的癸丑科中式第一百七十八名贡士。丙辰科殿试中，他得中三甲第十七名进士，引见奉旨以主事用，签分刑部，历任奉天司、贵州司行走。

邓宗衡进入仕途后，更本着务实做事、仁慈待人、为民着想、蕴蓄温厚品质的准则处世。他不挑剔同事，也不埋怨他人，即便他人有错，也总是先找自己的毛病来补救，这令他得到上级与同事的敬重。他同治壬戌科（1862）会试担任弥封官，次年补直隶司主事，这时责任更为重大，他总是做事冲在前面，而功劳众人同分，他由此带动本司成员屡立佳绩，也得到了嘉奖。他再在同治六年（1867）授贵州司员外郎，七年（1868）擢升河南司郎中，历经堂派正主稿总办秋审处行走，校对黄册，覆看秋审实绥册，他做得兢兢业业、一丝不苟，颇为人看好。但是，他坚持一个原则，即从不找上级求官，也不拿钱去孝敬，只守着自己的本分做事，因而也难以得到大的提拔。光绪元年（1875），他被调至仓场担任差事，七年后以仓场监督用，再两年后俸满，便截取繁缺知府补用，分发浙江，被任命到办发审局。第二年，他被下放担任知州。在任上，他为当地百姓办实事，兴修渠道与交通，发展农桑，重视书院建设，得到士民拥护与爱戴。五年后离任时，该府人送其伞二柄、牌二副，文曰：才侔苏白，绩比龚黄，整躬严肃，办事公平。临行送牌云：万家生佛，一路福星。悬额于郡之大堂，文曰：仁慈温厚。送别时，一些老士绅泣不能言。他因而回到省城后即充发审局总办。

邓宗衡有11个儿子、3个女儿，他之后的大家庭中虽有不少人考为贡生或增贡生，但中举人者仅有其侄邓钟麟，没有再中进士者。时人叹息道：人丁旺而士不兴，可谓大而不精矣！

进士诗人：崐门教化彰异彩

刘崐喜好诗歌，在毛诗研究上颇有所成，曾国藩曾专向他请教，而他自己也是一个有所成就的云贵诗人，中举之前，其所作诗歌屡被人称颂，以致向来对偏远地区进士有些轻视的祁寯藻和倭仁，都对他刮目相看。而他在录取学生时，也常考其诗，在这方面有所才能者，往往为其所喜欢。也因而，他的门下，尤其是咸丰六年（1856）和十年（1860）两次会试的进士中，聚集了一批颇有影响力的诗人。

其一：陈寿祺（原名源，字珊士、子谷，号慎三、云彬，室名纂喜堂、青博阁、芙蓉馆，今浙江绍兴人，咸丰六年进士，改庶吉士，授刑部主事，著有《纂喜堂诗稿》）。他的诗作直抵人心，有痛快淋漓之感。譬如《书寄陈昼卿书尾》："欲归还小住，杯酒许重斟。信宿分离后，相思直到今。大江流远梦，小雅托哀音。记否中山夜，绳床听雨心。"再如《喜得家书口占长句》："又是山城半载过，客中是处寄吟哦。人如明月圆时少，友似东风散处多。一第艰难负镫火，十年贫贱托诗歌。家书乍报高堂健，今日春晖喜若何。"

其二：董文焕（1833—1877年，字尧章，号研秋、研樵、砚樵，山西洪洞人，咸丰六年进士），他在同治四年（1865）补甘肃甘凉兵备道，途经陕西，为布政使林寿图奏留委办山西米捐，后再授甘肃巩秦阶道。他一生著述颇丰，在音韵学上研究颇深，有《声调四谱图说》14卷、《集韵编雅》10卷，又涉猎昆曲和史书，有《西昆集选录》1卷、《四史编雅》4册，但成就最大的还是诗歌，有《砚樵山房诗》初集8卷、续集4卷、《孟郊诗评点》2卷、《秋怀倡和诗》2卷、《藐姑射山房诗集》2卷、《岘樵山房倡和诗存》2册、《嘤鸣求声集》4册，另还有《金陵志喜百韵》《岘樵山房记》《蛾术录要》《墨余便录》等。

其三：秦赓彤（1807—1884年，字临士，无锡人，咸丰六年进士），官刑部员外郎，后以疾引归，主讲东林书院十余年。他为诗奇崛，于政治腐败多有不满，鸦片战争时期有《咏史》诸作，抨击清廷的卖国行径；而写景之作以清新秀润见称，间有闲适之意，譬如《寄畅园》："凤谷旧行窝，园扉冒女萝。岚光吞日小，树影落池多。台榭今已矣，禽鱼乐若何。天然有真趣，游憩怳盘阿。"他著有《铁花仙馆诗文集》《太极图说解》等。因诗，他还对弹词有研究，并对与陈维崧、朱彝尊并称词家三绝的顾贞观颇为推崇，顾贞观所著词集《弹指词》出版时，他应邀写序，慨然有叹："先司寇题语有云：'本朝词家，以弹指为最。'窃展卷诵之，惊为自古词家所未有，盖唐宋以来词格，凡几变矣，先生之词，穷其变而会通，而极其至。神明变化，开前人未开之境，洵乎为一代之词宗，而叹先司寇公评骘之当也。"

其四：顿福之（1832—1873年，字子元，号祉缘，河南信阳人，咸丰六年进士），曾为京都国史馆修纂，后在礼部监习领尚书衔。他是一个正义感很强的爱国诗人，咸丰十年八国联军攻克北京，皇帝携两宫逃奔热河，他出于爱国义愤，贸然向皇帝进言对英法采取抵抗措施，以振国威，但未被采纳。他报国无门，心生抑郁，读史而感前人作为，便提笔写下大量古今对比的诗歌，后集于《顿福之诗文集》中，但现仅存《赋得游鳞萃灵沼》诗一首。

其五：萧延福（湖北黄陂人），出身于"明清八进士"的显赫世家，从小随其父萧良城［道光十三年（1833）进士，曾为湖南学政、侍读学士］学诗及经史典籍，咸丰元年（1851）乡试中举，咸丰六年取得进士，后为吏部主事。与其老师刘崐一样，他是一个不留文字于世的人，晚年时把所著所论付诸一炬，故现未见其存诗，但叶衍兰等多与其有应酬唱和。

其六：何亮清（1829—？，原名大懿，字孟寅，号雪衫、湘生、行一，贵州贵阳人，咸丰十年进士，官至四川成绵道），曾为云南定远县知县，同治三年（1864）因参与山东剿匪出力赏戴蓝翎，后升四川保宁（今阆中）、嘉定（今乐山）知府，最终官成锦道。他是有名的书法家，宗赵董，笔迹颇清雅，今贵州省博物馆藏有其行书七言联："闲扫白云留鸟迹，自锄明月种梅花。"他更是一位当时很有名气的诗人，著作有《苍漪山房诗集》。此外他还培养出了外甥、礼部尚书李端棻，这是其生平最得意事。

其七：何鼎［字梦庐，贵州开阳人，道光二十四年（1844）举人，咸丰十年进士，官叶县知县］，他是一个很彻底的自由主义者，罢官后侨居汴梁，置园种海棠300株，以诗酒自娱。著有《游嵩日记》《游终南太乙小记》《疏香小圃漫录》等。他能诗善画，尤其诗画合璧，时人捧之。他的诗歌轻灵而富有朝气，如《题画赠智水》诗云："仙掌曾闻擘巨灵，云烟咫尺幻真形。老僧自爱他山色，偷取飞来一段青。"

谭继洵：行思最近崐门生

在以刘崐为座师的诸多学生中，若想推出一位与其行思最为接近者，恐怕世人皆会指向同一人：谭继洵［1823—1901年，浏阳人，字敬甫，道光二十九年（1849）举人，咸丰十年（1860）进士，曾任湖北巡抚，署湖广总督］。

刘崐与谭继洵的相识是在刘到湖南担任学政的咸丰元年（1851）。当时湖南学署的举子们极看不起刘崐这位从云南山沟里长大的才子，故意设局接其喝酒，酒过三巡，众人嚷着要刘学政写字。刘崐随手抓起靠墙的扫帚在墨桶中一蘸，刷刷即在照壁上写下"水平"二字。众人见其字刚劲挺拔，笔饱墨酣，结构严谨，流利圆润，顿时目瞪口呆。但片刻，有人发现平字差了一点，众人捂嘴窃笑，独之前唯一没有叫嚷的谭继洵默默拿起一块抹布浸墨欲去补。刘崐叫住他，问其姓名，说："补点容易，何须上前。"说罢，抓住抹布往后一扔，不偏不倚点了上去，再看"平"字，如画龙点睛，顿时画面鲜活，字似腾龙欲出。于是，谭继洵成了刘学政府中常客。谭继洵6岁丧父，靠13岁的兄长持家抚养的经历，让刘崐记起了自己那位勤朴的兄长刘班，而谭氏家训八则（孝顺父母，友爱兄弟，教训子孙，惊笃宗亲，持身恭敬，居邻洽和，治家勤俭，裕后诗书）也让刘崐十分认同。还传说，刘崐曾抄谭氏家训、家戒、家规寄回云南景东老家，以兹效法。

谭继洵在刘崐的影响下，行为处世，做官处事等皆留有刘氏的痕迹，总结起来主要有五点。第一，处事谨慎，办事勤勉，为人正直清廉。郭嵩焘称其为刘氏模子。譬如他简放坐粮厅监督时，不避繁难，勤于任事，很快将原本营私舞弊、贪污受贿层出不穷的现象整顿妥善，做得井井有条。第二，思想较为保守，循规蹈矩。譬如他任湖北巡抚时，对行事专断的湖广总督张之洞根本不敢违抗。他60岁时，亲家李寿蓉送他一副对联："避节制尊，讲十数年朱陈村谊；为使君寿，展重九日黄华晚香。"这也很好地概括了其性格特点。第三，受传统理法思想影响，重农轻商，重学而优则仕。他中举后遇太平军导致的内乱，很多儒学者投诸军旅，他却不为所动，10年内以教授私馆为生，同时积极准备会试，直至咸丰九年（1859）重启会试后一举高中。他任职秦州时，看到其因战乱而经济凋敝，民不聊生，马上出台农桑扶植政策，大兴水利，促生产，很快恢复了西北社会经济与民生安定。第四，以身作则，重视家庭教育。刘崐40年官途不置妾，身无余财，家风严谨，独子、三孙皆有成就。谭继洵本人无不良嗜好，不赌不抽鸦片，长子谭嗣同更是人杰，少年即博学多识。第五，暮年思想有所改变，开始偏倾于时代潮流，但皆憾于无从实现。刘崐晚年受郭嵩焘影响，对西方先进政治文化生态已有向往意，而谭继洵在长子谭嗣同被杀后思想陡转，开始赞同维新变革，他在给儿子作的挽联中道："谣风遍万国九州，无非是骂；昭雪在千秋百世，不得而知。"

其实，除却刘崐在湘当学政期间，刘谭还有近两年时间为上下级的同事。这是谭继洵考中进士后的头两年，他不仅协助刘崐查办了永陵河道工程中出现的贪腐案，后来独自负责了赈灾和治理等后续处理，而且短期随刘崐验收海运糟粮。按理说，当时思想已经有改变并稍有点偏向洋务运动的刘崐应会影响谭继洵，但事实上谭继洵一直对抗洋务至老。

裴荫森：作辍两难显苦心

裴荫森〔1823—1895年，字樾岑，江苏阜宁人，咸丰十年（1860）进士，曾为工部主事、福建按察使、光禄寺卿、船政大臣等〕人称是刘崑捡来的一个弟子：他与裴荫森之间的缘分，好比一场峰回路转的戏，他更没有想到这个捡来的弟子后来有如此大的出息！

裴荫森出身寒门，父亲裴大保务农兼摆米摊为生，他前面有两兄一姐，7岁始到外馆入塾，开蒙于山阳秀才卞文英门下。他读书勤奋刻苦，且聪敏过人，卞先生喜之，以其将来必有大成，以女许之。后来，家乡连年灾害，他不能长年上学，便边耕边读。道光十九年（1839），他的表舅、贡生韩饽回到山阳，他遂拜师其门下，不意这年十月他的父亲病逝，不得已他又罢学。3年后，他得岳父卞文英支持，往阜宁县城跟从岁贡生张庭桐学习。这失而复得的学习机会，让他万分珍惜，竭尽精力读书，致吐血甚剧乃归家，但病愈后他勤学如前。咸丰元年（1851），他负笈读书于郡城淮安，住于东门梁陂桥下的凌云道院，跟从山阳岁贡生王宾游，应科试取列一等，不料乡试中生病未能如意。之后因太平军兴起，江南乡试停举，他不得不于咸丰五年（1855）去北京应试，长途策驴，以苦为乐，之后寓于淮安会馆，但应试不售。他便单身留京读书，虽日啖一炊饼，不以为苦。御史尹耕云奇之，聘请他为家庭教师教其子读书。咸丰八年（1858），他听从尹耕云的劝告，去应顺天府试，中举。但次年，顺天科考案发，正主考柏葰与肃顺有怨，被其借机处极刑。这时，柏氏门生故吏，无人敢至菜市口送行，独裴荫森白衣冠送之至刑场。而就是这一幕，为刘崑所睹，他对其重情重义赞赏不已。咸丰十年春，裴荫森参加会试，而刘崑正是阅卷官，见之试卷甚喜，立予点录。但这遭到了主考官肃顺的反对。这时，刘崐坚持己见，认为其才难得，并邀其他阅卷官共同评判，肃顺无可奈何，只得允诺录取。但因当时值第二次鸦片战争时期，致使这年会榜未能及时发布，裴荫森只得回到老家组织团练，后因抵御捻军有功而赏蓝翎。这时，当地发生了一起恶性事件，因地方官把由团勇开垦的荒地划归兵营，遭民众反对，致一李姓董事死于冲突，知府上奏为民众叛乱。裴荫森连夜驰见漕督吴棠（1813—1876年，字仲宣，号棣华，今安徽明光市人，曾为同知直隶州即补、江宁布政使兼署漕运总督、闽浙总督、四川总督兼署成都将军，卒谥勤惠，著有奏稿10卷及《望三益斋诗文集》等），说明事端。吴棠是有名的清廉吏，少时也"家奇贫，不能具膏火，读书恒在雪光月明之下"。吴棠对其不畏艰苦、一心为民之举深为感动，遂上奏恳请勿以叛乱处事，事平后，他又对其加以考察，得出其必将大有作为之结论。吴棠素与刘崐善，写信告之，这更坚定了刘崐录取其人的决心。

　　裴荫森在同治二年（1863）参加补行的殿试，钦赐进士出身，分任工部主事。刘崐此时再次得朝廷的信任，本年先后任鸿胪寺少卿、太常寺少卿、稽察右翼觉罗学。他多次推举裴荫森才德兼备，使其在工部屡受优待。两年后，裴荫森援例为道员，分省湖南。此时李瀚章到湖南担任巡抚，刘崐立写信推荐自己的爱徒。裴荫森也没有辜负老师厚望，上《官制论》，主张对州县大加整顿，权宜归一，职宜分治，津贴从优，尽革陋规弊政，酌删公罪处分，严惩贪酷私罪。这得到李瀚章的高度肯定，因其翔实的调查受捧，他不久即接旨去苏皖豫冀侦察军情。在淮安时，他冒着酷暑走至宿迁行营，面谒两江总督曾国藩倡议导淮入海。曾国藩甚为感慨地说："韫斋兄得一好门生！"次年，又在调查研究的基础上，裴荫森上书河运总督吴棠，请浚旧黄河，以复淮河故道，吴棠大为赞赏。不久，他再奉调回到湖南督办团防总局。当时贵东苗民治安失靖，游勇蜂起，他撰写了《援黔议略》给自己的老师、内阁学士兼礼部侍郎刘崐，提出了四点有名的意见，即：察吏治以奖循良；行保甲以消反侧；节粮饱和以重边防；时简阅以修军政。刘崐阅之大赞，立上报朝廷，但未得允可。而刘崐后来担任湖南巡抚，即以此为基础实施之。裴荫森作为刘崐实施援黔平苗政策的主要助手，着力办团防，以法办严厉而著称。这期间他因惩恶妓而得罪当权者，为不让老师为难，他便辞职回归乡里。次年，得刘崐荐，李鸿章命其督办军务，但不久天津发生教案，李鸿章接替曾国藩，奉命带裴荫森去处理。面对侵略者，李鸿章一味屈服，裴荫森上书力争，坚持"多赔钱少偿命""为百姓留元气，即为朝廷培国脉"，未能采纳，他愤然独骑南行。

同治十年（1871），读书于焦山、徜徉林壑之间的裴荫森开始精研孙奇逢、顾炎武、汤斌、于成龙之学，寻求治学之道，得出"学者不可专恃志而当恃学"，极得刘崐肯定。这也激发了他的写作热情，不由忆起随李鸿章西征、行程一万三千里的往事，遂作《七省纪游》，借游迹所至，纵论历史人物得失，鉴古论今，颇有见地。这时，易佩绅受刘崐之托而至焦山劝其回湘执事。裴荫森于是在次年四月返抵长沙，仍委办团防总局兼省志局提调。这时，退位的刘崐给他提出再编纂《湖南通志》并增岳麓、城南、求忠等书院奖赏事，他一一应允。

刘崐对裴荫森关心百姓疾苦、精忠报国是甚为信赖的。果然，以后诸多事例证明其眼光无错：光绪元年（1895），长沙正议开通商口岸，湘人不悦，正值乡试，考生群集考场，劫持抚军并迁怒于郭嵩焘，围其居，面对这种局面，裴荫森率团勇解散之，而未至酿大狱；光绪五年（1899），裴荫森署理衡永郴桂兵备道，两年后调辰沅永靖兵备道，他单骑冒雪入署，每次远巡仅一马两役，视察千里，遇着投诉，遂于邮亭立判，他牢记老师所讲的抚苗政策，亲手发放苗饷，亲赴苗寨留宿体验甘苦，并建议厅州严禁更换苗官以免转相派捐……更为后人称颂的是他后来办洋务，培养和造就船政人才，打造南洋水师。他勇于抓住机会，团结协作，艰苦创业，苦心经营。他始终牢记老师刘崐转告之的林则徐遗训："苟利国家生死以，岂因祸福避趋之。"时人评价说，裴荫森继承了刘崐未完之志，一生得力于"定识定力"，笃学远识，凝重有威。

甲午黄海之役，听闻北洋水师毁败殆尽，自己曾为海防所做之努力付诸东流，退居家中病养的裴荫森他不由抚几扼腕累叹。

徐延旭：是非且自听人评

徐延旭（1819—1884年，字晓山，山东临清人，曾为广西布政使，著有《越南辑略》等）是刘崐在咸丰十年（1860）会试阅卷中发现的一名他认为很有发展潜质的进士，也是他一生中无论在为人还是做官上都颇为中意者。

徐延旭出身于士绅家庭，他的父亲徐维清举孝廉方正，曾任广东东莞知县，后擢肇庆知府，历任多惠政，佛山、肇庆等地建有生祠相祭。受这样的父亲影响，从小聪颖的徐延旭品性端良，刻苦攻读诗书，立志做一名为民做主、报效国家的好官吏。他在生员之考中即中增广生，道光二十三年（1843）乡试中举。他接而参加进士考试，却屡不就。咸丰三年（1853），他在大挑中得二等，选授福山县训导，家人都劝他赴任，他却不甘心，拒绝后在家乡常店村西徐家花园开圃灌垦、立志苦修，并自署门额"菜根轩"以明志。他的苦心也没有白费，在咸丰十年他终考中了进士，圆了其科考致仕之梦。

刘崐对这个年龄偏大的进士颇为关照，徐延旭在翰林院学习时，他常召其一同赴宴，结识士绅与权臣。徐延旭因而与刘长佑、刘坤一等人结交，并成为终生的好朋友。同治二年（1863），他得两广总督刘长佑提携，至广西容县担任知县。他到任后大力发展农业，缉捕盗匪，容县不仅社会治安较好，而且经济恢复迅速，因而得广西布政使严树森的重用，两年后升任桂平知府。当时，境内有人起事，聚集了千余人欲攻府城，他发觉后迅速调兵剿灭，因功而加赏戴花翎。同治六年（1867），太平军余部进入广西，图谋复兴大业，调署太平知府兼龙州同知的徐延旭组织团练，严守城池。他因未失城并机动剿匪而得广西巡抚江忠濬保举以知府用，加道衔。刘崐得知后，十分高兴，写信给他以资鼓励。同治九年（1870），徐延旭调至梧州担任知府。这是其人生的一个辉煌时期，他全面展示了其治理才华，一年内就讯结大案70余个，其破案之迅速以及其公正无私，为人所颂扬。他尤其以善于缉捕盗匪著称，其建立起的村村连防体系，后被朝廷推广。而对其个人及家庭来说，他最重要的收获是此际结识了刘崐的另一个学生鹿传霖。鹿当时经济困窘，他给予其帮助，并与鹿结成姻亲，为其子徐坊（1864—1916年，字士言，钜庵，号梧生、嵩庵，曾为户部江南司主事、国子丞兼京师图书馆副监督，溥仪之师，卒谥忠勤，著名藏书家）与鹿传霖女订下婚约。也因此义济，鹿传霖及其妻弟张之洞对他特别敬重。

光绪元年（1875），徐延旭曾奉命带兵入越南追剿原黄旗军统领、后起事叛逃的黄崇英。他找到与黄崇英曾入台湾作战并一直不和的黑旗军统领刘永福，详细打听其做事风格尤其是行军布阵特点。知己知彼后，他率军一战成名，不仅彻底击溃了叛军，而且擒住了黄崇英，这让他声名大震，尤其有张之洞等清流党人物大力宣传，他一时成为或可接管军事的热门人选。这也让徐延旭不免意气踌躇，自以孔明、周瑜相喻。这时，法国正在一步步蚕食越南，中国边境危机四伏。徐延旭受命侦察敌情。早在任太平知府时，他曾奉命接待越南贡使和勘察中越边境卡隘及道路。如今接受这一任务，徐延旭自是得心应手。他事后撰有《越南世系沿革》《中越交界各隘卡略》《越南道路略》等文章，对其社会现状做了较为精准的描绘与分析。客观地说，徐延旭算是晚清时期比较了解越南情况的官员。也因此，光绪七年（1881）十月，清政府筹议援越抗法时，清流党人张佩纶就推荐徐延旭为广西布政使，与广西提督黄桂兰（1836—1884年，安徽肥东人，初入团练，后随军镇压太平军和捻军得升官至广西提督，两次参加安南之役）负责筹办中越边防。刚启程赴任，法军已经攻占越南北部重镇河内，形势陡然紧张。清流党人又举荐说徐延旭知兵，可胜抗法重任，他于是被半途中改为广西巡抚，出镇北宁。

徐延旭毕竟只能纸上谈兵，虽作战初他与黄桂兰即调兵驻守越南谅山，占领要地，让法军以为遇上强敌，自动退兵30余里，但法军马上看清了清兵作战的部队不协调、指挥调度无能、武器落后、新兵占多而训练不够等缺陷,他们开始了合围。而这时的徐延旭犹不自觉,他拒绝了黄桂兰提出的加强内备、退回广西防御的建议,反一连6次上疏请战,只是清廷墨守其消极应付的战争指导思想未许其主动进攻。光绪十年(1884),中法战争开始。三月,摸清了清军老底的法军两个旅团分两路夹攻北宁,清军首尾不能兼顾,并未认真作战即纷纷溃退,北宁失守。之后,法军很快占领兴化、临洮、宣光一线据点,达到了占领红河三角洲全部重要城市的战略目的。黄桂兰自知死罪难免,遂自杀于军中。而徐延旭被革职拿问,押至刑部审讯,被判斩监候。左宗棠、李鸿章、张之洞、李鸿藻、丁宝桢、鹿传霖等清廷军机大员多方斡旋,上意稍解,乃改判其发配新疆伊犁戍边。徐延旭自感羞愧,未离京,便于光绪十二年(1886)十二月二十三日吞金惨死狱中。西太后慈禧乘机把战败的责任推到和她有矛盾的首席军机大臣恭亲王奕䜣身上,罢黜了以恭亲王为首、包括李鸿藻等在内的全体军机大臣,史称甲申易枢。

在狱中时,徐延旭给家乡临清的老友王霈写了一首诗,表达了其人生感悟:"一战陈涛孰有生,抚中焉敢不心平。每因名句怀前哲,唯有真情属老兄。刑赏须知皆国惠,是非且自听人评。屡劳赐教岐黄手,原上何堪赋鹡鸰。"从诗可知,他对自己败兵是耿耿于怀的,但寄希望于历史给他以公允的评价。刘崐知道后一声长叹:"痴儿,犹不自悟矣!"

钟骏声:状元父子情谊深

咸丰十年(1860)殿试状元为钟骏声(1833—?,字雨辰,号亦谿,浙江杭州人,祖籍广东新会,曾为四川学政),对他的录取,刘崐颇为自得,因为他不仅与其早相识,而且与其父亲钟世耀〔?—1861年,字啸溪,道光二十一年(1841)三甲进士,曾为兵部主事、户部员外郎,著名书法家〕

为进士同年，感情深笃。

钟世耀是道光十五年（1835）举人，后来大挑二等选教谕，未就任而继续科考，中进士选翰林院庶吉士，散馆签分兵部，补职方司主事，后为总办武选司事，再兼武库司则例馆提调，因而刘崐常与其在六部相见。咸丰六年（1856）至八年（1858），刘崐为兵部右侍郎，为钟世耀的直接领导，而尤其咸丰八年刘崐为顺天武举乡试考官时，还与他合力录取工作，以录到鹿传霖等举人为幸。尔后，钟世耀又为管理饭银处汉本房行走，再授员外郎衔，加四级。据推断，刘崐为其升迁也出力不少。

而刘崐得知钟骏声，却并非因钟世耀，而是他另一位进士同年范鸿谟（字次典，号小初，浙江杭州人，道光二十一年进士）举荐，时间是在道光二十八年（1848）。这年，从杭州办事回到京城的范鸿谟到刘崐府向他讲起杭州青年才俊，重点向他讲到了钟骏声这位同年之子。范所讲钟骏声的事迹，主要有三：第一，致力于学，刻苦认真，初投于钟谷春门下，与高鹏年等杰才是莫逆之交，后又与陶静庵等读书于葛林园，朝夕研磨，终在当年即1848年中秀才，其卷洋洋大观，让见卷的范鸿谟大为赞叹；第二，其人生平交友以信，曾信诺在雨中等友三个时辰全身湿透依然如故，且其自律性强，不近女色，好饮而不及乱；第三，家中经济不宽裕，他遂以笔耕糊口，与弟妹及邻居十分友爱。刘崐由此对钟骏声产生了兴趣，托言钟世耀意欲与其相见。大约半年后，刘、钟相见了。刘崐见其第一面，即问他以何人为典范立志。钟骏声的回答颇出刘崐意外，他答道："二祁，乃吾兄弟之志矣。"这里讲的"二祁"，是明代的两兄弟，长兄祁彪佳［1602—1645年，字虎子、幼文、宏吉，号世培、远山堂主人，浙江绍兴人，天启二年（1622）进士，后迁右佥都御史，清兵入关时任满松总督］是著名的政治家、藏书家、戏曲理论家，著有《远山堂曲品》和《远山堂剧品》存世，弟弟为祁豸佳［字止群，号雪瓢，天启七年（1627）举人，仕吏部司务，明亡后与王雨谦、陈洪绶、罗坤等结"云门士子"社］，晚年退隐梅市卖画代耕为生。刘崐惊问其故。钟骏声回答："知进退，守大业而未泯本性，固真士子！"刘崐听罢而叹："此子之目，超常人远矣，足令人吾辈汗颜。"刘崐于是教其毛诗，而此子也后来诗歌创作不辍，集有《养自然斋诗话》十卷出版。

咸丰十年（1860）三月，太平军李秀成部攻占杭州。钟世耀携子及范鸿谟等避难于暨县潘家坞。在潘文濬［1831—1891年，字海帆，号廉臣，光绪元年（1875）岁贡生，候补儒学训导］、潘邦召（1834—1871年，字念缉，号静芗，官名珍，以县丞候补于闽）热情款待下，主宾们沉浸于觥筹交错和喝雉呼卢中，只有钟骏声正为会试备考，静静地复习着四书五经及八股文章。这又让范鸿谟极为感叹。他给刘崐寄来其诗作极赞潘家坞之静好，其诗曰："避秦饱作看山人，泉石天然迥绝尘。王杰登楼忘作客，陈蕃下榻爱留宾。十千赌醉持螯共，百万争豪喝雉频。莫问人间蛮触事，幽居且自乐闲身。"接而，他讲到了钟骏声一心攻读、不事应酬的情况，赞赏有加："其子有栋梁之质，殊堪优待，或有一鸣惊人，振奋时局。"他可能自己都没有想到，就是这几句话，深深地打动了刘崐。因而，待看到钟骏声谈论国政时策的试卷，刘崐大加赞赏。

钟骏声中状元后授翰林院修撰，掌修国史，以后屡掌文衡，次年充顺天乡试同考官，再在同治元年（1862）充会试同考官，以后又在同治六年（1867）为湖北乡试副考官，再提督四川学政，颇得士人称颂。只是，他没有想到，状元及第后的第二年春，他的父亲钟世耀会在太平军第二次占领杭州城中殉难。尤其是得知钟世耀和范鸿谟曾在当年元月赶赴安庆曾国藩军营求其出兵"声泪俱下，叩头乞师，请词哀迫"而曾不改初衷，不予应允时，请假风尘仆仆来到上海欲给家人报喜的钟骏声怒不可遏。他从此与曾国藩结下仇怨，也断送了自己的仕途。对此，刘崐曾颇为隐讳地对李元度说："文正公操军，前亦有不宜矣，杭州之役，未救而损国之才俊，实痛心耳。"而世人包括刘崐也没有想到的是，10年后，身为清穆宗实录馆提调的钟骏声也会英年早逝，父子皆亡于国朝更迭之时。

林彭年：朴诚敦厚榜眼郎

林彭年（1815—？，原名殿芳，字朝珊、朝三，广东佛山南海人，进士后曾为实录馆提调官、富新仓监督、山东监察史，官至贵州镇远府知府，著有《朝珊剩草》等）是咸丰十年（1860）录取的进士，殿试榜眼，是刘崐当年录取的进士中年纪较大的一个，他的品性却为刘崐所喜欢。

林彭年天性朴诚敦厚，内心有爱乡情结，对外有开拓发展的才干，而因家人从商、家庭经济较为宽裕，他不以追求权势富贵为志。林彭年在家居住时，十分慷慨大方，对待家族中人，普遍都施有恩惠，其祖宗留下的田亩每年收入约有白银千两，他以百两作每年祭祀花费，以百两用来聘请教师教育本村子弟，以八百两赈恤本村的贫困者，使得虽有天灾年景，村民也不至出现饿殍遍野的惨况。林彭年此举行善积德，深得族人称颂。

他在咸丰二年（1852）即在广东的乡试中举，但屡次参加会试落第，一度自以为此生或与进士无缘。当时，太平天国在广东永安州起事，之后攻陷桂林、全州，直至金陵定都，天下震动。这时，林彭年向巡抚上书，洋洋千言，指出要罢黜儒夫，举荐贤才，以此来激励朝中官员。咸丰四年（1854），粤东红巾军又起，数月间蔓延开来，也势不可挡。正居于顺德县城的林彭年挺身而出，主持团练操办，并且勒令百姓子弟练兵，用兵法行事，杀一两个所谓通红巾军的人，使乡里一片肃然。广东惟花县形势紧迫，当地乡绅宋为谦、谢家兰等联名呈报大吏，请林彭年督乡勇100名帮助消灭起义军。林彭年率军长驱直入，焚毁军营，打散余部，原前来支援的太平军部也只得遁走。然而，不一月，红巾军又攻击省城，毫无防范的官员逃的逃、藏的藏，无人出来主持大局。本欲有所作为的林彭年看到这种情况，痛心疾首，自知无能为力，遂闭门侍奉老母，每日端汤送药，数年不出，直到咸丰十年参加会试与殿试，中进士，授翰林院编修。这之后，他应邀回到家乡祖祠，为其题写了一副对联："金榜亚状元经而元禀而三十载鲤训西庭堂上昔时心始慰；锦衣荣具庆邦之庆家之二百年蛟腾南海粤东今日眼真开。"

同治帝登基，颁诏求直言进谏。榜眼郎林彭年大喜，以为大治之年将至，遂写了一篇长文进呈，他在文中主要表达了五点：第一，分析各省形势及太平军的情况，指出太平天国内讧必导致其覆灭，而最厉害能威胁京师的是山东的捻军，因而务在直隶等处设险扼要、选将防守，使其不能靠近京师；第二，分析太平军包括捻军、苗民起义军等的屯聚情况、弱点、动向等，请敕令各地督抚挑选精锐队伍，严格训练，以使江北太平军裹足不前；第三，对江南形势进行了分析，提出了恢复江南的办法，即"若夫刚柔迭用，奇正兼施，以兵止兵，用太平天国攻太平天国，随地以制流兵，因地以制胜"；第四，他分析了造成全国性起义、起义军壮大的原因，"抑臣闻小民之乐于背叛者，其故有二：一由于贼，二由于官。官之贪婪残酷者，鱼肉间阎以激变。朝官多能言之臣，无庸赘矣"，"以为歼太平天国多名，不知所杀者即吾民也。年来杀太平天国愈多，太平天国不加少，实由于此"；第五，建设新的选官法，"至于政治之故，在于得亲民之官，以系民心、养元气。然此等官非可以选法得也。臣谓天子择宰臣，宰臣择六官，六官择外台各大吏，大吏留意择令长诸官。得人则同其功，失人则共其罚，致治之本无有先乎此者矣。"可以肯定地说，他的见识是长远的，看问题可谓入木三分。他后来还在《上王侍郎茂荫书》说："治有治本，乱有乱源，不究治本，欲求治而不能，不究乱源，欲弭乱而不可。今日之源何在？令长之贪酷者是已。"面对老百姓身处水深火热之中，官场腐败却愈演愈烈的严酷现实，林彭年大义凛然，慷慨陈词，掷地有声，这是非常难能可贵的。

同治五年（1866），南京收复，江南太平军渐肃清，但西北地区回民起义军日渐壮大。林彭年两次呈奏，请求对此引起重视，迅速派军剿灭。次年正月，他又上奏，称陕西城垣被围，形势危急，而督臣左宗棠至今未入关,使省城守御单薄,必须敕令左宗棠马上招募军队直赴新任。他还对此提出了以我所长、制彼所短的战术。作为言官,他知无不言,言无不尽,一心为朝廷靖乱大计着想,毫无苟且塞责之言,官绅甚为称道。他后放贵州历练,做事还是一丝不苟、循序渐进,官民无分,境内治理得井井有条,而自己则兢兢业业,为人称颂。他光绪年间卒于贵州镇远知府任上。

林彭年长于作诗,得之于刘崐传授,但和其师一样,其诗多是应酬唱和之作,但其有提笔即成的功夫,足见其诗才的敏锐。最著名的一首,乃是其应朋友梁元超之邀,题于著名画家梁九章所绘的《墨梅图》上的诗,与曾国荃等人的诗句交相辉映,其诗曰:"绘梅当绘神,看梅当看影。磅礴万古心,几人识幽性。岭南有佳种,高据罗浮顶。我欲携之归,独锄明月径。常令冰雪中,暗香通梦境。坐观横斜姿,古艳肺肝沁。今日展此图,本骨尚苍劲。面壁匪十年,莫去甜俗病。著笔却无多,天然见秀靓。陡觉悬主斋,槎枒耐清冷。岂特金寿门,前身枨遁定。今古叹寥寥,画手谁与并。愿子什袭藏,通化愁俄顷。"写下这诗,他从酝酿到着笔,不足一盏茶的时间。林彭年还善书法,其字流丽圆转,颇有兰亭风致。据传,这也是刘崐教授之功。

吴元炳:两江总督世家子

如果要在刘崐咸丰十年(1860)担任殿试阅卷官而圈定的进士中找一个仕途发展最为顺利同时职位也最高者,那非吴元炳(1824—1886年,字子健,河南固始县人,咸丰十年进士,曾为侍讲学士,湖南布政使,湖北、江苏、安徽巡抚,三署两江总督,漕粮总督,南洋通商大臣)莫属。

在固始县,吴氏属典型的名门望族、官绅世家。从吴元炳的曾祖父一代,其家四世一共考取进士10人。他的曾祖父吴延瑞是乾隆三十一年

（1766）的二甲第十四名进士，官至广东按察使，著有《清芬书屋文稿》；祖父吴湳，乾隆四十六年（1781）进士，官至解州直隶州知州，有《卧云山房文稿》传世；叔祖父吴烜，乾隆五十二年（1787）进士，官至兵部、吏部左右侍郎，礼部右侍郎，著有《中州文献考》《读史笔记》等；堂伯父吴其彦是嘉庆四年（1799）的二甲第六十三名进士，官至兵部右侍郎，著有《藤花书屋遗稿》等；他的父亲吴其浚也是进士，但至今难知其生平；他的叔叔吴其泰（？—1856年，字希郭，自号橘生，著名书法家）为嘉庆二十五年（1820）进士，曾为杭州知府、江西粮储道，著有《一十七实斋全集》《地理纂要》；他的堂叔吴其濬（1789—1847年，字季深、瀹斋、号吉兰、雩娄农，著名植物学家、农学家、医药学家、矿业学家、水利学家）是嘉庆二十二年（1817）状元，为清代河南省唯一的状元，曾任兵部左侍郎、户部右侍郎，湖广总督、云贵总督，湖南、浙江、云南、福建、山西巡抚等职，著有《治淮上游论》《植物名实图考》《植物名实图考长篇》《滇南矿厂图略》《滇行纪程集》《军政辑要录》《云南矿产工器图略》《念余阁诗钞》及《弹谱》等。在这种家风熏陶下的吴元炳，和弟弟吴烈（后来也是进士）从小聪明颖悟，读书刻苦，学习认真，并且树立了远大理想，欲入世为官，亲勤清正，克己奉公，为朝廷尽忠，为苍生尽力。但因他母亲原只是吴府丫环，又是偏房姜室，故也遭白眼受歧视。但在母亲的鞭策下，他更执着于诗书、更加发奋图强。他牢记母亲"少小不努力，老大徒伤悲"的教诲，随父亲在京城读书，博览群书，不久中秀才，接而中举人。但这时，他母亲病逝。吴元炳悲痛欲绝，从京城匆匆赶回原籍奔丧。因吴母之出身，出棺时，封建官僚世家的当权者按封建礼教规定棺不能由正门出，只能由边门出。吴元炳据理力争，却无济于事，他于是爬到母亲棺木之上，抱着棺材说："我母不能走正门，我这个举人，总可以走正门吧？"那些顽固的封建卫道者傻了眼，无言以对。吴元炳至孝的名声，由此传遍天下！据说，他考中进士，刘崐还就此向他咨询过细节。吴元炳淡淡地回答："为人子不争，实禽畜也！"刘崐听罢连连称赞，并把自己的书法所得悉心传授，后来吴元炳的楷书炉火纯青、行书潇洒有度，当与刘崐教诲有关。

吴文炳是个文武全才,于官场小心谨慎,基本没有跌过跟头。他一生有两个辉煌时期。

第一次,是与捻军作战,成为豫南捻军的克星。他中进士后,正值太平军和捻军兴起时,清王朝摇摇欲坠,他便想到了办团练。他于是跟从时为左副都御史的毛昶熙〔1817—1882年,字旭初,河南武陟县人,道光二十五年(1845)进士,曾为内阁学士,礼部侍郎,左都御史,工部、吏部、兵部尚书,翰林院掌院学士〕回到河南。当时的固始、信阳一线,太平军、捻军势力最盛,既是清军和太平军对抗拉锯地带,又是捻军主要巢居的中心。吴元炳回到灾情最重的原籍防城灭敌,困难重重。但他很好地利用了吴家的人脉关系和自己的身份及至孝口碑,和固始的守军一道,凭借县城居高临下的独特位置,防御战成效卓著。太平军青年英雄陈玉成攻打固始县城一个多月,竟然无功而返。捻军围困县城,吴元炳领兵救援,他一马当先,冲撞捻军,捻军纷纷溃退。他能征善战的大名因此激荡豫省,不少士人投奔而来。此后,他领兵在豫南大地纵横驰骋,血战太平军、捻军,与之较大规模的硬仗有20余起,几乎没有吃过败仗,僧格林沁也对他刮目相看。不久,吴元炳又领兵消灭了流窜息县的捻军,生擒捻军首领陈得一。咸丰十一年(1861),汝宁捻军首领陈大喜转移驻军至霍庄寨,吴元炳偕同道员张曜(1832—1891年,字朗斋,号亮臣,浙江上虞人,曾为河南布政使、山东巡抚、太子少保衔,以治理黄河闻名,卒谥勤果,追赠太子太保)商量,考虑捻军立寨未稳,对地理也不是太熟悉,便冒险领兵奇袭,拔寨杀敌,大获全胜。次年,河南巡抚严树森〔1814—1876年,初名澍森,字渭春,四川新繁人,祖籍陕西渭南,道光二十年(1840)举人,入赀内阁中书,曾署武昌知府,再擢荆宜施道,迁湖北按察使、布政使、河南巡抚〕向朝廷奏称吴元炳"骁捷善战,所向有功,军中最得力",他因此得升任检讨,仍然留用河南,歼灭豫南重要捻军力量张凤林部。其后,吴元炳再度携手张曜,攻下捻军重要据点平舆、李旗屯、伊庄、陈庄、刘楼、杨楼,歼灭了捻首张凤林、陈大喜,并攻克张冈据点,肃清了豫南一带西捻军残部。吴元炳于是被破格提拔,擢升为侍讲学士,之后升任湖南布政使、湖北巡抚。

第二次，是在江南赈灾期间。从 1876 年到 1879 年，一场罕见的特大灾荒洗劫了山西、河南、陕西、直隶、山东五省，并波及苏北、皖北、陇东和川北等地区，不仅农产绝收，田园荒芜，"饿殍载途，白骨盈野"，饿死者竟达 1300 万人，史称"丁戊奇荒"。吴元炳时任江苏巡抚。数百万灾民涌向锦绣江南，吴元炳根据实际，采取了一系列切实措施，赈济灾民，收到了很好的成效。首先，他从江苏最北边的徐州开始设卡拦截，"设粥留养"。当时徐州地方官员对此重要性认识不清，经费落实不及时，吴元炳立即带头捐款，发动地方绅士参与，并督促各地迅速开办粥厂。这样，一个粥厂如同一道关，灾民被尽早留在第一道关外。其次，在徐州往南的清江设立了 17 个粥厂收容所，共收容了 45000 余人。每个粥厂收容所都是一个系统工程，吃、住、饮水、防疫、防火、治安等，无一不在工程范畴之内。接而，他把扬州作为拦截收容灾民的主阵地。他把扬州城外的五台山旧军营，重新砌上围墙，留一道门，四边再挖掘壕沟，形成一个天然大容留所。被收容于此的灾民，一律编号分队，实行军事化管理。扬州五台山一共设立了 11 所，收容灾民 42000 余人。再而，吴元炳号令南京、苏州等重镇一律都在城外设置粥厂收容所，地方一把手亲自负责。吴文炳清楚地意识到，稳定灾民，就是稳定江苏，也是稳定刚刚从动荡中走出的大清政权。他和两江总督沈葆桢申请截留漕粮 10000 石，酌情使用苏郡丰备仓储备粮赈灾。同时，他积极组织灾民投入当地的治理工程，以"以工代赈"方式，疏浚高河、盐运河，使灾民不仅生命无虞，还通过参加当地劳动，获得了收入。大量的灾民慢慢稳定下来。春天，灾民接到种子和路费，开始陆续走向归途。吴元炳标本兼治维稳赈灾，为后世树立了典范，他也因此得到了朝廷重用，光绪五年（1879）三月，沈葆桢入觐，吴元炳代理两江总督，并督办通商事务。光绪十二年（1886），吴元炳在安徽巡抚任上病逝，北方五省百姓闻之，披麻戴孝者以百万计，皆感恩其不世功德。河南巡抚倪文蔚闻讯，上疏朝廷陈述其战功卓著，"遗爱在民"，请求在汝宁建立专祠，得批准，后来北五省为之建立的专祠与合祠上百。

吴文炳还为家乡人民做了一个贡献，即把固始县的特产"桂花皮丝"

推广至全国，成为豫菜名品。"桂花皮丝"是固始县的土特产，是用洁净的猪肉皮经过浸泡、去脂、片皮、切丝、晾晒等工艺流程加工而成的烘干制品。咸丰年间，巡抚吴元炳将之晋献给帝王妃嫔们，其因金质色泽、松嫩爽口的口感，颇受青睐，成为宫廷御膳佳肴，一时名扬京城、天津、济南等地，自此被列为贡品。1914 年，固始皮丝和茅台酒一起，被选为中国名特产品参加巴拿马万国博览会，遂名扬世界。

崔王师徒：家族交往通姻亲

崔穆之［？—1899 年，字清如，号肃堂，山东聊城茌平人，咸丰十年（1860）进士，曾为国史馆协修及功臣馆纂修、河南监察御史、兵部和工部给事中、湖南岳常澧道并代巡抚事］与王懿荣［1845—1900 年，字正孺、廉生、莲生，号养潜居士，山东烟台福山人，光绪六年（1880）进士，曾官翰林院庶吉士教习、会试磨勘试卷官、记名御史、侍读、国子监祭酒，著名的学者、金石学家，甲骨文之父］是师徒关系，而刘崐正是咸丰十年殿试阅卷官，对崔穆之有点录之恩，其一直以师尊称之。但他们之间的关系可不止师承这么简单，其实，刘崐与崔、王两个家族一直保持着较为亲密的联系，也正是因为他的撮合，两个家族才一直互通姻亲，世代相往来。

刘崐与崔氏家族的结识有点意思。崔穆之的兄长崔承之在道光二十四年（1844）中举，进入值隶贡院学习。这时，刚授翰林院编修的刘崐受邀到直隶讲学，两人便认识了。崔氏老家素以产黄酒闻名，其中以始产于宋朝的崔氏黄酒为佳，其香醇正、味道独特，闻名天下。崔氏以酒送之，这让嗜酒的刘崐大喜，两人结交。刘崐授之以书，崔承之后来在咸丰三年（1853）考中三甲第十一名进士时，首席阅卷官潘世恩一见其笔迹则哈哈大笑："此韫斋所授也！"可见其对崔承之的影响。正因在翰林院就读并之后入赀内阁中书，后授刑部主事，崔承之在刘崐身边工作 10 多年，聆听到的教诲甚多，也很早就带其弟崔穆之向刘崐讨教了书法及毛诗。崔穆之咸丰八年（1858）中举，这时，14 岁的王懿荣与母亲及弟妹入京，在刘崐的推荐下，遂拜师于崔穆之门下。

刘崐与王氏家族人员很早就结识了。王氏是世代诗书名家，不乏博闻经史、精研学问并有著述行世者。其九世祖王鹭行世的著述有《大司农奏议》1 卷、《养素堂文集》8 卷、《诗集》6 卷、《义圃传家集》8 卷。十世祖王符酷爱图书，且善诗、古文词，著述有《王太常集》2 卷。王懿荣的祖父王兆琛［1786—1852 年，原名北玺，字叔玉、西坡，嘉庆二十二年（1817）进士，曾为知县、会试同考官、监察御史、成都和重庆知府、江西督粮道、安徽宁池太广道、甘肃按察使、四川布政使、山西巡抚］是刘崐极为尊敬的一位官宦。王兆琛精通经史，精于书法，尤长于文字音韵学，公务之余致力于著书立说，有多种著述传世，包括《正俗备用字解》5 卷、《经义测海》2 卷、《重韵辨义》4 卷、《奏疏存稿》5 卷、《御史奏疏》1 卷、《巡抚奏疏》4 卷及《昒堂书屋集》等。因为书法交流及向其讨教音韵学，刘崐在翰林院就读期间就曾专至王府拜访王兆琛，两人有非同小可的情谊。山西巡抚历来还兼盐政，因为监管不严，道光二十九年（1849），王兆琛遭御史弹劾任内私受盐商节礼银，其家人贪索规礼，门卫、轿役仗势滋事，经钦差户部右侍郎福济、刑部左侍郎陈孚恩查问，王兆琛被革职抄家充军新疆。这个打击，导致了王氏的败落，王兆琛的妻子一病不起于此年病逝。因怕受到牵连，其故人多不登门，但刘崐依然如故，并帮助办理丧事。此事，令王氏一族对刘崐特别尊敬。王懿荣的父亲王祖源是道光乙酉年（1825）拔贡，也是书法名家，还是有名的金石学者，家藏金石甚多，善于鉴别真伪，著作有《判花轩集》2 卷、《尔雅直音》2 卷、《声调之谱》、《渔洋山人秋柳诗笺》、《明刑弼教录》等。他还有一个特殊经历，即在青年时与人同游少林寺，在寺中住了 3 个月，得少林《内功图》与《枪棒谱》而归，经删节后于光绪八年（1882）刊印，另定名为《内功图说》，其内容包括十二段锦总诀及图解、易筋经图解等，这是中国武术史上的一段佳话。更值得一提的，咸丰六年（1856），时任兵部右侍郎的刘崐言王祖源有军事指挥才能,他才得以调为兵部主事。可以说,没有刘崐,崔、王之间不会有师生缘分。

其实,在成为崔穆之的门生前,王懿荣在福山外祖父谢牧之家中寄读时,已经拜过了谢学之、谢琴南、谢价人、谢应起、张恩煦5位先生了,其中张恩煦(字墨林,曾任直隶乐亭县知县)后来还在咸丰庚申年(1860)年参加了会试,殿试阅卷师正是刘崐。有着这样的缘分,刘崐很早就看好王懿荣,不仅曾指导其书法和作诗,而且教诲他博阅群书,勤做笔记。王懿荣拜师崔穆之门下近四年,即便父亲王祖源在咸丰十年(1860)回山东办团练,他随之而就读济南泺源书院,他也未更换门庭,直至崔穆之因入翰林院学习无暇教授,他才不得不于次年拜师明广〔字仲居,山东禹城人,道光二十三年(1843)举人,候选知县〕。崔穆之具体教授了他一些什么,现无法得知,但可知的是,正是凭借着在崔门的基础,此后,他参加了乡试。但他的科举之路颇不平坦,屡试不就,直到第8次参试、17年后即光绪五年(1879)才中顺天第三十一名举人。中举后还有复试,王懿荣认真地完成了四书文《宰我子贡善为说辞》与五言八韵诗《赋得播厥百谷》,经阅卷大臣批阅后进呈皇上,由此钦定为一等第七名。第二年,他又参加会试,这次出奇的顺利,他中第一百五十六名贡士,复试中王懿荣在《对策》中大胆直言,围绕吏治倡廉、人君躬行节俭、整军经武三件国家大事,阐述自己的见解,以针对性强、解决方案切实可行而获二甲第十七名,赐进士出身。点翰林以后,他屡掌文衡,为国家选拔人才,最后还当上了国家最高教育管理机构国子监的祭酒。但身居高位的他很快厌倦了官场的尔虞我诈,有着强烈的高处不胜寒之感。他在《退值偶感》一诗中写道:"心是儿时境已非,此心空逐白云飞。剧怜襟上三年血,换作五更朝里衣。"王懿荣48岁时,第四子王崇焕降生,他又写下了《举第四子崇焕》一诗:"京曹岁月太匆匆,二十八年一梦中。但愿此儿能长大,半耕半读作村翁。"他有更强烈的壮志未酬感,甲午中日战争中,他曾主动请缨回籍兴办团练,但还没拉起队伍,清王朝已割地赔款、签订了丧权辱国的《马关条约》,他在事后写下了《偶感》一诗,来表达自己的情感:"岂有雄心辄请缨?念家山破自魂惊。归来整旅虾朝散,五夜犹闻匪剑鸣。"他对国家政权的腐败没落看得很清楚，但因抱着精忠报国的思想，只能继续效忠，直至庚子国难中跳井自杀殉国。

1900年8月15日早晨，获悉慈禧太后率光绪及王公亲贵于早些时候往西逃跑，防守已尽全力但仍无法阻挡八国联军破城的王懿荣对已经决定与夫同赴死的夫人讲："吾可以死矣！"接而，他用楷书在纸上写下了绝命词："主忧臣辱，主辱臣死。于止之其所止，此为近之。"此字写得刚健，甚得刘崐书法精髓。还有不少当时士人认为，王懿荣临终前的从容不迫、视死如归，传承了乃师崔穆之的风范，但今不知依据何来。

徐致祥：忠君诗人大嘴巴

如果要说在刘崐门下找行思最接近他的进士学生，则除谭继洵、谭钟麟之外，第三人选必是徐致祥［1838—1899年，字季和，江苏嘉定人，咸丰十年（1860）进士，累迁内阁学士、顺天学政、大理寺卿、兵部右侍郎等］。

徐致祥出身于官绅望族。他的祖父徐经是嘉庆二十四年（1793）进士，曾任翰林院编修、国史馆纂修，官至代理按察使；他的父亲徐郴为道光二十三年（1843）举人，授官内阁中书，署侍读学士；他的叔父徐郙是嘉定三状元之一，工书善画，官至礼部尚书、协办大学士；另一位叔父徐鄂为光绪十一年（1885）举人，精于戏剧和数学，是一位奇才。徐致祥少小时即长相"方颐甚口，状貌伟然"，他从小胸怀大志，生性耿直，"读书为文有奇气，不屑于章句之学"。咸丰十年（1860），徐致祥参加会试，高中会元，也是嘉定历史上唯一的会元。

徐致祥以清廉传家、乡情浓厚闻名。他的二儿子徐鼎康（1876—1938年，同治年间进士，历任北洋巡警学堂总办和吉林劝业道、交涉使、巡警道、度支使，民国初年任吉林民政使、内务司司长、安徽省安庆道尹、江苏省金陵道，直至江苏省省长）居官三四十年，清廉而"囊橐萧然"，曾因生活窘迫而典卖祖传良田，死后亦是由家中佣人拼凑数百元料理后事，世人皆言其继父亲衣钵。抗日战争爆发时，避居苏北泰州小纪镇的徐鼎康虽经济拮据，仍捐献100银元支持抗战。苏北各县沦陷后，日本人要其出面维持苏北地区秩序，徐鼎康拒绝道："坚决抗日，不做汉奸。"这种爱国的思想，也是承自其父。徐致祥还热爱故乡，关心民生。嘉定镇境内有座天恩桥，是南翔交通横沥东西的重要桥梁，至清同治年间已破败不堪，同治十三年（1874），徐致祥便发起捐资重建，至今当地人仍称赞其德。

徐致祥又是著名的诗人，还以扶掖后秀著称。王锡元〔1824—1911年，字兰生，江苏盱眙人，王荫槐之子，同治四年（1865）进士，授吏部文选司主事，擢淮安府里河同知，著名的藏书家、制谜家、诗词家、金石家〕就是他为顺天学政时发现的一位才子。徐致祥甚喜其清丽诗词，曾为之作《棕怀诗赠王公锡元》四章，其一："早岁微名动一乡，匆匆周甲感流光。即今景迫桑榆暮，尚忆声驰翰墨场。讲席频邀誉短李，宗工虚拟献长杨。云程屡阻悲风木，血泪泷冈洒万行。"其二："仓皇间里冠氛来，辛苦虫鱼付劫灰。桂树忽教冬日茂，杏花翻向晚春开。蓬山仙吏羞同谱，列宿郎官愧散材。太息长安居不易，觚拟清梦落尘埃。"其三："一自浮沉外吏中，抗尘走俗任从同。槛猿也要将冠整，笼鸟何能学语工。人笑虞翻无媚骨，已惭贾让少肤功。高秋忽动莼鲈舆，浩荡归帆趁好风。"其四："戢影衡门倏八年，塞翁得失信由天。苦心志稿三千牍，适意书楼十万编。异地倍饶枌社乐，同声幸结德星缘。只余漆室忧时念，一息犹存未敢蠲。"

他更以忠君直谏而为人所尊重。他是典型的清流党，喜欢弹劾官场名人，揭批他人腐败，不但自己连连遭贬官，直至现在也戴着顽固守旧的恶名。最著名的有六桩事情。第一桩：光绪十年（1884），法国与越南之间的战事爆发，英籍德国人、粤海关税务司负责人德璀琳与法国海军司令福禄诺达成秘密协议《中法简明条款》，并建议清廷与法国早日讲和。朝廷一时犹豫不决。徐致祥上奏陈述对策，谓："决战宜速，任将宜专，军势宜联。"而不久，"闽事棘，言何璟、张兆栋无干济才，而荐杨岳斌、张佩纶堪重任。"他的建议被欣然接纳。第二桩：两次陈言铁路之害，那句"铁路破坏风水"，正出自其口。对这项便民利国之策，保守的徐致祥提出了有名的"铁路八害"——其一，"铁路转运，工成亦须二、三年，缓不济急，而商船歇业，饥寒迫而盗贼兴"；其二，"山东黄河泛滥，连岁为灾，小民颠连困苦，今若举行铁路，以千余万之资，不以治河而以便夷民，将怨咨而寒心"；其三，"清江浦为水陆要冲……铁路一开，夷人必要求此地置造洋房、增设侦栈、起盖教堂。以咽喉冲要之地，与夷共之"；其四，"夷之欲于中国开通铁路，蓄念十余年矣！许之则开门揖盗，拒之则启衅兴戎"；其五，"中国可恃以扼要据险者惟陆路，广开铁路，四通八达，关塞尽失其险，中国将何以自立？"其六，"如谓易于征兵调饷，不知铁路虽坚，控断尺地，即不能行。若以兵守，安得处处防范？"其七，"如谓便于文报，查火轮车每时不过行五十里，中国紧急驿递文书，一昼夜可六七百里，有速无迟"；其八，坏风水。对此，李鸿章立即予以了驳斥，而"上责其诞妄，镌三级"。第三桩：光绪十八年，徐致祥授大理寺卿，连劾枢臣礼亲王世铎、山西巡抚阿克达春，而尤其以纠弹在湖北推洋务运动的张之洞不遗余力。他在奏章上如此写道："统观该督生平，谋国似忠，任意似勇，秉性似刚，运筹似远，实则志大而言夸，力小而任重，色厉而内荏，有初而鲜终。徒博虚名，议论之妙，无有过于张之洞者。做事之乖，设心之巧，亦无有过于张之洞者。此人外不宜于封疆，内不宜于政务，惟衡文校艺，谈经征典，是其所长。"客观地说，这当是两人理念分歧甚巨所致，徐保守气息浓，张革新气息旺，两人处于不同的政见立场，自然互不买帐。第四桩：甲午中日战争后，徐致祥弹劾奕劻、李鸿章误国，并请逮叶志超、卫汝贵等要员绳之以法，同时请求给以冯子材、刘永福以征讨名号，希望可以振国威、鼓士气。第五桩：也是在这一年，山东教案发生，德国使者海靖勒要求罢免山东巡抚李秉衡职务。徐致祥坚决反对，上书说："昔岁罢刘秉璋，今兹罢李秉衡，是朝廷黜陟之大权操之敌人也。为请顾全国体，毋慑敌。"第六桩：光绪二十四年（1898），光绪皇帝得了一场重病，出任兵部右侍郎的徐致祥又进言"母慈子孝、广育皇嗣"，建议将宗室亲贵的儿子抱养于宫中。不久，朝廷果然立溥俊为大阿哥。确切地说，徐致祥虽然思想保守，不顺应社会潮流，甚至有些弹劾理由颇为牵强，但他忠君爱国的直臣之心，从六事可见一斑。俞樾就评价称其"持正论，不随俗，君子人也"。

黎培敬：清正廉洁文肃公

黎培敬（1826—1882年，字开固、开周，号简堂，湖南湘潭人，进士后曾为贵州学政，再官布政使、巡抚、四川按察使、漕运总督、江苏巡抚，卒谥文肃，著有《黎文肃公奏议》《求补拙斋诗略》《外集》等）是刘崐在咸丰十年（1860）充当会试阅卷官时录取的学生，会试第二名，复试二等第一名，殿试二甲第一名传胪，点翰林院庶吉士，后朝考二等第二名。

湘潭黎氏自明末从外省迁来后，发展迅速，并着意子弟耕读两不误，明朝天顺年即有黎铨中举，清朝时其族中有黎世绶（字葆堂）宦游两粤、湖北、山西、热河、安徽等省，增拓了社会见识，对族人影响颇大，而其所著的《古文雅正》更成为族人子弟必读的图书。黎培敬少年时的榜样却是他的族叔黎吉云［1795—1854年，原名光曙，字月乔，道光十三年（1833）进士，由翰林官御史，署兵科给事中，著有《黛方山庄诗集》《诗馀》《文录》《试帖诗》《黎侍御奏议》《黎吉云侍御诗集》等］，他虽然官位不高，但文才八斗，弟子遍布天下，最卓著为罗汝怀。黎培敬与族叔及其弟子交往，不仅拓宽了视野，而且促进了学业的精进。他少即善诗擅对，对史学研究尤深，而且仰慕名宦忠臣，将其事迹专抄成册，专供自己学习，这让为官一定要清正廉洁的观念深深印入了他的脑海。

黎培敬在道光二十九年（1849）湖南乡试中第七名举人，三年后即在恩科会试挑取中为实录馆誊录。次年，他考取了觉罗官学教习，不久改镶黄旗官学教习。这段时期对他很重要，他不仅认识了众多权贵要臣，而且结交了更多理学名家，对他的学业修养、个性品格的培养也十分重要。咸丰十年中进士后，他在翰林院学习，得到了刘崐的大力支持与精心指点，尤其是毛诗研究上受益颇多，对诗艺的追求更臻纯粹。他也完全按照刘崐的期望而步入仕途，先是同治元年（1862）散馆授编修，充国史馆协修，再以勤恳工作获得肯定而升纂修，兼任武英殿协修，之后便是充直隶省乡试磨勘官。对此，因肃顺案被革职闲置的刘崐万分欣喜，鼓励他一定要仔细小心、谨慎地做好本职工作。因在这次锻炼中表现突出，他第二年充会试磨勘官，并在同治三年（1864）提督贵州学政。当时，贵州士人整体数量偏少，而且由于战乱频仍，读书人也多不应考。黎培敬轻车简行，一个个府县走访，多次被匪抢劫，但他依然坚持全面了解士林状况并指导各地修缮书院、加大考棚建设。他看到了云贵总督劳崇光与贵州巡抚张亮基不睦的现状，认为这是导致苗民起义镇压不力的原因。他上书奏明情况，认为苗民起事是由于缺少教育，必须加大相应的投入与管理。他自己不畏艰难涉足苗区，在苗人聚集的各州县进行考试，从中选拔优秀人才，虽危险重重，甚至屡遭威胁，他也绝不缓期，这令其声名震于贵州士林。他与贵州西部道员岑毓英相交后，发现其谙习兵事，遂又奏请朝廷委岑管理黔中军务，也得到批准。

　　因他的务实肯干，加上老师刘崐重获朝廷信任，他在同治六年（1867）八月被授署布政使衔，并于次年署理贵州布政使，真正成为一省大员。其时，苗民起义军首领潘名桀守龙里，黔军久攻不下。他以该城仓廪充实，请提督统兵出战，第二年清军攻占龙里，进陷贵定，苗军声势大减。他受到清廷传谕嘉奖，于当年七月实授布政使职。此后，他配合湖南巡抚刘崐派席宝田、李元度剿灭黔苗的行动，积极提供物资支援，并派兵镇压都匀、开阳、修文等地苗民起义，境内很快全告平定。他又安抚百姓，恢复农业生产，其治理成效显著。光绪元年（1875），黎培敬擢贵州巡抚。可四年之后，他因奏请解除前云贵总督贺长龄处分，并赐谥立祠，被降职调任四川按察使。

　　在四川时，他又因能治事，为官廉洁，受到四川总督丁宝桢屡次疏荐，光绪六年（1880）六月即擢升漕运总督。在这个世人看重的"肥差"上，他洁身自好，从不收取任何下属礼品，更不中饱私囊。反而，他以公费所余修建驿馆、兵房、增加书院膏火，兴办其他公益事业，得到同事、同行敬重。光绪七年（1881）五月，黎培敬被任命为江苏巡抚，未到任而病发，遂免官返湘。次年病卒。诏赐优恤，于贵阳、清江浦建专祠。

黎培敬的为人处世，对后人影响甚深，尤其是在引导子孙著书立说上成绩斐然。他在故居设有书楼，取名"求补拙斋"，并为之自撰联曰："立足怕随流俗转；留心学到古人难。"这既是其自我的学习体会，又是其对子孙的要求与指导。他的长子黎承礼［1868—1929年，字薇生，号鲸庵，光绪二十年（1894）进士，曾为四川崇宁知县、湖南高等学堂监督］著有《黎承礼乡试硃卷》《赐韵亭诗稿》《补读书簃诗选》《黎薇叟手写诗》《梦瀛波榭诗补钞》《甲辰日记》《辛丑日记》《始康笺略》《始康庚子记》《壬寅日记》《摘句图》《合阳笺略》等。黎承礼也在故居设有书楼，取名"衢楼"，后与当地文人在此结霞峰诗社，每日以吟诗为乐。黎承礼与齐白石情若手足。齐白石在这里，有时竟一住数月，与黎承礼相互切磋印学、书画、诗词等。黎承礼夫人去世时，齐白石还特地从相隔二十余里远的白石铺老家赶来黎家湾，为黎夫人赶画肖像。黎培敬的次子黎承福（字寿丞，号蝶叟）善书法，工篆刻，著有《六朝文絜简篇》《故都竹枝词》《蝶庵茸书》《蝶庵丛抄》《蝶庵引丛》。他的孙子黎丹（1865—1938年，字雨民，号无我，副贡生）更为了不得，早年曾任甘肃宁州知州、湖南都督谭延闿的书记官等职，辛亥革命后为西宁镇总兵马麒赏识，聘为智囊团首脑，1918年任西宁道尹，1930年1月为青海省政府主任委员兼秘书长，1933年经九世班禅和邵力子等人的力荐，遴选为国民党监察院委员。黎丹一生忧国爱民，胸怀大志，知人善任，清廉自持，声誉卓越，同时博学多才，精通藏学，擅长书法，工于诗词，堪称近代史上活跃于西部政坛的奇才，他留传下来的作品有《锲不舍斋诗文稿》《汉藏辞典》《藏游诗草》《御侮烈士诗》等。至于黎培敬的同族后人，那就更用不着讲了，"黎氏八骏"早已晓谕中外。

同年记

龙启瑞：诗词书画联状元

龙启瑞（1814—1858年，字辑五，号翰臣，广西桂林人，进士后曾为顺天、广东乡试考官、侍讲学士、湖北和江西学政、江西布政使，是清代音韵学家、文字学家、文学家、目录学家，也是广西桐城派五大古文家之一，著有《寒松阁谈艺琐录》《粤西先哲书画集序》《经籍举要》等）是刘崐道光二十一年（1841）考取进士时的状元，也是他一位交情匪浅的朋友。正是因为他，刘崐素来对广西的科举考生关照有加。

龙启瑞出身于书香世家，聪敏早慧，自幼苦读，涉猎深广。他6岁即能背诵四书五经等儒家经典，8岁能诵读唐诗宋词，10岁能写文章诗赋，11岁便考中秀才，13岁即补为廪生，成为当时广西全省最年轻的秀才廪生。他这时就显示出了很强的作联能力。一天晚上，龙启瑞在灯下读书，因为白天帮父亲码松柴累了，读了一会儿就打起瞌睡来。妹妹为了让哥哥振奋精神，即兴吟出一上联："眼皮坠地，难观孔子之书。"龙启瑞听到，不由得清醒了许多。他略作思索，就解嘲地对道："呵欠连天，欲做周公之梦。"又一日，天气晴和，母亲带着他们兄妹到姨妈家玩。龙启瑞在丽泽塘边玩耍时正遇上一个老先生在指点学生作联。老先生指着半塘荷花出一上联："塘中莲苞攥红拳，打哪个？"学生被难住了，龙启瑞望着水面，略有所悟，放声对道："水面荷叶伸绿掌，要什么？"老先生见是一陌生男孩，觉得其联对得工整契意，便有意再考考他，此时几只鸭子正从远处游来，老先生便口出一联："七鸭浮塘，数数数三双一只。"此联十分刁难,难点一在于数字对照必须相谐,二是联中的三个"数"字两种读音,与之相对应的叠字不好找。龙启瑞寻视荷塘,沉吟着,恰一条鲤鱼跃出水面,他灵感闪现,朗声道出了下联:"尺鱼跃水,量量量九寸十分。"老先生脱口称许:"堪称绝对哪!小子有才。"接而遥望天边,吟出一联:"水到无边天作岸。"龙启瑞仰首西峰岭,应对道:"山登绝顶我为峰。"老先生大为惊奇,称赞并勉励他说:"雏凤学飞,万里风云从此始。"龙启瑞忙致谢应道:"潜龙奋起,九大雷雨及时来。"这位老先生,就是以后龙启瑞的重要恩师吕璜〔1778—1838年,字礼北,号月沧、南郭老民,广西永福人,嘉庆十五年(1810)中举,曾为浙江庆元知县、奉化等地同知,后为桂林榕湖书院山长,同时主讲秀峰书院,时人将其与朱琦、龙启瑞、王拯、彭昱尧合称为"岭南五大家",著有《月沧诗文集》《初月楼古文绪论》等〕。正是在吕璜的指导下,龙启瑞的古文大进,著有音韵学著作《古韵通学》和经学著作《小学高注补正》《尔雅经注集证》等。并因他的介绍,龙启瑞得以结交朱琦〔1803—1861年,字濂甫,号伯韩,桂林人,道光十五年(1835)举人,官至御史,后归桂林主讲桂山书院,著有《来鹤山房文钞》等〕、彭昱尧〔1809—1851年,字子穆、兰畹,号阆石山人,平南人,道光二十年(1840)举人,擅长诗词,被誉为"杉湖十子"之一,著有《怡云楼诗集》《致翼堂文集》〕、王拯等才俊,不仅学问钻研进一步得到提高,更在诗词创作上相互鼓励促进,龙启瑞就著有《经德堂诗文稿》《洗月山房诗词抄》《汉南春柳诗钞》等。还是吕璜,后来又把龙启瑞推荐给梅曾亮〔1786—1856年,字伯言、葛君,江苏南京人,道光二年(1823)进士,曾为户部郎中,后主讲扬州梅花书院,是姚鼐门下五大弟子之一,著有《柏枧山房集》《骈体文》《诗集》等〕,使其求学于曾门,学业更为精进,并后来著有文字学大作《字学举隅》,被钦定为正字法的典范。

龙启瑞深知学无止境,天外有天,人外有人的道理,除了自己勤学苦读外,还四处访友寻师,以提高自己的修养和学业。道光十三年(1833),他外出游历,几乎走遍了八桂大地,这期间,他一边体察民情,一边求学苦砺,实践其恩师"学以致用"的教导。后来,他又随就任湖南黔阳县事的父亲龙光甸来到了怀化。他鼓动父亲在道光十九年(1839)重修了芙蓉楼,为之书联:"楼上赋诗,石壁尚留名士迹;江头送客,冰壶如见故人心"。他作了《己亥仲秋重修芙蓉楼落成怀古即事》四首,第二首这样写道:"龙标风雅客,少伯古无伦。诗似李供奉,官如梅子真。远来夜郎国,长占五溪春。此日登临处,清风寄白蘋。"他还在此填词《减字木兰花为陈幼舫茂才题罗杏初女史盆兰小帧》:"亭亭新绿,记蒻寒香湘水曲。别样丰姿,认限家风老画师。素心人远,寂历秋郊花事晚。准备东风,新茁庭阶玉一丛。"此词写得温婉轻盈,饶有生活情趣。龙启瑞一生没有其他爱好,只对书情有独钟,被人笑为"书痴",他亦以此自得,并写了一首五言长诗《买书》,其中有句道:"千金买好花,春尽花自落。万钱沽美酒,饮罢兴亦索。千金买侍儿,色衰恩爱薄。不如买好书,相对无今昨。日与古之人,来往相酬酢。我兴日在东,书味散帘幙。我睡月在西,书灯光灼灼……展卷读其间,忘彼藜与藿。是为持健方,亦号医俗乐。"他还工书擅画。他的书法宗颜真卿,康有为曾看过其殿试时高中状元的试卷,见之连连称赞:"昔尝阅桂林龙殿撰启瑞大卷,专法鲁公,笔笔清劲。"龙启瑞的画作以山水、花鸟见长,有《山水画册》面世,但后毁于战火。

　　道光十四年(1834),20岁的龙启瑞考中举人。同年5月,龙启瑞北上京城,打算参加来年的春试,却被大雪阻于武陵,延误了考期,于是改道游历大江南北,历时数年,才由武汉取道长沙返家。这期间,他写下了大量的诗作,譬如《中宿峡》:"双峡辟山门,沧江势尽吞。鸟呼黄叶下,猿去白云存。古刹余钟响,秋江落涨痕。山僧知许事,采药自朝昏。"再如《湘源纪行》:"古木森苍崖,飞云挂石屋。南风三日程,吹送湘水曲。诸山若屏障,秀色疑可掬。时维暮春初,晴晖散平陆。蘅芜杂苏荃,细碎纷众绿。山花如有情,时炫游子目。遥看白鸟下,径就陂塘浴。净极不容唾,况敢濯我足。当年子屈子,行吟想芳躅。至今湘水流,不共江河浊。海洋尔何山,灵源此中蓄。何当访幽胜,一就峰顶宿。"他也作下了不少词作,如《卜算子》:"山向眼前横,水向天涯去。行到山穷水尽头,总有人行处。朝色送人来,暮色留人驻。暮暮朝朝马上看,磨尽英雄路。"此词颇得山水神韵,看似平淡,实则清新雅致,别开生面,意蕴深远，耐人寻味。所以有文史学家把龙启瑞誉为晚清词坛上的"三大中兴词家"之一。《清名家词》也说："近代以经师式填词者，以龙启瑞为最著。"

这位多才多艺的状元，在进入仕途后也卓越不凡，其政绩和忠名闻名于世。他先是屡柄文衡，在顺天、广东两地乡试中分别任同考官和副考官，为国选拔人才，接而在道光二十七年（1847）因为在翰林院大考中取得二等第七名而升任侍讲学士，七月再被任命为湖北学政，成为一省文化教育主官。两年后，他的父亲去世，他丁忧归桂林。咸丰元年（1851）六月，他受广西巡抚邹鸣鹤（1793—1853年，江苏无锡人，道光进士，长期任职于河南，历任知县、同知、知府、道员，治理黄河，参加祥符、中牟等河务工程，咸丰元年升广西巡抚）之命组织团练，对抗太平军。他尽心尽力，在第二年七月因解省城之围有功而赏戴花翎。他还把自己的团练心得予以总结，出版了《粤西团练辑略》。在与太平军的对抗中，他也广泛接触、了解了太平军，并从而同情农民，认为社会不公、政治腐败才是人民起义的根本原因，他曾说："窃念粤西近日情事，如人满身疮毒，脓血所至，随即溃烂""草莽之间狡焉思逞者，即无事之区，亦将乘间窃发。"他谴责清军阵营中某些将士的昏愦不作为，甚至为在围攻桂林时表现抢眼的太平军女将苏三娘写了一首长诗予以称赞："城头鼓角声琅琅，牙卒林立旌旗张，东家西家走且僵，路人争看苏三娘。灵山女儿好身手，十载贼中称健妇。猩红当众受官绯，缟素为夫断仇首。两臂曾经百战余，一枪不落千人后。名闻官府尽招邀，驰马呼曹意气豪；五百健儿听驱遣，万千狐鼠纷藏逃……"

咸丰六年（1856）四月，龙启瑞又被任命为通政司副使，官居三品。同年十一月，他被任命为江西学政。此时，江西除省会南昌等三四座孤城外，已全部成为太平天国的地盘。他不顾危险，遂然上任，并在途中切身感受到了百姓因为战争遭受的苦难，他在《过庐州》中这样写道："我行庐州夏六月，火云烧空四山热。早禾割尽晚禾枯，老农踏车汗流血！开渠引泉亦何济，昨日有水今日竭。行人下马释亭里，一饮清泉冰列齿。忆从两月皆大旱，近井泥干无滴水。"对此社会现状，他清醒地意识到，摇摇欲坠的清政权难以维系,他对随从叹道:"我朝历为弥久,兴盛于世,内外仰慕,不期吾等将视其坠,悲乎!"他的心情因而万分沮丧,众人劝解也未能缓。这时,赴任途中的他又被升任布政使,他更感责任重大而自己能力有限,压力加大。上任时,江西已经只有南昌和建昌两座孤城在由清兵守护,内无粮草,外无救兵,加上天旱蝗灾,军心动摇,人人自危。龙启瑞竭尽全力做事,终日操劳,忧心如焚,茶饭不思,结果病倒。咸丰八年(1858)九月,龙启瑞病逝于南昌,年仅44岁。与他心心相印的夫人痛不欲生,自缢殉夫。刚从兵部调至户部右侍郎的同年刘崐听到消息,长叹:"栋梁之才,夭折于任,痛矣;伉俪情深,夫妻殉难,壮哉!"

  刘崐对龙启瑞的羡慕还在于他良好的家教和他有一位伟大的母亲。他的母亲黎氏多才多艺,不仅是能吟诗作对的诗人,还是一位能刺绣善绘画的才女。她曾经绣了一幅《芙蓉楼全图》,悬挂在芙蓉楼的主楼之上。那幅图由于"对壁图画,倚栏看山",被称为"楚南上游第一胜迹"。她又手绘《王少伯送客图》泥塑,贴于芙蓉楼"龙标胜迹"的门楣之上,画面悠远空寂,技法极尽精巧,赢得世人赞叹。在龙启瑞参加会试前的备考阶段,她更是督促儿子功课的"严母"。黎氏给他拟定了一份十分紧促的"课程表"——早起:理昨日生书,带温书一卷。背,上生书,师长先依经讲解逐字实义,毕,再讲实字虚用、虚字实用、本义有引申、异义有通假之法。然后析其章段离其句读,条其意旨。复述一遍,读一百遍,初缓读,后稍急读,字句要有抑扬顿挫之节奏,四声要有高下低昂之准的。午饭后:写字一二张,温书一本。背,仍读主书。晚灯下:念"唐贤五律诗"或《古诗源》。刘崐曾赞叹说:"有母如斯,幸也!"

龚宝莲：权掌文衡榜眼公

龚宝莲［1815—1856 年，字印之，号静轩，北京大兴人，祖籍江苏常州，道光二十一年（1841）进士，经散馆，授编修，曾为云南乡试主考、会试同考官等，后为侍读学士、司经局洗马、广东学政、詹事府詹事］是刘崐同年榜眼，也是与其关系较好的一位。

常州龚氏是南宋龚云翔从江西迁来的后裔，素重诗书传家，而宗祠文化深厚，这对龚宝莲的成长影响甚大。他少小时，看到了宗祠里的一副对联："抚循异迹；行谊纯修。"他莫名其妙，便向父亲龚冕［字松飞，道光六年（1826）进士，官江西宜春知县］请教。龚冕告诉他，这联中写了两位龚氏先贤，上联典故指汉代水衡都尉龚遂为渤海太守，至任所，悉罢捕盗之吏，劝民务农桑，一郡大治；下联典故指宋代学者龚郯，字墨伯，师承朱熹，不务口耳，一意躬行。龚宝莲脱口而答："他日，吾当学二人，立宗祠也。"龚冕以之有奇志，遂辞职归乡在家课子。龚宝莲也是读书的材料，记忆力强，四书五经 3 年内即可全部背诵，他尤其对历史感兴趣，曾认真研读《史记》和《资治通鉴》，写下了不少自己的感悟，惜未能传世。后来，因为龚冕整理族谱，他又作协助工作，遂对龚氏先祖有了深刻的了解。他对西汉的龚胜（字君宾，先后举孝廉、茂才，为重泉令，哀帝时历官谏议大夫、光禄大夫、渤海太守）颇为佩服，尤其对其气节特为敬重——王莽篡汉建新朝，派人征他做官，门人向他报告时，他斥责门人为"棺敛丧事"，从此绝食 14 天而死。龚宝莲又对当时的两位清朝龚氏名人十分仰慕：一是明清合肥人龚鼎孳，字孝升，号芝麓，明末崇祯年间进士，官兵科给事中，后在清康熙年间官至礼部尚书。他为人旷达，博学多闻，诗文与吴伟业、钱谦益齐名，并称"江左三大家"，著有《定山堂集》。中秀才之前,龚宝莲学诗皆是以龚鼎孳作为模范,而恰其父龚冕也是龚鼎孳的粉丝,父子二人对其作品研讨甚深。二是著名诗人龚自珍(1792—1841年,字璱人,号定庵,浙江杭州人,曾任内阁中书、宗人府主事和礼部主事等官职,清代思想家、诗人、文学家和改良主义的先驱者)。龚宝莲欣赏龚自珍的革除弊政的主张,更敬重其全力支持林则徐禁除鸦片、抵制外国侵略的勇气。他由是效仿龚自珍诗文揭露清统治者腐朽,爱国热情洋溢,并曾全面搜索《己亥杂诗》中的咏怀和讽喻之作,背诵之,时人称其为"己亥痴儿"。龚宝莲还影响了其族一位后辈湖南人龚承钧[1833—?,字湘浦,湖南湘潭人,同治二年(1863)榜眼,官至四川道监察御史]。龚承钧中进士之前,皆以之为其为学习榜样,意欲求取功名,后来也果如意以偿,且中的也是榜眼。龚氏两榜眼,当时名闻天下。龚承钧最痛惜龚宝莲英年早逝,才干未能施展,曾说"静轩遗志,吾承之",可天意弄人,他最后也步了龚宝莲英壮殒世的后尘。

龚宝莲在江苏参加了两次举人考试,皆未能录取,遂抱着试试的想法去顺天参试,不意一考即中,他于是把户籍安在大兴。道光二十一年会试,龚宝莲参加,会试主考官是王鼎、祁寯藻、文蔚、杜受田,考题为《约我以礼》《君子依乎能之》《诗云王赫天下》《师直为壮》得"平"字,他恰在考前与另一名考生、浙江杭州的蔡念慈两人谈到了君子礼约、能人居士的话题,大喜,信心满满作答,果然,这年的会元就是蔡念慈,而他也被选入参加殿试。殿试中,他发挥出色,尤其是策论时侃侃而谈,解决问题的策略与措施让祁寯藻喜形于色,也让皇帝甚满意,被钦赐一甲第二名进士,也成为祁氏门生。3年后他在散馆顺利毕业,授翰林院编修。

在这一时期,龚宝莲与刘崑联系紧密,不仅因两人都喜饮酒,而且因为道光二十三年(1843)龚宝莲出任了云南乡试主考官。云南是刘崑的老家,家乡观念浓厚的刘崑对于这位同年掌权家乡人才选拔工作很是上心。他不仅热心地为其介绍云南风土人情、已有官场人脉,而且把自己得知的尚未中举的才俊佳人一一列名,这让龚宝莲感激不尽。道光二十五年(1845)二月,龚宝莲与曾国藩等一道充任会试同考官。他不仅与曾国藩这位日后的权臣相处融洽,相互欣赏,而且录取了萧锦忠、金鹤清、吴福年、钟启峋、林寿图、罗宝森、郑奎龄、奎章等务实人才。他尤其喜欢这年的状元萧锦忠,与之交往颇深,也因此故,他介绍刘崐与之结识。他们次年在顺天乡试中同为考官,也配合默契,后来成为极好的朋友。以后,龚宝莲屡掌文衡,道光三十年(1850)再为云南乡试主考官,咸丰元年(1851)出任江西乡试副考官,次年再为会试同考官。他办事公允,细心谨慎,重视人才的品性修养,所取之士多能成为国家栋梁,遂为士绅称颂。他于是得到皇帝的重视,咸丰三年(1853)迁侍读学士,当年四月被任命在上书房行走,开始负责皇室成员的授课,接而九月受命为孚郡王爱新觉罗·奕譓(1845—1877年,道光帝第九子,其母为庄顺皇贵妃,与皇七子醇亲王奕𫍽、皇八子钟瑞郡王奕詥及皇九女寿庄固伦公主系同母所生)的老师。他严格执教,同时考虑孩子的爱玩天性,注重方法,晓之以理,动之以情,因而甚得奕譓和咸丰帝的喜欢。尤其奕譓对他感情深厚,3年后得知其逝世,嚎啕大哭,亲赴府上祭奠,痛哭不止,旁人见之,无不垂泪。因得器重,龚宝莲又在咸丰三年被任命为司经局洗马,次年4月署日讲起居注官。咸丰五年(1855),他出任广东学政。在主管考试时,他勤于稽察,杜绝枪手冒替等种种科场弊端,端正考试风气,被广东士绅合力称赞。他于是被调回京城培养,升詹事府詹事,意欲再委以重任简放地方。可是,这时因长期水土不服,龚宝莲倒病了,次年黯然去世。

　　道光初年,大臣赵礼甫曾出一上联给好友叶延琯(1791—?,号调生、茗生、龙威鄙隐,江苏吴县人,工铁笔,著有《鸥陂渔话》等):"马宾王,骆宾王,马骆各宾王。"其中"马宾王"(名马周,字宾王)、骆宾王均为唐朝人物,前者是朝中大臣,后者是文学名家。叶延琯绞尽脑汁,也未能对出下联。直到道光三十年乡试,大臣龙僖和龚宝莲分别出任贵州与云南两省主考官。叶延琯想起多年前的绝对,终于对出了下联:"龙主考,龚主考,龙龚共主考。"此联也因而得以流传。

潘曾莹：诗书史画世家子

在道光二十一年（1841）的会试中,潘曾莹（1808—1878 年,字申甫、星斋，江苏吴县今苏州人，祖籍安徽歙县，道光二十一年进士，官至工部左侍郎，史学家、文学家、书画家）是典型的世家子。他的父亲潘世恩是四朝元老，担任过多部尚书，时为体仁阁大学士，是皇帝施政的重要参谋。这让当时的刘崐颇为畏于与之相交，但是，接触以后，两人性情相投，遂成朋友。

潘曾莹受过很好的启蒙教育与家庭教育。因为家中藏书丰富，他得以接触众多名著名篇，又在父亲的严格督促下，从小严于律己，经学基础扎实。父亲成为权贵以后，他又接触了众多理学大家和时贤名士，更是学业精进，博学多才。他是一名典型的杂家：首先，书法杰出，首学赵松雪，再而宗米芾，极得其精髓，现遗传于世的作品，颇见米氏风骨。其次，他是有名的画手，宗陈淳和徐渭（1521—1593 年，字文清、文长，号青藤老人、青藤道士、天池生、天池山人、天池渔隐、金垒、金回山人、山阴布衣、白鹇山人、鹅鼻山侬、田丹水、田水月，今浙江绍兴人，明代著名文学家、书画家、戏曲家、军事家），其泼墨山水画和花鸟画，皆得徐氏精笔，他将书法技巧、笔法融于画中，使泼墨写意与苍劲书法融为一体，彼此不分。他还对徐渭生平命途多舛、晚年悲苦凄凉的一生极为同情，但又说"其画亦因其平生不平而作，谓失之东隅矣"。他常以徐渭的《题墨葡萄诗》"半生落魄已成翁,独立书斋啸晚风。笔底明珠无处卖，闲抛闲掷野藤中"的意境而绘图，以之赠人。到晚年，他专注于山水画，以画赠人者甚多。再次，他传承了潘氏擅长诗词的家风，诗风淡雅，工于刻画景物，多题画之作，又喜以金石碑版入诗，著有《小鸥波馆诗文钞》

19卷,另有《题画诗》4卷《画识》3卷。还值得羡慕的是其妻陆韵梅(字诱卿)亦能诗,夫妻对唱,在士林中堪称佳话。还有,他长于史学,尤其对《左传》《尚书》研究精深,还曾考证过《诗经》的研究历史。

潘曾莹在仕途上有着父亲的照顾,颇为顺利,进士后在六部任职,再简放地方历练,即再调回工部。他在职位上有何成就,因为现有资料不足而无从考证。但可知的是他颇为亲民,因而不少他为官之地流传着他的扶老携幼、赈灾救孤的传说。他还重视文化教育,修书舍和历史遗迹,培文化名胜,也有一些地方遗留有其墨宝。不过,就在咸丰末年,正在其仕途发达之际,他却以病辞职。有人说是他厌倦了官场的尔虞我诈,也有人言他受到了释家与道家的影响,看破了红尘。

潘曾莹还以扶掖后进闻名。他的后生朋友中,最知名者为李慈铭〔1830—1894年,初名模,字式侯、爱伯,号莼客、越缦老人,浙江绍兴人,光绪六年(1880)进士,官至山西道监察御史,经学家、史学家,著有《湖塘林馆骈体文抄》《白桦绛树阁诗初集》《重订周易小义》《柯山漫录》《越缦堂同录》《后汉书集解》《十三经古今文义汇正》《霞川花影词》等〕。因为赏识这位昔日周祖培门下的才子幕僚,潘曾莹对其向来慷慨。因李的邀请,潘曾莹还给离京的后辈学人孙予恬、樊增祥和陶方琦赠以画扇。后来,随着其画其字的名气越来越响,潘曾莹给旧僚、朋友、门生们画画写字的应酬愈多,拥趸也渐渐多起来,忙到无日不挥毫的程度。

潘曾莹晚年却遭遇不幸,为人津津乐道而让他自我惭愧的是其昔日门生杨鼎来,拐走了其子、时发配新疆的原兵部侍郎潘祖同的原配查氏,他大怒下派出5名家丁追赶捉拿,却不料杨鼎来武艺高超打败了5人,后来还考中进士,羞辱了潘门。对此,潘曾莹耿耿于怀,抑郁了数年,甚至一度只要谈及姓杨者即色变,宴请者如有杨姓,他亦多推辞不往。

刘崐为潘曾莹过早辞官扼腕叹息,曾说他的进士同年中,潘申甫未能施其志,最为可惜。

顾文彬：过云楼劫余诗书

顾文彬［1811—1889年，字蔚如，号子山、紫珊、艮庵、艮盦，江苏苏州人，道光二十一年（1841）进士，官浙江宁绍道台，著有《眉绿楼词》8卷、《过云楼书画记》10卷、《过云楼帖》等］是刘崐素为敬重的一位藏书家，也是他的进士同年。

顾氏祖上是元末明初时自徽州迁居苏州的，后来前辈经商致富，可到顾文彬之父顾大澜（字春江）这辈时，家况愈下。但顾大澜是个颇有眼界的人，执意把儿子送至学堂，要其勤恳读书，做官立世以求闻达。尤其是到晚年时，他开始收藏，尤其着力于收藏名人贤才的字画，每"获名贤一纸，恒数日欢"。这对少年顾文彬影响甚大，他自幼喜爱书画，娴于诗词，尤以擅长填词闻名。其词多抒写离愁别绪，意境清幽，风格细密。同时，他又工于书法，溯源欧、褚，为此还曾专至长沙在欧阳询的故里临摹过碑帖。

青年时，顾文彬执着于科举。他在道光十一年（1831）乡试中举后，就全力备考会试。这时期，他结识了终生的好友冯桂芬［1809—1874年，字林一，号景亭、校邠，苏州人，道光二十年（1820）进士，授编修，补右春坊右中允，入李鸿章幕，后主讲金陵、上海、苏州诸书院，为改良主义之先驱人物，著有《校邠庐抗议》《说文解字段注考证》《显志堂诗文集》］，他们相互切磋，学业长进甚快。冯桂芬工骈文，古文基础扎实，对经世致用之学尤为推崇，这也影响了顾文彬。两年后，又值会试，但顾文彬的祖母舍不得唯一的孙子远赴京城，提出"我年已高，不愿汝远离膝下，此次会试，可勿往"。孝顺的顾文彬即遵谕不行。顾文彬时在正谊书院攻读，正值江苏巡抚林则徐甄别此院，见他的试卷文采卓然，奇怪地问他为何不参加会试，他以实相告，林则徐赏识其才华，即将他拔置超等，嗣后择正谊书院中能文之士，如胡清绶、冯桂芬、洪鼎、陆元纶、王熙源、金凤诏、王希旦、姚琳、张璐、刘嗣龙等10余人，"每月逢一进署会课"，林则徐的儿子林楫之（字汝舟）亦与焉。因为惜才，林则徐将顾文彬收为了门生。道光十七年（1837），顾文彬之父顾大澜所开布号连年亏折，不能再支撑，家计窘迫下只得典租申衙前孙氏之屋，典价为500千文。顾氏当时这点钱也拿不出来，顾文彬无奈与夫人浦氏商量，售去首饰，遂从原老家桐溪浜迁居入城居此。此宅东落小有园亭，为冯桂芬所居。两人至交密迩，凡考书院及文社出入必同行。道光十八年（1838）正月，顾、冯同赴京会试，但均落榜。两年后，他们再度赶考，仍旧下榻五圣庵。这次，顾文彬仍旧落榜，而冯桂芬中式会魁。不同的境遇，令顾文彬感慨万千，他后来回忆说："余与林一同居有年，一升一沉，相形之下，似难为情。"京城朋友劝他留京，他毅然归去，行至常州，已得冯桂芬高居榜眼之信。次年，不服输的顾文彬又进京赶考，天遂人愿，中试第一百七十三名，殿试二甲第六十名，他以部属用签分刑部湖广司行走。

翰林院学习3年后，顾文彬开始步入仕途。道光二十九年（1849），他授刑部主事，终于可以接夫人、孩子来京居住。适逢冯桂芬的家眷进京，他们两家于是合在京城河西沿租赁房屋，同宅院。咸丰四年（1854），顾文彬擢福建司郎中，两年后补湖北汉阳知府，又擢武昌盐法道。这是个极有油水的部门，同事们的贪懒，让顾文彬痛心不已，但他又无能为力。同治九年（1870），他再授浙江宁绍道台。原以为此番可以大展才干，扎实为百姓做点实事，但到任后，他屡提的建议不得上司赏识，他坚守的清廉方正，几乎遭人耻笑。顾文彬由此厌倦官场，称疾辞官。闻知辞职得批后，他立即赋诗一首："感荷君恩疾许移，欢然喜气上双眉。始知襄宦辞官日，宛似顽童放学时。"

回到故里后，顾文彬转向收藏。他本是此中行家里手，18岁时，他就购入了吴道子《水墨维摩像》轴和院画《上林图》，而在京城刑部任职时，松筠庵的和尚心泉拿给他看智永的真草《千文》，顾文彬一看后面有董其昌的跋，确为真迹，立即倾囊购归。以后，宋元名公、明四家、画中九友，至清初六家的画作，他无不收藏。他还开始搜集旧籍秘本，在其《过云楼书画记》所拟凡例中有一条："敝箧中黄大痴《画理册》、祝枝山《正德兴宁县志》手稿册，铭心绝品，亦断种秘本也。故《钦定四库全书提要》俱未收入。兹录悉放（即仿）《揅经室集·四库未收书目》例，详为考核，冀后世志经籍者采择焉。"顾文彬仿照阮元的集子中《四库未收书目》的体例来著录，先记行格，后考订版本，完全是藏书家的做法，十分谨慎。为了便于收藏，他在同治、光绪年间，在明代尚书吴宽旧宅遗址上历时9年，耗银20万两建成苏州怡园。园中一石一亭均先由画师拟出稿本，与他商榷后方定，有花木泉石之胜。他还请朋友俞樾［1821—1907年，字荫甫，号曲园，浙江德清人，道光三十年（1850）进士，著名学者、文学家、经学家、古文字学家、书法家］为其园东边石屏题字"屏风三叠"，并请其写下了著名的《怡园记》。顾文彬专在怡园中建有"过云楼"，收藏古代金石书画，所藏碑版卷轴，乌阑小字，题识殆遍，藏甲吴下。顾文彬精于鉴别书画，考辨多精审，"自唐宋元明清诸家名迹，力所能致者，靡不搜罗"。他晚年精选所藏书画250件，编纂成《过云楼书画记》10卷，著录了他一生搜集、赏析、研究历代法书名画的业绩。顾文彬深知收藏之难，保管更是一个巨大的责任，他因而定下家规——天阴雨、地肮脏、有烛火、饮酒后、临摹抄写、强行借阅等14种情形下，都不得进入过云楼取阅藏品。这较为有效地保护了藏品。顾文彬与吴云、沈秉成、李鸿裔等又做"真率会""消寒会"，研讨学术，相互提高。只是，他还是没有想到，收藏一事给他的子孙带来了巨大的灾祸。他的儿子顾麟士（名承，字鹤逸）也是收藏大家，并倾其所有来用于收藏，但英年早逝，顾家自此败落。而之后他的孙子顾公雄等为战争所累，尤其是在抗日战争中耗费了巨大精力与物力保护藏品不被抢劫，却令家人受累，穷困不堪。盗贼光顾、强人抢掠，加上图书霉变毁损等，顾氏四代为藏书付出心血无数。1951年，顾家人把所藏书画分两次捐赠给上海博物馆。在这些捐赠中，有元代书法家赵孟頫的《秋兴赋》、元代画家倪瓒的《春宵听雨图》、宋代诗人陆游的《溪山图》、明代画家唐寅的《黄茅渚小景图》、清代画家石涛的《细雨虬松图卷》等,另外还有沈周、文徵明等名家真迹不胜枚举,可以说件件价值连城。消息一出,学林轰动。

顾文彬喜欢写诗填词,留下了《眉绿楼词》8卷。同治十一年(1872)七月,在宁波的他怀念起在苏州的老友俞樾,写下了《奉怀俞荫甫》:"东望乡关忆故人,传钞社稿剧清新。碧云红叶山游剡,白露苍葭水阻秦。远道诗筒欣可接,新凉灯火喜相亲。西泠旧有诛茅约,问字亭边愿卜邻。"对占卜素有研究的顾文彬,在为朋友问卜的同时,不知是否为过云楼也卜占过?

牛树梅:朴诚廉干传佳声

刘崐的进士同年中,有位与包拯、海瑞、于成龙齐称的官员,时人称为"牛青天"。他就是牛树梅[1799—1882年,字雪樵,号省斋,甘肃通渭人,道光二十一年(1841)进士,曾为四川彰明知县、按察使,署布政使衔,著有《省斋全集》《闻善录》《湄叶文存》等]。

通渭鸡川牛氏为诗书传家、多夺巍科的簪缨之族。但牛树梅出身寒门,他的曾祖牛鲁官陕西凤县训导,祖父牛增懋为岁贡生,父亲牛作麟(1773—1851年,字振凤,号愚山)补学宫弟子,对其影响最深。牛作麟家贫,9岁时即为富人牧羊,但有坚忍不拔之志,勤于诗书痴于儒学。少与兄长牧羊时利用闲暇时间读书,十五六岁时曾因没有机会读书而昼思夜愁,梦中往往哭醒,至30余岁,躬作劳役,偷暇而读,夜无油灯,或就火于邻,或以香火照读,或蹲墙隅借月色读书,古人"负薪挂角""囊萤燃糠"的顽强意志和苦读精神在其身上得到了充分彰显。牛树梅自幼聪慧,6岁时由其父启蒙口授诗文,9岁时他就能作文,11岁时撰春联曰:"今日鱼龙相杂;他年鸡凤各殊。"其寄寓的远大志向,让家人振奋。12岁时,他在《左传》书背题词:"太公钓于渭水之滨,伊尹耕于有莘之野,彼皆然矣，吾何为独不然？"嘉庆二十年（1815），他入巩昌府学就读，接而在道光四年（1824）应巩昌府试，选为贡生。此后，他随处设馆授徒谋生，屡赴西安乡试，直到33岁中举，由此被聘为略阳嘉陵书院、岷州文昌书院山长。他认真课读，多有成就。同时，不断赴京会试，终于在道光二十一年中进士。

回顾自己前半生的坎坷，牛树梅这样告诫儿女："处顺境之人往往没出息，处逆境之人往往毁志气；人若在顺境中能够下苦功夫，在逆境中能够振作精神，方为不负厚，尔后生玉尔成。"又说："有福气之人定有志气。"他还借自己的《过关山》鼓励儿孙奋发图强，其诗曰："一路青云接，苍茫碧翠横。山花皆有态，野鸟半无名。烟岫晴偏耸，溪流激更清。陇秦天与界，长此奠承平。立马正峰中，乾坤一望通。人歌流水曲，我唱大江东。瑞气迎关紫，朝暾透海红。登临饶胜概，摩抚看衡嵩。"刘崐对于牛树梅的奋斗精神和所受家教颇为欣赏，也因此在翰林院学习期间两人交往甚多。

牛树梅中进士后从师祁寯藻，为官为学之道受其教诲。出仕以后，他是名典型的循吏。他每到一地，都深入百姓家、了解民生疾苦，并把"临民之官，以不扰民为第一要务""勤听断，少科派"当成自己的从政格言。道光二十四年（1844），牛树梅出任四川雅安知县，他抑富济贫，限制高利贷盘剥，对那些为富不仁、巧取豪夺的劣绅恶霸严惩不贷。他不顾代庖之嫌，稽查税契，减轻民众负担，对文牍公案，都及时予以清理，有未清者则夜以继日。他还作《劝民语》《厘正风俗事》教育民众。接而出任隆昌知县，他见衙役有乘民争讼而巧立名目，进行敲诈勒索之事，即进行追查和处治，并制定规约，发布告示，以堵塞吏目之讹诈。他在查访中，发现境内有人虐待父母，他深感悚惧和内疚，认为地方官有不可推卸的责任，便在大堂牌示"一月之内不用辇，出入不用炮，行香不用乐，不用伞扇旗锣，不用号挂"，以示自罚，并对不仁之子给予劝导或惩罚。一年后，他出任彰明知县，他首先在文化教育方面加大了投入，倡捐俸银，修葺书院，礼聘品学兼优士人为山长，同时整饬县学，修建考棚使其文风大振；接而他修建养济院，筹足经费，收养孤寡老人，使社会稳定。

道光二十八年（1848），牛树梅署资州知州，他半年之内审清积案百件，深得民心，而被人称"牛青天"。不久，他署宁远知府，主持府试时，突发地震，山摇地动，顷刻之间，全城夷为平地，死伤甚众。牛树梅也被压在废墟中。他被人救出后，不顾伤痛，立即组织救灾，率先捐银1600两，疗治伤者，赈济灾民，掩埋死者。之后，牛树梅任茂州知府，他酌定章程，狠煞婚丧嫁娶中盛摆宴席的奢靡之风，摆脱人情债的百姓大喜过望。而他的一心为民，也为人民所记。他离开彰明时，扶老携幼为其送行者，充塞道路。彰明和资州的老百姓还要为他建立生祠，他深感不安地说："此等迂阔事敛钱招怨，是损我德，益我过，折我福，造我孽，是魏忠贤我也。"同治元年（1862），四川总督骆秉章复荐他来川任按察使，川民奔走相告："牛青天再至矣！"

牛树梅的勤恳务实的工作作风，也得到了朝廷的重视。咸丰三年（1853），礼部尚书徐泽醇［1787—1858年，字梅桥，号乐天翁，汉军正蓝旗人，徐桐祖父，嘉庆二十五年（1820）进士，曾为吏部主事、重庆知府、山西河东道、江南河库道、湖南按察使、山东布政使和巡抚、河东河道总督、四川总督、礼部尚书、户部尚书］举荐牛树梅"朴诚廉干"，诏命其参议陕甘总督舒兴阿军事。此后，因为与同事不和，他3次从军、3次辞官归隐，一度对官场失去信心。但他在任的勤恳还是得到了上级好评，湖广总督官文荐他为循良第一。但直到同治元年（1862），因为湖北巡抚胡林翼、河南巡抚严树森等的极力推荐，四川总督骆秉章及高延祜联署恭请，朝廷也严旨催逼，牛树梅才终出任四川按察使。骆秉章奏章称："该员历任地方，循声卓著，悃福无华，廉静不扰。在官之日，每朴被亲历四乡，咨询民间疾苦，抉求民隐，彰别是非，善良赖其扶持，顽梗渐以格化，风声所树，民俗为厚。"同治三年（1864），朝廷又诏令牛树梅入京待任，他以老病婉拒，而留寓四川10年，他担任了成都锦江书院山长，除严加考课之外，他制定了《书院宜戒各条》，要求诸生戒酒、戒赌、戒毒、戒出外生事、戒留宿闲人。他又制定《书院应行各条》，告诫诸生："学贵务本，勤用功，如期交卷。"他要求诸生以性理之学，涵养性情，"敦品勤学"，以达"圣贤之路"。数年之间，锦江书院培养了一批品优学粹的士人，有的金榜题名,有的治学有得。同治十三年(1874)他离蜀之际,他的学生胡文魁等感念恩师,将其诗文编刻为《省斋全集》12卷面世。作为封建士大夫,牛树梅能够以民为本,不贪不腐,锐意改革,亲民爱民,实属难能可贵。而他也得到了后人的尊敬。1936年当徐海东率领的红军战士经过牛家坡牛树梅故里时,许多四川、湖南的战士都不进屋而是在屋檐下冒雨过夜,以示对这位循吏的尊敬爱戴。

牛树梅还善书法,其考卷小楷写得乌亮、方正、光洁,大小一律,是典型的"馆阁体"。在酬答友朋的信札、诗笺和题写联匾时,他大体上用行书、草书,乃至擘窠书。他以颜体为基础,行书既具遒劲郁勃之气,又有苏东坡的丰腴跌宕之风。牛树梅不仅喜欢颜苏的书法,而且景仰他们忠贞的气节、洒脱的精神境界。因此,牛树梅对于索要其书作的人有个书面的答复:"自余得选拔时,乡之人有借衔名,以殿其屏幛者,辄力却之。至于孝友节义,心所钦向,则录之,或自书纸幅以赠。"他的这种有节有度,甚得刘崐尊敬。刘崐晚年也拒为他人题字,多少有效仿之意,但他又说:"吾不如雪樵!"

陈启迈:削职为民亦风流

熟悉晚清历史的人都知道,刘崐对于曾国藩是万般的信赖,事事维护着他的权威与名誉。但是,为了一个进士同年,刘崐却与曾国藩几乎翻脸。这个人,就是陈启迈[1796—1862年,字子皋,号竹伯,湖南常德人,道光二十一年(1841)进士,曾为江西左江道、按察使、江宁布政使、江西巡抚,后被革职回乡,主讲朗江书院,著有《霜筠阁诗文钞》《归后斋日记》等]。

陈启迈9岁丧父,全靠母亲抚养和管教,才成为一个有用之才。他聪明伶俐,记忆力强,智力超群,3岁从堂兄至学堂,在窗外听先生念书,他边玩边听即会，6岁看账房先生拨算盘，他默记于心，一月不足即学会了珠算。父亲逝世后，他感念母亲的辛苦，牢记父亲临终前"读书光宗耀祖"的遗言，学会了自律，发奋读书，立志科举取士。嘉庆十七年（1812），他考取常德府学，补府学生员，有机会去当一个小吏，族中人看其家庭经济拮据，建议他停学工作。他不发一言，回家问母亲。母亲反问："汝可否犹记父遗言？"陈启迈含泪点头，二话不说即回到府学。道光五年（1825），他得选拔入国子监，并在9年后顺天乡试中举。接而，道光二十一年他在会试中登进士，经朝考选翰林院庶吉士，授编修。此时，《大清一统志》正好已出初稿。这部最完整的清朝地理志，由穆彰阿和潘锡恩为主纂修，在穆彰阿的门生、他的同乡、翰林院编修曾国藩的推荐下，他参与了校雠。他因而很长一段时间，对曾国藩感恩戴德。他夙兴夜寐，焚膏继晷，对稿件一丝不苟地进行校对更正。正因为他工作认真、校对准确、办事效率高，他受到穆彰阿与潘锡恩的喜欢与器重，很快由协修升至总纂，再擢升提调。他为此书历时9年，可谓功劳卓著。而刘崐，正是敬重他这份执着、专一，而与其交往甚多。

道光二十九年（1849），刘崐再赴顺天乡试，而陈启迈典试广东，他与主考官何绍基配合紧密，办事牢靠，监考严格，录取公允，选拔出了桂文灿、莫云梯等优秀人才，广东巡抚黄恩彤（1801—1883年，原名丕范，字绮江，号石琴，别号南雪，山东泰安宁阳人，道光年间曾任广东巡抚）密奏此人才堪大用，于是他回京交差后旋即简放广西江右道，不久又左迁江西按察使，数月后调直隶布政使。咸丰三年（1853），太平军进攻长江下游，接连攻克南京、镇江和扬州。陈启迈奉命出任江苏布政使，负责筹办江南清军粮饷。他以高度负责的态度兢兢业业工作，在艰难的情况下，后勤保障做得有条不紊，备受称赞。次年，他便升任江西巡抚。他为官谦恭，礼贤下士，官衙如书斋，幕僚都能直入其内。他并知人善任，平日勤于政事，案牍随到随批，从不延宕。可他怎么都没有想到，就在这后一年，他与曾国藩从恩人会成为仇人。

曾国藩在咸丰三年于长沙开始办团练，但不久即与长沙提督鲍起豹产生矛盾，不得不移师到衡阳，迫于形势办起了水陆两师，即有名的湘军。

咸丰四年（1854），太平军先后攻占了江西若干州县。曾国藩奉命率湘军进入江西，攻打石达开部，因为地方武装一应粮饷皆依赖地方政府，曾国藩多次要求陈启迈为湘军调拨粮饷。但此时，陈启迈得知湘军有恃无恐，四处掠夺，并把抢劫的财物运回家乡，用来购置田产，便对湘军没有好感。而且，当时曾国藩虽为兵部右侍郎衔，但只是个虚职，可他早习惯了在翰林院里对待陈启迈的态度，并不把其当成地方大员，见面便是向他要钱，动不动就是几十万两。粮饷筹措颇为不易，陈启迈心中不爽，便对其催拨粮饷的要求不予理睬。不久，曾国藩为了加强江西防务，又筹办火药厂与船舶厂，派德音杭布为其特使，向陈启迈当面索要20万两饷银。陈启迈不仅没有答应，而且把德音杭布调侃了一番，这便让两人关系降至冰点。刘崐得知这种情况，写信给陈启迈要其注意处理好与曾国藩的关系，心高气傲的陈启迈不以为意。不想，紧接下来的一桩事，彻底让陈、曾两人撕破了脸皮。这年四月，太平军攻陷万载，乡民彭方三自动献牛酒相迎。太平军撤走以后，当地举人彭寿颐学习曾国藩，敛资倡办团练，彭方三坚决反对，既不入团，也不捐资。彭寿颐以"馈贼阻团"为名控告彭方三，并牵连到万载知县李皓。双方争执不下，案件只好移送到省城。经审理，陈启迈认为彭方三与李皓无罪，而曾国藩则站在彭寿颐一边，坚决要求惩办彭方三、李皓二人。这是典型的军地矛盾、两条路线斗争，双方僵持不下，谁也奈何不了对方。而被羁押的彭寿颐竟乘机逃跑至曾国藩军营。陈启迈一气之下，带着官员冲到曾部要人，甚至为此写了33首绝命诗。眼见情况不对，曾国藩便让彭寿颐回去，但要求陈启迈必须保证他的安全。可是，彭寿颐回衙不久即被拷打至死，这真是活生生打了曾国藩的脸。延至咸丰五年（1855）三月，曾国藩为了筹集粮饷，事前未经江西地方政府同意，擅自在驻地南康设立厘金局（地方税务局），向过往商人征收税款，引起商家的强烈不满。陈启迈认为曾国藩目中无人，越俎代庖，便联合臬司恽光宸（？—1860年，原名尔谦，字濬生，号薇叔，江苏常州人，寄籍北京大兴，道光进士，曾为岳州和长沙知府、广东督粮道、江西按察使、江西巡抚）拟折上奏，告发曾国藩。可没有想到，恰在此时，锦江码头厘金关卡抓到了万载知县李皓的小舅子走私鸦片。

曾国藩听说陈启迈也从中获利，正好抓到了把柄，便串通德音杭布，向咸丰帝上书，参劾陈启迈"伙同他人私贩鸦片，牟取暴利""虚报战功""袒庇下属""留难军饷""凌虐缙绅"等六大罪状。他还在奏章中陈言："臣与陈启迈同乡同年同官翰林院，向无嫌隙。在京时见其供职勤谨，来赣数月，观其颇错倒谬迥改平日之常度，以至军务纷乱，物论沸腾，实非微臣意料之所及。"对曾国藩越来越倚重的咸丰帝看完奏折后大发雷霆，立下令将江西巡抚革职查办永不叙用。陈启迈有口莫辩，只得黯然离赣。

时为内阁学士兼礼部侍郎的刘崐得知情况，又惊又怒，立刻给曾国藩写信，毫不客气地批评他"骄横自傲，损国栋梁"。曾国藩连写了两封信辩解，同时检讨自己也有不对。刘崐见事已经无可挽回，只能长叹。

陈启迈革职回乡以后，积极投身于家乡的文化教育事业。他首先在朗江书院担任讲席，培养后学，长达 6 年之久。接着，他又主修了《武陵县志》48 卷，约 50 万字。这本地方志书，"事征其实，文去其浮"，成为传世之作，不少县府纷纷效仿。

赵　畇：山长诗人遗腹子

道光二十一年（1841）录取的进士中，如果要找出一个与刘崐关系密切的师门同出的同年，那非赵畇（1808—1877 年，字芸谱，号岵存、遂园、遂翁，安徽太湖人，进士后选翰林院庶吉士，曾编写《漕运史》，特旨上书房行走，曾为广东惠潮嘉道，著有《遂园诗钞》《遂园诗律诗钞》《重修潘刘堤碑》，编有《遂翁自订年谱》《漕运史》等）莫属。

赵畇是在父亲去世 5 个月后才出生的遗腹子，由母亲王氏养大成人。就凭这一点，他就令出身寒门、怀有怜悯之心的刘崐不由自主与其亲近，何况他们的座师同是杜受田。赵氏是太湖的名家，他的曾祖父赵象贤 24 岁援例入赀补云南河曲州录事参军，在位时廉洁奉公，深受百姓爱戴，后调吏部任四川汉州事，其勤勉于事，不遗余力救济贫苦老百姓，造栖流所，收留赤贫人员并给予死者棺木。他祖父赵学浩年少时勤学苦读，学业精进，但因科举屡试不第而以教书谋生。这时，其家已经相当贫寒。他的父亲赵文楷（1760—1808年，字介山，号逸书）从小矢志读书，13岁中秀才，5年后父亲、祖父相继病逝，家中赤贫无钱举丧，厝西园7年才葬，他险些辍学，乾隆五十三年（1788）他以江南乡试第二名中举，但会试屡不就，直到嘉庆元年（1796）一鸣惊人，中为状元。嘉庆对其寄予厚望，曾御笔赐诗道："丙辰吁俊典依前，教养菁莪六十年。寿宇作人昭化洽，金阶选士听胪传。榜悬龙虎彤墀直，云护旌旗紫軑连。文楷嘉名期雅正，为霖渴望副求贤。"赵文楷一生所做最大的一件事即担任赴琉球中山国的册封使臣，他在任的半年中以廉洁著称，以致中山王感动不已，为他建立了生祠。他回国后即任山西雁平兵备道，工作兢兢业业，但一场大病使其英年早逝。去世后，他家徒四壁，靠下属凑钱其灵柩才得以运回家乡归葬。赵文楷是位著名的文学家，著作有《石柏山房诗存》《槎上存稿》《独秀草堂存稿》《楚游稿》《菊花新梦稿》《中山见闻录》等，他的诗文写得特别漂亮，他的学生、嘉庆年间礼部尚书汤金钊（浙江萧山人）曾评价他的诗说："美哉先生之为诗也！其情豪，其气逸，其性直，其识论超，其魄力；无猥琐龌龊之思，无雕琢锤炼之迹；浏漓浑脱，纯任自然，旷迈遒上，不落尘滓，往往有太白神致焉。"譬如他的《游西风洞夜宿狮子庵》一诗："古寺云深处，扪萝问牧童，鸟盘秋色外，人语暮烟中。厨盖千年石，岩呼半夜风。暂抛尘梦去，禅榻一灯红。"此诗对狮子庵（今西风禅寺）四周的幽美景色及诗人的恬静心态，描摹洗炼。而遗腹子赵畇正是读着父亲的文稿长大的，以后也精于诗歌创作，有《遂园诗钞》10卷、《遂园诗律诗钞》4卷。赵畇的诗歌语言朴素，意象疏淡，古意盎然，说理诗颇富哲意，咏史诗中流露出深厚的史学功底。

在母亲王氏的严格要求下，聪颖的赵畇较早随着3个哥哥进入学堂攻读。他对书法甚为喜欢，宗颜真卿和董其昌，曾临摹过多种碑帖，同时对历史书籍天然亲近，常与兄长争论《三国志》中武将排名，还看过不少传奇作品。他后来又随名师余尔康学习，余在经学研究上颇有一套，尤其对典例、礼学如数家珍，这对求知若渴的赵畇影响颇大。而余尔康收集的王船山文集、宋明理学著作，更令赵畇入迷，他曾废寝忘食地读朱熹的《通书解说》，令余尔康亦感动不已。但与他的父亲赵文楷一样，很早中了秀才，也较早被录为举人，会试却屡不就，直到道光二十一年才被录为进士。

在翰林院学习的期间，赵畇最大的收获是编写了《漕运史》。他到直隶、南阳等地做了实地调研，又参考《户部漕运全书》等资料，对其漕运的发展脉络、制度规章等做了较为全面的考量，才编写出了这部后来对明清漕运研究颇有影响的史学著作。也因此书，他受到了道光皇帝的重视，道光二十六年（1846）六月其四子奕詝（1831—1861年，即后来的咸丰帝）被密定为皇储后，赵畇即被任命为上书房行走，奉旨教授其读书。赵畇充分考虑了奕詝作为青年人猎奇心重的特点，每次讲课都是从一个故事开始讲起，吸引其注意力，再引导其自我剖解，找出关键，这有力地抓住了其求知之心。他又考虑奕詝体弱多病的实际，时常带他在空气清新的室外边走边学，及时启迪，并规劝他少猎艳、爱护身体，为治国做好准备。在赵畇的教育下，奕詝学业进步很快，令道光帝十分高兴。

咸丰即位后，正值太平军兴起，作为帝师的赵畇积极响应朝廷各省办团练的决策，主动要求回到老家，与工部侍郎吕贤基（1803—1853年，字羲音，号鹤田，安徽旌德人，道光进士，曾为监察御史、工部左侍郎署刑部左侍郎）、给事中袁甲三〔1806—1863年，字午桥，山东项城人，道光十五年（1835）进士，官至漕运总督兼江南河道总督、提督八省军门，袁世凯叔祖，卒谥端敏〕和李鸿章一起创办团练，他还结合实践，总结、制定出了《团练章程》六条，包括联保追责、互防互补等，颇有针对性。赵畇还利用回家之机，与兄长赵畯购买了原明朝刑部给事中刘尚志的私宅，将其改造，修建了现在知名的"世太史第""四代翰林宅"。他的女婿李鸿章为之书联："画阁凌烟高标回日，金台论士紫府藏书。"至同治七年（1868）进行维修改建时，赵畇也自作一联："旧书不厌百回读，明月自满千家墀。"他当初建宅的目的，一方面是要感谢生母对其教养之恩，让老人家晚年有个憩息之地，另一方面也是鼓励乡民与太平军的斗争士气，以安稳民心。可他没有想到的，此宅修建后，不仅在战火中屡受创伤，而且他也受到政敌的攻击，几致拆除。咸丰六年（1856），赵畇出任广东惠潮嘉道。他积极发展农桑，重视渔民的捕捞规范，鼓励商业发展，并增加童生学额，修缮破败书院和考棚，受到当地百姓的爱戴。同治元年（1862），他的母亲病逝于长沙，这让赵畇痛不欲生，他立刻请假驰奔治丧。扶柩归籍途中，他借居于安庆李蕴章（1829—1886年，派名章钧，字秉旃、和甫，号抚泉，合肥人，李鸿章四弟，国学生，候选员外郎、候选道）家中。李蕴章是有名的孝子，善于理财，同时好善乐施，12岁因病而盲，他对周易等有通透的理解。正是在这里，本就对仕途凶险已经厌倦的赵畇与其倾心相谈，改变了自己一直坚持的求官理念，欲效李蕴章归乐田园，而且与李结为姻亲，指定其孙赵曾翯娶李蕴章第八女。丁忧结束后的同治三年（1864），赵畇即辞官归里。他主讲于最早在顺治九年（1652）由浙江巡抚赵日梵创建的安庆敬敷书院，担任山长，奖掖后进，乐此不疲。他同时课李鸿章之子侄，儿孙绕膝，享受着天伦之乐。赵畇六十岁生日时，李鸿章专为他写诗道："获选替乘龙，感恩忝床东。旧梦廿余载，依稀如昨辰。案牍劳形色，惭颜拜寿翁。愿奏长生乐，岁岁享天伦。"

赵畇的后代能人辈出，诗学传家。他的长子赵继元［1828—1895年，字梓芳，号养斋，同治七年（1868）进士，曾供职于督署宽叶务处、筹防局、两江军需局，著有《静观堂遗集》］，侄子赵继泰［光绪十五年（1889）进士，曾为刑部主事、直隶司行走］、赵环庆，孙子赵曾重［1847—1912年，字伯远，号蘅甫，光绪六年（1880）进士，主讲敬敷学院，著有《味琴山馆集》］都是进士出身，都在诗学上造诣深厚，而赵曾重的孙子赵朴初则为我国已故政协副主席。

载　龄：文进能臣系皇亲

在咸丰年间，刘崐因结交蒙满权贵而险陷入一桩政治斗争中丢掉官位，幸其座师杜受田在尚书位而脱险，从此后他就决意少书文字以免无妄之灾。使他卷入纠葛中的人，正是他的进士同年、皇亲载龄［1812—1883年，爱新觉罗氏，字鹤峰，隶镶蓝旗，道光二十一年（1841）进士，为翰林院检讨，历任侍讲、侍读学士，礼部、工部、刑部、户部侍郎，光禄寺卿，左副都御史，左都御史，都统，兵部尚书，户部尚书，体仁阁大学士，袭不入八分辅国公爵位，卒谥文恪］。

载龄系诚隐郡王允祉［康熙第三子，专吕、历、算法，颇精文事，因在敏敬皇贵妃丧不满百日剃头而降贝勒，雍正六年（1728）以索苏克济赎罪降郡王，再在怡贤亲王允祥薨时与丧后至，且无戚容，得罪八款，圈禁景山永安亭，遂抑郁而亡］五世孙，不入八分辅国公奕果（1791—1870年，奉恩辅国公绵策的嗣子，曾授头等侍卫）之长子。因其支先祖的罪人身份，其支地位尴尬。载龄少时屡受人欺，遂立大志而欲光宗耀祖。他的父亲看他读书刻苦，也着意培养，不仅请来知名学者为其辅导，而且收集了大量的经史古籍供其阅读。这为载龄打下了扎实的经学基础。他少年时即对先祖的建功立业崇拜不已，也对岳飞、文天祥等忠君报国之臣顶礼膜拜。他拒绝了大多数族人以武取仕的道路，而意欲取得文进士。道光十二年（1832），他在顺天乡试中文举，这让其支在族人中地位猛抬，也引起了皇室权臣对他的关注。但接而的会试中，他屡试不就，直到道光二十一年中进士，他也成为其支唯一的文进士。进入翰林院后，他与刘崐相处融洽，见解常能一致，故走得亲近。载龄从散馆授编修，4年后升翰林院侍讲学士，再升侍读学士，道光三十年（1850）授为内阁学士。

进入咸丰元年（1851），载龄先是担任了会试副总裁，为国选拔人才，接而升理藩院右侍郎、正红旗蒙古副都统。这是其将获提拔重用的信号。可是，令他没有想到的是，这时发生了一件极影响其前程的事情。导火线即是其原来在堂兄载铨（？—1854年，定安亲王永璜曾孙，辅国公，授御前大臣、工部尚书、步军统领）的一幅《息肩图》上有题咏赞美之言。咸丰二年（1852）六月，给事中袁甲三疏劾："载铨营私舞弊，自谓'操进退用人之权'。刑部尚书恒春、侍郎书元潜赴私邸，听其指使。步军统领衙门但准收呈，例不审办；而载铨不识大体，任意颠倒，遇有盗案咨部，乃以武断济其规避。又广收门生，外间传闻有定门四配、十哲、七十二贤之称。"皇帝派人调查后下谕："诸王与在廷臣工不得往来，历圣垂诫周详。恒春、书元因审办案件，趋府私谒，载铨并未拒绝。至拜认师生，例有明禁，而《息肩图》题咏中，载龄、许诵恒均以门生自居，不知远嫌。"他因而受到处罚，镌三级，仕途受到了挫折。这也让与载铨有过交往的刘崐吓了一大跳，只能暗自庆幸未在《息肩图》上落墨，实属侥幸。

庆幸，庆龄的转机马上来临。咸丰三年（1853），太平军北伐，夺河间、阜城，朝廷急命都察院副都御史、工部左侍郎载龄督防固安。他一方面加筑城墙，另一方面加强军队操练严阵以待。但太平军北伐不利，遂南下，他于是便撤防归京。这时，正遇上四川督抚裕瑞（字思元，姓爱新觉罗，皇亲，豫通亲王多铎之后，封辅国公，善诗画，通西番语言，曾校《佛经》上百卷，著有《思元斋集》）被以"惰政、侵捐输"等罪名遭到弹劾，皇帝命载龄前往勘察。载龄仔细做了全面的调查，不仅了解了案主的相关情况，而且对当时的捐输引起民愤的情况进行了系统分析与研究，上书陈山西、陕西、四川捐输款项侵蚀、滥销诸弊，请敕各督抚严查参办，并条上章程五则，得到批准。正此时，贵州的叛乱苗军逼近蜀境，朝廷又急诏载龄严饬地方，劝谕乡团助声势。载龄忠实地执行了上级部署，并对团练中的流氓地痞气息予以了部分纠正。此事传至朝廷，他受嘉奖，不久即署陕西巡抚。他到达陕西后又加调其为刑部侍郎，朝廷对他的依重与信赖由此可见。载龄在陕西任上工作勤恳。他想尽办法恢复农业生产，尤其是治理河道诸事，他十分上心，同时，他加强了缉盗工作，对原有的积案也强令衙门一年内务得清理干净。他更为人称道的是加强吏治管理,对贪腐者严惩不贷,对不作为者坚决清理。他还有很强的政治敏锐性,咸丰五年(1855),他上疏言:"前抚臣王庆云请准遣戍新疆官犯捐输,改发内地。捐数无多,何裨国计?此端一开,行险侥幸之徒,将肆意妄为,绝无忌惮。所得小而所失大,请停止以儆官邪。"王庆云[1798—1862年,字家镶、贤关,号乐一、雁汀,福建福州人,道光九年(1829)进士,官至两广总督、工部尚书,卒谥文勤]是他非常尊敬的一位前辈,青年时他还曾向其请教过学问,但为国计,他也毫不犹豫驳斥了前辈的主张,这份勇敢担当与对朝廷的坚贞,令世人瞩目,刘崐闻之也不由叹道:"吾不如也!"

因为在陕西的卓越成绩,载龄不久被召回京,授泰宁镇总兵,兼总管内务府大臣。他以病乞休。病痊,又署礼部侍郎,授刑部,调吏部。同治元年(1862),他擢都察院左都御史,迁兵部尚书。他曾在此期为刘崐复职奔走。次年,他与李棠阶、单懋谦、沈桂芬担任了会试主考官,考题是《大畏民志》《其养民也》《于是始兴之乐》《譬海出明珠》得"材"字。他最得意的是点录了两名优秀才子,一是会元黄体芳,二是榜眼龚承钧。他尤其对湖南这位入清以来首入一甲的龚承钧青睐有加,对其严于律己、举止言行皆规范有度,赞不绝口。而龚承钧也不负厚望,担任都察院监察御史,为政有耿介声望,为国计民生经常直言进谏,尔后提督山西学政,遴拔孤寒,涤除弊窦,也为士人称颂,可惜的是死得太早了。到光绪朝,载龄还担任过吏部尚书、协办大学士,后来再授体仁阁大学士。这时,因为操劳过度,他的身体已不堪重负,便数次提出辞职,光绪六年(1880)终得批准。他本意欲到全国各地走走,遍览大好河山,不意,身体不支,无法成行,3年后即逝世了。

毕道远：屡柄文衡书法家

刘崐的进士同年中，书法家很多，因为自己喜欢书法，他也与这些人交往相对而言更多。其中，最著名者是毕道远（1810—1889年，字仲任，号东河，山东淄川人，进士后曾为翰林院散馆检讨、记名御史、司经局洗马、国子监祭酒、内阁学士兼礼部侍郎、兵部与户部侍郎、礼部尚书、武英殿总裁等，系清朝八大书法名家之一）。

毕道远是明辽东巡抚毕自肃［字范九，号冲阳，万历四十四年（1616）进士，曾为定兴县令、太仆寺少卿、都察院右佥都御史、辽东巡抚，著有《抚辽荣语》］的九世孙。受良好家教的影响，他少年时即有节气，并立下大志，要做与先祖毕自肃一样廉正爱民、忠君报国的好官吏。因而，他读书刻苦认真，自律守规，甚得老师的喜欢。后来，老师指点他到山东栖霞去拜精于《尚书》《楚辞》研究，并在考据上极有成就的牟庭（1759—1832年，原名廷相，字陌人，号默人，著名数学家）为师。但没有想到的是，待他风尘仆仆赶到栖霞县城时，这位与牟应霞、牟昌裕并称"栖霞三牟"者正好去世。但他的求学精神得到了牟家的支持，牟庭之子牟房不仅赠他以其父生前著述《楚辞述芳》，还把牟庭书稿《同文尚文》《诗切》《投壶算草》《带纵和数立方算草》《改定崔氏易林》等供其参阅，这极大地提高了毕道远在经史、诗词研究上的修养。而最重要的是，他结识了一个终生的好书法伙伴，即牟庭侄子牟所［1792—1851年，字无逸，号一樵，道光十七年（1837）举人，曾为南河河防同知，著名书法家，与何绍基、林凤官、毕道远并称清代"四小名家"］。他们二人切磋书法，互相指点，精益求精。而牟所还把自己推崇的经学家、训诂学家郝懿行（1757—1825年，字恂九，号兰皋，山东栖霞人，嘉庆年间进士，曾官户部主事，长于名物训诂和考据之学）的著作《尔雅义疏》《山海经笺疏》《易说》《书说》《春秋说略》《竹书纪年校正》等借其阅读，这让他在经学上的造诣更加深厚。有了这次原为拜师后实变成游学的经历，毕道远的眼界大开，更执着于交际士人、游历各方，他从而结交了林凤官［1817—1895 年，字蔼人，山东莱州人，道光十七年（1837）拔贡，曾任工部虞衡司主事，后再为山西平阳知府，著名书法家］、傅振邦［1814—？，字维屏，号梅村，山东莱州人，道光十六年（1836）进士，曾为长沙协中军都司、湖南抚标中军参将、江苏徐州镇总兵、河南巡抚、云南和直隶提督、直隶总督兼督京师九门军政要务等］等贤人达才，对其以后人生之路极有影响。

毕道远在道光十九年（1839）乡试中举，两年后参加会试即中进士，在科举之路上算是较为顺利的。之后，他从散馆授编修，任翰林院检讨，从而走上仕途。他是一个典型的文人墨客，不懂官场逢迎之道，只是为官努力做好本职工作，勤勤恳恳，兢兢业业，而闲时便是一心攻读圣贤书，并练字写诗词。他精于经史、文学，长于经济、史治，博学多才，众所周知。他一生少有地方锻炼就职经历，主要是在朝廷各部门服务，做得最多的是文化教育工作，屡柄文衡，他曾为山西正主考官，充国史馆纂修，后历任翰林院侍讲、侍读学士、文渊阁校理、顺天乡试同考官、广西正主考官，为国家选拔了大量的人才。毕道远后来当上了国家官办最高学府国子监的祭酒，又为改善贡士们的生活待遇吁请朝廷加大投入。他清廉端正，与人为善，从不与人夺势争功，因而权臣们也愿意抬举他。他于是屡得提拔，升内阁学士兼礼部侍郎，再为兵部侍郎、户部右侍郎兼管钱法堂事务，又为户部左侍郎兼管三库事务、总督仓场。尤其在仓场担任总督 9 年，他"廉以持己，严以御下，革除陋规，澄清多年积弊"，因而有"毕公督仓场、京城不食发霉粮"的口碑。他政绩卓越，更为皇帝喜欢，遂于光绪八年（1882）授都察院左都御史，再为顺天乡试副主考兼署兵部尚书，后调任礼部尚书、经筵讲官、武英殿总裁、玉牒馆副总裁兼管顺天府府尹。

毕道远历官道光、咸丰、同治、光绪四朝，仕途上没有大起大落，也几乎没有遇上遭人弹劾的情况，这实属罕见。究其根本，还是其为人厚道的缘故。

张金镛：卓越学政遗诗文

刘崐对道光二十七年（1847）的进士张炳堃（1808—1876年，原名瀛皋，字鹤甫，号鹿仙，浙江平湖人，进士后改翰林院庶吉士，散馆授编修，曾为湖北督粮道，著有《抱山楼诗录》等）关爱有加，不仅其在翰林院学习时常出入刘府，而且后来他在湖北任职时，刘崐明确请李鸿章、曾国荃等权臣给予其关照，完全视同自己的亲弟，原因是他的兄长张金镛［1805—1860年，原名敦瞿，字良甫，号海门、笙伯、忍庵，道光二十一年（1841）进士，曾为湖南学政、翰林院侍讲，著名的书画家、诗人］与刘崐为进士同年且是极为交好的朋友。

张氏为平湖望族。张金镛的祖父张诫［字希和，号熙河、婴上散人，乾隆四十二年（1777）举人］服膺清献之学，专心研究性理之学而力求济世之道，生平好义举，著有《婴山小园诗文集》6卷、《梅花诗话》20卷等。其父张湘任［字宗辂，号笠溪，嘉庆二十四年（1819）举人］以孝道闻名，为侍奉母亲不赴会试，著有《抱朴亭诗文集》17卷、《诗初录》5卷、《文集》10卷。受家庭影响，张金镛自幼勤学苦读，不仅经学史书钻研深刻，而且擅长诗词，青年时与弟弟张炳堃即被人称为"双丁二陆"。张炳堃的《用东坡寄子由诗韵寄二兄五兄》曾收入《晚晴簃诗汇》，在士林中颇为有名，其诗曰："无计还山且少留，只凭书闻说幽忧。已将少壮供离别，剩把残年约钓游。听夜雨时须对榻，有垂杨处要登楼。羁禽可有归飞意，浩荡惟应趁白鸥。"张金镛流传的诗作更多，如《答叶润臣侍读次见贻韵》："幽瀑咽危石，蛟龙深涧眠。君诗与俗异，此典少人传。""夜月窥残酌，晨风动急弦。关河满榛棘，归路隔烟川。"再如《书吴祭酒集》："世事茫茫一局棋，沧桑阅尽鬓添丝。可怜地老天荒后，正是河清海晏时。""词赋江关留庾信,才名宫禁重微之。十三陵树苍茫甚,残月西风寄所思。"张金镛除著有《躬厚堂诗文集》《晨灯酬唱集》《潇湘风雨录》等诗集外,晚年还潜心研究词,以南宋姜夔为宗,造诣颇深,著有《绛趺山馆词录》。他对诗词的推敲可谓痴迷。有权贵请他喝酒,菜肴十分丰富,但直到酒席散尽,他终无一言。权贵十分惊讶,以为礼数不周,托人去咨询。张金镛答:"这天正好一诗还未写好,无他因也。"被曾国藩推为湖南文士榜首的杨彝珍(1806—1898年,字性农、湘纻,道光末进士,曾为兵部主事,后辞官不出,著有《移芝室集》等)为他的《躬厚堂诗文集》作序称:"所作诗文,多因时设旨,能自树枦构,无所因袭倚藉,按其义而不当于古者甚寡。所为诗余,清扬要眇,能抒其芬芳悱恻之情,读之使人气厚。"还值得一提的是,张金镛有一位志同道合的夫人钱蕙生,她也是一位才高八斗的诗人,张炳堃在其诗集《梅花阁遗诗》序言中写道:"嫂以道光二十年壬午十月来归吾兄,性好吟咏,晨昏之暇,与兄酬唱极乐。兄尝绘图以纪事。"

张金镛在道光七年(1827)即顺天乡试中举。他这时另有两种才华甚为有名:一是其书法,尤其擅长隶书,豪情跌宕,颇有气势;二是他擅长画梅,疏影横枝,得水边篱落之致。因而,士林中求字求画者络绎不绝。但可能也因此而影响了他的精力,他多次会试不中,直到14年后才成进士。他与刘崐同读于翰林院,书法与诗歌拉近了他俩的距离,他们常一边交流,一边畅饮,形影不离,他们同选庶吉士,又同授编修,后又都曾任乡试同考官、实录馆纂修、乡试正副考官、湖南学政、翰林院侍讲,仕途轨迹可谓如出一辙。尤其是都曾为湖南学政,更是让他们对湖南风土人情有了深入的了解。刘崐是咸丰元年(1851)就任的,为期3年,而张金镛则在咸丰五年(1855)。

学政也称学使,正三品,是由朝廷委派到各省主持院试,并督察各地学官的官员,一般由翰林院出身的京官担任。张金镛就任后做了两件大事:第一,恢复因太平天国战争而停止的地方科举考试;第二,他"待士甚宽",时常招邀一批有才气的学子进入试院怀清堂饮酒论文,从而聚集了一批贤达。他特别欣赏王闿运、杨恩寿、嵇胜、蔡毓春,称其为"湖湘四子"。他认为，四子的文章已脱尽曾国藩、罗泽南时代的道学气，如高鬓云鬟，丰容盛鬋，不妨其丽。他对王闿运更是另眼相看，科试得王闿运卷，惊曰："此奇才也，他日必以文雄天下。"急忙招见，称誉并勉励他说："湖岳英灵，郁久必发，其在子乎！"但是，他的这个举动也触怒了湖南文坛。因为当时湖南文坛甚尊曾国藩、汤鹏、何绍基、周寿昌等名士，他们或为翰林，或居京官，或在地方掌文衡，岂是几个后生晚辈可比？不少在湘士人以为，这只是张金镛张皇鼓噪罢了。因而，他后来推举的抑宋学启新风的举动，受到了湖南官绅普遍的訾议。同治五年（1866），罗汝怀序湘潭黎吉云（黎锦熙之父）的《黛方山庄诗集》还把他当成了弃宋学开风气的祸首，他说："咸同之际，一二学使提倡风雅，邦人靡然从风，流连景物，矜尚藻采，题多赋物，作必连篇。时之风尚使然，莫以为诗之道不如是也。"但是，到光绪年间经世致用学说风起，学者们才意识到张金镛为湖南造士的功绩，朱克敬在《瞑庵杂识》就感叹道："张金镛督学湖南，奖掖后辈特勤，才思稍异，即招至后堂，赐酒食笔墨，劝之勤学。放黜者有佳句，辄标举之，一时才俊争愤于学。至今儒生谈海门先生故事，辄欷歔感叹。"

张金镛也很早看到了官场的腐败，对仕途早失去了信心，因而咸丰八年（1858）他回到京都，即使擢升为了侍讲学士，他也并不开心。这时，正好他的母亲病逝了，他丁忧归籍。不意，丁忧期间他也患病早逝了。

胡家玉：理财海防兼诗臣

胡家玉〔1810—1886年，原名全玉，又称钰，字琢甫，号小蓮、梦与老人，江西新建人，道光二十一年（1841）进士，曾为贵州学政、军机章京、太常寺卿、都察院左副都御史、兵部左侍郎，充任稽查京通、十七仓大臣，通政司参议〕是刘崐进士同年探花，也是一个颇有作为的官吏，一度让刘崐刮目相看。

胡家玉祖辈以渔业为生，家境贫苦。但他生性聪慧，6岁开蒙入家塾读书，不出3年就读完了四书五经。他长于记忆，凡读过之书皆能过目不忘。11岁时，他即能作些简单的律诗，且每能阐发新意，让人读后倍觉清新。他少年即有大志，立意科考求取功名。一次，他去生活条件较好的姑姑家做客，姑姑对小侄子招待颇为散漫。胡家玉自知姑姑有些瞧不起自己，便在墙上作诗后不告而归，其诗云："两手空空去看姑，腰里无钱亲也疏。梅岭街上禁了屠，公鸡头上画圆符。"恰巧从外地做官回家的姑父看到了题诗，大为吃惊，便断定他长大后必有大作为。胡家玉在自己的恩师、叔父胡元的指点教育下勤奋读书，14岁参加县试考中秀才，又在道光十五年（1835）乡试中第七十二名举人，6年后再于殿试中取一甲第三名。还是在翰林院学习期间的道光二十三年（1843），擅长交际的他在江西同乡权贵们的支持下，出人意外地取得了一个美差，出任贵州学政。他由是成为同年中最早到地方历练的人，让众人羡慕嫉妒不已，也因此倒使他与同年的关系多不密切。刘崐是个例外，因为他自己的后台即座师杜受田也是当时的权臣，而他们又在书法、诗歌创作上的交流颇多。

散馆授编修后，胡家玉分到六部学习，道光二十七年（1847）即任刑部主事。咸丰二年（1852），他候补官职。这时的他，踌躇满志，向往有朝一日能挤进三公九卿之列。于是，他先是请假回籍省亲，正遇上太平军赖汉英部攻打南昌，他以在籍官绅身份，参加了江西地方政府组织的抵抗。因为他敢于任事，并在劝捐炮船款中率先应捐，积极筹措此事，江西巡抚陈启迈便上书朝廷要求对其进行奖叙。很快，清廷赏其以员外郎一职。可这时,噩耗传来:他的生母去世了。他连忙上书请假,回家奔丧。丁忧期满后的咸丰七年（1857），他回到京城即任军机章京。可又没有想到，仅仅几个月后，他的父亲接而去世。他无奈又只得赶回江西。丁忧期间，他再度支持地方政府的劝捐，因得力而赏为郎中。咸丰十一年（1861）三月，丁父忧结束的胡家玉回京即补刑部员外郎，并出任湖南乡试副主考。他急奔长沙，可没料到石达开部攻入湖南，该年乡试被迫取消。清廷令他火速回京，于八月充任顺天乡试同考官。辛酉政变前，不少部门出现空缺，他为军机章京却未得到提补，心中颇为失落，尤其同年刘崐等屡得提拔并得委实职，对比他前期发展火旺，现今却还无地可委，他心理的落差特别大，也从而逐步与刘崐疏远。可辛酉政变后，他的转机到了。同治元年（1862），他在方略馆效力，恩赏四品。接而第二年授任鸿胪寺少卿。同治三年（1864）黄河北徙，胡家玉上疏请拨固本京饷筑堤束水，保护农田，后经所司核议，因内地发捻未靖、库帑不足暂未得实行，但他的建议得到了肯定。这一年，成为他的幸运年。三月他升任通政使司副使，四月又擢升光禄寺卿，五月则被点名典试四川，再度为国家选拔人才，也为其日后的人脉网络资源打下了坚实基础。七月，他升任太常寺卿，九月又因江宁克复、天下得平，他附带被赏戴花翎。数月五迁，他也招致朝野倾目。不久，湖南巡抚恽世临与前巡抚毛鸿宾相互揭发事发。胡家玉奉密谕，与给事中张晋祺一道驰赴湖南，查办此事。他明察暗访，搜集到了大量翔实的证据，次年正月特复奏查办情形。很快，恽世临等人受到不同的降级处分。因为办事得力，胡家玉又得以升任大理寺卿，并返京后仍充任军机章京。同治五年（1866）三月，他擢升都察院左副都御史，并受命在军机大臣上学习行走，两月后被任命为兵部左侍郎。至此，胡家玉名列朝班，达到了其仕途梦寐以求的顶点。

可是，连续两个事情给了他痛击。第一件，当年八月，恭亲王奕䜣上奏，要求在直隶编练六营新军。对此，胡家玉提出了反对意见，他认为直隶总督曾请设七军，但办理3年毫无成效，现改为六军恐怕也难成劲旅，即便是增加军饷，添练洋操，或能渐有起色，但挑兵十几标，势涣而情散，驻兵六七处，屯兵而力单，故只有拱卫京师之名而无其实。鉴于此，他提出，与其编练京外之兵以辅京师，不如编练京内之兵以实京师，这可仿照神机营的编练方法，从骁骑营、护军营、巡捕营各挑选精壮兵士5000人，共计15000人，分作三军，命名为神武营，择城外空闲之地加以训练，与神机营互相策应。他的建议，虽然刘崐等人极力赞同，但颇不合朝廷胃口，同时又触犯了奕䜣、曾国藩等人的权威与利益，他挨刀的日子就指日可待了。果然，九月湖北巡抚曾国荃即上疏弹劾湖广总督官文和胡家玉，说官文曾行贿胡家玉。朝廷最忌内外大臣结交，于是钦派尚书绵森、侍郎谭廷襄前去查办。最后，他被以不知避而交部议革职留任，免军机行走。无奈下的胡家玉，只得捐赈米400石求得复职，兼署刑部左侍郎、右侍郎。之后，他上疏请分段挑掘旧黄灌河、裁掉江西地丁浮加征银而重得朝廷信任，补吏部左侍郎，出任稽查京通十七仓大臣，后又升左都御史、经筵讲官并出任顺天乡试副考官，官帽似又戴稳了。可第二件事马上就来了。同治十二年（1873），胡家玉再次奏请裁掉江西地丁浮加征银，江西巡抚刘坤一却不同意，两人越争越激烈，竟至互相弹劾对方。刘坤一指责他写信干预漕丁事务，而其本籍未交完钱粮，他被降二级调用。接而他在顺天乡试中磨勘有误的问题也爆发了出来，再被降二级。刘坤一又参奏"胡家玉及弟侄历年有未纳完钱粮"。同时，给事中边宝泉也上疏参劾刘坤一"置多年不问。且胡家玉干预也应立刻上奏，何必等胡家玉提出加征违制才追究，实属徇私报复"。因此，最终两人都被革职。后来，胡家玉加恩改为降五级调用，不久以五品京堂候补。

  这两个挫折，让胡家玉一度想辞职告老。但光绪的接位，给他带来了希望。首先是光绪二年（1876），他的家乡新建及南昌等地遇灾，他请加赈恤，得旨允准，他不由高兴作诗："我家西昌之西乡，西滨章水东鄱阳。厥田上下跨荆扬，与水争地资堤防。我生之初蛟龙藏，云霓时或引领望。圩外戽水灌陂塘，人力尽瘁岁丰穰。无何谶语应道光，江湖清浅变为桑。一雨三日辄汪洋，十年九载成灾荒。穷檐属厌无糟糠，先发屋瓦后栋梁。花村鞠为茂草场，咸丰况复贼鸱张。蓬帆如蚁围城隍，南州浩劫遭红羊。风场鹤唳走且僵，孱儿弱女委路旁。流离转徙逾十霜，纵然涸复谁分秧。吏胥枉催上下忙，毅皇轸念民如伤。大沛恩纶蠲逋亡，欢声雷动遍八方。父老至今不能忘，吁嗟呼，父老至今不能忘！"接而，第二年，他的幼子胡湘林（1857—1925年，又名湘霖，字揆甫，号竹泉，进士后为功臣馆、国史馆纂修、武英殿总纂、西安知府、陕西布政使兼凤邠法道、湖南按察使、广西和广东布政使等，民国时拒绝出任副总理）考上进士，给了他极大的振奋。他作《湘林联捷志喜诗》："泥金又报捷春闱，七十衰翁喜可知。拾芥科名何易易，簪花宴集且迟迟。豹因雾泽毛增润，鹏待风持翮不疲。恩榜相承恩最渥，惭无分寸达尧墀。"光绪五年（1879），胡家玉补为通政司参议，他对海防建设引起了重视，上疏："海防紧要，大沽有炮台无战舰，请添设。以及请移缓就急，设船厂，造铁甲轮船，以壮军威等。"他深感内寇虽平，然海疆未靖，实地调查后提出了北洋和南洋宜设外洋水师、长江水师宜归总督统辖、福建船厂宜专造铁甲轮船等四议，引起光绪重视，从而推动了海军的成立，胡家玉成为中国海军和北洋水师创始人之一。

胡家玉仕途多受挫折，但他尽力尽心，忠于职守，敢于为百姓申言，难能可贵。他更是一位优秀诗人，作品现实感很强，直击生活中的悲喜，譬如《春雨》："粤自冬徂夏，炯炯草不青。公田其有口，睿虑惕无形。楼肃三坛祷，家持二氏经，瞻天惟见日，奋地不闻霆。乃免诸逋税，仍清庶狱刑。截粮凭使相，颁帑赈灾丁。余泽沾屠肆，休祥溥阙廷。民歌仁遍覆，神鉴俭惟馨。漫说魃为虐，从知龙最灵。连番云拥树，彻夜雨淋铃。鸭种畦畦拾，鸠声处处听。乞浆应得酒，醉饮慰颓龄。"再如《书赠云槎年兄四绝句》："焚香独自上天坛，桂树风吹玉简寒。长怕嵇康仙骨乏，与将仙藉再寻看。""玉诏新除沈侍郎，便分茅土镇东方。不知今夕游何处，侍从曾骑白凤凰。""紫羽麾幢下玉京，却邀真母入三清。白龙久住浑相恋，斜倚祥云不肯行。""闲来洞口访刘君，缓步轻招玉线裙。细拍桃花掷流水，更无言语倚彤云。"刘崐把其诗与杜甫的"三吏""三别"相比，虽不免有抬高，但其作品的现实针对性和价值却是值得研讨的。

贺寿慈：清廉能吏失晚节

进士同年贺寿慈[1810—1891年，初名于逴，继名霖若，字云甫，晚号赘叟、楚天渔叟，原湖北蒲圻现湖南临湘人，道光二十一年（1841）进士，官至工部尚书]之晚年遭际，是令刘崐极为惋惜的。他曾对李元度言："云甫清廉半世，失之晚节不保，可叹乎！"

蒲圻贺氏素有诗书传统，族人重视攻读。因而贺寿慈受到了良好的家教，他小时即显示出了很强的文才。一是善于对联，他如今流传下来的对联众多，大都是书写修身养性的，如"风流人物东西晋，台阁文章大小苏""霜毫点染三秋露，逸思骞腾八极云""常乐小康与欢饮酒，增荣益誉赍福上堂"，也有一些赠送人家的佳作，如祝寿联"慈竹风和寿萱日永，鸾回紫诰鹤舞丹霄"；二是善作律诗，用韵极其工整，后也曾出诗集，但现流传不多；三是擅长书法，偶尔还有些画作，他师法唐代书法理论家孙过庭，尤其以其《书谱》为范，孙是临摹苦练过"二王"（王羲之、王献之）作品的，甚至达到能以赝乱真的地步，而贺寿慈也毫不逊色，草书笔精墨妙，功力深厚，境界幽深，而真书、行书则圆熟劲健，兼而有之。而刘崐，正是出于对其书法的仰慕而与之交往甚深的。刘崐敬重他的还有一点，即其清廉自洁。在翰林院学习期间，当权大臣穆彰阿甚对贺寿慈有好感，意欲招其至门下为幕，但贺寿慈对这位"保住贪荣，妨贤病国"者甚为厌恶，不仅冷冷拒绝，而且晓谕翰林院师生。这也让穆彰阿对其由爱转恨，因而他即便为进士二甲第四名，最后也未能点翰林。

贺寿慈散馆后为吏部主事，旋升员外郎。这时，他的为人处世，受到了曾国藩、左宗棠等的器重。后来，曾国藩为直隶总督，还曾专程往贺府探访，他们一起谈论时弊，指陈国家兴废，甚为投机，贺寿慈还书以一联赠给曾国藩："欲上危亭，但到半途须努力；久居平地，那知高处不胜寒。"他同时结交了不少屡考进士不举的能人小吏，如后来同治年间为通州知州的黄金韶、梁悦馨等。与他们的交往，让他更多地了解了基层的真实情况，他因而具折上报和处理事情时，讲究实际，出其策必能实施，这更得到了全庆、杜受田、翁心存等权臣的喜欢。咸丰初，贺寿慈任军机章京，并受命监督户部财政。这时，有人举报通州粮库亏空舞弊，此案牵连很多人，其中不少人为当朝权贵。他毅然拒绝一切托情，更把意欲行贿者赶出家门，而会同通州知府，居然一夜之间即把事实调查得清清楚楚。在惩处时他也处理得有理有度，既维护了法律尊严，又对当事人并未一棒子打死。他为官清廉正直的名声因而广播，他也受到皇帝器重，升为礼部左侍郎，与右侍郎刘崐，基本把控了礼部。他们皆办事认真仔细，精益求精，同时配合默契，合作顺畅，部下也极为信服。不久，贺寿慈奉命至顺天府、定州视察科考。当时，捻军得知定州兵力空虚，便计划攻城。知州王兰广〔1806—1874年，字耕心，号香圃，河南修武人，道光十七年（1837）进士，著有《静涵书屋诗存》等〕是位为官清正廉明、勤政爱民、秉公执法、刚正不阿的好官，曾搜集历代名臣官吏可作榜样者汇集成册悉心研讨，吸取经验教训而治理地方。但面对气势汹汹的来敌，他胆怯了，知难而退，意欲弃城而走。贺寿慈找到他，先晓以大义规劝，再动之以情，吟出了其在听闻《南京条约》签订后愤慨而写下的诗作："倏报南中又讲和，居然城下罢干戈。沉冤谁念焚巢酷，啖敌全凭纳币多。子女忤残通玉帛，甲兵坐老让关河。一民尺土非轻授，其奈王孙议抚阿。"贺寿慈对王兰广深情地说："香公昔日豪情，弟深为佩服，今贼乱同昨，公岂可弃乎？"王兰广面红耳赤，立刻改变了态度。贺寿慈一方面协助其招募乡勇守城，另一方面吁请清廷增派援兵，并得到支持。捻军见势，立马撤退，定州得保平安。

此后，贺寿慈官运亨通。他在同治三年（1864）晋升左都御史，同治六年（1867）转礼部右侍郎兼顺天府学政，再一年转刑部左侍郎，后又任左都御史，光绪三年（1877）接替李鸿藻升任工部尚书。权势越大，结交的人员也越多，他开始一改初心，变得不太检点了。尤其是结交臭名昭著的书商李春山，接受其宴请和酬谢，完全改变了他的人生轨迹。李春山是宝名斋的老板，他利用开书店之便，周旋于权贵之中，为人升官谋事以赚取中介费用。不少王公贵族、名臣贤达，也常光顾其店。某次，翰林院庶吉士、清流党人张佩纶路过进来看书，翻阅了不少后让伙计取书，伙计不耐烦，便不予理睬，打发其走。张佩纶为之气恼，与之争论，得知书店后台是贺寿慈，只能憋气回到翰林院，之后不惜代价花功夫做市场调查，不意抓住了李春山小妾喊贺寿慈为干爹的铁证，遂上奏指李春山借贺名义招摇撞骗，使贺寿慈从从一品降为了正三品都察院左副都御史。但清流党人犹不满意，黄体芳又进行深度调查，得知：贺寿慈认李春山前妻为义女，李氏前妻既死，贺寿慈将家中丫头当女儿嫁给李春山作填房；李春山则以重金罗致了一个绝色女子，送给贺寿慈娱老，贺寿慈元配早故,以妾扶正。黄体芳于是再度进行弹劾。贺寿慈在复奏中承认曾向宝名斋买过书,"照常交易,并无来往情弊",又说"去年至今,常在琉璃厂恭演龙楯车时,或顺道至该铺阅书"。慈禧大怒,下令军机处彻查。而清流党另一名干将宝廷又上奏,讲朝廷对贺寿慈只降为副御史,处罚偏轻,朝野骇然,不利于以后治朝。贺寿慈自知情势不对,遂放弃禄位。清佚名《外交小史》载:"尚书贺寿慈演皇杠,过琉璃厂宝名堂茗话,诸公合数人之力倾之,至摭拾暧昧为罪案,率罢去。"因为清流党这三位干将张佩纶、黄本芳、宝廷都是刘崐的学生,不少人说:"刘韫斋倒了昔日同年的台!"

光绪五年(1879),贺寿慈先是到担任南昌知府的儿子贺良桢(曾为南康、吉安、南昌知府,后任长盐运使)处休整了一段时间,图东山再起,但看出可能性不大,遂归乡里终老。自他之后,其族书画传家,成为有名的书画世家。他的侄子贺良朴(1861—1937年,字履之,号簀庐、南荃居士,曾为清拔贡、上海广方言馆监督,后加入同盟会,民国时为北京美专教授,受蔡元培之邀而任北京大学画法研究会导师)8岁即随其学画,甚得其风骨,他的山水画以元代王蒙为师,人物画师法仇英和陈洪绶,花鸟画以恽南田为师,与诗画名家齐白石、陈半丁、徐悲鸿、陈师曾等交往密切,其《鹭鸶探莲》《春溪群牧图》《千岩万壑图》《江山秋霁图》等闻名中外。

陈　立:训诂公羊藏书家

刘崐道光二十一年(1841)的进士同年中,有不少人是对仕途没有太多兴趣,而执着于经史研究并卓有成绩的,譬如文渊阁大学士单懋谦之兄单懋德(湖北襄阳人,曾为咸宁教谕)、著名书法家冯桂芬之子冯芳缉、推重龚耿光的夏承煜(贵阳人,曾为广东佛冈知县等)、主讲石鼓书院的蒋琦淳（1816—1876年，又名琦龄，字申甫，号石月，广西全州人，曾为九江、汉中、西安知府，四川盐茶道，顺天府尹等，著有《空青水碧斋文集》等），还有马映阶（江苏通州人，曾官广东顺德知县）、谭承礼（江西南丰人，曾为佛山、楼霞知县）、何若瑶（字石卿，广东番禺人，官右春坊左赞善，曾主讲禺山书院，著有《公羊注疏质疑》《两汉考证》《海陀华馆诗文集》）、何国琛（字宝田，号白英，浙江嘉兴海宁人，曾为襄阳知府、湖北观察使）等。但最著名者，当为陈立（1809—1869年，字卓人，号默斋，江苏句容人，进士后曾为刑部江西司郎中，后简放云南曲靖知府，著名经学家）。

句容陈氏重德好义，对子弟要求文武兼修，陈氏太极和陈氏花灯技艺至今仍是宝贵的文化遗产。陈立幼入家塾读书，他好学上进，甚得族人称赞。他博览群书，传统的四书五经早在10岁前就已经背得滚瓜烂熟，而《孝经》《毛诗》《尚书》等亦有精研。稍长，他随父亲来到扬州就学。他首先拜师于著名的理学家凌曙（1775—1829年，字晓楼、子升，江都人，国子监生，开公羊学入礼学之先声，著有《公羊礼说》《公羊礼疏》《公羊问答》《四书典故核》《群书答问》等）门下。在凌的指导下，他对《春秋公羊传》的研究开始起步。道光十二年（1832），他接而拜师梅植之〔1794—1843年，字蕴生，号嵇庵，道光十九年（1839）举人，著名文学家、书法家，著有《嵇庵诗钞》等〕。梅植之其人操行贞介，以诗闻名于江淮间，尤其书法精妙，跌宕遒丽，煅炼旧拓，必见其血脉所注，精气所聚，使奔赴指腕下。他与吴熙载同受包世臣法，真、行、草、篆、隶靡不工。他的书法理论也很不错，曾作《题慎伯先生述书》三首："开源上蔡与陈留，体势风情各不侔。解识毫端龙虎气，断碑须向北人求。""从来分派有钟梁，昭穆孙曾若雁行。不意欧虞新缔构，千秋数典竟相忘。""语入精深妙悟开，十分功力见真才。书裙削板空何益，亲向安吴问诀来。"陈立随其学，尽得精髓。梅又精于古琴作曲及演奏，曾纠正思伯传谱，对于古人操制曲目的故事也知之甚多，并著有《琴学》2卷。受老师影响，陈立也对古琴乐谱有所研究，这为他以后从事音韵学的研究，打下了良好基础。梅植之中举后，又将他推荐给了自己的好友刘文淇〔1789—1854年，字孟瞻，江苏仪征人，嘉庆己卯（1819）优贡生，于毛郑贾孔之书及宋元以来诸学说深有研究，与刘宝楠齐名，有"扬州二刘"之称］。刘尤致力于《左传》研究，曾说："左氏之义，为杜注剥蚀已久；其稍可观览者，大抵袭取旧说。"他因而"爰辑《左传旧注疏证》一书，取贾、服、郑三君之注，疏通证明。凡杜氏所排击者纠之，所剿袭者彰之，其沿用韦昭语注者，亦一一标记。"他的治学态度，对陈立的成长也影响巨大，陈立跟随他学古诗文，后来的学风完全秉承了老师。

陈立道光二十一年考中进士，后因家事耽搁，直至三年后才补应殿试，选庶吉士，散馆改刑部主事，再为江西司郎中，其后简放云南曲靖知府。他为人清慎，为官廉洁，勤恳务实，为地方做了不少好事。出于对家乡的热爱，刘崐与这位家乡父母官同年也交情颇深。不管是在任礼部、兵部还是户部侍郎时，都给予他诸多关照。但陈立最大的贡献，还是在学术上。他首先是著名的公羊学家。刘文淇曾经对他说："汉儒之学，经唐人作疏，其义益晦。徐彦之疏《公羊》，空言无当。近人如曲阜孔氏、武进刘氏，谨守何氏之说，详义例而略典礼、训诂。"他因而广搜唐代以前阐释公羊传旧说，博采清代诸儒经典，"草创三十年，长编甫具。南归后，乃整齐排比，融会贯通，成《公羊义疏》七十六卷"。因研究公羊，涉及汉儒说经师法，他也从而研究了《白虎通》，"先为疏证，以条举旧闻、畅隐扶微为主，而不事辨驳，成《白虎通疏证》十二卷"。其次，他是精深的音韵学家。他"幼受《尔雅》，因取唐人《五经正义》中所引犍为舍人、樊光、刘歆、李巡、孙炎五家悉甄录之。谓郭注中精言妙谛，大率胎此。附以郭音义及顾、沈、施、谢诸家切释，成《尔雅旧注》二卷。"接着，他发现古音韵学荒废已久，不少时人的解读并不准确，他"因推广归安姚氏《说文声系》之例，刺取许书中谐声之文，部分而缀叙之。以象形、指事、会意为母，以谐声为子，其子之所谐，又即各缀于子下。其分部则兼取顾、江、戴、孔、王、段、刘、许诸家，精研而审核之，订为二十部，成《说文谐声孳生述》三卷。"他"渊雅典硕"，还精于历史考订，在晚清考据学盛行的情况下，也屡有斩获，尤其考订服制典礼上的成果较为显著，成《句溪杂著》六卷。还因为研究学问，他自然成了藏书家。

《中国藏书家通典》也把他放至专家行列。他曾在所居之处专门构屋三楹，其中一楹名为"箬帽园"，专门用来收放他做学术研究的藏书，积累下来有三万余卷。可惜，晚年不幸此屋着火，所藏图书悉成灰烬，他悲恸不已，自称"槁坐斗室，耳同枯寂"。

陈立一生以孔子七十二贤之一的陈元为自己的榜样，致力于经学研究。但很多人认为，其成就要远高过陈元。他还对于面相学有所研究，曾认真研究孔子各种之面相，认为孔子之名"丘"，就来自其头顶中部有凹陷。

孙　濂：渺茫天意催迁客

在道光二十一年（1841）刘崐考录进士的同年中，有不少人，尤其是三甲进士，第二年即署知县，极早到基层历练去了。而后刘崐在朝廷屡屡升迁，咸丰初即达朝班大臣之位，因而与之交往多不深。但孙濂（生卒不详，字济帆，贵州贵阳人，曾官四川盐茶道、按察使，署成绵龙茂松兵备道、成绵龙茂道，著有《易理三种》等）是个例外，他们进士及第后就交往颇多，尔后刘崐还对他的仕途影响甚深。

孙濂之家族在贵阳颇有名，多出书画家，但他很早随充当小吏的父亲在外，没有受到这种影响。他少年时即有求取功名之心，他以两个最崇拜的贵阳人为榜样努力学习。这两人，一是周起渭［1665—1714年，字渔璜，号桐野，康熙二十六年（1683）解元，康熙三十三年（1694）进士，曾为侍读学士，詹事府詹事，参编《康熙字典》，清初著名学者、诗人］，他幼年时即工诗，15岁即以《灯花诗》崭露才华，而在京城时以《万佛寺大钟歌》一举成名，孙濂少时即以其诗为模范来学习和深研；二是马士英［约1591—1646年，字瑶草、冲然，明末万历四十七年（1619）进士，曾为大同知府、庐凤总督等，甲申事变后与兵部尚书史可法、户部尚书高弘图拥立福王朱由崧建立南明弘光政权而升东阁大学士兼兵部尚书，有《永城纪略》等］，他的为人备受别人指摘，但孙濂少即为之辩护，认为其壮烈殉国，其诚可鉴。最为可贵的是，随父亲东奔西走，孙濂既游览了山水风光，体察了各色社会风土人情，又结识了很多的贤达佳才，这为他渊博的知识储备打下了极好的基础。他青年时极交好的友人主要有三位：一是付寿彤［1818—1887年，原名华赓、更永昶，字青余，贵阳人，道光十四年（1834）举人，咸丰三年（1853）进士，曾官归德、南阳、开封知府，河南汝光道、按察使等，工书法，宗师何绍基］，他在《孝经》和历史研究上的精深，让孙濂自愧弗如，他的著作《孝经述》《古音类表》《孔庭学裔》《湘漓别志》《十六国年表》《真录篇》《古文辞》等，孙濂都颇为珍惜；二是郭超凡［？—1858年，字小袁，贵州清镇人，道光十六年（1836）进士，曾为贵州兴义府教授，官至广州知府，弟子有张之洞等］，他是个少年时即才华横溢之人，学者徐光文曾给他起名"超凡"，但他却一直不得志，孙濂一生以之为憾；三是陈钰（1814—1869年，字二如，号一指山人，贵阳人，指画名家，计有《一指山人行乐图》《十八种罗汉册》等），他自幼即不喜科举，醉心于水墨绘画，指画人物惟妙惟肖。与这些才子的交往，不仅开拓了他的视野，而且让他博采众长，为我所用，在学习方法与技巧上颇有借鉴。

　　孙濂在道光二十年（1840）乡试中考取了第一名即解元，圆了其追逐周起渭之梦，接而在次年连捷进士，为三甲第八十名。在翰林院短暂一年学习中，他与刘崐打成了一片，主要是因为他在《易经》和阳明心学上的见解卓越，让很少在这方面有学习的刘崐颇感兴趣。而他又从刘崐学毛诗及《尚书》，相互切磋中相知更深。一年后，孙濂署四川荣昌知县，开始了以后在四川、重庆一生的仕途。他办事一丝不苟，严格执法，关心百姓疾苦，经常深入街巷田间了解真实情况，因而声誉极佳。一年后再署宜宾知县，他又整饬官吏，兴修水利，发展农业生产，再得士民称颂，四川布政使龚绶又推荐他，因而次年他署隆昌知县。在此期间，他再得到接任布政使王兆琛和陈士枚的赏识，道光二十七年（1847）署西充知县。他在任上，打破行业潜规则，拒绝各级官员、文书、差役的孝敬费、沟通费和见面礼,并规定办事人员不许贪污受贿。这让他"下车数日,廉名达于四境"。新接任的布政使吴振棫［1790—1870年,字仲云,号毅甫、再翁,浙江钱塘人,嘉庆十九年（1814）进士,曾为大理知府、山东登莱青道、贵州按察使、山西和四川布政使、云南巡抚、云贵总督,著有《国朝杭郡诗续辑》《无腔村笛》《黔语》等］对此不敢相信,便进行暗访,结果发现果然如此,于是道光三十年（1850）便再把他调至盐亭担任知县。他在任上,积极处理积案,而且丰富的历练让他阅历、见识非同一般,"听断如神",民冤得申,恶人受罚,时日一长,"几于无讼,有讼庭花落之趣"。他因而咸丰元年（1851）兼任綦江知县。次年,吴振棫调任云南巡抚,他有意招揽孙濂同去云南,但对四川已经很有感情的孙濂一番考虑后拒绝了。还有传言说,是因为孙濂爱上了四川火锅,一日不食便不能入睡。而他的所作所为,也引起了朝廷大臣刘崐的关注,他接连向接任四川布政使的杨培和祥奎举荐孙濂,但孙濂绝不给上司送礼,也得不到提拔。咸丰五年（1855）和六年（1856）孙濂分署犍为、黔江知县,直到十年（1860）才升马边厅同知。他在同治元年（1862）实任后,再度发挥了过去的廉洁自爱、亲力亲为的传统,终得刘蓉认可,推荐他"以廉明平恕,守正不苟,着以知府尽先补用"。四川总督骆秉章同样保奏。他于是在同治二年（1863）署保宁知府,一年后再署成都知府。在成都,他重视文化教育事业,修书院,增学额,加考棚,设义学,士人竞相称颂。同治八年（1869）,他被任命为四川盐茶道。临行时,成都百姓依依不舍,以至"送者塞道"。面对此情此景,孙濂感慨万分,临别作了一首诗,其中有"渺茫天意催迁客,醇厚民风爱腐官"之句,后人传唱至今。四川总督吴棠又荐他任按察使,并署成绵龙茂松兵备道。在此期间,他不仅参与了《重修成都县志》的编写,而且积极督办军储,受到李瀚章等的积极赞扬。但之后,他受到了文格、丁宝桢的排挤,十年停在原职没有升迁,直到刘秉璋接任四川总督,他才在光绪十三年（1887）署任成绵龙茂道台。但这时的他已经年近八十,心力和精力皆有不济,遂递上辞呈。

他和刘崐一样,辞职后并没有回到老家,而是留在了成都生活,其族也在四川繁衍,没有迁回贵阳。

张衍重：能人知府出名家

刘崐重视名门，喜与名门子弟交往，因而与其进士同年张衍重（1809—1861年，字子威，进士后曾官福建汀州、江西上饶知府）相交深厚，也就在情理当中。

山东滨州无棣张氏是有名的"科贡门第""官宦世家"。其始祖张增在明朝成化、弘治年间由迁安迁无棣。张氏初以农耕为业，后文风蔚起，科甲连第，从明朝万历甲午年（1594）张思桂以举人官至巩昌府同知始，其后人先后出了11个进士、31个举人、86个贡生，有4人做到一品大员，113人任省、府、县地方官，并有16人祀名宦祠、忠烈祠、乡贤祠。其中，张思桂（1559—1631年，字月宇）裔孙张暟一支辉煌无比，其长子张可大［1669—1741年，字坤仔，号东峰，康熙四十六年（1707）进士，曾为浙江永嘉知县］为官时勤勉清廉，安邦爱民，振兴文教，成就卓异，去官时"百姓攀辕遮道，多士钱送，洒泪以别"。而他的后代，秉承了其刻苦读书、务实做事、一心为民的品性，家风正派，能人屡出。张可大的4个儿子，1人中进士［张镠，1692—1750年，字元质，号企斋，雍正十年（1732）中举，乾隆四年（1739）进士，曾为内阁中书］，1人中举人，2人中秀才，而5个孙子中出了3个举人和1个进士［张映台，1723—1786年，乾隆十九年（1754）进士，任河南武安、扶沟、洛阳知县，福建漳州同知，兵部武选司员外郎］。张可大正是张衍重的玄祖，张衍重的父亲张求正是张映蛟的次子，曾中乡试副榜，孝廉，官至京城中城兵马司正指挥。而对张衍重影响最大的，却是其叔祖张映汉［1753—1830年，字星槎，号筠圃，乾隆四十四年（1779）举人，四十九年（1784）进士，曾为户部四川司主事、云南司郎中、衡永道、湖北粮道、山西按察使、湖北布政使与巡抚、湖广总督、刑事部右侍郎等,著有《毛诗汇参》《毛诗韵考》《韵学弟子训》等〕。张衍重是以叔祖为榜样长大成人的,尤其是张映汉在嘉庆二十六年(1821)返回老家后,即为这个侄孙开蒙,更让他们的关系密切。张衍重在道光十九年(1839)乡试中举。中举后,他与堂兄张衍熙〔字子辑,咸丰六年(1856)进士,曾为刑部主事、员外郎、陕西凤翔知府〕同时备考进士,两年后张衍重如愿中榜,授翰林院庶吉士升检讨。

在翰林院学习期间,张衍重与刘崐交流得最多的就是毛诗,他们常为其秉烛探讨甚至争辩,因共同的爱好与追求,他们交情日笃。后来张衍熙考中进士后,还成为刘崐的门下弟子。咸丰二年(1852),张衍重担任贵州乡试,为国选拔人才。为此,正在湖南担任学政的刘崐十分高兴,特给其来信予以鼓励。因为办事稳重,选材公允,张衍重从贵州回来后即被选拔至福建汀州担任知府。到福建上任时,正值兴化县被农民军围困,距离汀州还有二十里时,众人都观望不敢再往前。张衍重却说:"我初到此地,敌人尚不知道虚实,我们应该大张旗鼓地前行。"果然,如其所料,起义军见其前来,马上后退。入城后,他巡视全城围墙,加以修复,又砍伐城下树木,防止义军进行攀爬,在城上多备滚木、石块等守城物品,迫使起义军弃攻而撤。他率部收复仙游等县后,地方形势才稍得安宁,一直被阻隔在外省的巡抚才回到本省。这时,他却接到了父亲病危的消息。孝顺的张衍重心急如焚,马上请假回乡。但此时情势堪忧,巡抚又对他颇为倚重,便想出一个折中办法:委派他到天津办理粮饷,同时可以顺路回家探亲。他回到家,父亲病情已经好转。于是,他放心奔赴天津办差,一直到第二年。可没有想到,公务尚未办完,他便接到了父亲去世的消息。张衍重只得丁忧回家守孝。咸丰七年(1857),孝期满,张衍重又被改任江西饶州知府。饶州常受太平军威胁,当时的八旗军、绿营兵以及团勇在此云集,筹措粮饷的任务特别艰巨,前面几任知府皆为此焦头烂额甚至被免职。但有过筹饷经验的张衍重得心应手,他一方面发动士绅捐粮,另一方面积极从外调拨,委任的人员皆是品行端正、在地方有好评之辈。这样,饶州府在其任内虽有战事,但一切府务处理得井井有条。不仅如此，徽州大营缺饷时，张衍重还调出一万两兵饷予以支持，以致统兵大臣周天受连连称赞他"非近今大吏所及"，而张芾等曾为朝廷大臣的士绅更对其佩服不已。他还有一套成熟的军事指挥方法，北拒皖贼，南防粤匪，调遣兵勇有法，防堵布置严密，让湘勇水师统领杨载福也翘指称赞。但不久，他又接到了母亲去世的消息。父母的相继去世，对张衍重打击极大，他悲痛不已，丁母忧刚过4个月，他自己也溘然与世长辞。因革职正在回云南途中的刘崐闻听消息，不由失声痛哭。

张衍重有三个儿子，其中两个举人，一个进士——张守训［字念曾，号古堂，光绪六年（1880）三甲第一百零一名进士，官至陕西领阳知县，著有《味闻堂诗稿》等］，他和其堂兄弟张守岱［1819—1863年，字奉山，号东岩，道光二十五年（1845）进士，曾为江西道监察御史，吏、礼、刑部给事中，官至陕西分巡陕安兵道］、张守炎［1842—1911年，字寅生，号星谋，光绪十六年（1890）进士，曾为礼部主事、河南怀安知府］都在任上极有作为，敢为民做主，受人尊敬，而其侄张树桢［字逸朋，号景襄，光绪十九年（1893）举人、二十一年（1895）进士，曾为广东英德知县］为其族最后一名进士，是个极有文学才华的学者，著有《奉山行述》《砭世孤言》《有怀堂文集》等。

颜培瑚：文学豪士因家传

对道光二十一年（1841）诸进士，刘崐起初最看好其仕途的是颜培瑚（1809—？，字铁山，号厦廷，广东连平人，进士后曾为山西、陕西道监察御史，吏部、刑部和工部给事中，江苏扬州知府、候补道、署淮徐扬海兵备道），因为其家族势力强劲，是当时典型的名门望族，但结果出其意料。

连平颜氏家族源自明崇祯年间，那时统治者为了拓疆扩土在这凤山下、鹤水滨的荆棘地首创"连平新州",也从而吸引了四方有识之士来此大振宏图,成家立业。他的祖先、原住福建漳州府龙岩州缘岭河口村的颜振耀,便不远千里于1634年携两子而来。经艰苦奋斗、克勤克俭,颜氏到第三代已达小康,于是他们便以"荆树开花兄弟乐,书田无税子孙耕"这两句格言来要求后辈们发奋读书,以求上进。不久,第三代中的颜子仁、颜子纯就开始进入了官场。而到第五代时,颜希深(1729—1780年)由贡生做到贵州巡抚、侍郎等职,而其子颜检〔1756—1832年,乾隆四十二年(1777)拔贡,曾为江西吉安知府、云南盐法道、江西按察使、河南与直隶布政使、河南巡抚、直隶总督〕,其孙颜伯焘〔1792—1855年,字鲁舆,号载帆、小岱,嘉庆十九年(1814)进士,曾为延榆绥道、督粮道、陕西、甘肃、直隶布政使,陕西巡抚,云南巡抚兼云贵总督,闽浙总督〕、颜以燠(曾为河东河道总督)则把颜氏从"州人士滥以为荣"推向了全国闻名的"一门三世四督抚,五部十省八花翎"的鼎盛时期,成为清代二十八世家之一的官僚家族。其族从清代康熙朝起至光绪末年止200多年中,男子不满1000人,却有二甲进士3人,三甲进士1人,举人21人,拔贡近50人(不含秀才和监生),七品以上官员60多人,确可谓兴旺发达,人杰地灵。

  颜培瑚受家教影响甚深,尤其家族官箴36字"吏,不畏吾严而畏吾廉;民,不服吾能而服吾公。公则民不敢慢,廉则吏不敢欺。公生明,廉生威",其从小铭记。他亦以颜检、颜伯焘为自己的榜样,立志要像他的祖辈、父辈一样,明于吏治、办案宽严得当,体察民情、对民宽厚、为民请命,尤其是颜伯焘道光二十年(1840)在厦门抗战中不惜冒抗旨之险而与入侵英军勇敢作战的事迹,更是让他牢记要"清白存心,精勤任事""居官泽民,为政公廉,忠贞爱国"的族训,一生以此为实践标准。他早在道光十五年(1835)就考取了举人,他当时有3点闻名于世:一是谦和好学,不耻下问,他博览群书但犹不自满,闻新知便执着求之,曾得乡间一卜卦者言易经,他觉得颇可学,乃居其家3月,执弟子礼而学之;二是工于诗词,因为资料遗失,现存其作品甚少,但知他曾著《自怡斋诗钞》,其诗词多以表现"勤"与"学"为内容,他与浙江平湖诗人张炳堃等都是极为交好的朋友,常在一起唱和应酬,互相交流诗作,其为著名画家钱杜(1764—1845年,初名榆,字叔枚,后更名杜,字叔美,号松堂,浙江杭州人,工诗,擅书画)的山水画《半亩园图记》所题的诗,就极为士人推崇,言其有袁枚风范;三是工于书法,不管是楷书,还是隶书、行书,甚至草书,都规章有度,显名家风范,他临帖多家,在翰林院学习时其书法与刘崐齐名,极得前辈何绍基的称赞,曾国藩还曾向其索字。

颜培瑚中进士后在殿试中钦点翰林院检讨,先后至山西、陕西为道员,他积极参政,支持地方建设,捐款捐物,加强文化建设,因而授监察御史。他在任上,不忌官威,敢于指责上司的不作为、同僚的慵懒,以直声而享誉朝廷。于是,他被调回六部,担任刑部给事中,他积极清理过往积案,做事仔细,循章办案,得到上司喜欢,于是又升为工部掌印给事中。咸丰元年(1851),在刘崐简放湖南学政的同时,他受命典试陕甘乡试,为副主考。这时的陕甘总督为刘崐曾经交往甚深的琦善,他特向其推荐颜培瑚"为人忠耿,才堪大用",琦善与之交谈,深为其选材公允、务国所需而感动,尔后察其行径,更觉得他乃"务勤至恳,执着于才,危急可用",遂向朝廷举荐。他于是次年得任江苏扬州知府。扬州是繁华之地,工商业发达,官吏吃请乃是常事。他到任后却打破这一潜规则,明确规定不能收取红包,更取消官员升迁随喜的陋习,士人称颂,江苏巡抚杨文定对其极为赏识,乃推荐他为淮安知府。他署任后,走遍乡里,对积案加快处理,清正廉明,一年后竟无讼事。当时太平军进攻江南,他协助江苏巡抚许乃钊[1799—1878年,字恂甫,号信臣、贞恒、遂庵,道光十五年(1835)进士]积极防御,并协办江南大营营务,他为运输粮草做了诸多谋划,保障了后勤供应,极得曾国藩的赞扬。于是他被升为江苏候补道,再署淮徐扬海兵备道。他操练团勇,建构地方互保呼应支持体系,效果明显,令接任的江苏巡抚吉兆头杭阿和赵德辙都称赞他是少见的军事人才。可这时,他接到了母病危重的消息,生性孝顺的颜培瑚心急如焚,立马请假辞归,之后丁母忧,却对官场淡了心,于是在家乡丰湖书院为山长,教授连平子弟读书,不久病逝。

刘崐在同治三年(1864)为江南主考时,曾专至颜培瑚在江苏工作过的扬州、淮安府衙奠拜这位昔日交好同年,他不无深情地说:"假有今日,铁山必与吾把酒言欢,论诗谈道,不胜欢哉!"

刘氏兄弟:同榜进士大家族

刘崐的同年进士中,有一对亲兄弟与之交善,这即是刘齐衢(1813—1860年,字本枢,号绮田,今福州人,进士后历知四川兴文、荣县、江津等县)、刘齐衔(1815—1877年,字本锐,号冰怀、冰如,曾为湖北德安、襄阳、汉阳知府,汉黄德道,陕西督粮道,布政使兼总粮台,浙江按察使,河南布政使兼署巡抚)。

刘氏所居的福州光禄坊是名人聚居之地。明末有万历间举人、画家林有台,提学孙昌裔,以及学政许豸和其子许友、许宾,其孙许遇,其曾孙许鼎、许均,其玄孙许良臣、许荩臣,他们皆是诗人、书画家,名传四方。清康熙年间,此地有林佶、林佶兄弟,其中林侗是考古学家,著有《来斋选古》《来斋金石考》等,而林佶精诗文,著有《朴学斋诗文集》,又善书法,其作品《渔洋山人精华录》《尧峰文抄》《古夫于亭杂录》《午亭文编》非常有名,被称为"林佶四刻",在中国印刷史上也占有一席之地。此地名人还有诗人、著名藏砚家黄任,琉球国册封使齐鲲,博物学家郭柏苍,近代小说翻译家林纾,著名作家郁达夫等,甚至出现了不少才女,如黄任之女黄淑窕和黄淑畹,齐鲲之女齐祥棣,郭柏苍之女郭拾珠姐妹,她们或精书画,或工诗文。刘家先祖原籍河北省大名府龙山镇,明宣德三年(1428)迁来此地,明朝时其前十代历代为官,到第十一代从商,但从第十二代始又弃商为官。刘齐衢、刘齐衔的祖父刘照,为刘氏第十三代,曾任邵武县训导、漳浦县教谕,毕生助教兴学,曾募修福州"郡学礼殿"、修葺"明伦堂",建东街"文昌祠"等,同儿子刘家镇、刘家藩等购置光禄坊"刘家大院"。他们的伯父刘家镇,为刘照长子,嘉庆二十三年（1818）举人，两试礼部，均落第，后大挑二等，补南安县学训导，称病不赴，建家庙，设经文、书算两斋，以教宗族子弟，著有《翅均居图说》等。刘齐衢、刘齐衔自幼父母双亡，皆赖伯父教读成才。真是应了一方山水养一方人，在这样的人文环境的熏陶及伯父的勤恳指导下，他们兄弟俩从小读书刻苦，早立大志，且博览群书。

刘家镇与著名的政治家林则徐素来交好。在两人中秀才前，林则徐一次前来光禄坊看望老朋友，言及刘家藩英年早逝不胜唏嘘。刘家镇便叫来两侄陪同，林则徐出了一题命他兄弟作诗，可能是刘家衔回答迅速、出语不凡，林则徐大喜，便把大女儿林尘谭许配给他，并立即成婚。这极大地鼓舞了两兄弟。林则徐还利用闲暇，教他们兄弟明理，尤其要他们懂得进退之道。可这曾一度误导刘齐衔。某次，林则徐到刘家看望居然发现刘齐衔手拎鸟笼，正兴高采烈地逗鸟儿玩。这让对其怀有殷切期望的林则徐很是失望。于是，他把刘齐衔叫到跟前讯问。刘齐衔说："您老不是教诲我要学会退让吗？困难的学业让人生畏，我决计退让了。"明显女婿误解了自己的教诲，林则徐便接过鸟笼，饶有兴致地逗着鸟儿玩，随便说："这只鸟儿还挺听话，情愿待在这个狭小的笼子里呀。"刘齐衔忙道："一点都不听话，前两天不吃不喝，一直撞鸟笼，今天稍消停了一会儿。"林则徐不发一言，翻开了笼门，鸟儿呼地一下飞走了。林则徐语重心长地说："退让的意义其实不在于我们退让了什么，而是我们保持了什么。假如什么都不保持，只是一味地退让，那不叫退让，叫保持。就像这只鸟儿，它的消停只是退让，但绝不是保持，只需门一翻开，它立即就飞走了，因为在它心中有自己的保持。"这极大地启发了刘齐衔，他自此奋发图强。3年后，两兄弟中举，接而第二年连捷中进士。

刘齐衢中进士后为四川兴文知县。他做事勤恳，一心为民，兴修书院，得到百姓爱戴，因而不久即为荣县知县。他在任期间，重视农桑，整顿吏治，减轻赋税，团结士绅，为四川布政使赏识，两年后便迁江津知县。江津地处要冲，开支繁多，积案不少，民众苦不堪言。年富力强的刘齐衢就任后凭四项举措而感动了乡人：其一，面对太平军势如破竹的形势，积极防御，加强团练操训，修筑城墙，并坚决贯彻乡保联防政策，使其县域免受了兵火之焚;其二,重视粮储,要求士绅带头保证军需之供,并在收粮、储粮上完善制度,因地制宜;其三,把抚民、安民作为头等大事,不许下吏侵害,自己还常常便衣下访,了解百姓真实需求与生存状况;其四,重视匪徒改造,他早意识到"盗即民也,清盗之源,在易使民为盗",他常对人说:只要做到"老有所养,壮有所业,幼有所教,而田舍庐墓皆有所保护之,孰甘舍安乐为匪?"他免除县里私税,对延期交税者也多有宽容。在全蜀骚动的情况下,江津却得以"少安",这不能不说是个奇迹。而他因操劳过度,逝于任上。民众知其清廉,争先捐资,将其灵柩运归,而行经处,川民莫不跪伏于地祭拜。

刘齐衔在仕途上比其兄弟更为幸运。他在翰林院学习期间即授为户部主事,咸丰四年(1854),他授任为湖北德安知府。在任上,他不仅办事果断干练,而且深谋远虑,对太平军进攻早做防范,措施得力,这深受湖北巡抚胡林翼的器重。不久,他就移任襄阳知府。襄阳当时常受太平军的攻击,是清军与太平军争夺的重地,他一方面为湘军、绿营积极筹资备粮,另一方面发动士绅操练团勇,内剿匪乱,士民皆为其点赞。于是,他再调至汉阳知府。他修城墙,杜水患,平抑物价,严惩官吏腐败,同时"躬节俭,裁漏卮,撤私税,徕商贾",于是胡林翼委其兼汉黄德道。当时市舶初开,外国人谋据大别山,刘齐衔认为大别山临汉阳,扼武昌,地势险要,坚决予以拒绝,其远见卓识让接任的湖北巡抚李续宜赞叹其才堪大用。同治元年(1862),刘齐衔擢陕西督粮道,旋代理布政使兼总粮台。在陕西接连旱灾的情况下,他协助地方官员兴修水利,积极向朝廷申请减轻百姓粮赋,民力稍纾,他又协助巡抚瑛棨及团练大臣张芾镇压回民起义,他办事利落、扎实,尤得钦差大臣胜保喜欢。于是,同治六年(1867)刘齐衔得升任浙江按察使,又升河南布政使,还曾一度署理巡抚。在任上,他"绝弊惩强",力改腐败之风,同时"修学校,清交代,勘垦荒",数年之内,岁增正杂20余万。光绪三年(1877),河南大旱,库储支绌,他请免粮贩输税,但在积极救灾时却忘记及时禀报朝廷,最终因"办理不当"罪而罢官,不久病逝于开封。

刘齐衔有着很强的商业头脑,他对家族最大的贡献是用20多年为官积蓄的钱财,在福州老家购置了3座大宅院供子孙居住,林则徐为之题联"闻木樨香无隐乎尔;知菜根味何求于人"。他还在福州北门、雷峰山、石仓、闽侯县科贡乡等地购买大片土地出租。他的经营意识延传给了子孙,他的儿子刘学慰、刘学恂开设了著名的天泉钱庄,他的另几子开设了德成、即成、复成典当铺。刘氏通过当铺、钱庄、土地、房屋赚得了大笔收入,为发展民族工商业奠定了物质基础。1910年,刘学恂之子刘崇佑、刘崇伟、刘崇杰、刘崇伦、刘崇侃等在福州创办了电气公司,再建火力发电厂和电话公司,人称"电光刘",是民国时福州有名的富商。

刘齐衔的女婿为沈瑜庆[1858—1918年,字志雨,号爱苍、涛园,福州人,沈葆桢第四子,光绪十一年(1885)举人,历官刑部广西司行走、江苏淮扬道、护理漕运总督兼淮安关监督、湖南按察使、顺天府尹、山西按察使、广东按察使、江西布政使、江西巡抚、贵州布政使、河南布政使、贵州巡抚],他的长女沈鹊应嫁给了维新"戊戌六君子"之一的林旭。而刘齐衢的曾孙刘攻芸则是国民党时的中央银行总裁、何应钦政府内阁部长,同时也是李鸿章的弟弟李昭庆的孙女婿。

毓　禄:宽囚疏税驳铸钱

刘崐的进士同年中,有位他初识不以为意,但从翰林院学习结束真正走上仕途后,其作为甚令他刮目相看者。他,就是毓禄[生卒不详,字晓山,满洲正白旗人,道光二十一年(1841)进士,授刑部主事,累升郎中、监察御史、内阁学士、工部侍郎]。

毓禄,姓舒穆禄氏,舒穆禄氏是女真最古老的姓氏,是现辽宁、吉林两省历史上的望族显姓,即使是在清朝,也有8人在《清史稿》上留有传记,均系世居于珲春虎尔喀部部长郎柱的后人,其中包括毓禄青少年时期特别敬重的"后金八大臣"之一的扬吉利(1572—1637年,清开国元勋)、楞额礼(曾随努尔哈赤征战,升世职总兵官,谥武襄)、纳穆泰(?—1635年,官至正黄旗署山额真、兵部承政)兄弟,他们开疆辟土、屡立功勋,让毓禄无比羡慕,而他们随皇太极讨伐朝鲜的威风凛凛,更让他无比神往。同族中曾为吏部尚书、一等公的谭泰(1593—1651年,曾在松锦之役中断明兵后路,俘洪承畴,深得多尔衮信赖)和其弟、工部尚书、议政大臣谭布(曾从军击李自成、张献忠,军功卓越),也一度是他的偶像。而对其刻苦读书、图科举入仕启迪最深的却是大学士徐元梦 [1655—1741年,字擅长,康熙十二年(1673)进士,曾为浙江巡抚,谥文定],他曾为《明史》总裁、《世宗实录》副总裁,特别重视文化教育的发展,也是著名的教育家,尤其是他力劝舒穆禄族人子弟多读书,多与汉人交朋友,多学习以往政权统治者的管理经验,对于后人的影响十分显著。毓禄少年时即表现出了对书本的强烈兴趣,且学习能力超群,敏锐而记忆力强。但其家道中落,父亲一度充当贵族的幕僚,后又从商,因为掌管账务所需,就着力培养儿子的计算能力,而毓禄又多次随父亲走南闯北,开阔了视野,且与商人接触,学习了不少谈判技巧及金融管理经验,这为他以后的工作打下了极好的基础。

  毓禄初在刑部任职。咸丰初年,太平天国军兴,不少受其扰的地方如安徽、江苏、山东诸省,刑事案件审理工作基本处于停滞状态,法令不彰,历年的秋审都在延期。毓禄调查走访各地,了解了大量基本事实后,上奏进言:"寇踪所至,每先释狱囚,脱其死而置之生,自必愿为贼用。虽有投首减罪之例,而愚顽类多不知大义。闻直隶近因贼扰,将秋审诸囚,酌核情罪,其谋、故、凶、盗、拒捕、杀人重囚,立即正法。其情可矜及例应缓决诸囚,即予减等发配,诚为权宜变通之道。现有军务省分,应令一体遵办。"这一建议立即得到了权臣们的认可,他也崭露头角。接而,当时朝廷为了缓解经济危机,尤其是解决军费不能按时发放到位的情况,铸大钱发放,但不少人乘机搜刮民财、哄抬物价,并建议朝廷加重赋税收取。对此做法,毓禄坚决反对,在了解到当百、当五十等十二种钱票在市场上因人作梗不得推行时,他疏请商民应纳旗租、地丁、关税,于例定收钞五成数内专收当百、当五十大钱二成,部收捐项应交钱票,亦一律纳大钱。这个措施十分及时，有力打压了投机倒把行为，户部金融能手们无不称颂。

咸丰七年（1857），毓禄擢工科给事中，4年后升内阁侍读学士、太仆寺少卿。他的学识才华及品行，受到了慈禧的认可，被任命为慈禧侄子端王载漪（1856—1922年，义和团兴起时与刚毅等大臣力劝慈禧利用义和团攻打洋人，并建立虎神营，后受八国联军迫压被发配至新疆，客死）的开蒙老师。他采用孩童喜欢的方式教育，不仅受到载漪的喜欢，也得到慈禧的赞扬。于是，毓禄不久后便升任通政司副使，再在同治二年（1863）升内阁学士。次年，又擢工部侍郎，兼管钱法堂。他清理过往账目，对贪污腐败者绝不手软，并针对满人管理者多尸位素餐的现状建议逐渐加大管理层汉人的比重，得到了朝廷的批准。同治五年（1866），他在详细调查后发现了制钱局的系列弊病，便上奏建议："宝源局铸当十钱，向系滇省解铜，以铜七铅三配铸。近因滇铜久未解局，市铜低杂，致钱文轻小，例定每钱应重三钱二分。请每届收钱，以三钱为率，不及者即饬改铸。"他翔实的佐证材料，让同治帝看后雷霆大怒，训斥宝泉、宝源二局监督管理的两位侍郎失职，下交吏议，最后两人均被革职查处。这让工部、户部人员对他肃然起敬。可不久后，毓禄却因病而逝。

光绪即位后，国家经济日趋紧张，户部财务几无余银。刘崐曾不无遗憾地说："倘使晓山还在，当不至如此！"其对毓禄金融管理才能的肯定，由此可见一斑。

徐台英：瓦讼治里一良吏

清时，三甲进士多下放知县就任，而二甲中也有部分人员虽在翰林院多学两年，结果也还是简放县州。刘崐的同年好友徐台英[？—1862年，字佩章，广东南海人，道光二十一年（1841）进士，曾为华容、耒阳知县]

就是如此。

徐台英少即以族中前辈徐兆魁［1550—1635年，字策廷，号海石，广东东莞人，明万历十四年（1586）进士，历任监察御史、殿试考官、大仆寺正卿、左副都御史、资政大夫、刑部尚书等职］为榜样，刻苦读书，再游学四方，学识渊博，终考中二甲第八十六名进士，成为祁寯藻的门生。他是一个十分谦虚的人，对进士同年中的年长者扶携之，似同弟子，而对年幼者又呵护之，如似弟侄。这种好脾气，让他在翰林院广结善缘，这也是刘崐喜欢他的重要原因。同时，他不耻下问，总是执以师礼，曾向刘崐请教书法与毛诗，这自然更让刘崐感到亲近。

道光二十四年（1844），徐台英授湖南华容知县。到任后，他即做了四件较有为名的事情：第一，惩讼师。华容民俗好讼，官司不断，徐台英认为讼狱纠缠不休是由于上下不通而引起的，因而公示诸民，有案必审，有事即可上堂对质，并与民约，传到即审结，胥役需索者痛惩之。这样，他快速处理了很多积案，老百姓对之称颂不已。第二，挽诸生。一日，徐台英读到了一篇呈词，文中多锦绣句，不类讼师胥吏笔，他便把告状者喊来问话，一追究，果是一名诸生所作代笔。衙吏把诸生拘至，徐台英试以诗、文，此人文工而诗劣。徐台英缓缓说："诗本性情，汝性情卑鄙，尤其劣。念初犯，姑宥，其改行！"诸生原以为必受重惩，没想到只稍加责罚，于是感泣离去。由此，华容百姓皆以其重文教而劝子刻苦读书。第三，复书院。华容沱江书院，是乾隆二十五年（1760）由知县狄兰标创建的，虽嘉兴年间有重修，但房舍破败，地方局限，不利于生员学习，他便与典史陶应昌筹资扩建，"为门、为堂、为室、为屏、为庖湢井溷，灿然毕具。"他又请知府恽光宸为之作记，以"敦品植学"警士。他自己还学习前人陆陇（又名陆清献，字稼书，浙江平湖人，康熙进士，官至御史），每月定期来给生员讲课。他说："陆清献作令，日与诸生讲学。吾不晓讲学，若教人作文，因而诱之读书立品，是吾志也。"第四，清田税。华容县"田有圩田、垸田、山田之分。濒湖地，旱少潦多，垸、圩例有蠲缓，田无底册，影射多。书役垫征，官给空票。花户粮数，任其自注。役指为欠者，拘而索之，官不知所征之数。保户包纳漕米，相沿以为便，挟制浮收，无过问者。积欠数万，官民交病。台英知其弊，乃清田册，注花户粮数、姓名、住址，立碑垸上，使册不能改。应缓、应征者可亲勘，而影射之弊绝。申粮随业转之例，即时过割，而飞洒之弊绝。收漕分设四局，俾升合小户，就近输纳，免保户之加收，而包纳之弊绝。垸田旧有堤修费，出田主。有挪垸田作圩田，冀免堤费者；有卖田留税，派费赔累者；有卖税留田，派费不至者：堤费不充。一垸堤溃，他垸同希豁免。凡借帑修堤者，久无偿，相率亡匿。台英丈田均费，低洼者许减派，不许匿亩。其人户俱绝，归宗祠管业承费。巨族有抗者罪之。行之期年，堤工皆固，逋赋尽输。"

徐台英在华容治理的业绩以及其为吏的精明能干，引起了湖南巡抚陆费瑔（原名恩洪，字玉泉，号春帆，桐乡人，嘉庆时副贡入仕，官至湖南巡抚，著有《真息斋诗钞》）的注意。当时耒阳县田粮杂赋，名目苛繁，官吏假公济私，敲诈勒索，民不聊生。有阳大鹏因赴省上诉反遭殴辱，遂号召全县考生罢考，接而演变成衙门抢人事件。李金芝、叶为栐、雷泽三任知县皆处理事情不当，导致官逼民反，因而相继被革职。徐台英于是被急调至耒阳担任知县，镇压起义军。他请求永州镇总率兵支援，将起义军逼出了县城，接而计捕阳大鹏，终平息了动乱。在耒阳，他最大的贡献却是治理，尤其是革里差、清粮册、去诱胁，为人所称道。他了解到耒阳征粮，由柜书里差收解，取入倍于官，而刁健之户轻，良善之户重，民积怨的情况，在平阳大鹏事后，尽革里差。当时上官欲命他举甲长以代里差，仍主包收包解。徐台英却以为甲长之害，与里差同。因而，他聚集乡绅问之曰："巡抚命汝等举甲长，何如？"众人回答："无人原充。"徐台英就说："甲长所虑在不知花户住址，汝等所虑在甲长包收。吾今并户于村，分村立册。以各村粮数合一乡，以四乡粮数合一县。各村纳粮，就近投柜，粮入串出，胥吏不得预。甲长只任催科，无昔日包收之害。此可行否？"众绅一听，皆跪拜称赞认同。徐台英又说："隐匿何由核？"众人答："取清册磨对，有漏，补入可耳。"徐台英再问："虚粮何由垫？"众人答："虚粮无几，有则按亩匀摊可耳。"这样，数月内耒阳县就田清册成，粮法大定。徐台英又从阳大鹏起事一案得到启发，严禁告讦,并责任到地方保甲,于是一县获安稳。

不久,因为母亲病逝,徐台英服丁忧,再父逝,又服。直到同治元年(1862)朝廷下召,他才重新得到起用,发往浙江署台州知府,但未及就任便卒亡。刘崐革职后重被起用回京,乃知其讯,不胜悲痛,专至府上祭奠。也是在这次祭奠之行中,他认识了徐台英的挚友康赞修[1806—1877年,名以乾,号述之,字以行,广东省南海人,道光举人,曾任钦州学正,合浦、灵州、连州训导,同治十二年(1873)出任羊城书院监院,后为抢救学宫中的祭器而溺水遇难]。而他,正是康有为的祖父。

王　拯:忠君爱国文学家

刘崐的进士同年中,有位在文学造诣上他自愧不如者,这即是王拯[1815—1876年,初名锡振,字定甫,号少鹤、少和、忏甫、忏庵、茂陵秋雨词人、龙壁山人,广西马平人,道光二十一年(1841)进士,曾官太常寺卿,署左副御史,擢通政使,为桐城派古文广西五家之一,著有《龙壁山诗文集》《茂陵秋雨词》《归方评点史记合笔》等]。

王拯因羡慕包拯而改名。他自小父母双亡,7岁就投靠守寡的姐姐。姐姐家境贫寒,平日靠替人洗衣维持生计,却希望弟弟读书有出息,费尽一切心思送其读书——这让王拯铭恩于心。道光二十四年(1844)秋,他请友人陈镲绘《媭砧课图》描绘姐姐督促他读书的情形,并为之作序:"……念自七岁时先妣殁,遂来依姊氏。姊适新寡,又丧其遗腹子,茕茕独处。屋后小园数丈,嘉树荫之。树阴有屋二椽,姊携锡振居焉。锡振十岁后就塾师学,朝出而暮归。比夜则姊执女红,篝一灯,使锡振读其旁。夏夜苦热,辍夜课。天黎明辄呼锡振起,持小几就园树下读。树根安二巨石,一姊氏捣衣以为砧,一使锡振坐而读。读日出,乃遣入塾,故锡振幼时每朝入塾所受书乃熟于他童。或夜读倦,稍逐于嬉游。姊必涕泣告以母氏劬劳瘁死之状,且曰'汝今弗勉学,母氏地下戚矣'。锡振哀惧,泣告姊后无复为此言。呜呼!锡振不材,年三十矣。念姊十五六时犹能执一卷就姊氏读,日惴惴于悲思忧戚之中,不敢稍自放逸……"这篇被《续修四库全书提要》称为"沉痛已极,发于至性,真乃神似归有光"的序文名震京师,朱琦、曾国藩、梅曾亮、祁寯藻、邵懿辰、龙启瑞、彭昱尧、李宗瀛、周之琦、范泰亨、苏汝谦、张金镛、冯志沂、王柏心、钱应溥、宗稷辰、孙依言等数十位名人或咏其意于诗,或叙其事于跋。王拯15岁应童子试,道光十七年(1837)中举、二十一年成进士,授户部主事,充军机章京。这时,一个偶然的机会让他崭露头角。大学士赛尚阿视师广西,王拯随从,赛尚阿组织了几次随从人员的座谈,商量时局,王拯感时多难,有所建白,并条奏《团练十则》,受到了赛尚阿的肯定,京城权贵们也因此对他有了初步印象。他此后升户部郎中,再累迁大理寺少卿。

进入同治年间,王拯为人所记的是忠君报国三事。第一件,同治二年(1863),降捻宋景诗由陕西还,其军在直隶、山东扰民,王拯立即向上禀报,并预言:"景诗冈屯砖圩,俨然嵎固,自陕逸回,其党不过数百。崇厚等一再养痈,裹胁逾万。近复于昌邑、莘、聊城、临清四州县,令村庄将所获麦与佃户平分,运送冈屯,是其名为降伏,心迹转益凶悖。请密敕直隶督臣刘长佑计调来营,暴其罪而诛之。若抗违不至,直隶官军犹能越境进剿。景诗既除,如杨蓬岭、程顺书等首恶,皆可骈诛,以除巨憝,以安畿辅。"疏入,权臣及皇帝不以为然,认为其言过其实,但几年后宋景诗再次背叛,大家才不得不称颂王拯的卓识远见。第二件,当时清廷军事上压力很大,曾国藩议于广东筹饷,劳崇光创办厘金,诸弊丛起,为人诟病。王拯一方面深知"劳崇光举办厘金,率令绅商包充垫缴,燃眉剜肉",并预料以后会征收甚至发生殴伤事件,但另一方面他考虑大局,认为最关键的是办事人员要公允正直,便推荐广东道员唐启荫、两淮运使郭嵩焘、浙江运使成孙诒。后来朝廷起用了郭嵩焘督广东厘金,收效甚好,而郭也一路升迁至巡抚。第三件,同治三年(1864),王拯迁太常寺卿,署左副都御史。作为言官,他积极履职,疏论说:"总理各国事务大臣侍郎崇纶、恒祺、董恂、薛焕委琐龌龊,通国皆知,窃恐外邦轻侮,以为中朝卿贰之班，大都不过如若曹等，未免为中朝耻辱。就令人才难得，或于总理衙门位置为宜，上应量为裁抑，或处以散职，或畀以虚衔，庶外邦服我旌别之严。四方闻之，亦释然于朝廷宥纳群伦、羁縻彼族之意。"即便不久升通政使，他揪心于战局，还是谏言："臣则以此贼人多势剧，一意奔突，前股未痛剿，后股又踵接。万一深入江西腹地，烬余复炽，又至燎原……叠蒙谕旨，曾国藩、左宗棠、李鸿章、沈葆桢及闽、粤各督抚谆谆戒备。当此大功将竟，惟当并力一心，互筹战守，务将分窜诸贼，前截后追，必使所至创夷，日就衰残零落，不得喙息，以成巨患……朝廷者天下之本，宫府清明严肃，与疆场奋迅振拔之气，相感而自通。天下大势日转，而亦正多难钜之事，或遽以为时局清明，事机畅遂，若已治已安者然。人情大抵喜新狃常，畏难而务获，独有当几至诚君子，为能深察而切戒之。"其拳拳报国之心，让刘崐等昔日同年，赞不绝口，他"忧国忧时，关心民瘼，通达政事，正直敢言"的口碑也传遍天下。

然而，王拯更为人所称赞的是其文学才能。王拯自幼好为诗，初仿王维、李白，后喜韩愈、孟郊、欧阳修，晚年颇推重崇尚宋诗的同时期诗人莫友芝、郑珍等，论诗主张"本之性情而可达政事"，不喜袁枚、赵翼之作，认为"适以导人食色之性"。因而，他的诗歌社会现实感强、个人抒情浓烈。譬如《登郡城楼书感，用唐刺史柳文惠侯诗韵》："城春草棘尚荒荒，井邑传闻事渺茫。山色旧看还绕郭，柳条新插未遮墙。裸歌有梦长吞恨，漂墓无人只断肠。寂寞罗池寒夜月，不堪重问郑公乡。"其写经兵燹之后的柳州，悲情极重，感慨极深，催人泪落。他的归乡或怀乡诗作也写得很动人。譬如道光二十六年（1846）六月，王拯自京师返回柳州，谒柳侯祠、访柳江书院，写下了《重谒柳侯祠，诣罗池书院，留别同学诸子》两首诗："寂寞罗池馆，春风别几年。蕉花明晚日，榕叶暗秋烟。文字高迁谪，山川富远偏。从来荒僻处，今古此心传。""昔年荷衣拜，频年膏火焚。功名惭壮岁，哀乐感斯文。桑梓心徒恋，云山手重分。几人尚游钓，徒倚对斜曛。"这份对家乡的真挚热爱，不因年长而淡色，反越来越浓，可勾人魂魄。王拯在清代词坛也有相当的地位，徐珂在《清稗类钞·文学》里面说他："词学名家之类聚，后七家者张惠言、周济、龚自珍、项鸿祚、许宗衡、蒋春霖、蒋敦复也。合以张琦、姚燮、王拯三家,是为后十家,世多称之。"他的词作,与他的人生际遇紧密相连,因幼年孤苦、方登仕途即遭丧妻之痛、中年又患慢性病性情抑郁,加之遭逢乱世,所以他的词多半是"与物多忤"的"情不自禁,独弦哀歌"之作。譬如《倦寻芳》:"晚来天气,羁旅心情,愁病谁遣?朔雁声中,抛引旧情如线,被西风吹断也。芦花蓼叶汀洲远,最无聊,是摧残锦羽,夜寒霜岸。蓦回首,东华春宴,桃李无言,九陌尘浅。弹指光阴,禁得水流云散。人世欢场须暂得,风流何况西园宴。问犹能待竹里,夜灯重剪。"词作以萧疏清淡的氛围,写出难以排遣的哀愁。他又善散文,曾向桐城派散文家梅曾亮学习,后人也多将梅曾亮、王拯、吕璜、朱绮、龙启瑞、彭显尧相提并论。他的文章如歌颂鸦片战争中抗英烈士的《陈将军画像记》,论中俄边境问题的《与何愿船书》,自述身世性情的《课诵图序》《答彭子穆书》,分析文学作品的《书归熙甫项脊轩记后》等,皆有新意,生动可读。刘声木评价王拯散文:"其为文淬厉精洁,雄直有气,而出以平夷纡徐,能自达其所欲言,使人得其妙于语言文字之外。"

王拯的书画艺术也有一定的造诣。《粤西先哲书画集序》称他书法早师董、赵,晚学平原,写梅学冬心,说者谓其寒香铁干,位置精严,能以书之关键,透入画中去。王拯画梅,时人颇多品题,足见其名声。冯志沂有《少鹤画梅见赠》诗云:"昔君旅宿夜举杯,败墙忽见横枝梅。走呼邻生坐同赏,寒香习习随风来。迫观始悟画在壁,惊叫不顾旁人咍。想君从此得画法,腕底倏忽春风回。早诵暗香疏影句,梦魂不踏江南路。都下瓦盆盈尺花,人力屈盘少生趣。爱君放笔为高枝,亦似君书能崛奇。只怜庚岭隔天末,烽火乡关生远思。"

王拯虽赤胆忠心,不断为朝廷出谋献策,但在黑暗的现实中,他处处遭受冷落,感到郁郁不得志,遂辞职归乡,主讲于桂林榕湖经舍、秀峰讲舍等。在他的精心培养下,出现了与王鹏运、朱祖谋、郑文悼并称"晚清四大词家"的况周颐等优秀弟子。这或许是他一生最为得意的事情了。

孙锵鸣：百年树人传家训

因为与翁心存家族的特殊情义，刘崐对于进士同年、翁心存门下弟子孙锵鸣［1817—1901年，字韶甫，号蕖田，晚号止庵，浙江瑞安人，道光二十一年（1841）进士，官翰林院侍读学士，著有《止庵读书记》《东瓯大事记》《海日楼遗集》等］也就感情亲近。

孙锵鸣出生于一个耕读世家。他的祖父孙祖铎"九岁能属文"，父亲孙希曾"弱冠时读书郡城"，交游名士，"衣服都雅，有游闲公子之风"，这读书的基因很好地传给了他与他的兄长孙衣言［1814—1894年，字劭闻，号琴西，道光三十年（1850）进士，历任安庆知府、安徽按察使、湖北与江宁布政使，后迁太仆寺卿，著有《逊学斋文钞》，编辑有《瓯海轶闻》《永嘉集内外编》等，有"晚清特立之儒"之称］和弟弟孙子俞（1825—？）。而家庭对他影响最大的有三件事：一是父母夫妻和睦，勤劳质朴，铢铢积累的辛苦，让他知道节俭勤朴、兄友弟恭、家人团结等朴素的道理并铭记一辈子。他后来这样描绘他的母亲："夏日汗涔涔循肩背下，衣领半湿。入夜纺织补纫……鸡鸣始欲寝，与我父黾勉同心。"二是祖父的隐忍、勉学。祖父当年返回老家生活时，常受族人欺凌，祖父"辄闭户隐忍不与校"，最后导致族人惭愧而退。孙锵鸣当时不解，祖父却告诉他这是一种做人道理，并强调做人道理全在四书五经等儒家书籍当中，努力以之实践，随时对照反省，就可成为圣贤之人且不易为小人所用。三是父母对孙锵鸣之治学要求严格。孙锵鸣四五岁时，父亲就"口授之经，所以督课之甚严"，而其母"为先生治馔，虽非丰，置必精洁"。当时的学塾禁阅子史的书籍，孙锵鸣与兄长因强烈的求知欲，曾去找《纲鉴易知录》来读，结果就遭受了处罚。多年后，孙锵鸣题了一副对联，书写了自己的学习生活经历及读书感悟:"刚日读经,柔日读史;十年树木,百年树人。"

孙锵鸣兄弟从小拜的都是名师高官,他的业师谢兰就是本地一位德高望重、学问渊博的宿儒。而他与兄长从师后亦十分刻苦,谢兰也对他们很欣赏,说他们兄弟"求进之志高出群辈,每一艺成,兄弟交相评论,必求称心而后已"。孙锵鸣少年时便诗文极佳,17岁他参加县学生员考试,在《池塘生春草》的诗歌写作中,他起句为"东风吹梦断,芳草已离离",学使陈用光见之即赞"有名家笔意"。之后,他在城西薛氏江上楼就读,从师曹秋槎。曹师不仅教授学生研习功课,还要其游览四方,多了解社会,多与士人交流切磋,这对孙锵鸣学业精进作用巨大。

道光十五年(1835),他乡试中举,6年后成进士,入翰林。散馆授编修后,他留在翰林院里继续深造。因为为人正派,品学皆优,道光二十七年(1847)他即充当了会试同考官。这一年,他的哥哥再次参考。按照清代科举亲属回避制度,两者中必须有一人实行回避。两兄弟万般纠结。孙衣言这时劝其弟道:"汝初次考差,外差既两失矣,得一分校,搜索一二好门生,胜吾自得多矣!吾乡举如此之艰,即入场能必获乎?汝不必过为我计也!此不过迟我一科,弟毋介意。"最终,孙衣言选择退出考试,回到故乡,孙锵鸣在此次会试中选拔了10多名门生,其中就有李鸿章和沈葆桢。孙锵鸣因此后来被誉为"天下翰林皆后辈,朝中宰相两门生"。道光二十九年(1849),孙锵鸣典试广西,事毕留为广西提督学政。他刚到任,即发现浔州一带遍地会党,便马上函告巡抚郑祖琛并上奏朝廷,及时消灭了隐患。次年,皇帝诏言臣子进谏,七月孙锵鸣应诏陈言:"法祖宗以振因循,久委任以专责成,厉风化以兴人才,肃纪律以饬营伍。"十月,不满于八旗权贵大学生穆彰阿的弄权误国,他复疏劾穆彰阿,斥其为秦桧、严嵩,直声震天下,终致穆彰阿被革职,永不叙用。

咸丰二年(1852)四月,太平军围桂林,孙锵鸣偕僚属林鹗上城守御,他做事极其细心,上下皆称心。及围解,又值任满,他借请假省亲。回瑞安后,他奉命会办本籍团练、捐输事宜,他都尽心尽力去完成。因此,4年后他得迁侍讲,再擢左右庶子,留原籍办团。他督令瑞安、平阳两县绅民逐乡治团,防堵太平军入境,并镇压金钱会起义。其果断、善治,得到上下称颂。

同治元年（1862），孙锵鸣擢侍读学士，以团练、捐输事竣，回京供职，他上《朝廷根本甚匮济需人，谨陈管见疏》，其语中的，直击要害，权贵极为肯定。次年九月，他担任武会试内场副考官。可就在这时，一个意外发生了：十月，温州绅民上京反映温处道周开锡治厘盐等捐甚苛，民不堪其负。出于义愤，孙锵鸣特上奏《劣员虐民酿变，请敕查办疏》，同时考虑周开锡为浙江巡抚左宗棠旧部，他又专写一封信向其解释原委。不料，左宗棠不顾情由，复奏时反诬孙锵鸣蓄意生事，为谋迁升不择手段。左是朝廷要员，孙锵鸣遂成政治博弈牺牲品，次年正月初二日，皇帝下令："着即勒令休致。"孙锵鸣自知仕途已尽，遂归乡里。

此后，他专治于书院教学。当年三月，江苏巡抚李鸿章延请他留主苏州正谊书院。在这里，他与冯桂芬提倡西学，注重革新，论学不为门户之争，培养了众多人才，较为著名的有吴大澂、叶昌炽、陆润庠、王颂蔚、管礼耕、柳商贤、潘锡爵、袁宝璜等。光绪四年（1878）正月，两江总督沈葆桢又延请他主讲钟山书院。在这所由曾国藩借地重开的书院里，他协助山长李联琇对院内藏书进行了精心整理，并教谕学生广博多学。第二年，他主讲金陵惜阴书院。在这里，他重视挖掘书院文化历史，尤其推崇中国最早的公立图书馆创建者陶澍，对其治学、为政理念进行系统梳理总结，号召学生向其学习。8年后，他主讲于上海龙门书院，并兼任上海求志书院史学、掌故二斋阅卷。在这所同治四年（1865）由苏松太兵备道丁日昌创办的书院里，他不仅接受了维新思想，而且有意探索中国传统经学思想与西学相结合之道，这种创新受到了学生的极大欢迎。光绪十五年（1889）起，年逾古稀的孙锵鸣回到老家，历任瑞安玉尺、平阳龙湖、永嘉东山等书院讲席，他为家乡培养了大量的德才兼备子弟，譬如黄绍箕、黄绍第、孙诒燕、黄岩、杨晨等。

孙锵鸣还首先引进邱熺《引痘略》，在瑞安推广种牛痘，主张解放妇女缠足和开办女学，倡导学习顾炎武、王夫之、颜元、唐甄的实学和万斯同、全祖望、章学诚的史学及魏源、冯桂芬的经世改革之学，把黄宗羲的《明夷待访录》、戴望的《颜氏学记》传授给女婿宋恕，而陈虬、陈黻宸、胡调元等均受其影响。此外,他还校刊了孙希旦的《礼记集解》,整理永嘉文献等地方志史图书,贡献甚大。

特别值得一提的是在光绪二十二年(1896),孙锵鸣从构建耕读修身、兄友弟恭、夫妻敬爱等家族观念的角度,提笔为文,著成了约3400字的《家训随笔》,成为孙氏子孙世代相传的法宝,也是温州历史上最有影响力、最有代表性且内容完整的士大夫家训。而在这一家训指导下,其家族中人才屡出不鲜。譬如其侄、孙衣言之子孙诒让[1848—1908年,幼名效洙,又名德涵,字仲容,别号籀廎,同治六年(1867)举人,五应会试不中,官刑部主事],专攻学术,精研古学垂40年,融通旧说,校注古籍,著书30余种,主要有《周礼正义》《契文举例》《温州经籍志》《四库全书简明目录批注》《四部别录》等,是中国晚清经学大师、爱国主义者和著名教育家,与俞樾、黄以周合称"清末三先生",有"晚清经学后殿"之誉,章太炎称他"三百年绝等双"。

而至今,瑞安人还有流传着他们兄弟情深的故事:道光十八年(1838),孙衣言和孙锵鸣在京城参加会试。有天深夜,居住在西四牌楼(今北京市西城区)的孙衣言烧煤取暖,不幸煤气中毒。居于米市胡同(今北京市宣武区)的孙锵鸣"闻之,跃而出,跟跄行里许,始就车,又怒驴之不速也,复下车趋。踬扑者再,仍上车行。及至李馆,兄已平复啜粥矣,相见且悲且喜。"另日,孙锵鸣病卧,孙衣言延请医生熬夜煎药,"日出城来视,稍剧则留住",甚至衣不解带在床边陪护。

参考文献

专著类:

1. 白谦慎:《晚清官员收藏活动研究》,桂林:广西师范大学出版社,2019年版。
2. 卜键:《国之大臣:王鼎与嘉道两朝政治》,西安:陕西人民出版社,2015年版。
3. 曾光光:《桐城吴汝纶研究》,合肥:黄山书社,2014年版。
4. 曾国藩:《曾国藩全集·奏稿》,石家庄:河北人民出版社,2016年版。
5. 曾国荃:《曾国荃全集》,长沙:岳麓书社,2006年版。
6. 陈功文:《胡培翚〈仪礼正义〉研究》,北京:中华书局,2019年版。
7. 陈先枢,奉荣梅:《迁客骚人潇湘情》,长沙:湖南人民出版社,2017年版。
8. 陈先枢,沈绍尧辑注:《长沙名胜楹联选》,长沙:湖南人民出版社,2017年版。
9. 陈先枢:《名人与长沙风景》,长沙:湖南人民出版社,2017年版。
10. 陈先枢:《长沙地名掌故》,长沙:湖南地图出版社,2019年版。
11. 陈旭麓,方诗铭,魏建猷主编:《中国近代史词典》,上海:上海辞书出版社,1982年版。
12. 陈运溶编纂;陈先枢校点:《湘城访古录·湘城遗事记》,长沙:岳麓书社,2009年版。
13. 程翔章,程祖灏:《王柏心年谱》,武汉:华中师范大学出版社,2019年版。
14. 程仲霖:《晚清金石文化研究:以潘祖荫为纽带的群体分析》,北京:社会科学文献出版社,2018年版。
15. 丁仕原,孔强编校:《易顺鼎辑》,北京:民主与建设出版社,2016年版。
16. 董蔡时,王国平:《胡林翼评传》,北京:团结出版社,1990年版。
17. 高春花:《恽珠与〈国朝闺秀正始集〉研究》,石家庄:河北人民出版社,2015年版。
18. 高殿清,张金明:《清代侍郎廉兆纶》,香港:中国文化出版社,2013年版。
19. 高山:《长沙百景》,北京:中国文联出版社,2018年版。
20. 龚军辉:《点墨长沙》,长沙:岳麓书社,2019年版。
21. 龚军辉:《芙蓉山走笔》,长沙:湖南地图出版社,2019年版。
22. 关河五十州:《晚清帝国风云:祸起东南》,北京:北京联合出版公司,2013年版。
23. 郭嵩焘:《郭嵩焘日记》,长沙:湖南人民出版社,1983年版。
24. 国家清史纂修工程出版中心,吉林省社科院《社会科学战线》编辑部编:《清史纂修研究与评论》,上海:上海古籍出版社,2012年版。

25. 何荣誉:《王闿运与光宣诗坛研究》,北京:中国社会科学出版社,2015年版。
26. 侯玉杰,冯美荣,刘雪燕等:《滨州杜氏家族研究》,济南:齐鲁书社,2003年版。
27. 胡思敬:《国闻备乘》,北京:中华书局,2007年版。
28. 黄爱平主编:《清史书目(1911—2011)》,北京:中国人民大学出版社,2013年版。
29. 黄治军:《晚清最后十八年——从甲午战争到辛亥革命》,广州:花城出版社,2016年版。
30. 江堤,彭爱学:《岳麓书院》,长沙:湖南文艺出版社,1995年版。
31. 李抱一:《湖南省城古迹今释》,长沙:岳麓书社,2009年版。
32. 李瀚章,裕禄等编纂:《光绪湖南通志》,长沙:岳麓书社,2009年版。
33. 李寿蓉撰;袁慧光校点:《李寿蓉集》,长沙:岳麓书社,2010年版。
34. 李细珠:《变局与抉择——晚清人物研究》,北京:北京师范大学出版社,2017年版。
35. 李细珠:《晚清保守思想的原型——倭仁研究》,北京:社会科学文献出版社,2000年版。
36. 李兴武:《徐广缙年谱》,合肥:黄山书社,2013年版。
37. 李玉安,黄正雨:《中国藏书家通典》,香港:中国国际文化出版社,2005年版。
38. 李远主编:《骆秉章研究论文集》,北京:中国文联出版社,2013年版。
39. 李志茗:《晚清四大幕府》,上海:上海人民出版社,2002年版。
40. 梁碧莹:《陈兰彬与晚清外交》,广州:广东人民出版社,2011年版。
41. 梁初阳:《岑毓英治滇研究》,昆明:云南人民出版社,2018年版。
42. 梁衡:《梁衡评点中国历史人物》,长沙:湖南人民出版社,2011年版。
43. 梁启超:《李鸿章传》,北京:中华书局,2012年版。
44. 廖静仁:《千年湖湘胜迹图志》,长沙:湖南人民出版社,2010年版。
45. 林加全:《刘永福冯子材爱国精神教育研究》,南宁:广西人民出版社,2011年版。
46. 刘采邦,张延珂编纂:《同治长沙县志》,长沙:岳麓书社,2010年版。
47. 刘坤一著;陈代湘校点:《刘坤一集》,长沙:岳麓书社,2018年版。
48. 刘崐著;龙湛霖编:《刘中丞奏稿》(清光绪二十一年铅印本),北京:社会科学文献出版社,2013年影印本。
49. 刘崐撰;全国公共图书馆古籍文献编委会编:《清抄本刘侍郎奏议》,北京:全国图书馆文献缩微复制中心,2002年版。
50. 刘绪义:《曾国荃与晚清大变局》,深圳:海天出版社,2020年版。
51. 柳春蕊:《晚清古文研究——以陈用光、梅曾亮、曾国藩、吴汝纶四大古文圈子为中心》,南昌:百花洲文艺出版社,2007年版。
52. 罗威廉著;李仁渊,张远译:《最后的中华帝国——大清》,北京:中信出版社,2016年版。
53. 罗威廉著;许存健译:《言利——包世臣与19世纪的改革》,北京:社会科学文献出版社,2019年版。

54. 吕斌:《龙启瑞诗文集校笺》,长沙:岳麓书社,2008年版。

55. 吕肃高修;张雄图,王文清纂:《乾隆长沙府志》,长沙:岳麓书社,2008年版。

56. 茅海健:《天朝的崩溃——鸦片战争再研究》,北京:生活·读书·新知三联书店,2005年版。

57. 孟森:《清史讲义》,长沙:岳麓书社,2009年版。

58. 欧阳晓东,陈先枢:《长沙老街》,长沙:湖南文艺出版社,2012年版。

59. 裴淮昌主编:《湖南古今地名辞典》,长沙:湖南出版社,1993年版。

60. 秦翰才:《左宗棠全传》,北京:中华书局,2016年版。

61. 任智勇:《咸同时期的榷关与财政》,北京:北京师范大学出版社,2020年版。

62. 沈渭滨:《士与大变动时代》,北京:北京师范大学出版社,2020年版。

63. 史革新:《晚清理学研究》,北京:商务印书馆,2007年版。

64. 谭嗣同著;蔡尚思,方行编:《谭嗣同全集》(增订本),北京:中华书局,1998年版。

65. 唐浩明:《唐浩明评点曾国藩家书》,长沙:岳麓书社,2002年版。

66. 陶海洋:《胡林翼与湘军》,扬州:广陵书社,2008年版。

67. 陶今:《我的先祖陶澍》,长沙:岳麓书社,2012年版。

68. 王昌宜:《清代循吏研究——以〈清史稿·循吏传〉为中心》,合肥:安徽大学出版社,2017年版。

69. 王继平主编:《曾国藩研究》(第4辑),湘潭:湘潭大学出版社,2008年版。

70. 王继平主编:《晚清湖南史》,长沙:湖南人民出版社,2004年版。

71. 王习加主编:《长沙史话》,北京:社会科学文献出版社,2014年版。

72. 王习加主编:《中心城市视角下的长沙历史文化》,长沙:湖南师范大学出版社,2018年版。

73. 王泽强:《清末才女汪藕裳及其家族名人研究》,上海:上海三联书店,2017年版。

74. 王忠良主编:《翁同龢研究》,上海:文汇出版社,2015年版。

75. 王钟翰注解:《清史列传(全20册)》,北京:中华书局,1987年版。

76. 魏义霞:《谭嗣同哲学思想研究》,北京:中国人民大学出版社,2017年版。

77. 翁心存著;张剑辑校:《翁心存诗文集》,凤凰出版社,2013年版。

78. 翁心存著;张剑整理:《翁心存日记》,北京:中华书局,2011年版。

79. 吴兆熙,张先抡修纂:《(光绪)善化县志》,长沙:岳麓书社,2011年版。

80. 谢俊美:《翁同龢人际交往与晚清政局》,上海:上海书店出版社,2018年版。

81. 谢俊美:《翁同书传》,上海:华东师范大学出版社,1998年版。

82. 杨念群:《百年清史研究史·思想文化史卷》,北京:中国人民大学出版社,2020年版。

83. 杨慎之编:《左宗棠研究论文集》,长沙:岳麓书社,1986年版。

84. 叶昌炽著;王立民校点:《缘督庐日记》,长春:吉林文史出版社,2011年版。

85. 易孟醇:《魏源传》,长沙:岳麓书社,2018年版。

86. 余正焕,左辅,张亨嘉撰;邓洪波,梁洋,马友斌等校点:《城南书院志·校经书院志略》,长沙:

岳麓书社，2012年版。
87. 虞铭：《塘栖艺文志》，杭州：浙江摄影出版社，2006年版。
88. 袁英光，胡逢祥整理：《王文韶日记》，北京：中华书局，1989年版。
89. 张晨怡：《罗泽南理学思想研究》，西安：三秦出版社，2007年版。
90. 张晨怡：《清咸同年间湖湘理学群体研究》，北京：中央民族大学出版社，2007年版。
91. 张宏杰：《饥饿的盛世——乾隆时代的得与失》，长沙：湖南人民出版社，2012年版。
92. 张集馨：《道咸宦海见闻录》，北京：中华书局，1981年版。
93. 张集馨：《道咸宦海见闻录》，北京：中华书局，1981年版。
94. 张杰：《清代科举家族》，北京：社会科学文献出版社，2003年版。
95. 张湘涛主编：《长沙：城与人》，湘潭：湘潭大学出版社，2016年版。
96. 张湘涛主编：《长沙名胜诗词选》，长沙：岳麓书社，2014年版。
97. 章太炎：《跟大师学国学》，北京：外文出版社，2012年版。
98. 章育良，曹建英：《刘锦棠评传》，北京：中国青年出版社，2000年版。
99. 赵烈文：《能静居日记》，长沙：岳麓书社，2013年版。
100. 赵平笺释：《翁同龢书信笺释》，上海：中西书局，2014年版。
101. 赵雅丽：《晚清京师南城政治文化研究》，南京：凤凰出版社，2011年版。
102. 郑大华，邹小站主编：《思想家与近代中国思想》，北京：社会科学文献出版，2005年版。
103. 郑焱：《近代湖湘文化概论》（修订版），长沙：湖南师范大学出版社，2008年版。
104. 中共长沙市委宣传部主编；陈先枢编著：《长沙传统风俗大观》，长沙：湖南人民出版社，2017年版。
105. 中共长沙市委宣传部主编；陈先枢编纂点校：《长沙野史类钞》，长沙：湖南人民出版社，2017年版。
106. 中共长沙市委宣传部主编；陈先枢辑注点校：《长沙名胜文选》，长沙：湖南人民出版社，2017年版。
107. 周健：《维正之供——清代田赋与国家财政（1730—1911）》，北京：北京师范大学出版社，2020年版。
108. 周群主编：《清史研究发展与趋势》，北京：社会科学文献出版社，2019年版。
109. 朱浒：《百年清史研究史·经济史卷》，北京：中国人民大学出版社，2020年版。
110. 庄受祺：《随时录》（《北京大学图书馆馆藏稿本丛书》第19—21册），天津：天津古籍出版社，1991年版。

期刊类：

1. 白俊骞：《龙启瑞和他的〈古韵通说〉》，载《广西社会科学》2010年第7期。

2. 蔡星仪:《道咸"金石学"与绘画——从潘曾莹与戴熙的两个画卷谈起》,载《美术研究》2008年第2期。
3. 曹立前:《吴大澂评述》,载《山东师范大学学报(人文社会科学版)》2004年第2期。
4. 曹艳华、杨齐:《陇右理学家牛树梅的蒙学教育思想研究》,载《兰州文理学院学报(社会科学版)》2015年第4期。
5. 陈发扬:《近十年左宗棠研究初探》,载《牡丹江师范学院学报(哲学社会科学版)》2007年第2期。
6. 陈功文:《胡匡衷经学研究简论》,载《镇江高专学报》2017年第2期。
7. 陈桦:《文献整理与清史编纂》,载《清史研究》2010年第1期。
8. 陈蒲清:《陶澍诗歌的思想内容》,载《湖南城市学院学报》2011年第4期。
9. 成赛军:《杨昌浚与清末海防》,载《军事历史研究》2008年第4期。
10. 程晓燕:《徐广缙与广州反入城斗争新探》,载《广东社会科学》2008年第4期。
11. 程章灿:《玩物:晚清士风与碑拓流通》,载《学术研究》2015年第12期。
12. 池子庆:《翁同书与苗沛霖事件》,载《江海学刊》1997年第1期。
13. 董丛林:《胡林翼与湘系势力的崛起》,载《近代史研究》1987年第4期。
14. 杜国良:《从左宗棠入仕看晚清政治》,载《学理论》2011年第9期。
15. 方裕谨:《贵州巡抚曾璧光卒年月日考》,载《历史档案》2007年第3期。
16. 郜峰:《张之万与拙政园及其它》,载《苏州杂志》2013年第1期。
17. 耿之矗:《骆秉章研究的回顾与展望》,载《赤峰学院学报(汉文哲学社会科学版)》2013年第6期。
18. 公一兵:《走近洋务运动中的保守派——全面看待倭仁》,载《内蒙古民族大学学报(社会科学版)》2002年第6期。
19. 郭汉民:《咸同年间的变革思潮》,载《湖南师范大学社会科学学报》1994年第3期。
20. 郭敏:《祁寯藻研究现状概述》,载《现代交际》2018年第12期。
21. 郭震:《湖广总督郭柏荫》,载《福建史志》2017年第3期。
22. 韩洪泉:《刘蓉研究述评》,载《湖南人文科技学院学报》2013年第3期。
23. 黄林:《百余年来郭嵩焘研究之回顾》,载《湖南师范大学社会科学学报》1999年第4期。
24. 黄振南:《岑毓英与台湾防务》,载《民族研究》1989年第2期。
25. 贾熟村:《对袁甲三家族的考察》,载《平顶山学院学报》2008年第1期。
26. 贾熟村:《太平天国时期江忠源集团主要成员及活动考》,载《湘南学院学报》2007年第6期。
27. 贾熟村:《中国首任驻美使节陈兰彬》,载《学术研究》2002年第3期。
28. 江巧珍、孙承平:《潘祖同墓志铭拓片初考》,载《黄山学院学报》2006年第2期。
29. 姜念东:《甲骨文发现第一人王懿荣祖居见闻录》,载《东北史地》2004年第3期。
30. 京红:《胡林翼与官文》,载《文史月刊》2013年第9期。

31. 兰秋阳、高会霞、陈金泉：《清代经学世家及其家学考略》，载《河北北方学院学报（社会科学版）》2009年第6期。
32. 李赫亚：《王闿运研究述略》，载《北京理工大学学报（社会科学版）》2007年第2期。
33. 李华献：《胡林翼与箴言书院》，载《文史拾遗》2016年第4期。
34. 李瑞：《岭南琴派传人黄炳堃》，载《岭南文史》1994年第1期。
35. 李细珠：《乡村士绅在"近代"边缘的生活世界——嘉道咸同时期管庭芬日记解读》，载《社会科学研究》2016年第3期。
36. 刘少波：《镇南关大捷中的清军将帅们》，载《文史天地》2020年第11期。
37. 鲁一帆：《胡秉虔〈说文管见〉之管见》，载《南阳师范学院学报》2010年第1期。
38. 陆草：《代价与补偿——湘乡人文研究之二》，载《周口高等师范专科学校学报》2002年第1期。
39. 鹿耀世：《鹿传霖与四川中西学堂》，载《文史知识》2007年第9期。
40. 马德权、赵冲冲：《夏燮史学研究述评》，载《科教导刊》2010年第2期。
41. 马勇：《宗藩体制解体与东北亚乱局》，载《安徽史学》2008年第1期。
42. 马忠文：《慈禧训政后之朝局侧影——读廖寿恒〈抑抑斋日记〉札记》，《华南师范大学学报（社会科学版）》2019年第1期。
43. 毛立平：《十九世纪中期安徽基层社会的宗族势力——以捻军、淮军为中心》，载《清史研究》2001年第4期。
44. 苗月宁：《清代咸同年间两司选任制度探析》，载《历史教学（高校版）》2007年第12期。
45. 牛海桢：《清代西北边疆史地学兴起的历史背景》，载《兰州大学学报》2001年第4期。
46. 饶怀民、王佩良：《试评中法战争前刘璈对台湾近代化的贡献》，载《湖湘论坛》2005年第6期。
47. 尚小明：《浅论李鸿章幕府——兼与曾国藩幕府比较》，载《安徽史学》1999年第2期。
48. 施铁靖：《论岑毓英》，载《广西民族研究》2009年第2期。
49. 史滇生：《李鸿章左宗棠海防思想比较》，载《安徽史学》1996年第2期。
50. 汤仁泽：《崇实、崇厚兄弟与盛京整饬》，载《史林》2010年第6期。
51. 陶海洋：《胡林翼与吏治整顿》，载《华东船舶工业学院学报（社会科学版）》2001年第1期。
52. 陶用舒：《论湖南人才的地理环境》，载《湖南城市学院学报》2003年第1期。
53. 滕绍箴：《论清代完颜世家及其家教——评江南河道总督麟庆》，载《民族研究》1993年第3期。
54. 汪长林：《王拯诗文集版本述略》，载《安庆师范学院学报（社会科学版）》2009年第5期。
55. 王国平：《论胡林翼与官文的关系及其影响》，载《苏州大学学报》1987年第4期。
56. 王奇生：《中国近代人物的地理分布》，载《近代史研究》1996年第2期。
57. 王钊勤、陈全：《清末介休进士白恩佑其人其事》，载《文史月刊》2020年第6期。
58. 吴穹：《曾璧光早年逸文校注》，载《大众文艺》2015年第16期。
59. 肖宗志：《长江水师提督黄翼升与长江水师建设之功与过》，载《船山学刊》2019年第5期。

60. 谢放:《陈兰彬史实补正及辨析》,载《学术研究》2010年第10期。
61. 谢俊美:《营救维新志士的军机大臣——戊戌政变中的廖寿恒》,载《探索与争鸣》2003年第4期。
62. 熊英:《论阎镇珩的学术成就与影响》,载《湖南省社会主义学院学报》2018年第6期。
63. 徐立亭:《论肃顺》,载《史学集刊》1986年第2期。
64. 薛学共:《刘坤一及其楚军述论》,载《军事历史研究》2000年第4期。
65. 闫裴:《浅析徐延旭对法战争失败的原因》,载《山东农业干部管理学院学报》2011年第3期。
66. 颜全己、颜建华:《李端棻的家世与思想形成》,载《教育文化论坛》2016年第1期。
67. 杨常伟、杨小明:《祁寯藻农学思想研究》,载《广西民族大学学报(自然科学版)》2009年第2期。
68. 杨琳:《桐城张氏父子家训中为官之道思想探析》,载《常州大学学报(社会科学版)》2011年第3期。
69. 杨艺:《耦园沈秉成与〈吴郡真率会〉》,载《文化月刊》2017年第12期。
70. 俞家骏:《王文韶研究综述》,载《现代交际》2016年第4期。
71. 喻大华:《裕禄与庚子事变》,载《历史教学》1997年第10期。
72. 袁珩音:《吴可读及其尸谏》,载《兰州学刊》1984年第6期。
73. 张晨怡:《罗泽南与晚清理想复兴》,载《清史研究》2006年第1期。
74. 张建斌:《辛酉政变中陈孚恩罪名考辨》,载《近代中国》2015年第1期。
75. 张金堂、师永伟:《刘锦棠研究述评》,载《唐山师范学院学报》2015年第3期。
76. 张宁:《盛京典制备考文究》,载《长江丛刊》2019年第16期。
77. 张哲荪:《张之万之最》,载《文史精华》2007年第4期。
78. 赵娟:《论胡林翼的管理和军事才能》,载《唐山师范学院学报》2007年第6期。
79. 赵欣:《嘉道时期的模范满官那清安》,载《满族研究》2013年第1期。
80. 周秋光:《区域文化研究如何走向深入》,载《南京社会科学》2019年第1期。
81. 朱悦梅:《鹿传霖保川图藏举措考析》,载《西藏研究》2012年第5期。

学位论文类:

1. 阿茹娜:《有关僧格林沁历史记忆研究》,内蒙古大学硕士研究生论文,2020年。
2. 曹峰:《鹿传霖研究》,河北大学硕士研究生论文,2010年。
3. 常虹:《晚清督抚骆秉章》,东北师范大学硕士研究生论文,2010年。
4. 常娜:《岭南词人叶衍兰研究》,苏州大学硕士研究生论文,2014年。
5. 杜永丽:《黄体芳清议活动研究》,四川师范大学硕士研究生论文,2020年。
6. 何丽君:《晚清(1840—1912)政治领袖区域分布研究》,湘潭大学硕士研究生论文,2006年。
7. 李贵连:《吴中潘氏家族及其文学研究——以潘奕隽、潘世恩、潘祖荫为主》,南京大学博士研究生论文，2013年。
8. 李佼佼：《江人镜及其文学研究》，安徽大学硕士研究生论文，2018年。
9. 刘富仓：《吴可读研究》，西北师范大学硕士研究生论文，2012年。
10. 陆董言：《李元度生平及其散文研究》，兰州大学硕士研究生论文，2013年。
11. 马利民：《谭钟麟治理西北研究》，兰州大学硕士研究生论文，2020年。
12. 牛佳：《胡匡衷〈仪礼释官〉研究》，华中师范大学硕士研究生论文，2019年。
13. 潘佳：《潘祖荫研究》，复旦大学硕士研究生论文，2016年。
14. 沈光明：《李瀚章内政与涉外活动研究（1865-1895）》，辽宁大学硕士研究生论文，2016年。
15. 孙凡华：《晚清政局中的杨岳斌》，东北师范大学硕士研究生论文，2009年。
16. 田花磊：《孙毓汶研究》，新疆大学硕士研究生论文，2009年。
17. 田吉：《黄本骥研究》，湖南师范大学硕士研究生论文，2009年。
18. 王艳娟：《曾国荃研究》，武汉大学硕士研究生论文，2006年。
19. 吴丹：《刘岳昭〈滇黔奏议〉回民起义史料笺证》，云南大学硕士研究生论文，2012年。
20. 肖晓阳：《湖湘诗派研究》，苏州大学博士研究生论文，2006年。
21. 闫斐：《徐延旭与中法战争》，山东师范大学硕士研究生论文，2012年。
22. 杨波：《左宗棠军事思想研究》，湖南师范大学博士研究生论文，2011年。
23. 杨震：《刘坤一军事实践和思想研究》，安徽师范大学硕士研究生论文，2007年。
24. 尹广明：《鲍超与霆军——一个历史的考察》，东北师范大学硕士研究生论文，2011年。
25. 尤育号：《黄体芳研究》，华东师范大学硕士研究生论文，2007年。
26. 余荣姣：《李元度诗歌研究》，湖南师范大学硕士研究生论文，2013年。
27. 翟文静：《刘锦棠民族思想研究》，烟台大学硕士研究生论文，2020年。
28. 张驰：《潘祖荫为官施政举措初探》，苏州大学硕士研究生论文，2017年。
29. 张俊岭：《吴大澂的金石研究及其书学成就》，暨南大学硕士研究生论文，2005年。
30. 张磊：《道咸诗人祁寯藻研究》，苏州大学硕士研究生论文，2010年。
31. 张时雨：《孙锵鸣行实著述考绎》，杭州师范大学硕士研究生论文，2019年。
32. 张潇潇：《阎敬铭研究》，山东师范大学硕士研究生论文，2016年。
33. 张艳：《顾文彬及其〈眉绿楼词〉研究》，安徽大学硕士研究生论文，2016年。
34. 卓海波：《僧格林沁研究》，中央民族大学硕士研究生论文，2006年。
35. 张潇潇：《阎敬铭研究》，山东师范大学硕士研究生论文，2016年。
36. 张艳：《顾文彬及其〈眉绿楼词〉研究》，安徽大学硕士研究生论文，2016年。
37. 卓海波：《僧格林沁研究》，中央民族大学硕士研究生论文，2006年。

附 录

刘崐生平年表

嘉庆十三年（1808）三月十七日，出生于云南景东。

嘉庆十九年（1814），接受启蒙教育，后到开南书院读书习文。

道光八年（1828），考中优贡生。

道光十二年（1832），乡试中第二名举人（亚元）。

道光二十一年（1841），中进士，为二甲第十六名，被选为翰林院庶吉士。座师杜受田。

道光二十四年（1844），授翰林院编修。

道光二十六年（1846），顺天乡试考官。

道光二十九年（1849），顺天乡试考官。

咸丰元年（1851）十月，顺天乡试考官。授湖南学政。

咸丰二年（1852），任司经局洗马，仍留湖南学政任。

咸丰三年（1853）三月，任翰林院侍讲学士，仍留湖南学政任。

咸丰四年（1854）十月，任内阁学士兼礼部侍郎。

咸丰六年（1856），任会试副考官，并署兵部右侍郎。十月，实授兵部右侍郎。

咸丰七年（1857），负责修寿藏和硕公主园寝。

咸丰八年（1858），负责永陵河道工程修建。顺天武乡试考官。八月，调补户部右侍郎。十一月，加授工部右侍郎。

咸丰九年（1859），奉旨验收海运漕粮。

咸丰十年（1860）十二月，会试读卷官。国史馆副总裁，经筵讲官。奉命在奉天查办案事。

咸丰十一年（1861）十一月，因肃顺等党援案受牵连遭革职。在京城赋闲。并拟回云南。

同治元年（1862）二月，重新被起用，赏八品顶戴，在实录馆当差。

同治二年（1863）九月，任鸿胪寺少卿。不久任太常寺少卿、稽察右翼觉罗学。

同治三年（1864）三月，任太仆寺卿。五月，任江南乡试主考官。

同治五年（1866）四月，任内阁学士兼礼部侍郎，署顺天府尹。五月，兼任文渊阁直阁事。署湖北巡抚。

同治六年（1867）四月，授湖南巡抚。

同治十年（1871）十月，被处以革职留任，遂托病不出，在湘调理。

光绪八年（1882），两孙中举，请巡抚卞宝弟代奏谢恩。

光绪十四年（1888）二月七日，卒于长沙。

刘　崐：晚清经世湘学主推手

两宋以来湖南地区形成的学术文化与学者群体，简称湘学。湘学是以反对空谈道德心性、主张学贵力行和经世致用的实事实功之学，具有务实、创新、开放三大基本特征。从其发展历史来说，已历经四个阶段：第一阶段为萌芽期，西汉贾谊为其始祖，其提倡的"民本"思想和投身政治、热衷社会变革的行动，为湖南学人树立了榜样，也为经世湘学盖上了鲜明的地域印章。第二阶段为奠基期，以宋朝胡安国、胡宏及其弟子张栻为主要代表，其体用关系表述为湘学奠定了哲学理论基础，也让湘学作为独立区域性地方学问基本成型。第三阶段为发展阶段，明朝王夫之在知行统一的基础上，为湘学奠定了唯物主义认识论的基础。第四阶段为实践阶段，自清道光年间至今，以陶澍、贺长龄、魏源为先声，胡林翼、曾国藩、左宗棠、彭玉麟等为中坚，谭嗣同、黄兴、蒋翊武、蔡锷、宋教仁、毛泽东、刘少奇、彭德怀、贺龙、罗荣恒等为后续的铁血湘军，证明了其致用功能在救亡图存中的神奇与伟大。这让人们不由得对这些湘学领袖和先行者怀抱敬意，但是，我们也不能忘记那些为湘学盛行呕心沥血、无私贡献者。这些人中，有能官干吏，有文化教育大家，也有平民走卒，甚至蕃外人士，他们默默无闻地贡献着自己的学识才干，有的还把一生都贡献给了湖南。其中，刘崐（1808—1888年，字玉昆，号韫斋，云南景东人，同治帝师，曾任翰林院编修、湖南学政、顺天府尹、文渊阁执事、湖南巡抚等职）是最为典型的代表。

刘崐在道光二十一年（1841）中进士，选翰林院庶吉士，此后宦海生涯几度浮沉，历经四朝皇帝。他与湖南关系密切，咸丰元年（1851）出任湖南学政，在湖南工作了近四年时间后再被调回京城，历任内阁学士兼礼部侍郎、兵部右侍郎、户部右侍郎、工部右侍郎，咸丰十年（1860）十月为国史馆副总裁、经筵讲官，但就在其官运亨通之际，一个意外的打击降临了：咸丰十一年（1861），清朝廷发生了以怡亲王载垣，郑亲王端华，协办大学士、户部尚书肃顺为首的八大臣反对两宫太后听政的斗争，但结果为慈禧获胜，载垣等被诛戮。刘崐虽为同治帝作为太子时的老师，还曾传授慈禧书法，但站错队伍的受罚是无法避免的。他被列为肃顺的党羽而革职，扫地出京师。但就在他回云南老家的路途中，未讲一句怨言的刘崐被慈禧忽然念起，得以被召返京，重新起用。这个戏剧性的变化，一度让自觉仕途已尽，意欲归隐田园、讲授书院的刘崐目瞪口呆。同治二年（1863）九月刘崐任太常寺少卿，不久擢太仆寺卿，次年五月放江南正考官。这是荒废八年的科举大试，两万多考生报名，大大超出朝廷预料。因而，朝中官员都将其视为一次对刘崐个人能力、人品、官格的大考验。他以稳健得当的操持、严格公平的录取、清廉可信的品性赢得了朝廷内外的敬重。因而，同治五年（1866）四月被提拔为内阁学士并授顺天府尹，五月即加署文渊阁执事。同治六年（1867）四月初，57岁的刘崐接替李瀚章担任湖南巡抚。在湘期间，他以作风硬朗著称，荡广西捻军、剿贵州苗民起义、平省内匪乱，他出手果断、敢作敢为，而为湘争利、为民请命、保护同僚时又胸襟宽广、不惧上司、言词恳切，因而官民齐心，上通下达，境内经济恢复迅速，秩序安稳，俨然盛世太平景象。但这招致其政敌的妒忌，他对湘军的亲近而对淮军势力的游离，尤其不断上书诉苦湖南税赋之重，惹怒了慈禧，终在四年之后即同治十年（1871）十月被解除湖南巡抚之职。这时，已看透慈禧当权专横、清廷没落无法挽救的刘崐，面对"前抚来京"一旨托病不出，留在长沙读书写联、交友士林、游山玩水，并以湘人自居，终老于兹。

刘崐是在切身感受湘土民俗风情、体悟湘人文化情怀基础上，才发现经世湘学的巨大现实价值，从而推崇并将其发扬光大的。这是一个在湘为官的外籍士人对于湖湘精神的通透理解和自觉承担湖湘精神传承重任的担当，因而意义格外重大。曾国荃、李元度将其称为"湘勇之师"，不只是指其在军事上为湘军出谋划策贡献巨大，更主要的是指其为经世湘学的推行发挥了主推手的作用。

具体来说，刘崐为经世湘学的推行做了六个方面的工作。第一，推崇先贤，树立榜样。任湖南学政期间，作为地方教育行政最高长官，他不仅把孔孟列为圣贤，而且把贾谊、杜甫、辛弃疾、胡安国、胡宏、张栻、王夫之、陶澍、贺长龄、魏源等列为乡祠对象，极大地提高了湘人的文化自信，这个破除同朝不祀的创举，功劳非他莫属。这样做，达到了正本清源、活水常流的目的，也在实际中激励了湘军在战斗中为维护湘学传统不受破坏不遭毁灭而无惧牺牲、不畏流血的勇气。他与李瀚章作为文弱书生协助罗绕典防御萧朝贵太平军攻击、守住天心阁南门的传奇经历，也起到了榜样示范的作用。

第二，大兴书院，营造湘学氛围。任湖南巡抚四年多时间，他不仅复修了城南书院、岳麓书院、湖南贡院等学堂，而且把天心阁、谷山汉墓陵园、云麓宫、爱晚亭、风雩亭、牌楼口、邓禹墓等文化标志场所修葺一新，意欲"修理完固以培名胜"。这种重视文化环境打造的见识高度，在同时代人中是很少的，也正是他作为京官、历经多个部门历练而从生活中总结出来的经验，弥足珍贵。特别是他在1867年后，历时一年修缮岳麓书院，被视为清朝的最后一次大修，也基本奠定了现书院的规模建制，其功之大，无人可比。他视岳麓书院为湘学大本营，不仅将太平军摧毁的楼阁大修复古，而且亲撰《重修岳麓书院记》一文，弘扬了经世致用思想、稳固了士人学风，也将岳麓书院历代山长尤其是清朝以来的李文炤、易宗涒、王文清等山长列为了汉学经世派的杰出典型。其功之大，后人莫出其右。

第三，推人育才，培育湘学领袖。他在担任湖南学政和湖南巡抚期间，不仅培养了曾国荃、席宝田、谭继洵、谭钟麟、李寿蓉、黎培敬、龙湛霖等知名学生，扶持和保护了彭玉麟、李元度、左宗棠、王闿运、郭嵩焘等能吏学人，而且经世派（李文炤等的汉学经世派，曾国藩等的理学经世派，魏源等的今文经学经世派）的各种学说都得以弘扬，百花齐放态势下的群英璀璨，也前世未有。王闿运在其八十寿诞时所题贺联"松篁春满裴公宅，桃李荣欣宝相门"，可谓贴切。刘崐的这种海纳百川、集思广益的胸襟，让他得到了湖南士绅的普遍认可，也在无形中改变了湘学仅为湘人用的格局，从而为扩大湘人的发展空间做出了示范。

第四，大刊经世名家著作，推崇名家学术。为改变乾嘉以来学者群趋的学风，他刊印了贺长龄、魏源编纂的《皇朝经世文编》，还为推崇王夫之学说，为曾国藩兄弟刊刻《船山遗书》从文渊阁抄出《书经稗疏》三本、《春秋家说序》一薄本。刘崐字学颜体而融钱沣笔锋，求字者甚众，他借机宣传致用学风，常用者有三句，一为强调研经可达致用目的，如陶澍语"盖尝论之，古之所谓经者，致治之理也"，二为强调研史以致用，如王夫之语"所贵乎史者，过往以为来者师也"，三为强调研礼可经世，如曾国藩语"盖古之学者，无所谓经世之术也，学礼而已矣"。这种利用已有资源而不遗余力之举，足令湘人尊敬，故在他逝世后，于其墓葬附近才会有学士路、学士街道、学士园、学士收费站等名称屡出，湘人对他的怀念未止，也证明其其有超凡的人格魅力。

第五，克己复礼，亲作表率，却不留文字，甘为绿叶。作为文章、书法在青年时即闻名云南的大家,刘崐在湘未留他文,仅余其奏章,由其弟子龙湛霖在其逝世后予以刊刻,可谓奇矣。他这种少留笔墨,不张扬文字,甘当幕后英雄的风格,有古之遗风,正是用其人之行而实践其言之道,堪为学习楷模。他为官清廉,甘守贫寒,以云南子而落叶湘江,令人感佩。曾国荃赞颂曰:"且夫难进易退者,君子之高节,而世人之所难也。"郭嵩焘更说:"先生质厚温雅,喜怒不形于色,敷历中外四十年,无姬媵之侍,无货币之储,退休于所莅官之地,门集资量田室,相协厥居。圣人言君子之戒三,综先生生平,无一之累其心焉。哲孙湘士理卿,同岁举于乡。继起蒸蒸,有光门阀。而湘人歌领祷,独谓其两历湖南,迄其去官,始终一节,于身无隐情,于人无愧辞。"刘崐曾题联:"养身好守中和气,经世还抒磊落才。"这无疑是其精辟的自我写照。

第六,拓宽文化地基,使湘学支流不断,为其成显学而筑基。最著名者为《清稗类抄》中记载的《堂会演戏》,讲刘崐喜湘剧昆腔,知王闿运离京而未能堂会继续演奏深感遗憾。从中可知,为弘扬湘学,他甚而支持发展湘剧,以便使群众喜闻乐见。这种广阔视野,殊为难得。

刘崐是继骆秉章后大力发展经济,恢复生产自救的湖南地区最高行政长官。他初主潇湘不足一年,妻、儿、儿媳身亡,他忍痛含悲,化一腔丹心于湖湘,推动了经世致用思想在湖南的推广与发展,其忠诚、坚忍可感天动地。故著名文史学家李寿蓉著挽联道:"廿年来台座春风,侍依湘水,俯念亲俱老矣,不辞金粟之贻,只深惭疲马修途,无自酬恩负知己;一月半江城暮雪,归立程门,见问子其饿乎,特致枣糕之饷,今猛听啼鹃远树,为公流涕感平生。"

湘学有刘崐公,幸甚!

从《刘中丞奏稿》看刘崐的军事指挥思想

说到刘崐这位"湘军之师",很多人都会谈及其卓越的书法水平和文学才能,会赞美推崇其优秀人格、为官艺术和治理之才,更会称颂他为湖南文化教育事业做出的巨大贡献。但是,通过拜阅龙湛霖辑录的《刘中丞奏稿》,我发现,刘崐还有着非比寻常的杰出的军事指挥能力,并在看待战争问题、组织建军、指导战术等多方面,有着自己独到的见解。可以说,从这个方面来解读刘崐,不仅见微知著,而且也充分说明其才能的全面。

刘崐的军事才能,首现于咸丰二年(1852)他为湖南学政时。这年七月,太平军在萧朝贵、曾水源、林凤祥、李开芳、李秀成等的率领下攻打长沙,刘崐与李瀚章受湖南巡抚骆秉章之命,在罗绕典的指挥下协守天心阁,他们不仅成功守住了南门,而且炮轰妙高峰恰巧就伤毙了萧朝贵(消息当时未公布)。骆秉章为之大喜,奏章中称赞刘崐道:"韫斋度势审时,以先发制人压敌势而倡炮用之,南门敌溃,实韫斋之功矣。"但可能因之后湖南巡抚职更替频繁,加之在任巡抚张亮基更推崇罗绕典、李瀚章,刘崐此次并未受敕令嘉奖,但仍留学政任并补为司经局洗马,为其第二年五月从五品职升任从四品翰林院侍讲学士奠定了扎实基础。同时,他首次守城的军事才能,为左宗棠、曾国藩所重视,不仅拉开了其与左、曾数十年友谊的序幕,而且从现有资料看,之后攻打、防御太平军,左、曾多次向其请教军事部署,如曾国藩咸丰三年(1853)九月二十四日书与刘崐道江西解围后形势,就托请刘崐在湘出策防守(把一个省的防御任务交给一个主管文化教育的学政,这是千古未有之事),其信曰:"阁下伟画硕谋,久深钦企。为今之计,应如何阻截江路,俾此贼纵来会城,而治江上下，吾尚有以御之，不能任其单舸叠艑，往来自如。贼既以船为巢，则湘潭、常德必其所垂涎之地，应如何先为布置，保此二处？务期鸿筹密虑，开我不逮，至幸至望！"但刘崐得以真正发挥其军事指挥才华，则是在同治六年（1867）其授任湖南巡抚以后，尤其是其指挥李元度、席宝田剿灭贵州苗民叛乱之中。这些杰出的军事指挥思想，在其就任后的奏稿中可一览无遗，具体表现为三个方面。

第一方面，在战争筹划上，刘崐对于苗民叛乱及平剿有着清醒的认识和较为全面的部署。

其一，刘崐对湖南时势、地理及贵州苗民叛乱地区情势有着通透的了解与把握。知己知彼，方能百战不殆。只有全面了解敌我形势，才能制敌取胜。从小学习过《孙子兵法》的刘崐，对此深有理解。他在同治六年（1867）四月的《报到任接印折》中启奏说："伏念湖南界边数省，杂处苗瑶，举凡察吏安民、兴利除弊，以及训饬营伍、绥靖边陲大端，责任綦重，报称弥难。现在本省虽无军务，而贵州苗教未靖，援邻保境，以剿为防，尤为目前急务。"在这里，他很清晰地指出了当时的形势——平苗是"援邻保境以剿为防"的急务。这充分说明，他在到任前是已经有着剿苗计划的。尤其五月间湘乡、浏阳哥老会教众叛乱平息以后，他更清楚地认识到了教匪的祸害与根源："臣查军兴以来，各省招募勇丁在营之日，类多结盟拜会，誓同生死，期于上阵击贼，协力同心，乃历久习惯。裁撤后仍复勾结往来，其端肇自川黔，延及湖广，近日用兵省分各勇，亦纷纷效尤，党羽繁多，伏而未发。去年尚只访拿惩办，此次竟烦兵力，若不彻底查拿，甚虑将来酿成大患，而操之过急，亦恐激而生变。"（《扑灭湘乡会匪并击散浏阳斋匪折》）他同时对贵州苗民地区地理及形势深有研究，在同治六年（1867）九月的《席宝田募勇成军饬入黔筹划援剿折》中，他就分析道："惟黔省举步皆山，无处不险，苗巢匪卡，环立如林，竭力攻克一寨，该匪等又退保一寨，以相抗拒，阻险自固，势等负隅。官兵整队前进，匪党辄相率伏，匿时于树林深密之处，暗施鸟枪，伤残将士，及往搜捕，则已四散无踪。或官队伍不甚整齐，该匪等即蜂拥出扑，是以疲癃之卒，动易为贼所乘，精锐之师，又每杀贼不及。"他同时分析了苗患难绝的原因,并提出了区别对待之法,"其仍居本地者,大率穷苦之民,兵至则从兵,贼至则从贼,而贼或故施仁义,兵乃从而驿骚变,乱相仍抚绥无术。""然黔民非尽梗顽,苗寨亦多良善。"

其二,针对形势,提出了标本兼治的方针,即"经营贵东必兵力与吏治相辅而行,乃有实济"。(《席宝田募勇成军饬入黔筹划援剿折》)因而,在席宝田大举进剿之初,他就为之配调了叶兆兰、易佩绅、谢兰阶、高本仁4位有地方治理经验者协办军务,后又陆续推荐了赵焕联、邓子垣、李明惠等40余位文武人才。这些人,都成为席宝田剿苗的有力助手。他深知席宝田是行军打仗的能手,但在治理地方方面却难比李元度,因而在攻克荆竹园后任李元度驻扎河西办理善后,他为之启奏道:"惟善后之事,湖南无从代筹,倘郡县不得其人,诚恐抚驭失宜,复致相寻于乱。现拟留李元度驻扎河西办理善后,应请敕下贵州抚臣,慎选朴实耐苦、廉介不扰之守令,署任各府县禀商李元度,妥慎筹办。"并提出:"果能安辑闾阎,垦治田野,即准其破格委用,不必限以资阶。""现在楚军进规苗巢,剿抚事宜须与各营联为一气。可否即责成席宝田保举堪任守令之员,随时禀明委署,以期军务吏治相辅相成,或冀永保地方,不至重烦兵力。"(《拟留李元度驻扎河西办理善后片》)

其三,兴办团练,强化地方武装保民卫疆之职能,以防患于未然,并果在之后起到了奇效。他深知湖南会匪、教匪之盛,与周边省份尤其贵州、广西之苗民叛乱、教徒起义有着密切联系,特提出"目前会党消长之机,实为全省安危之本","而诘奸禁暴,人心贴然,其得力在官绅并用,上下无不通之情,用能使正气常伸,邪气无由狡逞。"他因而启奏道:"今欲安定湖南,当以办匪为要务,而欲办匪之得法,当以办团练得人为要务。"(《请饬在籍人员帮办团防折》)他为此推荐了刘蓉、杨岳斌、刘长佑等回籍人员就地兴办团练,而正因兴办了地方武装,其后浏阳等地与贵州苗民叛乱相呼应的省内乱中,起到了立剿立灭的效果。这种全局性的战略眼光,非高超军事家莫有!

其四,对湘黔边界地方官吏、军队长官大刀阔斧进行荐举或贬议,保证强有力的领导班子,同时对援黔剿苗官兵进行严格奖惩。刘崐对手下官吏的考核之严苛，在清末是非常知名的，因为他深知"吏治日弛，祸乱因以日深"的道理。为此，他不惜得罪官员，唯才任用。就任湖南巡抚仅半年，他就进《举劾现任候补各员折》，对长沙知府孙翘泽、衡州知府张士宽、零陵知县德钧三名守洁才优、勇于任事者予以举荐，而对沅州知府乔云龄、桂阳州同石毓藻、永明县事吴炳雯、武陵知县欧阳烈、新化知县夏献钰五名办事不力、性情庸鄙难资表率者予请革职。但他又抱治病救人之态度，对勇于改错者，体现出了极大的宽容，并勇于为改错者争取利益，这也是刘崐虽对下属严苛但下属多折服的重要原因。绥宁知县邵承湜因疏于防患流贼而免职，但知其后来率团练收复失地奋不顾身之事迹，刘崐即起草《查明知县立复县城请免治罪折》（同治六年八月）为之吁请官复原职。而扑剿有功的官吏也常得到他的肯定，如永州知府廷桂、直隶州知县王方晋、湖南候补知县裴镛、五品军功文童胡乃钧、辰沅永靖道杨翰、镇远知府吴自发、候选道戈鑑、贵州补用知府李光燎、江西补用知府李元钺、贵州补用知县刘理瀚、直隶同知罗萱等皆为湘黔人民广泛尊重，就因其宣扬之功。刘崐对治军更为严厉，为此他一方面树立榜样，对在战斗中牺牲者予以厚恤重赏，如边晓堂、王金福、张玉魁、戴凤鸣、邓懿春、周夺军、马云龙、朱学易、李本宜、晏大胜、黄石寿、唐立茇、喻有言、李积蕃、彭苋勋、羊炳森、涂连升、江得贵、彭汉明、江忠珀等，不少得以入乡祠祭祀，而他更对勇敢作战者予以标榜，如荣维善、唐本有、魏玉彩、邓荣昌、韩孝忠、彭芝亮、池中和、许宝坤、黄元果、苏元春、李其贵、孙玉春、邓真发、胡巨庆、戴万胜、李煌恳、邓第武、周家良、屈得茂、彭文兴、黄开榜、龙江楼、柳大福、王松林、袁有名、袁有胜、杨玉昌、杜应洪、苏元章、张宜道、龚继昌、李金榜、彭楚宥、李昌福、王益庭、李煌应、李喜溢、罗章才、赵联升、李前复、李续相、黄润昌、熊上珍、万在中、吴定泰、杨洪亮等，都因其推荐得同治帝嘉奖，另一方面对失职的军队长官，他也毫不留情予以参劾，湖南蕃司兆琛领导剿匪"调度乖方，边境转滋蹂躏"，"观望失据，寇势转益披猖"，他直接参奏，"贼势愈炽，贼害愈深，舆论同声，皆以为兆琛办理不善之咎。"（《纠参西路各军玩匪扰边折》）他甚至对自己的门生也毫不留情，按察使李元度因"不自揣度，轻于进兵，久顿坚巢之下，师老力疲，进退维谷，咎亦难辞"，而被其请旨降为三品顶戴，总兵周洪印则因"始勤终怠，废弛边防，积傲生疲，难膺阃寄"，而被他参降为参将随营效力。

其五，重视军事物质供应，并因此一再吁请为湖南减负。兵马未动，粮草先行。刘崐深谙此道，他为剿黔苗做了五个方面的工作：一是他高度重视粮饷筹运。他在同治六年五月《筹划西路援黔各军防剿情形片》中就李元度攻克饶饮寨后进军迅速之事言："惟该军愈进愈远，后路须防，已饬候补知县程锟带振清勇二营，驰驻铜仁，以顾饷道。"他分析道："楚黔接壤千数百里，蹊径节节相通，若非慑以兵威，该匪转生窥伺，而务锐进边防，必应增设筹饷，亦甚难支，似宜扼要严防，相机进取，乃为两得。"二是吁请清朝廷对湖南民众减负。一方面劝停他省来湘劝捐，如同治六年八月《请停他省来楚劝捐片》，十一月《湖南支应艰窘请暂缓协济邻省片》，十二月《请缓停福建江西黔捐片》，同治七年（1868）闰四月《尽力援解邻省捐献片》，同治八年（1869）二月《请仍指拨援黔协饷片》，同治九年（1870）六月《滇黔协饷无款筹解片》等，都做了如此呼吁，另一方面要求外省为之支援捐助，如有同治七年六月《请饬江西协解援黔月饷片》、八年六月《派员前往福建劝捐片》、九年九月《湖南饷源匮竭恳赐协拨折》等。三是再向朝廷提出援黔军队开支大，需在川粤盐税中有提成、变通捐输改收米石、漕粮要求折减等。这在《变通捐输改收米石折》（同治六年八月）、《湖南第四次支放军需动拨各款折》（同治六年九月）、《覆陈隔省捐输归并湖南米捐片》（同治七年四月）、《郴桂等属请仍收粤盐厘税折》（同治八年五月）、《湖南军需截年报销折》（同治九年十二月）等中都有体现；四是对因兵患而受损的湘黔边境县域予以免粮免征。如为晃州争取此利益，他就上了三次奏折，计有同治六年六月《晃州厅迭被匪扰请豁免钱粮片》、七年四月《晃州厅请仍豁免片》、九年六月《晃州厅请仍豁免折》。五是对退役兵勇予以妥善安排，在饷银上予以补充，并鼓励其为增加学额而募捐。如同治六年八月《请奖垫办军需各员并加广原籍学额折》、七年七月《衡州府加广学额酌符部章片》等。李元度在刘崐逝世后,就刘崐四年巡抚任后被免讲过一句意味深长的话:"师尊为湘楚争利,赤膊上阵,亦难矣。"可见,为湖南民众减负,这既是其骨子里的情结,又是其为湘军剿苗的情势所逼。这也不难解释其与湖南士族的深厚情谊及对湖南土地的眷恋之情。

其六,重视多省协调作战,统一筹划,以集中兵力,一举战胜。他为此联络四川、贵州、广西三地抚臣,并向皇上启奏,请予敕令同步。这些奏章有同治七年三月的《请敕川督责成川军会剿片》、七月《添兵入黔剿办苗匪折》、九年八月《请饬川黔会同防剿片》、十年七月《通筹援防全局并请指拨实饷折》等。

从刘崐指挥李元度、席宝田剿灭黔苗的筹划来看,其军事指挥思想除了具有鲜明的阶级性(为清政府及士族服务)、强烈的时代性外,还有明显的继承性(学习《孙子兵法》等传统军事思想)、广泛的通用性,也有博深的科学性——其调度有方,后援充足,官兵同心,一鼓作气,勇猛攻敌而取得的胜利,正说明其战争筹划精确、细密,有的放矢,未雨绸缪,这正是一位将帅之才的卓越表现。

第二方面,在战术方法上,运用娴熟,机巧多变而又实事求是,体现出了极高的作战指挥能力。

首先,体现在他对中国传统战术的巧妙运用上。在整体上,他指挥李元度、席宝田对苗军采取了"围剿"之法,立意于"攻其一点,个个击破",同治六年九月的《席宝田募勇成军饬入黔筹划援剿折》中,他就讲得很明白:"将各路贼势地形确切控明,或先捣匪巢,或先攻苗寨,或分途并办,或专力一方,总须变动不居,指挥如意,攻取一处,即将善后事宜布置周妥,使后路无虞,然后再规进取,不急一时之效,而立久远之模,不贪一战之功,而为万全之策。"

在具体运用中,尤其在攻打荆竹园、轿顶山、觉林寺之战中,他使用较为频繁的有七:一是"树上开花"。席宝田军拟攻荆竹园前,苗军张臭迷、九大白、包大肚、潘老绍等率大股窜江来袭,谢兰阶、席启庚部在白马溪与之相遇,苗军以炮将参将林翼德、游击陶家仁等击亡,湘军士气不振,此时席启庚挺身而出,"愤锐直进,贼始败退",为了保全洪江，席又乘势穷追，"使贼莫能喘息"，"鼓勇疾进，右路行甫数里，抢夺隘口，毙贼多名，左路追至十数里，重岩叠嶂，草深没人，贼以数十人殿后，牵缀我师，潜伏悍党自左右山冈包抄而出，席启庚怒马陷阵，手刃数贼"，正因席之突出表现，极大鼓励了其他部队，刘彝德守住了会同，龚继昌"生擒大旗悍贼五名，毙贼百余名，贼狂奔遁去。"树其勇只为一面，而洞谋全局，抓住关键，乃是刘崐的妙手。李元度军从思南转移至云山寺时，刘崐从地图上看其距十五里的环岩寨是其前进要扼，以后要攻打荆竹园，则此寨必在后面扰乱，故命李军无论付出何等代价也得将此寨拿下。同治六年十二月十六日至二十八日，李元度军昼夜猛攻，都未得手。心急如焚的刘崐再催逼李元度，务须三日拿下。李元度遂于二十九日亲自督率各军，"申明号令，分道并进，洋枪大炮排列轰击，贼不能支，立将环岩攻破，毙贼千余名。"二是"以逸待劳"。攻打荆竹园时，罗家岩苗军前来支援，刘崐对此早有预料，指示李元度军沉稳防守，"冲犯数次，我军屹立不动。俟其渐倦，突起击之，并力齐驱，毙贼三百余名。"三是"擒贼擒王"。攻荆竹园，荣维善部虽屡杀敌，但"贼仍冒死相持"，这时"有穿大红衣贼目一人出卡，左右瞰视，东西指划，旋提双剑率群贼直扑中队，其势甚张"，荣维善果断判定此人为要目，命"各勇排列施放洋炮，立将此贼击毙，割取首级，验其头巾上有合营兵勇首领字样。群贼仓皇骇愕，遁入卡门。"四是"反客为主"。席宝田正在沅州料理拟进军贵州时，靖州、晃州等地多处苗匪警报，各州县纷纷禀报并要求官兵留防，但刘崐不这么认为，"臣揣苗匪顾恋巢穴，向不敢深入楚疆，其屡次犯边，原以牵制我入黔之师，若席宝田不亟攻荆巢，则巨闻之得遂负固之谋，而李元度河西各营亦恐有师老莫支之患"，因而，他一方面饬令靖晃各属扼要设守，另一方面催席宝田立即开营拔寨，正是因这一手，荆竹园老巢才被拿下，极大地震骇了苗军。五是"欲擒故纵"和"声东击西"。攻打马家营时，苗军"累石杜门，拼死固守，前右两路环攻竟日，无隙可乘"，这时周家良等会商后佯退四五里，"伏宿涧壑中，使贼不及防"，苗军果然中计，以为取胜，防备稍懈，而"是夜我师于石家营出队前往，号鼓齐鸣，枪炮相继。该逆悉锐防守石家营一面。周家良等密挑奋勇数百人，携带火球火箭,伺贼不备,缘石壁猱升而上,然火抛掷,烟焰蔽空",遂攻下马家营。六是"关门捉贼"。当攻打轿顶山时,苗军使用调虎离山计,分股抵顺洞,扬言攻扑黎城、清江,并已攻破古州镇营。在此之际,刘崐"飞饬副将李金榜于所部防勇内抽调四百名,驰赴黎平府城,协同守御。饬戈鉴添募勇丁三百名,赴黎靖交界地方,齐团防堵。饬道员谢兰阶,总兵龚继昌移师边隘,与李金榜联络,相机夹击。"正因如此合围,不仅黎平解围,而且其他攻击麻阳、沅州、铜仁之敌都闻而退兵。七是"上屋抽梯"。攻打觉林寺时,李元度就令彭芝亮与胡巨庆、黄开榜、李元铖、戴万胜、何雄辉等率五路齐进,先将觉林寺援贼击退,乘胜围逼并成功拿下朱村。此时,觉林寺后路已断,但偏场挡前,黔苗大部仍有乘间先逃可能。李元度提出,"计不如将觉林寺后路周密布置,使朱逆无路可窜,庶冀一鼓歼渠。"此后,他联合川军攻寨,五路攻觉林寺,五路围偏场断其援应,果然攻破。

其次,体现在对战争形势实事求是的评价及因势利导上。刘崐对战争形势的把控十分到位。湘军入黔剿苗用兵十多年,耗费掉几百万银两的军饷,历年最多攻至颇洞,距颇洞颇近的寨头是苗军最大的寨子,但历来清兵无法攻至,也成为众军心理上的一道坎。但在刘崐的指挥下,席宝田军从沅州出发,至攻克寨头总共只用了十二天时间,就在于四点:一是苗军有骄纵之心。"苗匪乘虚狡逞,日思窥伺楚边,所有德明、颇明各巢,虽经兆琛克复,而旋又为贼所踞,该苗匪等益存轻视楚师之心",是故"环沉晃数百里中,出入往来,肆行无忌,地方蹂躏,火热水深",即使遭席宝田截剿已有警惧,但苗军仍据险以守,未想湘军敢直扑寨头老巢,刘崐在此可谓洞敌心理,给了其当头一棒。二是兵勇强壮,动员工作做得到位。席宝田从沅州动身前,选汰病勇,加以整顿,刘崐不仅派人前去鼓励兵勇,而且自己给将士写了一封激励书,从维护湖湘平安的角度鼓舞士兵奋勇杀敌以卫家园,正因此,攻颇洞始,先锋都司李本宜跃马前突中炮而亡,但"各勇愤恨搏战,士气倍奋,唐本有等越濠而进,遂破洞西垒。"三是剿抚配合,相得益彰。攻克寨头后,周边众敌寨环伺,有进攻之迹象,"席宝田拟以寨头为老营,分军守险,相机办理,可抚者抚之，不可抚者用雕剿之法，以次扫荡，先使既复之地不至复沦为贼，善后一切，具有规模，然后再议进兵，庶几得尺进尺，得寸进寸，虽需时日，而不至轻弃前功。"四是合力打围，不使窜乱。刘崐指挥席宝田及地方部队采取合围之战法，"合势内外夹攻"。当敌纠众拟收复颇洞时，席宝田督军在螺丝山与其相遇，面对"旗帜殷山，徒众如蚁，其势其张"的情况，席宝田沉着冷静，兵分三路迎敌，荣维善为左，唐本有为右，自率苏元章中军进击，三路互相支援，尤其荣维善、苏元章分兵横贯贼阵，因而很快夺取了台网、教场壩，敌守台笠、丁耙塘，席宝田看到"丁耙塘界两山之间，石壁千仞，傍水一径，如线倾削，几不容足，寨头隘口以此为最险，台笠大寨处其右，中隔一山，寨下小径可以绕赴寨头"，他因而"麾马乘胜疾进"，先取台笠，面对寨中飞炮如雨、军士伤亡相继的局面，席宝田不为所动，申明号令，"各将卒奋不顾身，前者受伤，后者仍前，当即攻入台笠，火焚其寨。"(《攻克寨头并援剿黎平折》)但就在寨头取胜之际，席宝田的继母蒋氏在东安家中病故，席宝田"撕心裂肺，呼号迫切，恨不立刻飞回乡里"，因而提出需回家丁忧守制三年。刘崐冷静分析形势，觉得剿抚时机正需筹划，贵东安危系于此举，不宜递换生手，因而上书恳令席宝田暂缓回籍守制。果然，十天后，台拱、格夷、往江、八梗、平兆场、九江、六甫、江口坵等地苗军反扑，"悉锐分三路来犯我营，如蚁如蜂，弥漫山谷"。席宝田一方面令周家良、张宜道率军闭营扼守，另一方面令谢兰阶、屈得茂、魏玉彩率五营自台笠攻其左路，而荣维善、唐本有率中路偷越田陇而追杀之，再苏元章率数十人藏火潜行绕至其后路到稿荣，拔栅焚火，迫敌回救。而这时席宝田率大部"大呼越壕，鼓勇齐进"，"贼当之披靡。"(《攻克偏刀水并剿抚后山坵洞折》)守住了颇洞、寨头，朝廷下令迅速进攻他寨，以期剿平苗军，但刘崐这时未被胜利冲晕头脑，他抗旨不行，反令军勇驻扎修整，其理由是"苗巢以寨头为第一要隘，今既力战攻克，其势万不可轻弃，而兵力未厚，而又值瘴疠大作，各营勇丁病者殆居其半，一时无从挑补，若遽行前进，而后路布置未周，深恐转滋贻误，应俟秋高气爽，病勇全愈，始可筹划进兵"。这一实事求是和冷静客观的决定，是极为得当的，如果席宝田亦有刘崐这等智慧，不骄纵，并听从刘崐指示，则之后黄飘大败、将勇伤亡殆半，或许可免。

再次，体现在抓住战机，剿贼务尽上。刘崐认为，苗民作乱为星星之火可以燎原，因而务须斩草除根，穷寇宜追。攻克荆竹园后，李元度以兵勇伤亡太重为由留驻而不前赴，刘崐闻之大怒，令人快马送信催促，并上报朝廷要求下令李元度速攻偏场，正是在他的调度下，觉林寺苗军聚集未久，而又被一击即破。正是吸取了这个教训，李元度之后攻老团、秦家寨、偏刀水都采取了速战速决的方法，也收到了很好的效果。刘崐在同治十年（1871）七月的《遵保李元度军出力员弁折》中记载道："李元度一军入黔三年，备尝艰苦，当荆竹园克复后，臣责成李元度攻剿偏场，李元度慨然以克复偏场自任，数月之中，力疾督率将士，冒险进攻，用能使首逆成擒，坚巢就拔，各将士感恩图报，志气同仇，黔事渐有转机。"而在最早入黔时，刘崐就在布置如何将漏网之鱼剿获，他的办法就是依靠地方武装力量尤其是团练擒拿。为此，他广泛发动乡绅，要求其配合官军进剿，因而湘黔边境府县全被调动起来。当寨头攻破，包大肚散言将攻寨时，刘崐致信叶兆兰询问实情，叶兆兰禀告疑为诈言，可能是苗军声东击西实图扰我后路。刘崐对此引起高度重视，立令叶兆兰飞缄贵州候补知府李光燎"以一营拔驻青溪，防护军粮"，再调新左营200人协守。刘崐犹不放心，饬令唐本有、屈得茂亲率军潜伏至青溪。果然，包大肚纠四千人来犯。刘崐又急令思州知府吴自发自邛水回援，并为防漏网者下窜，再令唐本有另率军驻玉屏待之。同治七年八月，一切如刘所料，十七日包大肚部攻思州，受挫后向玉屏窜逃，唐本有、屈得茂、吴自发三面夹攻，"贼夺路狂奔"，闻之敌军在异溪屯造饭，他们"复星驰入袭，贼猝不及防，仓皇失措，尽弃米粮器械，四散溃逃"，"该逆沿途又经各路团丁依坉邀截，所存无几，不复能军。"

纵观刘崐指挥剿苗作战，其战术方法有如下几个特点：一是调查研究，用活地图，用尽形势，问题想得通透；二是动作快，及时下决心；三是强化将士战斗作风，重视思想政治工作；四是利用先进武器，火力压制在先，以先发制敌；五是避强击弱各个击破,歼敌务尽，设伏截击无使有漏网之鱼；六是善于示形作伪，巧布疑兵，以达突袭之效。

第三方面，在建军思想上，重视人才选拔，强调官兵同心，以重金与军功奖赏，同时多兵种协同。

首先，重视选拔将帅，力求不拘一格。这得归功于他对清军兵勇的清醒认识。"臣维黔省教匪扰乱十余年，贵东郡县翻遭蹂躏，比岁楚军出境，师老力疲，教党之势焰愈张，地方凋残愈甚。臣上年履任，审察事情，非拣汰旧军，另筹劲旅，必至徒糜饷项，终无成功。因饬席宝田选择营官，招集旧部，将原派入黔及留防之师，分别撤留，严加整顿，军中气象稍觉改观。"（《攻克轿顶山、秦家寨并防剿窜苗折》）他欣赏席宝田"沈毅有为，忠勇奋发"，亦赞叹李元度"能激励各营立功效力"。他对其他将领也能知人任用，易佩绅"见识见解明白通达，才气开朗"，叶兆兰"性情质朴，办事稳练"，因而李元度病休时，他荐二人代理军务，也果然井井有条。

其次，关心官兵，熟悉他们的健康，注重激励士气，实施奖励公允而及时。李元度在攻偏场之前，其部先后阵亡病故者不下三千人，李元度也"为疫气所侵，屡病重危，虽幸而获痊，然亦仅存皮骨"，对李元度因病乞退，刘崐十分怜惜，但又为军务急迫，不得不责令其"速克偏场，再行给假"。他也信守诺言，攻下偏场后顶着兵部施压，坚持奏请给李元度假期以回籍抚慰其72岁的老母。当时云南叛乱频仍，朝廷新任命李元度为云南按察使催其马上就职，刘崐又为他吁请开缺，"李元度自黔回省，臣与接晤一次，见其须发皆白，病体尚觉难支，其母年逾七旬，常以思子致疾，李元度并无兄弟，乏人侍奉均系实情。"（《代奏李元度吁请开缺折》）

再次，重视教育训练，要求军士政治上必须有忠君爱国情结及湘人荣誉感，而军事上必须能迅速武装，听从指挥，从而建设起一支强大的军队。这是刘崐属下兵勇的共性，在这一点上，他与曾国藩、左宗棠、胡林翼、彭玉麟等十分投合，这也是刘崐与他们走得较为亲近的重要原因。同时，这也是晚清湘军崛起的重要思想基础。除此外，刘崐还十分重视抚恤下属，湘勇每有阵亡，他必据理力争予以优恤。甚至，对下属亲人，他也极现人情关怀。湖南补用知府马丙昭之父马宾阳及其家属在甘肃宁夏办团练防剿时遇害，他在同治七年八月作《马宾阳阖门殉难请恤片》吁请"从优旌恤，以彰忠义，而励风化"。湖南委用知县毕登云在甘肃宁夏府中卫县的胞兄毕庆云、武监生毕腾云在籍办团练而因城陷被杀，刘崐即于同治八年正月作《毕庆云等阖门殉难请恤片》，他呼吁："今胞兄毕庆云等同时殉难，合无仰恳转详具奏，以阐幽光……阖门殉难，同时死事，四十二名，忠孝节义，萃于一门，洵堪嘉悯。"

还有，强调兵种配合，以济周全。李元度、席宝田所率入黔湘军，不仅有步兵、炮兵，还有水师。多种部队协同作战，互相支援，起到了良好效果。如水师在攻克偏场、秦家寨，保卫思州的战役中，都成功截下了泗水苗军，立下了奇功。

毋庸讳言，刘崐之所以能在剿灭黔苗中取胜，三年时间内完成了骆秉章、张亮基等历届湖南巡抚十余年未竟之事业，有时势变化的原因，有其卓越的军事指挥能力的原因，还与以李元度、席宝田为首的忠勇湘军队伍有关。而这，要归功于刘崐在咸丰元年（1851）至咸丰四年（1854）在湖南学政任上近四年时间内的贡献：他大力倡办教育，大兴文化遗存建设（岳麓书院、城南书院、湖南贡院、天心阁等都得以大修或复建），从而培育了大批文武人才，仅《湘军志》中记载的百余名将军中近90名就由儒生入伍，偏其中60余人皆出自刘崐门下，或为其任湖南学政时擢拔者，因而他被曾国荃、李元度恭称为"楚勇师尊"。在剿苗湘军中，李元度、席宝田、易佩绅、叶兆兰等主要将领多为其嫡传，这也保证了其指挥的有效性、连贯性，而他在学政任上宣传的回归儒学正途、忠君报国、爱家护乡、勇猛赤诚、维持正统，也成为其军队的主流思想，保障了官兵同心同德，打出了湖湘子弟的凛凛威风。可以说，刘崐打造了湘军的思想与灵魂，湘军回馈了刘崐平苗剿贵的不世功绩，淋漓尽致展现了其军事指挥才华。这种因果与厚重情意，或许正是刘崐卸任湖南巡抚后并未归籍云南而居长沙18年并最后葬于兹地的主要原因。

学士桥：期寓于学风雨痕

命名为学士桥者，多是曾有学士居留之。譬如浙江慈溪县的大隐学士桥，就是因为有北宋舒亶学士居于此而于元裕年间（1086—1094年）所建。长沙有两处学士桥，一是现长沙县高桥镇百录村的学士桥，二是岳麓区学士街道的学士桥，但两者的命名都非如此。

先说高桥的学士桥。此桥之得名因罗氏。据其族谱载，宋延祐二年（1315），罗氏方盛，迁高桥，冀有学士出焉，而命其到达地首过之桥谓学士桥。可见，高桥学士桥只是因希望出"出人头地"者而命名矣，这表达着罗氏族人美好的愿望与梦想。但可能出乎罗氏先祖意料的是，高桥学士桥罗氏自宋迄今，能记诸史载者寥寥。而高桥学士桥为近人所关注者，则因民国时此地为长沙第二次、第三次抗日会战战略要地。在抗战时期第二次长沙会战中，日军主力第3师团于1941年9月24日黄昏，突然对学士桥、荷塘桥、福临铺一带发动突袭，国民革命军第20军、58军遭受重创，尤其是190师在惨败后又于此再遭挫折，因而其长官王耀武在以后的回忆中才说是"莫名受挫，平生大耻"，可见在这汨罗江战役前期国民革命军之艰难。而据驻扎于此的第10军预第10师也受冲击，师长方先觉两次挨总指挥薛岳点名批评，以致撤师至常德整编，而方先觉知耻后勇，在后面的常德保卫战中，孤师守孤城，独对毒气和机械化日军不退一步，书写了中国抗日军队的神话。第三次长沙会战中，高桥学士桥为日军所重视，他们在长沙城区受重挫后，亦以从罗家冲到学士桥一带为其后撤主线，日军主帅闻军已撤至学士桥大感放心，坦言道："避合围之师而独荣归，天皇之恩焉！"可见，学士桥在当时的战役地位之重要。但因此，抗战中其地十户仅存三，伤亡之惨烈，可见一斑。

再说岳麓区现学士街道的学士桥。有人言，其桥得名因宋朝时有书生入朝赶考而中学士云。但此话经不得推敲，因以往，获朝考而晋升者谓进士，进士入翰林院学习三年以上者可获庶吉士，而再付诸努力可升为内阁学士，言朝考而中学士，是为谬论。真实的情况，经史推，与晚清湖南巡抚、湘军之师刘崐有关。刘崐是同治帝师，他从翰林院任编修始，因得皇帝赏识不停升职，侍讲、侍读学士、国史馆副主裁、经筵讲官，再至兵部、工部、礼部、户部任职，前途一片光明之际，遇咸丰十一年（1861）宫廷内乱，他被列为肃顺党羽而受牵连罢官。正可谓柳暗花明，慈禧掌实权后，忽记起这位曾教授自己书法的先生，刘崐得以重新起用，任实录官部纂、鸿胪寺少卿、太仆寺少卿、大考翰林阅卷官后，直至内阁大学士兼署顺天府尹，后任湖南巡抚。他任职湖南期间，整顿吏治，大修文化场所，提携才俊，甚得士林好评，而其自身谨严、一心为公，更得同仁拥戴。尤其他钟情潇湘，去职后眷留长沙未归云南故土，不问政治，寄寓山水，街巷阡陌常见其人，这又得民众敬仰。1888 年，刘崐在其寓所——今苏家巷与师敬湾之间的省粮食幼儿园逝世，因其独子早逝，其好友郭嵩焘主持葬礼，因朝廷葬制还未下达，只能运送灵柩先至葬地，郭遵其嘱一叶扁舟送达其生前选好的现学士街道。当时，过江是件难事，刘崐灵柩从河东灵官渡过江，原意在河西溁湾渡上岸，不想水流湍急，船竟向南漂流近五里许，更不料上岸地竟直对其生前好友曾国藩之墓，葬礼助理谭心可因而大呼："天意，刘公有灵矣！"郭、谭二人经与其孙辈商议，决定将刘崐灵柩停留一日，请僧侣祷念，并于当地一不足三米的无名桥下取水度生。当地莲花、含浦民众闻之，纷纷前来焚香吊唁，又将桥称之学士桥而纪念。这座学士桥，在长沙抗战中也记诸史册：日寇进犯莲花，耕读世家胡氏高呼"宁为国鬼不为倭奴"纵身跃桥而亡；而农夫欧阳氏手持锄头力诛三兵从容赴死的事迹，更被当时曾任教于湖南私立育才学校的向培良、朱之倬改编为了抗日剧《学士桥》由桂林学子演出，极大激发了民众的抗日热情。

　　向培良是著名的剧作家，湖南早期话剧社冻雨剧社创建人，狂飙社和莽原社的主要成员。此剧当时在桂林演出时，他为之撰一联贴于舞台，其联曰："寄寓于学，兴勃大国盛世矣；风雨同舟，悲愤鼠辈窜室哉！"写联时，这位生于黔阳长于长沙、以刘崐爱徒李元度为榜样的才子，可能心潮澎湃，不能自抑吧！